D1754344

Wirtschaftsprüfer-Jahrbuch 2016

herausgegeben vom

Institut Österreichischer Wirtschaftsprüfer **iwp**

Linde

Zitiervorschlag: *Autor* in *iwp* (Hrsg), WP-Jahrbuch 2016, Seite

Bibliografische Information der Deutschen Nationalbibliothek
Die Deutsche Nationalbibliothek verzeichnet diese Publikation in der Deutschen Nationalbibliografie; detaillierte bibliografische Daten sind im Internet über http://dnb.d-nb.de abrufbar.

Hinweis: Aus Gründen der leichteren Lesbarkeit wird auf eine geschlechtsspezifische Differenzierung verzichtet. Entsprechende Begriffe gelten im Sinne der Gleichbehandlung für beide Geschlechter.

Das Werk ist urheberrechtlich geschützt. Alle Rechte, insbesondere die Rechte der Verbreitung, der Vervielfältigung, der Übersetzung, des Nachdrucks und der Wiedergabe auf fotomechanischem oder ähnlichem Wege, durch Fotokopie, Mikrofilm oder andere elektronische Verfahren sowie der Speicherung in Datenverarbeitungsanlagen, bleiben, auch bei nur auszugsweiser Verwertung, dem Verlag vorbehalten.

Es wird darauf verwiesen, dass alle Angaben in diesem Fachbuch trotz sorgfältiger Bearbeitung ohne Gewähr erfolgen und eine Haftung der Autoren oder des Verlages ausgeschlossen ist.

ISBN 978-3-7073-3493-7

© LINDE VERLAG Ges.m.b.H., Wien 2016
1210 Wien, Scheydgasse 24, Tel.: 01/24 630
www.lindeverlag.at
Druck: Hans Jentzsch u Co. Ges.m.b.H.
1210 Wien, Scheydgasse 31

Vorwort

Das Wirtschaftsprüfer Jahrbuch 2016 fasst den Inhalt des Hauptvortrages sowie die Vorträge und Diskussionsbeiträge der Arbeitsgruppen zusammen, die das Institut Österreichischer Wirtschaftsprüfer im Rahmen der 32. Fachtagung im Herbst 2015 in Vösendorf veranstaltet hat.

Die Eröffnungs-Keynote mit dem Titel „Der Wirtschaftsprüfer aus der Perspektive des Aufsichtsrats" hielt *Prof. Christian Strenger*, der in mehreren Funktionen tätig ist – als Direktor des „Center for Corporate Governance" an der Graduate School of Management in Leipzig sowie als Aufsichtsrat (ua Deutsche Asset & Wealth Management Investment, TUI AG, The Germany Funds in New York) und als Mitglied der Regierungskommission Deutscher Corporate Governance Kodex (DCGK). Im Rahmen seines Vortrags und in Diskussion mit den namhaften Podiumsgästen nahm er aus der Sicht des Aufsichtsrats Stellung.

In den anschließenden Arbeitsgruppen konnte man sich beispielsweise mit konkreten Fragen der Prüfungsdurchführung befassen und sich über die Arbeit der Fachgremien und internationalen Organisationen informieren. Weitere Arbeitsgruppen beschäftigten sich mit Themen wie Qualitätsprüfung und Enforcement, der Rechnungslegung und dem Bilanzsteuerrecht sowie mit angrenzenden Themen wie dem Bilanzstrafrecht und dem Stiftungsrecht.

Ich wünsche allen Leserinnen und Lesern mit unserem jährlichen Nachschlagewerk der iwp-Fachtagung eine spannende Lektüre.

Mag. Michael Schober
Präsident des Instituts
Österreichischer Wirtschaftsprüfer

Verzeichnis der Autorinnen und Autoren

Univ.-Ass. Mag. Regina Auer, Universitätsassistentin am Institut für Unternehmensrechnung und Wirtschaftsprüfung der Johannes Kepler Universität Linz

Mag. (FH) Josef Baumüller, fachlicher Mitarbeiter am Controller-Institut in Wien und Tulln an der Donau

Mag. Ramona Brugger, Ernst & Young Wirtschaftsprüfungsgesellschaft

Florian Buchberger, MSc, KPMG Austria GmbH

Univ.-Prof. Dr. Markus Dellinger, Syndikus des Österreichischen Raiffeisenverbandes; lehrt am Institut für Unternehmens- und Wirtschaftsrecht der Universität Wien

Lucas Dirnberger, MSc, Ernst & Young Wirtschaftsprüfungsgesellschaft

Dzejlana Dizdarevic, LL.B.oec., studentische Mitarbeiterin am Institut für Rechnungswesen, Steuerlehre und Wirtschaftsprüfung der Leopold-Franzens-Universität Innsbruck

WP/StB *Mag. Klemens Eiter*, geschäftsführender Partner und Leiter des Competence Center IFRS der BDO Austria, Mitglied internationaler IFRS-Gremien des BDO-Netzwerkes und Mitglied im Österreichischen Rechnungslegungskomitee und der Arbeitsgruppe IFRS des AFRAC, Lektor an der FH Wien und der FH Wr Neustadt

Mag. Werner Fleischer, Mitglied der Geschäftsführung der VERBUND Trading GmbH und Präsidiumsmitglied des AFRAC

StB *Univ.-Doz. Dr. Friedrich Fraberger, LL.M. (International Tax Law)*, Partner bei der KPMG Alpen-Treuhand AG, lehrt Betriebswirtschaftliche Steuerlehre am Institut für Revisions-, Treuhand- und Rechnungswesen der Wirtschaftsuniversität Wien und ist ordentliches Mitglied des Fachsenates für Steuerrecht der Kammer der Wirtschaftstreuhänder

WP/StB *Mag. Alexander Gall*, Deloitte Audit Wirtschaftsprüfungs GmbH

Univ.-Ass. Dr. Sabine Graschitz, Universitätsassistentin am Institut für Rechnungswesen, Steuerlehre und Wirtschaftsprüfung der Universität Innsbruck; betreut das Erasmus+ Projekt „International Learning Platform for Accountancy"

WP/StB *Mag. Hans Hammerschmied*, Hammerschmied Hohenegger Partner WP GmbH; Vorsitzender des Arbeitsausschusses für externe Qualitätssicherung

WP *Mag. Niklas Hanusch*, PwC Österreich

StB *Univ.-Prof. MMag. Dr. Klaus Hirschler*, Universitätsprofessor am Institut für Revisions-, Treuhand- und Rechnungswesen, Abteilung für Rechnungswesen, Steuern und Jahresabschlussprüfung der Wirtschaftsuniversität Wien; stellvertretender Vorsitzender des Fachsenats für Steuerrecht der Kammer der Wirtschaftstreuhänder; Mitglied des AFRAC; Mitglied des wissenschaftlichen Beirats des iwp

Univ.-Ass. Mag. Hannes Hofbauer, Universitätsassistent am Institut für Unternehmensrechnung und Wirtschaftsprüfung der Johannes Kepler Universität Linz

WP (D) *Dr. Alexander Hohendanner*, allgemein beeideter und gerichtlich zertifizierter Sachverständiger und Partner bei Deloitte Österreich; Fachvortragender im Transaktionsbereich; Fachbuchautor für Unternehmenssanierung, Restrukturierung und Fortbestehensprognose

Univ.-Ass. Elisabeth Höltschl, MSc (WU), Universitätsassistentin an der Abteilung für Rechnungswesen, Steuern und Jahresabschlussprüfung der Wirtschaftsuniversität Wien

Ass.-Prof. Mag. Dipl.-Ing. Dr. Stéphanie Hörmanseder, MIM (CEMS), Assistenzprofessorin an der Abteilung für Unternehmensrechnung und Revision der Wirtschaftsuniversität Wien

WP/StB *Mag. Herbert Houf*, Partner der Audit Partner Austria Wirtschaftsprüfer GmbH in Wien

StB *Dr. Martin Jann*, Director in der Steuerabteilung von PwC Österreich, Mitglied im Fachsenat für Steuerrecht der Kammer der Wirtschaftstreuhänder

Univ.-Prof. Dr. Susanne Kalss, LL.M. (Florenz), Universitätsprofessorin am Institut für Zivil- und Unternehmensrecht am Department für Unternehmensrecht, Arbeits- und Sozialrecht der Wirtschaftsuniversität Wien

WP/StB *Mag. Helmut Kerschbaumer*, CPA, Partner bei KPMG in Wien, Mitglied des AFRAC und Leiter der Arbeitsgruppe Rechnungslegung beim Fachsenat für Unternehmensrecht und Revision

StB *Mag. (FH) Tobias Kirchlechner*, zertifizierter Sanierungsrechtsexperte und Senior Manager bei KPMG Österreich; Fachbuchautor und Lektor für Sanierung und Restrukturierung in Master- und Post-Graduate-Lehrgängen

Markus Kofler, MSc (WU) BSc (WU), Universitätsassistent am Institut für Revisions-, Treuhand- und Rechnungswesen an der Wirtschaftsuniversität Wien

WP/StB *Mag. Walter Krainz*, Geschäftsführer der Ernst & Young Wirtschaftsprüfungsgesellschaft, Fachvortragender, Mitglied des Fachsenats für Unternehmensrecht und Revision der Kammer der Wirtschaftstreuhänder

WP/StB *Mag. Gerhard Margetich*, Mitglied des Vorstands im Sparkassen-Prüfungsverband

WP/StB *Mag. Gerhard Marterbauer*, Partner bei Deloitte Österreich und Vorsitzender des Fachsenats für Unternehmensrecht und Revision der KWT

Dr. Aslan Milla, PwC PricewaterhouseCoopers

WP/StB *Mag. Gisela Nagy*, Vizepräsidentin des iwp; externe Qualitätsprüferin; Vorsitzende der Arbeitsgruppe Qualitätssicherung des iwp

WP/StB *Mag. Michael Nayer*, CPA (US), allgemein beeideter und gerichtlich zertifizierter Sachverständiger und Partner bei KPMG Österreich; Mitglieder der Arbeitsgruppe Fortbestehensprognose

StB *MMag. Michael Petritz, LL.M.*, TEP, Tax Partner bei der KPMG Alpen-Treuhand GmbH; Beratungsschwerpunkte ua im internationalen Steuerrecht und Estate Planning, zu dem auch das Stiftungs- und das Gemeinnützigkeitsrecht zählen; Mitglied des Fachsenats für Steuerrecht der KWT, Präsident von STEP Österreich sowie Fachvortragender und Fachautor

MMag. Martin Plöckinger, Dissertant am Institut für Unternehmensrechnung und Wirtschaftsprüfung der Johannes Kepler Universität Linz

WP/StB *Mag. Gerhard Prachner*, Partner der PwC PricewaterhouseCoopers GmbH in Wien

WP/StB *Mag. Philipp Rath*, Partner der Grant Thornton Unitreu GmbH

Dr Barbara Redlein, Senior Managerin im Bereich Risk Assurance – Consulting & Risk Services bei PwC Österreich

WP/StB *Dr. Robert Reiter*, CPA (US), Mitglied im Fachsenat für Unternehmensrecht und Revision der Kammer der Wirtschaftstreuhänder sowie Mitglied im AFRAC

Univ.-Prof. Dr. Roman Rohatschek, Leiter des Instituts für Unternehmensrechnung und Wirtschaftsprüfung an der Johannes Kepler Universität Linz sowie stellvertretender Leiter der Österreichischen Prüfstelle für Rechnungslegung

Dr. Christoph Schrammel, Mitarbeiter des Sparkassen-Prüfungsverbandes und fachlicher Mitarbeiter des iwp.

MMag. Dr. Christopher Schrank, Rechtsanwalt und Partner der Brandl & Talos Rechtsanwälte GmbH; spezialisiert auf Gesellschafts- und Kapitalmarktrecht sowie Wirtschaftsstrafrecht

WP/StB *Maximilian Schreyvogl*, Partner bei Deloitte im Bereich Audit und Accounting Advisory Services, Mitglied des Fachsenats für Unternehmensrecht und Revision der Kammer der Wirtschaftstreuhänder

Mag. Gerhard Schwartz, Ernst & Young Wirtschaftsprüfungsgesellschaft

Univ.-Prof. Dr. Rudolf Steckel, Leiter des Instituts für Rechnungswesen, Steuerlehre und Wirtschaftsprüfung an der Universität Innsbruck; Vorsitzender der Qualitätskontrollbehörde für Abschlussprüfer und Prüfungsgesellschaften

WP/StB *Mag. Christian Steiner*, Senior Manager bei Ernst & Young Österreich, Fachbuchautor und Lektor an diversen Hochschulen

Prof. Christian Strenger, akademischer Direktor des Center for Corporate Governance der HHL – Leipzig Graduate School of Management; Aufsichtsrat (ua Deutsche Asset & Wealth Management Investment, TUI AG, The Germany Funds); Mitglied der Regierungskommission Deutscher Corporate Governance Kodex (DCGK)

WP/StB *Mag. Kristina Weis*, Director bei PwC Österreich in Wien und Fachvortragende

WP/StB *Mag. (FH) Gerhard Wolf*, Senior Manager im Bereich Audit der KPMG Austria

Mag. Cordula Wytrzens, Berufsanwärterin bei der KPMG-Alpen-Treuhand AG sowie wissenschaftliche Mitarbeiterin am Institut für Revisions-, Treuhand- und Rechnungswesen, Abteilung Rechnungswesen, Steuern und Jahresabschlussprüfung an der Wirtschaftsuniversität Wien

Inhaltsverzeichnis

Vorwort	V
Verzeichnis der Autorinnen und Autoren	VII

Hauptvortrag

Christian Strenger/Christoph Schrammel
Der Wirtschaftsprüfer und der Aufsichtsrat: Überlegungen aus der Perspektive des Aufsichtsrats 3

Prüfungsdurchführung

Alexander Hohendanner/Michael Nayer/Tobias Kirchlechner
Aktuelle Fragen zur Erstellung und Beurteilung von Fortbestehensprognosen 11

Gerhard Prachner/Gerhard Schwartz/Lucas Dirnberger
Fragen und aktuelle Entwicklungen zum Bestätigungsvermerk 25

Herbert Houf/Kristina Weis/Markus Kofler
Zur verhältnismäßigen Durchführung von Abschlussprüfungen 47

Barbara Redlein/Gerhard Wolf/Josef Baumüller
Risikoorientierte Prüfungsplanung nach ISA unter Berücksichtigung des Internen Kontrollsystems 65

Fachgremien und internationale Organisationen

Werner Fleischer/Helmut Kerschbaumer/Aslan Milla/Florian Buchberger
Neues aus dem AFRAC 111

*Gerhard Margetich/Gerhard Marterbauer/Philipp Rath/
Christoph Schrammel*
Neues aus dem Fachsenat 131

Klemens Eiter/Christian Steiner/Ramona Brugger
IFRS Update 145

Qualitätsprüfung und Enforcement

*Markus Dellinger/Hans Hammerschmied/Gisela Nagy/
Rudolf Steckel/Martin Plöckinger*
Aktuelle Entwicklungen in der externen Qualitätsprüfung –
Das Abschlussprüferaufsichtsgesetz 185

Roman Rohatschek/Maximilian Schreyvogl/Regina Auer
Erfahrungen, Fehlerfeststellungen und Empfehlungen aus dem
Enforcement 213

Rechnungslegung und Bilanzsteuerrecht

*Klaus Hirschler/Walter Krainz/Dzejlana Dizdarevic/
Elisabeth Höltschl*
Rechnungslegungsänderungsgesetz (RÄG) 2014 – Neue Bilanzierungs-
grundsätze bzw Bilanzierungs- und Bewertungsmethoden 229

Alexander Gall/Niklas Hanusch/Hannes Hofbauer
RÄG 2014 Teil II: Neue Vorschriften zu Angaben und Ausweis in
Bilanz, GuV und Anhang im UGB-Jahresabschluss und sonstige
Änderungen 255

Friedrich Fraberger/Martin Jann/Cordula Wytrzens
Aktuelle Themen zum Bilanzsteuerrecht 297

Angrenzende Rechtsgebiete

Robert Reiter/Christopher Schrank/Sabine Graschitz
Das neue Bilanzstrafrecht 329

Susanne Kalss/Michael Petritz/Stéphanie Hörmanseder
Aktuelle stiftungsrechtliche und steuerrechtliche Fragen zur
Privatstiftung 349

Hauptvortrag

Der Wirtschaftsprüfer und der Aufsichtsrat: Überlegungen aus der Perspektive des Aufsichtsrats

Christian Strenger/Christoph Schrammel

I. Das richtige Rollenverständnis
   A. Die Rolle des Prüfers
   B. Die Rolle des Aufsichtsrates

II. „Best-Practice"-Erwartungen an den Prüfer
   A. Inhalt der Prüfung
   B. Kommunikation des Abschlussprüfers
   C. Unabhängigkeit und Beauftragung

III. Fazit

Der Wirtschaftsprüfer ist wesentlicher Bezugspunkt des Aufsichtsrats für seine Beratungs- und Kontrollfunktion. Der folgende praxisorientierte Beitrag beleuchtet diese Rolle des Prüfers und die an ihn gestellten Erwartungen. Dies wird vorrangig aus Sicht des Prüfungsausschusses und dessen Verhältnis zum Abschlussprüfer behandelt.

I. Das richtige Rollenverständnis
A. Die Rolle des Prüfers

Für den Aufsichtsrat und seine Kontrollaufgabe sollte der Wirtschaftsprüfer insbesondere folgende Funktionen wahrnehmen:

- Er unterstützt den Aufsichtsrat dabei, den Vorstand zu überwachen (vergangenheitsorientiert) und bei strategischen Fragen die bilanzielle Durchführbarkeit zu validieren (zukunftsorientiert).
- Er ist „Assurance-Geber" mit geprüften Daten. Diese „validierte" Grundlage ist für den Aufsichtsrat zur Ausübung seiner Kontroll- und Beratungsfunktion unerlässlich.
- Er ist auch wesentliche Informationsquelle für den Aufsichtsrat, insbesondere für die Bereiche Compliance, Risikomanagement und Revision, von deren systemischer Funktionstüchtigkeit der Aufsichtsrat sich regelmäßig zu überzeugen hat.
- Er sollte auch als „Sparringpartner" fungieren und unterjährig seine Erfahrungen in die konkrete Arbeit des Prüfungsausschusses einbringen.

B. Die Rolle des Aufsichtsrates

- Entscheidend ist die Funktion des Aufsichtsrats als Auftraggeber des Wirtschaftsprüfers; dies basiert auf einer Empfehlung des Prüfungsausschusses (und nach Bestätigung durch die Hauptversammlung).
- Zur Sicherstellung der effektiven Zusammenarbeit müssen Kompetenz und Qualifikation des Aufsichtsrates vorhanden sein. Der hierfür vorrangig einstehende Prüfungsausschuss hat folgende Voraussetzungen zu erfüllen:
  - Es muss eine ausreichende Anzahl von Mitgliedern mit entsprechender Qualifikation geben. Die jeweiligen Gesetze (§ 92 Abs 4a des österreichischen und § 107 Abs 4 des deutschen Aktiengesetzes) schreiben vor, dass dem Prüfungsausschuss mindestens ein Financial Expert (mit konkreter Erfahrung im Finanz- und Rechnungslegungsbereich) angehören muss. Diese Pflichtvorgabe ist für große börsennotierte Unternehmen zahlenmäßig ungenügend: Ein Drittel bzw zwei ausgewiesene Experten wären zur Behandlung der immer komplexer werdenden Materie wünschenswert. Die Zahl der zwingend in den Aufsichtsräten erforderlichen Experten sollte *de lege ferenda* auch in den Gesetzen des Gesellschaftsrechts (AktG, GmbHG) verankert werden.

- Ist das Qualifikationsniveau als unabdingbare Voraussetzung für eine effiziente Zusammenarbeit mit dem Abschlussprüfer defizitär, sollte der Abschlussprüfer dies mit dem Vorsitzenden des Aufsichtsrats erörtern.
- Aufgrund der fachspezifisch hohen Anforderungen ist der Ausschuss vor allem unabhängig und kompetent, aber nicht zwingend paritätisch zu besetzen.
- Die Mitglieder des Prüfungsausschusses und insbesondere der Vorsitzende sollten ein ausreichendes „Rückgrat" für den Umgang mit Vorstand und leitenden Angestellten aufweisen. Falls erforderlich, unterstützt der Vorsitzende den Prüfer bei der Behandlung kritischer Themen mit dem Vorstand.

II. „Best-Practice"-Erwartungen an den Prüfer

Eine zielführende Zusammenarbeit mit dem Prüfer sollte von „Best-Practice"-Erwartungen zu den Punkten *Inhalt der Prüfung, Kommunikation des Abschlussprüfers* sowie *Unabhängigkeit und Beauftragung* geleitet sein.

A. Inhalt der Prüfung

Folgende Anforderungen sollten erfüllt werden:

- **Detaillierte Beschreibung des Prüfungsansatzes**
  Der Prüfungsansatz ist durch den Prüfer detailliert zu beschreiben. Danach ist eine darauf basierende, maßgeschneiderte Risikoeinschätzung vorzunehmen und die Umsetzung der Prüfung durch eine systembezogene Prüfungsplanung darzustellen. In diesem Bereich ist eine entsprechende Transparenz gegenüber dem Prüfungsausschuss von wesentlicher Bedeutung, dh Prüfungsansatz und Risikoeinschätzung sind dem Prüfungsausschuss entsprechend verständlich und mit ausreichendem zeitlichen Vorlauf zu kommunizieren.
- **„Sich-in-Frage-Stellen" des Prüfers**
  Wesentlich ist auch, dass der Prüfer bei der Behandlung unternehmensspezifischer „Critical Issues" seine Beurteilung jeweils aktualisiert und kritisch hinterfragt. Dies ist insbesondere bei zunehmend langer Prüfungstätigkeit im Unternehmen relevant. Hierfür muss er seine Standpunkte zu wesentlichen Themen immer wieder in Frage stellen und darf sich nicht mit der Feststellung *„so bereits in den Vorjahren akzeptiert"* begnügen.
- **Keine akkomodierenden Bewertungen kritischer Punkte**
  Durch das fortlaufende Sich-in-Frage-Stellen sind akkomodierende Bewertungen des Abschlussprüfers in wesentlichen Punkten, bei denen der Vorstand zu nicht geeigneten Kompromisslösungen neigt, zu vermeiden. Dies erfordert auch die Bereitschaft, kritische Themen konkret anzusprechen.
- **Korrekte Unternehmensethik**
  Hier sollte der Grundsatz beachtet werden: „Nicht alles, was legal ist, ist auch legitim." Zwar ist es nicht primäre Rolle des Abschlussprüfers, ethischen Fra-

gen der Unternehmensführung nachzugehen. Dennoch sollte er darauf hinweisen, wenn durch zwar noch legale, aber ethisch fragwürdige Vorgänge die nachhaltige Ausrichtung des Unternehmens (und somit eventuell auch der „Going Concern") gefährdet ist.

So kann der Einsatz komplexer Finanzinstrumente und steuerlich attraktiver Gestaltungen zwar kurzfristige, spekulative Gewinne generieren; neben dem finanziellen Risiko trägt dies aber die Gefahr, dass das Unternehmen seine Ausrichtung auf die Kernaktivitäten und deren Nachhaltigkeit vernachlässigt. Der Prüfer sollte daher immer die Frage stellen, ob die vom Unternehmen gewählte Vorgehensweise wirklich Teil eines nachhaltigen Geschäftsmodells ist. In angezeigten Fällen ist der Aufsichtsrat (unmittelbar der Vorsitzende) in Kenntnis zu setzen.

B. Kommunikation des Abschlussprüfers

Intensive Kommunikation zwischen Abschlussprüfer und Aufsichtsrat ist weitere wesentliche Voraussetzung für eine gelungene Zusammenarbeit. Besonders wichtig sind hierfür:

- **Kommunikation von kritischen Punkten und Compliance Mängeln**
  Der Prüfer hat dem Prüfungsausschuss eine umfassende und deutliche Darstellung von kritischen Punkten und Compliance-Mängeln vorzulegen. Dabei sind klare Gewichtungen der kritischen Themen durch entsprechende Hervorhebungen vorzunehmen.
- **Ausführliche und aussagekräftige Executive Summaries**
  Den Berichten des Abschlussprüfers sind aussagekräftige Executive Summaries voranzustellen, die einen schnellen Überblick über die wesentlichen Punkte geben und durch Querverweise eine zielgerichtete Abarbeitung ermöglichen.
- **Erörterung kritischer Themen mit dem Prüfungsausschuss**
  Dies ist Pflichtteil des laufenden Dialogs mit dem Ausschussvorsitzenden und sollte deutlich über die Vorbereitung der Sitzungen hinausgehen. Sollte der Vorstand in die Kommunikation mit dem Prüfungsausschuss eingebunden werden? In allen relevanten Fragen sollte der Inhalt der Kommunikation des Vorsitzenden des Prüfungsausschusses mit dem Vorstand abgestimmt sein. In besonders kritischen Fällen, die den Vorstand auch persönlich betreffen, dürfte es aber sinnvoll sein, dass die Kommunikation mit dem Vorsitzenden des Prüfungsausschusses auch ohne Teilnahme des Vorstandes erfolgt.
- **Zielführende Auswahl der Prüfungsschwerpunkte**
  Für die jährliche Festlegung der Prüfungsschwerpunkte ist eine intensive Abstimmung zwischen Abschlussprüfer und Prüfungsausschuss (der auch eigene Vorschläge unterbreiten sollte) erforderlich. Beispielgebend können Schwerpunkte bei „Peer-Group"-Unternehmen und die jährlich vorgestellten

Punkte der Deutschen Prüfstelle für Rechnungslegung (DPR) bzw der Österreichischen Prüfstelle für Rechnungslegung (OePR) sein.
- **Information über Kommunikation mit Aufsichtsbehörden und Regulatoren**
Der Prüfungsausschuss ist selbstverständlich zeitnah über die Kommunikation des Abschlussprüfers mit Aufsichtsbehörden und Regulatoren zu informieren. Kritische Aspekte sollten vor dem Eingehen von verpflichtenden Positionen abgestimmt werden.
- **Frage der Berichtspflicht des Prüfungsausschusses gegenüber der Hauptversammlung**
In Deutschland wird derzeit die Einführung einer Berichtspflicht des Vorsitzenden des Prüfungsausschusses an die Hauptversammlung (zusätzlich zur Berichtspflicht des Abschlussprüfers) diskutiert. Der Vorsitzende des Prüfungsausschusses würde dann über die Schwerpunkte der Prüfung und die Unabhängigkeit des Abschlussprüfers berichten, um den Aktionären ein transparentes Bild über die Zusammenarbeit von Aufsichtsrat und Abschlussprüfer zu geben.
- **Längerfristige Prognoserechnungen als Prüferaufgabe**
Die Frage, inwieweit der Abschlussprüfer selbst ausführliche Prognosen erstellen sollte, etwa um auf Basis eigener Untersuchungen die längerfristige Leistungs- und Lebensfähigkeit des Unternehmens zu prüfen, ist kritisch zu beurteilen. Prognosen sollten nicht Kernaufgabe des Prüfers sein. Der Umfang der zukunftsgerichteten Arbeit des Prüfers sollte sich auf Plausibilitätsanalysen zu den vom Vorstand vorgelegten Planungen und Strategien beschränken.
- **Jährliche Diskussion über die Effizienz der Prüfung und der Zusammenarbeit**
Die Effizienz der Abschlussprüfung und die Zusammenarbeit mit dem Prüfungsausschuss ist regelmäßig zu analysieren bzw zu hinterfragen. Zeitlich sollte dies vor der Empfehlung für die Vergabe bzw Erneuerung des Prüfungsauftrages erfolgen. Obwohl weitgehend anerkannte „Best Practice", ist in der konkreten Umsetzung noch ein erhebliches Qualitätsgefälle zu beobachten.

C. Unabhängigkeit und Beauftragung

- **Abklärung von Interessenskonflikten**
Der Abschlussprüfer hat laufend und proaktiv mögliche Interessenskonflikte abzuklären und bei Auftreten den Prüfungsausschuss- sowie den Aufsichtsratsvorsitzenden unverzüglich darauf hinzuweisen. Dies betrifft vor allem prüfungsferne Beratungstätigkeiten. Besonders bei internationalen Konzernen ist darauf zu achten, in welchem Umfang Beratungsgesellschaften des gleichen Netzwerks für ausländische Konzerngesellschaften Leistungen – insbesondere im Bereich der Beratung – erbringen, die die prüferische Unabhängigkeit gefährden können.

- **Abgrenzung von Prüfungsleistungen und Beratungsleistungen**
  Eine klare Abgrenzung von Prüfungsleistungen und prüfungsnahen Leistungen einerseits und Beratungsleistungen andererseits ist *ex ante* durch einen zu Beginn der Prüfungsperiode vom Aufsichtsrat gefassten Beschluss herzustellen. Die zulässigen Nichtprüfungsleistungen und das voraussichtliche Honorarvolumen sind dabei nachvollziehbar festzulegen.
- **Kein unbegründetes Nachgeben bei Prüfungsgebühren**
  Eine überzeugende Qualität der Abschlussprüfung ist mit angemessenen Prüfungsgebühren verbunden. Der Grundsatz *„You get what you paid for"* ist hierbei zu beachten. Wettbewerbsinduziertes, unbegründetes Nachgeben bei den Prüfungshonoraren dürfte zu sinkender Qualität der Prüfungen führen und sollte auch ein Ausschlusskriterium bei der Auftragsvergabe sein.
  Eine Quersubventionierung von Prüfungsaufträgen durch Beratungsleistungen, die als Folgeaufträge der Prüfung akquiriert werden, sollte ebenfalls vermieden werden. Das Prüfungsunternehmen sollte vielmehr die Entscheidung treffen, ob es bei einem Mandanten als Prüfer oder als Berater agieren möchte.
- **Externe Rotation des Prüfers**
  Die externe Rotation der Prüfungsgesellschaft nach zehn Jahren zur Sicherung nachhaltiger Unabhängigkeit ist grundsätzlich positiv zu bewerten. Die Entscheidung hierüber bedarf intensiver Abwägung der bisherigen Leistungen und insbesondere der gezeigten Unabhängigkeit gegenüber dem Vorstand bei kritischen Themen. Mandatsverlängerungen nach zehn Jahren sollten von erhöhten Nachweiskriterien in puncto Unabhängigkeit und Qualität abhängen und einer qualifizierten Mehrheit in der Haupt- bzw Generalversammlung bedürfen. Das Auswahlverfahren ist generell im Einvernehmen mit dem Vorstand und dessen intensiver Vorbereitung der relevanten Aspekte durchzuführen. Erfolgt ein Prüferwechsel, so muss dieser gerade bei Unternehmen mit komplexem Konzernaufbau mit einem den Erfordernissen der Prüfung entsprechenden Übergangskonzept verbunden werden.

III. Fazit

Eine gelungene Zusammenarbeit von Abschlussprüfer und Aufsichtsrat ist für die effiziente Kontrolle des Managements eines Unternehmens von wesentlicher Bedeutung. Bei Beachtung der obengenannten Punkte können Aufsichtsrat (iW der Prüfungsausschuss) und Abschlussprüfer ein effektives „Gespann" zur Kontrolle und Begleitung der Unternehmensführung bilden. Entscheidende Elemente für die Kooperation sind: Unabhängigkeit in der Beurteilung, umfassende Transparenz, offene Problemansprache und eine intensive, proaktive Kommunikation.

Prüfungsdurchführung

Aktuelle Fragen zur Erstellung und Beurteilung von Fortbestehensprognosen

Alexander Hohendanner/Michael Nayer/Tobias Kirchlechner

I. Einleitung
II. Notwendigkeit der Fortbestehensprognose
III. Die Rolle des Wirtschaftstreuhänders
   A. Der Wirtschaftstreuhänder als Abschlussprüfer
   B. Der Wirtschaftstreuhänder als Berater
IV. Praxisprobleme und diskutierte Neuerungen im Leitfaden

I. Einleitung

Im Zusammenhang mit § 67 IO – Überschuldung – kommt der Fortbestehensprognose eine für den Fortbestand des Unternehmens entscheidende Rolle zu. Liegt eine rechnerische Überschuldung des Unternehmens vor, so ist eine Fortbestehensprognose zu erstellen. Liegt eine positive Fortbestehensprognose vor, kann dadurch eine insolvenzrechtlich relevante Überschuldung und damit die Eröffnung eines Insolvenzverfahrens vermieden werden.

Für den Begriff der Überschuldung gibt es keine Legaldefinition, dh es liegt dazu keine gesetzliche Definition vor. Dem Kern nach geht es bei der Frage der Überschuldung um einen Vermögensvergleich (Überhang der Schulden über die Aktivposten). Nach herrschender Meinung wird hierbei auf den Status zu Liquidationswerten abgestellt, wobei hierbei die erzielbaren Erlöse für Vermögensgegenstände (in Anbetracht von Verkehrswert und Liquidationszeitraum) als auch die unabwendbaren Aufwendungen aus Verpflichtungen (zB volle Abfertigungen, Gehalt über die Kündigungsfrist, lfd Aufwendungen aus Verträgen mit fixer Laufzeit bzw Abschlagszahlungen) unabhängig von Bilanzierungsverboten anzusetzen sind.[1]

Mit Entscheidung des OGH aus dem Jahr 1986 hat sich der Überschuldungsbegriff von einer „statischen" Betrachtung hin zu einem zweistufigen Überschuldungsbegriff (entweder statisch oder „dynamisch" mittels Fortbestehensprognose) entwickelt. Während die statische Überschuldung rein den Vermögensvergleich berücksichtigt, bezieht der dynamische Überschuldungsbegriff auch die künftigen Entwicklungsmöglichkeiten des Unternehmens mit ein. Letztendlich hat sich der dynamische Überschuldungsbegriff der „modifizierten zweistufigen Überschuldungsprüfung" durchgesetzt, der seitdem auch in ständiger Rechtsprechung angewendet wird.

Neben dieser Funktion der Fortbestehensprognose im Sinne des Insolvenzrechtes gewinnt sie in den letzten Jahren auch zunehmend als Instrument der Krisenprophylaxe an Bedeutung.

Wirtschaftstreuhänder nehmen dabei im Zusammenhang mit der Erstellung und Beurteilung von Fortbestehensprognosen unterschiedliche Aufgaben wahr: auf der einen Seite in der Funktion als Berater gegenüber dem Unternehmen und auf der anderen Seite als Prüfer des Unternehmens. Beide Funktionen unterscheiden sich dabei in der Art und im Umfang der Leistungserbringung und in der Frage der rechtlichen Auswirkungen der gesetzten Handlungen.

---

[1] Aufgrund der Tatsache, dass alle Vermögensgegenstände und Schulden neu auf Vollständigkeit zu prüfen und zu beurteilen und dafür oft nur eingeschränkt Marktwerte und Erfahrungen für Liquidationsabschläge vorhanden sind, wird in der Praxis meist auf das Instrument der Fortbestehensprognose zurückgegriffen. Die Referenz auf vorhandene stille Reserven von einzelnen Vermögensgegenständen, ohne Beurteilung der restlichen Vermögensgegenstände und Verpflichtungen, stellt keine ausreichende Begründung dar, um eine insolvenzrechtliche Überschuldung abzuwenden.

II. Notwendigkeit der Fortbestehensprognose

Die Verpflichtung, die wirtschaftlichen Verhältnisse der Gesellschaft im Blick zu behalten, trifft die gesetzlichen Vertreter der Gesellschaft laufend. In der Praxis wird jedoch nicht ständig ein (insolvenzrechtlicher) Überschuldungsstatus oder eine Fortbestehensprognose erstellt, um das Nicht-Bestehen einer insolvenzrechtlich relevanten Überschuldung zu dokumentieren. Aus diesem Grund wird sowohl in der Judikatur als auch der Literatur auf Anlässe verwiesen, welche ein Fortbestehen des Unternehmens zweifelhaft erscheinen lassen.

Im Zuge der Prüfung des Jahresabschlusses ist die Prüfung und Dokumentation der Fortführungsannahme des Unternehmens im Sinne der Going-Concern-Prämisse durch den Abschlussprüfer zwingend erforderlich. Liegen dabei tatsächliche oder rechtliche Gründe vor,[2] die der Fortführung des Unternehmens entgegenstehen, so gilt es diese Gründe zu identifizieren und ihre möglichen negativen Auswirkung auf die Unternehmensfortführung festzustellen und zu beurteilen.

Zu den rechtlichen Gründen, die einer Fortführung entgegenstehen, zählen neben der Auflösung der Gesellschaft (freiwillig, gesetzlich, aufgrund der Gesellschaftsnormen, gerichtlich etc) unter anderem auch zwingende gesetzliche Vorschriften, wie zB

- das Vorliegen eines Insolvenzeröffnungsgrundes (Zahlungsunfähigkeit bzw Überschuldung),
- die Eröffnung eines Insolvenzverfahrens über das Gesellschaftsvermögen oder
- die Abweisung eines Insolvenz- oder Konkursverfahrens mangels kostendeckenden Vermögens.

Die tatsächlichen Gründe können unterschiedlich sein und unterscheiden sich insbesondere im Gefährdungspotential für die Fortführung des Unternehmens. Mögliche Gründe, die (erhebliche) Unsicherheiten der Fortführung aufwerfen können, sind beispielhaft im Kammergutachten KFS/BW5, jedoch auch im Leitfaden Fortbestehensprognose aufgelistet.

Die Bandbreite der Krisenmerkmale reicht dabei vom „falschen bzw nicht mehr aktuellen" Geschäftsmodell in einer potentiellen (oder strategischen) Krise über stetig ansteigende Verluste in einer latenten Krise bis hin zu akuten Verzögerungen bei der Bezahlung von fälligen Rechnungen in der akuten Krise (oder Liquiditätskrise).

Liegen Indikationen vor, die gegen die Fortführung des Unternehmens sprechen könnten, so muss die Geschäftsleitung des Unternehmens (Geschäftsführung, Vorstand) von der sonst anwendbaren Fortführungsannahme abgehen und ein Management Assessment erstellen. Je nach Ausprägung dieses Management Assess-

---

2 Vgl § 201 Abs 2 Z 2 UGB.

ment kann man zwischen der Fortführungsprognose (zur Dokumentation des Going Concern gem § 201 UGB) und der Fortbestehensprognose (zur Dokumentation, ob eine Überschuldung gem § 67 IO vorliegt) unterscheiden. Die Erstellung einer Fortbestehensprognose ist dabei allerdings spätestens bei erheblicher Unsicherheit hinsichtlich der Fortführung der Unternehmenstätigkeit (gem Fachgutachten KFS/PG 3)

- bei einem ausgewiesenen negativen Eigenkapital (im Entwurf des letzten Jahresabschlusses),
- bei Verlust des halben Nennkapitals, bei anhaltend negativen Ergebnissen und[3]
- bei handfesten Krisensymptomen, die eine weitere Verschlechterung der Unternehmenssituation erwarten lassen müssen,

erforderlich. Erster Punkt ist gesetzlich auch in § 225 Abs 1 UGB aufgrund der erforderlichen Anhangsangabe festgehalten. Klarstellend sei hier darauf hingewiesen, dass die Vermutung einer insolvenzrechtlich relevanten Überschuldung auch durch eine positive Liquidationsbilanz[4] entkräftet werden kann.

Bei Nichterfüllung der URG-Kennzahlen und somit vermutetem Reorganisationsbedarf nach dem URG, § 23 Eigenmittelquote und § 24 Schuldentilgungsdauer ist (noch) nicht per se eine Fortbestehensprognose, jedenfalls aber eine entsprechende Fortführungsprognose zu erstellen.

Eine klare Abgrenzung der Begrifflichkeiten sowie der Definition, ob eine Fortführungsprognose ausreichend ist oder ob eine Fortbestehensprognose erstellt werden muss, existiert in Österreich derzeit nicht. Das deutsche IDW hat hierzu 2012 ein Positionspapier veröffentlicht, welches aus Sicht des Abschlussprüfers als Anhaltspunkt dienen kann.

Um eine möglichst klare Trennung zwischen den Begriffen der Fortbestehensprognose und der Fortführungsprognose zu erreichen, dient im Wesentlichen die Unterscheidung, dass die Fortbestehensprognose in die Begriffswelt des Insolvenzrechtes gehört und in diesem Zusammenhang eine „Zahlungsfähigkeitsprognose" in der Überschuldungsprüfung darstellt, während die bilanzrechtliche Fortführungsprognose im Rahmen der Erstellung des Jahresabschlusses feststellt, ob eine Bilanzierung zu Fortführungswerten gerechtfertigt ist.

III. Die Rolle des Wirtschaftstreuhänders

Wirtschaftstreuhänder können in unterschiedlichen Rollen in Berührung mit Fortbestehensprognosen kommen. Die verschiedenen Ausprägungen können wie folgt zusammengefasst werden:

---
3 Vgl *Schummer*, Lehrgang Sanierungsrecht/Gesellschaftsrechtliche Aspekte (2015), 37.
4 Ie eine Liquidationsbilanz, welche ein positives Eigenkapital aufweist.

- die des Abschlussprüfers oder
- die eines externen Beraters
  - als externer Ersteller der Fortbestehensprognose
  - als Unterstützung der Geschäftsführung bei der Erstellung
  - als Ersteller einer Second Opinion zu der von der Geschäftsführung ausgearbeiteten Prognose

Die einzelnen Funktionen umfassen unterschiedliche Aufgaben, stellen an den Wirtschaftstreuhänder unterschiedliche Anforderungen und unterscheiden sich auch im Hinblick auf den Fokus der jeweiligen Tätigkeit.

A. Der Wirtschaftstreuhänder als Abschlussprüfer

Im Rahmen der Abschlussprüfung ist zwingend eine Prüfung der Going-Concern-Prämisse (§ 201 UGB) durchzuführen. Die Art der Prüfung richtet sich nach dem Zustand des Unternehmens (Krise oder nicht) und kann von diesem durch eine Fortführungsannahme, eine Fortführungsprognose oder eine Fortbestehensprognose dokumentiert werden. Die für die Abschlussprüfer im Rahmen der Jahresabschlussprüfung relevanten Prüfungsstandards finden sich

- im Fachgutachten der Kammer der Wirtschaftstreuhänder KFS/PG 1, Kapitel 12 – Beurteilung der Annahme der Fortführung der Unternehmenstätigkeit (auslaufender Standard) und
- im International Standards on Auditing ISA 570 – Fortführung der Unternehmenstätigkeit.

Analog hierzu veröffentlichte auch das Institut der Wirtschaftsprüfer in Deutschland (IDW) den Prüfungsstandard IDW PS 270 – Die Beurteilung der Fortführung der Unternehmenstätigkeit im Rahmen der Abschlussprüfung.

Gemäß diesen Standards kann von der Fähigkeit zur Fortführung der Unternehmenstätigkeit – Going-Concern – ohne ins Einzelne gehende Analysen ausgegangen werden, wenn das Unternehmen in der Vergangenheit

- nachhaltig Gewinne erwirtschaftet hat,
- leicht auf finanzielle Mittel zurückgreifen kann,
- keine wesentlichen Änderungen der wirtschaftlichen Bedingungen eingetreten sind und
- keine bilanzielle Überschuldung droht.

Liegen diese Voraussetzungen nicht vor, haben die Vertreter der Gesellschaft (eingehende) Untersuchungen bezüglich der Fortführung der Unternehmenstätigkeit anhand aktueller und hinreichend detaillierter Planungsunterlagen, insbesondere eines Finanzplanes, anzustellen (Management Assessment). Soweit erforderlich, sind dabei auch realisierbare Sanierungsmaßnahmen zu berücksichtigen.

Den Abschlussprüfer treffen diesbezüglich mehrere Pflichten, insbesondere in Zusammenhang mit

- der Beurteilung, ob die Bilanzierung zu Fortführungswerten (auf Basis einer begründeten Fortführungsannahme, einer Fortführungsprognose oder einer Fortbestehensprognose) gerechtfertigt ist,
- den Erläuterungen gem § 225 Abs 1 UGB, weshalb trotz buchmäßiger Überschuldung keine insolvenzrechtlich relevante Überschuldung besteht, sowie
- der Frage, ob aufgrund der Lage des Unternehmens Redepflicht aufgrund von Tatsachen, die den Bestand gefährden oder die Entwicklungen des Unternehmens wesentlich beeinträchtigen können, ausgeübt werden muss.

Die Pflicht des Abschlussprüfers in diesem Zusammenhang ist es, ausreichend geeignete Prüfungsnachweise über die Angemessenheit der Annahme der Fortführung der Unternehmenstätigkeit, die das Management bei der Aufstellung des Abschlusses zugrunde gelegt hat, zu erlangen und zu einem Schluss darüber zu kommen, ob eine wesentliche Unsicherheit über die Fähigkeit des Unternehmens zur Fortführung der Unternehmenstätigkeit besteht. Bei Bestehen erheblicher Zweifel schreiben die ISA 570 auch zusätzliche Prüfungshandlungen vor[5] (inhaltlich zusammengefasst):

1. Aufforderung an das Management, eine Einschätzung zur Fortführung abzugeben
2. Beurteilung der Pläne des Managements mit der Einschätzung, ob diese
   a) die Situation verbessern und
   b) durchführbar sind
3. Bei Bestehen einer (bedeutsamen) Cashflow-Prognose
   a) Beurteilung der Verlässlichkeit der zugrunde liegenden Daten
   b) Feststellung, ob zugrunde liegende Annahmen ausreichend unterlegt sind
4. Abwägung, ob sich wesentliche Umstände seit der Erstellung der Prognose geändert haben
5. Anforderung einer schriftlichen Erklärung des Managements (sowie der zur Überwachung Beauftragten)

Obige Anforderungen sind weitgehend ident mit jenen, die die Judikatur und abgeleitet daraus der Leitfaden Fortbestehensprognose an die Dokumentation einer insolvenzrechtlichen Fortbestehensprognose stellt. Punkt 2.a) ist durch den geforderten Turnaround und das (liquiditätsmäßige) Überleben bis dahin gefordert, die Durchführbarkeit gem 2.b) durch die überwiegende Wahrscheinlichkeit. Zu Punkt 3. wird die Analyse der Unternehmenssituation, der Verlustursachen sowie der Rahmenbedingungen und – in einer Kausalkette abgeleitet – des Sanierungskonzeptes gefordert. Weiters soll durch die „laufende" Analyse der Abwei-

---

[5] Vgl ISA 570 Abs 16, analog auch in der überarbeiteten Version (gültig für Prüfungen mit Stichtag nach dem 15.12.2016).

chungen eine Einschätzung ermöglicht werden, ob sich wesentliche Umstände seit der Erstellung geändert haben.

Während viele der genannten Elemente einer subjektiven Einschätzung bedürfen, gibt es wesentliche (objektive) Kriterien, die jedenfalls seitens des Abschlussprüfers zu prüfen sind:

- Enthält sie die wesentlichen, im Leitfaden Fortbestehensprognose beschriebenen, Bestandteile (Lagebeurteilung, Analyse der Verlustursachen, Sanierungskonzept, Primärprognose, Sekundärprognose sowie das Prognoseergebnis)?
- Stehen Lage, Verlustursachen, Sanierungskonzept und Maßnahmen in einer Kausalkette oder sind diese vollkommen unabhängig voneinander und nicht ausreichend unterlegt?
- Wurde die Primärprognose zumindest auf Monatsebene (oder detaillierter) geplant?
- Entspricht der Horizont der gesamten Prognose einem branchenüblichen Zeitraum und wurden wesentliche bekannte Effekte nach dem Planungshorizont (zB endfällige Kredite) berücksichtigt?
- Wurden die Verlustursachen mit ausreichenden, glaubwürdigen Analysen unterlegt?
- Wird im Planungshorizont ein Turnaround erzielt (dh dass gegen sein Ende nachhaltige Gewinne erwirtschaftet werden können)?
- Ist die Fortbestehensprognose (noch) aktuell?
- Stimmt der Aufsatzpunkt für die Prognose mit nachvollziehbaren Daten (zB Zwischenabschlüssen) überein?
- Entspricht das Prognoseergebnis den Anforderungen, eine Überschuldung gem § 67 IO zu beseitigen?

Hinweise dazu, was inhaltlich eine ausreichende und glaubwürdige Analyse der Verlustursachen darstellt, sind in Judikatur und Literatur durch Negativ-Abgrenzungen gegeben.[6] Um diese Arbeit dem breiten Publikum jener zu erleichtern, die sich nicht laufend mit insolvenzrechtlicher Judikatur beschäftigen, soll der neue Leitfaden Spezifizierungen zu den inhaltlichen Anforderungen an Fortbestehensprognosen enthalten.

Eine unrichtige bzw negative Fortbestehensprognose – und damit, wenn zugleich rechnerische Überschuldung gegeben ist, das Vorliegen einer insolvenzrechtlichen Überschuldung – wird wohl durchwegs einen Grund für die Versagung des Testats darstellen:[7] Bei Vorliegen eines Insolvenzgrundes ist nämlich in aller Regel – außer wenn noch berechtigte Hoffnungen bestehen – die Going-Concern-

---

[6] Vgl *Karrolus/Huemer* (2006), 76 f.
[7] Dies wäre trotzdem bei einer ordnungsgemäß erstellten Bilanz zu Liquidationswerten möglich, sofern das Eigenkapital positiv ist, somit keine insolvenzrechtlich relevante Überschuldung vorliegt und eine geordnete Liquidation möglich erscheint.

Prämisse nicht mehr gerechtfertigt. Eine diesbezügliche Prüfpflicht des Abschlussprüfers besteht jedenfalls dann, wenn bereits die Bilanz ein negatives Eigenkapital ausweist.[8]

B. Der Wirtschaftstreuhänder als Berater

Die Fortbestehensprognose ist grundsätzlich vom Unternehmer bzw deren vertretungsbefugten Organen zu erstellen. Die Beiziehung eines externen Beraters, der über entsprechendes Know-how und einschlägige Erfahrung verfügt, ist zulässig und unter Umständen auch aus der Sorgfaltspflicht der Organe heraus geboten. In der Regel wird dies im Einzelfall von der wirtschaftlichen Situation, von den handelnden Personen, von der Größe des Unternehmens und von der Vertrauensbeziehung zu den Gläubigern abhängig sein. Aus haftungstechnischer Sicht und zur Untermauerung der Glaubwürdigkeit ist die Einbeziehung eines qualifizierten externen Beraters empfehlenswert.

Die Rolle des externen Beraters kann dabei von einer untergeordneten Beratung der Geschäftsführung zu einzelnen Teilen bei der Erstellung der Fortbestehensprognose bis hin zur vollständigen Prognoseerstellung durch den Berater reichen, wobei dabei die Geschäftsleitung entsprechend schriftlich zum Ausdruck bringen muss, dass sie mit dem Prognoseurteil und den zugrunde gelegten Prämissen übereinstimmt. Eine vollständige Delegation der Verantwortung der Organe an einen Dritten (zB Berater) ist nicht möglich.

Dadurch ergeben sich für den Wirtschaftstreuhänder zahlreiche Beratungsfelder, wie beispielsweise:

- Analyse der Verlustursachen (zB durch Ableitung einer Pro-forma-Sparten- oder Deckungsbeitragsrechnung, Entwicklung der Margen)
- Entwicklung des Sanierungskonzeptes inkl der Definition von geeigneten und realisierbaren Sanierungsmaßnahmen
- Technische Abbildung der Planungsrechnung (integrierte G&V, Bilanz und Cash-Flow-Rechnung)
- Dokumentation der getroffenen Annahmen (inkl strukturierter Ablage der Basis für die abgeleiteten Annahmen sowie der Dokumentation zB nach ISAE 3400)
- Prüfung auf Vollständigkeit und formale Richtigkeit der Prognose gem dem Leitfaden

Darüber hinaus kann die Beratungsleistung auch in Form einer „Second Opinion" (einer fachlichen Stellungnahme) zu der von der Geschäftsführung erstellten Fortbestehensprognose erbracht werden. Diese ist grundsätzlich in deren

---

8   Vgl *Karollus/Huemer* (2006), 144.

Umfang nicht definiert. Aufgrund der Judikatur (insbesondere im Rahmen der Geltendmachung von Haftungsansprüchen) besteht jedoch ein Mindesterfordernis an Umfang und Dokumentation. Dieser sollte auch zwingender Mindestumfang der Stellungnahme sein:

- Plausibilisierung der von der Geschäftsführung erstellten Fortbestehensprognose zugrunde gelegten Parameter
- Verprobung der rechnerischen Richtigkeit der Prognoseplanung
- Analyse der Konsistenz der Annahmen[9]
- Prüfung auf Vollständigkeit und formale Richtigkeit gem dem Leitfaden

Wesentliche Anforderung bei der Durchführung von Beratungen ist, dass man über ausreichende Fachkenntnisse verfügt, um die übernommenen Aufgaben wahrzunehmen. Hierzu wird in der Regel auch die detaillierte Kenntnis der Literatur und Judikatur zum Insolvenzrecht sowie der weiteren relevanten Rechtsgebiete gehören. Darüber hinaus sollte der Wirtschaftstreuhänder mit den unmittelbar verbundenen Rechtsgebieten betraut sein, um die Umsetzbarkeit des in der Fortbestehensprognose beschriebenen Sanierungskonzeptes nicht nur organisatorisch und betriebswirtschaftlich zu würdigen, sondern auch rechtlich soweit einzuschätzen, dass einer Umsetzung nicht offensichtliche Gründe entgegensprechen. Hierbei ist, wie bereits mehrfach erwähnt, insbesondere die ständige Rechtsprechung im Zusammenhang mit dem Begründungs- und Dokumentationserfordernis zu berücksichtigen. Ebenso notwendig ist die Fähigkeit, die Beurteilung eines Sachverhaltes in Wort und Schrift nachvollziehbar darzustellen.

Wesentlich bei allen Auftragsverhältnissen, in denen der Wirtschaftstreuhänder als externer Berater auftritt, ist die klare und gut dokumentierte Abgrenzung von

- den Verantwortlichkeiten und
- der zu erbringenden Leistung

gegenüber dem Auftraggeber sowie jedem Dritten, dem die Ergebnisse der Arbeiten zur Verfügung gestellt werden. Insbesondere stehen dabei die Themen Unabhängigkeit, Verschwiegenheit und Haftung im Fokus der Aufmerksamkeit. Zur Eingrenzung der Haftung sowie der Wahrung der (berufsrechtlichen und vertraglichen) Verschwiegenheitspflicht empfiehlt es sich, eine Regelung zur Berichtsweitergabe mit jedem dritten Berichtsempfänger abzuschließen, wonach die Haftung grundsätzlich nur 1 Mal für alle Berichtsempfänger geltend gemacht werden kann und eine Weitergabe denselben Voraussetzungen bedarf, welche zur ursprünglichen Weitergabe notwendig waren (zB Zustimmung des Auftraggebers, Beitritt zu Weitergabe-Regelung).[10]

---
9 Vgl dazu KFS/PG 13 weiterführend ISAE 3400.
10 Üblicherweise sind Berater des Unternehmens bzw der Abschlussprüfer von der Weitergabebeschränkung ausgenommen, sofern diese nicht für sich die Haftung in Anspruch nehmen können.

IV. Praxisprobleme und diskutierte Neuerungen im Leitfaden

Um die Praxisprobleme besser darzustellen, werden nachfolgend die intendierten Ziele der Fortbestehensprognose kurz beschrieben:

- Wesentlichste und auch am meisten verstandene Funktion ist jene der Beseitigung einer insolvenzrechtlich relevanten Überschuldung. Seit dem OGH-Urteil aus dem Jahr 1986[11] können ein Finanzierungsplan sowie Zukunftsaussichten der Gesellschaft, gemeinsam mit den anderen notwendigen Bestandteilen, eine solche beseitigen.
- Intendierte weitere Funktion ist auch eine – bis dahin fehlende – Beschreibung der notwendigen Dokumentation, um „so den Nachweis über die Erfüllung der gesetzlichen Pflichten eines ordentlichen Kaufmanns (Unternehmers) zu ermöglichen".[12]
- Nicht zuletzt sollte der Leitfaden auch der Insolvenzprophylaxe dienen. Durch Aufzeigen der notwendigen Eckpunkte und Analysen sowie der Planung sollen erforderliche Maßnahmen definiert und in einem Sanierungskonzept zusammengeführt werden. Um die Prophylaxewirkung zu entfalten, wird auch ein laufendes Umsetzungs-Controlling gefordert.

Die Insolvenzprophylaxe sollte sowohl durch die Beschäftigung mit den Ursachen der Krise sowie deren Lösungsmöglichkeiten als auch durch die spätere Nachverfolgung der Umsetzung wirken.

Aufgrund der Tatsache, dass viele Geschäftsführer erstmalig mit dem Instrument der Fortbestehensprognose konfrontiert werden und deren Funktionen nicht per se offensichtlich sind, wird darin meist nur eine zusätzlich erforderliche Dokumentation und kein Instrument der Krisenbekämpfung gesehen. Da den Geschäftsführern oft die Haftung in Zusammenhang mit Insolvenztatbeständen nicht bewusst und das Potential des Instruments Fortbestehensprognose unbekannt ist, wird versucht, die Dokumentation mit minimalem Aufwand zu erstellen und dadurch der eigentliche Zweck der Fortbestehensprognose konterkariert. Dies resultiert häufig in einer nicht der bisherigen Judikatur entsprechenden Dokumentation und mangelndem Erfolg in der Umsetzung.

Eingehend auf diesen Punkt wurde in der Diskussion der Arbeitsgruppe die Forderung aufgestellt, Inhalte und Themen, welche im Zuge der Erstellung zu behan-

---

11 OGH-Urteil 1 Ob 605/86 vom 3.12.1986: Eine insolvenzrechtlich bedeutsame Überschuldung (einer Kapitalgesellschaft) ist nicht schon beim Überwiegen der Passiven über die Aktiven anzunehmen. Die rein rechnerische Überschuldungsprüfung ist durch eine Fortbestehensprognose zu ergänzen, in deren Rahmen mit Hilfe sorgfältiger Analysen von Verlustursachen, eines Finanzierungsplans sowie der Zukunftsaussichten der Gesellschaft die Wahrscheinlichkeit der künftigen Zahlungsunfähigkeit der Gesellschaft zu prüfen ist.
12 Vgl *Brogyányi*, Leitfaden Fortbestehensprognose (2006), Seite i.

deln sind, genauer zu beschreiben. Ziel soll dabei nicht sein, den Arbeitsaufwand zu erhöhen, sondern, dass die bereits im alten Leitfaden enthaltenen Themengebiete spezifischer herausgearbeitet werden.

So sollte zB die im alten Leitfaden Fortbestehensprognose nur implizit angenommene Kausalkette Verlustursachen → Sanierungskonzept → Maßnahmenplanung → Prognoserechnung explizit verankert werden. Diese Kausalkette dient auch dem Abschlussprüfer zur Plausibilisierung der Fortbestehensprognose, da diese analog zum Standard ISAE 3400 aufgebaut ist, der auch hier eine gute Leitlinie sowohl für die Plausibilisierung als auch für die Dokumentation darstellt.

Trotz der im alten Leitfaden Fortbestehensprognose taxativ aufgezählten Kapitel zeigen sich immer wieder Schwierigkeiten im Verständnis des Hintergrundes sowie des erforderlichen Inhaltes, um zu einer schlüssigen Prognose zu kommen. Hier sollte der überarbeitete Leitfaden den zuweilen in der Praxis feststellbaren Missbräuchen entgegentreten, dass selbst in ausweglosen Situationen zur Abwendung eines erforderlichen Insolvenzantrags „Fortbestehensprognosen" erstellt werden, die in keiner Weise realistisch sind. Umgekehrt sollte den gesetzlichen Vertretern jene Sicherheit gegeben werden, bei der Erstellung einer „ernsthaften" Fortbestehensprognose die notwendige Mindest-Dokumentation zu erfüllen.

Im Plenum der IWP-Vorträge wurde unter anderem auch der Vorschlag der Verwendung eines „adäquaten" Risikopuffers in der Planrechnung diskutiert. Dies wurde aus mehreren Gründen sowohl seitens der Vertreter der Wirtschaftstreuhänder in der Arbeitsgruppe als auch vom Plenum der IWP-Fachtagung abgelehnt:

- Der Wahrscheinlichkeitsmaßstab wurde bereits in der Judikatur festgelegt[13] und wird in der Literatur einheitlich mit einer > 50%igen Wahrscheinlichkeit beschrieben.
- Ein (zusätzlicher bzw abweichender) Risikopuffer ist widersprüchlich zum ausjudizierten Maßstab der „überwiegenden Wahrscheinlichkeit".
- Die Berücksichtigung eines „adäquaten" Risikopuffers würde eine zusätzliche Einschätzung in Bezug auf das Ausmaß des erforderlichen Risikopuffers bedingen.
- Zusätzlich zur Fortbestehensprognose an sich wäre auch noch der Risikopuffer (bzw ein geänderter Wahrscheinlichkeitsmaßstab) zu begründen und zu dokumentieren.

Bislang eher ungeregelt und in der Praxis diskutiert wurde die Notwendigkeit einer „bedingten" Fortbestehensprognose (zB in Zusammenhang mit der Gewäh-

---

[13] Vgl OGH 1 Ob 655/86: „Der Überschuldungstatbestand ist auf jene Fälle zu reduzieren, in denen die Lebensfähigkeit der Gesellschaft [...] nicht hinreichend, das heißt mit überwiegender Wahrscheinlichkeit, gesichert ist [...]".

rung einer Sanierungsfinanzierung). Häufig ergeben sich Situationen, welche, um eine Restrukturierungsmaßnahme umzusetzen, bereits eine Fortbestehensprognose benötigen (zB die Finanzierungsentscheidung der Bank im Rahmen einer Sanierungsfinanzierung). Umgekehrt ist jedoch die Fortbestehensprognose von der positiven Entscheidung über die Sanierungsfinanzierung abhängig.

Während eine Bedingung gemäß der derzeitigen Judikatur nicht denkbar ist – diese stellt ohnehin bereits auf den Wahrscheinlichkeitsmaßstab ab – ergab sich in der Abwicklung (insbesondere zur Absicherung der Fremdkapitalgeber) oben beschriebener Zirkelschluss. Dies erst resultierte in die Forderung, die Sanierungsfinanzierung (die Entscheidung hierüber fällt üblicherweise kurz nach Fertigstellung einer Fortbestehensprognose) als Bedingung zuzulassen. Tatsächlich stellt sich in der Praxis eher das gegenteilige Problem: allein durch die Formulierung der Bedingung wird dokumentiert (oder zumindest suggeriert), dass die Fortbestehensprognose zu diesem Zeitpunkt nicht positiv ist. Verschärft wird diese Problematik dann, wenn die Bedingung nicht so wie beschrieben eintritt.

Obig beschriebene Bedingungen stellen meist hochrelevante, singuläre Ereignisse (wie zB die Gewährung der Sanierungsfinanzierung) dar und werden aus diesem Grund explizit als Bedingung hervorgehoben. Da diese Ereignisse jedoch auch in Bezug auf deren Eintrittswahrscheinlichkeit abschätzbar sind (meist ergibt sich aufgrund der geführten Kommunikation und der zeitlichen Nähe eine deutlich höhere als die notwendige „überwiegende" Wahrscheinlichkeit), wurde dieses Thema im Arbeitskreis zwar diskutiert, aufgrund fehlender Relevanz jedoch aktuell nicht weiterverfolgt. Eine Fortbestehensprognose, welche vom Eintritt eines solchen singulären Ereignisses ausgeht, ist bei Feststellung des Nicht-Eintritts dieses Ereignisses ohnehin zu überarbeiten.

Ein weiteres, in der Praxis nicht so einfach lösbares Problem ist die Behandlung von Unternehmensgruppen. Aufgrund der klaren gesetzlichen Regelungen kann eine insolvenzrechtlich relevante Überschuldung nur auf Einzelgesellschaftsebene bestehen und ebenso nur dort (zB durch eine Fortbestehensprognose) beseitigt werden. Umgekehrt bestehen neben den gesellschaftsrechtlichen Abhängigkeiten meist auch signifikante betriebswirtschaftliche Abhängigkeiten innerhalb der Gruppe, welchen Rechnung zu tragen ist. Die Arbeitsgruppe ging insofern auf dieses Thema ein, als klar festgestellt wurde, dass auf Gruppenebene ein Gesamtsanierungskonzept erstellt werden sollte, aus welchem die Fortbestehensprognosen der einzelnen Mitglieder abgeleitet werden. Alternativ – in der Praxis meist nur bei gravierenden Krisen der Gruppe – können auch Fortbestehensprognosen auf Einzelebene („stand alone") unter Auflösung aller Abhängigkeiten von Gruppengesellschaften erstellt werden.

Um die Wirksamkeit der Insolvenzprophylaxe sicherzustellen, sind eine (positive) Fortbestehensprognose laufend in der Umsetzung zu überwachen und Abweichungen zu analysieren. Obwohl die Rahmenbedingungen[14] hierfür relativ klar sind, wird diese Überwachung in der Praxis oft nur eingeschränkt oder gar nicht durchgeführt. Sowohl als Abschlussprüfer als auch als Berater ist man oftmals in der Situation, dass über den Zeitraum der Erstellung hinaus keine weitere Beauftragung vorliegt und somit – außer den der Schutz- und Fürsorgepflichten entsprechenden Hinweisen – keine weitere Einflussmöglichkeit auf diese Überwachung besteht. Aufgrund der bereits bestehenden, expliziten Regelungen hierzu verbleibt dem Berufsstand wahrscheinlich nicht mehr, als weiterhin auf die Verpflichtung und die Konsequenzen hinzuweisen.

---

[14] (i) insolvenzrechtlich bestehen keine Stichtage, dh die Pflicht zur Eröffnung eines Insolvenzverfahrens ist bei Feststellung einer (nicht heilbaren) Überschuldung oder Zahlungsunfähigkeit ohne schuldhaftes Zögern einzuleiten; (ii) ein OGH-Urteil aus dem Jahr 1987 verknüpft die persönliche Haftung und das Verschulden des Geschäftsführers mit der laufenden Kontrolle: *„Nur wenn die Sanierung [...] wegen geänderter Umstände, auf die zunächst nicht Bedacht genommen werden konnte, abgebrochen hätte werden müssen, fällt dem Geschäftsführer ein Verschulden zur Last, das seine persönliche Haftung begründen würde"*, vgl OGH 3 Ob 520/86; (iii) im alten Leitfaden werden Maßnahmenumsetzung und laufendes Reporting klar festgehalten.

Fragen und aktuelle Entwicklungen zum Bestätigungsvermerk

Gerhard Prachner / Gerhard Schwartz / Lucas Dirnberger

I. **Einleitung**
   A. Ausgangslage
   B. Entwicklungen und Ausblick
II. **Abschlussprüfungen für das Geschäftsjahr 2015**
   A. Freiwillige Anwendbarkeit
   B. Änderungen durch KFS/PG 3
III. **Abschlussprüfungen für das Geschäftsjahr 2016**
   A. Einführung der ISA
      1. ISA 700 – Form und Inhalt des Bestätigungsvermerks
      2. ISA 701 – Key Audit Matters
      3. ISA 705 – Modifizierungen
      4. ISA 706 – Zusätze
      5. ISA 510 – Eröffnungsbilanzwerte bei Erstprüfungen
      6. ISA 710 – Vergleichsinformationen
      7. ISA 720 – Sonstige Informationen
   B. Rechnungslegungsänderungsgesetz 2014
      1. Fortführung der Unternehmenstätigkeit
      2. Änderungen beim Lagebericht
IV. **Abschlussprüfungen für das Geschäftsjahr 2017**
   A. Neuregelung auf europäischer Ebene
   B. Änderungen im Bestätigungsvermerk
V. **Empirische Ergebnisse zur Reform in Europa**
VI. **Zusammenfassung**

I. Einleitung

A. Ausgangslage

Der aktuelle Bestätigungsvermerk für Abschlussprüfungen der Geschäftsjahre 2014 und 2015 beruht auf der derzeit noch gültigen Fassung des Paragraph 274 UGB sowie des darauf aufbauenden Fachgutachtens KFS/PG 3 über die Erteilung von Bestätigungsvermerken nach den Vorschriften des UGB bei Abschlussprüfungen von Jahres- und Konzernabschlüssen in der am 17.6.2013 beschlossenen Fassung.

Demgemäß hat der Prüfer das Ergebnis seiner Prüfung in einem Bestätigungsvermerk zusammenzufassen. Dieser umfasst eine Einleitung mit Informationen dazu, welcher Jahresabschluss oder Konzernabschluss Gegenstand der gesetzlichen Prüfung war und nach welchen Rechnungslegungsstandards dieser aufgestellt wurde. Der Bestätigungsvermerk beinhaltet weiter Angaben zu den Prüfungsgrundsätzen, Art und Umfang der Abschlussprüfung sowie ein Prüfungsurteil, das zweifelsfrei darüber Auskunft gibt, ob ein uneingeschränkter oder eingeschränkter Bestätigungsvermerk abgegeben wurde oder ob dieser versagt wurde.[1]

Mit der Erteilung eines uneingeschränkten Bestätigungsvermerks erklärt der Abschlussprüfer, dass die durchgeführte Prüfung zu keinen Einwendungen geführt hat und dass der geprüfte Abschluss auf Grund der im Zuge der Prüfung gewonnenen Erkenntnisse den gesetzlichen Vorschriften entspricht und unter Beachtung der Grundsätze ordnungsmäßiger Buchführung oder sonstiger maßgeblicher Rechnungslegungsvorschriften ein möglichst getreues Bild der Vermögens-, Finanz- und Ertragslage vermittelt. Es besteht die Möglichkeit, den uneingeschränkten Bestätigungsvermerk mit zusätzlichen Bemerkungen zu ergänzen, wenn dadurch vermieden wird, dass sonst ein falscher Eindruck über den Inhalt der Prüfung und die Tragweite des Bestätigungsvermerks vermittelt wird.[2]

Demgegenüber ist der Bestätigungsvermerk auf Teilbereiche einzuschränken oder gänzlich zu versagen,[3] wenn Einwendungen seitens des Abschlussprüfers bestehen. Die Ursachen einer Einschränkung oder Versagung müssen vom Abschlussprüfer begründet werden.[4] Der Bestätigungsvermerk kann auch deshalb versagt werden, weil der Abschlussprüfer nicht in der Lage ist, ein Prüfungsurteil abzugeben (Prüfungshemmnis).[5]

Zusätzlich enthält der Bestätigungsvermerk einen Abschnitt zum Lagebericht. Der Gesetzgeber sah bislang jedoch kein Urteil ähnlich jenem zum Jahresab-

---
1 Vgl § 274 Abs 1 UGB vor Inkrafttreten RÄG 2014.
2 Vgl § 274 Abs 2 UGB vor Inkrafttreten RÄG 2014.
3 Vgl § 274 Abs 1 Z 3 lit b und c UGB vor Inkrafttreten RÄG 2014.
4 Vgl § 274 Abs 3 UGB vor Inkrafttreten RÄG 2014.
5 Vgl § 274 Abs 1 Z 3 lit d UGB vor Inkrafttreten RÄG 2014.

schluss vor. Es ist lediglich eine Aussage darüber zu treffen, ob der Lagebericht im Einklang mit dem geprüften Abschluss steht.[6]

B. Entwicklungen und Ausblick

Die weitreichenden Änderungen im Bereich der Abschlussprüfungen und des Bestätigungsvermerks basieren auf Adaptierungen lokaler Vorschriften wie etwa durch das neue Rechnungslegungsänderungsgesetz 2014 und diverser Fachgutachten, wie etwa das in diesem Beitrag näher behandelte KFS/PG 3, aber auch auf internationalen Entwicklungen rund um überarbeitete ISA sowie neue EU-Richtlinien und Verordnungen. Bei all den Neuerungen muss unterschieden werden, welche Änderungen alle Abschlussprüfungen und welche nur jene von börsennotierten Unternehmen bzw Unternehmen von öffentlichem Interesse (PIE[7]) betreffen. Die folgende Tabelle soll einen ersten Überblick über die neuen bzw geänderten Rechtsgrundlagen vermitteln:

	non PIE bzw nicht börsenorientiert	PIE bzw börsenorientiert
2015	§ 274 UGB KFS/PG 3 idF Juni 2013 KFS/PG 3 idF Juni 2015 (freiwillig)	
2016	§ 274 UGB idF RÄG 2014 ISA 700, 705, 706, 710, 720 (jeweils revised) KFS/PG 3 Update	§ 274 UGB idF RÄG 2014 ISA 700, 701, 705, 706, 710, 720 (jeweils revised) KFS/PG 3 Update
2017	Keine weitere Änderungen	Art 10 Abs 2 EU VO 537/2014

Für die Prüfung des Geschäftsjahres 2015 könnten sich demnach nur dann Änderungen ergeben, wenn das Fachgutachten KFS/PG 3 in der überarbeiteten Fassung vom Juni 2015 angewendet wird. Da die Neufassung grundsätzlich erst für die Prüfung der Geschäftsjahre ab 2016 anwendbar ist, müssten die Änderungen freiwillig vorzeitig übernommen werden.

Beim Vergleich der Änderungen für 2016 zeigt sich, dass für Abschlussprüfungen von börsennotierten Unternehmen auch ISA 701 relevant sein wird. Dieser Prüfungsstandard erweitert den Bestätigungsvermerk um sogenannte *Key Audit Matters*, dh Bereiche, denen der Abschlussprüfer eine besondere Aufmerksamkeit geschenkt hat.

---

6   Vgl § 274 Abs 5 UGB vor Inkrafttreten RÄG 2014.
7   PIE = Public Interest Entity im Sinne der EU-Verordnung.

Ab der Prüfung der Geschäftsjahre 2017 greifen die Änderungen der dann in Kraft getretenen EU-Verordnung Nr 537/2014. Diese bringt spezifische Anforderungen für die Abschlussprüfungen von sogenannten *Public Interest Entities*, also Unternehmen von öffentlichem Interesse. Die Definition von Unternehmen von öffentlichem Interesse findet sich in der Richtlinie 2006/43/EG in der geänderten Fassung.[8] Diese Definition wurde inzwischen auch vom österreichischen Gesetzgeber mittels § 189a Z 1 UGB idF RÄG 2014 übernommen. Unternehmen von öffentlichem Interesse sind demnach:

a. Unternehmen, deren übertragbare Wertpapiere zum Handel an einem geregelten Markt eines Mitgliedstaats der Europäischen Union oder eines Vertragsstaats des Abkommens über den Europäischen Wirtschaftsraum im Sinn des Art 4 Abs 1 Nr 21 der Richtlinie 2014/65/EU über Märkte für Finanzinstrumente sowie zur Änderung der Richtlinien 2002/92/EG und 2011/61/EU, ABl Nr L 173 vom 12.6.2014 S 349, zugelassen sind;
b. Kapitalgesellschaften, die Kreditinstitute im Sinn des Art 4 Abs 1 Nr 1 der Verordnung (EU) Nr 575/2013 über Aufsichtsanforderungen an Kreditinstitute und Wertpapierfirmen und zur Änderung der Verordnung (EU) Nr 646/2012, ABl Nr L 176 vom 27.6.2013 S 1 (mit Ausnahme der in Art 2 Abs 5 der Richtlinie 2013/36/EU über den Zugang zur Tätigkeit von Kreditinstituten und die Beaufsichtigung von Kreditinstituten und Wertpapierfirmen, zur Änderung der Richtlinie 2002/87/EG und zur Aufhebung der Richtlinien 2006/48/EG und 2006/49/EG, ABl Nr L 176 vom 27.6.2013 S 338, genannten Kreditinstitute) sind;
c. Kapitalgesellschaften, die Versicherungsunternehmen im Sinn des Art 2 Abs 1 der Richtlinie 91/674/EWG über den Jahresabschluss und den konsolidierten Abschluss von Versicherungsunternehmen, ABl Nr L 374 vom 31.12.1991 S 7, sind oder
d. Unternehmen, die ungeachtet ihrer Rechtsform in einem Bundesgesetz unter Verweis auf diese Bestimmung als solche bezeichnet werden.[9]

II. Abschlussprüfungen für das Geschäftsjahr 2015
A. Freiwillige Anwendbarkeit

Für Abschlussprüfungen des Geschäftsjahres 2015 ergeben sich nur dann Änderungen, wenn sich der Abschlussprüfer entschließt, das neue Fachgutachten KFS/PG 3 in der überarbeiteten, im Juni 2015 beschlossenen, Fassung vorzeitig anzuwenden. Andernfalls ist es erst für Abschlussprüfungen anwendbar, die am oder nach dem 30.6.2016 enden.[10]

---

8 Vgl Richtlinie 2006/43/EG, Art 2 lit 13.
9 § 189a Z 1 UGB idF RÄG 2014.
10 Vgl KFS/PG 3, Rz 72.

B. Änderungen durch KFS/PG 3

Kern des überarbeiteten Fachgutachtens KFS/PG 3 über die Erteilung von Bestätigungsvermerken nach den Vorschriften des UGB bei Abschlussprüfungen von Jahres- und Konzernabschlüssen, in der Fassung Juni 2015, ist die Übernahme der internationalen Prüfungsstandards (ISA – *International Standards on Auditing*) in Österreich.[11] Durch die Anwendung der ISA sollen die internationale Vergleichbarkeit und eine einheitliche Urteilsqualität der in der EU durchgeführten Abschlussprüfungen gefördert werden. Die ISA stellen international anerkannte Standards zur Abschlussprüfung dar und werden vom IAASB, dem *International Auditing and Assurance Standards Board*, erarbeitet und stetig weiterentwickelt. Bei künftigen Änderungen bestehender ISA oder neu erlassener ISA wird der Fachsenat für Unternehmensrecht und Revision der Kammer der Wirtschaftstreuhänder mit Hinblick auf den Einklang mit österreichischem Recht entscheiden, ob und ab wann diese zur Anwendung kommen. Sollten aufgrund der österreichischen Rechtslage zusätzliche Anforderungen oder Klarstellungen notwendig sein, wird der Fachsenat diesen bei seinem Anwendungsbeschluss Rechnung tragen.[12]

Durch die Übernahme der ISA bleibt zwar der Bereich des Bestätigungsvermerks zum Lagebericht noch weitgehend unberührt,[13] jedoch ergeben sich im Abschnitt des Bestätigungsvermerks zum Jahresabschluss zahlreiche Änderungen. Die Auswirkungen der einzelnen ISA werden ausführlich im Kapitel III. dieses Beitrages erläutert.

III. Abschlussprüfungen für das Geschäftsjahr 2016

A. Einführung der ISA

Die neu eingeführten ISA sind für Abschlussprüfungen von Geschäftsjahren, die am oder nach dem 15.12.2016 enden, anwendbar. In der Folge sollen die wichtigsten internationalen Prüfungsstandards einzeln vorgestellt werden.

1. ISA 700 – Form und Inhalt des Bestätigungsvermerks

Der überarbeitete ISA 700 (*forming an opinion and reporting on financial statements*) ist der übergeordnete Standard, der die Verantwortung des Abschlussprüfers sowie die Form und den Inhalt des Bestätigungsvermerks beschreibt. Der Standard zielt darauf ab, die Verständlichkeit des Prüfberichtes für Anleger und andere Abschlussadressaten erheblich zu erhöhen. ISA 700 verweist dabei auch auf die anderen überarbeiteten bzw neuen ISA.

---
11 Vgl KFS/PG 1, Rz 13.
12 Vgl KFS/PG 1, Rz 5.
13 Die Prüfung des Lageberichts wird von den ISA nicht behandelt, ersatzweise ist KFS/PG 10 zu beachten.

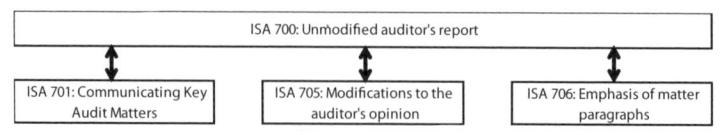

```
            ISA 700: Unmodified auditor's report
      ↑                      ↑                       ↑
ISA 701: Communicating    ISA 705: Modifications    ISA 706: Emphasis of
Key Audit Matters         to the auditor's opinion  matter paragraphs
```

Zur vollständigen Integration der Standards konkretisiert das Fachgutachten KFS/PG 3 die Anforderungen und Formulierungen für Abschlussprüfungen in Österreich.[14] Bei der Abgabe eines uneingeschränkten Bestätigungsvermerks zum Beispiel gibt ISA 700 Formulierungen vor, wie der Abschlussprüfer erklärt, dass die durchgeführte Prüfung zu keinen Einwendungen geführt hat und der Abschluss ein den tatsächlichen Verhältnissen entsprechendes Bild vermittelt.[15] Das Fachgutachten relativiert die vorgegebenen Formulierungen jedoch, da diese in Österreich teilweise schon gesetzlich vorgegeben sind.[16]

Hinsichtlich des Lageberichtes sieht ISA 700 keine expliziten Aussagen vor, sondern beinhaltet eine eher allgemein gehaltene Norm,[17] die das Fachgutachten dann zum Lagebericht in Beziehung setzt.[18]

2. ISA 701 – Key Audit Matters

Der neue Standard ISA 701 (*communicating key audit matters in the independent auditor's report*) ist nur anwendbar, wenn es sich um eine Abschlussprüfung eines **börsennotierten** Unternehmens handelt.[19] ISA 701 soll die Aussagekraft des Bestätigungsvermerks und die Transparenz hinsichtlich der Prüfungsschwerpunkte der durchgeführten Abschlussprüfung erhöhen. Das soll dadurch erreicht werden, dass der Abschlussprüfer im Zuge der Prüfung sogenannte Key Audit Matters (= **besonders wichtige Prüfungssachverhalte**) identifiziert, diese bei Abgabe des Bestätigungsvermerks nach außen kommuniziert und anschließend näher erläutert.[20]

Die Kommunikation von Key Audit Matters soll außerdem den Bilanzleser dabei unterstützen, das Unternehmen besser zu verstehen und jene Bereiche des Jahresabschlusses zu identifizieren, denen ein hoher Grad an *management judgment* zu Grunde liegt.[21]

ISA 701 definiert den Begriff Key Audit Matter wie folgt:

> Those matters that, in the auditor's professional judgment, were of most significance in the audit of the financial statements of the current period; Key audit matters are selected from matters communicated with those charged with governance.[22]

---
14 Vgl KFS/PG 3, Rz 2.
15 Vgl ISA 700.35.
16 Vgl KFS/PG 3, Rz 24.
17 Vgl ISA 700.38: Sonstige über die ISA-Angabepflichten hinausgehende Angabepflichten.
18 Vgl KFS/PG 3, Rz 34.
19 Vgl ISA 701.5.
20 Vgl ISA 701.7.
21 Vgl ISA 701.2.
22 Definition nach ISA 701.8.

Die korrekte Anwendung des Standards setzt voraus, dass Key Audit Matters stets einzelfallbezogen formuliert werden und nicht bloße Textbausteine sind, wenngleich in der Praxis bei vielen Abschlussprüfungen die gleichen Schwerpunktthemen festgelegt werden. Key Audit Matters werden von der Komplexität des Sachverhalts, den anwendbaren Rechnungslegungsvorschriften sowie von den Ermessensspielräumen des Managements determiniert. Dabei sind außerdem die quantitativen und qualitativen Auswirkungen abzuschätzen.

Aus Sicht der Abschlussprüfung handelt es sich bei den Key Audit Matters meist um jene Bereiche, die den höchsten Prüfungsaufwand darstellen und oftmals den Einsatz von Spezialisten erforderlich machen.

Die Kommunikation von Key Audit Matters ist jedoch kein Ersatz für fehlende Angaben im Anhang oder im Lagebericht, für Modifikationen nach ISA 705 oder für einen notwendigen Hinweis auf eine Bestandsgefährdung nach ISA 570 *(going concern)*. Ein Key Audit Matter stellt auch kein separates Teilurteil für den beschriebenen Bereich dar.[23]

Folgende Punkte sollten in der Beschreibung von Key Audit Matters enthalten sein:

- Beschreibung, warum der Sachverhalt als besonders wesentlich in der Prüfung erachtet wurde und deshalb ein Key Audit Matter darstellt;
- Beschreibung des prüferischen Vorgehens *(audit response)*, um dem Risiko angemessen Rechnung zu tragen;
- Verweis auf weitergehende Informationen im Abschluss oder Lagebericht.[24]

ISA 701 lässt jedoch eine Möglichkeit offen, in äußerst seltenen Ausnahmefällen von der Bekanntgabe von Key Audit Matters Abstand zu nehmen. Das ist nur dann zulässig, wenn die Veröffentlichung bestimmter Bereiche gesetzlich verboten ist oder wenn es sich um derart sensitive Informationen handelt, bei denen die negativen Konsequenzen der Veröffentlichung mit hoher Wahrscheinlichkeit das öffentliche Interesse an den Informationen überwiegen.[25] Diese Regelung ist jedenfalls sehr restriktiv anzuwenden und eher die Ausnahme als die Regel. Sie dient nicht als pauschale Begründung, um die Bekanntgabe von Key Audit Matters zu unterlassen. Sollte das Unternehmen Informationen zu einem sensiblen Bereich andernorts öffentlich zugänglich machen, dann untersagt ISA 701 explizit die Anwendung der Ausnahmeregelung.[26]

Der Standard wird jedenfalls auch Auswirkungen auf die Durchführung der Abschlussprüfung haben. So sind bereits im Rahmen der Prüfungsplanung neben den signifikanten Risiken auch die erwarteten Key Audit Matters zu definieren

---

23 Vgl ISA 701.4.
24 Vgl ISA 701.13.
25 Vgl ISA 701.14.
26 Vgl ISA 701.14(b).

und mit dem Vorstand und Aufsichtsrat („those charged with governance") zu diskutieren. Im Zuge der Abschlussprüfung sind die definierten Key Audit Matters fortwährend kritisch zu hinterfragen und gegebenenfalls anzupassen. Letztlich ist zu entscheiden, welche Sachverhalte mit dem Prüfungsausschuss diskutiert und in den Bericht an den Prüfungsausschuss aufgenommen werden und welche Sachverhalte daraus wieder in den Bestätigungsvermerk aufgenommen werden, wobei die diesbezüglichen Überlegungen in den Arbeitspapieren zu dokumentieren sein werden.[27]

3. ISA 705 – Modifizierungen

ISA 705 (*modifications to the opinion in the independent auditor's report*) behandelt die Form und den Inhalt des Bestätigungsvermerks, wenn der Abschlussprüfer der Meinung ist, dass dieser einer Modifizierung bedarf.[28]

Der Abschlussprüfer hat den Bestätigungsvermerk dann zu modifizieren, wenn

- er auf der Grundlage der erlangten Prüfungsnachweise zu der Schlussfolgerung gelangt, dass der Abschluss insgesamt nicht frei von wesentlichen falschen Darstellungen ist, oder
- er nicht in der Lage ist, ausreichende geeignete Prüfungsnachweise zu erlangen, die den Schluss erlauben, dass der Abschluss insgesamt frei von wesentlichen falschen Darstellungen ist[29] (Prüfungshemmnis).

Da die Bezeichnungen potentieller Modifizierungen des Bestätigungsvermerks nach ISA 705 und UGB unterschiedlich sind, setzt KFS/PG 3 diese zueinander in Beziehung.[30]

ISA	UGB
eingeschränktes Prüfungsurteil (ISA 705.6 (a) oder (b), 7)	eingeschränkter Bestätigugnsvermerk (§ 274 Abs 1 Z 3 lit b)
versagtes Prüfungsurteil (ISA 705.6 (a), 8)	Versagung auf Grund von Einwendungen (§ 274 Abs 1 Z 3 lit c)
nicht abgegebenes Prüfungsurteil (ISA 705.6 (b), 9 f)	Versagung, weil der Abschlussprüfer nicht in der Lage ist, ein Prüfungsurteil abzugeben (§ 274 Abs 1 Z 3 lit d)

---

27 Vgl ISA 701.18.
28 Vgl ISA 705.1.
29 Vgl ISA 705.6.
30 Vgl KFS/PG 3, Rz 29.

Der Bestätigungsvermerk hat unmittelbar vor dem Prüfungsurteil einen Absatz zu enthalten, der die Grundlagen der Modifizierung erläutert. Dieser ist mit *„Grundlage für das eingeschränkte Prüfungsurteil"* oder *„Grundlage für das versagte Prüfungsurteil"* zu bezeichnen.[31] Darin zu beschreiben ist der Sachverhalt, welcher zur Modifizierung geführt hat. Bezieht sich die falsche Darstellung auf bestimmte Beträge im Jahresabschluss, dann sind die Auswirkungen der falschen Darstellung zu beschreiben und zu quantifizieren. Sollte sich die falsche Darstellung auf verbale Abschlussangaben beziehen, dann sind diese zu erläutern. Bei Prüfungshemmnissen sind die Gründe für die fehlende Möglichkeit, Prüfungsnachweise zu erlangen, zu benennen.[32]

Der Absatz mit dem Prüfungsurteil ist infolge der Modifizierung als *„Eingeschränktes Prüfungsurteil"*, *„Versagtes Prüfungsurteil"* oder *„Nichtabgabe eines Prüfungsurteils"* zu bezeichnen. Der erste Satz lautet entsprechend: „Unsere Prüfung hat zu den im vorstehenden Absatz angeführten Einwendungen geführt".[33] Der Absatz enthält bei einem eingeschränkten Prüfungsurteil die Formulierung „… mit der Ausnahme der Auswirkung[34] der im Absatz Grundlage für das eingeschränkte Prüfungsurteil beschriebenen Sachverhalte …". Bei einem negativen Prüfungsurteil ist gemäß ISA 705 wie folgt zu erläutern: „… entspricht nicht den gesetzlichen Vorschriften und vermittelt kein möglichst getreues Bild …". Sollte ein Prüfungshemmnis derart bedeutend sein, dass kein Prüfungsurteil abgegeben werden kann, dann enthält der Absatz folgenden Textteil: „… aufgrund der Bedeutung der im Absatz ‚Grundlagen für die Nichtabgabe des Prüfungsurteils' beschriebenen Sachverhalte waren wir nicht in der Lage, ausreichend geeignete Prüfungsnachweise als Grundlage für ein Prüfungsurteil zu erlangen, und folglich geben wir kein Prüfungsurteil zu diesem Abschluss ab …".

4. ISA 706 – Zusätze

Das Ziel des überarbeiteten Standards ISA 706 (*emphasis of matter paragraphs and other matter paragraphs in the independent auditor's report*) ist es, die Aufmerksamkeit der Nutzer des Jahresabschlusses auf bestimmte, aus der Sicht des Abschlussprüfers besonders wichtige, Sachverhalte zu lenken.[35] Dies geschieht in Form eines Zusatzes zum Bestätigungsvermerk, wofür ISA 706 zwei Arten von gesonderten Absätzen vorsieht:

---

31 Vgl KFS/PG 3, Rz 30.
32 Vgl ISA 705.16 ff.
33 Vgl KFS/PG 3, Rz 32.
34 Bei einer Einschränkung des Prüfungsurteils aufgrund eines Prüfungshemmnisses lautet die die Formulierung mangels der Möglichkeit die Auswirkungen abzuschätzen bzw zu quantifizieren: „mit Ausnahme der *möglichen* Auswirkungen".
35 Vgl ISA 706.6.

- Überschrift „**Hervorhebung eines Sachverhalts**" (*emphasis of matter paragraph*):
  Ein im Vermerk des Abschlussprüfers enthaltener Absatz, der sich auf einen im Abschluss angemessen dargestellten oder angegebenen Sachverhalt bezieht, der nach der Beurteilung des Abschlussprüfers so wichtig ist, dass er grundlegend für das Verständnis das Abschlusses durch die Nutzer ist.[36] Es handelt sich somit um einen klaren Verweis auf einen bestimmten Sachverhalt und die dementsprechende Stelle im Anhang.
- Überschrift „**Hinweis auf sonstige Sachverhalte**" (*other matter paragraph*):
  Ein im Vermerk des Abschlussprüfers enthaltener Absatz, der sich auf einen nicht im Abschluss dargestellten oder angegebenen Sachverhalt bezieht, der nach der Beurteilung des Abschlussprüfers für das Verständnis der Nutzer von der Abschlussprüfung, den Pflichten des Abschlussprüfers oder von dem Vermerk des Abschlussprüfers relevant ist.[37]

Die Zusätze befinden sich unmittelbar nach dem Prüfungsurteil. Der bisher gängige Eröffnungssatz „Ohne unser Prüfungsurteil einzuschränken, …" wird durch die Formulierung am Ende des Zusatzes „Unser Prüfungsurteil ist im Hinblick auf diesen Sachverhalt nicht eingeschränkt" ersetzt.

Ein Zusatz ist jedoch nicht notwendig, wenn der angesprochene Sachverhalt bereits zu einer Einschränkung im Sinne des ISA 705 führt[38] oder als *Key Audit Matter* im Sinne des ISA 701 behandelt und erläutert wird.[39]

Sollte der Abschlussprüfer zu der Entscheidung gelangen, dass er einen Zusatz im Bestätigungsvermerk aufnehmen wird, ist vorab das Management bzw der Aufsichtsrat zu informieren, um das Wording des Absatzes entsprechend abzustimmen.[40]

5. ISA 510 – Eröffnungsbilanzwerte bei Erstprüfungen

Die Vorgehensweise bei Erstprüfungen wurde bislang von der Stellungnahme KFS/PE 7 geregelt. Diese entfällt bzw wird durch ISA 510 (*initial audit engagements – opening balances*) vollständig ersetzt. Ziel des internationalen Standards ist es, dass der Abschlussprüfer bei einer Erstprüfung ausreichend Prüfungssicherheit darüber erlangt, ob

- die Eröffnungswerte falsche Darstellungen enthalten; und
- eine Stetigkeit der Bilanzierungs- und Bewertungsmethoden vorliegt und Abweichungen davon in Übereinstimmung mit den maßgebenden Rechnungslegungsvorschriften sachgerecht berücksichtigt und offengelegt werden.[41]

---
36 Vgl ISA 706.8.
37 Vgl ISA 706.10.
38 Vgl ISA 706.8(a).
39 Vgl ISA 706.8(b) und ISA 706.10(b).
40 Vgl ISA 706.12.
41 Vgl ISA 510.3.

Die Prüfungshandlungen nach KFS/PE 7 richteten sich vordergründig auf die Plausibilität der übernommenen Eröffnungswerte. So musste etwa die Plausibilität der Wertansätze des am Beginn des Geschäftsjahres vorhandenen Anlagevermögens, die Plausibilität der Rückstellungen, die Plausibilität des Vorratsvermögens und die Plausibilität von wesentlichen Aufwendungen und Erträgen beurteilt werden. Bei dieser Beurteilung der Plausibilität wurden an die Sicherheit des Prüfungsergebnisses geringere Anforderungen gestellt als bei der Prüfung der Richtigkeit. Die Prüfung wurde auf das Abrechnungssystem und vergleichende Analysen beschränkt.

Demgegenüber verlangt ISA 510 konkrete Prüfungshandlungen, um ausreichende Prüfungsnachweise zu erlangen, ob die Eröffnungswerte falsche Darstellungen mit wesentlichen Auswirkungen auf den Abschluss des laufenden Zeitraums enthalten:

- Feststellung, ob die Schlussbilanz-Werte des vorhergehenden Zeitraums richtig auf den laufenden Zeitraum vorgetragen oder erforderlichenfalls angepasst wurden.
- Feststellung, ob Eröffnungswerte die Anwendung sachgerechter Rechnungslegungsmethoden widerspiegeln.
- Durchführung einer oder mehrerer folgender Prüfungshandlungen:
  - Durchsicht der Arbeitspapiere des vorherigen Abschlussprüfers;
  - Beurteilung, ob die im laufenden Zeitraum durchgeführten Prüfungshandlungen auch für die Eröffnungswerte relevante Nachweise liefern;
  - Durchführung bestimmter Prüfungshandlungen, um Nachweise zu den Eröffnungswerten zu erlangen.[42]

Die Forderung konkreter Prüfungshandlungen weist darauf hin, dass eine bloße Beurteilung der Plausibilität nicht mehr ausreichend sein wird.

Hat der Abschlussprüfer keine ausreichende Möglichkeit, die Eröffnungswerte zu prüfen bzw deren Plausibilität zu beurteilen, konnte nach KFS/PE 7 neben einer Einschränkung auch mittels eines Zusatzes darauf hingewiesen werden. In der österreichischen Praxis wurden bisher immer Zusätze gemacht. Diese Möglichkeit besteht mit ISA 510 nicht mehr, da ein Zusatz im Sinne des ISA 706 dafür nicht mehr ausreicht. Folgende Prüfungsfeststellungen sind bei der Erteilung des Vermerks daher zu beachten:[43]

Prüfungsfeststellung	Konsequenz aufgrund ISA 510
Keine ausreichend geeigneten Prüfungsnachweise zu Eröffnungswerten erlangt	Einschränkung oder Nichtabgabe eines Prüfungsurteils (nach ISA 705)

---
42 Vgl ISA 510.6.
43 Vgl ISA 510.10 ff.

Eröffnungswerte enthalten falsche Darstellungen mit wesentlichen Auswirkungen auf den laufenden Abschluss und diese sind nicht sachgerecht dargestellt	Einschränkung oder Versagung des Prüfungsurteils (nach ISA 705)
Rechnungslegungsmethoden des laufenden Zeitraums werden gegenüber den Eröffnungswerten nicht stetig angewendet oder Änderungen der Rechnungslegungsmethoden wurden nicht sachgerecht berücksichtigt oder nicht angemessen angegeben oder dargestellt	Einschränkung oder Versagung des Prüfungsurteils (nach ISA 705)
Wenn das Vorjahresurteil modifiziert war und diese Modifizierung für den laufenden Zeitraum relevant bleibt	Prüfungsurteil des laufenden Zeitraums modifizieren (ISA 705 und ISA 710 beachten)

Von hoher praktischer Relevanz ist vor allem der erste Punkt, die nicht ausreichende Erlangung von Prüfungsnachweisen zu Eröffnungswerten. Wenn zum Beispiel die Vorräte wesentlich waren, dann müsste man an der Inventur teilnehmen. Da das rückwirkend nicht mehr möglich ist, müssten alternative Prüfungshandlungen durchgeführt werden. Können dadurch keine ausreichenden geeigneten Prüfungsnachweise erlangt werden, ist aufgrund eines Prüfungshemmnisses auf die Vorräte einzuschränken.

6. ISA 710 – Vergleichsinformationen

Durch die Übernahme der ISA in Österreich kommt mit ISA 710 eine Regelung, die es bisher in Österreich nicht gab. Der Standard regelt die Verantwortung des Abschlussprüfers hinsichtlich der Prüfung von Vergleichsinformationen im Jahresabschluss.

Die Fachgutachten KFS/PG 1 und KFS/PG 3 stellen für Abschlussprüfungen in Österreich klar, dass es sich bei den vergleichenden Darstellungen in Abschluss nach UGB und IFRS, wie sie in der EU anwendbar sind, um Vergleichszahlen (*corresponding figures*) im Sinne des ISA 710.6(b) handelt. Das bedeutet, dass sich das Prüfungsurteil nur auf den Abschluss des laufenden Zeitraumes bezieht und nicht auch auf Vorperioden.[44] Diese Klarstellung ist deshalb notwendig, da ISA 710 Vergleichsinformationen unterscheidet zwischen Regelwerken, die Vergleichszahlen, und Regelwerken, die Vergleichsabschlüsse vorschreiben.[45]

---
44 Vgl KFS/PG 3, Rz 51 sowie KFS/PG 1, Rz 41.
45 ZB: US-GAAP hat Vergleichsabschlüsse, IFRS und UGB haben Vergleichszahlen.

Vergleichszahlen sind definiert als Vergleichsinformationen in Form von Beträgen und anderen Angaben für den vorhergehenden Zeitraum, die als integraler Bestandteil zum Abschluss des laufenden Zeitraums enthalten sind und nur im Zusammenhang mit den Beträgen und anderen Angaben für den laufenden Zeitraum zu lesen sind.[46]

Der Abschlussprüfer muss feststellen, ob der Abschluss die erforderlichen Vergleichsinformationen enthält, die dem maßgeblichen Regelwerk der Rechnungslegung entsprechen. Dafür ist zu beurteilen, ob

a. die Vergleichsinformationen mit den im vorhergehenden Zeitraum dargestellten Beträgen und anderen Angaben übereinstimmen oder erforderlichenfalls angepasst wurden; und
b. die in den Vergleichsinformationen widergespiegelten Rechnungslegungsmethoden mit den im laufenden Zeitraum angewendeten übereinstimmen oder ob im Falle von Änderungen in den Rechnungslegungsmethoden diese Änderungen sachgerecht in der Rechnungslegung berücksichtigt und angemessen im Abschluss angegeben und dargestellt sind.[47]

Die Auswirkungen auf den Bestätigungsvermerk sollen in der nachfolgenden Übersicht anschaulich gemacht werden:[48]

Ref	Vorhergehender Zeitraum	Variante	Sachverhalt	Laufender Zeitraum
A)	Modifiziertes Prüfungsurteil Dh Vermerk hat ein • eingeschränktes, • nicht abgegebenes, • versagtes Prüfungsurteil	A.1)	Wesentlicher Sachverhalt wurde **nicht geklärt**	Modifiziertes Prüfungsurteil mit Absatz für Grundlage der Modifizierung: a) Beschreibung des Sachverhalts der zur Modifizierung geführt hat, sowohl auf Zahlen des Berichtszeitraums **als auch auf Vergleichszahlen** Bezug nehmen; oder b) in anderen Fällen erläutern, dass Prüfungsurteil aufgrund der tatsächlichen oder möglichen Auswirkungen des nicht geklärten Sachverhalts auf die Vergleichbarkeit der Zahlen des laufenden Zeitraums und der Vergleichszahlen modifiziert wurde

---
46 Vgl ISA 710.6(b).
47 Vgl ISA 710.7.
48 Vgl ISA 710.10 ff.

		A.2)	Wesentlicher Sachverhalt **wurde geklärt** und sachgerecht berücksichtigt oder angemessen angegeben	Prüfungsurteil muss nicht auf fürhere Modifizierung Bezug nehmen; (aber möglicherweise Zusatz zum Vermerk)
B)	Nicht modifiziertes Prüfungsurteil	B.1)	Obwohl wesentliche falsche Darstellungen im Abschluss waren, wurden Vergleichszahlen **nicht korrigiert** oder keine angemessenen Angaben gemacht	Eingeschränktes oder versagtes Prüfungsurteil, das aufgrund der im Abschluss enthaltenen Vergleichszahlen modifiziert ist
		B.2.)	Wesentliche falsche Darstellungen im Abschluss wurden im laufenden Zeitraum **korrigiert** oder es wurden angemessene Angaben gemacht	Absatz zur Hervorhebung eines Sachverhalts (Zusatz), der die Umstände beschreibt und auf Abschlussangaben Bezug nimmt, die den im Abschluss abgebildeten Sachverhalt vollständig beschreiben

Sollte der vorhergehende Zeitraum von einem vorherigen Abschlussprüfer geprüft worden sein und es dem Abschlussprüfer gesetzlich nicht untersagt sein sich auf diesen hinsichtlich der Vergleichszahlen zu beziehen, so kann er dies durch einen Absatz mit einem Hinweis auf sonstige Sachverhalte (Zusatz; siehe ISA 706) machen. Dieser Absatz enthält eine Beschreibung der Tatsache, dass der vorhergehende Abschluss vom vorherigen Abschlussprüfer geprüft wurde, die Art des vom vorherigen Abschlussprüfer abgegebenen Prüfungsurteils sowie das Datum des Vermerks.[49]

Sollte der vorhergehende Zeitraum ein nicht geprüfter Abschluss sein, dann muss der Abschlussprüfer ausreichend Prüfungsnachweise hinsichtlich der Eröffnungswerte erlangen (siehe ISA 510). Außerdem muss ein Absatz mit einem Hinweis auf sonstige Sachverhalte (Zusatz; siehe ISA 706) aufgenommen werden, dass die Vergleichszahlen nicht geprüft sind.[50]

7. ISA 720 – Sonstige Informationen

Der überarbeitete Standard ISA 720 (*the auditor's responsibilities relating to other information*) behandelt die Verantwortung und die Pflichten des Abschlussprü-

---
49 Vgl ISA 710.13.
50 Vgl ISA 710.14.

fers hinsichtlich anderer, zusammen mit dem Jahresabschluss und Lagebericht veröffentlichter Informationen. Klassische Anwendungsbeispiele dafür sind etwa:

- ungeprüfte Teile des Geschäftsberichtes,
- der „Corporate Governance"-Bericht,
- der Nachhaltigkeitsbericht oder
- ein „Remuneration-Report".

Der Abschlussprüfer ist nach ISA 720 dazu verpflichtet, diese sonstigen Informationen kritisch zu lesen und auf etwaige wesentliche Unstimmigkeiten und inhaltliche Fehler durchzusehen.[51] Sollten hierbei Mängel festgestellt werden, sind diese mit dem Management zu besprechen. Werden diese nicht korrigiert, sind die Aufsichtsorgane der Gesellschaft zu informieren.[52] Es ist jedoch kein gesondertes Prüfungsurteil abzugeben und daher auch keine umfangreiche Prüfungssicherheit zu erlangen.

B. Rechnungslegungsänderungsgesetz 2014

1. Fortführung der Unternehmenstätigkeit

Das RÄG 2014 brachte erhebliche Änderungen für das Unternehmensrecht. Im Zuge dessen wurde auch der Paragraph 274 UGB zum Bestätigungsvermerk abgeändert. So wurde etwa eine neue Regelung hinsichtlich der Beurteilung der sogenannten *Going-concern*-Prämisse aufgenommen:

> Der Bestätigungsvermerk muss eine Erklärung zu etwaigen wesentlichen Unsicherheiten in Verbindung mit den Ereignissen oder Gegebenheiten enthalten, die erhebliche Zweifel an der Fähigkeit des Unternehmens zur Fortführung der Unternehmenstätigkeit aufwerfen könnten.[53]

Demgemäß ist fortan bereits im Bestätigungsvermerk eine Aussage über die Fähigkeit des Unternehmens zur Fortführung der Unternehmenstätigkeit zu treffen.

2. Änderungen beim Lagebericht

Die Änderungen der Regelungen des UGB hinsichtlich der Prüfung des Lageberichts sind weit umfangreicher. Ein Textvergleich des UGBs vor und nach dem RÄG zeigt die Erweiterungen der gesetzlichen Anforderungen:

---

51 Vgl ISA 720.14 f.
52 Vgl ISA 720.17.
53 § 274 Abs 4 idF RÄG 2014.

§ 274 Abs 5 UGB – Alte Fassung	§ 274 Abs 5 UGB – Neue Fassung

Der Bestätigungsvermerk hat auch eine Aussage darüber zu enthalten, ob der Lagebericht oder der Konzernlagebericht nach dem Urteil des Abschlussprüfers mit dem Jahresabschluss oder mit dem Konzernabschluss in Einklang steht und ob die Angaben nach § 243a zutreffen.	Der Bestätigungsvermerk umfasst ferner
	1. ein Urteil darüber, ob der Lagebericht oder Konzernlagebericht
	   a) mit dem Jahresabschluss beziehungsweise Konzernabschluss des betreffenden Geschäftsjahres in Einklang steht,
	   b) nach den geltenden rechtlichen Anforderungen aufgestellt wurde und
	   c) gegebenenfalls zutreffende Angaben nach § 243a enthält sowie
	2. eine Erklärung, ob angesichts der bei der Prüfung gewonnenen Erkenntnisse und des gewonnenen Verständnisses über das Unternehmen und sein Umfeld wesentliche fehlerhafte Angaben im Lagebericht beziehungsweise Konzernlagebericht festgestellt wurden, wobei auf die Art dieser fehlerhaften Angaben einzugehen ist.

Erstmals muss der Bestätigungsvermerk somit **ein Urteil** darüber abgeben, ob der Lagebericht im Einklang mit dem Jahresabschluss steht, dieser nach den geltenden rechtlichen Anforderungen aufgestellt wurde und ob dieser gegebenenfalls Angaben nach § 243a UGB enthält. Gänzlich neu dabei ist, im Vergleich zur vorherigen Fassung des § 274 Abs 5 UGB, dass im Bestätigungsvermerk nun auch die Information aufzunehmen ist, ob der Lagebericht nach den geltenden rechtlichen Anforderungen aufgestellt wurde.

Außerdem hat der Bestätigungsvermerk **eine Erklärung** zu enthalten, ob angesichts der bei der Prüfung gewonnenen Erkenntnisse und des gewonnenen Verständnisses über das Unternehmen und sein Umfeld wesentliche fehlerhafte Angaben im Lagebericht festgestellt wurden, wobei auf die Art dieser fehlerhaften Angaben einzugehen ist.

IV. Abschlussprüfungen für das Geschäftsjahr 2017
A. Neuregelung auf europäischer Ebene

Die EU-Richtlinie 2014/56/EU führt zur Änderung der bisher gültigen Richtlinie 2006/43/EG über Abschlussprüfungen von Jahresabschlüssen und konsolidierten Abschlüssen. Sie gilt für alle Abschlussprüfungen innerhalb der Europäischen Union und musste von den einzelnen Mitgliedsstaaten bis 2016 in nationales Recht umgesetzt werden. Die darin enthaltenen Bestimmungen zum Bestätigungsvermerk wurden in Österreich durch das Rechnungslegungsänderungsgesetz 2014 übernommen.

Die EU-Verordnung Nr 537/2014 hebt den Beschluss der Kommission 2005/909/EG auf und beinhaltet spezifische Anforderungen an die Abschlussprüfung bei Unternehmen von öffentlichem Interesse (*Public Interest Entities*). Gemäß Artikel 44 der Verordnung wurde der Zeitpunkt des Inkrafttretens mit 17.6.2016 festlegt.[54]

B. Änderungen im Bestätigungsvermerk

Artikel 10 der EU-Verordnung widmet sich speziell dem Bestätigungsvermerk von Unternehmen von öffentlichem Interesse. Dabei werden folgende Bestandteile des Bestätigungsvermerks gefordert:[55]

- Angabe, von wem bzw welchem Organ der Abschlussprüfer bestellt wurde;
- Angabe des Datums der Bestellung sowie des gesamten Zeitraums ununterbrochener Beauftragung, einschließlich bereits erfolgter Verlängerungen des Mandats und erneuter Bestellungen;
- Darlegung, in welchem Maße die Prüfung geeignet war, Unregelmäßigkeiten, einschließlich Betrug, aufzudecken;
- Bestätigung, dass das Prüfurteil mit dem zusätzlichen Bericht an den Prüfungsausschuss im Einklang steht;
- Erklärung, dass keine verbotenen Nichtprüfungsleistungen erbracht wurden und der Abschlussprüfer seine Unabhängigkeit gewahrt hat;
- Angabe aller Nichtprüfungsleistungen, die durch den Abschlussprüfer erbracht wurden und nicht im Abschluss oder Lagebericht offengelegt wurden.

Ähnlich den *Key Audit Matters* im Sinne des ISA 701 fordert die EU-Verordnung eine Darlegung des Folgenden zur Untermauerung des Prüfungsurteils:[56]

- Eine Beschreibung der bedeutsamsten beurteilten Risiken wesentlicher Falschdarstellungen, einschließlich der beurteilten Risiken wesentlicher Falschdarstellungen aufgrund von Betrug;

---

54 Vgl Verordnung (EU) Nr 537/2014, Art 44.
55 Vgl Verordnung (EU) Nr 537/2014, Art 10 Abs 2.
56 Vgl Verordnung (EU) Nr 537/2014, Art 10 Abs 2 lit c.

- eine Zusammenfassung der Reaktion des Prüfers auf diese Risiken;
- gegebenenfalls wichtige Feststellungen, die sich in Bezug auf diese Risiken ergeben.

V. Empirische Ergebnisse zur Reform in Europa

Mit Großbritannien und den Niederlanden gibt es bereits europäische Vorreiter hinsichtlich eines erweiterten Bestätigungsvermerks. Der britische Regulator FRC (*Financial Reporting Council*) veröffentlichte im März 2015 eine Studie betreffend erster Erfahrungen mit der Kommunikation von Key Audit Matters (in UK „*areas of focus*" genannt).[57]

Daraus geht hervor, dass in den Bestätigungsvermerken der FTSE 250 Unternehmen im Durchschnitt über drei bis vier wesentliche Risiken berichtet wurde. In der FRC-Publikation findet sich auch eine Grafik zur Häufigkeitsverteilung der berichteten Risiken:

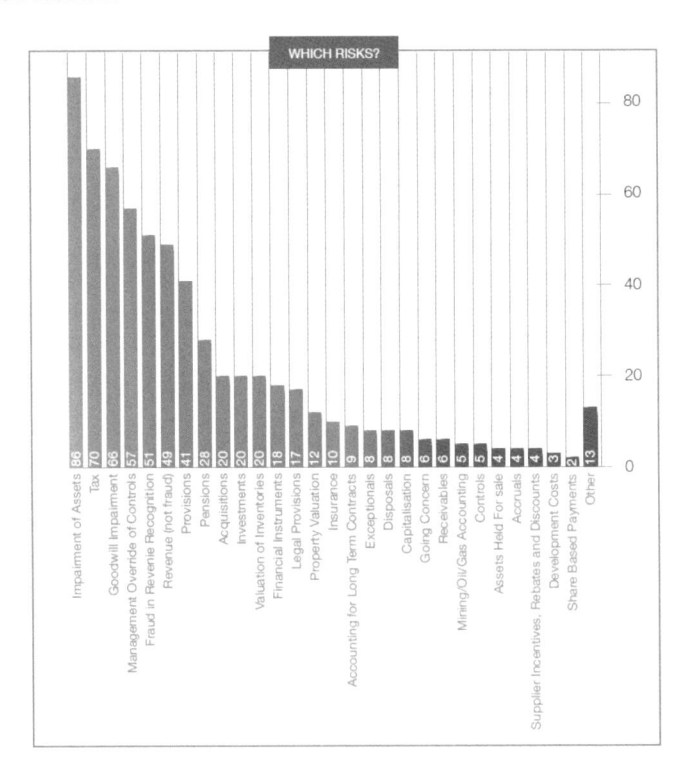

---

57 Siehe FRC (2015): Extended auditor's report – a review of experience in the first year, online: https://www.frc.org.uk/Our-Work/Publications/Audit-and-Assurance-Team/Extended-auditor-s-reports-A-review-of-experience.pdf.

Demnach finden sich in den untersuchten Bestätigungsvermerken am Häufigsten Ausführungen zu Risiken hinsichtlich der Prüfung der Werthaltigkeit der Vermögenswerte und des Firmenwertes (zusammen 23 % aller berichteten Risiken) sowie zu Steuern und zur Umsatzerfassung (inklusive betrügerische Handlungen im Zusammenhang damit).

Dazu veröffentlichte die Studie auch konkrete Beispiele zur Veranschaulichung der verschiedenen Darstellungsmethoden und Formulierungen der Prüfungsgesellschaften. Zu den besonders häufig aufgezählten Risiken finden sich exemplarisch folgende Abbildungen:

Goodwill impairment

Area of focus	How the scope of our audit addressed the area of focus
Goodwill impairment reviews We focused on this area because the Group carries significant goodwill and acquired intangible asset balances. There is judgement in the identification and aggregation of cash generating units (CGUs) and in the assumptions used in the annual goodwill impairment review.	We tested management's impairment analysis by examining their identification and aggregation of CGUs and by evaluating the underlying assumptions through assessment of forecast, market conditions and sensitivity analysis and through assessing the historical accuracy of forecasts and budgets. We assessed management's calculation of discount rates and perpetuity growth rates and we tested the integrity of the valuation model.

Extract from PwC's auditor's report on Pearson plc

Taxation

The assessment of the carrying value of deferred tax assets for trading losses. We evaluated the integrity of the forecast models and considered the appropriateness of management's assumptions and estimates in relation to the likelihood of generating suitable future taxable profits to support the recognition of deferred tax assets. We evaluated the historical accuracy of forecasting and the integrity of the forecast models and as a result of these procedures, we formed our own view on the Group's capacity to get effective relief for tax losses over the forecast period.

Extract from E&Y's auditor's report on Intercontinental Hotels Group PLC.

Bei der Durchsicht der veröffentlichten Beispiele zeigt sich, dass vor allem das prüferische Vorgehen hinsichtlich wesentlicher Risiken durchaus umfangreich und einzelfallbezogen beschrieben wird. Es werden dadurch weit mehr Details zum Prüfungsablauf preisgegeben als das bisher der Fall war. Die Reaktion der Investoren auf diese Entwicklung ist laut FRC-Studie sehr positiv ausgefallen, und hat dazu geführt, dass in der zweiten „Berichtssaison" über die Abschlüsse des Jahres 2014 die Erläuterungen zu den Key Audit Matters tendenziell umfangreicher ausgefallen sind und in vielen Fällen auch Beurteilungen zu den einzelnen Sachverhalten umfassten.

VI. Zusammenfassung

Der Bestätigungsvermerk ist in den nächsten Jahren aufgrund zahlreicher Neuregelungen auf verschiedensten Ebenen stetigen Veränderungen unterworfen. So setzte Österreich die Bestimmungen der neuen EU-Richtlinie zum Bestätigungsvermerk zur Abschlussprüfung unter anderem mit dem Rechnungslegungsänderungsgesetz 2014 in innerstaatliches Recht um, der Fachsenat für Unternehmensrecht und Revision überarbeitete das Fachgutachten KFS/PG 3 zum Bestätigungsvermerk und führte damit auch die ISA für Abschlussprüfungen in Österreich ein, welche ihrerseits vom IAASB laufend überarbeitet werden. Zusätzlich sorgen umfangreiche Reformen auf europäischer Ebene für unmittelbare Auswirkungen mittels Verordnung auch in Österreich. Durch unterschiedliche Termine des Inkrafttretens der verschiedenen Regelungen ergibt sich in den nächsten Jahren eine Übergangsphase, in der die jeweils gültige Rechtsgrundlage für den Bestätigungsvermerk genau analysiert werden muss.

Am Ende des derzeitigen Fahrplans steht ein neu überarbeiteter Bestätigungsvermerk. Dieser hat nach Anwendung der ISA und Erweiterung der EU-Verordnung folgende Bestandteile:[58]

- Überschrift („Bestätigungsvermerk")
- Adressierung („An die Gesellschaft")
- Vermerk über die Prüfung des Abschlusses
  - (allenfalls Going-concern-Aussagen)
  - (allenfalls Modifizierung nach ISA 705)
  - Prüfungsurteil
  - (allenfalls Zusatz nach ISA 706)
  - Grundlage für das Prüfungsurteil
    - - Prüfungsstandards
    - - Erklärung der Unabhängigkeit
    - - Erklärung zu verbotenen Nichtprüfungsleistungen
  - Key Audit Matters (nach ISA 701)
  - Verantwortung der gesetzlichen Vertreter und des Aufsichtsrates für den Abschluss
  - Verantwortung des Abschlussprüfers
    - - Inklusive einer Angabe, in welchem Maße die Prüfung zur Aufdeckung von Unregelmäßigkeiten (inkl Betrug) geeignet ist
  - Sonstige gesetzliche und andere rechtliche Anforderungen
    - - Vermerk über die Prüfung des Lageberichts
    - - Angabe von welchem Organ der Prüfer bestellt wurde
    - - Angabe zu Bestellung und Mandatsdauer

---

58 Bestandteile des Bestätigungsvermerks ab 2017 für PIEs.

- - Einklangserklärung mit dem Bericht an den Prüfungsausschuss
- - (allenfalls Angabe über Nichtprüfungsleistungen)
- Name des verantwortlichen Wirtschaftsprüfers
- Unterschrift des Wirtschaftsprüfers, Ort und Datum

Ein derart erweiterter Bestätigungsvermerk wird auch Auswirkungen auf die Prüfungspraxis und Dokumentation haben. Dies gilt im Besonderen auch für den Lagebericht, für den es zukünftig ein eigenes Urteil sowie eine umfassende Erklärung abzugeben gilt.

Eine weitere Herausforderung stellt sicherlich auch die Benennung der wesentlichen Prüfungsschwerpunkte, der sogenannten Key Audit Matters, dar. Diese müssen nicht nur dem Sachverhalt und der Problemstellung nach beschrieben werden; der Abschlussprüfer hat auch das prüferische Vorgehen transparent zu beschreiben. Es ist davon auszugehen, dass die Abschlussadressaten und Aufsichtsbehörden ein besonderes Augenmerk auf diesen Abschnitt legen und sich nicht mit standardisierten Textbausteinen zufriedengeben werden.

Zur verhältnismäßigen Durchführung von Abschlussprüfungen

Herbert Houf/Kristina Weis/Markus Kofler

I. Einleitung
II. Anwendungsbereich
III. Allgemeine Überlegungen zur Verhältnismäßigkeit der Abschlussprüfung
IV. Spezifische Überlegungen zur Verhältnismäßigkeit der Abschlussprüfung
   A. Annahme und Fortführung der Abschlussprüfung
   B. Planung, Beurteilung der Risiken und Festlegung der Prüfungsstrategie
   C. Antworten auf das Risiko und Sammlung von Prüfungsnachweisen
   D. Finalisierung der Prüfung
   E. Begleitende Themenbereiche
V. Zusammenfassung

I. Einleitung

Im Rahmen der IWP Fachtagung 2015 präsentierten Frau *Mag. Kristina Weis* (PwC) und Herr *Mag. Herbert Houf* (Audit Partner) in ihrem Vortrag die mittlerweile erschienene Stellungnahme KFS/PE 27 zur „verhältnismäßigen Durchführung von Abschlussprüfungen" des Fachsenats für Unternehmensrecht und Revision der Kammer der Wirtschaftstreuhänder (KWT).[1]

Bereits im Jahr 2005 startete das International Auditing and Assurance Standards Board (IAASB) mit dem Clarity Project eine Initiative, um die International Standards on Auditing (ISAs) einheitlicher zu konzipieren.[2] Das im Jahr 2009 abgeschlossene Projekt gab den International Standards on Auditing (ISA), die seitdem nicht mehr primär auf das prüferische Vorgehen, sondern vielmehr auf das Prüfziel ausgerichtet sind, eine neue Struktur. Neben dem grundsatzorientierten Aufbau der Standards wurden in diesem Projekt auch Mehrdeutigkeiten eliminiert sowie die Verpflichtungen des Abschlussprüfers[3] eindeutig formuliert. Mit diesem Prüfziel vor Augen gingen auch Überlegungen zur Verhältnismäßigkeit einer Prüfungsdurchführung einher.[4]

ISAs sind ganz grundsätzlich für Abschlussprüfungen unabhängig von der Unternehmensgröße anwendbar, was nicht nur, aber ganz besonders auch, Abschlussprüfer von KMU vor Herausforderungen in punkto Effektivität und Effizienz der Prüfungsdurchführung stellen kann. In diesem Zusammenhang beschäftigte sich das IAASB auch intensiv mit der situationsspezifischen Anpassbarkeit der ISAs bei der Abschlussprüfung von Klein- und Mittelbetrieben. Dies führte im August 2009 zu der Publikation „APPLYING ISAs PROPORTIONATELY with the SIZE and COMPLEXITY of an ENTITY". Darin enthalten sind Überlegungen zu sieben Fragestellungen betreffend der verhältnismäßigen Durchführung von Prüfungshandlungen speziell für KMU. Betont wird dabei das pflichtgemäße Ermessen des Abschlussprüfers für die Prüfungsplanung, -durchführung und -dokumentation.

Die neue Stellungnahme des Fachsenats bezieht einerseits die Überlegungen des IAASB zur Berücksichtigung von Größe, Komplexität und Risiko des Prüfungsgegenstandes im Rahmen einer Abschlussprüfung ein, andererseits auch die „Hinweise zur skalierten Prüfungsdurchführung auf Grundlage der ISA", welche die deutsche Wirtschaftsprüferkammer (WPK) in der gleichnamigen Publikation ausgearbeitet hat.[5] Dabei stellt diese Stellungnahme keine umfassende und abschließende Anleitung zur Prüfung von KMU dar, sondern dient wie die Publikation des IAASB dem Abschlussprüfer vor allem als Unterstützung, indem sie

---
1 Beschlossen in der Sitzung des Fachsenats für Unternehmensrecht und Revision am 26.11.2015.
2 Siehe auch *Severus* (2009), Status Quo des IAASB Clarity Projects und Übernahme der ISAs, in RWZ 2009/29, 94 ff.
3 Hinweis: Personenbezogene Begriffe beziehen sich gleichermaßen auf Frauen und Männer.
4 Vgl IAASB (2009), Applying ISAs proportionately with the Size and Complexity of an Entity, 1.
5 WPK (2012), Hinweis zur skalierten Prüfungsdurchführung auf Gundlage der ISA.

Hinweise und Anregungen zur verhältnismäßigen Durchführung einer Prüfung liefern soll. In diesem Sinne entbindet diese Stellungnahme den Abschlussprüfer keinesfalls von seiner Verantwortung, bei der Prüfungsdurchführung ein pflichtgemäßes Ermessen auf Grundlage der Kenntnis der ISAs an den Tag zu legen.

Folglich bleibt die Verpflichtung des Abschlussprüfers, sich umfassend mit den ISAs auseinanderzusetzen und ein angemessenes Verständnis aller ISA-Regelungen zu erlangen, unberührt. Denn diese Stellungnahme löst einzelne ISAs nicht ab noch relativiert sie deren vorrangige Geltungswirkung.

II. Anwendungsbereich

Der Anwendungsbereich der hier behandelten Stellungnahme beschränkt sich im Wesentlichen auf Unternehmen umschreibbar mit einer Begrifflichkeit, welche in den Anwendungshinweisen von ISA 200 zu finden ist. Denn in ISA 200.A64 wird der Begriff „kleinere Einheit" definiert, auf welche sich die Überlegungen zur Verhältnismäßigkeit von Abschlussprüfungen beziehen. Der Begriff wird wie folgt erklärt:

Zwecks der Bestimmung zusätzlicher Überlegungen für die Abschlussprüfungen von kleineren Einheiten bezieht sich der Begriff „kleinere Einheit" auf eine Einheit, die typischerweise qualitative Merkmale aufweist wie
  (a) Konzentration von Eigentum und Management auf eine kleine Anzahl von Personen (häufig eine einzelne Person – Eigentümer der Einheit ist entweder eine natürliche Person oder ein anderes Unternehmen, unter der Voraussetzung, dass der Eigentümer die relevanten qualitativen Merkmale aufweist), und
  (b) eines oder mehrere der folgenden Merkmale:
    (i) überschaubare oder nicht komplexe Geschäftsvorfälle,
    (ii) einfache Aufzeichnungen,
    (iii) wenige Geschäftszweige und wenige Produkte innerhalb der Geschäftszweige,
    (iv) wenige interne Kontrollen,
    (v) wenige Managementebenen mit Verantwortung für ein breites Spektrum von Kontrollen oder
    (vi) wenige Mitarbeiter, von denen viele einen großen Aufgabenbereich haben.
Diese qualitativen Merkmale sind nicht erschöpfend und gelten nicht ausschließlich für kleinere Einheiten, und kleinere Einheiten weisen nicht unbedingt alle Merkmale auf.[6]

Demzufolge zielt der ISA 200.A64 mit seinen Überlegungen für kleinere Einheiten auf das Risiko und die Komplexität von Unternehmen ab. Ein Hinweis auf eine geringe Größe eines Unternehmens kann höchstens implizit aus den oben genannten Merkmalen abgeleitet werden. Im Umkehrschluss bedeutet dies jedoch auch, dass Überlegungen zur verhältnismäßigen Durchführung von Abschlussprüfungen nicht allein von einem quantitativen Merkmal wie der Größe eines Unternehmens abhängig gemacht werden können, sondern vielmehr auch von qualitativen Merkmalen abhängen.

---
6   ISA 200.A64.

Komplexität und **Risiko** als Oberbegriffe der in ISA 200.A64 angeführten qualitativen Merkmale sind vorwiegend aus der Geschäftstätigkeit und den bilanziellen Gegebenheiten des zu prüfenden Unternehmens abzuleiten. Komplexität bezieht sich daher in erster Linie auf die Kompliziertheit der bilanziellen Sachverhalte und deren Abbildung in dem zu prüfenden Jahresabschluss abgeleitet aus der Komplexität der Geschäftsfälle.

Unter Risiko ist die Möglichkeit zu verstehen, dass im zu prüfenden Abschluss falsche Darstellungen enthalten sind, welche die Wesentlichkeitsgrenze übersteigen. Der Grad des Risikos bemisst sich dabei unter Berücksichtigung des allgemeinen Risikos aus der Geschäftstätigkeit der zu prüfenden Einheit und ihres internen Kontrollsystems, des Risikos der zugrunde liegenden Geschäftsvorfälle sowie deren Komplexität und nach der Art der Buchführung des Mandanten.

Komplexität und Risiko des Prüfungsgegenstandes müssen demnach neben dem Aspekt der Größe vom Abschlussprüfer nach seinem pflichtgemäßen Ermessen beurteilt und deren Auswirkungen auf den Umfang einer Abschlussprüfung abgeleitet werden. Die Entscheidung über den Prüfungsumfang obliegt letztlich jedenfalls dem verantwortlichen Abschlussprüfer iSd § 88 Abs 7 WTBG. Er hat die Aspekte Größe, Komplexität und Risiko des zu prüfenden Unternehmens zu beurteilen und diese nach pflichtgemäßem Ermessen sowie sachgemäßer Gewichtung in ihrer Gesamtheit zu würdigen. Diese Faktoren bilden die Basis für die Entscheidung über den Grad der Verhältnismäßigkeit der Prüfungsdurchführung. Die Verhältnismäßigkeit bezieht sich dabei auf die gesamte Prüfungsabwicklung – von der Annahme und Fortführung, über die Planung, Risikobeurteilung und Festlegung der Prüfungsstrategie bis hin zu den Prüfungshandlungen als Antwort auf das Risiko inklusive der Sammlung von Prüfungsnachweisen und der abschließenden Finalisierung der Prüfung. Die Entscheidung der Verhältnismäßigkeit selbst sowie die entscheidungsrelevanten Faktoren sind angemessen und ausreichend zu dokumentieren.

III. Allgemeine Überlegungen zur Verhältnismäßigkeit der Abschlussprüfung

Das Fachgutachten KFS/PG 1 idF vom 3.3.2014, überarbeitet im Juni 2015 von der Kammer der Wirtschaftstreuhänder legt die Berufsauffassung dar, wie Abschlussprüfer nach den österreichischen Grundsätzen ordnungsmäßiger Abschlussprüfung durchzuführen haben.[7] Darin festgehalten wird die Anwendung der ISAs als die angemessene Interpretation der österreichischen Grundsätze einer ordnungsmäßigen Abschlussprüfung.[8] Durch die Anwendung der ISAs soll

---
7 Vgl KWT (2015), KFS/PG 1, Rz 1.
8 Zusätzliche Anpassungen und Klarstellungen, die sich aus den österreichischen gesetzlichen Bestimmungen ergeben, werden im Fachgutachten KFS/PG 1 dargelegt.

die internationale Vergleichbarkeit sowie eine einheitliche Urteilsqualität der in der EU durchgeführten Abschlussprüfungen gefördert werden. *„Die sachgerechte Anwendung der ISAs in Abhängigkeit von der Größe und Komplexität der zu prüfenden Einheiten sichert eine verhältnismäßige Abschlussprüfung."*[9] Abgeleitet aus dem KFS/PG 1 und den ISAs kann die Durchführung einer Abschlussprüfung wie folgt dargestellt werden:

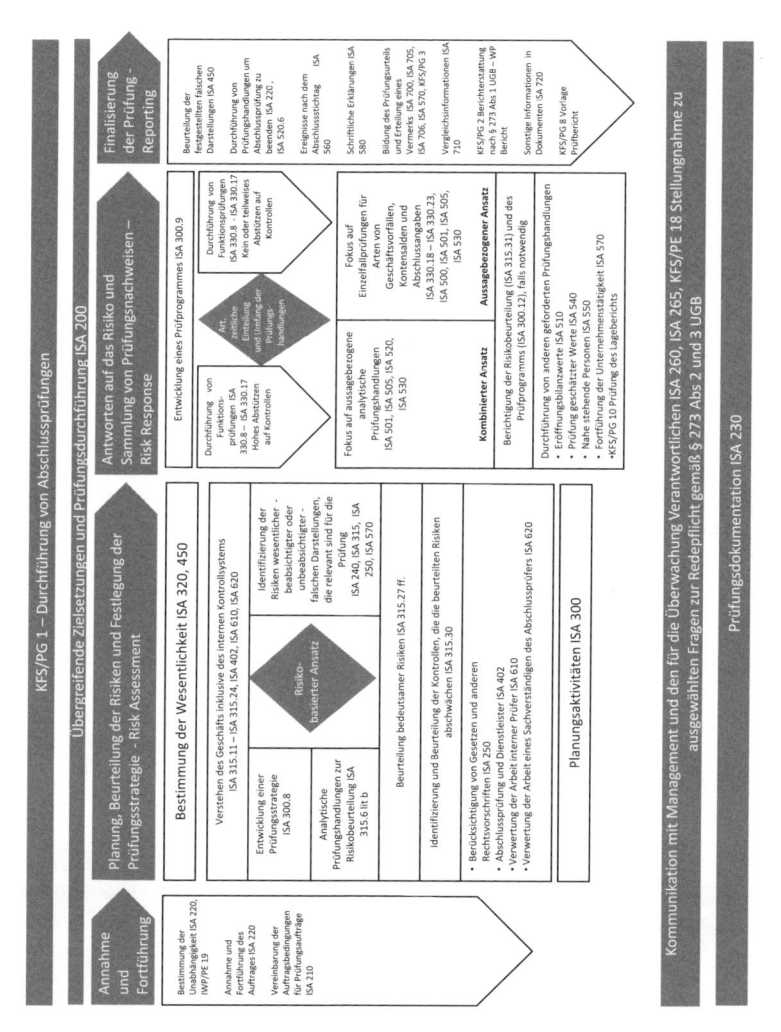

Abb 1: Schematische Darstellung der Abschlussprüfung nach ISA [KWT, KFS/PE 27 (2015), Anlage 1]

---

9   Vgl KWT (2015), KFS/PG 1, Rz 4.

Insbesondere in den Phasen der Prüfungsplanung, -durchführung und -dokumentation bietet sich einiger Spielraum für Verhältnismäßigkeitsüberlegungen im Rahmen der Abschlussprüfung. Wie eingangs erwähnt, berührt die hier diskutierte Stellungnahme jedoch nicht den Geltungsbereich oder die Anwendbarkeit der ISAs als Gesamtes. Deshalb ist gemäß ISA 200.18–20 jede Anforderung eines ISA einzuhalten, sofern nicht unter den Umständen der Prüfung der gesamte ISA nicht relevant ist oder weil Bedingungen für bedingte Anforderungen nicht erfüllt sind. Diese Einschränkung bestimmt den Rahmen für Überlegungen zum Grad der Verhältnismäßigkeit. Dadurch können folgende ISAs zur Gänze im Einzelfall nicht anwendbar sein, da die Umstände der Prüfung entweder die Anwendung des gesamten Standards oder die Anforderung des Standards nicht erfordern:

- ISA 510 – Eröffnungsbilanzwerte bei Erstprüfungsaufträgen
- ISA 600 – Besondere Überlegungen zu Konzernabschlussprüfungen
- ISA 610 – Verwertung der Arbeit interner Prüfer „interne Revision"
- ISA 620 – Verwertung der Arbeit eines Sachverständigen des Abschlussprüfers

Verhältnismäßige Prüfungsdurchführung bedeutet jedoch nicht, einzelne ISAs nicht zu beachten als Folge der Frage und möglichen Sorge um Zeitaufwand und das im Einzelfall vereinbarte Honorar. Vielmehr stehen das Prüfziel der Abschlussprüfung im Fokus der Überlegungen und der möglichst effektivste aber dabei gleichzeitig auch effizienteste Weg dorthin. In diesem Sinne kann es der Abschlussprüfer nach seinem pflichtgemäßen Ermessen auch als notwendig erachten, von bestimmten ISAs abzuweichen, um das Prüfziel zu erreichen. In solchen Ausnahmefällen ist der Abschlussprüfer aufgefordert alternative Prüfungshandlungen durchzuführen, um den Zweck der Anforderung zu erreichen, und diese auch zu dokumentieren.[10]

Andere ISA-Regelungen enthalten hingegen in ihrer Formulierung bereits die Verpflichtung für den Abschlussprüfer in seinem pflichtgemäßen Ermessen konkrete Maßnahmen in Bezug auf den Grad der Verhältnismäßigkeit festzulegen, um das Prüfziel zu erreichen. Eine Vielzahl an ISAs enthält Anforderungen in allgemeiner Form wie bspw „angemessen", „den Umständen entsprechend" oder „hinreichend", in denen das Erfordernis zur Entscheidung über den Grad der Verhältnismäßigkeit zum Ausdruck kommt, zB:

- ISA 230 – Prüfungsdokumentation (Tz A2): *„Form, Inhalt und Umfang der Prüfungsdokumentation hängen ab von Faktoren wie: Größe und Komplexität der Einheit."*[11]
- ISA 300 – Planung einer Abschlussprüfung (Tz A1): *„Art und Umfang der Planungsaktivitäten hängen ab von der Größe und Komplexität der Einheit."*[12]

---

10 Vgl KWT (2015), KFS/PG 1, Rz 14.
11 ISA 230.A2.
12 ISA 300.A1.

- ISA 500 – Prüfungsnachweise (Tz 6): *„Der Abschlussprüfer hat die Prüfungshandlungen zu planen und durchzuführen, die unter den gegebenen Umständen angemessen sind, um ausreichend geeignete Prüfungsnachweise zu erlangen."*[13, 14]

Hierbei und auch bei vielen anderen Anforderungen in den ISAs, welche in allgemeiner Form gehalten sind und keine konkreten Vorgaben oder Bedingungen zu Art und Weise der Umsetzung geben, bestimmt der Abschlussprüfer im pflichtgemäßen Ermessen den Grad der Verhältnismäßigkeit und die konkreten Maßnahmen zur Erfüllung der jeweiligen Anforderung.

Bestimmte ISAs enthalten in den Anwendungshinweisen jedoch „spezifische Überlegungen zu kleineren Einheiten". Anlage 2 zur Stellungnahme KFS/PE 27 enthält eine abschließende Auflistung dieser bestimmten ISAs.

IV. Spezifische Überlegungen zur Verhältnismäßigkeit der Abschlussprüfung

Wie in Abbildung 1 dargestellt, setzt sich eine ISA-Prüfung grundsätzlich aus vier Phasen sowie zwei begleitenden Themenbereichen zusammen.[15] Diese vier Phasen sind:

- Annahme und Fortführung – Acceptance & Continuance
- Planung, Beurteilung der Risiken und Festlegung der Prüfungsstrategie – Risk Assessment
- Antworten auf das Risiko und Sammlung von Prüfungsnachweisen – Risk Response
- Finalisierung der Prüfung – Reporting

In jeder dieser Phasen sind folgende beide begleitenden Themenbereiche zu berücksichtigen:

- Kommunikation mit dem Management und den für die Überwachung Verantwortlichen
- Prüfungsdokumentation

In der gesamten Prüfungsdurchführung hat der Abschlussprüfer stets auf ein geeignetes Maß an Effizienz zu achten. Dies kann insbesondere auf die Prüfung von Abschlüssen von KMU spezifische Auswirkungen haben. Deshalb werden im Folgenden die Aspekte der verhältnismäßigen Prüfungsdurchführung im Rahmen einer Prüfung nach den ISAs zu jeder einzelnen dieser Phasen dargestellt. Diese Vorgehensweise entspricht auch jener der Stellungnahme KFS/PE 27.

---

13 ISA 500.6.
14 Die Liste ist nicht abschließend.
15 Vgl KWT (2015), KFS/PE 27, Rz 21.

A. Annahme und Fortführung der Abschlussprüfung

Diese erste Phase der Prüfungsdurchführung lässt keine spezifischen Überlegungen hinsichtlich der Verhältnismäßigkeit zu. In den entsprechenden ISAs finden sich diesbezüglich keine Erleichterungsbestimmungen zu kleineren Einheiten iSd ISA 200.A64[16] oder allgemein gehaltene Formulierungen, welche ein pflichtgemäßes Ermessen des Abschlussprüfers bedürfen. Ebenfalls keinen Raum für spezifische Überlegungen bieten die zusätzlichen Anforderungen zu einzelnen ISAs, auf die im Fachgutachten KFS/PG 1 eingegangen wird, um die Anwendung der ISAs im Kontext der österreichischen Rechtsvorschriften zu erleichtern. Regelungen zur Bestellung und Abberufung des Abschlussprüfers, wie in § 270 UGB vorgesehen, sind unabhängig von der Größe, der Komplexität und dem Risiko des zu prüfenden Unternehmens.

B. Planung, Beurteilung der Risiken und Festlegung der Prüfungsstrategie

Die Entwicklung der Prüfungsstrategie ist im Gegensatz zur Annahme bzw Fortführung der Prüfung durchaus abhängig von der Größe, der Komplexität und dem Risiko der zu prüfenden Einheit. Die Planung der Zusammensetzung des Prüfungsteams und deren Vorgehensweise bei der Prüfungsdurchführung müssen in Abhängigkeit der oben genannten Aspekte der zu prüfenden Einheit vorgenommen werden. Dies kann im Einzelfall bei der Prüfung einer kleineren Einheit die Gestaltung einer strafferen und vereinfachten Prüfungsdurchführung erlauben, wenn bspw eine Arbeitsaufteilung auf mehrere Mitglieder eines Prüfungsteams für diese Abschlussprüfung nicht erforderlich ist. Außerdem ermöglicht die Prüfung einer kleineren Einheit oftmals auch den Einsatz von standardisierten Prüfprogrammen und Checklisten, welche auf die klientenspezifischen Merkmale anzupassen sind.[17]

Abbildung 2 zeigt die schematische Darstellung der zweiten Phase und legt die Vielfalt der Möglichkeit für spezifische Überlegungen zur Verhältnismäßigkeit einer Prüfungsdurchführung dar. Wesentliche Faktoren wie Art, zeitliche Einteilung und Umfang der Anleitung und Überwachung der Mitglieder des Prüfungsteams sind dabei abhängig von der Größe des Teams.

---

16 Vgl KWT (2015), KFS/PE 27, Rz 24.
17 Vgl ISA 300.A17.

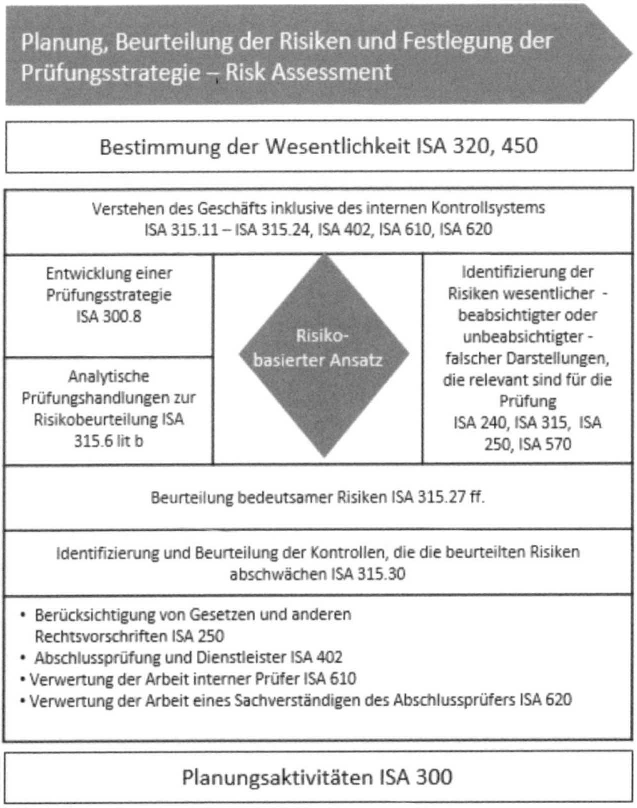

```
┌─────────────────────────────────────────────────────┐
│ Planung, Beurteilung der Risiken und Festlegung der │
│ Prüfungsstrategie – Risk Assessment                 │
└─────────────────────────────────────────────────────┘
```

Bestimmung der Wesentlichkeit ISA 320, 450

Verstehen des Geschäfts inklusive des internen Kontrollsystems ISA 315.11 – ISA 315.24, ISA 402, ISA 610, ISA 620		
Entwicklung einer Prüfungsstrategie ISA 300.8	Risikobasierter Ansatz	Identifizierung der Risiken wesentlicher - beabsichtigter oder unbeabsichtigter - falscher Darstellungen, die relevant sind für die Prüfung ISA 240, ISA 315, ISA 250, ISA 570
Analytische Prüfungshandlungen zur Risikobeurteilung ISA 315.6 lit b		
Beurteilung bedeutsamer Risiken ISA 315.27 ff.		
Identifizierung und Beurteilung der Kontrollen, die die beurteilten Risiken abschwächen ISA 315.30		
• Berücksichtigung von Gesetzen und anderen Rechtsvorschriften ISA 250 • Abschlussprüfung und Dienstleister ISA 402 • Verwertung der Arbeit interner Prüfer ISA 610 • Verwertung der Arbeit eines Sachverständigen des Abschlussprüfers ISA 620		

Planungsaktivitäten ISA 300

Abb 2: Schematische Darstellung der zweiten Phase [KWT, KFS/PE 27 (2015), Abschnitt 4.3.]

Der erste Schritt in der Planung der Prüfungsdurchführung ist die Bestimmung der Wesentlichkeit gem ISA 320. Diesbezüglich sehen die ISAs grundsätzlich keine spezifischen Überlegungen für kleinere Einheiten vor. Bei der Festlegung der Wesentlichkeit wird als Ausgangspunkt zumeist eine quantitative Bezugsgröße, wie der Gewinn aus laufender Geschäftstätigkeit, die Umsatzerlöse oder, wenn angemessen, auch die Bilanzsumme des zu prüfenden Unternehmens gewählt. Das Konzept der Wesentlichkeit wird vom Abschlussprüfer in allen Phasen einer Prüfung nach den ISAs angewendet[18] und bildet somit auch die Grundlage für die Festlegung von Art und Umfang aller Prüfungshandlungen. Dadurch wird die Größe einer Einheit sowohl bei der Festlegung der Wesentlichkeit als auch bei Auswahl und Bestimmung des Umfanges von Prüfungshandlungen implizit einbezogen.

---

18   Vgl ISA 320.5.

Einzig in ISA 320.A8 ist eine spezifische Überlegung zu kleinen Einheiten enthalten, die den Abschlussprüfer dazu veranlassen kann konkrete Maßnahmen zu treffen, um das Prüfziel in einer angemessenen Verhältnismäßigkeit zu erreichen. Dieser Anwendungshinweis besagt, dass es angebracht sein kann, den Gewinn aus laufender Geschäftstätigkeit um eine mögliche Vergütung eines Gesellschafter-Geschäftsführers zu korrigieren, wenn diese Bezugsgröße für die Bestimmung der Wesentlichkeit herangezogen wird.

Neben der Größe, der Komplexität und dem Risiko der Einheit spielen die bisherigen Erfahrungen mit dem Mandanten insbesondere aus vorhergehenden Prüfungen eine große Rolle bei der Planung einer Abschlussprüfung. Gerade bei kleineren Einheiten muss die Prüfungsplanung, welche die Entwicklung der Prüfungsstrategie und die daraus abgeleitete Entwicklung des Prüfungsprogrammes beinhaltet, kein komplexer oder zeitaufwendiger Vorgang sein. Oftmals ist aus vorangegangenen Prüfungen bereits eine Vielzahl an Informationen vorhanden, welche bspw bei Beendigung der Vorjahresprüfung in einem kurzen Memorandum zusammengefasst die Grundlage für die Entwicklung der Prüfungsstrategie für die kommende Abschlussprüfung bilden kann. Am Beginn der Abschlussprüfung im Folgejahr wird dieses Memorandum an etwaig geänderte Rahmenbedingungen, Gegebenheiten und Umstände angepasst.

Überlegungen zur Verhältnismäßigkeit bei der Prüfungsdurchführung erfolgen in dieser Phase vor allem auch in der Entwicklung des risikoorientierten Prüfungsansatzes. Dieser baut auf dem Verständnis von der Einheit und ihrem Umfeld einschließlich des **Internen Kontrollsystems** (IKS) auf. Die Ausgestaltung des IKS kann bei kleineren Einheiten mitunter sehr einfach und überschaubar sein. Insoweit fällt auch die Verständnisgewinnung für die jeweiligen implementierten Systeme einfacher aus, da diese oftmals nur auf Managementebene installiert sind und nur Kontrollen für einige wenige Sachverhalte vorsehen.[19] In diesem Zusammenhang zu beachten ist dabei auch, dass der Abschlussprüfer gem ISA 315.12 verpflichtet ist, das für die Abschlussprüfung relevante IKS zu verstehen. Dies beinhaltet, ein Verständnis über die mit der Rechnungslegung zusammenhängenden Kontrollen zu gewinnen, wobei ISA 315.12 ausdrücklich darauf hinweist, dass nicht alle Kontrollen, die mit der Rechnungslegung zusammenhängen für die Abschlussprüfung notwendigerweise relevant sind. Die Beurteilung hierüber obliegt dem Abschlussprüfer in seinem pflichtgemäßen Ermessen.

Bei den für die Risikobeurteilung erforderlichen analytischen Prüfungshandlungen kann der Abschlussprüfer bei kleineren Einheiten, bei welchen oftmals keine Zwischen- oder monatliche Berichterstattungen stattfinden, vereinfachend neben

---

[19] Vgl KWT (2015), KFS/PE 27, Rz 33 und siehe auch *Severus* (2009), Status Quo des IAASB Clarity Projects und Übernahme der ISAs, in RWZ 2009/29, 94 ff.

Befragungen vorläufige Entwürfe des Abschlusses der Einheit heranziehen, wenn diese verfügbar sind.[20]

Bei kleineren Einheiten können sich jedoch das Erlangen eines Verständnisses über das IKS der Einheit sowie dessen Beurteilung und auch etwaige Nachweise und Prüfungshandlungen (Funktionstests) mitunter auch schwieriger und komplexer darstellen. Dies zeigen die folgenden Überlegungen:

Die Unterteilung des IKS iSd COSO stellt für Zwecke der ISAs einen nützlichen Bezugsrahmen für die Überlegungen des Abschlussprüfers betreffend die Auswirkung der unterschiedlichen Aspekte des IKS einer Einheit auf die Abschlussprüfung dar[21] und besteht demnach aus folgenden fünf Komponenten:

- Kontrollumfeld,
- Risikobeurteilung,
- Information und Kommunikation,
- Kontrollaktivitäten und
- Überwachung.[22]

In kleineren Einheiten sind diese Komponenten oftmals stark vom Geschäftsführer bzw Gesellschafter selbst geprägt, was die Robustheit und Objektivität eines IKS schwächen kann. So besteht bspw die Möglichkeit, dass der Gesellschafter-Geschäftsführer[23] quasi allein das Kontrollumfeld einer Einheit bildet, alle Aufgaben in diesem Zusammenhang persönlich wahrnimmt und ihm somit die komplette „Überwachungsfunktion" obliegt. In diesem Fall sind Prüfungsnachweise in Dokumentform möglicherweise nicht, nur sehr spärlich oder schlecht nachvollziehbar vorhanden. Prüfungshandlungen diese IKS-Komponente betreffend könnten sich folglich äußerst schwierig gestalten und möglicherweise sogar ineffektiv sein. Eine fehlende Dokumentation des IKS oder Teilen davon stellt jedoch nicht in allen Fällen ein Prüfungshemmnis dar. ISA 315.A77 und A80 bspw beschreibt Umstände und Gegebenheiten, unter welchen der Abschlussprüfer in der Lage ist, auch bei fehlender Dokumentation des IKS oder Teilen davon Aufbau und soweit erforderlich auch Funktion des IKS zu prüfen. Ganz generell ist der Abschlussprüfer nicht verpflichtet, anstelle der zu prüfenden Einheit deren IKS umfassend und zur Gänze zu dokumentieren. Hingegen hat er bei kleineren Einheiten nach ISA 315.32 die folgenden zwei Merkmale zu dokumentieren:

- *„besonders wichtige Elemente des gewonnenen Verständnisses für jede der fünf Komponenten des IKS und die Informationsquelle, aus denen das Verständnis gewonnen wurde.*

---

20 Vgl KWT (2015), KFS/PE 27, Rz 30.
21 Vgl ISA 315.A51.
22 Vgl *Reiter* (2015), Das IKS bei Privatstiftungen – die Pflichten des Stiftungsvorstandes und des Stiftungsprüfers, in RWZ 2015/18, 60.
23 Gem ISA 200.A66 wird der Eigentümer einer kleineren Einheit, der in das Tagesgeschäft der Einheit eingebunden ist, als „Gesellschafter-Geschäftsführer" bezeichnet.

- *Die identifizierten bedeutsamen Risiken und damit verbundene Kontrollen, von denen der Abschlussprüfer ein Verständnis gewonnen hat."*[24]

Bei der Beurteilung des IKS einer kleineren Einheit sollte außerdem das potentiell erhöhte Risiko des Versagens des Systems in Betracht gezogen werden. Gerade bei kleineren Einheiten kommt oftmals die erhöhte Gefahr des Außerkraftsetzens von vorhandenen Kontrollen durch das Management (Management-Override) hinzu. Da dieses Risiko nach ISA jedenfalls ein Risiko auf wesentliche falsche Darstellung darstellt, muss dies bei jeder Prüfung nach ISA berücksichtigt werden.

C. Antworten auf das Risiko und Sammlung von Prüfungsnachweisen

Auf Basis der durch den Abschlussprüfer im Zuge des Risikobeurteilungsprozesses beurteilter Risiken wesentlicher – beabsichtigter oder unbeabsichtigter – falscher Darstellungen auf Abschluss- und Aussageebene muss der Abschlussprüfer nun ein angemessenes Vorgehen auf diese Risiken planen und umsetzen. Dabei müssen ausreichend geeignete Prüfungsnachweise zu den beurteilten Risiken erlangt werden. Der Abschlussprüfer plant dazu Art, zeitliche Einteilung und Umfang von geeigneten Prüfungshandlungen, um angemessen auf die identifizierten wesentlichen Risiken der zu prüfenden Einheit zu antworten.

---

24 Vgl KWT (2016), Rz 35.

```
┌─────────────────────────────────────────────┐
│ Antworten auf das Risiko und                │
│ Sammlung von Prüfungsnachweisen –           │
│ Risk Response                               │
└─────────────────────────────────────────────┘

┌─────────────────────────────────────────────┐
│     Entwicklung eines Prüfprogramms ISA 300.9│
└─────────────────────────────────────────────┘

┌──────────────┐  ┌────────────┐  ┌──────────────┐
│ Durchführung │  │   Art,     │  │ Durchführung │
│     von      │  │ zeitliche  │  │     von      │
│Funktionsprüf.│  │ Einteilung │  │Funktionsprüf.│
│  ISA 330.8 – │  │und Umfang  │  │ISA 330.8 - ISA 330.17│
│  ISA 330.17  │  │    der     │  │Kein oder teilweises│
│Hohes Abstützen│ │ Prüfungs-  │  │  Abstützen auf│
│ auf Kontrollen│ │handlungen  │  │  Kontrollen  │
└──────────────┘  └────────────┘  └──────────────┘

┌──────────────────────┬──────────────────────┐
│ Fokus auf aussagebe- │     Fokus auf        │
│ zogene analytische   │ Einzelfallprüfungen für│
│  Prüfungshandlungen  │      Arten von       │
│ ISA 501, ISA 505,    │   Geschäftsvorfällen,│
│ ISA 520, ISA 530     │    Kontensalden und  │
│                      │    Abschlussangaben  │
│                      │ ISA 330.18 – ISA 330.23,│
│                      │ ISA 500, ISA 501, ISA 505,│
│                      │       ISA 530        │
├──────────────────────┼──────────────────────┤
│  Kombinierter Ansatz │ Aussagebezogener Ansatz│
├──────────────────────┴──────────────────────┤
│ Berichtigung der Risikobeurteilung (ISA 315.31) und des│
│    Prüfprogramms (ISA 300.12), falls notwendig│
├─────────────────────────────────────────────┤
│ Durchführung von anderen geforderten Prüfungshandlungen│
│ • Eröffnungsbilanzwerte ISA 510             │
│ • Prüfung geschätzter Werte ISA 540         │
│ • Nahe stehende Personen ISA 550            │
│ • Fortführung der Unternehmenstätigkeit ISA 570│
│ • KFS/PG 10 Prüfung des Lageberichts        │
└─────────────────────────────────────────────┘
```

Abb 3: Schematische Darstellung der dritten Phase [KWT, KFS/PE 27 (2015), Abschnitt 4.4.]

Dabei kann der Abschlussprüfer iSd ISA 330.8 bis .17 zwei verschiedene Arten von Prüfungsansätzen wählen, den kombinierten Ansatz oder den aussagebezogenen Ansatz. Beim kombinierten Ansatz werden zwei Arten von Prüfungshandlungen, und zwar die Funktionsprüfungen und die aussagebezogenen Prüfungshandlungen, eingesetzt. Bei Anwendung eines aussagebezogenen Ansatzes gelangen nur aussagebezogene Prüfungshandlungen bei der Prüfungsdurchführung zum Einsatz. Wie in Abbildung 3 dargestellt, hat der Abschlussprüfer bei der Entscheidung über den zum Erlangen einer hinreichenden Prüfungssicherheit erforderlichen Prüfungsumfang die geeignete Kombination aus Funktionsprüfungen und aussagebezogenen Prüfungen festzulegen.[25] Verhältnismäßigkeitsüberlegun-

---

25 Vgl KWT (2015), KFS/PE 27, Rz 37.

gen zur Funktionsprüfung sollen dem Prüfer von kleineren Einheiten dabei helfen, den effektivsten, aber zugleich auch effizientesten, Prüfungsansatz im Sinne von Kombination der Prüfungshandlungen zu finden.

Bei der Überlegung, Funktionsprüfungen anzuwenden ist auf die zuvor erfolgte Beurteilung des IKS der zu prüfenden Einheit Bedacht zu nehmen. Denn Funktionsprüfungen sind nicht bei jeder Abschlussprüfung zwingend erforderlich. Funktionsprüfungen sind vor allem dann sinnvoll, wenn das IKS allermindestens in den zu prüfenden Teilbereichen – der Erstbeurteilung des Abschlussprüfers nach (weitgehendst) lückenlos – funktioniert und als verlässlich eingeschätzt wird. Bei Anwendung dieser Art der Prüfungshandlung können insbesondere häufig wiederkehrende und automatisierte Routinetransaktionen mit relativ wenig Aufwand geprüft werden. In diesen Fällen wird zunächst mit Hilfe der Funktionsprüfungen die Funktionsfähigkeit des IKS überprüft. Bei Vorliegen eines funktionsfähigen IKS liegt der Fokus der folgenden aussagebezogenen Prüfungshandlungen auf aussagebezogenen analytischen Prüfungshandlungen.[26] Sind jedoch im Unternehmen kaum Kontrollaktivitäten oder keine angemessenen Kontrollen vorhanden, ist der Einsatz von Funktionsprüfungen oftmals ineffizient. In solchen Fällen kann die Wahl eines rein aussagebezogenen Prüfungsansatzes und somit der Einsatz von nur aussagebezogenen Prüfungshandlungen wirksamer sein.[27]

Wenn die wenigen vorhandenen Kontrollaktivitäten nur in begrenztem Umfang dokumentiert sind oder im IKS des zu prüfenden Unternehmens generell nur eine mangelnde Dokumentation stattfindet, ist zumeist ebenfalls die Anwendung eines rein aussagebezogenen Prüfungsansatzes geboten. Dies kann beispielsweise auch bei der Prüfung von geschätzten Werten bei kleineren Einheiten zum Tragen kommen. In solchen Einheiten ist der Prozess zur Ermittlung geschätzter Werte (bspw die Nutzungsdauer von Anlagevermögen oder der Wert von Rückstellungen) oftmals weniger strukturiert als in großen Unternehmen. Fehlende Dokumentation diesbezüglich, wie bspw umfangreiche Verfahrensbeschreibungen zum Schätzungsprozess oder detaillierte Rechnungslegungsunterlagen, veranlassen den Abschlussprüfer zum vermehrten Einsatz von aussagebezogenen Prüfungshandlungen als geeignete Reaktion auf die beurteilten Risiken.

D. Finalisierung der Prüfung

In dieser Prüfungsphase gibt es keine spezifischen Überlegungen zur Verhältnismäßigkeit der Prüfungsdurchführung. Bei den verpflichtend durchzuführenden abschließenden analytischen Prüfungshandlungen zur Bildung einer Gesamtbeurteilung, ob der Abschluss mit dem Verständnis des Abschlussprüfers von der

---
26 Vgl KWT (2015), KFS/PE 27, Rz 38.
27 Siehe auch ISA 330.A18.

Einheit im Einklang steht,[28] spielen die Größe, die Komplexität und auch das Risiko der zu prüfenden Einheit implizit eine Rolle. Diese Prüfungshandlung kann der als Risikobestimmungsprüfungshandlung eingesetzten analytischen Prüfungshandlung ähneln und auch auf einem sehr hohen Aggregationsniveau durchgeführt werden.

E. Begleitende Themenbereiche

Die Prüfungsdokumentation sowie die Kommunikation mit dem Management und den für die Überwachung Verantwortlichen sind während aller vier Phasen der Prüfungsdurchführung in dem im KFS/PG 1 bzw den ISAs gebotenen Ausmaß zu beachten. Dabei spielen Verhältnismäßigkeitsüberlegungen wiederum eine Rolle.

Kommunikationsprozess und auch Kommunikationsanforderungen müssen bei kleineren Einheiten oftmals an die tatsächlichen Gegebenheiten angepasst werden. Denn in vielen Fällen ist das Management ident mit dem für die Überwachung Verantwortlichen (Geschäftsführer-Gesellschafter). Außerdem kann und wird dabei oftmals auf einer weniger formalen Weise kommuniziert. Von Überlegungen zur Verhältnismäßigkeit gänzlich unberührt bleiben jedoch die Redepflicht gem § 273 Abs 2 und 3 UGB und die zusätzlichen Überlegungen dazu im KFS/PE 18.

Die allgemeine Prüfungsdokumentation ist bei der Prüfung kleinerer Einheiten zumeist weniger umfangreich als bei größeren Einheiten.[29] Nichtsdestotrotz muss die Dokumentation so erstellt werden, dass sie für erfahrene Prüfer, die zuvor nicht mit der Prüfung befasst waren, verständlich ist und diese daraus Prüfungsumfang, Prüfungsergebnisse inklusive bedeutsame Sachverhalte und die gezogenen Schlussfolgerungen verstehen.[30] Dies ist nicht nur, aber vor allem für den Fall zu gewährleisten, dass die Prüfungsdokumentation möglicherweise einer Durchsicht externer Parteien zu Aufsichts- oder anderen Zwecken vorgelegt werden muss.

Auch kann es bei der Prüfung kleinerer Einheiten sinnvoll sein, verschiedene Aspekte der Prüfung in ein einziges Dokument zusammenzufassen mit Querverweisen auf unterstützende Arbeitspapiere, wo sinnvoll bzw angemessen. Im Speziellen führt der ISA 230.A17 dabei die folgenden Punkte an:

- das Verstehen der Einheit und ihres Internen Kontrollsystems (IKS),
- die Prüfungsstrategie und den Prüfungsplan,
- die festgelegten Wesentlichkeitsgrenzen,

---
28 Vgl ISA 520.6.
29 Vgl ISA 230.A16.
30 Vgl ISA 230.A16 iVm ISA 230.8.

Zur verhältnismäßigen Durchführung von Abschlussprüfungen

- die beurteilten Risiken,
- während der Prüfung festgestellte, bedeutsame Sachverhalte sowie
- gezogene Schlussfolgerungen.

Bei kleineren Einheiten mit sehr einfachen Geschäftsvorfällen kann die Dokumentation einfach und kurz gehalten werden und es muss bspw das Verständnis des Abschlussprüfers von der Einheit nicht zur Gänze dokumentiert werden. Gem ISA 315.A132 sind jedenfalls jedoch die Grundlagen zu dokumentieren, auf welche sich der Abschlussprüfer bei der Identifikation und Beurteilung der Risiken wesentlicher falscher Darstellungen stützt.

ISA 315.A134 gestattet außerdem explizit die Wiederverwendung von Teilen der Dokumentation in Folgejahren. Diese müssen um etwaig eingetretene Änderungen aktualisiert werden. In diesem Zusammenhang kann die Erstellung eines Prüfungsstrategiememorandums, wie auch weiter oben beschrieben, hilfreich sein, um in den Folgejahren ein effizienteres Vorgehen bei der Erstellung der Prüfungsstrategie zu gewährleisten. Empfohlener Inhalt für dieses Prüfungsstrategiememorandum ist:

- Art und Umfang des Auftrags
- Zeitplan
- Prüfungsfeststellung des abgeschlossenen Prüfungsauftrags
- Änderungen in der laufenden Periode
- Erforderliche Änderungen an der Prüfungsstrategie und/oder am Prüfungsprogramm
  - Risiko: Risikoeinschätzung auf Ebene des Gesamtjahresabschlusses
  - Gesamtstrategie/Prüfungsstrategie inkl Gesamtwesentlichkeit, Toleranzwesentlichkeit
- Verantwortlichkeiten der Prüfungsteammitglieder

V. Zusammenfassung

Wie eingangs bereits erwähnt, stellt diese neue Stellungnahme KFS/PE 27 keine umfassende Anleitung zur Prüfung kleinerer Einheiten dar und ersetzt weder das Fachgutachtens KFS/PG 1 noch die ISAs oder Teile davon. Vielmehr ist diese Stellungnahme als Ergänzung zum Fachgutachten KFS/PG 1 gedacht. Sie soll eine Hilfestellung für Abschlussprüfer sein, die Möglichkeiten, die die ISAs in Bezug auf die verhältnismäßige Durchführung von Abschlussprüfungen bei kleineren Einheiten bieten, sowie auch die relevanten Anforderungen in diesem Zusammenhang besser zu verstehen, in den ISAs leichter aufzufinden und somit angemessen anwenden zu können. Davon unberührt bleibt die Verpflichtung des Abschlussprüfers sich mit den ISAs auseinanderzusetzen und ein angemessenes Verständnis der ISA-Regelungen zu erlangen, denn diese haben – unter Beachtung der Eigenverantwortlichkeit des Abschlussprüfers – zu jeder Zeit eine vorrangige Geltungswirkung gegenüber der neuen Stellungnahme.

Die neue Stellungnahme ist auf Prüfungen von Abschlüssen für Geschäftsjahre, die am oder nach dem 30.6.2016 enden, anzuwenden. Eine frühere Anwendung ist in Abhängigkeit der gleichzeitigen früheren Anwendung des Fachgutachtens KFS/PG 1 zulässig.[31]

---

31 Siehe auch KWT (2015), KFS/PE 27, Rz 66.

Risikoorientierte Prüfungsplanung nach ISA unter Berücksichtigung des Internen Kontrollsystems

Barbara Redlein / Gerhard Wolf / Josef Baumüller

I. **Einleitung**
   A. Rahmen und Ziele der risikoorientierten Prüfungsplanung für die Abschlussprüfung
   B. Bedeutung des IKS im Rahmen der risikoorientierten Prüfungsplanung
   C. Zielsetzung und Aufbau des Beitrages

II. **Grundlagen der risikoorientierten Prüfungsplanung unter Einbeziehung des IKS**
   A. Überblick
   B. Durchführung von Prüfungshandlungen zur Feststellung von Risiken für wesentliche falsche Darstellungen in der Rechnungslegung
   C. Beurteilung der Risiken für wesentliche falsche Darstellungen in der Rechnungslegung
   D. Festlegung und Durchführung von Prüfungshandlungen als Reaktion auf die beurteilten Risiken
   E. Dokumentation der Prüfungshandlungen und der Prüfungsfeststellungen sowie Information des Aufsichtsorgans
   F. Umsetzung der risikoorientierten Prüfungsplanung im KMU-Kontext

III. **Berücksichtigung des rechnungslegungsbezogenen Informationssystems im Rahmen der risikoorientierten Prüfungsplanung**
   A. Überblick
   B. Verständnisaufbau zum IT-Umfeld und wie das Unternehmen mit IT-Risiken umgeht
   C. Identifikation der allgemeinen IT-Kontrollen, welche die relevanten Anwendungskontrollen in Unternehmen unterstützen
   D. Beurteilung der Eignung und Wirksamkeit der allgemeinen IT-Kontrollen und der Anwendungskontrollen sowie Aussagen zu ihrer Wirksamkeit

IV. Aktuelle Herausforderungen in der Prüfungsplanung im Hinblick auf das IKS
V. Fallbeispiel
VI. Zusammenfassung

I. Einleitung
A. Rahmen und Ziele der risikoorientierten Prüfungsplanung für die Abschlussprüfung

Im Zuge der Planung der Abschlussprüfung sehen sich Abschlussprüfer mit der Herausforderung konfrontiert, einerseits ausreichende Maßnahmen zur Erlangung eines verlässlichen Prüfungsurteils vorzusehen, andererseits aber die Prüfung auch möglichst wirtschaftlich durchzuführen. Mit *Marten et al* lässt sich die Zielfunktion der Abschlussprüfung – und damit die Leitlinie für die Prüfungsplanung – somit als die *„Abgabe eines hinreichend sicheren Prüfungsurteils bei minimalen Prüfungskosten"*[1] beschreiben. Die Durchführung einer Vollprüfung wird daher vor dem Hintergrund dieses Spannungsverhältnisses regelmäßig nicht sinnvoll bzw möglich sein; dies erfordert jedoch in der Folge eine bedachtsame Gestaltung der Stichprobenprüfung, die stattdessen durchzuführen ist.[2] Eine risikoorientierte Prüfungsplanung stellt einen möglichen Zugang zur Lösung dieser Problematik dar. Auch die Konzeption der ISA basiert auf diesem;[3] ihr Kern ist in ISA 300 *(„Planung einer Abschlussprüfung")*, ISA 315 *(„Identifizierung und Beurteilung der Risiken wesentlicher falscher Darstellungen aus dem Verstehen der Einheit und ihres Umfelds")* und ISA 330 *(„Die Reaktionen des Abschlussprüfers auf beurteilte Risiken")* verankert – dem *„Herzstück"*[4] der ISA.

Dem risikoorientierten Prüfungsansatz liegt der Gedanke zugrunde, dass die Planung und Durchführung der Abschlussprüfung auf dem mit der Abschlussprüfung verbundenen Prüfungsrisiko basieren muss.[5] Der Prüfungsdurchführung wird somit eine Phase der Analyse jener wesentlichen Risiken vorgelagert, die zu möglichen bzw zu erwartenden Fehlern im Rahmen der Abschlussprüfung, dh zu fehlerhaften Testaten, führen können. Je höher die Risiken eingeschätzt werden, desto wahrscheinlicher sind Fehler in den geprüften Abschlüssen und desto umfangreicher und intensiver müssen die Maßnahmen ausfallen, die der Abschlussprüfer setzt, um diese Fehler zu identifizieren und damit ein korrektes Testat zu erteilen.[6] Abgestellt wird primär auf das Risiko, dass der Abschlussprüfer eine positive Aussage über ein tatsächlich zu beanstandendes Prüfungsobjekt abgibt; der umgekehrte Fall einer negativen Aussage über ein tatsächlich ordnungsgemäßes Prüfungsobjekt ist demgegenüber grundsätzlich möglich, in der Praxis aber von untergeordneter Bedeutung.[7]

---
1 *Marten et al* (2015), 231, mit Verweis auf ISA 300.2 iVm 300.A10.
2 Vgl *Fröhlich et al* (2014), 182.
3 Vgl hierzu statt vieler *Nagy et al* (2004), 57.
4 *Dolensky/Jauslin* (2012), 414.
5 Vgl *Balzar et al* (2013), 123.
6 Vgl *Graumann* (2012), 175.
7 Vgl statt vieler *Link* (2006), 109 f mwN.

Das maßgebende Prüfungsrisiko wird üblicherweise in zwei Komponenten aufgeteilt: Das Risiko wesentlicher falscher Darstellungen im geprüften Abschluss (Fehlerrisiko) und das Entdeckungsrisiko. Die zugrunde liegende Gleichung wurde bereits in SAS 47 (nunmehr: SAS 107 bzw AU sec 312) wie folgt formuliert;[8] sie liegt auch den heute gültigen Ausführungen und Anforderungen der ISA zugrunde:[9]

$$AR = IR \times CR \times DR$$

AR: Audit Risk (Prüfungsrisiko)
IR: Inherent Risk (Inhärentes Risiko)
CR: Control Risk (Kontrollrisiko)
DR: Detection Risk (Entdeckungsrisiko)

IR und CR stellen zusammen das Fehlerrisiko dar. Beide liegen unmittelbar in den Spezifika des geprüften Unternehmens begründet und sind nicht durch den Abschlussprüfer beeinflussbar. Das inhärente Risiko gibt die Fehlerwahrscheinlichkeit wieder, die zB Aussagen über die Art von Geschäftsvorfällen, Kontensalden oder dergleichen innewohnt. Unterstellt wird hierbei die Abwesenheit jeglicher interner Kontrollen. Abgestellt wird somit auf die Frage, wie wahrscheinlich es ist, dass Fehler in der Rechnungslegung überhaupt auftreten. Da diese auftretenden Fehler jedoch grundsätzlich von den internen Kontrollen des geprüften Unternehmens identifiziert werden sollten, ergänzt das Kontrollrisiko die Betrachtung um die Frage nach der Wahrscheinlichkeit, dass diese Fehler trotzdem auftreten und von den internen Kontrollen nicht erkannt bzw korrigiert werden.[10] Da beide Risiken eng miteinander verknüpft sind, können sie in der Praxis oftmals nur gemeinsam beurteilt werden.[11] In den ISA ist es va ISA 315, der sich der Identifikation dieser Risiken widmet.

Das Entdeckungsrisiko ist schließlich das einzige Risiko, das direkt vom Abschlussprüfer beeinflusst werden kann. Es adressiert die Wahrscheinlichkeit, dass dieser wesentliche Fehler im Rahmen der Abschlussprüfung nicht erkennt.[12] Vereinzelt wird es in die weiteren Komponenten *„Risiko aus analytischen Prüfungshandlungen"* und *„Risiko aus Einzelfallprüfungen"* unterteilt;[13] wichtiger ist jedoch die Unterscheidung in seine zwei Bestandteile des Stichprobenrisikos (das Risiko von Fehlern, die iVm der Stichprobenauswahl stehen) und des nicht-stichprobenbezogenen Entdeckungsrisikos (etwa aufgrund des Weglassens wichtiger Prüfungshandlungen oder der Ausführung ungeeigneter Prüfungshandlungen).[14]

---

8   Vgl AU sec 312.20 ff, va .26. Zur hier wiedergegebenen Ursprungsform der Gleichung siehe *Marten et al* (2015), 232.
9   Vgl hierzu va ISA 200.A32 ff.
10 Vgl ISA 200.13; weiterhin zB *Balzar et al* (2013), 123; *Fröhlich et al* (2014), 185; *Marten et al* (2015), 232 f.
11 Vgl *Schmidt* (2008), Tz 25.
12 Vgl *Fröhlich et al* (2014), 185.
13 So zB AU sec 312.24; statt vieler *Stibi* (1995), 57.
14 Vgl *Schmidt* (2008), Tz 27 ff.

Als Konsequenz wird aus dem Risikomodell abgeleitet, dass sich das maximal zulässige Entdeckungsrisiko invers zum Produkt aus inhärentem Risiko und Kontrollrisiko verhalten muss: Je höher diese beiden sind, desto umfassender und intensiver sind Prüfungshandlungen zu setzen, um das Entdeckungsrisiko gering zu halten.[15] Den Rahmen hierfür gibt das resultierende Prüfungsrisiko, für welches in der Literatur Schwellenwerte zwischen 1 % und 5 % diskutiert werden.[16]

Das ursprünglich in SAS 47 dargelegte Risikomodell zählt zur Gruppe der Jointrisiko-Modelle, die das Prüfungsmodell a priori, dh im Stadium der Prüfungsplanung, betrachten. Hierbei kann der Abschlussprüfer noch über die Annahme oder Ablehnung der Grundgesamtheit entscheiden.[17] Das *Canadian Institute of Chartered Accountants* (CICA) vertrat demgegenüber schon früh als Gegenmodell ein Posterior-Risikomodell. In dessen Rahmen wird das Prüfungsrisiko unter der Annahme ermittelt, dass der Abschlussprüfer die Grundgesamtheit bereits angenommen hat. Im Modellvergleich zeigt sich, dass diese Herangehensweise zu strengeren Anforderungen an die Prüfungsplanung führt, da sie ein niedrigeres maximal zulässiges Entdeckungsrisiko ermittelt.[18] Dies wird von der Literatur als Ansatzpunkt für Diskussionen gesehen, inwieweit Jointrisiko-Modelle bereits immanenterweise die Wirtschaftlichkeit der Abschlussprüfung gegenüber der Verlässlichkeit des Prüfungsurteils priorisieren.[19]

Risikomodelle wie das dargestellte werden in der Literatur aber auch aufgrund der ihnen zugrunde liegenden (vereinfachenden) Annahmen kritisiert. Umfasst von der Kritik sind ua die mangelnde Objektivität und Vollständigkeit der Modelle sowie zB die fehlende Gewichtung der Teilrisiken der Risikomodelle.[20] Einer fundierten wissenschaftlichen Betrachtung halten sie somit idR nicht stand. *Baetge et al* fordern deshalb den behutsamen Einsatz derartiger Risikomodelle, betonen darüber hinaus aber deren Beitrag *„zu einer strukturierteren und somit effektiveren und effizienteren Abschlussprüfung [...]. Der risikoorientierte Prüfungsansatz verdeutlicht, von welchen Risikokomponenten das Entdeckungsrisiko als vom Prüfer zu optimierende Variable grundsätzlich abhängt."*[21] Die verwendeten Risikomodelle stellen jedoch keine Optimierungsmodelle im eigentlichen Sinne dar, schon alleine deshalb, weil sie zentrale betriebswirtschaftliche Parameter (zB Zeit oder Kosten) nicht berücksichtigen und dem Abschlussprüfer damit keine konkreten Hilfestellungen bei Entscheidungen etwa über den Prüfungsum-

---

15 Vgl ISA 200.A42 f.
16 Vgl *Graumann* (2012), 176; weitergehend auch *Marten et al* (2015), 234.
17 Vgl *Marten et al* (2015), 239.
18 Vgl *CICA* (1980). Einen Überblick über Weiterentwicklungen des vorgeschlagenen Modells bieten *Buchner/Wolz* (2000), 154.
19 Vgl *Marten et al* (2015), 240.
20 Vgl *Quick* (1996), 91 ff, *Buchner/Wolz* (2000), 155 f; *Marten et al* (2015), 236 ff.
21 *Baetge et al* (2011), 128.

fang zu bieten vermögen.²² Somit bleibt das pflichtgemäße Ermessen des Abschlussprüfers handlungsleitender Maßstab.²³

B. Bedeutung des IKS im Rahmen der risikoorientierten Prüfungsplanung

Die Wurzeln der Auseinandersetzung mit den internen Kontrollmechanismen des geprüften Unternehmens im Rahmen der Abschlussprüfung lassen sich bis in die erste Hälfte des 20. Jahrhunderts zurückverfolgen. Der entscheidende Durchbruch erfolgte jedoch erst ab der Mitte dieses Jahrhunderts, va in den USA.²⁴ Die ursprüngliche Begriffsdefinition des *American Institute of Accountants* (*AIA*, nunmehr: *American Institute of Certified Public Accountants*, *AICPA*) von „Internal Control" als zentralen Gegenstand für die Abschlussprüfung, was im deutschsprachigen Raum (sprachlich verkürzt)²⁵ als „Internes Kontrollsystem" (IKS) seine Verbreitung fand, lautete wie folgt:

> Internal Control comprises the plan of organization and all of the coordinate methods and measures adopted within a business to safeguard its assets, check the accuracy and reliability of its accounting data, promote operational efficiency, and encourage adherence to prescribed managerial policies.²⁶

Das heute wohl wichtigste internationale Rahmenwerk zum IKS ist jenes des *Committee on Sponsoring Organizations of the Treadway Commission* (*COSO*), das an diese erste Begriffsdefinition knüpft und va auf die Zielbereiche operationelle Risiken, Finanzberichterstattung und Compliance fokussiert.²⁷ Nicht zuletzt durch den Umstand, dass die US-amerikanische Börsenaufsichtsbehörde SEC das COSO-Rahmenwerk empfiehlt, gilt es in der Praxis als *„Best Practice"*.²⁸ Dem folgt daher auch das IKS-Verständnis in ISA 315, welches wie folgt lautet:

> Das IKS wird so konzipiert, eingerichtet und aufrechterhalten, dass identifizierten Geschäftsrisiken begegnet werden kann, welche die Erreichung jeglicher Ziele der Einheit in den folgenden Bereichen bedrohen:
> - Verlässlichkeit der Rechnungslegung der Einheit,
> - Wirksamkeit und Wirtschaftlichkeit der Geschäftsprozesse,
> - Einhaltung der maßgebenden gesetzlichen und anderen rechtlichen Bestimmungen.

---

22 Vgl *Mochty* (1997), 740 ff.
23 Vgl idS auch ISA 200.A31.
24 Vgl *Adenauer* (1989), 7 ff.
25 Zum Unterschied zw „to control" und „kontrollieren" im Kontext des IKS vgl bereits *Balzar et al* (2013), 130.
26 *AIA* (1949), 6.
27 Vgl *COSO* (1992), 9; die 2013 veröffentlichte Neufassung der Richtlinien unterscheidet sich im Begriffsverständnis nicht von dieser Ursprungsfassung.
28 Vgl *Burger/Ahlemeyer* (2008), 231.

Konzeption, Einrichtung und Aufrechterhaltung des IKS hängen von der Größe und Komplexität der Einheit ab.[29]

Es zeigt sich somit: Im zuvor dargestellten Risikomodell kommt das IKS im Zusammenhang mit dem Kontrollrisiko zum Tragen. Während im Hinblick auf das inhärente Risiko eines geprüften Unternehmens die Erlangung eines weitgehenden Verständnisses für die Rahmenbedingungen der Geschäftstätigkeit dieses Unternehmens primärer Ansatzpunkt für den Abschlussprüfer ist, hat er die relevanten internen Kontrollen einer Prüfung und Beurteilung zu unterziehen. Das Ergebnis dieser Beurteilung bestimmt seine weiteren Prüfungshandlungen maßgeblich; in der Literatur wird dieser Zusammenhang als *„Internal Control Hypothesis"* beschrieben.[30] Die wissenschaftliche Belegung dieser Hypothese gestaltet sich freilich als herausfordernd und ist bisher noch nicht erfolgt.

Im Zuge der Prüfungsplanung kommt deshalb der Auseinandersetzung mit dem IKS ein besonderer Stellenwert zu. Folglich lässt sich auch in den Regelungen der ISA ein zunehmender Bedeutungsgewinn der Auseinandersetzung mit dem IKS im Rahmen der Prüfungshandlungen feststellen. Für den Abschlussprüfer stellt es heute eines der zentralen Themen im Rahmen der Prüfungsplanung und -durchführung dar. Dies bedingt jedoch zugleich, dass die Informations-, Planungs- und Prüfungsphase eng miteinander verbunden sind und oftmals ein iterativer Prozess vorliegen wird.[31] Dadurch kann sich die Komplexität – und damit verbunden wiederum die Kosten – einer Abschlussprüfung beträchtlich erhöhen. Gestaltbar wird dies zT durch den weitreichenden Ermessensspielraum für den Abschlussprüfer bei der Festlegung der relevanten Kontrollaktivitäten und der Prüfungshandlungen zur Beurteilung des Fehlerrisikos iVm dem IKS.[32]

Der Umstand, dass heute die Buchführung und Rechnungslegung fast ausschließlich IT-gestützt erfolgen, beeinflusst auch die Funktionsweise typischer IKS in Unternehmen sowie deren Prüfung im Rahmen der Abschlussprüfung. IKS können durch den IT-Einsatz einerseits hinsichtlich ihrer Effektivität und Effizienz maßgeblich gesteigert werden, vornehmlich durch die automatisierte Integration der Kontrollaktivitäten in die Unternehmensprozesse. Andererseits sind damit aber spezifische Risiken verbunden, die durch den IT-Einsatz entstehen und die deshalb einer Kontrolle zu unterwerfen sind.[33] Dies erfordert wiederum vom Abschlussprüfer eine Reaktion in Form von veränderten Prüfungstech-

---

29 ISA 315.A44. Vgl auch die grundlegende Definition dazu im Glossar, welche dem 2015 Handbook of International Quality Control, Auditing, Review, Other Assurance, and Related Services Pronouncements vorangestellt ist: *IAASB* (2015), 25. Dieser wiederum folgte schließlich gleichsam die Begriffsdefinition im bisherigen KFS/PG 1 (idF Dezember 2009), 41.
30 Vgl *Adenauer* (1989), 2, mit Verweis auf *Smieliauskas* (1980).
31 Vgl *Nagy et al* (2004), 57.
32 Vgl *Balzar et al* (2013), 125.
33 Vgl *Amberg et al* (2007), 521.

niken, die ihm weitergehende IT-Kenntnisse bzw selbst den Einsatz von IT-Lösungen im Rahmen seiner Prüfungshandlungen abverlangt.[34]

C. Zielsetzung und Aufbau des Beitrages

Vor dem skizzierten Problemhintergrund adressieren die nachfolgenden Ausführungen die Besonderheiten der risikoorientierten Prüfungsplanung, die sich aus dem in der Praxis zumeist umfassenden IT-Einsatz in den geprüften Unternehmen ergeben. Dabei sollen jene Aspekte herausgearbeitet werden, denen vom Prüfer spezielle Beachtung zu schenken ist.

Kapitel II. stellt zunächst die Anforderungen der ISA an eine risikoorientierte Prüfungsplanung dar. Besonderes Augenmerk liegt dabei auf dem Stellenwert des IKS und den Anforderungen an die Prüfungsplanung und -durchführung, die sich aus diesem ergeben.

Kapitel III. stellt die typischen Auswirkungen des IT-Einsatzes auf das IKS eines Unternehmens dar. Im Fokus stehen die spezifischen IT-Kontrollen sowie die Problemfelder, die sich hierbei für den Abschlussprüfer stellen können.

Kapitel IV. fasst die Ergebnisse aktueller empirischer Studien zum Status quo der IKS in österreichischen Unternehmen zusammen. Ergänzt wird dies durch ein Fallbeispiel in Kapitel V., in dem typische IT-Kontrollen in Unternehmen illustriert und hinsichtlich deren Relevanz für die Abschlussprüfung diskutiert werden.

Kapitel VI. fasst die wichtigsten Ergebnisse des vorliegenden Beitrages zusammen.

Sämtliche in der Folge zitierten ISA entsprechen ihrer im 2015 Handbook of International Quality Control, Auditing, Review, Other Assurance, and Related Services Pronouncements veröffentlichten Fassung.[35] Vereinzelte Verweise auf das UGB sind stets auf dessen Fassung nach dem RÄG 2014 bezogen.[36] Hinsichtlich der spezifischen berufsständischen Fachgutachten und Stellungnahmen zur hier behandelten Thematik wird die jeweils verwendete Fassung mit dem Quellenbeleg angeführt.

---

34 Vgl *Wiese* (2013), 88; *Marten et al* (2015), 510 f.
35 Vgl *IAASB* (2015).
36 Bundesgesetz, mit dem das Unternehmensgesetzbuch, das Aktiengesetz, das GmbH-Gesetz, das Genossenschaftsgesetz, das Genossenschaftsrevisionsgesetz 1997, das SE-Gesetz, das Vereinsgesetz und das Einkommensteuergesetz 1988 geändert werden (Rechnungslegungs-Änderungsgesetz 2014 – RÄG 2014) BGBl I 2015/22.

II. Grundlagen der risikoorientierten Prüfungsplanung unter Einbeziehung des IKS
A. Überblick

Aus den Bestimmungen der ISA lassen sich für den Abschlussprüfer drei zentrale Ziele ableiten, die seine weiteren Handlungen zu leiten haben, um zu einem verlässlichen Prüfungsurteil zu kommen; diese finden sich in den ISA 300, 315 und 330 angesprochen:

- Zunächst: die Planung der Prüfung, damit die Prüfung wirksam durchgeführt werden kann.[37] Die Durchführung einer Prüfungsplanung (und ihre Dokumentation) ist – ungeachtet der Frage ihrer wirtschaftlichen Sinnhaftigkeit im Einzelfall – für den Abschlussprüfer verpflichtend.[38]
- Dafür ist allerdings erforderlich: das Verstehen des Unternehmens, seines Umfelds einschließlich des IKS, um Fehlerrisiken festzustellen und zu beurteilen, welche die Basis für die weiteren Prüfungshandlungen darstellen.[39]
- Dies ermöglicht schließlich den Erhalt ausreichender und geeigneter Prüfungsnachweise zu den beurteilten Risiken wesentlicher falscher Angaben, indem der Abschlussprüfer auf diese Risiken angemessen reagiert.[40]

Somit ist ein planvolles Vorgehen des Abschlussprüfers im Rahmen der Abschlussprüfung gefordert. Aus den Anforderungen des ISA lässt sich ein typisches Ablaufschema für eine risikoorientierte Prüfungsplanung ableiten, das nachfolgend dargestellt wird:

Durchführung von Prüfungshandlungen zur Festlegung von Risiken für wesentliche falsche Angaben in der Rechnungslegung					
Kenntnis der zu prüfenden Einheit und ihres Umfelds				Kenntnisse des rechnungslegungsbezogenen internen Kontrollsystems	
Unternehmensumfeld	Merkmale des Unternehmens einschließlich Bilanzierungspraktiken	Ziele und Strategien	Erfolgskennzahlen und Erfolgsmessung	Beurteilung der Angemessenheit und der Implementierung interner Kontrollen	Kontrollumfeld
					Risikobeurteilungsprozess
					Rechnungslegungsrelevantes Informationssystem
					Kontrollaktivitäten
					Überwachung des IKS

---

37 Vgl ISA 300.4.
38 Vgl *Marten et al* (2015), 274.
39 Vgl ISA 315.3.
40 Vgl ISA 330.3.

Beurteilung der Risiken für wesentliche falsche Darstellungen in der Rechnungslegung			
Risikoanalyse			
Feststellung der Risiken und der relevanten Kontrollen	Feststellung des Zusammenhangs zwischen Risiken und Aussagen in der Rechnungslegung	Feststellung der Größenordnung der möglichen falschen Darstellungen	Bestimmung der Wahrscheinlichkeit, dass die Risiken zu einer falschen Darstellung führen können
Klassifizierung der beurteilten Risiken für wesentliche falsche Darstellungen			
Bedeutsame Risiken	Risiken, bei denen aussagebezogene Prüfungshandlungen nicht ausreichen (Massentransaktionen)	Sonstige Fehlerrisiken	
Festlegung und Durchführung von Prüfungshandlungen als Reaktion auf die beurteilten Risiken			
Allgemeine Reaktionen (Abschlussebene)		*Spezielle Reaktionen (Aussageebene)*	
Kritische Grundhaltung / Besetzung des Prüfungsteams / Qualitätssicherung / Überraschungselemente / Sonstige Aspekte des Prüfungsvorgehens		Funktionsprüfungen des IKS und aussagebezogene Prüfungshandlungen: Funktionsprüfungen / Einzelfallprüfungen / Analytische Prüfungshandlungen	
Information des Aufsichtsorgans			
Dokumentation der Prüfungshandlungen und der Prüfungsfeststellungen			

Tab 1: Ablaufschema der risikoorientierten Abschlussprüfung [Quelle: *Schmidt* (2008), Tz 36, geringfügig modifiziert]

Die weiteren Kapitel widmen sich den einzelnen Phasen des in der Tabelle dargestellten Ablaufschemas. Da hinsichtlich der angeführten Pflichten zur Information und Dokumentation die Bestimmungen des UGB diese überlagern, konkretisieren und ergänzen, widmen sich österreichische Fachgutachten eigens dieser Thematik;[41] diese Inhalte werden daher in der Folge nur kurz und im Hinblick auf die Anforderungen der ISA behandelt.[42]

---

41 Vgl zum dahingehenden Zusammenspiel zw UGB und ISA nach deren Einführung in Österreich *Houf et al* (2015), insb 122 ff.
42 Vgl KFS/PG 1 (idF Juni 2015), Tz 17 ff. Dem Prüfungsbericht widmet sich das Fachgutachten KFS/PG 2 (idF Juni 2015), dem Bestätigungsvermerk das Fachgutachten KFS/PG 3 (idF Juni 2015).

B. Durchführung von Prüfungshandlungen zur Feststellung von Risiken für wesentliche falsche Darstellungen in der Rechnungslegung

Als erster Schritt ist es für den Abschlussprüfer erforderlich, sich mit einigen grundlegenden Fragestellungen zu beschäftigen. ISA 315 verlangt, drei Arten von Prüfungshandlungen zur Risikobeurteilung jedenfalls durchzuführen, um eine Grundlage für die Identifikation und Beurteilung von Risiken wesentlicher falscher Darstellungen auf Abschluss- und auf Aussageebene zu schaffen. Diese Prüfungshandlungen sind jedoch für sich alleine genommen noch nicht ausreichend, um sich als geeignete Prüfungsnachweise für das Prüfungsurteil selbst zu qualifizieren:[43]

- Zunächst sind Befragungen des Managements und weiterer Personengruppen im Unternehmen durchzuführen, die für die Risikoanalyse über wertvolle Informationen verfügen können. Dies umfasst zB die für die Überwachung Verantwortlichen, Mitarbeiter der Internen Revision oder einer unternehmensinternen Rechtsabteilung.[44] Sinnvollerweise werden diese verschiedenen Personengruppen getrennt befragt; die durchgeführten Befragungen werden jedoch idR vorab mit dem Management abzustimmen sein.
- Weitere Anhaltspunkte können analytische Prüfungshandlungen bieten (hier iS einer „Planungsanalyse"). Diese sind sowohl im Rahmen der Prüfungsplanung als auch der anschließenden Durchführung von Prüfungshandlungen als Reaktion auf die beurteilten Risiken vorgesehen; dies unterstreicht die hohe, in der Praxis aber nicht immer dergestalt gelebte Bedeutung dieser Analysen. Gegenstand der analytischen Prüfungshandlungen können finanzielle wie nicht-finanzielle Informationen sein; ihr Ziel ist es, auf ungewöhnliche Geschäftsvorfälle, Ereignisse, Beträge oder Entwicklungen hinzuweisen, die auf vorhandene Risiken wesentlicher falscher Darstellungen hinweisen.[45] Sofern zwischen dem Beginn der Prüfungsplanung und den dabei durchgeführten analytischen Prüfungshandlungen sowie dem Ende der Abschlussprüfung keine wesentlichen Veränderungen eingetreten sind, kann auf eine Abschlussanalyse verzichtet werden und ist daher an dieser späteren Stelle ein Verweis auf die zu Beginn der Prüfungsplanung durchgeführten analytischen Prüfungshandlungen zulässig.
- Schließlich sind Beobachtungen sowie Inaugenschein-/Einsichtnahmen vorzunehmen. Als relevante Untersuchungsgegenstände genannt werden Geschäftsräume und Fabrikationsanlagen des geprüften Unternehmens, Berichte des Managements (zB Quartalsberichte) und der für die Überwachung

---

43 Vgl ISA 315.5.
44 Vgl ISA 315.6 iVm .A6.
45 Vgl ISA 315.6 iVm .A7 ff.

Verantwortlichen (zB Protokolle von Aufsichtsratssitzungen), Geschäftspläne und -strategien oder (noch selten vorzufindende) IKS-Handbücher.[46]

Das Ziel dieser ersten Prüfungshandlungen stellt der Erwerb fundierter Kenntnisse über einerseits das zu prüfende Unternehmen und dessen Umfeld, andererseits über das prüfungsrelevante IKS dar. Im Hinblick auf beide Aspekte enthält ISA 315 umfassende Ausführungen zu konkreten Fragestellungen, die zu betrachten sind.

Hinsichtlich der Kenntnisse über das zu prüfende Unternehmen und dessen Umfeld sind folgende Aspekte in die Analyse aufzunehmen; umfassende Darstellungen mit Beispielen finden sich in den Anwendungshinweisen dazu:[47]

- Branchenbezogene, rechtliche und andere externe Faktoren, die das Unternehmensumfeld wesentlich prägen. Dies umfasst die anzuwendenden Rechnungslegungsstandards sowie zB maßgebliche Sondergesetze, die weitere für die Abschlussprüfung relevante Bestimmungen enthalten. Häufig spielt dies in der Praxis bei ausgegliederten rechtlichen Einheiten des Bundes, der Länder oder Gemeinden eine große Rolle; diese werden idR mittels Sondergesetzen gegründet, die spezifische Bestimmungen zur Rechnungslegung und Abschlussprüfung enthalten. Aber auch die Prüfung von Banken, Versicherungen, Privatstiftungen oder Vereinen sind mögliche Beispiele hierfür.
- Merkmale des geprüften Unternehmens, zB im Hinblick auf die entfaltete Geschäftstätigkeit, Eigentümerstruktur, Führungs- und Überwachungsstruktur oder Finanzierungsstruktur. Aspekte, die hier von besonderem Interesse sein können, umfassen: Inwieweit nimmt der Aufsichtsrat seine Überwachungsfunktion wahr? Enthalten die Finanzierungsvereinbarungen relevante Covenants? Letztere sind insb dann von Bedeutung, wenn deren Nicht-Einhaltung droht, was ua im Hinblick auf den Going Concern und damit den Bestätigungsvermerk ein zentrales Risiko darstellt.
- Durch das geprüfte Unternehmen angewandte Rechnungslegungsmethoden. Besonders relevant ist dieser Aspekt bei einer festgestellten Veränderung dieser angewandten Rechnungslegungsmethoden im analysierten Zeitraum, bei Vorliegen bedeutsamer und ungewöhnlicher Geschäftsvorfälle oder bei erstmaliger Anwendung neuer Rechnungslegungsstandards, wie es bspw regelmäßig in den IFRS oder bei erstmaliger Anwendung des RÄG 2014 der Fall ist.
- Ziele, Strategien und Geschäftsrisiken des geprüften Unternehmens. Diese sind insofern von Bedeutung, als sie zu Risiken wesentlicher falscher Darstellungen führen können; durch die mit ihrer Analyse verbundene Komplexität in zahlreichen Branchen stellen sie den Abschlussprüfer jedoch regelmäßig

---

46 Vgl ISA 315.6 iVm .A11.
47 Vgl ISA 315.11.

auch vor besondere Herausforderungen. Nach *Link* ergibt sich die Untergrenze für die Auseinandersetzung mit diesen Risiken aus dem Grundsatz der Wesentlichkeit (im Hinblick auf die möglichen Falschdarstellungen); die Obergrenze folgt demgegenüber aus dem Grundsatz der Wirtschaftlichkeit, sodass dem Abschlussprüfer allerdings noch immer ein nicht unbeträchtlicher Ermessensspielraum offensteht.[48]

Die Kenntnisse über Geschäftstätigkeit und die daraus resultierenden Geschäftsrisiken müssen grundsätzlich ausreichen, um Ereignisse, Geschäftsvorfälle und Gepflogenheiten zu erkennen und verstehen zu können, die sich nach Einschätzung des Abschlussprüfers wesentlich auf den zu prüfenden Jahresabschluss und Lagebericht, die Abschlussprüfung, den Prüfungsbericht und den Bestätigungsvermerk auswirken können. Insbesondere die Prüfung des Lageberichts verlangt vom Abschlussprüfer diesbezügliche Kenntnisse […].[49]

Als konkrete Beispiele finden sich in ISA 315 ausgeführt:

Beispielsweise kann das aus einem schrumpfenden Kundenstamm resultierende Geschäftsrisiko das Risiko wesentlicher falscher Darstellungen bei der Bewertung von Forderungen vergrößern. Besonders in Kombination mit einer rückläufigen Wirtschaftstätigkeit kann dasselbe Risiko auch längerfristige Folgen haben, die der Abschlussprüfer bei der Beurteilung der Angemessenheit der Annahme der Fortführung der Unternehmenstätigkeit berücksichtigt.[50]

- Messung und Überwachung des wirtschaftlichen Erfolges des geprüften Unternehmens. Hierbei ist ua auf die (finanziellen und nicht-finanziellen) Key Performance Indicators abzustellen, welche die Grundlage für die Erfolgsmessung darstellen und auf denen in der Folge zB die Incentivierung des Managements basiert; besonders bei Vorliegen erfolgsbasierter Vergütungssysteme bestehen bspw Anreize zur Manipulation der Rechnungslegung durch das Management. Daneben sind auch Budgets und Benchmarks in die Analyse mitaufzunehmen.

Hinsichtlich der Kenntnisse über das prüfungsrelevante IKS finden sich in ISA 315 ähnlich umfassende Ausführungen.[51] Aus dessen Ausführungen, wie auch aus den Gesetzesbestimmungen im UGB (§ 273 Abs 2 UGB), lässt sich ableiten, dass nicht das gesamte IKS Bestandteil der Abschlussprüfung ist, sondern nur jener Teil, der sich auf den Rechnungslegungsprozess bezieht. Dieser umfasst alle Prozesse und Kontrollen, die dazu dienen, Rechnungslegungsinformationen vollständig und richtig zu erfassen; somit reicht ihr Anwendungsbereich zT weit über die Erstellung eines Jahres- oder Konzernabschlusses hinaus.[52] Der Abschluss-

---

48 Vgl *Link* (2006), 268.
49 *Link* (2006), 266 f.
50 ISA 315.A33.
51 Vgl ISA 315.12 ff.
52 Vgl *Balzar et al* (2013), 146.

prüfer hat zu beurteilen, welche Kontrollen für sich alleine oder in Kombination mit anderen Kontrollen für die Abschlussprüfung von Bedeutung sind.[53]

ISA 315 fordert vom Abschlussprüfer anschließend, dass er das für die Abschlussprüfung relevante IKS hinsichtlich seiner Ausgestaltung (Designprüfung; ist das IKS für den Kontext des geprüften Unternehmens angemessen?) sowie hinsichtlich seiner Implementierung (Implementierungsprüfung; wird das IKS auch in der Praxis gelebt?) beurteilt. Der dritte Prüfschritt, die sog Funktionsprüfung, ist bereits Bestandteil der Prüfungshandlungen als Reaktion auf die beurteilten Risiken und wird daher in Kapitel II.D. näher erläutert.[54] Da die Prüfungshandlungen jedoch in allen Fällen ähnlich sind, wird es idR als effizient erachtet, die drei Prüfschritte in der Praxis gleichzeitig durchzuführen.[55]

Aus den zugrundeliegenden gesetzlichen Bestimmungen ergibt sich, dass der Abschlussprüfer keine durchgehende materielle Prüfung des gesamten IKS durchzuführen bzw keine Aussage über die Effektivität des IKS zu treffen hat.[56] Allerdings erfordern die ISA zumindest eine tlw Überprüfung der Wirksamkeit der installierten Kontrollen betreffend den Rechnungslegungsprozess (siehe Kapitel II.D.). Im Hinblick auf die Frage, wann eine Schwäche im IKS vorliegt, kann er ua auf die Ausführungen in ISA 265 (*„Mitteilung über Mängel im internen Kontrollsystem an die für die Überwachung Verantwortlichen und das Management"*) zurückgreifen.

Folglich muss sich der Abschlussprüfer mit allen relevanten Komponenten des IKS auseinandersetzen. ISA 315 unterscheidet hier in Anlehnung an das COSO Internal Control Framework fünf verschiedene Komponenten und erläutert diese in den Anwendungshinweisen sowie in seiner Anlage 1 umfassend:[57]

- Kontrollumfeld: Die Aspekte, die hierunter zu subsumieren sind, befassen sich mit Themen der Kultur im geprüften Unternehmen, die Integrität und die Wahrung ethischer Standards umfasst: zB Philosophie und Führungsstil des Managements, Selbstverpflichtungen und Weisungsbefugnisse.[58]
- Risikobeurteilungsprozess des geprüften Unternehmens: Im Hinblick auf diese Komponente hat der Abschlussprüfer ein Verständnis dafür zu erwerben, wie im geprüften Unternehmen selbst Risiken identifiziert, beurteilt und

---

53 Vgl ISA 315.12.
54 Vgl zu den verschiedenen Prüfungsschritten iVm dem IKS statt vieler *Brösel et al* (2015), 297 ff; *Marten et al* (2015), 316. Während bei einer Implementierungsprüfung die Funktionsweise der internen Kontrollen einmalig und zeitpunktbezogen überprüft wird, reicht die Funktionsprüfung weiter und erstreckt sich insb auf den im geprüften Abschluss abgebildeten Untersuchungszeitraum; vgl *Weimann* (2012), 71 mwN.
55 Vgl *Balzar et al* (2013), 138.
56 Vgl bereits ErläutRV 467 BlgNR 23. GP, 17.
57 Vgl ISA 315.14 ff iVm .A51. Vgl zu dieser Anlehnung an das Framework des COSO auch *Nayer et al* (2010), 119 ff.
58 Vgl ausführlich ISA 315.A70.

in der Folge vom Management gehandhabt werden. Hieraus kann er wertvolle Hilfe für seine eigenen Analysen gewinnen.[59]
- Rechnungslegungsrelevantes Informationssystem: Hierunter wird insb das IT-System des geprüften Unternehmens verstanden, welches mit besonderen Herausforderungen für den Abschlussprüfer verbunden sein kann (siehe dazu ausführlich Kapitel III.).
- Kontrollaktivitäten: Diese Komponente stellt auf die einzelnen internen Kontrollen ab, die im geprüften Unternehmen implementiert sind. Der Abschlussprüfer muss sich hier zB vergewissern, dass ein Mindestmaß an Kontrollen vorhanden ist, auch unabhängig von der Unternehmensgröße zB im Hinblick auf den Zahlungsprozess oder Personalthemen. Besonders relevant sind dabei Fragen der Genehmigungsprozesse oder der implementierten Funktionstrennungen.[60]
- Überwachung von Kontrollen: Diese Komponente wird von ISA 315 als „*Prozess, mit dem die Wirksamkeit des IKS im Zeitablauf beurteilt wird*",[61] definiert. Auch eine implementierte Interne Revision ist dabei von Bedeutung. Eine Auseinandersetzung mit den damit verbundenen Fragen ist für jede Beurteilung des IKS durch den Abschlussprüfer unerlässlich.

C. Beurteilung der Risiken für wesentliche falsche Darstellungen in der Rechnungslegung

Sofern die Festlegung der für die Abschlussprüfung relevanten Risiken erfolgt ist, hat sich der Abschlussprüfer im nächsten Schritt mit deren Analyse und Klassifizierung auseinanderzusetzen. Auch hieran stellt ISA 315 umfassende Anforderungen.

Im Hinblick auf seine Risikoanalyse ist der Abschlussprüfer aufgefordert, zunächst jene Risiken zu identifizieren, die er auf Grundlage seiner vorhergehenden Prüfungshandlungen als Risiken wesentlicher falscher Darstellung im geprüften Abschluss klassifiziert. In einem nächsten Schritt muss er diese Risiken dahingehend beurteilen, ob bzw wie sie sich auf Abschlussebene und auf Aussageebene auswirken:[62]

- Risiken auf Abschlussebene sind Risiken, die sich auf den geprüften Abschluss als Ganzes auswirken und daher ggf viele verschiedene Einzelaussagen zugleich betreffen. Als wichtigstes Beispiel wird hier der Management Override angeführt; diese Risiken stehen daher idR mit einem mangelhaften IKS bzw Fraud-Risiken in Verbindung.[63]

---
59 Vgl ISA 315.A79.
60 Vgl ISA 315.A88.
61 ISA 315.A98.
62 Vgl ISA 315.25.
63 Vgl ISA 315.A105 f.

- Risiken auf Aussageebene betreffen demgegenüber bestimmte (einzelne, konkret feststellbare und prüfbare) Arten von Geschäftsvorfällen, Kontensalden oder Abschlussangaben.[64]

Im Anschluss sind die identifizierten Risiken in Bezug zu den konkreten Fehlermöglichkeiten auf Aussageebene zu setzen. Dadurch sollen diese Risiken konkretisiert werden. Dies kann den Abschlussprüfer bei der Ableitung von Hypothesen für seine weiteren Prüfungshandlungen unterstützen. Dabei sind auch die relevanten Kontrollen mit in die Betrachtung aufzunehmen, für die der Abschlussprüfer in der Folge eine Funktionsprüfung plant (siehe dazu Kapitel II.D.).[65]

Zuletzt hat im Rahmen der Risikoanalyse eine Einschätzung der Wahrscheinlichkeit von wesentlichen falschen Darstellungen zu erfolgen. Hierfür ist an dieser Stelle zumeist das inhärente Risiko ausschlaggebend,[66] in der Praxis häufig auch durch die Komplexität des Prüfungsgegenstandes bedingt (kritische Themen umfassen zB die Beteiligungsbewertung).

Auf dieser Grundlage kann die geforderte Klassifizierung der beurteilten Risiken für wesentliche falsche Darstellungen erfolgen. Diese bestimmt in der Folge die weiteren zu setzenden Prüfungshandlungen durch den Abschlussprüfer und ist daher für einen korrekten Prüfungsablauf entscheidend. Die hier gesetzten Handlungen werden auch im Zuge einer AQSG-Prüfung adressiert und führen häufig zu Beanstandungen.

Aus ISA 315 ergibt sich die folgende Dreiteilung:[67]

- Bedeutsame Risiken: Hierunter fallen jene Risiken, die *„aufgrund ihrer Art, ihres Umfangs der möglichen Auswirkungen oder der Eintrittswahrscheinlichkeit einer besonderen Berücksichtigung durch den Abschlussprüfer bedürfen."*[68] Dies betrifft va Nicht-Routine-Transaktionen (zB die Rechnungslegung im Kontext von Umgründungen oder bei Anwendung komplexer Berechnungen bzw Rechnungslegungsgrundsätze), Ermessensspielräume und Schätzungen (zB im Hinblick auf die Annahme über zukünftige Ereignisse und Ergebnisse) sowie Fraud-Risiken. Hinsichtlich dieses letzten Punktes hat der Abschlussprüfer nach ISA 240 grundsätzlich davon auszugehen, dass die Umsatzrealisierung sowie der Management Override jeweils regelmäßig ein solches bedeutsames Risiko darstellen.[69]
- Risiken, bei denen aussagebezogene Prüfungshandlungen nicht ausreichen: Bei diesen Risiken hat der Abschlussprüfer davon auszugehen, dass es nicht möglich oder nicht praktikabel ist, durch aussagebezogene Prüfungshandlun-

---

64 Vgl ISA 315.A109.
65 Vgl ISA 315.26 iVm .A116 ff.
66 Vgl ISA 330.7.
67 Vgl ISA 315.27 ff und *Schmidt* (2008), Rz 63 ff.
68 *Schmidt* (2008), Rz 65.
69 Vgl dazu weiterführend *Bartos et al* (2014).

gen zu einem verlässlichen Prüfungsurteil zu gelangen. Dies betrifft va Massentransaktionen im Beschaffungs- oder Absatzbereich, va wenn eine Vielzahl an Informationen ausschließlich in elektronischer Form ausgelöst, aufgezeichnet, verarbeitet oder berichtet wird.[70]
- Sonstige Risiken für wesentliche falsche Darstellungen: Bei diesen Risiken hat der Abschlussprüfer im Rahmen seines pflichtgemäßen Ermessens schließlich zu beurteilen, ob bzw zumeist in welcher Form weitere Prüfungshandlungen erforderlich sind.

Diese Risikobeurteilung ist am Beginn der Prüfung im Rahmen der Prüfungsplanung durchzuführen. ISA 315 stellt jedoch klar, dass sie als ein kontinuierlicher Prozess zu gestalten und ggf im Verlauf der weiteren Prüfung auf Grundlage neu gewonnener Erkenntnisse anzupassen ist.[71]

D. Festlegung und Durchführung von Prüfungshandlungen als Reaktion auf die beurteilten Risiken

Als Reaktion auf die beurteilten Risiken hat der Abschlussprüfer seine Prüfungshandlungen festzulegen und durchzuführen. Dem widmet sich ISA 330. Dieser sieht eine Unterscheidung in allgemeine Reaktionen auf Abschlussebene und spezielle Reaktionen auf Aussageebene vor, in Übereinstimmung mit der zuvor vorgenommenen Risikoklassifikation.

Hinsichtlich der geforderten allgemeinen Reaktionen hält sich ISA 330 kurz: *„Der Abschlussprüfer hat allgemeine Reaktionen zu planen und umzusetzen, um den beurteilten Risiken wesentlicher falscher Darstellungen auf Abschlussebene zu begegnen."*[72] Den Anwendungshinweisen lassen sich in Ergänzung hierzu die folgenden Vorschläge entnehmen:[73]

- Betonung der kritischen Grundhaltung im Prüfungsteam;
- Rücksichtnahme auf die Besetzung des Prüfungsteams (zB Hinzuziehung von Berufskollegen oder Vertretern der Berufsorganisation);
- verstärkte Überwachung der Auftragsabwicklung (Qualitätssicherung);
- Einsatz von Überraschungsmomenten im Rahmen der Prüfungshandlungen (zB bei einer Saldenbestätigung auch unwesentliche Posten bestätigen lassen oder bei einer Inventurbeobachtung nicht ankündigen, an welchen Standorten diese stattfinden wird).

Sofern der Abschlussprüfer Mängel im Kontrollumfeld feststellt, hat er auch diesbezüglich allgemeine Reaktionen zu setzen. Als Beispiele dazu nennen die An-

---
70 Vgl ISA 315.A128.
71 Vgl ISA 315.31.
72 ISA 330.5.
73 Vgl ISA 330.A1.

wendungshinweise zu ISA 330 eine vermehrte Durchführung von Prüfungshandlungen zum Abschlussstichtag, ein umfassenderer Einsatz von aussagebezogenen Prüfungshandlungen oder die Erhöhung der Anzahl der in die Prüfung einbezogenen Standorte.[74]

Die speziellen Reaktionen, die anschließend auf Aussageebene zu setzen sind, stehen in enger Verbindung zu den Ergebnissen der zuvor erfolgten Risikobeurteilung:

- Bedeutsame Risiken: Hier ist jedenfalls die Ausgestaltung und Implementierung der internen Kontrollen zu beurteilen und aussagebezogene Prüfungshandlungen sind durchzuführen. Sofern keine Funktionsprüfungen vorgesehen sind, haben diese aussagebezogenen Prüfungshandlungen auch Einzelfallprüfungen zu umfassen.[75]
- Risiken, bei denen aussagebezogene Prüfungshandlungen nicht ausreichen: In diesem Fall ist jedenfalls die Ausgestaltung und Implementierung der internen Kontrollen zu beurteilen. Darüber hinaus sind auch Funktionsprüfungen durchzuführen, da aussagebezogene Prüfungshandlungen alleine keine ausreichenden geeigneten Prüfungsnachweise auf Aussageebene erbringen können.[76]
- Sonstige Risiken für wesentliche falsche Darstellungen: Diesfalls liegt es im prüferischen Ermessen des Abschlussprüfers, Funktionsprüfungen, Einzelfallprüfungen und aussagebezogene analytische Prüfungshandlungen einzusetzen.

Funktionsprüfungen adressieren die Wirksamkeit des IKS im Hinblick auf den geprüften Abschluss – iSd *„Qualität des realisierten Systems"*.[77] Der Abschlussprüfer hat Prüfungsnachweise zu gewinnen,

- ob und wie die Kontrollen während des geprüften Zeitraumes angewandt wurden,
- ob ihre Anwendung stetig erfolgte,
- von wem bzw auf welche Weise sie angewendet wurden,
- ob die geprüften Kontrollen mit anderen (mittelbaren) Kontrollen zusammenhängen, um ggf auch für diese Prüfungsnachweise einzuholen.[78]

Neben dem oben angesprochenen Fall sind sie auch dann verpflichtend durchzuführen, wenn im Rahmen der Aufbauprüfung ein angemessenes IKS festgestellt wurde und der Abschlussprüfer sich im Hinblick auf sein Prüfungsurteil auf

---

74 Vgl ISA 330.A2.
75 Vgl ISA 330.21.
76 Vgl ISA 330.8.
77 Marten et al (2015), 315.
78 Vgl ISA 330.10; siehe auch Balzar et al (2013), 138, die darüber hinaus darauf abstellen, ob die Ergebnisse des IKS bzw etwaige negative Feststellungen ordnungsgemäß dokumentiert sind.

dieses stützen möchte.⁷⁹ In der Praxis wird dies regelmäßig der Fall sein; es ist ihm dann nämlich möglich, die mit Sachverhalten, die durch diese Kontrollen abgedeckt werden, im Zusammenhang stehenden Prüfungshandlungen zu reduzieren.⁸⁰ Den Grundsatz hierfür normiert ISA 330 wie folgt: „*Beim Planen und Durchführen von Funktionsprüfungen muss der Abschlussprüfer umso überzeugendere Prüfungsnachweise erhalten, je mehr der Abschlussprüfer sich auf die Wirksamkeit einer Kontrolle verlässt.*"⁸¹ Als wichtigstes und erstes Instrument steht ihm hierfür die Befragung zur Verfügung, die aber alleine nicht ausreicht; sie ist daher zu ergänzen um Inaugenschein-/Einsichtnahmen, den Nachvollzug der Kontrollen oder bloße Beobachtungen von Abläufen.⁸² Die Verwendung der Ergebnisse von Funktionsprüfungen aus Vorperioden ist dabei grundsätzlich möglich, so sich an der Funktionsweise und den zugrundeliegenden Prozessen des IKS keine zwischenzeitlichen Änderungen ergeben haben;⁸³ dennoch hat zumindest in regelmäßigen Abständen (nach dem pflichtgemäßen Ermessen des Abschlussprüfers, aber spätestens alle drei Jahre) eine Funktionsprüfung zu erfolgen.⁸⁴ Das bedeutet, dass er für die bessere Verteilung seines Arbeitsaufwandes diese Prüfungshandlungen bereits im Rahmen seiner Prüfungsplanung angemessen auf mehrere Jahre (dh mehrere aufeinanderfolgende Abschlussprüfungen) aufteilen kann.⁸⁵ Ausgenommen sind einzig bedeutsame Risiken, für welche die Verwendung der Ergebnisse von Funktionsprüfungen aus Vorperioden ausdrücklich ausgeschlossen wird.⁸⁶

Die vom Abschlussprüfer gesetzten Prüfungshandlungen können sowohl aussagebezogene Prüfungsnachweise als auch Prüfungsnachweise für die Funktion des IKS ergeben. Diesfalls wird von „Dual Purpose Tests" gesprochen.⁸⁷ Diese gemeinsame Prüfung ergibt sich häufig bereits aus praktischen Notwendigkeiten heraus, zB im Rahmen einer stichprobenartigen Überprüfung der Funktionsweise des IKS, die bewusste Ausnützung derartiger Synergien ist darüber hinaus aber nicht zuletzt aus Effizienzüberlegungen für den Abschlussprüfer von Bedeutung.⁸⁸

Festgestellte Mängel am IKS sind von wesentlicher Bedeutung und bestimmen den weiteren Prüfungsprozess.⁸⁹ Die Problematik für den Abschlussprüfer iVm

---

79 Vgl auch *Möller* (2007), 503.
80 Vgl *Balzar et al* (2013), 138.
81 ISA 330.9.
82 Vgl ISA 330.A26.
83 Vgl ISA 330.13 f.
84 Das bisher gültige KFS/PG 1 (idF Dezember 2009), 54, sprach davon, dass diese Zeiträume drei Jahre nicht überschreiten sollten.
85 Vgl *Schäfer/Steiner* (2014), 920.
86 Vgl ISA 330.15.
87 Vgl ISA 330.A23; *Schmidt* (2008), Rz 79.
88 Vgl *Wiese* (2013), 187.
89 Vgl *Adenauer* (1989), 132 f mwN.

einer Funktionsprüfung des IKS, die zu wesentlichen Beanstandungen führt, illustriert allerdings *Wiese* wie folgt:

> Muss die vorläufige Hypothese einer Angemessenheit der internen Kontrollen [...] abgelehnt werden, ist eine kostendeckende Auftragsbearbeitung in der Regel nicht mehr möglich. Denn die personellen und zeitlichen Ressourcen für eine Erhöhung des Umfangs an aussagebezogenen Prüfungshandlungen wurden bei der Prüfung der internen Kontrollen aufgezehrt. Es entstehen versunkene Kosten, weil die durch Kontrolltests erlangten Prüfungsnachweise nicht als Prüfungsnachweise für materielle Prüfungshandlungen in die Urteilsbildung auf Basis des Prüfungsrisikomodells einfließen können. Der Prüfer hat in diesem Fall seine „Wette" auf die Wirksamkeit der internen Kontrollen verloren.[90]

Dies zeigt ein Spannungsfeld auf, mit dem sich der Abschlussprüfer konfrontiert sieht, wenn er im Zuge seiner Prüfungshandlungen auf (mögliche) Mängel im IKS des geprüften Unternehmens stößt. An der Gewissenhaftigkeit seiner Prüfung darf dies jedoch nichts ändern.

Aussagebezogene Prüfungshandlungen werden von ISA 330 wie folgt klassifiziert:

- Einzelfallprüfungen: Diese stehen idR im Zusammenhang mit Aussagen wie „Vorhandensein" oder „Vollständigkeit" eines in einem Jahresabschlussposten enthaltenen Einzelpostens.[91] Gemäß ISA 500 *(„Prüfungsnachweise")* kann der Prüfer hierfür alle Elemente einer Grundgesamtheit auswählen oder nur Stichproben ziehen, um Rückschlüsse auf die Grundgesamtheit zu ziehen.[92]
- Analytische Prüfungshandlungen: Diese untersuchen relevante Beziehungen zwischen finanziellen Daten im geprüften Abschluss und anderen Daten. Hierbei handelt es sich um Plausibilitätsbeurteilungen, die mit Instrumenten der Bilanzanalyse va auf Zeitreihen-, Betriebs- und Soll-Ist-Vergleiche (ausgehend zB von den Erwartungen des Abschlussprüfers) abstellen.[93] Aus Sicht des Abschlussprüfers sind sie besonders effizient durchzuführen.[94] ISA 520 *(„Analytische Prüfungshandlungen")* widmet sich diesen im Detail.
- Aussagebezogene Prüfungshandlungen, die sich auf den Prozess der Abschlussbuchungen beziehen: Diese umfassen den Abgleich des Abschlusses mit den zugrunde liegenden Rechnungslegungsunterlagen sowie die Untersuchung wesentlicher Journaleinträge (Journal Entry Testing, welches verpflichtend vorzunehmen ist)[95],[96] Besonders im Hinblick auf das Risiko des Management Override haben sich diese Prüfungshandlungen bewährt.[97]

---

90 *Wiese* (2013), 89.
91 Vgl ISA 330.A45.
92 Vgl ISA 500.A52 ff. Hierzu ausführlich auch *Toebe/Stahl* (2012); *Fröhlich et al* (2014).
93 Vgl zB ISA 520.4 und .A1.
94 Vgl *Marten et al* (2015), 329.
95 Vgl *Keel* (2015), 863.
96 Vgl ISA 315.20.
97 Vgl *Fuhrer/Newton* (2013); *Bartos et al* (2014), 218.

E. Dokumentation der Prüfungshandlungen und der Prüfungsfeststellungen sowie Information des Aufsichtsorgans

Wie bereits dargelegt (siehe Kapitel II.A.), sind im Hinblick auf die Dokumentations- sowie Informationspflichten iVm der Prüfungsplanung durch den Abschlussprüfer neben den Regelungen der ISA auch die tlw weiterreichenden gesetzlichen Bestimmungen zB des UGB mit zu berücksichtigen. Darüber hinaus umfassen diese Themen weit mehr Aspekte als nur jene, die im Hinblick auf die Prüfungsplanung von Bedeutung sind. Daher soll an dieser Stelle nur ein Überblick über die in ISA 300, 315 und 330 festgehaltenen Anforderungen gegeben werden.

Im Hinblick auf die Dokumentation der Prüfungshandlungen sind folgende Anforderungen zu beachten:

- ISA 300 fordert die Aufnahme der Prüfungsstrategie, des Prüfungsprogrammes sowie während der Abschlussprüfung vorgenommene bedeutsame Änderungen an diesen und die hierfür ausschlaggebenden Gründe.[98]
- ISA 315 fordert die Dokumentation der Besprechungen im Prüferteam sowie die daraus resultierenden Entscheidungen; die wichtigsten Elemente des gewonnenen Verständnisses über das geprüfte Unternehmen, sein Umfeld und sein IKS, sowie die hierfür zugrunde liegenden Informationsquellen und durchgeführten Prüfungshandlungen; die identifizierten und beurteilten Risiken wesentlicher falscher Darstellungen auf Abschluss- und Aussageebene; die identifizierten bedeutsamen Risiken und die damit verbundenen Kontrollen im geprüften Unternehmen.[99]
- ISA 330 sieht schließlich die umfassendsten Anforderungen vor:
  - Zu dokumentieren sind zunächst die allgemeinen Reaktionen auf die beurteilten Risiken wesentlicher falscher Darstellungen auf Abschlussebene, gemeinsam mit Art, zeitliche Einteilung und Umfang der weiteren durchgeführten Prüfungshandlungen; die Verbindung zwischen diesen Prüfungshandlungen und den beurteilten Risiken wesentlicher falscher Darstellungen auf Aussageebene; die Ergebnisse dieser Prüfungshandlungen sowie die Schlussfolgerungen hieraus.[100] Besonders wichtig wird dabei idR eine ausführliche, systematische Dokumentation über festgestellte Mängel des IKS sein.[101]
  - Sofern der Abschlussprüfer im Rahmen der Funktionsprüfung auf Prüfungsnachweise vorhergegangener Abschlussprüfungen zurückgreift, sind

---

98 Vgl ISA 300.12.
99 Vgl ISA 315.32.
100 Vgl ISA 330.28.
101 Vgl dazu mit einem weiterführenden Vorschlag zur Dokumentation *Schäfer et al* (2014), 931.

seine zugrundeliegenden Schlussfolgerungen, die zum Ergebnis der Zulässigkeit dieses Vorgehens führten, in die Dokumentation aufzunehmen.[102]
– Im Hinblick auf aussagebezogene Prüfungshandlungen, die sich auf den Prozess der Abschlussbuchungen beziehen, muss die Dokumentation schließlich darlegen, dass der Abschluss mit den ihm zugrunde liegenden Rechnungslegungsunterlagen im Einklang steht bzw abstimmbar ist.[103]

Neben den – im UGB geregelten – Berichtspflichten im Prüfungsbericht und Bestätigungsvermerk fordert ISA 300 bereits zu Beginn der Prüfung, *„die Berichterstattungsziele für den Auftrag zu ermitteln, um die zeitliche Einteilung der Prüfung und die Art der erforderlichen Kommunikation zu planen".*[104] Damit verbundene weitere Anforderungen an die mündliche Berichterstattung an die für die Überwachung Verantwortlichen lassen sich aus ISA 260 (*„Kommunikation mit den für die Überwachung Verantwortlichen"*) ableiten. Relevante Themenbereiche umfassen dabei:[105]

- den Prüfungsansatz und den Umfang der Abschlussprüfung;
- Besonderheiten des Geschäftsjahres in rechtlicher und wirtschaftlicher Hinsicht;
- die Ordnungsmäßigkeit der Rechnungslegung;
- Schwachstellen im IKS;
- Unregelmäßigkeiten in der Rechnungslegung sowie sonstige Gesetzesverstöße;
- bedeutsame Änderungen der Rechnungslegungsgrundsätze;
- das Prüfungsurteil und ggf eine zusammenfassende Begründung.

F. Umsetzung der risikoorientierten Prüfungsplanung im KMU-Kontext

An die Anwendung der Bestimmungen der ISA im Kontext von KMU sind grundsätzlich die gleichen Anforderungen zu richten, wie dies für die Prüfung zB börsennotierter Unternehmen der Fall ist. Dh, auch solche Abschlussprüfungen erfordern vom Prüfer eine vollumfängliche Kenntnis der maßgeblichen Bestimmungen.[106] Um jedoch der Forderung aus der Praxis nach einer Verhältnismäßigkeit der Abschlussprüfung Rechnung zu tragen,[107] enthalten die meisten ISA spezifische Ausführungen, die sich der Anwendbarkeit der dargelegten Regelun-

---
102 Vgl ISA 330.29.
103 Vgl ISA 330.30.
104 ISA 300.8.
105 Vgl *Schmidt* (2008), Rz 445.
106 Vgl *Houf et al* (2015), 117.
107 So zB KFS/PG 1 (idF Juni 2015), Tz 4: *„Die sachgerechte Anwendung der ISAs in Abhängigkeit von der Größe und Komplexität der zu prüfenden Einheiten sichert eine verhältnismäßige Abschlussprüfung."*

gen im KMU-Kontext widmen (*„spezifische Überlegungen zu kleineren Einheiten"*). Das Ergebnis ist eine sog „skalierte Prüfung", welche die Arbeit für den Abschlussprüfer erleichtert und damit auch die Kosten der Abschlussprüfung begrenzt. Dies ist bereits in der Planungsphase einer risikoorientierten Prüfungsplanung von besonderem Interesse, weswegen nachfolgend die wichtigsten Ausführungen der ISA 300, 315 und 330 zur Skalierung der Prüfungsplanung dargestellt werden. Weiterführend ist an dieser Stelle auf praktische Hilfestellungen, wie den IDW Prüfungsnavigator,[108] vom *IAASB* veröffentlichte Q&A zum Thema[109] sowie einen vom *IFAC* herausgegebenen weiterführenden Guide[110] hinzuweisen, die weitere Unterstützung für den Berufsstand bieten.

Zur Prüfungsstrategie wird festgehalten, dass an deren Dokumentation im KMU-Kontext vergleichsweise geringe Anforderungen zu stellen sind. So können hier die Größe des geprüften Unternehmens und jene des Prüfungsteams als Maßstäbe herangezogen werden:

> Beispielsweise kann ein Memorandum, das bei Beendigung der vorherigen Prüfung anhand einer Durchsicht der Arbeitspapiere erstellt wurde und das die bei der soeben beendeten Prüfung identifizierten Fragen aufzeigt sowie im laufenden Berichtszeitraum anhand von Besprechungen mit dem Gesellschafter-Geschäftsführer aktualisiert wird, als dokumentierte Prüfungsstrategie für den laufenden Prüfungsauftrag dienen,[111]

sofern hierdurch die in ISA 300.A8 festgehaltenen Mindestinhalte abgedeckt sind. Für das Prüfungsprogramm wird wiederum vorgeschlagen, auf standardisierte Prüfungsprogramme bzw Checklisten zurückzugreifen. Die hieran gestellte Voraussetzung ist wiederum jene, dass sie *„unter der Annahme erstellt wurden, dass wenige relevante Kontrollaktivitäten vorliegen, [… und sie] sind zugeschnitten auf die Umstände des Auftrages, einschließlich der vom Abschlussprüfer getroffenen Risikobeurteilung."*[112]

Häufig wird eine Prüfung im KMU-Kontext von einem beauftragten Abschlussprüfer alleine, dh ohne unterstützendes Prüfungsteam, durchgeführt. Hierbei kann der Abschlussprüfer jedoch mit Fragestellungen konfrontiert sein, deren sachgerechte Beantwortung ihm alleine Schwierigkeiten bereitet bzw unmöglich ist (zB bei besonders komplexen oder ungewöhnlichen Sachverhalten). In diesen Fällen empfehlen die Regelungen in ISA 300 dem Abschlussprüfer, zur Fundierung seines Urteilsbildungsprozesses fachlichen Rat bei anderen Abschlussprüfern oder bei einer Berufsorganisation des Abschlussprüfers einzuholen.[113]

---

108   Vgl *IDW* (2015).
109   Vgl *IAASB* (2009).
110   Vgl *IFAC* (2011).
111   ISA 300.A11.
112   ISA 300.A19.
113   Vgl ISA 300.A15.

Im KMU-Kontext ist das IKS zumeist kaum dokumentiert und hat einen niedrigeren Reifegrad als in Großunternehmen. Hier räumt ISA 315 ein, dass idR kein formalisierter Prozess zur Risikobeurteilung vorliegt; vielmehr ist es üblich, dass das Management des geprüften Unternehmens potenzielle Risiken durch seine direkte und persönliche Einbindung in das Geschäft identifiziert. Für den Abschlussprüfer ist es in diesem Fall aber dennoch unerlässlich, Befragungen nach den identifizierten Risiken und den Umgang mit diesen durch das Management durchzuführen.[114] Ähnlich verhält es sich im Hinblick auf die regelmäßig fehlende Dokumentation der rechnungslegungsbezogenen (dh IT-)Informationssysteme und der damit verbundenen Geschäftsprozesse; auch hier hat der Abschlussprüfer das für seine Prüfungsplanung notwendige Verständnis durch Befragungen zu gewinnen. Generell wird das Erlangen dieses Verständnisses aufgrund eines zumeist geringeren Komplexitätsgrades der eingesetzten Systeme und Prozesse einfacher möglich sein, als dies etwa im Kontext börsennotierter Unternehmen der Fall ist.[115] *Keel* weist dabei jedoch auf eine mögliche Problematik iVm dem Journal Entry Testing im KMU-Kontext hin, nämlich dass

> die IT-Umgebung, die Programme und auch der interne Support beim Kunden meist nicht sofort in der Lage [sind], Journaleinträge oder Buchungen in gewünschter Form in grosser Menge zu generieren. Je nach Software geht es einfach, wenn die Datensätze z. B. in Excel exportiert werden können. Der KMU-Prüfer ist bei der Analyse solcher Datensätze mit Block und Bleistift selbstverständlich überfordert. Bereits in kleinen Verhältnissen muss zwingend ein Analysetool eingesetzt werden, um rechnergestützt Auswertungen fahren zu können.[116]

Als grundlegendes IKS-bezogenes Problem von KMU wird sich die Umsetzung einer gebotenen Funktionstrennung erweisen. Dies kann jedoch aus Sicht des Abschlussprüfers dadurch kompensiert werden, dass ein Gesellschafter-Geschäftsführer in diesen Unternehmen dafür eine umso bessere Überwachung wird ausüben können. Dies kann als ausreichend beurteilt werden, um die Defizite der fehlenden Funktionstrennung zu kompensieren.[117] Dafür ist wiederum zu berücksichtigen, dass das Risiko eines Management Override idR ebenso höher als bei börsennotierten Unternehmen zu beurteilen sein wird.[118]

Da in den meisten Fällen eine interne Revision oder Aufsichtsorgane fehlen werden, obliegt die Überwachung der Wirksamkeit des IKS häufig direkt einem Gesellschafter-Geschäftsführer. Auch kommt diesem bzw weiteren Mitgliedern des Managements für die Unternehmenskultur in besonderem Maße eine Vorbildfunktion zu, da zB verschriftlichte Verhaltenskodizes fehlen. Dies ist im Hinblick

---

114 Vgl ISA 315.A80.
115 Vgl ISA 315.A85.
116 *Keel* (2014), 926.
117 Vgl ISA 315.A49.
118 Vgl ISA 315.A50.

auf die Beurteilung der Risiken wesentlicher falscher Darstellungen sowie der möglichen Prüfungsnachweise vom Abschlussprüfer zu berücksichtigen. Somit kommt der Einstellung, dem Bewusstsein und den Maßnahmen des Managements oder eines Gesellschafter-Geschäftsführers eine besonders hohe Bedeutung zu, um das konkrete Kontrollumfeld des geprüften Unternehmens zu verstehen.[119]

Die Kommunikation zwischen Abschlussprüfer und Management des geprüften Unternehmens wird häufig unkomplizierter als in börsennotierten Unternehmen und damit besonders effizient zu gestalten sein. Nach ISA 315 liegt dies ua in der *„größeren Sichtbarkeit und Verfügbarkeit"* des Managements begründet.[120] Auch dies kann der Abschlussprüfer bereits im Rahmen seiner Prüfungsplanung berücksichtigen.

III. Berücksichtigung des rechnungslegungsbezogenen Informationssystems im Rahmen der risikoorientierten Prüfungsplanung

A. Überblick

Der Einsatz von zT komplexen IT-Anwendungen ist heute in den geprüften Unternehmen weit verbreitet, diese müssen damit auch im Rahmen der Abschlussprüfung entsprechend berücksichtigt werden. Im Hinblick auf die Phasen der risikoorientierten Prüfungsplanung bedeutet dies eine Erweiterung um IT-spezifische Risiko-Aspekte, die vom Abschlussprüfer zu berücksichtigen und mit konkreten Prüfungshandlungen zu verbinden sind. Die zusätzlich zu beachtenden Elemente werden in der nachfolgenden Darstellung – grau hinterlegt – dargestellt:

---
119 Vgl ISA 315.A76 ff.
120 ISA 315.A87.

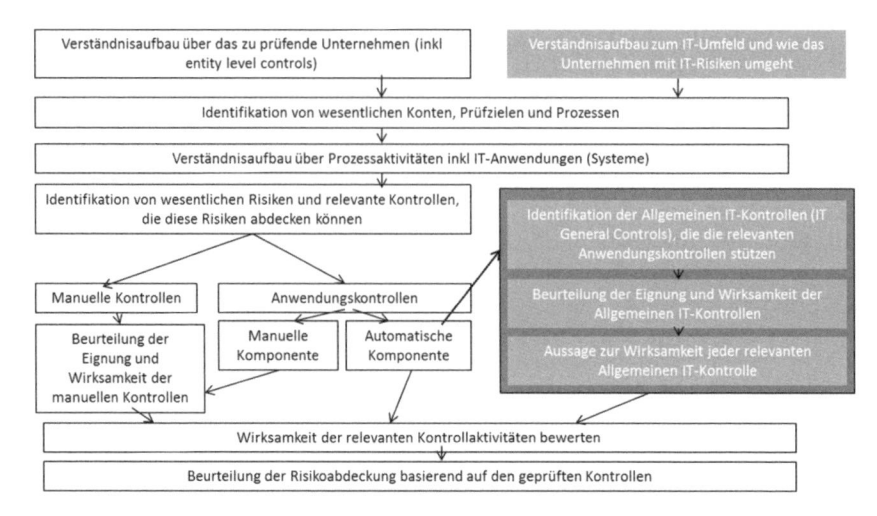

Abb 1: Prüfungsplanung unter Einbeziehung der IT [Quelle: eigene Darstellung]

Die ISA widmen sich umfassend in ISA 315 und zT auch in ISA 330 der Berücksichtigung von IT-Kontrollen im Rahmen der Prüfungsplanung. Darüber hinaus behandeln zwei Fachgutachten der KWT IT-bezogene Fragestellungen mit Relevanz für die Abschlussprüfung: KFS/DV 1 („*Ordnungsmäßigkeit von IT-Buchführungen*") und KFS/DV 2 („*Abschlussprüfung bei Einsatz von Informationstechnik*"). In der Folge nicht behandelt, aber ggf genauso relevant sind Fragestellungen, die sich für den Abschlussprüfer iVm dem Outsourcing von IT-Dienstleistungen ergeben; diesen widmen sich ISA 402 („*Überlegungen bei der Abschlussprüfung von Einheiten, die Dienstleister in Anspruch nehmen*") und damit in Verbindung die Richtlinie IWP/PE 14 („*Prüfung bei ausgelagerten Funktionen*") im Detail.

Für den Abschlussprüfer und seine Überlegungen werden schließlich die Grundsätze der allgemeinen Ordnungsmäßigkeit von IT-Buchführungen (festgehalten im Fachgutachten KFS/DV 1) eine besondere Rolle spielen. Diese regeln allgemeine Anforderungen an IT-gestützte Rechnungslegungssysteme und umfassen nicht zuletzt auch die hiermit verbundenen IT-Kontrollen.

B. Verständnisaufbau zum IT-Umfeld und wie das Unternehmen mit IT-Risiken umgeht

In ISA 315 wird zu den Pflichten des Abschlussprüfers im Hinblick auf die zu analysierenden Komponenten des IKS festgehalten: „*Durch das Verständnis von den Kontrollaktivitäten der Einheit muss der Abschlussprüfer verstehen, wie die Einheit auf die Risiken reagiert hat, die sich aus dem Einsatz von IT ergeben.*"[121]

---
121 ISA 315.21.

Die Anwendungshinweise ergänzen, dass IT-Kontrollen dann wirksam sind, *„wenn sie die Integrität von Informationen und die Sicherheit der in solchen Systemen verarbeiteten Daten aufrechterhalten sowie wirksame generelle IT-Kontrollen und Anwendungskontrollen umfassen."*[122] Da nur jene Aspekte für die Prüfung relevant sind, die einen Bezug zur Rechnungslegung des geprüften Unternehmens aufweisen, ist darauf abzustellen, inwieweit rechnungslegungsrelevante Daten verarbeitet oder Daten als Grundlage für Rechnungslegungsprozesse bereitgestellt werden.[123]

Eine wesentliche Rolle für das Verständnis der Anforderungen des ISA 315 und die Beurteilung der Wirksamkeit der IT-Kontrollen spielen dabei die folgenden Unterscheidungen, die im Standard getroffen werden:

- Automatische vs manuelle Kontrollen: Beiden Arten von Kontrollen ist gemeinsam, dass sie sicher, dass die individuellen Prozessrisiken hinsichtlich Fehlern angemessen kontrolliert werden und die Verarbeitung rechnungslegungsrelevanter Daten korrekt und vollständig erfolgt.[124] Während manuelle Kontrollen von Mitarbeitern des geprüften Unternehmens durchgeführt werden müssen, um wirksam zu werden, umfassen automatische Kontrollen zB Mussfelder, logische Felderchecks, Berichtskontrollen (Exception Reports), Berechtigungsvergaben etc. Freilich sind automatische und manuelle Kontrollen oftmals auch eng miteinander verwoben und in Einzelfällen schwer trennbar. Die Anforderungen von ISA 315 gelten grundsätzlich für beide Arten von Kontrollen gleichzeitig, während im Vergleich dazu das österreichische Fachgutachten KFS/DV 2 manuelle Kontrollen ausdrücklich ausklammert und nur auf automatische Kontrollen abstellt.[125]
- Anwendungskontrollen vs allgemeine IT-Kontrollen: Anwendungskontrollen sind die in Anwendungen verankerten Kontrollen auf Ebene der Geschäftsprozesse; sie betreffen zumeist Fachabteilungen in den geprüften Unternehmen (zB HR, Rechnungswesen). Allgemeine IT-Kontrollen sind demgegenüber den Anwendungskontrollen zugrunde liegende Kontrollen auf Ebene der Infrastruktur, Systeme und Prozesse; sie sind damit zunächst in der IT-Abteilung verankert und wirken sich mittelbar auf die Fachabteilungen im geprüften Unternehmen aus.[126] Dies entspricht auch den Begrifflichkeiten des Fachgutachtens KFS/DV 1; in der Diktion des Fachgutachtens KFS/DV 2 werden hierfür auch weitgehend mit gleicher Bedeutung die Begrifflichkeiten der anwendungsabhängigen (dh Anwendungs-) und anwendungsunabhängigen (dh allgemeinen) Kontrollen verwendet.[127]

---
122 ISA 315.A95.
123 Vgl *Marten et al* (2015), 505, mit Verweis auf Anhang 1.6 zu ISA 315.
124 Vgl *Amberg et al* (2007), 524.
125 Vgl KFS/DV 2 (idF 20.10.2004), 9.
126 Vgl ISA 315.A96 f.
127 Vgl KFS/DV 2 (idF 20.10.2004), 9.

Allgemeine IT-Kontrollen stellen sicher, dass die Anwendungskontrollen funktionieren, und sind damit besonders kritisch für die Abschlussprüfung;[128] dennoch wird in der Praxis als Richtwert vertreten, dass 40 % bis 60 % aller IT-Kontrollen Anwendungskontrollen darstellen und nur 5 % bis 10 % auf allgemeine IT-Kontrollen entfallen.[129] Aufgrund der besonders mit den allgemeinen IT-Kontrollen verbundenen Komplexität und den benötigten IT-Kenntnissen stellen sie aber auch hohe Anforderungen an den Abschlussprüfer. Anwendungskontrollen sind demgegenüber vergleichsweise einfach zu prüfen, zB über Änderungsprotokolle.[130]

Einen besonderen Stellenwert nehmen schließlich die IT-Kontrollen auf Unternehmensebene (Entity Level IT Controls) ein. Diese stellen Kontrollen dar, die auf Ebene des Gesamtunternehmens wirken – im Gegensatz zu jenen Kontrollen, die einzelne Transaktionen oder deren Steuerung (zB in Form von Reviews) adressieren. Sie weisen eine große Nähe zu allgemeinen IT-Kontrollen auf, sind aber idR auf aggregierterem Niveau gehalten und adressieren Themen wie das Data Ownership oder IT-Risikomanagement.[131]

Das Zusammenspiel zwischen diesen Begriffspaaren veranschaulicht die nachfolgende Abbildung:

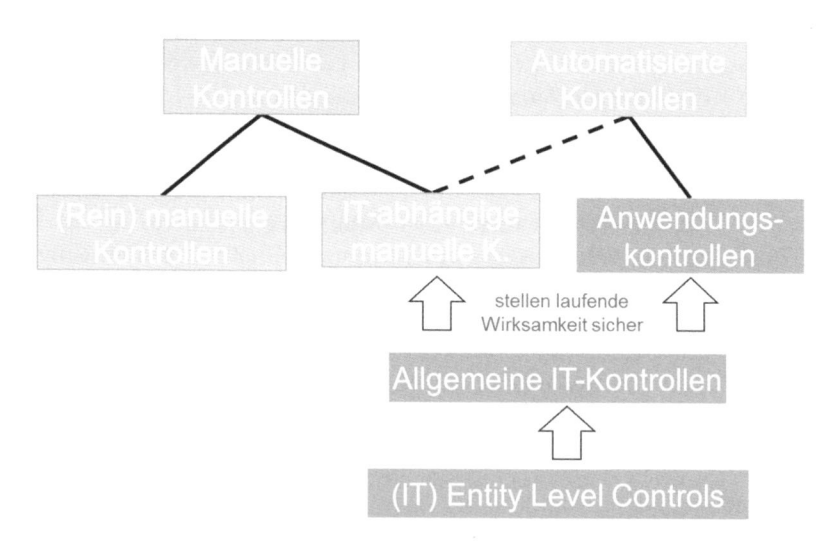

Abb 2: Ebenen des IKS aus IT-Sicht [Quelle: eigene Darstellung]

---

128   Vgl *Amberg et al* (2007), 524.
129   Vgl *Schirmbrand* (2011), 586.
130   Vgl *Schultz et al* (2013), 42.
131   Vgl *Amberg et al* (2007), 525; *Balzar et al* (2013), 136.

In den Anwendungshinweisen widmet sich ISA 315 in einer Aufzählung der Darstellung von möglichen IT-Risiken, mit denen sich der Abschlussprüfer im Zuge der risikoorientierten Prüfungsplanung zu befassen hat. Als wichtige Beispiele seien hier angeführt:[132]

- Fehler in den Datengrundlagen, mit denen die Systeme und Programme arbeiten, bzw Fehler in der Datenverarbeitung in diesen Programmen;
- die Möglichkeit für IT-Mitarbeiter, Zugriffsberechtigungen zu erlangen, die mit dem Grundsatz der Funktionstrennung im Widerspruch stehen;
- unautorisierte Änderungen an Stammdaten, Systemen oder Programmen;
- unangemessene manuelle Eingriffe;
- möglicher Datenverlust, zB durch technische Gebrechen.

Dies entspricht auch weitgehend den Risikofaktoren, die das Fachgutachten KFS/DV 2 kategorisiert. Auf allgemein gehaltener Ebene unterscheidet es Risiken aus der Abhängigkeit von der IT, Änderungsrisiken (zB aufgrund der Einführung neuer Systeme und Technologien oder aufgrund von Restrukturierungen), Risiken im Hinblick auf das benötigte Know-how und die benötigten Ressourcen sowie Risiken im Hinblick auf die geschäftliche Ausrichtung (iS der Übersetzung der Geschäftsstrategie und der Prozessanforderungen in die IT-Landschaft).[133] Unbeschadet der Frage, ob der Abschlussprüfer einem dieser Zugänge oder einer anderen Klassifikation folgt, hat er sich dessen bewusst zu sein, nicht nur auf operative IT-Risiken abstellen zu können, sondern gleichsam die relevanten strategischen IT-Risiken mitzuberücksichtigen – die jedoch idR in den meisten verfügbaren Publikationen vergleichsweise unterrepräsentiert sind.[134]

Hinsichtlich des Einsatzes manueller Kontrollen wird vor dem Hintergrund der obigen Risiken gefolgert, dass diese mit spezifischen Vorteilen, aber auch mit Nachteilen verbunden sind, die der Prüfer dabei in seine Abwägungen aufzunehmen hat:[135]

- Manuelle Kontrollen werden va in Situationen, die mit Beurteilungen und Ermessensentscheidungen verbunden sind, vorteilhafter sein. Als Beispiele werden manuelle Kontrollen bei umfangreichen, ungewöhnlichen oder nicht wiederkehrenden Geschäftsvorfällen oder bei der Überwachung der Wirksamkeit von automatisierten Kontrollen angeführt.
- Nachteile können sich aber daraus ergeben, dass sie *„leichter umgangen, ignoriert oder außer Kraft gesetzt werden können und außerdem für einfache Fehler und Irrtümer anfälliger sind".*[136] Der Abschlussprüfer darf also nicht davon

---

132 Vgl ISA 315.A56.
133 Vgl KFS/DV 2 (idF 20.10.2004), 7 f.
134 Vgl *Schirmbrand* (2006), 119.
135 Vgl ISA 315.A57.
136 ISA 315.A57.

ausgehen, dass sie konsequent angewendet werden, sondern muss sich dessen vergewissern. Besonders bei Geschäftsvorfällen, die in großer Zahl oder wiederkehrend auftreten, oder bei denen automatische Kontrollen erwartbare, wiederkehrende Fehler unterbinden können, werden daher diese zu bevorzugen sein.

Unbeschadet des Zuganges, den der Abschlussprüfer zur Identifikation und Klassifikation der IT-Risiken wählt, hat er die nach seinem prüferischen Ermessen wesentlichen Risiken und deren Bedeutung zu ermitteln und zu dokumentieren.[137] Sie stellen die Grundlage für seine weiteren Überlegungen dar.

C. Identifikation der allgemeinen IT-Kontrollen, welche die relevanten Anwendungskontrollen in Unternehmen unterstützen

Die Prüfung der IT-Kontrollen kann grundsätzlich an den Funktionen im geprüften Unternehmen oder an dessen Prozessen ausgerichtet sein. Die Literatur bevorzugt hier die Orientierung an den kritischen Geschäftsprozessen, da eine Bezugnahme auf abgegrenzte Funktionsbereiche mit der Gefahr verbunden ist, dass Fehler beim geschäftsprozessbedingten Datenaustausch oder systemtechnischer Zusammenhänge zwischen den Funktionsbereichen nicht erkannt werden und somit die Kontrollen nicht wirksam zum Einsatz kommen können.[138]

Als internationaler Standard für die Umsetzung von allgemeinen IT-Kontrollen hat sich das COBIT-Rahmenkonzept (Control Objectives for Information and Related Technology) der ISACA (Information Systems Audit Control Association) durchgesetzt;[139] auch das Fachgutachten KFS/DV 2 verweist ausdrücklich auf dieses Rahmenkonzept.[140] Dieses basiert auf einer Geschäftsprozess-Betrachtung. In ihm werden die typischerweise in einer IT vorhandenen Prozesse abgebildet und vier Themenfeldern zugeordnet:

- Evaluieren, Vorgeben und Überwachen
- Anpassen, Planen und Organisieren
- Aufbauen, Beschaffen und Implementieren
- Bereitstellen, Betreiben und Unterstützen (dh laufender Betrieb)
- Überwachen, Evaluieren und Beurteilen

Diese Themenfelder setzen sich in Summe aus 37 Prozessen zusammen; für jeden dieser Prozesse werden darüber hinaus die zu erwartenden Kontrollziele sowie die damit typischerweise verbundenen Kontrollaktivitäten angeführt.[141] So bietet

---
137 So auch ausdrücklich KFS/DV 2 (idF 20.10.2004), 8.
138 Vgl *Schmidt* (2008), Rz 312.
139 Vgl *Schirmbrand* (2011), 588 f.
140 Vgl KFS/DV 2 (idF 20.10.2004), 9.
141 Vgl *ISACA* (2012).

sich für den Abschlussprüfer die Möglichkeit, sich dieses Themas auf Grundlage einer Checkliste anzunehmen; aufgrund der noch immer vorhandenen Komplexität der Materie wird es allerdings auch diesfalls unumgänglich sein, (IT-)Experten für die Beurteilungen hinzuzuziehen.[142] Für eine ausführliche Darstellung dieses Rahmenkonzeptes wird auf die – online kostenlos zugängliche – Publikation der *ISACA* verwiesen.

D. Beurteilung der Eignung und Wirksamkeit der allgemeinen IT-Kontrollen und der Anwendungskontrollen sowie Aussagen zu ihrer Wirksamkeit

Das Zusammenspiel von automatischen Anwendungskontrollen und allgemeinen IT-Kontrollen (diesfalls als mittelbare Kontrollen) ist für die Beurteilung der Wirksamkeit dieser Kontrollen als erster Schritt von Bedeutung. Dazu ISA 330:

> Aufgrund der inhärenten Stetigkeit der IT-Verarbeitung können Prüfungsnachweise über die Einrichtung einer automatisierten Anwendungskontrolle in Kombination mit Prüfungsnachweisen zur Wirksamkeit der allgemeinen Kontrollen der Einheit (insbesondere der Änderungskontrollen) auch wesentliche Prüfungsnachweise über die Wirksamkeit der Anwendungskontrolle liefern.[143]

Mängel in diesen allgemeinen IT-Kontrollen werden demgegenüber als besonders gravierend eingestuft und führen zu generell höheren Anforderungen, die an die Funktionsprüfung des IKS, insb auch hinsichtlich der Anwendungskontrollen, zu stellen sind – ua im Hinblick auf die Bemessung des Zeitraumes seiner Prüfung.[144]

Amberg et al schlagen die folgende (nicht-abschließende) Liste an Prüfungszielen vor, um die Wirksamkeit der allgemeinen IT-Kontrollen zu gewährleisten;[145] diese entsprechen auch den im Fachgutachten KFS/DV 1 aufgeführten Kontrollbereichen allgemeiner IT-Kontrollen:[146]

- Programm- und Datenzugriff
  - Benutzerauthentisierung und Zugriffskontrolle
  - Benutzeradministrationsverfahren zur Vergabe, zur Änderung und zum Entzug von Zugriffsrechten
  - Physischer Zutrittsschutz zu kritischen IT-Infrastrukturen und Daten
  - Verfahren zur Entdeckung und Handhabe sicherheitsrelevanter Ereignisse, insb Verstößen gegen den Zugriffsschutz

---

142 Vgl bereits *Nagy et al* (2004), 75.
143 ISA 330.A31.
144 Vgl ISA 330.A38.
145 Vgl *Amberg et al* (2007), 526.
146 Vgl KFS/DV 1 (idF 23.3.2011), Tz 62 ff.

- Programmänderungen
  - Kontrolle und Steuerung von Änderungen an IT-Applikationen und Datenbanken
  - Angemessene Testverfahren für Änderungen an IT-Applikationen und Datenbanken
  - Trennung von Produktivumgebungen und Entwicklungs-/Testumgebungen
  - Verfahren zur Abwicklung dringlicher Änderungen an IT-Applikationen und Datenbanken
- Programmentwicklungen
  - Freigabe von Beschaffung oder Entwicklung neuer IT-Applikationen
  - Angemessene Methoden zur IT-Applikationsentwicklung
  - Kontrollierte Datenmigration zu neuen IT-Applikationen
- IT-Betrieb
  - Korrekte, vollständige und zeitgerechte Verarbeitung von System-Jobs (Batch-Jobs, Datenübertragungen an System-Schnittstellen)
  - Verfahren zur Bearbeitung von Zwischenfällen und Problemen (Incident und Problem Management)
  - Verfahren zur Datensicherung und -wiederherstellung inkl periodischer Tests der Datenwiederherstellung und Überwachung von Datensicherungsmedien (Backup und Recovery)

Besonders im Bereich der automatischen IT-Kontrollen fallen die Kontrollen der Ausgestaltung und Implementierung der Kontrollen regelmäßig mit deren Funktionsprüfung zusammen. Dies unterstreicht auch ISA 315:

> Ein Verständnis von den Kontrollen einer Einheit zu gewinnen, genügt nicht zur Prüfung von deren Wirksamkeit, es sei denn, eine automatisierte Routine stellt eine konsequente Funktion der Kontrollen sicher. Ein Prüfungsnachweis über die Einrichtung einer manuellen Kontrolle zu einem bestimmten Zeitpunkt stellt bspw keinen Prüfungsnachweis für die Wirksamkeit der Kontrolle zu anderen Zeitpunkten während des zu prüfenden Zeitraums dar. Aufgrund der inhärenten Beständigkeit der IT-Verarbeitung […] können jedoch Prüfungshandlungen zur Feststellung der Einrichtung von automatisierten Kontrollen als Prüfung von deren Wirksamkeit dienen; dies ist abhängig von der Beurteilung des Abschlussprüfers und von der Durchführung von Funktionsprüfungen, zB für Kontrollen zu Programmänderungen.[147]

Da automatische Anwendungskontrollen einer inhärenten Stetigkeit unterliegen, erlaubt ISA 330 hier Erleichterungen im Hinblick auf den notwendigen Umfang der durchzuführenden Funktionsprüfungen. Wenn sich der Abschlussprüfer einmal dessen vergewissert hat, dass diese Kontrollen wirksam eingerichtet sind, kann er davon ausgehen, dass dies seine Gültigkeit behält, solange die relevanten Programme nicht geändert werden. Er hat sich in den folgenden Prüfungen somit

---
147 ISA 315.A68.

nur noch damit zu beschäftigen, ob es Änderungen in diesen Programmen gab oder nicht.[148]

Im Hinblick auf die Anwendungskontrollen schlagen *Amberg et al* die folgende Kategorisierung vor;[149] die Prüfungshandlungen stellen primär auf die Beurteilung ab, welche Anwendungskontrollen im System aktiv sind und ob im Prüfungszeitraum Konfigurationsänderungen an den Kontrollen stattgefunden haben.[150]

- Kontrollfunktionen, die in IT-Applikationen eingebettet sind, zB Dateneingabe-Validierung, Toleranzüberprüfung (automatische Benachrichtigung bei Über- oder Unterschreiten von Schwellwerten).
- Funktionstrennung, die auf spezifischen Benutzerprofilen in IT-Applikationen basieren, zB in workflow-basierenden Geschäftsprozessen, wenn ein Sachbearbeiter Transaktionen erfasst und ein Abteilungsleiter diese freigibt.
- Automatische Erzeugung von Berichten bzw Listen, auf die sich manuelle Kontrollprozeduren des IKS abstützen (zB Abstimmungen).

Ein diskussionswürdiger Punkt ist die Frage, inwieweit sich der Abschlussprüfer hierbei mit den Metadaten in den IT-Systemen auseinandersetzen muss; insb im Kontext von Fraud werden hierin die wichtigsten, zT auch die einzigen Hinweise für deren Aufdeckung zu finden sein. Aus Kosten-Nutzen-Erwägungen heraus wird in der Literatur jedoch die Ansicht vertreten, dass dies nur dann erforderlich ist, wenn zB durch Spuren in den Daten der Finanzbuchhaltung ein konkreter Verdacht vorliegt.[151]

Tlw leichter zu prüfen werden demgegenüber die IT-Kontrollen auf Unternehmensebene sein, die den Rahmen für die bisher angeführten Prüfungshandlungen abgrenzen; hierbei stehen nach *Amberg et al* vier Themenfelder im Fokus:[152]

- Prozesse zur Führung und Steuerung der IT, insb die Sicherstellung des Abgleichs zwischen IT-Strategie und Geschäftsanforderungen an die IT sowie des regelmäßigen Informationsaustausches zwischen den IT-Verantwortlichen und dem Management.
- Zuständigkeit, Verfahren und Dokumentation zur unternehmensweiten Gewährleistung der Informationssicherheit (ua im Hinblick auf die angemessene Sicherheitssensibilisierung der Mitarbeitenden, zB hinsichtlich des vertraulichen Umgangs mit Passwörtern).
- Data Ownership, dh die Benennung von Daten-Eigentümern, welche die Anforderungen zur Vergabe von Zugriffsrechten hinsichtlich rechnungslegungsrelevanter Daten festlegen und die Zugriffsvergabe bei Bedarf freigeben.

---

148 Vgl ISA 330.A29.
149 Vgl *Amberg et al* (2007), 525.
150 Vgl *Schultz et al* (2013), 48.
151 Vgl *Wiese* (2013), 180.
152 Vgl *Amberg et al* (2007), 525.

- IT-Risikomanagement, dh die Einrichtung und Ausgestaltung von Verfahren zur periodischen Erhebung und Analyse rechnungslegungsrelevanter IT-Risiken sowie Festlegung zweckmäßiger Maßnahmen zu deren Steuerung.

Diese IT-Kontrollen auf Unternehmensebene stellen wiederum das Fundament für die allgemeinen IT-Kontrollen dar. Bei hier festgestellten Defiziten gilt somit das zuvor Gesagte sinngemäß hinsichtlich der nachgelagerten Funktionsprüfungen der allgemeinen IT-Kontrollen und der Anwendungskontrollen.

IV. Aktuelle Herausforderungen in der Prüfungsplanung im Hinblick auf das IKS

Im Folgenden werden empirische Befunde zum Ausbaustand des IKS in österreichischen Unternehmen vorgestellt. Diese illustrieren die typischen Herausforderungen, mit denen sich der Abschlussprüfer in der Praxis im Zuge seiner Prüfungsplanung konfrontiert sieht. In Anbetracht der Komplexität des Themenfeldes einerseits, der Sensibilität der zugrunde liegenden Daten andererseits ist es wenig verwunderlich, dass hierzu nur wenige Studien vorliegen, die ausgewertet werden können.

Die erste Studie wurde von *Pricewaterhouse Coopers* im Jahr 2013 durchgeführt.[153] Befragt wurden 58 österreichische Unternehmen mit einem Jahresumsatz von mindestens 50 Millionen Euro. Im Fokus der Fragen standen dabei der Ist-Zustand des IKS (iS eines „Reifegrades") und die weiterführenden Verbesserungspotentiale. Die Ergebnisse wurden in die Bereiche Organisationsstruktur, Mitarbeiter, Prozesse und Technologien eingeteilt; während die ersten beiden Bereiche im Hinblick auf ihren Ausbaustand und etwaigen Verbesserungsbedarf durchwegs gut abschnitten, waren es die Bereiche Prozesse und Technologien, bei denen im Großteil der befragten Unternehmen Handlungsbedarf gesehen wurde.

Im Hinblick auf die Prozesse sind die folgenden Befunde besonders relevant: 57 % der befragten Unternehmen haben nicht nur Kontrollaktivitäten in der Rechnungslegung, sondern auch für operative und strategische Risiken eingeführt *(„Umfang & Ausrichtung des internen Kontrollsystems – IKS")*. Die Hälfte der Befragten hat ein informelles IKS oder führt eine Selbstbeurteilung durch *(„Wirksamkeitsprüfung")*. Allerdings haben 54 % ihrer Wahrnehmung nach keine optimale Anzahl an Schlüsselkontrollen; 62 % sehen keine standardisierte Vorgehensweise zur Bewältigung von Risiko- und Kontrolländerungen.

Im Hinblick auf das technologische Fundament des IKS wird ein guter Entwicklungsfortschritt beim Umgang mit der Funktionstrennung in Systemen oder in

---
153 Vgl *PwC* (2013).

Prozessen attestiert („*Aufgaben- und Funktionstrennung*"). Nur 27 % der Befragten haben jedoch ein schriftliches Dateneigner-Konzept, das auf Wirksamkeit überprüft wird; hier wird hoher Handlungsbedarf gesehen („*Dateneigner*"). 76 % haben keine unternehmensweite Strategie für die Erhebung von Automatisierungspotenzial in ihren Kontrollen und bauen damit noch in hohem Maße auf manuelle Kontrollen.

Als die wichtigsten Herausforderungen in der Prüfungsplanung lassen sich aus der Studie somit ableiten:

- Die Prozess- und Datenverantwortung ist in den geprüften Unternehmen oft nicht formell festgelegt.
- Das IKS-Verständnis ist in den geprüften Unternehmen oft sehr unterschiedlich ausgeprägt.
- Selbiges gilt weiterführend auch für den vorzufindenden IKS-Reifegrad.
- Die Komplexität der IT-Systeme nimmt weiter zu und stellt damit auch steigende Anforderungen an den Abschlussprüfer.
- Der Trend zur Digitalisierung der Prozesse trägt nicht unwesentlich zu dieser Komplexitätssteigerung bei.

Aber auch ein anderes Extrem kann nicht unberücksichtigt bleiben: Überkontrolle führt in vielen geprüften Unternehmen zum Problem, dass das IKS nur als „Papiertiger" gelebt wird. Dh alle Dokumentationen und notwendigen Kontrollen sind vorhanden und werden gewartet, allerdings scheitert die Umsetzung dieser Kontrollen in der Praxis, da primär rechtlichen Anforderungen Genüge getan und der eigentliche Nutzen für die Unternehmensführung selbst in den Hintergrund gedrängt wird.[154]

Weitere Erkenntnisse liefern die Ergebnisse einer Studie aus dem Jahr 2010 zum Stand der Umsetzung der 8. EU-Richtlinie[155] in Deutschland und Österreich; im Fokus standen dabei die Anforderungen zum IKS.[156] Befragt wurden hierzu 20 große Unternehmen aus beiden Ländern. Als zentrale Ergebnisse ihrer Untersuchung halten die Autoren fest:

- Unternehmen mit hohem Internationalisierungsgrad zeigen Schwächen bei der Verantwortlichkeitsdefinition und dem Dokumentationsgrad.
- Sehr viele Unternehmen verwenden keine dedizierte Software zur Dokumentation ihrer Prozesse und Kontrollen.
- Damit verbunden: In den meisten Unternehmen ist die Dokumentation uneinheitlich bzw der Standardisierungsgrad relativ gering.

---

154 Vgl zu diesem – durchaus verbreiteten – Problem zB auch *Hunziker et al* (2012), 231.
155 Richtlinie 2006/43/EG des Europäischen Parlaments und des Rates vom 17.5.2006 über Abschlussprüfungen von Jahresabschlüssen und konsolidierten Abschlüssen, zur Änderung der Richtlinien 78/660/EWG und 83/349/EWG des Rates und zur Aufhebung der Richtlinie 84/253/EWG des Rates.
156 Vgl *Detecon* (2010).

- (Interne) IKS-Prüfungen finden zum Teil sehr unregelmäßig und unvollständig statt. Schwachstellen werden deshalb oft verspätet erkannt.
- In vielen Unternehmen wird der Aufsichtsrat nur ungenügend über die Prüfungsprozesse und -ergebnisse informiert.
- In Unternehmen mit fortschrittlichem IKS sind viele unterschiedliche Personengruppen in die Anpassung des IKS an neue wirtschaftliche sowie gesetzliche Rahmenbedingungen eingebunden.
- Unternehmen mit einer stark ausgeprägten Berichterstattungs-Kultur gegenüber Management und Aufsichtsrat verfügen über ein besonders wirkungsvolles IKS.
- Bei den meisten Unternehmen wird der Nutzen des IKS höher eingeschätzt als seine Kosten.

Es zeigt sich somit als zusammenfassendes Bild, dass der Abschlussprüfer regelmäßig mit Defiziten in den IKS der von ihm geprüften Unternehmen zu rechnen hat. Dies beeinflusst seine Prüfungsplanung und die daraus abgeleiteten folgenden Prüfungshandlungen maßgeblich – und erhöht regelmäßig den Aufwand, der mit einer Prüfung verbunden ist. Es ist somit bereits in seinem eigenen Interesse, hier auch auf die Weiterentwicklung der vorhandenen Kontrollen hinzuwirken – Ansätze dazu (nicht zuletzt in Form des „Willens" dazu) scheinen in vielen Unternehmen vorhanden zu sein.

V. Fallbeispiel

Das nachfolgende Fallbeispiel illustriert ausgewählte typische Problemstellungen iVm dem heute weit verbreiteten IT-Einsatz in den geprüften Unternehmen. Nach einer kurzen Vorstellung der Ausgangslage werden die relevanten Fragestellungen herausgearbeitet und Lösungsvorschläge unterbreitet.

Kurzeinführung in die Liechtenstein GmbH

Die Liechtenstein GmbH ist ein mittelgroßes Produktionsunternehmen in der südlichen Steiermark, das in den letzten fünf Jahren stark gewachsen ist. Es wird als Familienbetrieb vom Geschäftsführer Herrn H. in der dritten Generation geführt. Laut eigener Aussage kennt Herr H. „seine Firma wie seine Westentasche" und pflegt trotz des Wachstums einen engen Bezug zu seinen Mitarbeitern. Herr H. vertritt die Meinung, dass eine „Überkontrolle" einem Unternehmen schadet und versucht, bei seinen Überwachungsaufgaben angemessene Kosten-Nutzen-Überlegungen anzustellen.

Die Liechtenstein GmbH hat vor einigen Jahren SAP ECC 6.0 implementiert, da die komplexen Produktionsabläufe hohe Ansprüche an die Rechnungslegungs- und Produktionssoftware stellen. Eine Dokumentation der rechnungslegungsbezogenen Informationssysteme und der damit verbundenen Geschäftsprozesse gibt es nicht.

Auszug aus dem Umsatzprozess der Liechtenstein GmbH

[A] ... Bevor die Kundenbestellungen erfasst werden können, müssen neue Kunden im SAP-Finanzmodul (FI) und SAP-Vertriebsmodul (SD) erfasst werden. Die Systemeingabe wird durch im SAP festgelegte Mussfelder (zB Firmenname, Adresse, Bankverbindung für Gutschriften) vereinfacht. Diese Felder werden einmal jährlich im SAP als solche definiert. Eine Funktionstrennung zwischen Stammdatenerfassung und Bestellerfassung wird seitens Herrn H. nicht gewünscht.

[B] Die Kundenbestellung und die daraus resultierenden Preise und Konditionen werden von Mitarbeitern aus dem Vertrieb unter der Leitung von Frau K. im SAP-SD erfasst. Frau K. hat nach einem Fraud-Fall im vergangenen Jahr beschlossen, alle Bestellungen über der Wertgrenze von 50.000 € auf Monatsbasis auf Plausibilität (Rabatte, Skonto etc) zu überprüfen und zu unterschreiben.

[Die Produktionsabläufe und Verbuchung von Warenausgängen sind voll automatisiert und werden zur Vereinfachung des Fallbeispiels hier nicht näher erläutert.]

[C] Die Rechnungserstellung liegt im Aufgabenbereich der Finanzabteilung von Frau Z., die auch als Key User im SAP-FI tätig ist. Sie lässt sich täglich aus dem System einen „Exception Report" auswerten, den sie gemeinsam mit ausgewählten Mitarbeitern analysiert. In diesem Bericht wird angeführt, welche Bestellungen länger als 90 Tage zurückliegen und entweder keinen Warenausgang oder keine Rechnung zugewiesen haben. Zudem führt der Bericht standardmäßig Überschreitungen von im SAP-SD gesetzten Toleranzlimits auf und zeigt Abweichungen von mehr als 10 % oder 5.000 € (absolut).

[D] Im SAP-FI werden die vom Kunden übermittelten Zahlungen automatisch zu den entsprechenden Kundenkonten zugewiesen. Die Richtigkeit dieser Zuordnung wird durch die IT-Abteilung auf Jahresbasis überprüft.

Aufgabenstellung

- Erheben Sie die in der Liechtenstein GmbH implementierten Kontrollen aus der Beschreibung des Umsatzprozesses!
- Kategorisieren Sie diese schließlich nach Kontrollart (manuell oder automatisch) und dokumentieren Sie die zugrundeliegenden IT-Anwendungen!
- Welche Prüfziele könnten die Kontrollen abdecken? Auf welche Kontrollen würden Sie sich verlassen wollen und warum?

Lösungsvorschläge

Kontrolle A: Hier liegt eine automatische Kontrolle in Form der im SAP implementierten Mussfelder vor. Diese Kontrolle stellt als Prüfziel va auf die Vollständigkeit der Kundendaten ab. Durch die fehlende Funktionstrennung zw Stammdatenerfassung und Bestellerfassung sowie das Fehlen jeglicher Form von weiterer (manueller) Überprüfung der Richtigkeit der befüllten Mussfelder scheinen diese Kontrollen jedoch nur bedingt wirksam.

Kontrolle B: Diesfalls liegt eine manuelle Kontrolle vor, die auf den manuell eingegebenen Daten des SAP-SD basiert. Als primäres Prüfziel wird auf den Bestand und den Wert der Bestellungen – und damit der Forderungen bzw Umsatzerlöse – abgestellt. Kritisch zu hinterfragen ist die fixierte Wertgrenze von 50.000 €.

Kontrolle C: Hier liegt eine manuelle Kontrolle – allerdings mit substantieller automatischer Komponente im SAP-FI – vor. Die Prüfziele, die mit dieser Kontrolle abgedeckt werden, sind die Vollständigkeit der Forderungen und Umsatzerlöse. Gerade im Hinblick auf das mit der Umsatzrealisierung verbundene Fraud-Risiko, das im Wesentlichen den Bestand der Forderungen und der Umsatzerlöse betrifft, wird diese Kontrolle jedoch nicht ausreichen, um das Fraud-Risiko zu adressieren. Weiterführend wäre es etwa sinnvoll, zu kontrollieren, ob allen Bestellungen unterschriebene Kundenaufträge zugrunde liegen.

Kontrolle D: Die automatische Zuordnung der Zahlungen zu den entsprechenden Kundenkonten ist als automatische Kontrolle im SAP-FI einzustufen. Die jährliche Kontrolle durch die IT-Abteilung ist als manuelle Kontrolle zu klassifizieren. Abgestellt wird auf das Prüfziel der Richtigkeit der Zahlungszuordnungen und damit des Forderungsbestandes. Die durch die IT-Abteilung auf Jahresbasis erfolgende Prüfung erscheint jedoch sehr weitmaschig; im Hinblick auf Fraud-Risiken wäre insb die Frage weiter zu beleuchten, was (zB in den IT-Systemen) passiert, wenn Zahlungen aus verschiedensten Gründen nicht zugeordnet werden.

VI. Zusammenfassung

Die ISA basieren auf einem risikoorientierten Prüfungsansatz, dessen Herzstück findet sich in den ISA 300, 315 und 330 wieder. Die in ISA 300 geforderte Planung einer wirksamen Abschlussprüfung folgt dem Gedanken, dass die Planung und Durchführung der Abschlussprüfung auf einer Analyse des mit der Abschlussprüfung verbundenen Prüfungsrisikos aufgebaut sein muss. Hierfür muss der Abschlussprüfer das Unternehmen und sein Umfeld einschließlich des IKS verstehen, um einen entsprechenden Bedarf an Prüfungshandlungen abzuleiten (ISA 315). Anschließend ist es seine Aufgabe, ausreichende und geeignete Prüfungsnachweise zu erlangen, um auf die beurteilten Risiken zu reagieren (ISA 330).

Der Begriff „Prüfungsrisiko" stellt in diesem Fall darauf ab, dass der geprüfte Jahresabschluss wesentliche Fehler enthält, die der Abschlussprüfer nicht entdeckt; es setzt sich aus den folgenden drei Komponenten zusammen, die vom Abschlussprüfer daher zu beachten sind:

- Inhärentes Risiko, dh das Risiko, das sich aus den Geschäftsvorfällen, Kontensalden oder Abschlussangaben sowie der Situation des geprüften Unternehmens ergibt;
- Kontrollrisiko, dh das Risiko, das sich daraus ergibt, dass die im Unternehmen installierten internen Kontrollen nicht in der Lage sind, wesentliche falsche Darstellungen zu verhindern oder zumindest zu entdecken;
- Entdeckungsrisiko, dh das Risiko, dass der Abschlussprüfer selbst im Zuge seiner Prüfungshandlungen wesentliche falsche Darstellungen nicht entdeckt.

ISA 315 enthält Ausführungen zur Durchführung von Prüfungshandlungen für die Feststellung von Risiken für wesentliche falsche Darstellungen. Umfassende Kenntnisse sind hinsichtlich des zu prüfenden Unternehmens und seines Umfeldes zu erwerben, zB im Hinblick auf branchenbezogene oder rechtliche Faktoren bzw Ziele, Strategien und Erfolgskennzahlen. Kenntnisse des prüfungsrelevanten (dh des rechnungslegungsbezogenen) IKS sind schließlich für die Beurteilung der Ausgestaltung und Implementierung erforderlich.

Als Prüfungshandlungen für diese Risikobeurteilungen haben sich ua Befragungen von Management und Aufsichtsrat sowie Einsichtnahme in Protokolle bewährt. Aber auch analytische Prüfungshandlungen („Planungsanalyse") spielen eine wichtige Rolle.

Auf Grundlage seiner Analysen hat der Abschlussprüfer schließlich das Vorliegen von Risiken für wesentliche falsche Darstellungen zu beurteilen. Von besonderer Bedeutung ist hier die anschließende Klassifizierung der beurteilten Risiken für das Setzen angemessener Reaktionen, wie sie in ISA 330 ausgeführt werden:

- bedeutsame Risiken, zB iVm Nicht-Routine-Transaktionen, Ermessensspielräumen oder Fraud-Risiken, die neben der Prüfung der Ausgestaltung und Implementierung der diesbezüglich installierten internen Kontrollen jedenfalls entsprechend intensive Prüfungshandlungen auf Aussageebene erfordern;
- Risiken, bei denen aussagebezogene Prüfungshandlungen nicht ausreichen (zB Massentransaktionen im Absatz- oder Beschaffungsbereich) und die daher eine Funktionsprüfung der diesbezüglichen internen Kontrollen, die über die bloße Prüfung der Ausgestaltung und Implementierung der internen Kontrollen hinausgehen, bedingen;
- sonstige Risiken wesentlicher falscher Darstellungen, die nicht immer zur Notwendigkeit weiterer Prüfungshandlungen führen müssen und dahingehend zu beurteilen sind.

Darüber hinaus unterstreicht ISA 330 die Notwendigkeit allgemeiner Reaktionen auf beurteilte Risiken auf Abschlussebene. Diese umfassen eine verstärkte kritische Grundhaltung im Rahmen der Abschlussprüfung, das Hinzuziehen von Spezialisten für ausgewählte, idR komplexe Fragestellungen oder die Durchführung überraschender Prüfungshandlungen.

Von besonderer Bedeutung für die Planung der Prüfung des rechnungslegungsbezogenen IKS ist die Einbeziehung der IT-Kontrollen in Unternehmen. Dies erfordert eine Erweiterung der klassischen Prüfungsplanung um die Schritte:

- Verständnisaufbau zum IT-Umfeld und wie das Unternehmen mit IT-Risiken umgeht;
- Identifikation der allgemeinen IT-Kontrollen, welche die relevanten Anwendungskontrollen in Unternehmen unterstützen;
- Beurteilung der Eignung und Wirksamkeit der allgemeinen IT-Kontrollen und der Anwendungskontrollen sowie Aussagen zu ihrer Wirksamkeit.

Die angemessene Berücksichtigung und Prüfung von unternehmensweiten Prozessen und Systemen gestaltet sich dabei häufig komplex. Entscheidend für einen risikoorientierten Prüfungsansatz ist daher die Auswahl der kritischen Geschäftsprozesse, Transaktionen und Systeme, die zum Einsatz kommen. Im Fokus des risikoorientierten Prüfungsansatzes stehen in der Folge die enthaltenen allgemeinen IT-Kontrollen und die Anwendungskontrollen, die in den Geschäftsprozessen verankert sind. Beispiele umfassen in den IT-Anwendungen enthaltene Mussfelder oder logische Felderchecks, die Kontrolle von Exception Reports oder Schnittstellen zu anderen IT-Programmen. Da es sich hierbei meist um automatische Kontrollen handelt, erfordern diese eine Verknüpfung mit Abläufen in der IT-Abteilung. Beispielsweise kann nur dann ein eingeschränkter Zugriff auf die Verbuchung von Eingangsrechnungen sichergestellt werden, wenn die generelle Vergabe oder Löschung von Berechtigungen entsprechend kontrolliert wird.

Praktische Herausforderungen in der Prüfungsplanung liegen regelmäßig darin begründet, dass Prozess- und Datenverantwortungen im Rahmen des IKS nicht formell festgelegt sind; das IKS-Verständnis im geprüften Unternehmen ein sehr Unterschiedliches sein kann; auch die IKS-Reifegrade im Vergleich mehrerer Unternehmen verschieden ausgeprägt sind. Der Trend zur Digitalisierung der Unternehmensprozesse führt zu laufenden Veränderungen in der IT-Landschaft und fordert Flexibilität und tieferes Prozessverständnis von Prüfern. Letztlich kann das Risiko bestehen, dass festzustellende Überkontrollen zum Problem des IKS als „Papiertiger" führen. In all diesen Punkten zeigen sich steigende Anforderungen an den Abschlussprüfer, insbesondere im Hinblick auf seine Sensibilität für die Spezifika des jeweiligen Prüfungsobjektes.

Literaturverzeichnis

Adenauer, Patrick (1989): Berücksichtigung des Internen Kontrollsystems bei der Jahresabschlußprüfung. Lohmar 1989.
Amberg, Ulrich/Ritsch, Stefan/Hoffmann, Andreas (2007): IT-Aspekte in der Internen Kontrolle. In: Die Unternehmung, 61 (6), 521–530.

American Institute of Accountants (AIA) (1949): Internal Control: Elements of a coordinated System and its Importance to Management and the Independent Public Accountant. New York 1949.

Baetge, Jörg/Melcher, Thorsten/Stöppel, Dirk (2011): Bilanzbonitätsrating und risikoorientierter Prüfungsansatz. In: Betriebswirtschaftliche Forschung und Praxis, 63 (2), 121–139.

Balzar, Christoph Erik/Redlein, Barbara/Waibel, Alexander (2013): Die Bedeutung und Prüfung des IKS im Rahmen der Abschlussprüfung. In: *Institut Österreichischer Wirtschaftsprüfer (iwp)* (Hrsg): Wirtschaftsprüfer Jahrbuch 2013. Wien 2013, 121–149.

Bartos, Peter/Wolf, Gerhard/Baumüller, Josef (2014): Die Anforderungen an Abschlussprüfungen aufgrund von ISA 240. In: *Institut Österreichischer Wirtschaftsprüfer (iwp)* (Hrsg): Wirtschaftsprüfer-Jahrbuch 2014. Wien 2014, 193–243.

Brösel, Gerrit/Freichel, Christoph/Toll, Martin/Buchner, Robert (2015): Wirtschaftliches Prüfungswesen. 3. Auflage, München 2015.

Buchner, Robert/Wolz, Matthias (2000): Überwachungsumfang und risikoorientierter Prüfungsansatz. In: *Altenburger, Otto/Janschek, Otto/Müller, Heinrich* (Hrsg): Fortschritte im Rechnungswesen, FS Gerhard Seicht. 2. Auflage, Wiesbaden 2000, 147–168.

Burger, Anton/Ahlemeyer, Niels (2008): Entwicklungslinien der extern geforderten Beschäftigung mit unternehmerischen Risiken. In: *Seicht, Gerhard* (Hrsg): Jahrbuch für Controlling und Rechnungswesen 2008. Wien 2008, 217–239.

Canadian Institute of Chartered Accountants (CICA) (1980): Extent of Audit Testing: A Research Study. Toronto 1980.

Committee on Sponsoring Organizations of the Treadway Commission (COSO) (1992): Internal Control – Integrated Framework. Jersey NY 1992.

Detecon (2010): IKS – Interne Kontrollsysteme nach der 8. EU-Richtlinie. Zürich 2010.

Dolensky, Christoph/Jauslin, Daniel (2012a): Risikobeurteilung und Prüfungsplanung nach clarified ISA. In: Der Schweizer Treuhänder, 86 (6–7), 414–416.

Fröhlich, Christoph/Achzet, Christoph/Dirnberger, Lucas (2014): Vorschriften und Verfahren zur stichprobenweisen Prüfung (Audit Sampling). In: *Institut Österreichischer Wirtschaftsprüfer (iwp)* (Hrsg): Wirtschaftsprüfer-Jahrbuch 2014. Wien 2014, 181–192.

Fuhrer, Erwin/Newton, Robert (2013): PS 240 – Prüfung von Journalbuchungen. In: Der Schweizer Treuhänder, 87 (5), 277–282.

Graumann, Mathias (2012): Wirtschaftliches Prüfungswesen. 3. Auflage, Herne 2012.

Houf, Herbert/Prachner, Gerhard/Baumüller, Josef (2015): Durchführung von Prüfungen nach dem neuen KFS/PG 1 bzw den Neuregelungen zur Abschlussprüfung. In: *Institut Österreichischer Wirtschaftsprüfer (iwp)* (Hrsg): Wirtschaftsprüfer-Jahrbuch 2015. Wien 2015, 101–137.

Hunziker, Stefan/Grab, Hermann/Dietiker, Yvonne/Gwerder, Lothar (2012): IKS-Leitfaden. Bern 2012.

Information Systems Audit Control Association (ISACA) (2012): COBIT 5 – Rahmenwerk für Governance und Management der Unternehmens-IT. Rolling Meadows 2012.

Institut der Wirtschaftsprüfer in Deutschland eV (IDW) (2015): IDW Prüfungsnavigator. URL: http://www.idw.de/idw/portal/d633902 (26.12.2015).

International Auditing and Assurance Standards Board (IAASB) (2015): 2015 Handbook of International Quality Control, Auditing, Review, Other Assurance, and Related Services Pronouncements. New York 2015.

International Auditing and Assurance Standards Board (IAASB) (2009): Staff Questions and Answers: Applying ISAs Proportionately with the Size and Complexity of an Entity. URL: https://www.ifac.org/sites/default/files/publications/files/applying-isas-proportionate.pdf (26.12.2015).

International Federation of Accountants (IFAC) (2011): Guide to Using International Standards on Auditing in the Audits of Small- and Medium-Sized Entities (Volumes 1 & 2). 3. Auflage, New York 2011.

Keel, Thomas (2015): Der rote Faden von der Risikobeurteilung zu den Prüfungshandlungen. In: Expert Focus, 89 (11), 859–864.

Keel, Thomas (2014): Prüfung nach PS 240 Dolose Handlungen. In: Der Schweizer Treuhänder, 88 (10), 923–927.

Link, Robert (2006): Abschlussprüfung und Geschäftsrisiko. Wiesbaden 2006.

Marten, Kai-Uwe/Quick, Reiner/Ruhnke, Klaus (2015): Wirtschaftsprüfung. 5. Auflage, Stuttgart 2015.

Mochty, Ludwig (1997): Theoretische Fundierung des risikoorientierten Prüfungsansatzes. In: *Fischer, Thomas R./Hömberg, Reinhold* (Hrsg): Jahresabschluss und Jahresabschlussprüfung, FS Jörg Baetge. Düsseldorf 1997, 731–780.

Möller, Manuela (2007): Das Prüfungsurteil zur Existenz eines IKS unter besonderer Berücksichtigung von Materiality-Beurteilungen. In: Die Unternehmung, 61 (6), 493–519.

Nagy, Gisela/Schirmbrand, Michael/Grunge, Ralph/Heiter, Alfred (2004): IT-Prüfungen im Rahmen der Jahresabschlussprüfung. In: *Institut Österreichischer Wirtschaftsprüfer (iwp)* (Hrsg): Wirtschaftsprüfer Jahrbuch 2004. Wien 2004, 53–77.

Nayer, Michael/Reimoser, Gunther/Wurzer, Monika (2010): Allgemeine Prüfung des internen Kontroll- und Risikomanagements. In: *Institut Österreichischer Wirtschaftsprüfer (iwp)* (Hrsg): Wirtschaftsprüfer Jahrbuch 2010. Wien 2010, 117–140.

Pricewaterhouse Coopers (PwC) (2013): Compliance-Kompass. Wien 2013.

Quick, Reiner (1996): Die Risiken der Jahresabschlussprüfung. Düsseldorf 1996.

Schäfer, Achim/Moser, Ueli/Vater, Philipp (2014): PS 265 – Mitteilung über Mängel im internen Kontrollsystem. In: Der Schweizer Treuhänder, 88 (10), 928–931.

Schäfer, Achim/Steiner, Andreas (2014): Risikobeurteilung und Reaktion auf beurteilte Risiken. In: Der Schweizer Treuhänder, 88 (10), 914–921.

Schirmbrand, Michael (2011): Die Rolle der IT im Kontrollumfeld. In: *Löffler, Helge/Ahammer, Michael/Kerschbaumer, Helmut/Nayer, Michael* (Hrsg): Handbuch zum Internen Kontrollsystem. 2. Auflage, Wien 2011, 581–593.

Schirmbrand, Michael (2006): Information-Risk-Management als integrativer Bestandteil des Corporate-Risk-Managements. In: *Ertl, Peter* (Hrsg): Risikomanagement und Jahresabschluss. Wien 2006, 109–136.

Schmidt, Stefan (2008): Handbuch Risikoorientierte Abschlussprüfung. Düsseldorf 2008.

Schultz, Martin/Müller-Wickop, Niels/Werner, Michael/Nüttgens, Markus (2013): Geschäftsprozessorientierte Prüfung von IT-Systemen. In: Praxis der Wirtschaftsinformatik, 49 (1), 41–51.

Smieliauska, Waldemar John (1980): Simulation analysis of the statistical validity of the internal control hypothesis of auditing with implications for substantive testing methods and linkage rules. Wisconsin-Madison 1980.

Stibi, Eva (1995): Prüfungsrisikomodell und Risikoorientierte Abschlußprüfung. Düsseldorf 1995.

Toebe, Marc/Stahl, Silvana (2012): Wahrscheinlichkeitsaussagen zur Regelkonformität von Elementen der Unternehmensorganisation und der Rückschluss auf das Fehlerrisiko einer Prüfungsgesamtheit. In: Betriebswirtschaftliche Forschung und Praxis, 64 (5), 467–478.

Weimann, Matthias (2012): Zeitwertbilanzierung und Wirtschaftsprüfung. Wiesbaden 2012.

Wiese, Michael (2013): Aussagebezogene Abschlussprüfung. Düsseldorf 2013.

Fachgremien und internationale Organisationen

Neues aus dem AFRAC

Werner Fleischer/Helmut Kerschbaumer/Aslan Milla/Florian Buchberger

I. Einleitung
II. Übersicht über die Facharbeit des AFRAC
    A. Fertiggestellte Stellungnahmen
    B. In Arbeit befindliche Stellungnahmen
    C. Kommentare
III. AFRAC-Stellungnahme IAS 12 Ertragsteuern – Auswirkungen des österreichischen Steuerrechts auf latente Steuern aus Anteilen an Tochterunternehmen, aus Zweigniederlassungen und aus Anteilen an assoziierten Unternehmen und gemeinsamen Vereinbarungen
    A. Hintergrund
    B. Zielsetzung
    C. Latente Steuern von Anteilen an Kapitalgesellschaften
        1. Ausschüttung/Ausschüttung mit Quellensteuer
        2. Veräußerung
        3. Liquidation
    D. Latente Steuern von Anteilen an Personengesellschaften
    E. Anhangangaben
    F. Auswirkungen auf andere Stellungnahmen
    G. Anwendungszeitpunkt
IV. AFRAC-Stellungnahme Rückstellungen für Pensions-, Abfertigungs-, Jubiläumsgeld- und ähnliche langfristig fällige Verpflichtungen nach den Vorschriften des UGB
    A. Hintergrund
    B. Vorschriften des RÄG 2014
        1. Vorschriften des RÄG 2014 zum Ansatz
        2. Vorschriften des RÄG 2014 zur Bewertung
    C. Konkretisierung zu Ansatz und Bewertung in der AFRAC-Stellungnahme
        1. Konkretisierung zum Ansatz
        2. Konkretisierung zur Bewertung
            a) Allgemeine Grundsätze

- b) Berechtigte
- c) Höhe der Zahlungen
- d) Ansammlungszeitraum
- e) Ansammlungsverfahren
- f) Rechnungszinssatz
- g) Wahrscheinlichkeitsannahmen
- h) Vereinfachungen in der Berechnung für Abfertigungs- und Jubiläumsgeldrückstellungen
3. Ausweis
4. Anhangangaben
D. Anwendungszeitpunkt

I. Einleitung

Das *Austrian Financial Reporting and Auditing Committee* (AFRAC, Beirat für Rechnungslegung und Abschlussprüfung) als privat organisierter österreichischer Standardsetter auf dem Gebiet der Finanzberichterstattung und Abschlussprüfung dient der Forschung, Dokumentation und Weiterentwicklung der Rechnungslegung und Abschlussprüfung in Österreich unter Berücksichtigung der internationalen und europäischen Entwicklung und der österreichischen Interessen auf diesem Gebiet. Zur laufenden Tätigkeit des AFRAC im fachlichen Bereich zählt insbesondere die Erarbeitung von Stellungnahmen zu Themen der nationalen und internationalen Finanzberichterstattung und Abschlussprüfung. Darüber hinaus erstellt das AFRAC auch Kommentare zu Diskussionspapieren und Gesetzesentwürfen auf nationaler und internationaler Ebene.

Dieser Beitrag gibt einen Überblick über die Tätigkeiten des AFRAC des vergangenen Jahres. Kapitel II. des vorliegenden Beitrages vermittelt einen Überblick über die Facharbeit des AFRAC, in den Kapiteln III. und IV. erfolgt eine Vorstellung der veröffentlichten Stellungnahmen zu latenten Steuern auf Beteiligungen und zu Personalrückstellungen im Detail.

II. Übersicht über die Facharbeit des AFRAC

A. Fertiggestellte Stellungnahmen

Das AFRAC hat seit der letzten iwp-Fachtagung (10/2014) die folgenden Stellungnahmen fertiggestellt (Stand Ende Jänner 2016):

- **Die Folgebewertung von Beteiligungen im Jahresabschluss nach UGB (November 2014):**
  Gegenstand der Stellungnahme ist die Regelung der Folgebewertung von Beteiligungen iSd § 228 Abs 1 UGB. Es werden darin die Grundsätze der Folgebewertung, die Ermittlung des beizulegenden Werts, die Untergrenzen des beizulegenden Werts und die Anwendung der Generalklausel für den Anhang behandelt.
- **Grundsatzfragen der unternehmensrechtlichen Bilanzierung von Finanzanlage- und Finanzumlaufvermögen (Überarbeitung; November 2014):**
  Im Rahmen der Änderungen der bisher bestehenden AFRAC-Stellungnahme vom November 2014 wurde der Abschnitt zur Bilanzierung von Wertminderungen von Beteiligungen iSv § 228 Abs 1 UGB entfernt, da diese Frage nunmehr in der Stellungnahme „Die Folgebewertung von Beteiligungen im Jahresabschluss nach UGB" (siehe oben) behandelt wird.
- **Einzelfragen zur Rechnungslegung von Privatstiftungen (Dezember 2014):**
  In der Stellungnahme *Einzelfragen zur Rechnungslegung von Privatstiftungen* werden diverse Themen rund um die Rechnungslegung von Privatstiftungen nach dem Privatstiftungsgesetz (PSG) behandelt.

- **Grundsatzfragen der unternehmensrechtlichen Bilanzierung von Finanzanlage- und Finanzumlaufvermögen (Überarbeitung; März 2015):**
Im Rahmen einer Überarbeitung erfolgte bei den besonderen Fragen für Kreditinstitute in den Erläuterungen zur Rn 68 der Stellungnahme eine Ergänzung zum Thema Bilanzierung von internen Derivaten.
- **Fragen der IFRS-Bilanzierung und -Berichterstattung im Zusammenhang mit der Einführung der Gruppenbesteuerung (Überarbeitung; März 2015):**
Es erfolgte eine Anpassung der bisher bestehenden Stellungnahme an die durch das Abgabenänderungsgesetz 2014 geänderten steuerlichen Vorschriften ohne weitere inhaltliche Änderung.
- **Form der Einbeziehung österreichischer Bau-Arbeitsgemeinschaften in einen IFRS-Konzernabschluss (Juni 2015):**
In der Baubranche in Österreich ist die Kooperation von zwei oder mehreren Bauunternehmern mittels Arbeitsgemeinschaften (ARGEn) eine sehr gebräuchliche Form. Die Beteiligten schließen dabei in der Regel in der Rechtsform einer Gesellschaft bürgerlichen Rechts (GesBR) auf Basis der „Geschäftsordnung für Arbeitsgemeinschafts-Verträge" eine gemeinsame Vereinbarung. Für Zwecke der IFRS muss eine Beurteilung erfolgen, ob bzw wie diese Vereinbarungen (als „Austriacum") in den IFRS-Konzernabschluss einzubeziehen sind. Für die Beantwortung dieser Frage stellt die AFRAC-Stellungnahme Richtlinien bereit. Zunächst legt die Stellungnahme fest, wann österreichische Bau-ARGEn in den Anwendungsbereich von IFRS 11 fallen. Für Bau-ARGEn im Sinne des IFRS 11 wird die Einordnung typischer österreichischer Bau-ARGEn als gemeinschaftliche Tätigkeit oder als Gemeinschaftsunternehmen behandelt. In der Stellungnahme wird auch die Klassifizierung von Bau-ARGEn, auf die IFRS 11 nicht anwendbar ist, thematisiert.
- **Rückstellungen für Pensions-, Abfertigungs-, Jubiläumsgeld- und vergleichbare langfristig fällige Verpflichtungen nach den Vorschriften des Unternehmensgesetzbuches (Juni 2015):**
Thema dieser Stellungnahme sind der Ansatz und die Bewertung von diversen Personalrückstellungen im UGB-Abschluss. Für nähere Details verweisen wir auf Abschnitt IV.
- **Auswirkungen der steuerlichen Teilwertabschreibung nach § 12 Abs 3 Z 2 KStG auf die Bilanzierung von Ertragsteuern nach IAS 12 in einem Konzern- oder separaten Einzelabschluss nach IFRS (Überarbeitung; September 2015):**
Die Verweise in der Stellungnahme wurden an geänderte IFRS Standards angepasst, inhaltlich gab es keine wesentlichen Änderungen.
- **IAS 12 Ertragsteuern – Auswirkungen des österreichischen Steuerrechts auf latente Steuern aus Anteilen an Tochterunternehmen, aus Zweigniederlassungen und aus Anteilen an assoziierten Unternehmen und gemeinsamen Vereinbarungen (September 2015):**

Die Stellungnahme behandelt Auswirkungen des österreichischen Steuerrechts auf die Anwendung von IAS 12.39 ff und IAS 12.44 ff im Zusammenhang mit Anteilen an Tochterunternehmen, mit Zweigniederlassungen und mit Anteilen an assoziierten Unternehmen sowie an gemeinsamen Vereinbarungen in IFRS-Konzernabschlüssen. Für nähere Details verweisen wir auf Abschnitt III.

B. In Arbeit befindliche Stellungnahmen

Mit Stand Ende Jänner 2016 befinden sich die folgenden Stellungnahmen in Arbeit:

- Factoring (Wiederaufnahme)
- Latente Steuern im UGB
- Überarbeitung der Stellungnahme „Auswirkungen der steuerlichen Teilwertabschreibung nach § 12 Abs 3 Z 2 KStG auf die Bilanzierung von Ertragsteuern nach IAS 12 in einem Konzern- oder separaten Einzelabschluss nach IFRS"
- Bilanzielle Auswirkungen des Energieeffizienzgesetzes nach IFRS
- Überarbeitung der AFRAC-Stellungnahmen in Folge des RÄG 2014
- Bilanzierung von gemeinnützigen Gesellschaften

C. Kommentare

- **Kommentare in Arbeit:**
  - CL zum ED/2015/11 Applying IFRS 9 Financial Instruments with IFRS 4 Insurance Contracts
  - CL zum IFRS Draft Practice Statement „Application of Materiality to Financial Statements"
- **Fertiggestellte Kommentare (seit 10/2014):**
  - Request for Views (RFV) 2015 Agenda Consultation (from August 2015)
  - IASB ED/2015/3 Conceptual Framework for Financial Reporting (from May 2015)
  - IASB ED/2015/1 „Classification of Liabilities – Proposed amendments to IAS 1" (from February 2015)
  - Basel Committee on Banking Supervision „Guidance on accounting for expected credit losses" (from February 2015)
  - IASB ED/2014/4 „Measuring Quoted Investments in Subsidiaries, Joint Ventures and Associates at Fair Value" (from September 2014)
  - IASB DP/2014/2 „Reporting the Financial Effects of Rate Regulation" (from September 2014)
  - IASB ED „Recognition of Deferred Tax Assets for Unrealised Losses" (from August 2014)

- EFRAG's DP „Should goodwill still not be amortised? Accounting and disclosure for goodwill" (from July 2014)
- Beantwortung der Konsultation der Europäischen Kommission zur Verordnung (EG) Nr 1606/2002 (from August 2014)

III. AFRAC-Stellungnahme IAS 12 Ertragsteuern – Auswirkungen des österreichischen Steuerrechts auf latente Steuern aus Anteilen an Tochterunternehmen, aus Zweigniederlassungen und aus Anteilen an assoziierten Unternehmen und gemeinsamen Vereinbarungen

Im September 2015 hat das AFRAC die finale Stellungnahme zu „IAS 12 Ertragsteuern – Auswirkungen des österreichischen Steuerrechts auf latente Steuern aus Anteilen an Tochterunternehmen, aus Zweigniederlassungen und aus Anteilen an assoziierten Unternehmen und gemeinsamen Vereinbarungen" veröffentlicht, über deren wesentlichen Inhalt das folgende Kapitel einen kurzen Überblick geben soll.

A. Hintergrund

Nach IFRS bilanzierende Unternehmen sind aufgrund der Vorschriften des *IAS 12 Ertragsteuern* dazu verpflichtet, für temporäre Differenzen aus Anteilen an Tochterunternehmen, Zweigniederlassungen und assoziierten Unternehmen sowie Anteilen an gemeinsamen Vereinbarungen unter gewissen Umständen latente Steuern anzusetzen. Auch wenn die Verpflichtung zum Ansatz dieser latenten Steuern nicht besteht, ist aufgrund der Regelungen des IAS 12 eine Angabe im Konzernabschluss erforderlich. Vereinfacht werden diese Differenzen in der Praxis meist als „Outside Basis Differences" (OBD) bezeichnet.

Gemäß IAS 12.38 entstehen OBD, wenn der Buchwert von Beteiligungen an Tochterunternehmen, Zweigniederlassungen und assoziierten Unternehmen oder Anteilen an gemeinschaftlichen Vereinbarungen (dh der Anteil des Mutterunternehmens oder des Investors am Nettovermögen des Tochterunternehmens, der Zweigniederlassung, des assoziierten Unternehmens oder des Beteiligungsunternehmens, einschließlich des Buchwerts eines Geschäfts- oder Firmenwerts) sich gegenüber der steuerlichen Basis der Beteiligung oder des Anteils (welcher häufig gleich den Anschaffungskosten ist) unterschiedlich entwickelt. Diese Unterschiede können aus einer Reihe unterschiedlicher Umstände entstehen, beispielsweise aus:

- thesaurierten Gewinnen,
- Änderungen von Wechselkursen oder

- der Verminderung des Buchwertes der Anteile an einem assoziierten Unternehmen auf seinen erzielbaren Betrag.

Betreffend des Ansatzes normiert IAS 12.39 ff grundsätzlich eine Ansatzpflicht, ausgenommen in dem Umfang, in dem die folgenden zwei Kriterien kumulativ vorliegen:

- Das Unternehmen ist in der Lage, den zeitlichen Verlauf der Auflösung der temporären Differenzen zu steuern, und
- es ist wahrscheinlich, dass sich die temporären Differenzen in absehbarer Zeit nicht auflösen werden.

Eine Auflösung von diesbezüglichen Differenzen kann grundsätzlich sowohl durch Ausschüttungen oder Veräußerungen als auch durch Liquidationen erfolgen.

Nach IAS 12.44 ff ist ein Ansatz latenter Steuern in dieser Hinsicht geboten, wenn wahrscheinlich ist, dass:

- sich die temporären Differenzen in absehbarer Zeit auflösen werden und
- ein ausreichendes zu versteuerndes Ergebnis zur Verfügung stehen wird.

Im Falle eines Nicht-Ansatzes sind gemäß IAS 12.81 (f) iVm IAS 12.87 die nicht bilanzierten latenten Steuerschulden oder die Summe der zugrundeliegenden temporären Differenzen im Anhang anzugeben.

B. Zielsetzung

Die Ermittlung der temporären Differenzen in Bezug auf OBD und die Erfassung der entsprechenden latenten Steuern ist unter Zugrundelegung der jeweiligen steuerlichen Situation sehr komplex und stellt die Bilanzierenden vor große Probleme. Zielsetzung der AFRAC-Stellungnahme soll demnach sein, für die Auswirkungen des österreichischen Steuerrechts auf die Anwendung dieser Regelungen eine Vorgehensweise vorzuschlagen, um eine einheitliche Bilanzierungspraxis in Österreich zu ermöglichen. Aufbauend auf einer Übersicht über die diversen Beteiligungsformen und deren Besteuerung soll die Stellungnahme einen praktischen Leitfaden für einen nach den IFRS aufgestellten Konzernabschluss darstellen. Unbeschadet von den Ausführungen in dieser Stellungnahme sei darauf hingewiesen, dass bei ausländischen Teilkonzernen, insbesondere bei Tochterunternehmen im Ausland, die ihrerseits konsolidierte Beteiligungen halten, ein Ansatz oder Anhangangaben zu latenten Steuern im Zusammenhang mit diesen Beteiligungen ebenfalls zu prüfen sind.

C. Latente Steuern von Anteilen an Kapitalgesellschaften

Die unterschiedlichen Beteiligungen an Kapitalgesellschaften laut österreichischem Steuerrecht wurden für die Zwecke der Stellungnahme wie folgt gruppiert:

- Anteile an Inländischen Körperschaften gem § 10 Abs 1 Z 1 bis 4 KStG
- Internationale Portfoliobeteiligungen gem § 10 Abs 1 Z 5 bis 6 KStG
- Internationale Schachtelbeteiligungen *ohne* Option gem § 10 Abs 2 und 3 KStG
- Internationale Schachtelbeteiligungen *mit* Option gem § 10 Abs 2 und 3 Z 1 KStG
- Andere Beteiligungen (von § 10 KStG nicht erfasst oder unter § 10 Abs 4 bis 7 KStG fallend)

Für jede dieser Beteiligungsarten gemäß Abgabenrecht werden Auswirkungen von temporären Differenzen hinsichtlich eines etwaigen Ansatzes sowie Anhangangaben in den vier Szenarien

- Ausschüttung
- Ausschüttung mit Quellensteuer
- Veräußerung
- Liquidation

behandelt. Abhängig davon, um welche Art von Beteiligung gemäß Steuerrecht es sich handelt sowie welches Szenario vorliegt, können der zentralen Tabelle der AFRAC-Stellungnahme (vgl Abbildung) die jeweiligen Erfordernisse hinsichtlich Ansatz und etwaiger Anhangangabe(n) entnommen werden.

Anteil fällt unter:			Ansatz und Ausweis von steuerlichen Effekten aus Differenzen, deren Umkehrung verursacht werden kann durch			
			Ausschüttung	Ausschüttung mit Quellensteuer	Veräußerung	Liquidation
Anteile an inländischen Körperschaften	§ 10 Abs 1 Z 1 bis 4 KStG	Differenz	vgl Rz 10	vgl Rz 11	vgl Rz 12	vgl Rz 13
		Ansatz	nicht steuerwirksam	nicht steuerwirksam	steuerwirksam	steuerwirksam
			kein Ansatz	n/a	bei Veräußerungsabsicht	bei Liquidationsabsicht
		Anhangangabe*	nein	n/a	ja	ja
Internationale Portfoliobeteiligungen	§ 10 Abs 1 Z 5 bis 6 KStG	Differenz	nicht steuerwirksam	steuerwirksam	steuerwirksam	steuerwirksam
		Ansatz	kein Ansatz	bei Ausschüttungsabsicht	bei Veräußerungsabsicht	bei Liquidationsabsicht
		Anhangangabe*	nein	ja	ja	ja
Internationale Schachtelbeteiligungen ohne Option	§ 10 Abs 2 und 3 KStG	Differenz	nicht steuerwirksam	steuerwirksam	nicht steuerwirksam**	steuerwirksam oder nicht steuerwirksam**
		Ansatz	kein Ansatz	bei Ausschüttungsabsicht	kein Ansatz	bei tatsächlichem und endgültigem Vermögensverlust
		Anhangangabe*	nein	ja	nein	nein***
Internationale Schachtelbeteiligungen mit Option	§ 10 Abs 2 und 3 Z 1 KStG	Differenz	nicht steuerwirksam	steuerwirksam	steuerwirksam	steuerwirksam
		Ansatz	kein Ansatz	bei Ausschüttungsabsicht	bei Veräußerungsabsicht	bei Liquidationsabsicht
		Anhangangabe*	nein	ja	ja	ja
Andere Beteiligungen	Von § 10 KStG nicht erfasst oder unter § 10 Abs 4 bis 7 KStG fallend	Differenz	steuerwirksam	steuerwirksam	steuerwirksam	steuerwirksam
		Ansatz	bei Ausschüttungsabsicht	bei Ausschüttungsabsicht	bei Veräußerungsabsicht	bei Liquidationsabsicht
		Anhangangabe*	ja	ja	ja	ja

* Angabeerfordernis nur bei latenter Steuerschuld gemäß IAS 12.39
** Eine mögliche endgültige Steuerbelastung des Mutterunternehmens aus der Veräußerung oder Liquidation eines ausländischen Tochterunternehmens kann zu einer Einstufung als temporäre Differenz führen
*** In diesem Fall kann nur eine aktivische temporäre Differenz auftreten

1. Ausschüttung/Ausschüttung mit Quellensteuer

Ausschüttungen von Anteilen, die unter die Regelungen von § 10 Abs 1 und 2 KStG fallen, sind grundsätzlich steuerfrei. Somit ist die Differenz zwischen dem im Konzernabschluss vollkonsolidierten oder nach der Equity-Methode bilanzierten Unternehmen und dem korrespondierenden steuerlichen Wertansatz der Beteiligung als nicht temporär steuerpflichtig einzustufen. Die Anwendbarkeit der Ausnahmeregelungen aus IAS 12.39 im Hinblick auf den Nichtansatz einer ausschüttungsbedingten latenten Steuerschuld muss somit nur dann geprüft werden, wenn der Anteil nicht gemäß § 10 KStG steuerbefreit ist oder wenn (im Ausland) Quellensteuern anfallen, da in diesen Fällen die Differenz als temporär einzustufen ist.

Die erste Voraussetzung für die Anwendbarkeit der Ausnahmeregelung des IAS 12.39 (kein Ansatz, nur Anhangangabe) ist die Möglichkeit des die Beteiligung haltenden Unternehmens, die Auflösung der temporären Differenz steuern zu können. Das Unternehmen muss somit in der Lage sein, die Ausschüttungspolitik in der Beteiligung zu kontrollieren. Dies ist aufgrund des Anteilsbesitzes bei nach der Equity-Methode bilanzierten Unternehmen regelmäßig nicht der Fall, sofern nicht weitere gesellschaftsrechtliche Vereinbarungen den Einfluss auf die Ausschüttungspolitik abweichend vom Anteilsbesitz regeln.

Die zweite – kumulativ zu erfüllende – Voraussetzung für den Nichtansatz ist die unternehmensindividuelle Einschätzung darüber, dass sich die temporäre Differenz nicht in absehbarer Zeit umkehren wird. Die Stellungnahme führt diesbezüglich aus, dass bei dieser Beurteilung in erster Linie auf das Ausschüttungsverhalten bzw auf konkrete Unternehmensplanungen und Ausschüttungsbeschränkungen abzustellen ist.

2. Veräußerung

Die Veräußerung von Beteiligungen ist grundsätzlich steuerwirksam, mit Ausnahme von internationalen Schachtelbeteiligungen, bei denen die Option zugunsten der Steuerwirksamkeit der Beteiligung gemäß § 10 Abs 3 Z 1 KStG nicht ausgeübt wurde. Liegt eine abzugsfähige (aktivische) oder zu versteuernde (passivische) temporäre Differenz vor, fordert die Stellungnahme eine Prüfung des Ansatzes latenter Steuern, wenn eine Veräußerungsabsicht vorliegt.

Wie auch bei den Ausschüttungen (vgl Abschnitt III.C.1.) ist das Kriterium der absehbaren Zeit und eine damit verbundene Veräußerungsabsicht einer Beteiligung grundsätzlich unternehmensindividuell zu beurteilen. Der Standard liefert hierzu keine konkretisierenden Vorgaben. Die Erläuterungen in der Stellungnahme weisen jedoch darauf hin, dass bei einer Einstufung gemäß IFRS 5 als „zur Veräußerung gehalten" das Kriterium „in absehbarer Zeit" jedenfalls als erfüllt zu beurteilen sein wird, da der Veräußerungsvorgang gemäß dem Kriterium aus

IFRS 5 als „höchstwahrscheinlich" eingestuft wird. Insofern ist die Einstufung als „zur Veräußerung gehalten" gemäß IFRS 5 als spätestmöglicher Zeitpunkt für den Ansatz einer latenten Steuer heranzuziehen.

3. Liquidation

Analog zu den Ausführungen zu Veräußerungen ist bei Beteiligungen bei Vorliegen eines Liquidationsbeschlusses der Ansatz von latenten Steuern aus OBD zu prüfen, da grundsätzlich von einer Besteuerung der Liquidationsergebnisse auszugehen ist. Nur im Fall einer internationalen Schachtelbeteiligung, bei der die Option gemäß § 10 Abs 3 Z 1 KStG zugunsten der Steuerwirksamkeit der Beteiligung nicht ausgeübt wird, besteht keine temporäre Differenz, sofern nicht tatsächliche und endgültige Vermögensverluste vorliegen.

Gemäß den Erläuterungen der AFRAC-Stellungnahme ist bei Vorliegen eines Liquidationsbeschlusses im Fall einer temporären Differenz jedenfalls eine latente Steuer zu bilanzieren – unabhängig davon, über welchen Zeitraum sich die Liquidation erstreckt, da durch den Liquidationsbeschluss davon auszugehen ist, dass sich die temporäre Differenz in absehbarer Zeit umkehren wird.

D. Latente Steuern von Anteilen an Personengesellschaften

Neben den zuvor dargestellten Aussagen der AFRAC-Stellungnahme zu Anteilen an Kapitalgesellschaften behandelt die Stellungnahme auch die Auswirkungen des IAS 12 auf Anteile an Personengesellschaften (Mitunternehmerschaften). Aufgrund der im Steuerrecht anzuwendenden Spiegelbildmethode und der daraus resultierenden konzeptionellen Gleichbehandlung auf Ebene des Mutterunternehmens sind steuerlich registrierte Mitunternehmerschaften selbst nicht Ertragsteuersubjekt. Anstatt dessen treten an die Stelle des steuerlichen Beteiligungsansatzes anteilig sämtliche Vermögenswerte und Schulden des Beteiligungsunternehmens (Nettovermögen).

Auf temporäre Differenzen zwischen den IFRS-Buchwerten im Konzernabschluss und den steuerlichen Wertansätzen sind insoweit latente Steuern zu erfassen, als diese auf Ebene des jeweiligen dem Konzern zugehörigen Gesellschafters zu einem abzugsfähigen oder zu versteuernden Betrag führen (quotale Steuerabgrenzung). Ein darüber hinausgehender Ansatz von latenten Steuern auf OBD ist zu prüfen, wenn die konzeptionelle Gleichbehandlung durchbrochen wird (beispielsweise bei Wertminderungen von Anteilen, die nach der Equity-Methode bilanziert werden).

Im Fall ausländischer Personengesellschaften ist eine Analyse dahingehend erforderlich, ob diese wie Körperschaften zu behandeln sind. In diesen Fällen ist auf die in Kapitel III.C. dargestellte Vorgehensweise bei Kapitalgesellschaften abzustellen.

E. Anhangangaben

Wird aufgrund der dargestellten Ausnahmebestimmungen des IAS 12.39 eine latente Steuerschuld im Konzernabschluss nicht angesetzt, so ist im Sinne von IAS 12.81(f) iVm IAS 12.87 entweder der Betrag der nicht angesetzten latenten Steuerschuld oder die zugrundeliegende Differenz im Anhang anzugeben. Sofern aufgrund unterschiedlicher Auflösungsmöglichkeiten unterschiedlich hohe temporäre Differenzen aus der Ermittlung für die Angabepflicht resultieren, ist die größtmögliche temporäre Differenz, für die im Abschluss keine latente Steuerschuld angesetzt wurde, anzugeben. Diese ist um konkret geplante Maßnahmen zu kürzen, wenn die Maßnahmen in absehbarer Zeit nicht steuerwirksam sind. Eine Saldierung mit steuerlich abzugsfähigen Differenzen aus anderen Beteiligungen, die gemäß IAS 12.44 nicht angesetzt wurden, und ein Nettoausweis sind nicht zulässig.

F. Auswirkungen auf andere Stellungnahmen

Im Zuge der Erstellung der Stellungnahme hat die Arbeitsgruppe des AFRAC festgestellt, dass die ertragsteuerlichen Konsequenzen aus einem absehbaren steuerlich wirksamen Teilwertzu- oder -abschreibungsbedarf nicht unter die Regelungen zu OBD fallen können, da die Ermittlung des steuerlichen Teilwerts einer Beteiligung auf Basis eines Ertragswertverfahrens erfolgt. Erwartete Veränderungen der wirtschaftlichen Situation einer Beteiligung müssen sich somit bereits in den bewertungsrelevanten Planungsrechnungen und im daraus resultierenden Teilwert widerspiegeln. Folglich kann es nur zu tatsächlichen steuerlich wirksamen Zu- oder Abschreibungen kommen. Aufgrund dessen wurde die AFRAC-Stellungnahme zu „Auswirkungen der steuerlichen Teilwertabschreibung nach § 12 Abs 3 Z 2 KStG auf die Bilanzierung von Ertragsteuern nach IAS 12 in einem Konzern- oder separaten Einzelabschluss nach IFRS" angepasst.

G. Anwendungszeitpunkt

Die erstmalige Anwendung wurde grundsätzlich für Geschäftsjahre festgelegt, die am oder nach dem 1.1.2016 beginnen. Eine vorzeitige Anwendung ist möglich und wird von der Stellungnahme empfohlen, jedoch ist in diesem Fall auch die vorzeitige Anwendung der geänderten Stellungnahme „Auswirkungen der steuerlichen Teilwertabschreibung nach § 12 Abs 3 Z 2 KStG auf die Bilanzierung von Ertragsteuern nach IAS 12 in einem Konzern- oder separaten Einzelabschluss nach IFRS" vom September 2015 geboten.

IV. AFRAC-Stellungnahme Rückstellungen für Pensions-, Abfertigungs-, Jubiläumsgeld- und ähnliche langfristig fällige Verpflichtungen nach den Vorschriften des UGB

A. Hintergrund

Am 15.7.2015 hat das AFRAC die Stellungnahme „Rückstellungen für Pensions-, Abfertigungs-, Jubiläumsgeld- und vergleichbare langfristig fällige Verpflichtungen nach den Vorschriften des Unternehmensgesetzbuches" veröffentlicht, die neben der Stellungnahme in Bezug auf latente Steuern auf Beteiligungen (siehe Kapitel III.) das zweite „Schwergewicht" des Jahres 2015 darstellt. Der neuen Stellungnahme ging eine vorbereitende Facharbeit des Fachsenats für Unternehmensrecht und Revision bei der Kammer der Wirtschaftstreuhänder voraus, deren Ziel es in erster Linie war, eine Aktualisierung und Konsolidierung der bestehenden Fachgutachten KFS/RL 2 und 3 (einschließlich dazugehöriger Stellungnahmen) durchzuführen. Das AFRAC übernahm diese Facharbeit im Frühjahr 2014. Aufgrund des zeitlichen Zusammenfalls mit dem Rechnungslegungs-Änderungsgesetz 2014 (RÄG 2014) arbeitete das AFRAC auch die gesetzlichen Änderungen in die neue Stellungnahme ein und setzte das Inkrafttreten mit jenem des RÄG 2014 gleich (mit der Ausnahme, dass für die Stellungnahme auch eine vorzeitige Anwendung zulässig ist).

Der Regelungsbereich der AFRAC-Stellungnahme umfasst den Ansatz und die Bewertung von Rückstellungen für Pensions-, Abfertigungs-, Jubiläumsgeld- und vergleichbare langfristig fällige Verpflichtungen sowie die dazu erforderlichen Erläuterungen und Angaben im Anhang nach den Vorschriften des UGB idF des RÄG. Nicht geregelt (obwohl zunächst angedacht) sind die Themen Rückdeckungsversicherungen und Altersteilzeit. Zu den Rückdeckungsversicherungen besteht unverändert die Stellungnahme KFS/RL 23 („Stellungnahme des Fachsenats für Unternehmensrecht und Revision zur Gestaltung und zur Bilanzierung von Rückdeckungsversicherungen").

Ausgangspunkt für die Stellungnahme zu den Personalrückstellungen sind die allgemeinen, im UGB umgesetzten Grundsätze, die durch die Stellungnahme weiter konkretisiert werden. Daher stellen wir zunächst die zugrundeliegenden Vorschriften des UGB idF RÄG 2014 dar.

B. Vorschriften des RÄG 2014

1. Vorschriften des RÄG 2014 zum Ansatz

Die Pflicht zum Ansatz von Rückstellungen für laufende Pensionen und Anwartschaften auf Abfertigungen und Jubiläumsgelder ergibt sich aus § 198 Abs 8 UGB.

Dieser sieht vor, dass Rückstellungen bei Vorliegen rechtlicher und faktischer Verpflichtungen zu bilden sind. Eine rechtliche Verpflichtung kann sich beispielsweise aus Gesetz, Kollektivvertrag, Betriebsvereinbarung oder Einzelvertrag ergeben, faktische Verpflichtungen ergeben sich typischerweise aufgrund von betrieblicher Übung.

Auch bei ausgelagerten Pensionsverpflichtungen kann eine Verpflichtung für das Unternehmen insoweit vorliegen, als nicht alle Risikokomponenten von der Auslagerung umfasst sind.

2. Vorschriften des RÄG 2014 zur Bewertung

Hinsichtlich Bewertung sieht § 211 Abs 1 UGB idF RÄG allgemein vor, dass derartige Rückstellungen nach versicherungsmathematischen Grundsätzen zu bewerten sind. Eine konkrete Anleitung findet sich nicht. § 211 Abs 2 UGB idF RÄG ergänzt, dass Rückstellungen mit einer Laufzeit von mehr als einem Jahr grundsätzlich mit einem marktüblichen Zinssatz abzuzinsen sind. Bei Rückstellungen für Abfertigungsverpflichtungen, Pensionen, Jubiläumsgeldzusagen oder vergleichbaren langfristig fälligen Verpflichtungen ist jedoch auch die Anwendung eines durchschnittlichen Marktzinssatzes zulässig, der sich bei einer angenommenen Restlaufzeit von 15 Jahren ergibt. Dies jedoch nur insofern, als dagegen im Einzelfall keine Bedenken bestehen.

In den Erläuterungen des RÄG wird der anzuwendende Zinssatz dahingehend konkretisiert, dass alternativ ein Durchschnittszinssatz oder ein Stichtagszinssatz – bei stetiger Anwendung – verwendet werden kann. Die Erläuterungen führen auch an, dass *„man sich […] an den deutschen Kundmachungen der Rechtsverordnungen nach § 253 Abs. 2 vierter Satz dHGB […] orientieren kann"*.

C. Konkretisierung zu Ansatz und Bewertung in der AFRAC-Stellungnahme

1. Konkretisierung zum Ansatz

Wie in Abschnitt IV.B.1. dargestellt, ergibt sich aus dem Gesetz die Pflicht zum Ansatz der Rückstellung von Pensionen, Anwartschaften auf Abfertigungen sowie Jubiläumsgeldern, wenn das Unternehmen aufgrund einer rechtlichen oder faktischen Verpflichtung Leistungen erbringen oder ernsthaft damit rechnen muss, zumindest teilweise für die zugesagten Leistungen einstehen zu müssen. Auch wenn die Unverfallbarkeit erst in Zukunft eintritt, sind gemäß dieser AFRAC-Stellungnahme bereits während der Wartezeit – ab dem Eingehen der Verpflichtung (Eintritt in den Pensionsplan) – Rückstellungen anzusetzen.

Dass eine Anwartschaft – und somit die Verpflichtung – unter bestimmten Voraussetzungen wegfallen kann, ist kein Hindernis für die Ansatzpflicht der Rückstellungen. Es kann sich daraus aber eine Auswirkung auf die Bewertung der Rückstellung ergeben, zB durch Berücksichtigung einer Fluktuationswahrscheinlichkeit.

Endet die Verpflichtung, ist die Rückstellung zu verwenden bzw aufzulösen.

2. Konkretisierung zur Bewertung

Während das UGB idF RÄG nur den Rahmen für die Bewertung festlegt, bietet die AFRAC-Stellungnahme einen konkreten Leitfaden zu Bewertungsgrundsätzen und -verfahren.

a) Allgemeine Grundsätze

Die Stellungnahme definiert in Rz 20 zunächst den Begriff Gesamtpensionsverpflichtung als die sich am jeweiligen Abschlussstichtag ergebende Verpflichtung des Unternehmens (einschließlich der ausgelagerten Teile) gegenüber allen Berechtigten. Die Bewertung der Gesamtpensionsverpflichtung erfolgt gemäß Rz 29 bei laufenden und aufgeschobenen Pensionen mit dem Barwert der künftigen Pensionszahlungen und bei Anwartschaften auf Pensionen mit dem sich aus dem verwendeten Ansammlungsverfahren ergebenden Betrag.

Die Höhe der Gesamtverpflichtung hängt von den Berechtigten, der Höhe der Pensionszahlungen, dem Ansammlungszeitraum, dem Ansammlungsverfahren, dem Rechnungszinssatz und den Wahrscheinlichkeitsannahmen ab, die im Folgenden einzeln behandelt werden.

b) Berechtigte

Der Bewertung der Gesamtverpflichtung sind die am Abschlussstichtag existierenden direkt und indirekt Berechtigten zugrunde zu legen. Potenzielle indirekt Berechtigte sind entsprechend zu berücksichtigen, wenn geeignete und verlässliche statistische Unterlagen für die Wahrscheinlichkeit der (künftigen) Existenz von indirekt Berechtigten vorliegen. Bei ausgelagerten Verpflichtungen ermitteln sich die Rückstellungen, soweit sie anzusetzen sind, aus der Gesamtverpflichtung abzüglich der beim selbständigen Rechtsträger zur Deckung dieser Verpflichtung gebildeten Deckungsrückstellung.

c) Höhe der Zahlungen

Der Bewertung der Gesamtverpflichtung sind jene Pensionszahlungen zugrunde zu legen, die aufgrund der bestehenden Pensionszusage voraussichtlich an den Berechtigten zu leisten sein werden (gilt analog auch für Abfertigungs- und Jubiläumsgeldrückstellungen). Es müssen demnach im Sinne der Stellungnahme auch voraussichtliche Gehaltssteigerungen, übliche Karriereschritte und Bezugsanpassungen in die Bewertung einfließen, sofern die dafür erforderlichen

Annahmen auf hinreichend geeigneten und verlässlichen statistischen Erfahrungswerten beruhen und das Unternehmen rechtlich oder faktisch zu deren Berücksichtigung verpflichtet ist. Außergewöhnliche Karriereentwicklungen, beispielsweise als Folge der Einräumung einer wesentlich erweiterten Aufgabe des Arbeitnehmers, sind jedoch nicht zu berücksichtigen.

d) Ansammlungszeitraum

Die Zuordnung von Leistungen aus dem Pensionsplan zu Dienstjahren erfolgt im Ansammlungszeitraum. Dieser beginnt mit dem Zeitpunkt, ab dem die Arbeitsleistung des Arbeitnehmers erstmalig Leistungen aus der Zusage begründet, und reicht bis zu jenem Zeitpunkt, in dem die vollständige Unverfallbarkeit der Ansprüche eintritt.

Verpflichtet sich das Unternehmen, Zeiträume vor Eintritt in den Pensionsplan bei der Ermittlung der Ansprüche aus der Pensionszusage zu berücksichtigen (Anrechnung von Vordienstzeiten), sind diese grundsätzlich rückwirkend zu erfassen. Sind die Ansprüche jedoch nicht sofort unverfallbar, kann die Berücksichtigung dieser Zeiträume auch ab dem Zeitpunkt der Zusage erfolgen, sofern sich dies aus der zugrundeliegenden Vereinbarung ergibt.

Für den Ansammlungszeitraum von Abfertigungsrückstellungen verweist die Stellungnahme auf die festgelegten Grundsätze der AFRAC-Stellungnahme „Behandlung der ‚Abfertigung alt' nach IAS 19, insbesondere Verteilung des Dienstzeitaufwandes" vom März 2013.

e) Ansammlungsverfahren

Das Ansammlungsverfahren bezeichnet die Methode, nach der der Aufbau der Personalrückstellung verteilt über den Ansammlungszeitraum erfolgt, sodass die Gesamtpensionsverpflichtung am Ende des Ansammlungszeitraums dem Auszahlungsbetrag bzw Rentenbarwert entspricht. Als Ansammlungsverfahren sind gemäß der Stellungnahme entweder das Teilwertverfahren oder das aus IAS 19 entnommene Verfahren der laufenden Einmalprämien (PUC-Methode) anzuwenden. Die Anwendung des Verfahrens ist stetig beizubehalten. Die Anwendung des gemäß Steuerrecht vorgeschriebenen Gegenwartswertverfahrens, das bisher für die Ansammlung von Personalrückstellungen nach UGB unter bestimmten Voraussetzungen möglich war, ist künftig nicht mehr zulässig.

f) Rechnungszinssatz

Zur Bewertung der Gesamtverpflichtung ist entweder ein Stichtagszinssatz oder alternativ ein Durchschnittszinssatz heranzuziehen.

Der Stichtagszinssatz entspricht dem Marktzinssatz für Anleihen von Unternehmen mit hochklassiger Bonitätseinstufung, die mit der durchschnittlichen Restlaufzeit der Gesamtverpflichtung sowie der Währung, in der das Unternehmen die Pensionsleistungen zu erbringen hat, übereinstimmen. Der Durchschnittszinssatz ermittelt sich aus dem aktuellen und den entsprechenden Stichtagszinssätzen der sechs vorangegangenen Abschlussstichtage. Insgesamt umfasst der Durchschnittszinssatz somit sieben Jahre. Aufgrund der Identität der Regelungen (und wie in den Erläuterungen zum RÄG 2014 angemerkt) kann auch in Österreich der Zinssatz der deutschen Kundmachung zum § 253 Abs 2 dHGB herangezogen werden (abrufbar unter https://www.bundesbank.de/Redaktion/DE/Downloads/Statistiken/Geld_Und_Kapitalmaerkte/Zinssaetze_Renditen/abzinsungszinssaetze.pdf?__blob=publicationFile).

Als durchschnittliche Restlaufzeit kann vereinfachend eine Restlaufzeit von 15 Jahren angenommen werden, sofern dagegen im Einzelfall keine erheblichen Bedenken bestehen. Sofern kein liquider Markt für die erforderlichen Unternehmensanleihen besteht, sind stattdessen die aktuellen Marktrenditen für Staatsanleihen zu verwenden.

Insgesamt können somit in Zusammenspiel mit den anwendbaren Ansammlungsverfahren (vgl Kapitel IV.C.2.d) vier Kombinationsmöglichkeiten identifiziert werden, die jeweils stetig anzuwenden sind:

	Teilwertverfahren	**PuC-Verfahren**
Durchschnittszinssatz	• Geringe Volatilität der Verpflichtung • Tendenziell höhere Verpflichtung bei fallenden Zinsen • Höherer Wert aufgrund des Verfahrens	• Geringfügige Zinssatzschwankungen • Geringerer Wert aufgrund des Verfahrens • Bei fallenden Zinsen ergibt sich möglicherweise nicht angemessene Gesamtverpflichtung
Stichtagszinssatz	• Hohe Volatilität • Höherer Wert aufgrund des Verfahrens • Geringe Relevanz in der Praxis	• Gemäß IAS 19 anzuwendende Methode • Hohe Volatilität • Geringerer Wert aufgrund des Verfahrens

In der im AFRAC zuständigen Arbeitsgruppe ergab sich eine intensive Diskussion darüber, ob alle vier Kombinationen als gleichwertige Alternativen angesehen werden sollen. Vor allem die Kombination aus Durchschnittszinssatz und PuC-Verfahren führt in der aktuellen Zinslandschaft (relativ hoher Durchschnittszinssatz im Vergleich zum Stichtagszinssatz) und der Rechenmethode (das PuC-Verfahren ergibt grundsätzlich eine geringere Rückstellung) zu signifikant geringeren Rückstellungen gegenüber einem Stichtagszinssatz und dem Teilwertverfahren. Die Diskussion führt allerdings letztendlich zur Erkenntnis und zum Konsens, dass aufgrund der relativ weiten Vorgaben des UGB eine Einschränkung der Möglichkeiten durch das AFRAC nicht darstellbar sei.

g) Wahrscheinlichkeitsannahmen

Die für die Bewertung der Gesamtverpflichtung relevanten versicherungsmathematischen Parameter ergeben sich aus der jeweiligen Zusage. Die Festlegung dieser Parameter erfordert Wahrscheinlichkeitsannahmen, die individuell für Personen oder Personengruppen getroffen werden müssen. Gemäß den GoB des UGB idF RÄG ist hierfür eine umsichtige Beurteilung und bestmögliche Schätzung unter Berücksichtigung geeigneter und verlässlicher statistischer Grundlagen geboten.

In der AFRAC-Stellungnahme werden folgende, besonders bedeutende Beispiele für Wahrscheinlichkeitsannahmen genannt:

- Lebenserwartung der Berechtigten
- Invalidisierungswahrscheinlichkeit
- Verheiratungswahrscheinlichkeit

Sollte eine Zusage bei Beendigung des Arbeitsverhältnisses des Berechtigten noch verfallbar sein, ist bei der Bewertung die Wahrscheinlichkeit des Wegfalls von Verpflichtungen – differenziert nach einzelnen Gruppen von Mitarbeitern – zu berücksichtigen (Fluktuationswahrscheinlichkeit), wenn diesbezüglich im Unternehmen geeignete und verlässliche statistische Informationen vorhanden sind.

Für die Wahrscheinlichkeitsannahmen von Abfertigungsrückstellungen wird auf die AFRAC-Stellungnahme „Behandlung der ‚Abfertigung alt' nach IAS 19, insbesondere Verteilung des Dienstzeitaufwandes" vom März 2013 verwiesen.

h) Vereinfachungen in der Berechnung für Abfertigungs- und Jubiläumsgeldrückstellungen

Hinsichtlich der Ansammlung von Abfertigungs- und Jubiläumsgeldrückstellungen sieht die AFRAC-Stellungnahme alternativ auch eine vereinfachte Bewertung der Rückstellungen vor. Diese Vereinfachung ist jedoch nur insofern zulässig, als sie zu keinen wesentlichen Unterschieden zu der oben genannten Vorgehensweise führt, wodurch der vermeintliche Vorteil dieser Erleichterung zum Teil relativiert wird.

Die Wesentlichkeit bezieht sich dabei auf die Auswirkung der möglichen (geschätzten) Abweichung zwischen vereinfachter Berechnung und der Berechnung nach den versicherungsmathematischen Grundsätzen auf den jeweiligen Abschluss als Ganzes. In der Praxis bedeutet dies, dass eine vereinfachte Berechnung jedenfalls dann in Frage kommt, wenn die aus Erfahrungswerten geschätzte mögliche Abweichung keinen für den Abschluss wesentlichen Betrag ergeben kann.

3. Ausweis

Beim Ausweis in der Bilanz ergeben sich keine Änderungen zu der derzeitigen Vorgehensweise. Die erforderlichen Rückstellungen sind in den entsprechenden Posten gemäß Mindestbilanzgliederung des § 224 UGB auszuweisen.

Hinsichtlich des Ausweises in der Gewinn- und Verlustrechnung ist grundsätzlich ein Ausweis im Personalaufwand geboten. Alternativ kann der auf die Aufzinsung der Rückstellung entfallene Betrag im Posten „Zinsen und ähnliche Aufwendungen" des Finanzergebnisses ausgewiesen werden. Bei Inanspruchnahme dieses Wahlrechts ist auch der Ausweis des Effektes aus Zinsänderungen im Finanzergebnis zulässig. Eine Erfassung des gesamten versicherungsmathematischen Ergebnisses im Finanzergebnis oder analog zu IAS 19 im Eigenkapital ist hingegen auch künftig nicht möglich.

4. Anhangangaben

Das UGB idF RÄG erfordert für die genannten Personalrückstellungen Angaben mit Erläuterung von Bilanz und Gewinn- und Verlustrechnung sowie den darauf angewandten Bilanzierungs- und Bewertungsmethoden, sodass ein möglichst genaues Bild der Vermögens-, Finanz- und Ertragslage iSd Generalnorm des § 236 UGB vermittelt wird. Die Stellungnahme konkretisiert diese Vorschrift für die in der Stellungnahme behandelten Verpflichtungen durch die Aufzählung konkreter Angaben zur Erfüllung dieser Vorschriften. Diese sind in Rz 96 und 97 der Stellungnahme nachzulesen.

D. Anwendungszeitpunkt

Analog zu den Änderungen des RÄG 2014 ist die Stellungnahme erstmals in Geschäftsjahren anzuwenden, die nach dem 31.12.2015 beginnen. Anders als bei den Regelungen des RÄG 2014 ist eine vorzeitige Anwendung zulässig, sodass die Neuerungen beispielsweise bereits im Regelgeschäftsjahr 2015 angewendet werden können.

Ein sich aus der erstmaligen Anwendung ergebender Unterschiedsbetrag ist – auch bei vorzeitiger Anwendung – nach den entsprechenden Übergangsvorschriften des § 906 Abs 33 und 34 UGB idF RÄG zu behandeln, demnach die aus der Erstanwendung resultierende Unter- oder Überdeckung auf maximal fünf Jahre verteilt werden kann.

Neues aus dem Fachsenat

*Gerhard Margetich/Gerhard Marterbauer/Philipp Rath/
Christoph Schrammel*

I. Einleitung
II. Übersicht über die Tätigkeiten der Arbeitsgruppen
    A. Arbeitsgruppe Banken, Versicherungen und Leasing
    B. Arbeitsgruppe Rechnungslegung
        1. Übersicht
        2. Aufhebung der Fachgutachten zu den Personalrückstellungen
    C. Arbeitsgruppe Prüfung
        1. Ausrichtung der österreichischen Prüfungsgrundsätze an den ISA-Standards
        2. Überarbeitung des Fachgutachtens Stiftungsprüfungen
        3. Prüfung der Rechenschaftsberichte nach dem Parteiengesetz
        4. Umsetzung Prüferrichtlinie und -verordnung
III. Neuerungen im Bereich der Bankenprüfung
    A. Neufassung des Fachgutachtens KFS/BA 9 „Prüfung der Beachtung von für Kreditinstitute wesentlichen Rechtsvorschriften gemäß § 63 Abs 4 ff BWG" und Berichterstattung darüber in einer Anlage zum Prüfungsbericht
    B. Erfahrungen aus der Praxis der Anwendung des Fachgutachtens KFS/BA 9
        1. Erfahrungen aus Prüfersicht
        2. Erfahrungen aus Sicht der FMA
        3. Verbesserungspotential
    C. Neuerungen im Bankenrecht in 2015
        1. Liquidität
        2. Außerkrafttreten des BIRG, Inkrafttreten des BaSAG
        3. Inkrafttreten ESAEG
        4. Wegfall der Reservenmeldung
IV. Zusammenfassung

I. Einleitung

Die Arbeitsgruppe „Neues aus dem Fachsenat" im Rahmen der iwp-Fachtagung im Oktober 2015 beschäftigte sich mit den aktuellen Facharbeiten des Fachsenates für Unternehmensrecht und Revision der KWT. Dabei wurde der Stand der Arbeiten der einzelnen Arbeitsgruppen per Mitte Oktober 2015 präsentiert.

II. Übersicht über die Tätigkeiten der Arbeitsgruppen

A. Arbeitsgruppe Banken, Versicherungen und Leasing

Wesentlicher Schwerpunkt der Facharbeit war die Erarbeitung eines neuen Fachgutachtens zum neuen AzP (Anlage zum Prüfungsbericht). Weiters wird das Fachgutachten KFS/BA 7 zur Behandlung von offenen Rücklagen im Jahresabschluss von Kreditinstituten behandelt.

Weitere Themengebiete in 2014/15 waren:

- Versicherungsthemen;
- Erstellung diverser Stellungnahmen zu Gesetzes- und Verordnungsentwürfen.

B. Arbeitsgruppe Rechnungslegung

1. Übersicht

Die Facharbeit der Arbeitsgruppe Rechnungslegung umfasste in 2014/15 vor allem Folgendes:

- Es wurden Vorschläge für **technische Korrekturen zum Rechnungslegungsänderungsgesetz (RÄG) 2014** erarbeitet. Diese sollen in einer weiteren Novelle des UGB Berücksichtigung finden. Die technischen Korrekturen betreffen vor allem Verweisfehler sowie die Übergangsvorschriften. Hierzu fand eine Besprechung im Bundesministerium für Justiz Ende September 2015 statt.
- Es wurde eine Sub-Arbeitsgruppe zum Thema **„Going Concern" als Vorarbeit für eine AFRAC-Stellungnahme** eingerichtet. Die konstituierende Sitzung fand Anfang Oktober 2015 statt.
- Weiters wurde eine **Sub-Arbeitsgruppe zum Thema „Einheitsbilanz"** eingerichtet. Ziel dieser Arbeitsgruppe ist die Erarbeitung eines Positionspapiers unter der Leitung von Herrn *Prof. Hirschler*.
- Einen weiteren Schwerpunkt bildet die redaktionelle Anpassung der Richtlinie zum Grundsatz der **Bewertungsstetigkeit** und zur Berichterstattung bei der Änderung der **Bilanzierungs- und Bewertungsmethoden** (IWP/RL 1) an die Änderungen aufgrund des RÄG 2014. Ein erster Entwurf dieser überarbeiteten Richtlinie liegt vor.

- An einer redaktionellen Anpassung der **Stellungnahme zur Behandlung von Abfertigungs- und Jubiläumsgeldverpflichtungen**, die im Sinne des Erlasses des BMF vom 3.8.2001 an ein Versicherungsunternehmen ausgelagert werden, im Jahresabschluss des Arbeitgebers (KFS/RL 17) an die Änderungen laut RÄG 2014 wird ebenfalls gearbeitet.
- Derzeit wird auch eine redaktionelle Anpassung der **Stellungnahme zu verschiedenen Fragen der Rechnungslegung der Vereine (KFS/RL 19)** an die Änderungen laut RÄG 2014 vorgenommen. Ein erster Entwurf liegt hierzu bereits vor.
- Redaktionelle Anpassungen erfolgen weiters im Bereich des **Fachgutachtens zur Bilanzierung und Berichterstattung im unternehmensrechtlichen Jahresabschluss im Zusammenhang mit der Gruppenbesteuerung (KFS/RL 22)** an die Änderungen des RÄG 2014. Ein Entwurf ist derzeit noch ausständig, er soll um die Ausführungen betreffend latente Steuern gekürzt werden. Die Ausführungen werden dann dem AFRAC zur Berücksichtigung bei seiner Stellungnahme übergeben.

Anpassungen werden außerdem auch im Bereich der folgenden Fachgutachten bzw Richtlinien vorgenommen:

- Redaktionelle Anpassung der **Stellungnahme zur Behandlung von Optionen, Optionsentgelten und Risiken aus Optionen in den Jahresabschlüssen (KFS/RL 8)** – ein Entwurf einer Überarbeitung liegt vor, es ist die Aufhebung und Integration in die AFRAC-Stellungnahme zur unternehmensrechtlichen Bilanzierung von Derivaten und Sicherungsinstrumenten vorgesehen.
- Redaktionelle Anpassung der **Stellungnahme zur einheitlichen Bewertung im Konzernabschluss nach dem UGB (KFS/RL 10)** an die Änderungen laut RÄG 2014 – hier liegt ebenfalls bereits ein Entwurf vor.
- Redaktionelle Anpassung der **Stellungnahme zur Bilanzierung von Genussrechten und von Hybridkapital (KFS/RL 13)** an die Änderungen laut RÄG 2014 – ein Entwurf liegt vor.
- Redaktionelle Anpassung der **Stellungnahme zur Gestaltung und zur Bilanzierung von Rückdeckungsversicherungen (KFS/RL 23)** an die Änderungen laut RÄG 2014 – ein Entwurf ist derzeit noch ausständig; es ist die Mitwirkung von Vertretern der Sub-Arbeitsgruppe Versicherungen vorgesehen.
- Redaktionelle Anpassung der **Stellungnahme zur Behandlung von Patronatserklärungen im Zusammenhang mit der unternehmensrechtlichen Rechnungslegung (KFS/RL 24)** an die Änderungen laut RÄG 2014 – ein Entwurf wird von der Sub-Arbeitsgruppe RÄG erarbeitet und ist derzeit noch nicht fertiggestellt.
- Überarbeitung des **Fachgutachtens zur Rechnungslegung bei Umgründungen (KFS/RL 25)** – ein Entwurf ist noch ausständig, über diese Überarbeitung wird im Oktober weiter beraten.

- Begutachtung der **Änderung der UGB-Formblattverordnung** – hier ist eine Stellungnahme in Arbeit.
- **Anpassung der xml-Struktur für die elektronische Übermittlung des Jahresabschlusses** an Änderungen laut RÄG 2014 – es ist ein Abstimmungsgespräch mit Vertretern des BMF/BMJ vorgesehen.

2. Aufhebung der Fachgutachten zu den Personalrückstellungen

Die Bilanzierung der Personalrückstellungen ist nunmehr durch die neue AFRAC-Stellungnahme zu „Rückstellungen für Pensions-, Abfertigungs-, Jubiläumsgeld- und vergleichbare langfristig fällige Verpflichtungen nach den Vorschriften des Unternehmensgesetzbuches" geregelt. Die Fachgutachten der KWT wurden daher obsolet und wurden aufgehoben; es handelt sich hierbei um die Fachgutachten KFS/RL 2, KFS/RL 3, KFS/RL 2/3, KFS RL 2/3a und KFS RL 2/3b. Diese Fachgutachten sind letztmals auf Geschäftsjahre anzuwenden, die am oder vor dem 31.12.2015 beginnen.

C. Arbeitsgruppe Prüfung

1. Ausrichtung der österreichischen Prüfungsgrundsätze an den ISA-Standards

Die Arbeitsgruppe Prüfung beschäftigt sich insbesondere mit der Ausrichtung der österreichischen Prüfungsgrundsätze an den ISA-Standards. In diesem Zusammenhang wurde am 3.3.2014 eine Neufassung des Fachgutachtens KFS/PG 1 beschlossen. Kern dieser Änderung ist die Anwendung der ISA als österreichische Prüfungsgrundsätze. Weiters erfolgten im KFS/PG 1 ergänzende Klarstellungen und Anwendungshinweise. Hier wurde versucht, die bestmögliche Vorgehensweise für eine umfassende Gültigkeit und gleichzeitig eine angemessene Anpassung an das österreichische Recht zu finden.

Die Ausrichtung der Prüfungsgrundsätze an den ISA umfasste auch die Anpassung weiterer (bestehender) Fachgutachten, die Aufhebung einzelner (veralteter oder durch die direkte Anwendbarkeit der ISA obsoleter) Fachgutachten sowie diverse sprachliche Anpassungen.

Mit Beschluss des Fachsenats vom 9.3.2015 wurde die Anwendung des neuen PG 1 um sechs Monate verschoben. Es ist nunmehr für die Prüfung von Geschäftsjahren, die am oder nach dem 30.6.2016 enden, erstmals anwendbar. Inhaltlich ergaben sich keine Änderungen. Es wurde eine eigene Arbeitsgruppe zur Erarbeitung einer „Stellungnahme zur verhältnismäßigen Durchführung von Abschlussprüfungen" eingerichtet; diese Stellungnahme wurde in der Sitzung des Fachsenats für Unternehmensrecht und Revision am 26.11.2015 beschlossen.

2. Überarbeitung des Fachgutachtens Stiftungsprüfungen

Den zweiten Schwerpunkt der Arbeitsgruppe Prüfung des Fachsenats bildete die Überarbeitung des **Fachgutachtens zur Prüfung von Privatstiftungen** (KFS/PE 21). Neben sprachlich-terminologischen Anpassungen erfolgten klarstellende Ausführungen zu folgenden Punkten:

- Klarstellungen zur Organfunktion des Stiftungsprüfers (insbesondere Funktionsperiode, Pflichten des Stiftungsprüfers);
- Erörterung von Fallkonstellationen im Zusammenhang mit der Beendigung der Funktionsperiode;
- Änderungen in den Abschnitten zu Prüfungsbericht und Bestätigungsvermerk.

Die Arbeitsgruppe stimmt sich dabei mit dem AFRAC und dem Institut Österreichischer Wirtschaftsprüfer (IWP) ab. Die Überarbeitungen wurden im September 2014 abgeschlossen und in der Sitzung des Vorstandes der KWT vom 29.9.2014 beschlossen.

Weiters wurde im Frühjahr von einer Arbeitsgruppe eine Stellungnahme zu ausgewählten Fragen der Prüfung und Berichterstattung nach dem Bundes-Stiftungs- und Fondsgesetz sowie zu vereinbarten Untersuchungshandlungen und sonstigen Prüfungen im Zusammenhang mit der Verwaltung der Stiftung bzw des Fonds und der Erfüllung des Stiftungs- bzw Fondszwecks ausgearbeitet, die im Juni 2015 vom Plenum des Fachsenats verabschiedet wurde (KFS/PE 26).

Diese Stellungnahme behandelt Einzelfragen der Prüfung und Berichterstattung nach dem Bundes-Stiftungs- und Fondsgesetz. So kann eine Stiftung in diesem Rechtsrahmen, abweichend zu den Privatstiftungen, auch nur eine Einnahmen-Ausgaben-Rechnung als Rechnungsabschluss erstellen. Der Abschluss einer Stiftung nach dem Bundes-Stiftungs- und Fondsgesetz ist daher ein Abschluss für einen speziellen Zweck und das Prüfungsurteil ist daher in Anlehnung an ISA 800 zu formulieren. Weiters regelt die Stellungnahme zusätzliche Beauftragungen zu vereinbarten Untersuchungshandlungen, vor allem Prüfungen des internen Kontrollsystems dieser Stiftungen, die an den Stiftungsvorstand bzw in Einzelfällen auch an die Stiftungs-Aufsichtsbehörde gerichtet sind.

3. Prüfung der Rechenschaftsberichte nach dem Parteiengesetz

Am 24.6.2015 wurde das neue Fachgutachten KFS/PE 25 zu ausgewählten Fragen bei der Prüfung von Rechenschaftsberichten nach dem Parteiengesetz 2012 beschlossen.

Den Hintergrund dieses neuen Fachgutachtens bildet das Parteiengesetz 2012 (BGBl I 2012/56), durch das eine Pflicht der politischen Parteien zur Erstellung eines Rechenschaftsberichts eingeführt wurde. Dieser **Rechenschaftsbericht** ist im Wesentlichen eine Einnahmen-Ausgaben-Rechnung mit gewissen „bilanziellen Elementen", wie insbesondere der Angabe der Veränderung der Bankguthaben. Zur Prüfung dieser Rechenschaftsberichte hat der Rechnungshof **zwei Wirtschaftsprüfer** aus einem von den Parteien vorzulegenden Fünfervorschlag zu bestellen. Bei der Prüfung handelt es sich um eine Prüfung nach ISA 800.[1] Bestätigt wird die korrekte, den gesetzlichen Vorgaben entsprechende Aufgliederung der Einnahmen und Ausgaben. Eine Gebarungsprüfung ist nicht im Prüfungsumfang enthalten.

Das neue Fachgutachten enthält Ausführungen und Klarstellungen insbesondere zu folgenden Themen:

- Aufbau des Rechenschaftsberichtes;
- Definition des Begriffs der „Ausgaben" nach dem ParteienG;
- Fragen der Periodenabgrenzung;
- Berichtspflichten hinsichtlich der territorialen Gliederung einer Partei;
- Definition des Begriffs der „Spenden"; korrekte Erfassung von Spenden.

In der Beilage zum Fachgutachten sind ein Musterbericht, ein Musterangebotsschreiben und eine Vollständigkeitserklärung enthalten.

4. Umsetzung Prüferrichtlinie und -verordnung

Seitens der EU erfolgte eine umfassende Neuregelung der Abschlussprüfung durch eine **neue Richtlinie und eine Verordnung** zu diesem Thema:

- EU-Richtlinie 2014/56/EU vom 16.4.2014 zur Änderung der Richtlinie 2006/43/EG über Abschlussprüfungen von Jahresabschlüssen und konsolidierten Abschlüssen;
- EU-Verordnung Nr 537/2014 vom 16.4.2014 über spezifische Anforderungen an die Abschlussprüfung bei Unternehmen von öffentlichem Interesse und zur Aufhebung des Beschlusses 2005/909/EG der Kommission.

Während die Richtlinie für alle Abschlussprüfer gilt, gilt die Verordnung für die Abschlussprüfer von Unternehmen von öffentlichem Interesse (*Public Interest Entities*, kurz PIEs); dabei handelt es sich um Banken, Versicherungen und börsennotierte Unternehmen.

Die Richtlinie und die Verordnung sind bis 17.6.2016 in das österreichische Recht umzusetzen. Es sind hiervon zahlreiche Gesetzesmaterien betroffen, unter anderem:

- **berufsrechtliche Vorschriften** (WTBG und AQSG): Hier muss eine Neufassung der Berufsaufsicht und der Qualitätskontrolle erfolgen;

---

1 ISA-800-Prüfung eines für einen speziellen Zweck aufgestellten Abschlusses.

- **UGB und Gesellschaftsrecht**: Wesentliche Themen, die einer Neuregelung bedürfen, sind Unabhängigkeit, Bestellung des Abschlussprüfers, Pflichten des Aufsichtsrates bzw des Prüfungsausschusses; Berichterstattung und Bestätigungsvermerk.

Ein erster **Gesetzesentwurf mit der nationalen Umsetzung** der neuen EU-rechtlichen Vorschriften wird für das 4. Quartal 2015 erwartet. Der Beschluss des Gesetzes im Nationalrat soll im Frühjahr 2016 erfolgen. Im Fachsenat der KWT wird eine Arbeitsgruppe eingerichtet, die eine entsprechende Stellungnahme zum erwarteten Gesetzesentwurf ausarbeiten wird. Zusätzlich wird ein vorgezogener Kontakt mit dem BMJ hinsichtlich der Neufassung des Bestätigungsvermerkes hergestellt; der Bestätigungsvermerk ist bereits durch die neue Rechnungslegungsrichtlinie 2013/34/EU vom 26.6.2013 angepasst bzw erweitert worden.

III. Neuerungen im Bereich der Bankenprüfung

A. Neufassung des Fachgutachtens KFS/BA 9 „Prüfung der Beachtung von für Kreditinstitute wesentlichen Rechtsvorschriften gemäß § 63 Abs 4 ff BWG" und Berichterstattung darüber in einer Anlage zum Prüfungsbericht

Das neu gefasste Fachgutachten KFS/BA 9 wurde am 25.11.2014 beschlossen. Im Jänner 2015 wurde eine redaktionell nochmals überarbeitete Fassung veröffentlicht. Die wesentlichen Inhalte wurden bereits bei der IWP-Fachtagung 2014 vorgestellt und im IWP-Jahrbuch 2015 veröffentlicht. Die wesentliche Änderung gegenüber dem KFS/BA 9 in alter Fassung vor der Novellierung der AP-VO in 2014 ergibt sich daraus, dass nunmehr Gegenstand der Beurteilung das aufsichtsrechtliche interne Kontrollsystem (IKS) ist. Der Umfang der aufsichtsrechtlichen Prüfung ist abschließend in § 63 Abs 4 und 4a BWG geregelt.

Der Prüfung des AzP (Anlage zum Prüfungsbericht) liegen folgende **Bestimmungen** zugrunde:

- § 63 Abs 4 BWG regelt, dass der Jahresabschlussprüfer einer Bank auch die AzP zu prüfen hat.
- § 63 Abs 4a BWG enthält die Prüfungspflicht des konsolidierten Abschlusses für den Bankprüfer des Zentralinstituts.
- § 63 Abs 5 BWG normiert hinsichtlich der Prüfung der AzP eine Einschränkung des Prüfungsumfangs auf Existenz und Wirksamkeit des internen Kontrollsystems. Die *operating effectiveness* des internen Kontrollsystems ist hingegen nicht zu prüfen.

Hinsichtlich des **internen Kontrollsystems (IKS)** muss durch den Bankprüfer im Zusammenhang mit den in der AP-VO aufgezählten Prüfmodulen Folgendes geprüft werden:

- *Design* der internen Kontrollen;
- *Implementierung* der internen Kontrollen.
- Konkreten *Hinweisen auf fehlende Effektivität* ist nachzugehen, es hat jedoch keine umfassende Prüfung der Effektivität des internen Kontrollsystems zu erfolgen.

Hinsichtlich der **Art der Assurance** durch den Bankprüfer sind drei Stufen zu unterscheiden:

- ***Positive Assurance*** (hinreichende Sicherheit)[2]
  Eine positive Zusicherung ist für folgende Bereiche abzugeben:
  - Konsolidierung und Freistellungsvorschriften;
  - Anforderungen an Zentralinstitute;
  - Eigenmittelanforderungen;
  - Großkredite;
  - Liquidität.
- ***Negative Assurance*** (mittlere Sicherheit)
  Für folgende Bereiche ist eine negative Zusicherung ausreichend:
  - Sorgfaltspflichten (§§ 39 und 39a BWG);
  - Geldwäsche und Terrorismusfinanzierung;
  - ICAAP;
  - Interne Revision;
  - Beteiligungen außerhalb des Finanzsektors;
  - Auslöseereignis im Sanierungsplan;
  - Handelsbuch;
  - Operationelles Risiko;
  - WAG (Wertpapieraufsichtsgesetz);
  - Abzüge bei IPS;
  - Nettingvereinbarungen;
  - InvFG[3], ImmoInvFG[4], BMVSG[5].
- ***Exception Reporting***
  Bei den unter das „Exception Reporting" fallenden Prüfungsgegenständen wird nur dann berichtet, wenn der Prüfer entsprechende Verstöße im Rahmen seiner Tätigkeit feststellt; es erfolgt jedoch keine systematische und umfassende Suche nach derartigen Verstößen.
  Das Konzept des „Exception Reporting" verdeutlicht folgendes **Beispiel**: Im Rahmen der AzP-Prüfung ist auch das Vorhandensein einer bankrechtlichen oder sonstigen Konzession zu prüfen. In obenstehender Tabelle fällt dies un-

---

2   Bei Mitgliedsinstituten eines institutionellen Sicherungssystems mit einer Bilanzsumme von weniger als 1 Mrd € genügt auch bei diesen Prüfmodulen eine negative Zusicherung.
3   InvFG: Investmentfondsgesetz.
4   ImmoInvFG: Immobilieninvestmentfondsgesetz.
5   BMVSG: Betriebliches Mitarbeitervorsorgegesetz.

ter „Beachtung sonstiger Vorschriften". Der Bankprüfer ist nun nicht angehalten, alle durch die Bank abgewickelten Geschäfte im Hinblick auf das Bestehen einer ausreichenden Konzession zu analysieren. Fallen ihm jedoch im Rahmen seiner Prüfungstätigkeit Geschäfte auf, für die keine entsprechende Konzession vorliegt, so hat er darüber zu berichten.

Die untenstehende Tabelle (*Tab 1*) fasst die drei Assurance-Typen und Prüfmodule nochmals zusammen:

A	Positive Assurance	• Aussage zur Übereinstimmung mit Maßstäben • Hinreichende Sicherheit • Pflichtgemäßes Ermessen • Positive Formulierung unter Berücksichtigung der Zielsetzung	• Eigenmittelanforderungen • Großkredite • Liquidität • Aufsichtsrechtliche Konsolidierung • Konsolidierter Bericht zum institutsbezogenen Sicherungssystem
B	Negative Assurance	• Aussage zur Übereinstimmung mit Maßstäben • Mittlere Sicherheit • Pflichtgemäßes Ermessen • Negative Formulierung unter Berücksichtigung der Zielsetzung	• Sorgfaltspflichten • Interne Revision • Sanierungsplan • WAG • Sondergesetze
C	Exception Reporting	• Berichterstattung festgestellter Tatsachen • Keine Sicherheit/Gesamtbeurteilung • Kein Prüfungsurteil	• Bemerkenswerte Kredite • Beachtung sonstiger Vorschriften

Tab 1: Übersicht Assurance Typen und Prüfmodule im Rahmen der AzP-Prüfung[6]

Die **Struktur des Fachgutachtens** weist deutliche Veränderungen im Vergleich zum alten Fachgutachten auf. Die Struktur ist unten in *Tab 2* dargestellt. Hinzuweisen ist auf die beiden Appendices: **Appendix 1** enthält das Referenzmodell für die Prüfung des internen Kontrollsystems und ist im Wesentlichen an das COSO[7]-Modell angelehnt. **Appendix 2** enthält nähere Ausführungen zu den Prüfungshandlungen.

---

6 Bei Mitgliedsinstituten eines institutionellen Sicherungssystems mit einer Bilanzsumme von weniger als 1 Mrd € genügt auch bei den unter A angeführten Prüfmodulen negative Zusicherung.
7 COSO: Committee of Sponsoring Organizations of the Treadway Commission. COSO hat 1992 einen heute von der SEC anerkannten Standard für interne Kontrollen, das COSO-Modell, publiziert.

Text des Fachgutachtens
• Vorbemerkungen und Anwendungsbereich
• Zielsetzung der aufsichtsrechtlichen Prüfung
• Gegenstand und Umfang der aufsichtsrechtlichen Prüfung
• Gegenstand der Beurteilung (Ist-Objekt)
• Referenzmodell (Soll-Objekt)
• Prüfungsdurchführung
• Prüfungsergebnisse zu Teil II der AP-VO
• Wahrnehmungen iZm § 63 (4) Z 13 und 14 BWG
• Tätigkeiten bei Teilen IV bis VIII
• Berichterstattung
• Self Assessment
• Vollständigkeitserklärung
• Erstmalige Anwendung

Appendix 1	Appendix 2
• Beschreibung des Referenzmodells	• Allgemeine Prüfungshandlungen
• Angelehnt an COSO-Modell	• Prüfungshandlungen zu den Modulen

Tab 2: Struktur des überarbeiteten Fachgutachtens KFS/BA 9

B. Erfahrungen aus der Praxis der Anwendung des Fachgutachtens KFS/BA 9

1. Erfahrungen aus Prüfersicht

Das überarbeitete Fachgutachten KFS/BA 9 wurde erstmals im Rahmen der Prüfung 2014 angewendet. Hier zeigte sich, dass die Prüfungshandlungen zur AzP zum Teil mit erheblichem Mehraufwand verbunden sind als nach KFS/BA 9 alte Fassung (betreffend das alte AzP-Format). Im Wesentlichen ist der Mehraufwand für den Bankprüfer aber vom Reifegrad des aufsichtsrechtlichen internen Kontrollsystems des geprüften Kreditinstitutes abhängig. Hier besteht vielfach Verbesserungsbedarf bei den Kreditinstituten, in vielen Fällen wäre ein früherer Beginn der Vorbereitung auf die Prüfung sinnvoll.

Die Rückmeldung der Berichtsadressaten war insgesamt positiv. Dies betraf sowohl die Lesbarkeit und Verständlichkeit als auch das Verständnis für die Prüfungstätigkeit und -inhalte der Berichtsadressaten.

Dieses Kontrollmodell dient der Dokumentation, Analyse und Gestaltung des internen Kontrollsystems (IKS). Im Jahr 2004 hat COSO eine Ergänzung zu seinem ursprünglichen Modell, das COSO ERM – Enterprise Risk Management Framework veröffentlicht.

2. Erfahrungen aus Sicht der FMA

Inhalt und Form der Berichterstattung entsprachen insgesamt den Erwartungen der FMA. Seitens der Aufsichtsbehörde wurden einzelne Verbesserungserfordernisse bei der Beschreibung der Prüfungshandlungen, der Formulierung der Zusicherung sowie der Berichterstattung über die Feststellungen angemerkt. Insbesondere ist darauf zu achten, dass bei wesentlichen Feststellungen zu einem Prüfungsmodul auch überprüft wird, ob eine Modifikation der Zusicherung erforderlich ist.

3. Verbesserungspotential

Aus den Erfahrungen bei Prüfungen 2014 können jedoch auch noch einige Bereiche identifiziert werden, in denen Verbesserungen möglich und geboten wären:

- *Verwendung der Mustertexte*
  In vielen Fällen folgten die Prüfer **ohne entsprechende Adaptierungen den Mustertexten** im Fachgutachten. Seitens der FMA wurde der Wunsch nach Anpassung der Mustertexte geäußert, um eine individuelle, an den Einzelfall angepasste Textierung zu fördern. Dies wurde der Arbeitsgruppe Banken zur Diskussion und weiteren Bearbeitung vorgelegt.
- *Uneinheitliche Berichterstattung über Feststellungen*
  Bei der Berichterstattung über Feststellungen zeigte sich eine im **Hinblick auf Inhalt und Umfang der Berichterstattung sehr abweichende Praxis** der einzelnen Bankprüfer. In manchen Fällen war die Berichterstattung über Feststellungen auch in die Zusicherung integriert. In der Arbeitsgruppe Banken wurde dies dahingehend gelöst, dass zukünftig alle Feststellungen, seien es Gesetzesverstöße, Mangelfeststellungen oder sonstige Wahrnehmungen, unter „Feststellungen" jeweils in einem separaten Feld darzustellen sind.
- *Formulierung der Zusicherung*
  In der Praxis wurde in einzelnen Fällen **bei der Formulierung der Zusicherung von der nach KFS/BA 9 erforderlichen Zusicherung abgewichen** und nur bestätigt, dass „die aufsichtsrechtlichen Bestimmungen eingehalten" wurden. Dies entspricht nicht den gesetzlichen Bestimmungen und Anforderungen. Gegenstand der Zusicherung sind die Angemessenheit und die Einrichtung (*Design* und *Implementation*) des IKS und nicht die Einhaltung der aufsichtsrechtlichen Bestimmungen selbst.
- *Auswirkung von Feststellungen auf die Zusicherung*
  Gesetzesverstöße, Mängel und sonstige Wahrnehmungen sind dahingehend zu beurteilen, ob sie auf eine mangelnde Wirksamkeit des IKS schließen lassen. Sie sind aber auch dann zu berichten, wenn sie keine Modifikation der Zusicherung zur Folge haben. Wesentlich ist jedoch, dass die **Zusicherung im Einklang mit den berichteten Feststellungen** steht. Ein Bericht über gravierende Mängel, welche auf eine mangelnde Wirksamkeit des aufsichtsrechtlichen internen Kontrollsystems schließen lassen, könnte auch eine Ein-

schränkung der Zusicherung zur Folge haben. Beispielsweise wäre eine unmodifizierte Zusicherung bei gleichzeitiger Erläuterung, dass Teile des IKS für Dritte nicht nachvollziehbar seien, unzulässig.

C. Neuerungen im Bankenrecht in 2015

1. Liquidität

§ 25 BWG mit den Bestimmungen zur Liquidität wurde mit Wirkung zum 1.1.2015 **aufgehoben**. Ebenso wurden die Bestimmungen in der Verordnung der Finanzmarktaufsichtsbehörde (FMA) über die Anlage zum Prüfungsbericht (AP-VO) zur Liquidität aufgehoben.

2. Außerkrafttreten des BIRG, Inkrafttreten des BaSAG

Das Bankeninterventions- und -restrukturierungsgesetz (BIRG) ist mit 31.12.2014 außer Kraft getreten. Das neue **Bundesgesetz über die Sanierung und Abwicklung von Banken (BaSAG)** als Nachfolger dieses Gesetzes ist mit 1.1.2015 in Kraft getreten. Die Prüfungsanforderungen werden sich hierdurch nicht wesentlich verändern. Die mit Sanierungsereignissen zusammenhängenden Meldepflichten werden im Rahmen einer BWG-Novelle im Herbst 2015 umgesetzt. Eine entsprechende Novellierung der AP-VO und Anpassung des KFS/BA 9 sind in Vorbereitung.

3. Inkrafttreten ESAEG

Das Einlagensicherungs- und Anlegerentschädigungsgesetz (ESAEG) ist mit 14.8.2015 in Kraft getreten. Wesentliche Eckpunkte aus prüferischer Sicht sind:

- Bei Einlagensicherungseinrichtungen ist neben dem Jahresabschluss der Einlagensicherungseinrichtung auch der Rechenschaftsbericht des Einlagensicherungsfonds sowie der AzP zu prüfen, die **Prüfung besteht somit aus drei Teilen**. Für alle drei Prüfungsbereiche kann die Auftragserteilung in einem gemeinsamen Prüfungsauftrag erfolgen.
- Basis für die AzP der Einlagensicherungseinrichtung ist § 31 Abs 5 ESAEG, der einen **gesonderten AzP für die Einlagensicherungseinrichtungen** vorsieht.
- Im Zusammenhang mit der Prüfung dieser AzP besteht eine Verordnungsermächtigung für die FMA. Die prüferische Bestätigung soll dem Konzept des § 63 Abs 4 BWG folgen (negative Zusicherung).

Dazu soll noch im Herbst ein gesondertes Fachgutachten veröffentlicht werden.

4. Wegfall der Reservenmeldung

In Diskussion ist derzeit ein möglicher Wegfall der Reservenmeldung und eine Streichung aus dem AzP-Programm. Eine Antwort der Aufsicht ist aktuell noch ausständig.

IV. Zusammenfassung

Die Arbeit des Fachsenats im 2. Halbjahr 2014 und 1. Halbjahr 2015 war durch mehrere Neuerungen geprägt, die eine Überarbeitung wesentlicher Teile der Fachgutachten erforderlich machen. Die direkte Anwendbarkeit der ISA-Standards per Verweis und die Anpassungen an das RÄG 2014 bildeten in diesem Jahr den Schwerpunkt. Im Bereich der Bankenprüfung waren vor allem die Änderungen im Zusammenhang mit der AzP-Prüfung dominierend.

Das weitere Jahr 2015 bzw das erste Halbjahr 2016 werden vor allem durch die Umsetzung der EU-Abschlussprüferrichtlinie und -verordnung in nationales Recht geprägt sein.

IFRS Update

Klemens Eiter/Christian Steiner/Ramona Brugger

I. **Neukonzeption IAS 17 – Leasing**
    A. Einleitung
    B. Zielsetzung und Anwendungsbereich
    C. Bilanzierung von Leasingverhältnissen
        1. Identifizierung von Leasingverhältnissen
            a) Kurzfristige Leasingverhältnisse
            b) Leasingverträge über geringwertige Vermögenswerte
            c) Trennung von Leasing-und Nichtleasingkomponenten
            d) Änderung von Leasingverhältnissen
        2. Schlüsselkonzepte
            a) Laufzeit des Leasingverhältnisses
            b) Leasingzahlungen
        3. Klassifizierung von Leasingverhältnissen
            a) Bilanzierung beim Leasingnehmer
            b) Bilanzierung beim Leasinggeber
        4. Übergangsvorschriften
            a) Leasingnehmer
            b) Leasinggeber
    D. Zusammenfassung

II. **IFRS 15 revenue recognition – ein Update zum neuen Standard**
    A. Einleitung
    B. Überblick Klarstellungen zu IFRS 15
        1. Identifizierungen von Leistungsverpflichtungen
        2. Prinzipal-Agent-Verhältnisse
        3. Lizenzen
        4. Übergangserleichterungen
    C. Zusammenfassung

III. **Überarbeitung des Conceptual Frameworks – aktueller Stand**
    A. Einleitung
    B. Überblick Conceptual Framework for Financial Reporting
    C. Zusammenfassung

IV. IASB und Enforcement Update
  A. IASB Update
  B. Enforcement Update: Pre-Clearance-Verfahren

I. Neukonzeption IAS 17 – Leasing
A. Einleitung

Das International Accounting Standards Board (IASB) und das Financial Accounting Standards Board (FASB), zusammen „die Boards", haben 2015 ihre Folgeberatungen zum neuen Leasingstandard (IFRS 16 Leasingverhältnisse) weitestgehend abgeschlossen. Noch vor Verabschiedung einer finalen Fassung des Standards setzte das IASB im Oktober 2015 einstimmig den 1.1.2019 als Zeitpunkt des Inkrafttretens fest. Eine vorzeitige Anwendung soll nur dann gestattet sein, wenn ein Unternehmen gleichzeitig IFRS 15 Erlöse aus Verträgen mit Kunden anwendet.[1] Damit würde das Projekt zur Neuregelung der Bilanzierung von Leasingverhältnissen, welches seit Juli 2006 auf der Agenda des IASB steht, nach fast zehn Jahren und unzähligen Diskussionen zu Ende gebracht werden. Der neue Standard wird neben dem bisher gültigen IAS 17 Leasingverhältnisse auch IFRIC 4 „Feststellung, ob eine Vereinbarung ein Leasingverhältnis enthält" sowie die beiden SIC-Interpretationen SIC-15 „Operating-Leasingverhältnisse – Anreize" und SIC-27 „Beurteilung des wirtschaftlichen Gehalts von Transaktionen in der rechtlichen Form von Leasingverhältnissen" ersetzen. Der finale Standard IFRS 16 wurde am 13.1.2016 veröffentlicht.

Gestartet wurde das Projekt jedoch als gemeinsames Vorhaben mit dem US-amerikanischen Standardsetzer FASB im Zuge einer Initiative für mehr Konvergenz zwischen den beiden Regelwerken. Als erklärtes Ziel beider Boards wurde eine erhöhte Transparenz der bilanziellen Darstellung von Leasingverhältnissen, insbesondere auf Leasingnehmerseite, festgelegt, da die Nichterfassung vieler Mietleasingverhältnisse im Zuge der Bilanzierung nach Ansicht des IASB aktuell erhebliche Ausmaße in der Praxis annimmt. Ein Diskussionspapier[2] wurde im März 2009 veröffentlicht. Ein erster Standardentwurf[3] folgte im August 2010. Nach Berücksichtigung umfangreicher Kommentierungen zum ersten Standardentwurf veröffentlichten IASB und FASB im Mai 2013 einen zweiten, überarbeiteten Standardentwurf ED/2013/6. Aufgrund der Vielzahl an Rückmeldungen kam es zu weiteren Folgeberatungen und neuerlichen Verzögerungen bei der Fertigstellung des Standards. Eine endgültige Fassung der Standards ist laut den Boards spätestens im ersten Quartal 2016 zu erwarten. Bereits im Laufe der Folgeberatungen zur Überarbeitung des zweiten Standardentwurfs wurde jedoch ersichtlich, dass IASB und FASB in mehreren Aspekten unterschiedliche Standpunkte vertreten. Es wird daher auch in den finalen Standards zu Abweichungen zwischen den beiden Regelwerken kommen.

---

1 Vgl IASB Update Oktober 2015, abrufbar unter: http://media.ifrs.org/2015/IASB/October/October-IASB-Monthly-Update.html#1 (3.11.2015).
2 Diskussionspapier DP/2009/1 Leasingverhältnisse: Vorläufige Sichtweisen.
3 ED/2010/9 Leasingverhältnisse.

Im Kern des neuen Leasing-Regelwerks steht die verpflichtende bilanzielle Erfassung von Leasingverhältnissen beim Leasingnehmer. Der folgende Beitrag gibt einen Überblick über den erwarteten neuen IFRS-Leasingstandard mit Fokus auf die wesentlichsten Änderungen hinsichtlich Definition, Identifizierung und Bilanzierung von Leasingverhältnissen sowie die vorgesehenen Übergangsvorschriften von IAS 17 auf die neue Leasing-Bilanzierung. Es ist darauf hinzuweisen, dass sich die Ausführungen in diesem Beitrag auf den Stand zum 31.12.2015 beziehen.

B. Zielsetzung und Anwendungsbereich

Ziel des neuen Standards ist es, Rechnungslegungsmethoden festzulegen, die ein Unternehmen für die Berichterstattung von entscheidungsnützlichen Informationen an Abschlussadressaten über die Höhe der Leasingzahlungen, den zeitlichen Anfall (Laufzeit) sowie die Unsicherheit von Zahlungsströmen in Verbindung mit Leasingverhältnissen anzuwenden hat.[4] Um dieses Ziel zu erreichen, sollen Leasingnehmer mit Einführung des neuen Standards sämtliche Vermögenswerte und Schulden, die aus Leasingverhältnissen resultieren, bis auf wenige Sonderfälle auch bilanziell erfassen.

Der Anwendungsbereich des neuen Leasingstandards erstreckt sich laut IASB mit Ausnahme der Folgenden auf Leasingverhältnisse für alle Vermögenswerte:

- Leasingverhältnisse über immaterielle Vermögenswerte beim Leasinggeber
- Leasingverhältnisse, die das Recht auf Entdeckung und Verarbeitung natürlicher Ressourcen (zB Mineralien, Öl, Erdgas und ähnliche nicht regenerative Ressourcen) übertragen
- Leasingverhältnisse über biologische Vermögenswerte
- Leasingverhältnisse über Dienstleistungskonzessionen, die in den Anwendungsbereich von IFRIC 12 Dienstleistungskonzessionsvereinbarungen fallen[5]

Anders als in dem Standard des FASB sind Leasingverhältnisse über immaterielle Vermögenswerte beim Leasingnehmer nicht explizit ausgeschlossen, es kann aber von einer Bilanzierung abgesehen werden.[6]

Sehr wohl in den Anwendungsbereich des neuen Standards fallen jedoch Leasingverhältnisse für als Finanzinvestition gehaltene Immobilien im Sinne von IAS 40. Bei Nutzungsrechten an Leasinggegenständen, die im Zusammenhang mit gemieteten Immobilen stehen, ist von Seiten des Leasingnehmers darüber hinaus noch zu beachten, dass eine Bilanzierung nach dem Modell des beizulegenden Zeitwerts gemäß IAS 40 immer dann verpflichtend zu erfolgen hat, wenn es

---
4   Vgl ED/2013/6-3.
5   Vgl ED/2013/6-4.
6   Vgl ED/2013/6-5.

sich um eine als Finanzinvestition gehaltene Immobilie (im Sinne des IAS 40) handelt und der Leasingnehmer für derartige Immobilien nach IAS 40 auch den beizulegenden Zeitwert als Bewertungsmaßstab gewählt hat.

C. Bilanzierung von Leasingverhältnissen

Entsprechend der Zielsetzung der Boards, die Transparenz von Leasingverhältnissen in den Jahresabschlüssen zu erhöhen, ergeben sich die wesentlichen Implikationen aus dem neuen Leasingstandard vor allem für Leasingnehmer, die künftig sämtliche Leasingverhältnisse, unter Berücksichtigung weniger Ausnahmen, bilanziell zu erfassen haben. Die Bilanzierung beim Leasinggeber bleibt dafür nahezu unverändert.

1. Identifizierung von Leasingverhältnissen

Der neue Leasingstandard wird neben einer Änderung des Bilanzierungsmodells beim Leasingnehmer auch eine neue Definition von Leasingverhältnissen enthalten. Demnach handelt es sich bei „einem Leasingverhältnis um einen Vertrag, bei dem das Recht auf Nutzung eines Vermögenswerts (des Leasinggegenstands) für einen vereinbarten Zeitraum gegen Entgelt übertragen wird."[7] Ein Vertrag darf nur dann als Leasingverhältnis eingestuft werden, wenn die folgenden beiden Kriterien kumulativ erfüllt sind:

a) Die Erfüllung des Vertrags hängt von der Nutzung eines identifizierbaren Vermögenswerts ab und

b) mit dem Vertrag wird das Recht zur Kontrolle der Nutzung eines identifizierbaren Vermögenswerts übertragen.[8]

Ein identifizierbarer Vermögenswert im Sinne von Kriterium a) kann entweder implizit oder explizit in einem Vertrag enthalten sein.[9] Es wird auch klargestellt, dass ein physischer Teil eines größeren Vermögenswertes, wie beispielsweise ein Stockwerk in einem Gebäude, ein identifizierbarer Vermögenswert sein kann. Im Gegensatz dazu handelt es sich bei einem Kapazitätsanteil („capacity portion") um keinen identifizierbaren Vermögenswert, da dieser nicht physisch von der übrigen Kapazität abgrenzbar ist.[10] Ein Vertrag ist hingegen **nicht** von der **Verwendung eines identifizierbaren Vermögenswerts** abhängig, wenn dem **Lieferant** bei der Erfüllung seiner vertraglichen Verpflichtung **das substanzielle Recht** zukommt, den betreffenden Vermögenswert **auszutauschen**.[11]

---

7   Diese Definition aus dem Standardentwurf ED/2013/6-7 wurde vom IASB in seinem Meeting im Oktober 2014 bestätigt. Details abrufbar unter: http://media.ifrs.org/2014/IASB/October/IASB-Update-October-2014.html#4 (4.11.2015).
8   Vgl ED/2013/6-7.
9   Vgl ED/2013/6-8.
10 Vgl ED/2013/6-11.
11 Vgl ED/2013/6-8.

Unter dem **Recht zur Kontrolle der Nutzung** des identifizierbaren Vermögenswertes (Kriterium b)) versteht der erwartete Standard einerseits das Recht des Kunden, während der Laufzeit die Nutzung des Vermögenswerts zu bestimmen, und andererseits im Wesentlichen den gesamten potenziellen wirtschaftlichen Nutzen aus der Verwendung des identifizierbaren Vermögenswerts zu ziehen.

Nach den Veröffentlichungen der Boards verfügt ein **Kunde** über das Recht, die Nutzung eines identifizierbaren Vermögenswerts zu bestimmen, wenn er **festlegen kann wie und für welchen Zweck** der Vermögenswert während der Vertragslaufzeit **verwendet wird** und das Recht hat, die Art und Weise, aber auch den Zweck der Nutzung während der Laufzeit zu ändern. Mit anderen Worten, dem Leasingnehmer muss das Recht vorbehalten sein, jene Entscheidungen zu treffen, die den wirtschaftlichen Nutzen aus dem Vermögenswert signifikant beeinflussen.[12]

a) Kurzfristige Leasingverhältnisse

Im Standardentwurf von 2013 wurde den Leasingnehmern eine Erleichterung bei kurzfristigen Leasingverhältnissen eingeräumt. Gemäß ED/2013/6-118 haben Leasingnehmer danach die Wahl, bei Leasingverhältnissen mit einer maximalen Laufzeit von zwölf Monaten (einschließlich Verlängerungsoptionen) von einer Darstellung in der Bilanz abzusehen und stattdessen die Leasingaufwendungen linear über die Laufzeit des Leasingverhältnisses zu erfassen. De facto handelt es sich dabei um eine Erfassung nach dem jetzigen Operating-Leasing-Modell. Systematisch ausgenommen von dieser Ausnahmeregelung sind Leasingverhältnisse, die eine Kaufoption beinhalten.

Das Ansatzwahlrecht für kurzfristige Leasingverhältnisse sowie die dafür vorgesehene Obergrenze von zwölf Monaten wurde im März 2014 von den Boards nochmals bestätigt. In diesem Zusammenhang wurde auch eine Anpassung des Begriffs „kurzfristiges Leasingverhältnis" an die Definition der „Laufzeit eines Leasingverhältnisses" („lease term") beschlossen. Demzufolge sind bei der Bestimmung der Laufzeit eines Leasingverhältnisses nunmehr nur noch jene Verlängerungs- oder Kündigungsoptionen miteinzubeziehen, deren Ausübung durch den Leasingnehmer als hinreichend sicher („reasonably certain") anzusehen sind. Ein Leasingvertrag mit einer unkündbaren Grundmietzeit von zwölf Monaten und einer Verlängerungsoption von weiteren zwölf Monaten, deren Inanspruchnahme jedoch nicht hinreichend sicher ist, könnte nach der neuen Definition als kurzfristiges Leasingverhältnis klassifiziert werden. Von den Boards wurde jedoch klargestellt, dass ein Verzicht der bilanziellen Darstellung von Leasingverhältnissen entsprechende quantitative und qualitative Angaben für kurzfristige Leasingverhältnisse im Anhang zur Folge hat.[13]

---

12 Vgl ED/2013/6-12 ff.
13 Vgl IASB Update März 2014, abrufbar unter: http://media.ifrs.org/2014/IASB/March/IASB-Update-March-2014.html (6.11.2015).

Das Bilanzierungswahlrecht für kurzfristige Leasingverhältnisse kann für jede Klasse von Vermögenswerten gesondert ausgeübt werden.[14]

b) Leasingverträge über geringwertige Vermögenswerte

Eine weitere Erleichterung für Leasingnehmer, jedoch nur im Modell des IASB, wurde zudem für Leasingverträge über geringwertige Vermögenswerte oder sogenannte „small-ticket-leases" beschlossen. Demzufolge kann von einer „On-Balance-Sheet-Erfassung" abgesehen werden, wenn die Anschaffungskosten einen bestimmten quantitativen Schwellenwert nicht überschreiten. Typische Beispiele für geringwertige Vermögenswerte wären Büromöbel und Computer. Anwendbar soll diese Ausnahmeregelung jedoch nur für Leasingverhältnisse über Vermögenswerte sein, die nicht von anderen Leasinggegenständen abhängig oder derart mit diesen verbunden sind, dass ein Betrieb ohne die anderen Komponenten nicht oder nur eingeschränkt möglich ist („highly interrelated"). Die Grundlage für Schlussfolgerungen („Basis for Conclusions") des neuen Standards wird laut IASB eine Diskussion über die Höhe eines adäquaten quantitativen Schwellenwerts enthalten.[15] Bei den bisherigen Beratungen wurde ua ein Schwellenwert von 5.000 US-Dollar diskutiert.

c) Trennung von Leasing-und Nichtleasingkomponenten

Nach dem neuen Leasing-Modell haben Unternehmen künftig sämtliche in einem Leasingverhältnis enthaltenen Komponenten zu identifizieren und zu beurteilen, ob diese getrennt voneinander zu bilanzieren sind. Darüber hinaus ist eine Unterscheidung zwischen Leasing- und Nichtleasingkomponenten vorzunehmen, wobei laut Standardentwurf 2013 Nichtleasingkomponenten im Zuge eines Leasingverhältnisses nicht erfasst werden dürfen. Dementsprechend wäre einerseits jede Komponente als eigenes Leasingverhältnis, aber getrennt von vorher identifizierten Nichtleasingkomponenten zu bilanzieren, während die Kosten des betreffenden Vertrages in Übereinstimmung mit den Vorschriften nach dem neuen Modell auf alle identifizierten Leasingkomponenten zu verteilen sind.[16]

Bei ihrer Sitzung im Mai 2014 stellten die Boards darüber hinaus klar, dass in einen Vertrag eingebundene Aktivitäten oder Kosten des Leasinggebers, die für den Leasingnehmer keine zusätzliche Ware oder Dienstleistung darstellen, nicht als Komponenten des Leasingverhältnisses, weder als Leasing- noch als Nichtleasingkomponenten, zu betrachten sind. Typische Beispiele für Nichtleasingkomponenten wären hingegen die Erbringung von Dienstleistungen wie Wartungsleistungen, Er-

---

14 Vgl ED/2013/6-120.
15 Vgl IASB Update März 2014, abrufbar unter: http://media.ifrs.org/2014/IASB/March/IASB-Update-March-2014.html (6.11.2015).
16 Vgl ED 2013/6-20 f.

bringung von Versorgungsleistungen oder der Betrieb des Leasinggegenstandes, zB das Mieten eines Flugzeugs mit Besatzung, durch den Leasinggeber.[17]

Anders als der geänderte Standardentwurf 2013 wird der **finale Standard** für Leasingnehmer auch eine Sonderregelung zur Trennung von Leasing- und Nichtleasingkomponenten enthalten. So haben die Boards entschieden, dem **Leasingnehmer das Wahlrecht** einzuräumen, im Falle von Mehrkomponentenverträgen **auf die Trennung von Leasing- und Nichtleasingkomponenten zu verzichten** und diese als eine einzige Leasingkomponente zu bilanzieren. Dieses Bilanzierungswahlrecht soll für jede Klasse von Vermögenswerten ausgeübt werden können. Leasingnehmer, die sich entscheiden, dieses Wahlrecht in Anspruch zu nehmen, haben in der Folge auch das gesamte vertraglich vereinbarte Entgelt dieser einen Leasingkomponente zuzuordnen.[18]

d) Änderung von Leasingverhältnissen

Der neue Standard wird auch Vorschriften zur Abbildung von Vertragsänderungen beinhalten. In ihrer Sitzung im April 2014 beschlossen die Boards eine Änderung eines Leasingverhältnisses als „jegliche Änderung der vertraglichen Ausgestaltung eines Leasingverhältnisses, die nicht bereits Teil der ursprünglichen Leasingvereinbarung war" zu definieren. Es wurde bestimmt, dass sowohl Leasingnehmer als auch Leasinggeber eine Änderung des Leasingverhältnisses dann als neues Leasingverhältnis zu bilanzieren haben, wenn die folgenden beiden Bedingungen kumulativ erfüllt sind:

- die Vertragsänderung gewährt dem Leasingnehmer ein **zusätzliches Nutzungsrecht**, das nicht bereits Bestandteil der ursprünglichen Vereinbarung war (zB die Zurverfügungstellung eines zusätzlichen Leasinggegenstands oder die Änderung der vertraglichen Laufzeit des Leasingverhältnisses, sofern diese Verlängerungsoption nicht bereits Teil des ursprünglichen Vertrags war); und
- der Preis für das zusätzliche Nutzungsrecht entspricht seinem (**üblichen**) **Einzelveräußerungspreis**.[19]

Sind beide Voraussetzungen erfüllt, haben Leasingnehmer und Leasinggeber zwei separate Leasingverhältnisse, das ursprüngliche (unveränderte) und das neue Leasingverhältnis, zu bilanzieren. Entsteht aus einer Vertragsänderung jedoch kein neues Leasingverhältnis, müssen Leasingnehmer eine grundsätzlich ergebnisneutrale Neubewertung der bestehenden Leasingverbindlichkeit sowie des Nutzungsrechts am Leasinggenstand durchführen. Bei einer Verringerung des

---

17 Vgl IASB Update Mai 2014, abrufbar unter: http://media.ifrs.org/2014/IASB/May/IASB-Update-May-2014.html#4.
18 Vgl IASB Update Mai 2014, abrufbar unter: http://media.ifrs.org/2014/IASB/May/IASB-Update-May-2014.html#4.
19 Vgl IASB Update April 2014, abrufbar unter: http://media.ifrs.org/2014/IASB/April/IASB-Update-April-2014.html#2 (6.11.2015).

Umfangs des Leasingverhältnisses, wie beispielsweise eine Reduzierung einer gemieteten Fläche oder einer Verkürzung der Restlaufzeit des Leasingverhältnisses, ist ebenfalls eine Neubewertung vorzunehmen. Hier erfolgt in einem ersten Schritt die Neubewertung der Verbindlichkeit sowie in weiterer Folge eine entsprechende Korrektur des Nutzungsrechts, wobei in diesem Fall ein etwaiger Restbetrag ergebniswirksam zu erfassen ist.[20]

2. Schlüsselkonzepte

Der neue Leasingstandard wird eine Reihe von Schlüsselkonzepte zur Identifizierung, Klassifizierung, Erfassung und Bewertung von Leasingverhältnissen beinhalten, welche grundsätzlich von Leasingnehmer und Leasinggeber in gleicher Weise anzuwenden sind.

a) Laufzeit des Leasingverhältnisses

Die Laufzeit des Leasingverhältnisses wird zu dessen Beginn[21] basierend auf dem unkündbaren Zeitraum, für den der Leasingnehmer das Nutzungsrecht für den Leasinggegenstand hat sowie bei hinreichender Sicherheit („reasonably certain") der Inanspruchnahme unter Einbeziehung der beiden folgenden optionalen Zeiträume bestimmt:

- Zeiträume, die sich aus einer Verlängerungsoption ergeben, sofern der Leasingnehmer hinreichend sicher ist, dass er diese Option ausüben wird
- Zeiträume nach dem Ausübungszeitpunkt einer Kündigungsoption, sofern der Leasingnehmer hinreichend sicher ist, dass er diese Option nicht ausüben wird.[22]

Gemäß IASB sind Kaufoptionen auf die gleiche Weise zu beurteilen wie Optionen zur Verlängerung der Laufzeit des Leasingverhältnisses oder zur Kündigung des Leasingverhältnisses. Bei der Beurteilung, ob es hinreichend sicher ist, dass diese Optionen ausgeübt werden, sind nach den bisherigen Aussagen alle vertrags-, objekt-, unternehmens- und marktbezogenen Faktoren zu berücksichtigen.[23]

In weiterer Folge haben Leasingnehmer ihre Leasingverhältnisse nach Laufzeitbeginn im Hinblick auf wesentliche Änderungen zu überprüfen (vgl oben Pkt 1.d).

---

20 Vgl IASB Update April 2014, abrufbar unter: http://media.ifrs.org/2014/IASB/April/IASB-Update-April-2014.html#2 (6.11.2015).
21 Der Definition im Standardentwurf ED2013/6 zufolge entspricht der Beginn des Leasingverhältnisses dem Tag, an dem der Leasinggeber den Leasinggegenstand dem Leasingnehmer zur Nutzung überlässt.
22 Vgl IASB Update März 2014, abrufbar unter: http://media.ifrs.org/2014/IASB/March/IASB-Update-March-2014.html (6.11.2015).
23 Eine beispielhafte Aufzählung dieser Faktoren wird in den Anwendungsleitlinien (Anhang B) des neuen Standards enthalten sein.

Leasinggeber wären nach jetzigem Stand nicht verpflichtet, die Laufzeit des Leasingverhältnisses nach dessen Beginn neu zu beurteilen. Laut einer Entscheidung der Boards vom März 2014 sind Leasingnehmer auch nur dann verpflichtet, die Laufzeit eines Leasingverhältnisses neu zu beurteilen, wenn bedeutende Ereignisse oder wesentliche Änderungen der Umstände eintreten, die im Einflussbereich des Leasingnehmers liegen.[24] Marktbezogene Ereignisse würden daher nicht zu einer Neubeurteilung führen.

b) Leasingzahlungen

Bei Leasingzahlungen handelt es sich um „*Zahlungen, die ein Leasingnehmer an einen Leasinggeber für das gewährte Nutzungsrecht an einem Leasinggegenstand während der Laufzeit des Leasingverhältnisses zu leisten hat.*"[25]

Der Barwert der Leasingzahlungen (ohne vom Leasingnehmer erhaltene Leasinganreize) ist vom Leasingnehmer als Leasingverbindlichkeit bzw bei Finanzierungsleasingverhältnissen vom Leasinggeber als Teil der Nettoinvestition in das Leasingverhältnis zu erfassen.[26]

Die folgende Grafik zeigt sämtliche einzubeziehenden Komponenten:

Feste Leasingzahlungen	Kaufoptionen* (Ausübungspreis)	Restwertgarantien – voraussichtlich fällig werdende Beträge (ausschließlich Leasingnehmer)	Vertragsstrafen, die bei Inanspruchnahme von Kündigungsoptionen anfallen*	Variable Leasingzahlungen, die an einen Index oder Zinssatz gekoppelt sind

* nur zu berücksichtigen, wenn Inanspruchnahme hinreichend sicher ist

Abb 1: Komponenten von Leasingzahlungen

Leasingzahlungen beinhalten keine Zahlungen, die den Nichtleasingkomponenten eines Vertrags zuzuordnen sind, es sei denn, der Leasingnehmer nimmt das Bilanzierungswahlrecht in Anspruch, die Leasing- und Nichtleasingkomponenten als eine einzige Leasingkomponente zu bilanzieren.[27]

Bei festen Leasingzahlungen ist zu beachten, dass es auch Leasingverträge mit als variabel beschriebenen Zahlungen gibt, die jedoch de facto fest sind, da aufgrund

---

24 Vgl IASB Update März 2014, abrufbar unter: http://media.ifrs.org/2014/IASB/March/IASB-Update-March-2014.html (6.11.2015).
25 ED/2013/6 Anhang A.
26 Siehe hierzu Kapitel I.C.4.a) Bilanzierung beim Leasingnehmer und I.C.4.b) Bilanzierung beim Leasinggeber.
27 Vgl IASB Update Mai 2014, abrufbar unter: http://media.ifrs.org/2014/IASB/May/IASB-Update-May-2014.html#4.

der Vertragsbedingungen die Zahlung dieses festgeschriebenen Betrages unvermeidlich ist. Leasinggeber berücksichtigen Restwertgarantien des Leasingnehmers (oder eines Dritten) bei den Leasingzahlungen nur dann, wenn es „de facto" feste Zahlungen sind – feste Leasingzahlungen, die als Restwertgarantien strukturiert sind.

Die Boards haben außerdem entschieden, dass variable Leasingzahlungen, die an einen Index oder Zinssatz gekoppelt sind, beim erstmaligen Ansatz wegen ihrer Unvermeidbarkeit in die Leasingzahlungen miteinzubeziehen sind und daher auch die Definition eines Vermögenswerts bzw einer Schuld erfüllen. Dabei ist der geltende Indexstand oder Zinssatz am Bewertungsstichtag (zB der Beginn des Leasingverhältnisses bei der erstmaligen Bewertung) zugrunde zu legen. Weiters hat ein Leasingnehmer variable Leasingzahlungen, die an einen Index oder Zinssatz gekoppelt sind, dann neu zu beurteilen, wenn die Leasingverbindlichkeit aus anderen Gründen, wie beispielsweise, weil die Laufzeit des Leasingverhältnisses neu bewertet wird oder weil es zu einer Änderung der Cashflows aufgrund einer Veränderung des Referenzindex oder -zinssatzes gekommen ist. Kommt es bei einer Neubeurteilung zu einer Neubewertung der Leasingverbindlichkeit, hat der Leasingnehmer die adaptierten Inputdaten zum Neubewertungszeitpunkt heranzuziehen und auch das aktivseitige Nutzungsrecht entsprechend anzupassen. Der Leasinggeber ist hingegen nicht verpflichtet, eine Neubeurteilung vorzunehmen. Variable leistungs- oder nutzungsabhängige Zahlungen, die nicht an einen Index oder Zinssatz gebunden sind, werden sowohl vom Leasingnehmer als auch vom Leasinggeber sofort ergebniswirksam erfasst und nicht in die Leasingzahlungen miteinbezogen.[28]

3. Klassifizierung von Leasingverhältnissen

Nach dem zweiten Standardentwurf (ED/2013/6) sollten Leasingnehmer und Leasinggeber noch eine Klassifizierung ihrer Leasingverhältnisse in Typ A (Finanzierungsleasing) und Typ B (Operating Leasing) vornehmen, um Auswirkungen der Änderungen auf die GuV zu vermeiden. Aufgrund zahlreicher Kommentierungen zur hohen Komplexität des Bilanzierungsmodells für Leasingnehmer diskutierten die Boards in den Sitzungen im März und April 2014 diverse Vereinfachungsmöglichkeiten. Während sich das IASB letztendlich für ein eingliedriges Bilanzierungsmodell entschied, stimmte das FASB dafür, den dualen Ansatz aus dem Standardentwurf beizubehalten.[29] Dies stellt gleichzeitig den grundlegendsten Unterschied zwischen dem IASB- und dem FASB-Modell dar.

Nach dem Ansatz des IASB müssen Leasingnehmer künftig ihre Leasingverhältnisse nach dem „Nutzungsrechtmodell" (Typ-A-Leasingverhältnisse) in Form

---

28 Vgl IASB Update April 2014, abrufbar unter: http://media.ifrs.org/2014/IASB/April/IASB-Update-April-2014.html#2 (6.11.2015).
29 Vgl IASB Update März 2014, abrufbar unter: http://media.ifrs.org/2014/IASB/March/IASB-Update-March-2014.html (6.11.2015).

einer Leasingverbindlichkeit zur Leistung von Leasingzahlungen und eines dazugehörigen Nutzungsrechts am Leasinggegenstand bilanzieren. Das Ziel des IASB einer „On-balance-Darstellung" sämtlicher Leasingverhältnisse, mit Ausnahme der bereits beschriebenen Wahlrechte für kurzfristige Leasingverhältnisse und geringwertige Vermögenswerte („small-ticket-leases"), scheint somit erfüllt.

Einigkeit gab es hingegen beim Bilanzierungsmodell für Leasinggeber. Die Boards entschieden im Wesentlichen die Bilanzierungsvorschriften des IAS 17 Leasingverhältnisse beizubehalten.[30] So werden Leasinggeber auch in Zukunft eine Unterscheidung zwischen Finanzierungsleasing, im neuen Standard als Typ-A-Leasingverhältnis bezeichnet, und Operating Leasing, Typ-B-Leasingverhältnisse, vorzunehmen haben. Als Typ-A-Leasingverhältnisse werden all jene Leasingverhältnisse eingestuft, die alle wesentlichen mit dem Eigentum verbundenen Risiken und Chancen auf den Leasingnehmer übertragen. Alle übrigen Leasingverträge sind als Typ-B-Leasingverhältnisse zu kategorisieren. Die Klassifizierung eines Leasingverhältnisses wird damit auch weiterhin für die bilanzielle Behandlung beim Leasinggeber ausschlaggebend sein.[31]

a) Bilanzierung beim Leasingnehmer

Nach dem neuen Modell müssen Leasingnehmer, wie bereits erläutert, sämtliche Leasingverhältnisse unter Berücksichtigung der Ausnahmeregelungen für geringwertige Vermögenswerte und kurzfristige Leasingverhältnisse bilanziell erfassen. Ein Ausweis erfolgt dabei sowohl auf der Passivseite in Form einer Verbindlichkeit zur Leistung von Leasingzahlungen als auch auf der Aktivseite über einen Vermögenswert für das gewährte Recht, den Leasinggegenstand während der Laufzeit des Leasingverhältnisses zu nutzen (das Nutzungsrecht am Leasinggegenstand oder „right-of-use asset").[32] Für den erstmaligen Ansatz und die Bewertung zieht ein Leasingnehmer die Schlüsselkonzepte zur Identifizierung der Leasingkomponenten und der Ermittlung der Laufzeit sowie der Leasingzahlungen und des Abzinsungssatzes heran.

Die folgende Tabelle gibt einen Überblick über die wesentlichsten Aspekte bei der Bilanzierung von Leasingverhältnissen bei Leasingnehmern:

---

30   Auf eine ausführliche Erläuterung der Vorschriften zur Klassifizierung von Leasingverhältnissen nach IAS 17 wird an dieser Stelle verzichtet.
31   Vgl IASB Update März 2014, abrufbar unter: http://media.ifrs.org/2014/IASB/March/IASB-Update-March-2014.html (6.11.2015).
32   Vgl ED/2013/6-37.

Erstmaliger Ansatz und Bewertung	• Ansatz eines Nutzungsrechts am Leasinggegenstand und einer Leasingverbindlichkeit • Bewertung jeweils mit dem Barwert der Leasingzahlungen • Anfängliche direkte Kosten werden zum Nutzungsrecht addiert
Folgebewertung der Leasingverbindlichkeit	• Fortgeführte Anschaffungskosten für Verbindlichkeiten
Folgebewertung des Nutzungsrechts am Leasinggegenstand	• Lineare Abschreibung des Nutzungsrechts am Leasinggegenstand über Laufzeit des Leasingverhältnisses oder der erwarteten wirtschaftlichen Nutzungsdauer des Nutzungsrechts (kürzerer Zeitraum)
Gewinne und Verluste	• Getrennte Erfassung von Zins- und Abschreibungsaufwand

Tab 1: Erstmaliger Ansatz und Bewertung beim Leasingnehmer

Auf Nutzungsrechte an Leasinggegenständen des Leasingnehmers sind die Vorschriften des IAS 36 – Wertminderung von Vermögenswerten anzuwenden.[33]

Das neue Leasing-Modell führt zu einer geänderten Darstellung der Bilanz des Leasingnehmers. Der Ausweis von Nutzungsrechten an Leasinggegenständen sowie Leasingverbindlichkeiten hat getrennt von anderen Vermögenswerten oder zusammen mit anderen Vermögenswerten mit erläuternden Anhangangaben zu erfolgen.[34] Verpflichtend ist zudem der getrennte Ausweis von Abschreibungs- und Zinsaufwendungen aus Leasingverhältnissen in der Gewinn- und Verlustrechnung.[35] In der Kapitalflussrechnung erfolgt ein Ausweis des Tilgungsanteils der Auszahlungen im Cashflow aus Finanzierungstätigkeit, während der Zinsanteil je nach Ausübung des Bilanzierungswahlrechts nach IAS 7 ausgewiesen wird. Leasingzahlungen für geringwertige Vermögenswerte, kurzfristig Leasingverhältnisse, welche nicht in der Bilanz erfasst werden, und ergebniswirksame variable Leasingzahlungen sind im Cashflow aus betrieblicher Tätigkeit zu zeigen.[36]

---
33 Vgl ED/2013/6-51.
34 Vgl ED/2013/6-54 f.
35 Vgl ED/2013/6-56.
36 Vgl ED/2013/6-57.

b) Bilanzierung beim Leasinggeber

Die Bilanzierung von Finanzierungsleasingverhältnissen (Typ-A) und Operating-Leasingverhältnissen (Typ B) beim Leasinggeber wird grundsätzlich unter weitgehender Beibehaltung der Vorschriften des IAS 17 erfolgen.

Für Typ-A-Leasingverhältnisse hat ein Leasinggeber zu Beginn der Laufzeit den Buchwert des Leasinggegenstands auszubuchen sowie die Nettoinvestition in das Leasingverhältnis und einen eventuell vorhanden Verkaufsgewinn (oder -verlust) in der Gewinn- und Verlustrechnung zu erfassen. Der Erstansatz und die Folgebewertung von Typ-B-Leasingverhältnissen entsprechen der Bilanzierungsweise von Operating-Leasingverhältnissen nach IAS 17.[37]

Im Rahmen der Folgebewertung von Typ-A-Leasingverhältnissen erfasst der Leasinggeber auch weiterhin Zinserträge auf die Nettoinvestition ergebniswirksam über die Laufzeit des Leasingverhältnisses und reduziert die Nettoinvestition um den in den erhaltenen Leasingzahlungen enthaltenen Tilgungsanteil. Erträge aus variablen Leasingzahlungen, die nicht in der Nettoinvestition enthalten sind, müssen in der jeweiligen Periode gesondert erfasst werden.[38]

Auf weitere Ausführungen wird an dieser Stelle aufgrund der erwarteten Konformität der neuen Vorschriften mit den Regelungen des aktuellen Standards verzichtet.

4. Übergangsvorschriften

a) Leasingnehmer

Bei der erstmaligen Anwendung des neuen Leasingstandards haben Unternehmen, die als Leasingnehmer auftreten, für bislang als „Operating-Leasingverhältnisse" klassifizierte Leasingverhältnisse die Wahl zwischen einem vollständig retrospektiven Ansatz und einem modifizierten retrospektiven Ansatz. Nach dem modifizierten retrospektiven Ansatz kann anstatt der Anpassung der Vergleichsinformationen vereinfachend eine Erfassung des kumulierten Effekts bei der erstmaligen Anwendung des neuen Standards zum Zeitpunkt der Erstanwendung als Anpassung des Eröffnungsbilanzwerts der Gewinnrücklagen (oder anderer Eigenkapitalbestandteile) erfolgen.

Sofern der modifizierte retrospektive Ansatz gewählt wird, sind folgende (vereinfachende) Regelungen anzuwenden:

- der Ansatz der Leasingverbindlichkeit erfolgt mit dem Barwert der verbleibenden Leasingzahlungen abgezinst mit dem Grenzfremdkapitalzinssatz des Leasingnehmers zum Zeitpunkt der erstmaligen Anwendung,
- der Ansatz des Nutzungsrechts am Leasinggegenstand kann entweder (Wahlrecht soll für jedes Leasingverhältnis neu ausübbar sein) erfolgen

---
37 Vgl ED/2013/06-68 ff und ED/2013/06-93 ff.
38 Vgl ED/2013/06-76 f.

- mit dem Wert, der sich ergeben würde, wenn der neue Standard schon immer angewandt worden wäre, aber unter Berücksichtigung des Grenzfremdkapitalzinssatzes des Leasingnehmers zum Zeitpunkt der erstmaligen Anwendung oder
- in Höhe der Leasingverbindlichkeit zum Zeitpunkt der erstmaligen Anwendung, angepasst um bereits erfasste Vorauszahlungen oder abgegrenzte Leasingzahlungen,
• es besteht die Möglichkeit, einen einzigen Abzinsungssatz auf ein Portfolio von Leasingverhältnissen mit vergleichbaren Merkmalen anzuwenden, das Nutzungsrecht am Leasinggegenstand um bislang erfasste Rückstellungen für belastende Leasingverträge anzupassen, beim Ansatz und bei der Bewertung von Leasingverhältnissen, deren Laufzeit innerhalb von zwölf Monaten nach dem Zeitpunkt der erstmaligen Anwendung endet, eine Ausnahmeregelung in Anspruch zu nehmen oder anfängliche direkte Kosten bei der Bewertung des Nutzungsrechts nicht einzubeziehen und aktuelle Kenntnisse, beispielsweise bei der Bestimmung der Laufzeit von Leasingverhältnissen, welche die Möglichkeit einräumen, die Vertragslaufzeit zu verlängern oder den Vertrag vorzeitig zu beenden, nachträglich einzubeziehen.[39]

Das Wahlrecht kann jedoch nur für alle bisherigen Operating-Leasingverhältnisse einheitlich ausgeübt werden. Keinerlei Änderungen zum Erstanwendungszeitpunkt sind hingegen bei der Bilanzierungsmethode von bisherigen Finanzierungsleasingverhältnissen vorzunehmen.

b) Leasinggeber

Auf Seiten des Leasinggebers ist, wie bereits beschrieben, nach wie vor eine Unterscheidung zwischen Operating- und Finanzierungs-Leasingverhältnissen (Typ A und Typ B) vorzunehmen. Die bisherige Bilanzierungspraxis kann sowohl für Finanzierungs- als auch für Operating-Leasingverträge, die zum Zeitpunkt des Übergangs bestehen, im Wesentlichen beibehalten werden.

Abweichungen sind nach den veröffentlichten Informationen der Standardsetzer nur im Bereich von Unterleasingverhältnissen zu erwarten. Darunter werden jene Leasingvereinbarungen verstanden, in denen ein Unternehmen sowohl Leasinggeber als auch Leasingnehmer ist. Dabei sollen Unternehmen bei erstmaliger Anwendung des Standards jedes bestehende Operating-Unterleasingverhältnis dahingehend neu beurteilen, ob es nach den Regelungen des neuen Standards als Operating- oder als Finanzierungsleasingverhältnis zu klassifizieren ist.[40]

---

39 Vgl IASB Update Februar 2015, abrufbar unter: http://media.ifrs.org/2015/IASB/February/IASB-Update-February-2015.html#7 (3.11.2015).
40 Vgl IASB Update Februar 2015, abrufbar unter: http://media.ifrs.org/2015/IASB/February/IASB-Update-February-2015.html#7 (3.11.2015).

Anders als im US-amerikanischen Ansatz hat diese Beurteilung auf Basis der verbleibenden Vertragslaufzeiten des Haupt- und Unterleasingverhältnisses unter Bezugnahme auf das Nutzungsrecht am Leasinggegenstand aus dem Hauptleasingverhältnis zu erfolgen. Ein durch Umklassifizierung entstehender Gewinn oder Verlust muss in gleicher Art und Weise wie beim Leasingnehmer zum Zeitpunkt der erstmaligen Anwendung als Teil der Anpassung des Eröffnungsbilanzwertes der Gewinnrücklagen (oder ggf eines anderen Eigenkapitalbestandteils) erfasst werden.[41]

D. Zusammenfassung

Die beiden Standardsetter haben ihre Beratungen zum neuen Leasingstandard in materieller Hinsicht abgeschlossen. Künftig haben Leasingnehmer den Großteil ihrer Leasingverhältnisse als Vermögenswert mit einer entsprechenden Verbindlichkeit in der Bilanz zu erfassen.

Für IFRS-Anwender ist künftig ein einziges Modell zur Bilanzierung von Leasingverhältnissen vorgesehen, wohingegen Leasinggeber auch künftig analog den bisherigen Vorschriften des IAS 17 Leasingverträge klassifizieren müssen.

Somit ergeben sich durch den neuen Standard vor allem Änderungen in der Bilanzierung für Leasingnehmer. Konkret werden die Änderungen zu einer Erhöhung der Bilanzsumme, Verminderung der Eigenkapitalquote, Verschiebungen innerhalb der GuV und Auswirkungen auf die Kapitalflussrechnung führen.

Der neue Standard wurde als IFRS 16 am 13.1.2016 veröffentlicht. Er wird verpflichtend für Geschäftsjahre, welche am oder nach dem 1.1.2019 beginnen, anzuwenden sein. Eine frühzeitige Anwendung wird zulässig sein, sofern das Unternehmen IFRS 15 *„Erlöse aus Verträgen mit Kunden"* zeitgleich anwendet. Die Ausführungen in diesem Beitrag entsprechen weitestgehend den Inhalten des verabschiedeten Standards.

II. IFRS 15 revenue recognition – ein Update zum neuen Standard

A. Einleitung

Am 28.5.2014 wurde mit der Veröffentlichung von IFRS 15 Erlöse aus Verträgen mit Kunden ein weiteres gemeinschaftliches Projekt von IASB und FASB finalisiert. Mit dem neuen, umfassenden Standard zur Umsatzrealisierung sollen Unstimmigkeiten und Schwächen der bisherigen Regelungen reduziert und ein ro-

---

[41] Vgl IASB Update Februar 2015, abrufbar unter: http://media.ifrs.org/2015/IASB/February/IASB-Update-February-2015.html#7 (3.11.2015).

bustes Rahmenkonzept zur Erlösrealisierung bereitgestellt werden. Erhöhte Vergleichbarkeit zwischen den Anwendern und verbesserte Angabepflichten sollten die Relevanz der Abschlüsse steigern.[42] Die einheitlichen und branchenübergreifenden Vorschriften von IFRS 15 ersetzen sämtliche gegenwärtigen Standards und Interpretationen zur Umsatzrealisierung.[43] Ursprünglich sollte der neue Erlösstandard am 1.1.2017 in Kraft treten.[44] Am 11.9.2015 wurde jedoch das Datum der Erstanwendung von IFRS 15 auf den 1.1.2018 verschoben.[45]

Nach Veröffentlichung des neuen Standards wurde von den Boards eine gemeinsame „Beratungsgruppe zum Übergang in Bezug auf Erlöserfassung" (Transition Resource Group for Revenue Recognition, TRG) eingesetzt, um die Umsetzung des neuen Standards zu unterstützen. Hauptaufgabe der TRG ist es, den Boards mögliche Umsetzungsschwierigkeiten von IFRS 15 in der Praxis aufzuzeigen und gleichzeitig Unterstützung bei der Adressierung dieser Problemfelder zu leisten. Seit ihrer Gründung traf die TRG fünf Mal zusammen, um eine Reihe von Implementierungsfragen zu diskutieren. Im Zuge dieser fünf Sitzungen konnte bei dem überwiegenden Teil der Fragestellungen ein Konsens ohne zusätzlichen Änderungsbedarf des Standards erzielt werden.

Es wurden jedoch fünf Themenbereiche identifiziert, bei denen die Gruppe weitere Ausführungen seitens der Boards für erforderlich hielt. Dabei handelte es sich um folgende Sachverhalte:

a) Identifizierung von Leistungsverpflichtungen
b) Prinzipal-Agent-Verhältnisse
c) Lizenzen
d) Einbringlichkeit der Gegenleistung
e) Bewertung unbarer Gegenleistungen[46]

Im Rahmen der folgenden Beratungen zu den von der TRG aufgezeigten Themenbereichen kamen die Boards zu dem Schluss, dass es nur für drei der genannten Bereiche, namentlich die Identifizierung von Leistungsverpflichtungen, Prinzipal-Agent-Verhältnisse und Lizenzen, erforderlich sei, Klarstellungen im Standard bzw den Anwendungsbeispielen zu formulieren.

Daneben erhielten die Boards für die folgenden Bereiche Anfragen zur Gewährung von praktischen Anwendungserleichterungen:

---

42 Vgl IFRS 15.IN5.
43 In den IFRS soll IFRS 15 die beiden Standards IAS 11 Fertigungsaufträge, IAS 18 Erlöse sowie die Interpretationen IFRIC 13 Kundenbindungsprogramme, IFRIC 15 Vereinbarungen über die Errichtung von Immobilien, IFRIC 18 Übertragungen von Vermögenswerten von Kunden und SIC-31 Erträge – Tausch von Werbeleistungen vollständig ersetzen.
44 Vgl IFRS 15.C1.
45 Vgl IASB Effective Date of IFRS 15, 4, abrufbar unter: http://www.ifrs.org/Current-Projects/IASB-Projects/Revenue-Recognition/Documents/IFRS-15/Effective-Date-of-IFRS-15.pdf.
46 Vgl ED/2015/6 Clarifications to IFRS 15, 4.

a) Die Bilanzierung von Vertragsänderungen, welche vor dem Übergang auf den neuen Standard durchgeführt wurden
b) Die Bilanzierung von nach den bisherigen Vorschriften erfüllten Verträgen vor dem Übergang auf IFRS 15 bei der Wahl einer vollständigen retrospektiven Anwendung für IFRS 15
c) Beurteilung, ob die Umsatzsteuer (oder andere Verkehrssteuern) für einen Dritten eingezogen wird

Die Ergebnisse der weiteren Beratungen der Boards zu den genannten Themen der TRG und den Anwendungserleichterungen wurden am 30.7.2015 durch ED/2015/6 Klarstellungen von IFRS 15 (vorgeschlagene Änderungen an IFRS 15) veröffentlicht und zur Kommentierung freigegeben.[47]

Die Ansichten der TRG-Mitglieder sind zwar nicht verbindlich, den Unternehmen ist dennoch zu empfehlen, die weiteren Beratungen der TRG zu verfolgen, da die Ergebnisse der Diskussionen der Gruppe stets den aktuellen Überlegungsstand zu den jeweiligen Sachverhalten darstellen.

Im Anschluss werden die vorgeschlagen Klarstellungen und Übergangserleichterungen kurz dargestellt.

B. Überblick Klarstellungen zu IFRS 15

1. Identifizierungen von Leistungsverpflichtungen

Die Identifizierung von Leistungsverpflichtungen stellt ein wesentliches Element des Fünf-Phasen-Modells des neuen Standards dar. Gemäß IFRS 15.22 bestimmt ein Unternehmen zu Vertragsbeginn die in einem Kundenvertrag zugesagten Güter und Dienstleistungen und identifiziert jede Zusage,

a) ein einzeln abgrenzbares Gut bzw eine einzeln abgrenzbare Dienstleistung oder
b) eine Reihe einzeln abgrenzbarer Güter und Dienstleistungen, die im Wesentlichen auf gleiche Weise auf den Kunden übertragen werden,

auf den Kunden zu übertragen als eigene Leistungsverpflichtung.

Die Identifizierung separater Leistungsverpflichtungen erfolgt dabei in zwei Schritten: Nach IFRS 15.27a) ist zunächst festzustellen, ob der Kunde aus dem Gut oder der Dienstleistung entweder einzeln oder zusammen mit anderen Ressourcen, die für ihn jederzeit verfügbar sind, einen eigenen Nutzen ziehen kann. Dies ist dann der Fall, wenn der Kunde das Gut bzw die Dienstleistung gemeinsam mit den anderen Ressourcen verwenden, verbrauchen oder verkaufen kann. Der regelmäßige separate Verkauf durch das leistungserbringende Unternehmen gilt ebenfalls als Indiz für einen eigenständigen Nutzen.[48]

---
47 Vgl ED/2015/6 Clarifications to IFRS 15, 4.
48 Vgl IFRS 15.27–28.

In einem zweiten Schritt ist gemäß IFRS 15.29 (in Verbindung mit IFRS 15.27b)) zu klären, ob die abgrenzbare Leistung unabhängig von anderen Zusagen aus dem Vertrag und damit im Vertragskontext abgrenzbar ist. Dies ist erfüllt, wenn der Kunde keine wesentliche Integration mit anderen Leistungen des Vertrages zu einem Leistungsbündel zugesagt hat, keine Anpassungen oder Modifikationen mit anderen Vertragsbestandteilen schuldet und keine wesentlichen Abhängigkeiten von anderen Leistungszusagen des Vertrages bestehen.[49]

Die Abgrenzung eigenständiger Leistungsverpflichtungen eröffnet eine Reihe von Anwendungsfragen. Insbesondere der zweite Schritt, die Prüfung der Unabhängigkeit von anderen Vertragszusagen im Vertragskontext, schafft in der Praxis Probleme. Das IASB begegnet diesen durch den Vorschlag zusätzlicher Anwendungsbeispiele sowie durch Ergänzung bestehender Illustrative Examples.

Beispiel 10 „Nicht unterscheidbare Güter und Dienstleistungen" wurde um einen Case B ergänzt. Im Gegensatz zu Case A wird die Integrationsleistung dabei nicht für eine einzelne Leistung, sondern eine Vielzahl von (komplexen und kundenspezifischen) Produkten geschuldet. In diesem Fall ist die Gesamtheit der Produkte als Leistungsverpflichtung zu identifizieren.[50]

Case A in IE 11 (Leistungen eines Softwarehauses ohne wesentliches Customizing) wurde dahingehend ergänzend klargestellt, dass auch die sachliche Verkettung der Leistungen (Installationsservice, Software Updates und technischer Support, welche abhängig von der Lizenz-Lieferung sind) an deren Eigenständigkeit nichts ändert, sofern der Kunde die Software-Lizenz eigenständig und unabhängig von den anderen Elementen kaufen und nutzen kann.[51]

Neu eingefügt in IE 11-wurden Case C-E. Case C und D behandeln den Erwerb und die Installation von Equipment. Sofern das Equipment durch die Installation nicht bedeutsam modifiziert wird, liegen eigenständige Leistungen iSv IFRS 15 vor. Daran ändert sich auch nichts, wenn der Kunde vertraglich verpflichtet ist, die Installation in Anspruch zu nehmen (Case D).[52]

Case E setzt sich mit dem Verkauf eines Guts und dem gleichzeitigen Abschluss eines mehrjährigen Liefervertrags für spezifische Verbrauchsgüter für den Betrieb des Guts auseinander. Obwohl die Verbrauchsgüter im Anwendungsbeispiel nur von dem Unternehmen bezogen werden können, das auch das Gut selbst liefert, liegen selbständige Leistungsverpflichtungen vor.[53]

---

49   Vgl IFRS 15.29.
50   Vgl ED/2015/6 IE48A-D.
51   Vgl ED/2015/6 IE51.
52   Vgl ED/2015/6 IE58A-G.
53   Vgl ED/2015/6 IE58H-L.

2. Prinzipal-Agent-Verhältnisse

Die bisherigen Leitlinien zur Abgrenzung von Prinzipal und Agent (IFRS 15.B34–B38), die erforderlich sind, wenn eine dritte Partei in die Leistungserbringung einbezogen ist, sollen durch die Klarstellungen zu IFRS 15 umfangreich überarbeitet werden. Der Abschnitt wurde um vier neue Paragraphen ergänzt. Zudem wird vorgeschlagen, die bestehenden erläuternden Beispiele zu ändern sowie zwei neue Beispiele zur Klärung der Anwendung des Kontroll-Prinzips aufzunehmen.[54]

Nach IFRS 15.B35–B36 agiert ein Unternehmen als Prinzipal und erfasst die Umsatzerlöse auf Bruttobasis, wenn es die Verfügungsgewalt (Beherrschung) über das zugesagte Gut oder die zugesagte Dienstleistung innehat, unmittelbar bevor es dieses bzw diese auf den Kunden überträgt. Beauftragt ein Unternehmen jedoch einen Dritten mit der Lieferung des Gutes oder der Erbringung der Dienstleistung, handelt es als Vermittler und erfasst dementsprechend lediglich den Nettobetrag, auf den es als Gegenleistung für seine Vermittlungsleistung Anspruch hat, im Umsatz.

Mit dem neu eingefügten Paragraphen IFRS 15.B35A wurde nun der ausschlaggebende Faktor für die Prinzipal/Agent-Abgrenzung, die Verfügungsgewalt über das spezifizierte Gut bzw die spezifizierte Dienstleistung unmittelbar vor der Übertragung an den Kunden präzisiert.[55]

Die Liste der Indikatoren, wann diese Verfügungsmacht vorliegt (IFRS 15.B37), wurde auf die Sicht des Auftraggebers/Prinzipals umformuliert. Bisher erfolgte die Darstellung aus Sicht des Vermittlers/Agent. Durch diese Änderung soll die Beurteilung der Verfügungsgewalt erleichtert werden und in schwierigen Angrenzungsfragen sollen bessere Leitlinien zur Beurteilung der Kontrolle vor Übertragung zur Verfügung stehen.[56]

Die Beurteilung, ob ein Unternehmen als Auftraggeber/Prinzipal oder Vermittler/Agent agiert, hat für jede einzelne Leistungsverpflichtung (jedes einzelne übertragene Gut/Dienstleistung) zu erfolgen. Bei mehreren Leistungsverpflichtungen in einem Vertrag kann ein Unternehmen sowohl Auftraggeber als auch Vermittler für einzelne Leistungsverpflichtungen sein.[57]

3. Lizenzen

Aufgrund bestehender Anwendungsfragen enthält Anhang B – Leitlinien für die Anwendung zu IFRS 15 – bereits einen umfangreichen Abschnitt für Lizenzen („rights to the intellectual property of an entity"). Sofern es sich bei einer Lizenz

---

54 Vgl ED/2015/6 IFRS 15.B34 ff. und IE231 ff.
55 Vgl ED/2015/6 IFRS 15.B35A.
56 Vgl ED/2015/6 B37-B37A.
57 Vgl ED/2015/6 IFRS 15.B34.

um eine separate Leistungsverpflichtung handelt, hat das Unternehmen zu beurteilen, ob die Verpflichtung über einen Zeitraum hinweg oder zu einem bestimmten Zeitpunkt erfüllt wird.[58]

Dabei ist entscheidend, ob dem Kunden

a) ein Recht auf Zugang („right to access") zu dem geistigen Eigentum in dem während der Lizenzdauer bestehenden Zustand (ein „Zugangsrecht")[59] oder
b) ein Recht auf Nutzung in dem Zeitpunkt der Lizenzübertragung bestehenden Zustand (ein „Nutzungsrecht")[60] erteilt wird.

Während bei einem Nutzungsrecht eine zeitpunktbezogene Umsatzrealisation erfolgen kann, ist bei einem Zugangsrecht eine zeitraumbezogene Umsatzerfassung geboten.

Ein Zugangsrecht liegt nach IFRS 15.B58 vor, wenn vom leistenden Unternehmen noch Aktivitäten vorzunehmen sind oder vom Kunden erwartet werden, welche das geistige Eigentum („intellectual property") maßgeblich verändern werden.

In den Klarstellungen zu IFRS 15 schlägt das IASB zur Präzisierung nun eine Abgrenzung anhand von zwei Kriterien vor. Nach dem neuen Paragraph IFRS 15.B59A wirken sich die vom Lizenzgeber auszuübenden Aktivitäten dann wesentlich auf die Nutzbarkeit des lizenzierten geistigen Eigentums aus, wenn dadurch entweder

a) die Form (zB das Design) oder Funktionalität (zB die Fähigkeit, gewisse Funktionen auszuführen) des geistigen Eigentums, an dem der Kunde Rechte hält, geändert wird oder
b) die Möglichkeiten des Kunden, aus dem lizenzierten geistigen Eigentum einen Nutzen zu ziehen, (zB der Wert der Marke) beeinflusst werden.[61]

Sofern die IP, zu der der Kunde bereits einen Zugang hat, eine signifikante Stand-alone-Funktionalität aufweist, ist davon auszugehen, dass sich die vom Lizenzgeber auszuübenden Aktivitäten nicht wesentlich auf die IP auswirken werden. Es kann daher eine zeitpunktbezogene Umsatzrealisierung erfolgen – ausgenommen die geplanten Aktivitäten verändern die Stand-alone-Funktionalität.[62]

IFRS 15.B63 legt die Realisierung verkaufs- und nutzungsabhängiger Lizenzentgelte fest. Ein Umsatz darf erst **nach** einem entsprechenden Verkauf des Kunden (an einen Dritten) bzw der Nutzung durch den Kunden erfasst werden.[63] Die

---

58 Vgl IFRS 15.B56.
59 Vgl IFRS 15.B60.
60 Vgl IFRS 15.B61.
61 Vgl ED/2015/6 B59.
62 Vgl ED/2015/6 B59A.
63 Vgl IFRS 15.B63.

Klarstellungen präzisieren nun den Anwendungsbereich für diese Umsatzabgrenzung. Eine verzögerte Umsatzrealisation nach IFRS 15.B63 ist nur erforderlich, wenn das Entgelt zumindest wesentlich durch die Lizenz bestimmt wird.[64] Außerdem wurde klargestellt, dass ein verkaufs- oder nutzungsabhängiges Lizenzentgelt nicht aufgeteilt werden soll und entweder vollständig nach den erläuterten Regelungen gem IFRS 15.B63 oder vollständig nach den Grundsätzen für variable Gegenleistungen (IFRS 15.50-59) zu realisieren ist.[65]

Darüber hinaus wurden die Anwendungsbeispiele IE 54-61 an die beschriebenen Änderungen angepasst.[66]

4. Übergangserleichterungen

Für die Erstanwendung bietet IFRS 15 grundsätzlich folgende Möglichkeiten:[67]

a) vollumfänglich rückwirkende Anwendung auf alle im Erstanwendungszeitraum dargestellten Berichtsperioden (retrospektive Methode)
b) retrospektive Anwendung und Erfassung des kumulativen Effekts im Eigenkapital zum Zeitpunkt der Erstanwendung (kumulative Methode)

Bei Anwendung der retrospektiven Methode können gemäß IFRS 15.C5 Übergangserleichterungen in Anspruch genommen werden. Die Klarstellungen erweitern diese auf Verträge, die zu Beginn der frühesten dargestellten Berichtsperiode bereits vollständig erfüllt waren. Diese müssen nicht neu gewürdigt werden.[68]

Unabhängig von der gewählten Übergangsmethode sehen die Klarstellungen Erleichterungen für die Abbildung von Vertragsmodifikationen vor. Diese müssen nicht vollständig retrospektiv berücksichtigt werden. Es kann ein kumulierter Effekt für alle Vertragsmodifikationen bis zum Beginn der frühesten Periode der Anwendung dargestellt werden. Dies gilt für die Identifizierung von erfüllten und nicht erfüllten Leistungsverpflichtungen ebenso wie für die Bestimmung des Transaktionspreises.[69]

C. Zusammenfassung

ED 2015/3 Klarstellungen von IFRS 15 ist auf die Arbeit der TRG und Anwendungsprobleme bei der Umsetzung des neuen Standards in der Praxis zurückzuführen. Während andere Themen ohne Anpassung des Standards und der Illustrative Examples gelöst werden konnten, hat sich das IASB entschlossen, vier ausgewählte Bereiche durch ein Standard-Amendment zu verbessern.

---

64 Vgl ED/2015/6 B63A.
65 Vgl ED/2015/6 B63B.
66 Vgl ED/2015/6 IE276-313.
67 Vgl IFRS 15.C3.
68 Vgl ED/2015/6 C.5.
69 Vgl ED/2015/6 C5.

Allen vorgeschlagenen Änderungen ist gemein, dass sie jeweils nur eine Anpassung von Detaildefinitionen und spezifischen Anwendungsbeispielen vorsehen. Die Grundprinzipien bleiben jeweils unverändert.

Am umfassendsten sind die Änderungen zur Prinzipal-Agent-Abgrenzung. Die Anpassungen für Lizenzen adressieren primär die Software-Industrie. Diese sollte auch von den Klarstellungen zur Identifizierung von Leistungsverpflichtungen profitieren, wird aber nicht alleine davon angesprochen. Zusätzliche Beispiele sollen den Umgang mit notwendigen Verbrauchsgütern und Abgrenzungen von Installationsleistungen klären. Die vorgeschlagenen Ergänzungen der Übergangserleichterungen befreien von praktisch wohl nur sehr schwer durchführbaren Vergangenheitsbewältigungsübungen für Vertragsmodifikationen und bereits beendete Verträge.

Nach Ende der Kommentierungsfrist am 26.10.2015 bleibt abzuwarten, ob das IASB noch weitere Änderungen vornehmen wird.

III. Überarbeitung des Conceptual Frameworks – aktueller Stand

A. Einleitung

Das aktuell gültige Rahmenkonzept geht im Wesentlichen auf die im Jahr 1989 vom International Accounting Standards Committee (IASC), der Vorgängerorganisation des IASB, verabschiedete Fassung zurück. Bis 2010 war die Überarbeitung des Rahmenkonzepts ein Gemeinschaftsprojekt des IASB mit amerikanischen Standardsetzer FASB. Am 28.9.2010 wurde als vorläufiges Ergebnis des Gemeinschaftsprojekts das aktuell gültige Framework mit den überarbeiteten Abschnitten zu Zielsetzung und qualitative Anforderungen an die Finanzberichterstattung veröffentlicht.[70] Der ursprüngliche Plan, sämtliche Phasen gemeinsam mit dem FASB auszuarbeiten, wurde nach dieser Phase A aufgegeben. Aufgrund der im Jahr 2011 im Rahmen der Agendakonsultation eingegangen Stellungnahmen führt das IASB das Projekt seit September 2012 nunmehr alleine fort.[71]

Am 28.5.2015 veröffentlichte das IASB die beiden Entwürfe ED/2015/3 „Rahmenkonzept für die Finanzberichterstattung" und ED/2015/4 „Aktualisierung der Verweise auf das Rahmenkonzept". Mit dem Entwurf des neuen Rahmenkonzepts wurden einerseits bestehende Teile wie die Elemente von Abschlüssen, Ansatz, Bewertung und Kapital- und Kapitalerhaltungsgrundsätze überarbeitet und ergänzt. Andere Abschnitte wie etwa das Kapitel „Darstellung und Angaben" und die Leitlinien zur „Ausbuchung" wurden andererseits erstmalig festgeschrieben. Die Ergebnisse der Phase A aus 2010 wurden weitgehend übernommen.[72]

---
70 The Conceptual Framework for Financial Reporting.
71 Vgl ED/2015/3 BCIN.2 ff.
72 Vgl ED/2015/3 BC1.1 ff.

Der Entwurf für das neue „Rahmenkonzept für die Finanzberichterstattung" gliedert sich in folgende Abschnitte:

- Kapitel 1 – Zielsetzung der allgemeinen Finanzberichterstattung
- Kapitel 2 – Qualitative Anforderungen entscheidungsnützlicher Finanzinformationen
- Kapitel 3 – Finanzberichte und Berichtseinheit
- Kapitel 4 – Elemente des Abschlusses
- Kapitel 5 – Ansatz und Ausbuchung
- Kapitel 6 – Bewertung
- Kapitel 7 – Darstellung und Offenlegung
- Kapitel 8 – Kapital- und Kapitalerhaltungskonzepte

B. Überblick Conceptual Framework for Financial Reporting

Kapitel 1 – Zielsetzung der allgemeinen Finanzberichterstattung

Die im Rahmenkonzept festgeschriebene Zielsetzung der Finanzberichterstattung besteht unverändert in der Bereitstellung von Finanzinformationen über die rechnungslegende Einheit, die für bestehende und potenzielle Investoren, Geldgeber und andere Kreditoren nützlich sind, um eine Entscheidung über eine (weitere) Investition in das Unternehmen treffen zu können.[73] Die ausschließliche Beschränkung auf dieses Ziel war bereits in der Phase A des Rahmenkonzept-Projekts umstritten.[74] Der Entwurf stärkt nunmehr die Funktion der Rechenschaft des Managements für dessen Umgang mit den Ressourcen eines Unternehmens („stewardship"). Es wird festgehalten, dass die von den Kapitalgebern zu treffenden Investmententscheidungen auch durch die Beurteilung des Umgangs des Managements mit den ihm anvertrauten Ressourcen beeinflusst werden.[75] Um diese Zielsetzung erfüllen zu können, müssen Informationen zur Verfügung gestellt werden, welche die Adressanten in die Lage versetzen zu beurteilen, wie effizient und effektiv die Unternehmensleitung mit den Unternehmensressourcen umgeht.[76]

Kapitel 2 – Qualitative Anforderungen entscheidungsnützlicher Finanzinformationen

Wie bereits oben dargelegt, wurden die Ergebnisse der Phase A aus dem Jahr 2010 bei der Erarbeitung des Entwurfs nicht mehr grundlegend infrage gestellt. Die fundamentalen qualitativen Anforderungen Relevanz und glaubwürdige Darstellung („faithful representation") wurden daher ebenso wie die ergänzenden qualitativen Anforderungen der Vergleichbarkeit, Nachprüfbarkeit, Zeitnähe

---
73 Vgl ED/2015/3 1.2.
74 Vgl *Kirsch*, Der Exposure Draft zum Conceptual Framework (ED/2015/3) in PIR 9/2015, 234.
75 Vgl ED/2015/3 1.13 und 1.15 f.
76 Vgl ED/2015/3 1.22 und BC1.6.

und Verständlichkeit weitgehend aus dem Rahmenkonzept 2010 übernommen.[77] Es werden nur begrenzte Änderungen vorgeschlagen.

Die Ausführungen zur Relevanz wurden durch einen Abschnitt zur Bedeutung von Bewertungsunsicherheiten ergänzt. Der Entwurf hält fest, dass Bewertungsunsicherheiten die Relevanz von Finanzinformationen beeinflussen, wobei Schätzungen grundsätzlich einen wesentlichen Teil der Abschlusserstellung in der IFRS-Rechnungslegung bilden und nicht generell zu einer Beeinträchtigung der Relevanz führen. Dies setzt voraus, dass Schätzungen hinreichend als solche beschrieben und offengelegt werden.[78]

Der Begriff der Vorsicht („prudence") wurde nach dessen Streichung im Rahmenkonzept 2010 wieder neu eingeführt. Allerdings nicht als eigene qualitative Anforderung, sondern als Referenz des Neutralitätsgrundsatzes. Sie wird nun als „Vorsicht bei der Ausübung von Ermessen unter unsicheren Umständen" („cautios prudence") beschrieben, welche dabei helfen soll, zu verhindern, dass Vermögenswerte und Verbindlichkeiten über- oder unterbewertet werden und sich damit von der „asymmetrischen Vorsicht", welche mit der Neutralität nicht vereinbar ist, unterscheidet.[79]

Dem Wunsch einiger Anwender entsprechend wurde die bisherige Sekundäranforderung der wirtschaftlichen Betrachtungsweise („substance over form") explizit als Teil der glaubwürdigen Darstellung verankert und deren Bedeutung damit unterstrichen.[80]

Kapitel 3 – Finanzberichte und Berichtseinheit

Die Abgrenzung der abschlusserstellenden Berichtseinheit („reporting entity"), war bereits Gegenstand der Phase D des gemeinsamen Projekts mit dem FASB, welches im März 2010 zur Veröffentlichung des Entwurfs „Conceptual Framework for Financial Reporting – The Reporting Entity" führte.

Paragraph 3.11 des nun veröffentlichten Entwurfs ED/2015/3 definiert eine Berichtseinheit als eine Einheit („entity"), welche aufgrund einer Verpflichtung oder freiwillig Finanzberichte für allgemeine Zwecke erstellt. Die Berichtseinheit ist nicht nur auf rechtliche Einheiten beschränkt und kann sowohl ein Teil dieser Einheit sein als auch aus zwei oder mehreren Einheiten bestehen.[81]

Die Abgrenzung eines berichtenden Unternehmens, das über ein oder mehrere Tochtergesellschaften verfügt, erfolgt auf Basis des „Control"-Konzepts. In einem unkonsolidierten Abschluss (Einzelabschluss) werden nur jene Elemente

---

77 Vgl ED/2015/3 2.4 und 2.22 ff.
78 Vgl ED/2015/3 2.12.
79 Vgl ED/2015/3 2.18 und BC2.9 ff.
80 Vgl ED/2015/3 2.14 und BC2.18 f.
81 Vgl ED/2015/3, 3.12.

dargestellt, welche der **direkten** Kontrolle des berichterstattenden Unternehmens unterliegen. Ein konsolidierter Abschluss (Konzernabschluss) enthält hingegen Ressourcen, welche das Berichtsunternehmen sowohl **direkt als auch indirekt** kontrollieren kann.[82]

Kapitel 4 – Elemente des Abschlusses

Als Elemente des Abschlusses werden Vermögenswerte, Schulden und Eigenkapital (Information über die Vermögenssituation des berichtenden Unternehmens) sowie Erträge und Aufwendungen (Informationen über die finanzielle Leistungsfähigkeit) definiert. Im Verhältnis zum bestehenden Rahmenkonzept wurden dabei insbesondere die geltenden Definitionen von Vermögenswerten und Verbindlichkeiten überarbeitet.

In der folgenden Übersicht werden die geltenden und die im Entwurf vorgeschlagenen („neuen") Definitionen für Vermögenswerte und Schulden gegenübergestellt:

	Geltende Definition	**Vorgeschlagene Definition**
Vermögenswert	Ein Vermögenswert ist eine in der Verfügungsmacht des Unternehmens stehende Ressource, die ein Ergebnis von Ereignissen der Vergangenheit darstellt und von der erwartet wird, dass dem Unternehmen aus ihr künftiger wirtschaftlicher Nutzen zufließt.	Ein Vermögenswert ist eine gegenwärtige ökonomische Ressource, die vom Unternehmen als Ergebnis von Ereignissen der Vergangenheit kontrolliert wird. Eine ökonomische Ressource ist ein Recht, das das Potenzial aufweist, wirtschaftlichen Nutzen zu erzeugen.
Schuld	Eine Schuld ist eine gegenwärtige Verpflichtung des Unternehmens, die aus Ereignissen der Vergangenheit entsteht und deren Erfüllung für das Unternehmen erwartungsgemäß mit einem Abfluss von Ressourcen mit wirtschaftlichem Nutzen verbunden ist.	Eine Schuld ist eine gegenwärtige Verpflichtung des Unternehmens, eine ökonomische Ressource als Ergebnis von Ereignissen der Vergangenheit zu übertragen.

Tab 2: Definition von Vermögenswerten und Schulden

---
82   Vgl ED/2015/3, 3.14.

Die derzeit geltenden Definitionen von Vermögenswerten und Schulden stellen ua auf den „erwarteten „Ressourcenzu- oder -abfluss" ab. Darauf wurde im Rahmen der vorgeschlagenen neuen Definitionen verzichtet. Das IASB möchte damit klarstellen, dass die wirtschaftliche Ressource selbst den Vermögenswert darstellt und nicht erst ein späterer Zufluss von wirtschaftlichen Vorteilen.[83] Künftige Nutzenzuflüsse müssen weder sicher noch wahrscheinlich sein.[84]

Der Fokus der vorgeschlagenen Definition eines Vermögenswertes liegt stattdessen auf dem Vorliegen eines Rechts, welches weit ausgelegt wird und auch Rechtspositionen umfasst.[85] Beibehalten wurde hingegen das Konzept der Verfügungsmacht, um zu verdeutlichen, dass ein Unternehmen sowohl in der Lage sein muss, die Nutzung der wirtschaftlichen Ressource zu bestimmen, als auch das Recht innezuhaben, den Nutzen aus dieser wirtschaftlichen Ressource zu vereinnahmen.[86]

Analoges gilt für die Definition einer Schuld. Bereits das Bestehen einer gegenwärtigen Verpflichtung und nicht erst die Übertragung einer wirtschaftlichen Ressource begründet diese. Nutzenabflüsse müssen weder sicher noch wahrscheinlich sein.[87] Entscheidend für den Ansatz einer Verbindlichkeit ist nach der neuen Definition das Vorliegen einer gegenwärtigen Verpflichtung („present obligation"). Diese liegt vor, wenn das Unternehmen keine praktische Möglichkeit zur Vermeidung des Transfers einer wirtschaftlichen Ressource hat. Unter Annahme der Unternehmensfortführung ist diese Möglichkeit nicht gegeben, wenn eine Übertragung der Ressourcen nur durch eine Liquidation oder die Beendigung der Geschäftsaktivitäten vermieden werden könnte.[88]

Diese Definition steht in Widerspruch zu der erst kürzlich in Kraft getretenen Interpretation IFRIC 21 Abgaben. Durch den Wegfall des wahrscheinlichen Nutzenabflusses als Voraussetzung gibt es auch Inkonsistenzen im Verhältnis zu IAS 37 Rückstellungen. Das IASB erwägt daher, ein Research-Projekt zu diesen Fragen auf die Agenda zu setzen.[89]

Der neue Vermögenswertbegriff steht nicht im Einklang mit der Definition eines immateriellen Vermögenswertes gemäß IAS 38. Das IASB hält diesbezüglich fest, dass die Intention der Überarbeitung der Definitionen in der Schaffung konzeptioneller Klarheit und nicht in einer fundamentalen Änderung der Anwendung existierender Standards liegt.[90]

---

83 Vgl ED/2015/3 BC 4.10.
84 Vgl ED/2015/3 4.13.
85 Vgl ED/2015/3 4.8 ff. und BC4.29 ff.
86 Vgl ED/2015/3 4.18.
87 Vgl ED/2015/3 4.27.
88 Vgl ED/2015/3 4,31 ff.
89 Vgl ED/2015/3 BCE.9 ff.
90 Vgl ED/2015/3 BCE.13.

Im Gegensatz zum vorausgehenden Discussion Paper[91] verzichtet der Entwurf nun bewusst auf eine konzeptionelle Abgrenzung des Eigenkapitals. Dieses ist – wie im bisherigen Rahmenkonzept – als Residualgröße von Vermögenswerten und Schulden definiert.[92] Auch hier bestehen Inkonsistenzen zu bestehenden Standards. Kündbare Finanzinstrumente, welche die Voraussetzungen gem IAS 32.16A-D erfüllen, dürfen nach diesen Regeln als Eigenkapital dargestellt werden. Dem Entwurf zum Rahmenkonzept folgend sind sie allerdings als Schulden zu klassifizieren. Bei der Ausgabe von eigenen Anteilen zur Vergütung von Arbeits- oder Dienstleistungen liegen hingegen nach ED/2015/3 4.30 abweichend von den geltenden Standards keine Schulden vor, da eine Verpflichtung zur Übertragung eines Anspruchs auf das Eigenkapital keine Verpflichtung zur Übertragung einer wirtschaftlichen Ressource eines Unternehmens darstellt. In diesem Zusammenhang verweist das IASB auf das laufende Research-Projekt zur Abgrenzung von Eigenkapital und Schulden (Financial Instruments with Characteristics of Equity research project). Im Rahmen dieses Forschungsprojekts werden verschiedene Ansätze der Abgrenzung von Schulden und Eigenkapital geprüft, welche auch zu einer Änderung der Definitionen im Rahmenkonzept führen können. Das IASB hält jedoch fest, dass eine Anpassung der Definition einer gegenwärtigen Verpflichtung als unwahrscheinlich gilt.[93]

Erträge und Aufwendungen werden im Entwurf für das Rahmenkonzept als Zuflüsse und Werterhöhungen bzw Abflüsse und Wertminderungen von Vermögenswerten und Schulden definiert.[94] Daraus ergeben sich keine materiellen Änderungen zum Status quo.

Kapitel 5 – Ansatz und Ausbuchung

Der Rahmenkonzeptentwurf schlägt einerseits eine Überarbeitung der Definitionen für Vermögenswerte und Schulden in der Bilanz und andererseits bei den Ansatzkriterien („recognition") selbst vor.

Das Hauptproblem der geltenden Ansatzkriterien[95] sieht das IASB im Wahrscheinlichkeitskriterium, welches in den derzeit geltenden Standards nicht einheitlich angewendet wird. IAS 39 und IFRS 9 Finanzinstrumente verzichten beim Ansatz vollständig auf eine Berücksichtigung der Wahrscheinlichkeit, in anderen Standards kommen unterschiedliche Wahrscheinlichkeitsgrenzen zur Anwendung („probable", „more likeley than not", „virtually certain" und „reasonably

---
91 Vgl DP/2013/1 5.37.
92 Vgl ED/2015/3 4.43.
93 Vgl ED/2015/3 BC 4.101 und BCE.8.
94 Vgl ED/2015/3 4.48 und 4.49.
95 Den Ansatzkriterien des bestehenden Rahmenkonzepts zufolge ist ein Sachverhalt dann zu erfassen, wenn es wahrscheinlich ist, dass ein mit dem Sachverhalt verknüpfter künftiger wirtschaftlicher Nutzen dem Unternehmen zufließen oder von ihm abfließen wird, und die Anschaffungs- und Herstellungskosten verlässlich geschätzt werden können.

possible").⁹⁶ Das IASB schlägt daher vor, die Ansatzkriterien des Rahmenkonzepts an den qualitativen Eigenschaften entscheidungsnützlicher Finanzinformationen festzumachen. Alle Vermögenswerte und Schulden sollen demnach erfasst werden, außer das IASB entscheidet bei Entwicklung eines spezifischen Standards, dass der Ansatz eines Vermögenswertes oder einer Schuld nicht erforderlich oder verboten ist, weil

- der Ansatz zu Finanzberichten mit nicht relevanten Informationen führen würde oder die zusätzlichen Informationen die damit verbundenen Kosten nicht rechtfertigen, oder
- keine Bewertungsmethode eine glaubwürdige Darstellung („faithful presentation") von Vermögenswerten und Schulden und deren Veränderungen zur Folge hätte.⁹⁷

Nach Auffassung des IASB steht der Ansatz eines Vermögenswertes oder einer Schuld bei geringer Zu- oder Abflusswahrscheinlichkeit der Erstellung relevanter Informationen nicht entgegen; dies insbesondere dann nicht, wenn die Zu- oder Abflusswahrscheinlichkeit bei der Bewertung berücksichtigt und erläuternd offengelegt wird.⁹⁸ Umgekehrt können große Bewertungsunsicherheiten die Relevanz von Abschlussposten stark beeinträchtigen. Dies ist insbesondere bei sehr großen Bewertungsbandbreiten oder außerordentlich subjektiven oder schwierigen Schätzungen der Fall. Solche Mängel können nicht durch adäquate Beschreibung und Offenlegung beseitigt werden, ein Ansatz ist in diesen Fällen daher nicht adäquat.⁹⁹

Der Wegfall des Wahrscheinlichkeitskriteriums führt, wie bereits in Kapitel 4 dargestellt, zu einer deutlichen Erweiterung des Umfangs der ansatzfähigen Vermögenswerte und Schulden.¹⁰⁰ Hinsichtlich der auf der Aktivseite vor allem betroffenen immateriellen Vermögenswerte geht das IASB allerdings davon aus, dass es nicht zu wesentlichen Änderungen in der Anwendung kommt. Im Bereich der Rückstellungen (IAS 37) lässt sich allerdings keine so einfache und eindeutige Aussage treffen. Das IASB erwägt für diesen Komplex daher ein eigenes Research-Projekt.¹⁰¹

Im Gegensatz zum Ansatz finden sich im bestehenden Rahmenkonzept keinerlei Vorschriften zur Ausbuchung. Diese sind gegenwärtig in den jeweiligen Einzelstandards enthalten. Da diese Vorschriften zum Teil stark voneinander abweichen¹⁰² schlägt das IASB vor, grundsätzliche Leitlinien und eine einheitliche Definition in das Rahmenkonzept aufzunehmen.

---

96 Vgl ED/2015/3 BC5.8.
97 Vgl ED/2015/3 BC5.11.
98 Vgl ED/2015/3 5.18.
99 Vgl ED/2015/3 5.21.
100 Vgl *Kirsch*, Der Exposure Draft zum Conceptual Framework (ED/2015/3) in PIR 9/2015, 241.
101 Vgl ED/2015/3 BCE.11-13.
102 Vgl ED/2015/3 BC49.

Paragraph 5.25 des Entwurfs definiert unter Ausbuchung das vollständige oder teilweise Entfernen eines bisher angesetzten Vermögenswerts oder einer bisher angesetzten Schuld aus der Bilanz des berichterstattenden Unternehmens. Bei Vermögenswerten wird die Ausbuchung grundsätzlich durch den Verlust der Verfügungsmacht ausgelöst, während im Falle einer Schuld die Ausbuchung in der Regel nach Wegfall der gegenwärtigen Verpflichtung erfolgt.[103]

Die Ausbuchung von Vermögenswerten und Schulden, die auf ein anderes Unternehmen übertragen wurden und die fortgesetzte Erfassung etwaiger zurückbehaltener Teile zielen darauf ab, die folgenden Sachverhalte glaubwürdig darzustellen („faithfully represent"):

a) die zurückbehaltenen Vermögenswerte und Schulden nach der Transaktion oder dem Ereignis, welches die Ausbuchung zur Folge hatte sowie
b) die Änderung in den Vermögenswerten und Schulden des Unternehmens als Resultat dieses Ereignisses.[104]

Der Entwurf des Rahmenkonzepts hält fest, dass Ausbuchungsentscheidungen im Normalfall vergleichsweise unkompliziert („straightforward") getroffen werden können. Insbesondere, wenn durch eine weitere Transaktion eine Option oder Verpflichtung zum Rückerwerb der übertragenen Vermögenswerte besteht oder wenn mit einer zurückbehaltenen Komponente eine unadäquate Risikovarianz verbunden ist, können die beiden genannten Anforderungen an eine „fair presentation" miteinander in Konflikt stehen.[105] In diesem Fall ist abzuwägen, ob die angestrebten Ziele durch entsprechende Offenlegungen erreicht werden können. Gelingt dies nicht, ist eine Ausbuchung unzulässig.[106]

Kapitel 6 – Bewertung

Im aktuellen Framework ist die Bewertung nur knapp adressiert. Die vorgeschlagenen Leitlinien zur Bewertung sollen laut IASB daher eine beträchtliche Lücke im bestehenden Rahmenkonzept schließen.[107]

Im Zuge der Entwicklung des Exposure Draft hat das IASB zunächst die Verwendung eines einzigen Bewertungsmaßstabs analysiert. In Einklang mit der überwiegenden Mehrheit der Antworten zum Dicussion Paper ist das IASB allerdings zum Schluss gekommen, dass dem Kriterium der Relevanz durch eine „single measurement basis" für alle Vermögenswerte, Schulden, Erträge und Aufwendungen nicht bestmöglich entsprochen werden kann.[108]

---

103 Vgl ED/2015/3 5.25.
104 Vgl ED/2015/3 5.26.
105 Vgl ED/2015/3 5.30.
106 Vgl ED/2015/3 5.31-32.
107 Vgl ED/2015/BC6.3.
108 Vgl ED/2015/3 BC6.7-14.

Der Entwurf legt daher die folgenden beiden grundlegenden Bewertungsmaßstäbe fest:[109]

- historische Kosten und
- aktuelle Werte

Historische Kosten verstehen sich als Anschaffungs- oder Herstellungskosten bzw fortgeführte Anschaffungs- oder Herstellungskosten. Zu den aktuellen Werten zählen neben dem beizulegenden Zeitwert als unternehmensunabhängigem Bewertungsmaßstab der Nutzungswert von Vermögenswerten und der Erfüllungsbetrag von Schulden als unternehmensspezifische Bewertungen.[110]

Die Auswahl der adäquaten Bewertungsbasis orientiert sich – unter Berücksichtigung der Kosteneinschränkung – an den primären Qualitätsanforderungen Relevanz und glaubwürdige Darstellung. Für die Beurteilung der Relevanz ist zunächst zu analysieren, in welcher Form (Verkauf oder laufende Nutzung) der Vermögenswert oder die Verbindlichkeit aufgrund des Geschäftsmodells üblicherweise realisiert wird. Darüber hinaus sind die Cashflow-Variabilität, die Marktsensitivität und der Grad der Bewertungsunsicherheit eines Postens zu berücksichtigen.[111] Eine glaubwürdige Darstellung („faithful representation") wird dadurch erreicht, dass für ähnliche oder miteinander in Beziehung stehende Vermögenswerte und Schulden ähnliche Bewertungsmaßstäbe verwendet werden und dadurch „accounting mismatch" vermieden wird.[112]

Um bei der Verwendung von Schätzungen eine glaubwürdige Darstellung zu erreichen, sind diese als solche zu beschreiben, Art und Grenzen des Schätzungsprozesses zu erläutern und es dürfen keine Fehler bei der Auswahl und Anwendung der Bewertungsprozesse gemacht werden. Inner- und außerbetriebliche Vergleichbarkeit, Überprüfbarkeit, welche ggf durch Erläuterungen im Anhang darzustellen ist, sowie Verständlichkeit bilden die weiteren Faktoren für die Auswahl von Bewertungsmaßstäben.[113]

Erst- und Folgebewertung von Vermögenswerten und Schulden sollten mit demselben Bewertungsmaßstab erfolgen, um den Ausweis von Aufwendungen und Erträgen aus dem bloßen Wechsel der Bewertungsbasis zu vermeiden. Ein Wechsel ist jedoch nicht ausgeschlossen.[114]

Meist ist die Verwendung eines einheitlichen Bewertungsmaßstabs für die Darstellung in der Bilanz und in der Gewinn- und Verlustrechnung adäquat. In einigen Fällen – aufgrund der Realisation im Rahmen des Geschäftsmodells oder der

---

109 Vgl ED/2015/3 6.4.
110 Vgl ED/2015/3 6.20.
111 Vgl ED/2015/3 6.53-55.
112 Vgl ED/2015/3 6.58.
113 Vgl ED/2015/3 6.59-62.
114 Vgl ED/2015/3 6,52.

Charakteristika eines Vermögenswertes oder einer Schuld – führt jedoch die Verwendung eines aktuellen Wertes in der Bilanz und eines anderen Bewertungsmaßstabs für die Gewinn- und Verlustrechnung zu relevanteren Informationen. Die Differenz aus den beiden Bewertungsmaßstäben wird dann im sonstigen Gesamtergebnis („OCI") dargestellt.[115]

Kapitel 7 – Darstellung und Offenlegung

Mit diesem Kapitel werden erstmals grundlegende Konzepte zur Bestimmung der in den Abschluss aufzunehmenden Informationen sowie zu deren Darstellung und Erläuterung vorgeschlagen. Diese sollen einerseits das IASB bei der Festlegung der Ausweis- und Angabevorschriften in einzelnen Standards und andererseits die Unternehmen bei der Bereitstellung von Informationen in Abschlüssen unterstützen. Zudem werden auch Grundsätze zur Berichterstattung über den finanziellen Erfolg („financial performance"), einschließlich der Verwendung des sonstigen Ergebnisses („other comprehensive income" – OCI) eingearbeitet. Das bisherige Rahmenkonzept enthält dazu noch keinerlei Aussagen.[116]

Gemäß Paragraph 7.8 des Entwurfs können Relevanz, Verständlichkeit und Vergleichbarkeit der im Abschluss enthaltenen Finanzinformationen (Vermögenswerte und Schulden, Eigenkapital sowie Aufwendungen und Erträge) durch effiziente und effektive Kommunikation verbessert und gesteigert werden. Effiziente und effektive Kommunikation beinhaltet demnach

- die **Gliederung** der Informationen in strukturierter Form, bei der gleichartige Posten zusammen und unterschiedliche Posten getrennt berichtet werden,
- die **Aggregation** von Informationen, damit diese nicht durch unnötige Details überlagert werden und
- die Verwendung von **Zielsetzungen und Prinzipien für Darstellung und Angaben** anstelle von starren Einzelregeln, die zu einer rein mechanistischen Einhaltung führen.[117]

Die Grundsätze der Erfolgsrechnung sind in einem eigenen Abschnitt („Informationen über den finanziellen Erfolg") zusammengefasst. Hauptinformationsquelle für den finanziellen Erfolg eines Unternehmens ist die Gewinn- und Verlustrechnung. Deren Ergebnis gibt als hochaggregierte Zahl ein aussagekräftiges Bild der „financial performance" eines Unternehmens und wird von vielen Anwendern als Hauptindikator oder Ausgangspunkt für weitere Analysen verwendet.[118] Nichtsdestotrotz ist für ein vollständiges Bild der „financial performance" eine Analyse sämtlicher Aufwendungen und Erträge einschließlich jener Auf-

---
115 Vgl ED/2015/3 6.76-77.
116 Vgl ED/2015/3 BC7.2.
117 Vgl ED/2015/3 7.8.
118 Vgl ED/2015/3 7.21-22.

wendungen und Erträge, die im sonstigen Gesamtergebnis ausgewiesen werden, erforderlich.

Aufgrund der Bedeutung der Gewinn- und Verlustrechnung als primäre Informationsquelle der Ertragslage enthält der Standardentwurf die widerlegbare Vermutung, dass alle Aufwendungen und Erträge letztendlich einmal in der Gewinn- und Verlustrechnung enthalten sein müssen.[119] Gemäß Paragraph 7.24 des Entwurfs kann diese Vermutung nur dann widerlegt werden, wenn dadurch die Relevanz der Gewinn- und Verlustrechnung verbessert wird, und die Erträge und Aufwendungen aus einer Bewertung der Vermögenswerte und Verbindlichkeiten zu aktuellen Werten resultiert.

Für das „Recycling" (die Umgliederung von Aufwands- und Ertragsposten, welche im sonstigen Gesamtergebnis erfasst werden) enthält der Standardentwurf eine zweite spiegelbildliche wiederlegbare Vermutung. Alle Erträge und Aufwendungen sind danach grundsätzlich in einer zukünftigen Periode in die Gewinn- und Verlustrechnung umzugliedern. Die Umgliederung hat dann zu erfolgen, wenn dadurch die Relevanz der Gewinn- und Verlustrechnung (dieser Periode) erhöht wird. Die Umgliederungsvermutung kann widerlegt werden, wenn keine klare Grundlage zur Bestimmung jener Periode, in der die Umgliederung zu einer verbesserten Aussagekraft der Gewinn- und Verlustrechnung führen würde, erkennbar ist.

Diese Voraussetzung könnte etwa bei Neubewertungen leistungsorientierter Personalverpflichtungen gem IAS 19 erfüllt sein. Die Realisierung von im OCI erfassten versicherungsmathematischen Gewinnen und Verlusten ist schwer einer bestimmten Periode zuzuordnen. Das Fehlen einer solchen Grundlage könnte umgekehrt jedoch auch ein Indiz dafür sein, dass die betreffenden Erträge oder Aufwendungen, in diesem Fall die Differenzen aus der Neubewertung der Personalverpflichtungen, nicht im sonstigen Ergebnis angesetzt werden sollten.[120]

Insgesamt ist hier das Bestreben des IASB zu erkennen, einen engen konzeptionellen Rahmen für das sonstige Gesamtergebnis festzulegen. Die Posten ohne Recycling dürften diesbezüglich in der Zukunft einer Prüfung unterzogen werden.[121]

Kapitel 8 – Kapital- und Kapitalerhaltungsgrundsätze

Das achte und letzte Kapitel, Kapital- und Kapitalerhaltungsgrundsätze, wurde mit Ausnahme kleinerer Änderungen aus Konsistenz- oder Terminologiegründen unverändert aus dem bisherigen Rahmenkonzept übernommen.[122]

---

119 Vgl ED/2015/3 7.21 ff.
120 Vgl ED/2015/3 7.26 f.
121 Vgl *Kirsch*, Der Exposure Draft zum Conceptual Framework (ED/2015/3) in PIR 9/2015, 242.
122 Vgl ED/2015/6 BC8.1.

C. Zusammenfassung

Der Entwurf für ein neues Rahmenkonzept bringt einerseits eine Modernisierung veralteter Teile des derzeit gültigen Frameworks, das mit Ausnahme der Abschnitte über „Zielsetzung" und „Qualitative Anforderungen an die Berichterstattung" noch aus dem Jahr 1989 stammt. Andererseits werden durch eine inhaltliche Erweiterung konzeptionelle Lücken beseitigt.

Die vorgeschlagenen neuen Definitionen für Vermögenswerte und Schulden haben durch die Streichung des Wahrscheinlichkeitskriteriums für Zu- und Abflüsse grundsätzlich eine deutliche Erweiterung ihres Umfangs zur Folge. Ob es dadurch tatsächlich zu einem Ansatz zusätzlicher Vermögenswerte und Schulden kommt, hängt nach dem Entwurf des IASB künftig von ihm selbst ab. Das Board soll bei der Verabschiedung von Einzelstandards entscheiden, ob der Ansatz bestimmter Vermögenswerte und Schulden zu relevanteren Finanzinformationen führt. Für die unmittelbar angesprochenen Standards hält das IASB fest, dass im Bereich der immateriellen Vermögenswerte (IAS 38) keine Änderungen geplant sind, bei den Rückstellungen (IAS 37) im Rahmen ihrer Research-Agenda jedoch ein konkretes Ergänzungsprojekt geprüft wird.

Der Entwurf zum neuen Rahmenkonzept definiert Eigenkapital weiterhin als Saldo aus Vermögenswerten und Schulden. Auch hier gibt es einige Inkonsistenzen zu bestehenden Standards, insbesondere zu IAS 32. Das IASB hat sich zur Lösung dieser Inkonsistenzen nicht geäußert, sondern auf das laufende Research-Projekt zur Abgrenzung von Eigenkapital und Schulden (Financial Instruments with Characteristicts of Equity research project) verwiesen. Dadurch können sich die Definitionen der Abschlusselemente noch ändern, wiewohl dies derzeit nach Aussage des IASB nicht als wahrscheinlich gilt.

Im Abschnitt zu „Darstellung und Angaben" wurden erstmalig konzeptionelle Regeln für das sonstige Gesamtergebnis (OCI) vorgestellt. Das OCI steht im Schatten der Gewinn- und Verlustrechnung, der primären Quelle der Erfolgsbeurteilung. Um dieser Rolle gerecht zu werden, soll durch ein System widerlegbarer Vermutungen sichergestellt werden, dass mit Ausnahme von OCI-Posten, die nicht sinnvoll einer bestimmten Periode zugeordnet werden können, alle Aufwendungen und Erträge auch in der Gewinn- und Verlustrechnung abgebildet werden.

Die Bewertungsgrundlagen wurden wesentlich ergänzt und bilden die aktuelle Entwicklung der Diskussion ab.

Last but not least ist festzuhalten, dass die Ausführungen zur Zielsetzung gegenüber der in 2010 veröffentlichten Fassung um das Prinzip der „stewardship" ergänzt wurden. Zu den Aufgaben relevanter Finanzinformationen zählt daher auch, Aufschluss über den verantwortungsvollen Umgang des Managements mit den ihm anvertrauten Ressourcen zu geben.

Stellungnahmen wurden ursprünglich bis zum 26.10.2015 erbeten. Die Frist wurde jedoch im September bis zum 25.11.2015 verlängert. Eine Entscheidung über die weitere Projektausrichtung soll 2016 fallen.[123]

IV. IASB und Enforcement Update
A. IASB Update

Laut dem aktuellen EU Endorsement Status Report zum Inkrafttreten beschlossener Standards und Änderungen („amendments") stehen die folgenden Standards bzw Ergänzungen kurz vor einer Übernahme bzw wurden noch im Dezember 2015 übernommen, wobei eine erstmalige Anwendung nicht vor dem 1.1.2016 vorgeschrieben wurde:

- Equity-Methode im separaten Abschluss (Änderungen an IAS 27) (am 23.12.2015 übernommen)
- Angabeninitiative (Änderungen an IAS 1) (am 19.12.2015 übernommen)
- Jährliche Verbesserungen an den IFRS Zyklus 2012–2014 (am 16.12.2015 übernommen)
- Klarstellung akzeptabler Abschreibungsmethoden (Änderungen an IAS 16 und IAS 38) (am 3.12.2015 übernommen)
- Änderungen zu IFRS 11: Bilanzierung von Erwerben von Anteilen an einer gemeinsamen Geschäftstätigkeit (übernommen am 25.11.2015)
- Änderungen an IAS 16 und IAS 41: Fruchttragende Pflanzen (übernommen am 24.11.2015)
- IFRS 9 Finanzinstrumente (voraussichtlich 2016)
- IFRS 15 Erlöse aus Verträgen mit Kunden (voraussichtlich 2016)
- Investmentgesellschaften: Anwendung der Konsolidierungsausnahme (Änderungen an IFRS 10, IFRS 12 und IAS 28) (voraussichtlich 2016)[124]

Bereits von der Europäischen Kommission übernommen wurden die Änderungen an IAS 19 Leistungen an Arbeitnehmer („Amendments to IAS 19 – Defined Benefit Plans: Employee Contributions). Diese neuen Regelungen sind gemäß IAS 8 retrospektiv erstmalig auf Geschäftsjahre anzuwenden, die am oder nach dem 1.1.2015 beginnen. Geändert wurden die Regelungen für Beiträge von Arbeitnehmern oder dritten Parteien, die mit der Dienstzeit verknüpft sind. Abhängig von der Ausstellung der Beitragszahlungen ergibt sich folgende Unterscheidung:

---

123 Vgl IASB Update, September 2015, abrufbar unter: http://media.ifrs.org/2015/IASB/September/IASB-Update-September2015.html#10 (21.11.2015).
124 Vgl EFRAG The EU endorsement status report, 29. December 2015, abrufbar unter: http://www.efrag.org/WebSites/UploadFolder/1/CMS/Files/Endorsement%20status%20report/EFRAG_Endorsement_Status_Report_29_December_2015.pdf.

- Erfolgt der Beitrag unabhängig von der Anzahl der Dienstjahre, so können die Zahlungen als Reduzierung des Dienstzeitaufwands (service costs) in der Periode, in der die entsprechende Dienstzeit erbracht wird, erfasst werden (Nettoerfassung).
- Wird der Beitrag wiederum in Abhängigkeit von der Anzahl der Dienstjahre geleistet, erfolgt eine Zurechnung wie nach bisherigem Recht auf die Dienstleistungsperioden gemäß IAS 19.70 (Bruttoerfassung).[125]

Erstmalig auf Berichtsjahre, die am oder nach dem 1.1.2015 beginnen, sind die Jährlichen Verbesserungen an den IFRS (Zyklus 2011–2013) mit Änderungen an vier Standards anzuwenden. Dabei wurden die folgenden Standards geändert:

- IFRS 3: Zur Ausnahme vom Anwendungsbereich für Gemeinschaftsunternehmen
- IAS 40: Zur Beantwortung der Frage, ob der Erwerb von als zur Finanzinvestition gehaltenen Immobilien einen Unternehmenszusammenschluss darstellt
- IFRS 13: Zum Anwendungsbereich der sog portfolio exception
- IFRS 1: Zur Definition in IFRS 1.7 „alle IFRS, die am Ende der Berichtsperiode gelten"

Neu anzuwenden ist auch IFRC 21 Abgaben. Ein Endorsement der Europäischen Kommission erfolgte allerdings schon am 13.6.2014 mit einer retrospektiven Anwendung für Geschäftsjahre, die am oder nach dem 17.6.2014 beginnen. IFRIC 21 regelt den Zeitpunkt des Schuldansatzes für durch Regierungen auferlegte (durch Gesetz und Vorschriften) Abgaben. Gemäß IFRIC 21.2 werden sowohl die Bilanzierung von Verpflichtungen zur Entrichtung einer Abgabe, die in den Anwendungsbereich von IAS 37 fallen, als auch von Verpflichtungen zur Entrichtung von Abgaben, bei denen Zeitpunkt und Betrag bekannt sind.

Weiters wurden die jährlichen Verbesserungen an den IFRS (Zyklus 2010–2012) verabschiedet, welche erstmalig für Geschäftsjahre, welche am oder nach dem 1.2.2015 beginnen, anzuwenden sind. Dieser Zyklus beinhaltet Änderungen an insgesamt sieben Standards:

- IFRS 2: Klarstellung zur Definition „Ausübungsbedingungen"
- IFRS 3: Klarstellung zur Bilanzierung bedingter Kaufpreiszahlungen bei Unternehmenserwerben
- IFRS 8: Klarstellung zu Anhangsangaben in Bezug auf die Zusammenfassung von Geschäftssegmenten und zur Überleitungsrechnung vom Segmentvermögen zum Konzernvermögen
- IFRS 13: Klarstellung zum Unterlassen der Abzinsung von kurzfristigen Forderungen und Verbindlichkeiten

---
125 Vgl IAS 19.93 f.

- IAS 16/IAS 38: Klarstellung zur proportionalen Anpassung der kumulierten Abschreibungen bei Verwendung der Neubewertungsmethode
- IAS 24: Klarstellung „nahe stehenden Unternehmen" und Einfluss auf die Auslegung des Begriffs „Mitglieder des Managements in Schlüsselpositionen"

B. Enforcement Update: Pre-Clearance-Verfahren

Am 28.10.2014 hat die European Securities and Markets Authority (ESMA) 2014 Leitlinien für die Überwachung von Finanzinformationen nach der Transparenzrichtlinie („ESMA-Leitlinien zur Überwachung von Finanzinformationen [Enforcement]") veröffentlicht. Diese bilden die Grundlage für die Tätigkeit der nationalen Enforcement-Behörden und deren einheitliche Vorgangsweise im Europäischen Wirtschaftsraum zur Sicherstellung der Konformität der in harmonisierten Dokumenten bereitgestellten Finanzinformationen von Emittenten von Wertpapieren mit Zulassung auf einem geregelten Markt mit den Anforderungen der Transparenzrichtlinie.[126]

Neben den Leitlinien über die Aufgaben und Unabhängigkeit von Enforcement-Behörden (Leitlinien 2 und 3), findet sich auch eine Leitlinie zu einem sogenannten „Pre-Clearance-Verfahren". Ein solches Verfahren bietet den Emittenten die Möglichkeit, zu speziellen Bilanzierungsfragen Aufsichtsentscheidungen bereits vor Veröffentlichung der entsprechenden Finanzinformationen einzuholen. Gemäß Leitlinie 4 der ESMA-Leitlinien sollte ein Pre-Clearance-Verfahren, sofern dieses zulässig ist, Bestandteil eines förmlichen Verfahrens sein, das nur durchgeführt werden kann, wenn er Emittent und sein Abschlussprüfer ihren Standpunkt zur betreffenden Bilanzierungsmethode dargelegt haben. Auf diese Weise soll sichergestellt werden, dass Entscheidungen im Vorfeld auf den gleichen Informationen wie Entscheidungen nach Veröffentlichung der Finanzinformationen beruhen und diese in weiterer Folge nicht als allgemeine Interpretationen herangezogen werden.[127]

Seit Juli 2015 ist es auch für Unternehmen in Österreich, welche einen IFRS-Abschluss erstellen und dem Rechnungslegungs-Kontrollgesetz (RL-KG) unterliegen, möglich, eine Auskunft über geplante Bilanzierungssachverhalte von der zuständigen Rechnungslegungskontrollbehörde einzuholen. Gemäß § 1 RL-KG kommt diese Rolle der österreichischen Finanzmarktaufsicht (FMA) zu.

Ziel eines Pre-Clearance-Verfahrens ist es, bereits im Vorhinein Fehler zu vermeiden, um nachträgliche Sanktionen zu verhindern.[128] Im Zuge eines Pre-Clearance-Verfahrens sind vom Antragsteller folgende Informationen einzureichen:

---
126 Vgl ESMA/2014/1293de (deutsche Fassung) Rz 1 f, abrufbar unter: http://www.esma.europa.eu/node/75248.
127 Vgl ESMA/2014/1293de (deutsche Fassung) RZ 43 ff.
128 Vgl Finanzmarktaufsicht (FMA) Information der dem Rechnungslegungs-Kontrollgesetz unterliegenden Unternehmen zum Pre-Clearance durch die Finanzmarktaufsicht, 2015, 1. Abrufbar unter:

- eine ausreichend konkretisierte und präzise Darstellung des zu bilanzierenden Sachverhaltes,
- eine ausgewogene Darlegung der bilanziellen Abbildung des Sachverhaltes durch das Unternehmen mit Verweis auf die anzuwendenden einschlägigen Bestimmungen der IFRS und ggf der einschlägigen Literatur bzw Branchenpraxis und
- eine Stellungnahme des bestellten gesetzlichen Abschlussprüfers zur vorgeschlagenen bilanziellen Abbildung des Sachverhaltes.

Die FMA weist darauf hin, dass allgemein gehaltene Fragen, die die Interpretation einzelner IFRS-Standards oder Auslegungsfragen betreffen, nicht beantwortet werden.[129]

Als Bearbeitungszeitraum wird von der FMA ein Zeitraum von zwei bis drei Monaten genannt. Die Verständigung des Einreichers über das Ergebnis des Verfahrens, nämlich ob auf Basis der beabsichtigten Darstellung Einwendungen gegen die geplante Bilanzierung bestehen, erfolgt in schriftlicher Form. Die Anfrage des Unternehmens und die Auskunft der FMA unterliegen grundsätzlich der Amtsverschwiegenheit. Eine Weitergabe an andere Unternehmen oder die österreichische Prüfstelle für Rechnungslegung (OePR) ist daher ausgeschlossen. Die Unternehmen sind jedoch angehalten, im Falle einer späteren Prüfung durch die OePR die Unterlagen gegenüber der Prüfstelle offenzulegen.[130]

---

https://www.fma.gv.at/typo3conf/ext/dam_download/secure.php?u=0&file=14587&t=1448703121& hash=4c4a7158ca7978eeb779579b35dd779f (27.11.2015).

129 Vgl Finanzmarktaufsicht (FMA), Information der dem Rechnungslegungs-Kontrollgesetz unterliegenden Unternehmen zum Pre-Clearance durch die Finanzmarktaufsicht, 2015, 2.
130 Vgl Finanzmarktaufsicht (FMA), Information der dem Rechnungslegungs-Kontrollgesetz unterliegenden Unternehmen zum Pre-Clearance durch die Finanzmarktaufsicht, 2015, 2 f.

Qualitätsprüfung und Enforcement

Aktuelle Entwicklungen in der externen Qualitätsprüfung – Das Abschlussprüferaufsichtsgesetz

Markus Dellinger/Hans Hammerschmied/Gisela Nagy/Rudolf Steckel/ Martin Plöckinger

I. **Einleitung**
   A. Inhalt dieses Beitrags
   B. Begriffsabgrenzung
II. **Europarechtliche Rahmenbedingungen und Ausgangssituation**
   A. Historie
      1. Richtlinie 2006/43/EG (Abschlussprüfungsrichtlinie)
      2. Nationale Umsetzung durch das A-QSG
         a) Erstfassung des A-QSG und A-QSRL
         b) A-QSG-Novelle 2006
         c) A-QSG-Novelle 2010
         d) A-QSG-Novelle 2011
         e) A-QSG-Novelle 2013
      3. Weitere relevante Regelwerke und Facharbeiten
         a) IWP/PG 7
         b) ISQC 1
         c) ISA 220
         d) Handbücher
   B. Neue EU-Regelungen
      1. Grundsätze der Richtlinie
      2. Zielsetzung bei der Umsetzung in nationales Recht
III. **Das Abschlussprüferaufsichtsgesetz (APAG)**
   A. Abschlussprüferaufsichtsbehörde
      1. Struktur
         a) Aufsichtsrat und Vorstand
         b) Qualitätsprüfungskommission
         c) Inspektoren
      2. Aufgaben
      3. Sanktionsbefugnisse

           a) Sanktionsmöglichkeiten
           b) Öffentliche Bekanntmachung
     B. Inspektionen und Qualitätssicherungsprüfungen
        1. Abgrenzung
        2. Inspektionen
           a) Umfang und Inhalt
           b) Voraussetzungen für die Durchführung
        3. Qualitätssicherungsprüfungen
        4. Erstmalige Prüfungen
        5. Berichterstattung und Bescheid
           a) Prüfbericht
           b) Bescheiderstellung
        6. Übergangsregelungen
        7. Aktuell noch ungeklärte Aspekte

IV.   **Stand der Umsetzung in Deutschland**

V.   **Aktuelles aus der Verwaltungspraxis des AeQ**
     A. Tätigkeitsbericht des AeQ 2010–2015
     B. Die häufigsten in der Qualitätsprüfung festgestellten Mängel
     C. Aktuelle Problembereiche und Diskussionspunkte
        1. Problemfelder aus Sicht des Berufsstandes
           a) Zeitlicher Ablauf und Fristen
           b) Umfang und Komplexität der Bescheide und Formalismus im Verfahren
           c) Auswahl des Qualitätsprüfers
           d) Rückfragen des Qualitätsprüfers, Umdeutungen und Festsetzung von Maßnahmen
        2. Problemfelder aus Sicht des AeQ
           a) Qualifizierte Assistenten
           b) Meldungen zu Fortbildungen und zum öffentlichen Register
           c) Zahlstellenfunktion des AEQ

I. Einleitung
A. Inhalt dieses Beitrags

Die Sicherstellung der Qualität der Abschlussprüfung ist nach wie vor ein höchst aktuelles Thema in Diskussionen zur Abschlussprüfung. Auch wenn bekannte internationale Bilanzskandale mittlerweile mehrere Jahre zurückliegen, ist die öffentliche Wahrnehmung darüber, was die Abschlussprüfung leisten soll, weiterhin von einer Erwartungslücke gegenüber den tatsächlichen Aufgaben und dem tatsächlichen Leistungsvermögen der Abschlussprüfung geprägt. Die Gesellschaft und die Öffentlichkeit stellen diesbezüglich durchwegs hohe Anforderungen an die Qualität der Abschlussprüfung, weshalb Letztere seit längerem im Fokus von Regulatoren und Gesetzgebern steht.

Von Abschlussprüfern erbrachte Leistungen unterliegen einer ständigen Veränderung der Prüfungsgegenstände und der angewendeten Normen und sind daher als Dienstleistungen mit hohem Komplexitätsgrad zu klassifizieren.[1] Eine objektive und standardisierte Bewertung der Qualität von komplexen Dienstleistungen wie jener der Abschlussprüfung ist allgemein nur sehr schwer möglich. Die Beurteilung (Messung) der Qualität kann daher nur durch eine umfangreiche Überprüfung der Qualität durch externe Personen angenähert werden.[2] Mit der Komplexität der Dienstleistung nehmen auch die Anforderungen an solche Qualitätsprüfungen zu.[3]

Die Schwierigkeit der Beurteilung von Prüfungsqualität findet auch darin Ausdruck, dass das Rahmenwerk des IAASB nach wie vor keine allgemeine Definition des Begriffes „Prüfungsqualität" enthält, sondern diese als Abgrenzung von Faktoren, die eine hohe Prüfungsqualität begünstigen, versteht:[4] *„The term audit quality encompasses the key elements that create an environment which maximizes the likelihood that quality audits are performed on a consistent basis."*[5]

Nichtsdestotrotz hat sich die EU die Verbesserung der Qualität der Abschlussprüfung auf die Fahnen geschrieben und dafür eine Änderung der Abschlussprüferrichtlinie (RL 2006/43/EU) und eine neue Verordnung definiert, die 2016 unter anderem umfassende Veränderungen in der externen Qualitätssicherung der Abschlussprüfung sowie der Aufsicht der Abschlussprüfung in den Mitgliedstaaten nach sich ziehen werden.

Dieser Beitrag gibt einen kurzen Überblick über die Historie der nationalen Regelungen zur externen Qualitätssicherung in Österreich und stellt vor diesem Hin-

---
1 Vgl *Marten et al* (2015), 586.
2 Vgl *Niehus* (1998), 2.
3 Vgl *Rieck* (2011), 35.
4 Vgl *Maccari-Peukert/Ratzinger-Sakel* (2014), 609.
5 Vgl IAASB: A Framework for Audit Quality, Fn 1, Rn 1.

tergrund das Abschlussprüferaufsichtsgesetz in den Fokus, das die europarechtlichen Neuerungen, insbesondere soweit sie die öffentliche Aufsicht betreffen, ab 2016 in Österreich umsetzen beziehungsweise die Rahmenbedingungen für die Anwendung der Verordnung schaffen wird. Schwerpunktmäßig werden dabei die durch dieses Gesetz neu geschaffene Aufsichtsbehörde sowie das nunmehr berufsstandsunabhängige Inspektionssystem für Abschlussprüfer und Prüfungsgesellschaften, die Unternehmen von öffentlichem Interesse prüfen, vorgestellt. Abgeschlossen wird der Beitrag mit aktuellen Entwicklungen aus der Qualitätssicherungspraxis durch einen Auszug aus dem Tätigkeitsbericht des Arbeitsausschusses für externe Qualitätssicherung für das Jahr 2015.

B. Begriffsabgrenzung

Im vorliegenden Beitrag bezeichnet „Abschlussprüfung" im Sinne des Art 2 Abs 1 der Richtlinie 2014/56/EU eine Prüfung eines Jahresabschlusses oder konsolidierten Abschlusses, die entweder nach Unionsrecht oder nationalen Rechtsvorschriften vorgeschrieben ist oder auf freiwilliger Basis von Unternehmen durchgeführt wird und nationale rechtliche Anforderungen erfüllt. Im Sinne der Abs 2 und 3 des gleichen Artikels sind „Abschlussprüfer" natürliche Personen sowie „Prüfungsgesellschaften" juristische Personen, die gemäß nationalem Recht für die Durchführung solcher Abschlussprüfungen zugelassen sind.

Unter dem Begriff der „internen Qualitätssicherung" werden alle von einem/einer Abschlussprüfer/Prüfungsgesellschaft installierten Maßnahmen verstanden, die eine Sicherstellung ihrer gesetzlichen und berufsständischen Pflichten und Verantwortlichkeiten gewährleisten. Dazu zählen sowohl auftragsunabhängige Maßnahmen zur Organisation der Gesellschaft als auch auftragsbezogene Maßnahmen für die Abwicklung von Prüfaufträgen.[6]

Demgegenüber bezeichnet die „externe Qualitätssicherung" jenes externe System der Qualitätskontrollen durch eine vom Abschlussprüfer bzw der Prüfungsgesellschaft unabhängige Person, das Maßnahmen zur Beurteilung, Überwachung und Sicherstellung der Angemessenheit und Wirksamkeit des internen Qualitätssicherungssystems umfasst.[7]

Soweit nicht explizit anders angegeben, werden im Folgenden die Begriffe „Qualitätssicherung", „Qualitätssicherungssystem", „Qualitätssicherungsmaßnahmen" uÄ stets im Zusammenhang mit der externen Qualitätssicherung der Abschlussprüfung verwendet.

---

6 Vgl *Marten et al* (2015), 587.
7 Defnition abgeleitet von *Marten et al* (2015), 599.

II. Europarechtliche Rahmenbedingungen und Ausgangssituation

A. Historie

1. Richtlinie 2006/43/EG (Abschlussprüfungsrichtlinie)

Mit der Richtlinie 2006/43/EG vom 17.5.2006 hat die EU nicht nur die Abschlussprüfung von Jahresabschlüssen und konsolidierten Abschlüssen der Mitgliedstaaten weitgehend rechtlich vereinheitlicht, sondern durch Art 29 und 43 auch die Anforderungen an die Qualitätssicherung von Abschlussprüfungen konkretisiert.

Festgelegt wurden in dieser Richtlinie zunächst die wesentlichen Inhalte einer Qualitätssicherungsprüfung, die Anforderungen an fachliche Expertise, das Verfahren bei der Auswahl von Qualitätssicherungsprüfern sowie die Sicherstellung einer transparenten Ergebniskommunikation und der Finanzierung. In der Abschlussprüfungsrichtlinie wurden auch einige Punkte aus der Empfehlung 2001/256/EG der Europäischen Kommission vom 15.11.2000 zu Mindestanforderungen an Qualitätssicherungssysteme für die Abschlussprüfung in der EU übernommen. Explizit ausformulierte Regelungen zur Unabhängigkeit des Qualitätssicherungssystems vom Berufsstand der Wirtschaftsprüfer fanden sich hingegen in der Richtlinie nicht – die Empfehlung 2001/256/EG sah diesbezüglich ein Peer-Review-Verfahren als ebenso geeignet an wie ein Monitoring-System (Inspektionssystem).

Erst mit der Empfehlung 2008/362/EG der Kommission vom 6.5.2008 zur externen Qualitätssicherung bei Abschlussprüfern und Prüfungsgesellschaften, die Unternehmen von öffentlichem Interesse prüfen (PIE-Prüfer), werden die Mitgliedstaaten angehalten, für das Qualitätssicherungssystem von PIE-Prüfern ein Inspektionssystem mit einer vom Berufstand weitgehend unabhängigen Behörde einzurichten. Einen rechtsverbindlichen Charakter für die Mitgliedsstaaten hatte diese Empfehlung ebenso wie die Empfehlung 2001/256/EG allerdings nicht.

2. Nationale Umsetzung durch das A-QSG

In Österreich reichen die Anfänge der gesetzlich geregelten Abschlussprüfungs-Qualitätssicherung bis in das Jahr 2005 zurück. Die nachfolgenden Abschnitte stellen die Historie der nationalen Gesetzgebung diesbezüglich im Überblick dar.[8]

a) Erstfassung des A-QSG und A-QSRL

Die Abschlussprüfungsrichtlinie wurde durch das Abschlussprüfungs-Qualitätssicherungsgesetz umgesetzt, das mit 1.9.2005 in Kraft getreten ist. Durch das A-

---

[8] Auf eine Darstellung der A-QSG-Novellen durch BGBl I 8/2010 und I 34/2015 wird verzichtet, da diese lediglich formalrechtliche Aktualisierungen beinhalten.

QSG wurden zwei neue Behörden geschaffen: der Arbeitsausschuss für externe Qualitätssicherungen (AeQ) als erstinstanzliches Kollegialorgan (bestehend aus Mitgliedern der Kammer der Wirtschaftstreuhänder (KWT) und der Vereinigung Österreichischer Revisionsverbände (VÖR) gemeinsam mit dem Sparkassen-Prüfungsverband) und die Qualitätskontrollbehörde (QKB) als Kollegialorgan zweiter Instanz beim Bundesministerium für Wirtschaft und Arbeit (aktuell Bundesministerium für Wissenschaft, Forschung und Wirtschaft).[9]

Der AeQ nahm per Oktober 2005 seine Arbeit auf, die QKB wurde im Juli 2006 eingerichtet. Ebenfalls im Juli 2006 wurde die gemäß § 22 A-QSG erforderliche nationale Richtlinie über Qualitätssicherungsmaßnahmen und externe Qualitätsprüfungen (A-QSRL) erlassen, die insbesondere die Dokumentation des Qualitätssicherungssystems, Melde- und Kommunikationspflichten der Abschlussprüfer, Laufzeiten von Bescheinigungen gemäß § 15 A-QSG sowie die Honorierung der Qualitätsprüfer regelt.

b) A-QSG-Novelle 2006

Durch das BGBl I 2006/142 wurde das A-QSG erstmals geringfügig novelliert. Dem Gesetz wurde die Verpflichtung der FMA hinzugefügt, bei begründetem Verdacht des Vorliegens von wesentlichen Mängeln bei den Qualitätssicherungsmaßnahmen von Bankprüfern den AeQ darüber in Kenntnis zu setzen. Dieser wiederum muss binnen vier Wochen die FMA und die QKB informieren, ob eine Sonderprüfung angeordnet wird und wann diese durchzuführen ist. Diese Änderung trat mit 1.1.2007 in Kraft.

c) A-QSG-Novelle 2010

Eine deutlich umfangreichere Aktualisierung des A-QSG erfolgte mit der zweiten Novelle durch das BGBl I 2010/10 vom 29.1.2010. Hierdurch wurden vor allem jene Regelungen der Abschlussprüfungsrichtlinie umgesetzt, die bis zu diesem Zeitpunkt nicht oder nur teilweise im A-QSG normiert waren. Dies betrifft vor allem Meldepflichten bei Abberufung und Rücktritt von Prüfungsmandaten sowie die Verpflichtung zur kontinuierlichen Fortbildung für alle Abschlussprüfer.

Hinsichtlich des Qualitätssicherungssystems wurden einzelne Regelungen zu den fachlichen Anforderungen an Qualitätsprüfer, zum Inhalt des Prüfberichtes sowie zur Erteilung der Bescheinigung präzisiert. Erstmals aufgenommen wurden Regelungen zum Entzug und dem Erlöschen der Bescheinigung, zu Strafbestimmungen bei Pflichtverletzungen von Abschlussprüfern, zur Zulassung von Abschlussprüfern und Prüfungsgesellschaften aus anderen EU-Mitgliedstaaten und Drittstaaten, zur Zusammenarbeit mit den zuständigen Stellen anderer Länder sowie zur Sicherstellung einer von den überprüften Abschlussprüfern und Prü-

---

9 Vgl dazu ausführlich *Reiter et al* (2008), 111 ff.

fungsgesellschaften unabhängigen Finanzierung des Qualitätssicherungssystems (inklusive der dem AeQ seitdem zukommenden Zahlstellenfunktion).

Darüber hinaus wurde ein öffentliches Register aller Abschlussprüfer und Prüfungsgesellschaften mit aufrechter Bescheinigung bei der QKB eingeführt. Ebenso wurde der QKB im Hinblick auf die Empfehlung 2008/362/EG der Europäischen Kommission das Recht eingeräumt, bei PIE-Prüfern stichprobenartig und ohne besonderen Anlass Sonderprüfungen durchzuführen.

d) A-QSG-Novelle 2011

Mit Erkenntnis vom 24.6.2010 (BGBl I 2010/253) hatte der Verfassungsgerichtshof sowohl die Bestimmung des § 16 (2) Z 2 A-QSG, wonach der AeQ eine Fristverkürzung bis zur nächsten Qualitätsprüfung anordnen konnte, als auch die Bestimmung des § 12 (1) A-QSRL, wonach bei Neuaufnahme eines Prüfungsbetriebes die Bescheinigung auf höchstens 18 Monate zu befristen war, aufgehoben.

Begründet wurde diese Entscheidung mit formalrechtlichen Fehlern beim Zustandekommen der entsprechenden Regelungen, die dem AeQ Kompetenzen in der mittelbaren Bundesverwaltung anstelle der Landeshauptleute zuwies. Die dafür entsprechend den Bestimmungen des Verfassungsgesetzes erforderliche Zustimmung der Bundesländer wurde im Gesetzgebungsverfahren nicht eingeholt. Durch das BGBl I 2011/89 wurden sämtliche ähnlich gelagerten Kompetenzzuweisungen an den AeQ im A-QSG unter Einhaltung der Formvorschriften saniert und die Bestimmung über Fristverkürzung bei Neuaufnahme eines Prüfungsbetriebes ins A-QSG übernommen.

e) A-QSG-Novelle 2013

Wichtigste Neuerung der A-QSG-Novelle durch das BGBl I 2013/129 stellt die Wiedereinsetzung der QKB als Behörde per 1.1.2014 dar, da diese ansonsten durch die Verwaltungsgerichtsbarkeitsnovelle 2012 per 31.12.2013 aufgelöst worden wäre. Zudem wurde der Instanzenzug bei Beschwerden über Bescheide des AeQ geändert, über die nun nicht mehr die QKB, sondern das Bundesverwaltungsgericht zu entscheiden hat. Die QKB bekam Parteistellung bei Verfahren vor dem Bundesverwaltungsgericht. Ebenso korrigiert wurde ein Fehler in § 27 (2) Z 1 A-QSG, der die Strafbestimmungen bei Nichterbringen der Fortbildungsmeldungen durch die QKB vorsah. Da die Fortbildungsmeldungen allerdings dem AeQ übermittelt werden müssen, wurden die Verwaltungsstrafkompetenzen diesbezüglich mit der Novelle ebenfalls dem AeQ übertragen.

3. Weitere relevante Regelwerke und Facharbeiten

In Österreich ist für Abschlussprüfer und Qualitätsprüfer neben dem A-QSG eine Reihe weiterer Regelwerke betreffend die externe Qualitätssicherung relevant:

a) IWP/PG 7

Das Fachgutachten PG7 des IWP regelt im Detail, welche Inhalte ein Qualitätssicherungssystem aufweisen und wie dieses dokumentiert sein muss. Ebenso enthält es detaillierte Anweisungen und Hilfestellungen zur Qualitätssicherung in Prüfungsbetrieben von der Auftragsplanung, Auftragsannahme und Auftragsabwicklung bis hin zur Mitarbeiterentwicklung und der internen Nachschau. Das IWP/PG7 wurde letztmals 2010/11 in größerem Umfang überarbeitet und ist in der aktuellen Fassung seit 1.1.2012 anzuwenden. Insbesondere durch das IWP/PG7 wird auch die Relevanz der nachfolgenden Standards und Regelungen begründet.

b) ISQC 1

Sowohl § 269a UGB als auch § 2 (2) A-QSG erfordern die Beachtung international anerkannter Prüfungsstandards in der Abschlussprüfung und externen Qualitätsprüfung, wenn diese von der Europäischen Kommission in europäisches Recht übernommen wurden. Der internationale Standard zur Qualitätssicherung in Prüfungsbetrieben ISQC 1 des IFAC verpflichtet Prüfungsbetriebe zur Einführung auftragsunabhängiger Qualitätssicherungsmaßnahmen.[10]

Dazu zählen ua die Einführung eines Qualitätssicherungssystems, die Durchführung, Dokumentation und Überwachung von Qualitätssicherungsmaßnahmen sowie die Einführung von Grundsätzen und Verfahren, die ua eine nachhaltige Personalplanung, die Annahme und Fortführung von Mandantenbeziehungen und den Umgang mit Meinungsverschiedenheiten innerhalb von Prüfungsteams umfassen.

c) ISA 220

Ebenso wie der ISQC 1 für auftragsunabhängige Maßnahmen ist der ISA 220 „Qualitätssicherung bei der Durchführung einer Abschlussprüfung" für auftragsbezogene Qualitätssicherungsmaßnahmen relevant. Er regelt die Verantwortlichkeit für die Definition, Einführung und Überwachung eines Qualitätsprüfungssystems in der Prüfungsdurchführung.

d) Handbücher

Das IWP hat als Erleichterung für die Anwendung der gesetzlichen Regelungen sowie die Umsetzung des IWP/PG7 durch Abschlussprüfer und Prüfungsgesellschaften ein Handbuch zur Qualitätssicherung herausgegeben, das als Musterhandbuch für die Entwicklung eines prüfungsbetriebsspezifischen Organisationshandbuches dienen soll. Das Handbuch enthält als Ergänzung auch konkrete

---

10 ISQC 1 ist nach IFAC ein Qualitätsstandard und kein Prüfungsstandard, wird aber von Art 26 (2) der Richtlinie 2014/56/EU unter den Prüfungsstandards subsumiert, woraus die Relevanz explizit hervorgeht.

Arbeitshilfen wie zB Vorlagen für Formulare, Merkblätter und Checklisten. Das IWP-Handbuch wurde letztmals 2011/12 überarbeitet und kann von allen Mitgliedern des IWP kostenlos verwendet werden.

Anerkannten Qualitätsprüfern steht für die Qualitätsprüfung das Muster-Prüfungshandbuch des AeQ zur Verfügung. Dieses regelt die vorzunehmenden Qualitätsprüfungshandlungen sowohl hinsichtlich auftragsunabhängiger als auch hinsichtlich auftragsabhängiger Maßnahmen des/der zu überprüfenden Abschlussprüfers/Prüfungsgesellschaft. Das Muster-Prüfungshandbuch wurde letztmals 2013 überarbeitet und wird laufend den sich ändernden rechtlichen Rahmenbedingungen angepasst.

B. Neue EU-Regelungen

Im Jahr 2014 hat die Europäische Kommission mit der Richtlinie 2014/56/EU umfassende Änderungen an der Abschlussprüfungsrichtlinie 2006/43/EU vorgeschlagen und zusätzlich die Verordnung (EU) 537/2015 entwickelt. Während die Richtlinie alle Abschlussprüfer und Prüfungsgesellschaften betrifft, ist die Verordnung nur für Abschlussprüfer und Prüfungsgesellschaften von Unternehmen öffentlichen Interesses – Public-Interest-Entities-Prüfer (PIE-Prüfer) – relevant.

Die von der EU-Kommission ausgearbeiteten neuen Regelungen wurde durch Beschlüsse des Europäischen Parlaments und des Rates der EU am 14.4.2014 verabschiedet, am 27.5.2014 erfolgte die Veröffentlichung im Amtsblatt der EU. Am 16.6.2014 traten die neuen Regelungen formal in Kraft. Die Mitgliedstaaten haben eine zweijährige Frist (bis 16.6.2016) für die Umsetzung der Richtlinie, die Bestimmungen der Verordnung gelten ab 17.6.2016.

Die neuen Regelungen beinhalten nicht nur Neuerungen für die externe Qualitätssicherung, sondern auch Änderungen und Erweiterungen der Vorschriften ua zu externer Rotation, Verbote zum Erbringen von Nichtprüfungsleistungen[11] sowie Anforderungen an und Pflichten von Aufsichtsrat und Prüfungsausschuss.[12] In der Folge werden entsprechend der Themensetzung dieses Beitrags ausschließlich relevante Neuregelungen zur externen Qualitätssicherung näher betrachtet.

1. Grundsätze der Richtlinie

Die geänderte Abschlussprüfungsrichtlinie und die Verordnung erfordern die Schaffung eines neuen Aufsichtssystems über Abschlussprüfungen. Für dieses Aufsichtssystem ist eine neue Behörde einzurichten, die die Aufgaben, die sich aus den neuen EU-Regelungen ergeben, wahrnimmt. Das impliziert neben der

---

11 Siehe dazu ausführlich *Naumann/Herkendell* (2014), 178 ff.
12 Siehe dazu ausführlich *Milla et al* (2014), 370 ff.

Qualitätssicherung auch einen erweiterten Aufgabenumfang dieser Behörde hinsichtlich Untersuchungen, Sanktionierung, Zulassung, Registrierung, Fortbildung und Annahme von Standards mit Relevanz für die Abschlussprüfung.

Die Aufsichtsbehörde muss von Nichtberufsausübenden geleitet werden. Für die Qualitätssicherung von PIE-Prüfern ist ein vom Berufsstand unabhängiges Monitoring-System (Inspektionssystem) zu schaffen. Die Kommission will damit die Qualität der Abschlussprüfung nochmals erhöhen und damit das öffentliche Vertrauen in die Abschlussprüfung als gesellschaftlich wichtige Funktion der Wirtschaft weiter stärken.[13] Diese Zielsetzung wird sowohl von theoretischen als auch empirischen Erkenntnissen der Literatur gestützt, die eine hohe Qualität der Abschlussprüfung und damit auch eine entsprechende Aufsicht als zentrales Element für ein effizientes Funktionieren der Märkte betrachten.[14]

Als weitere Erwägungsgründe nennt die Richtlinie die weitergehende Harmonisierung der Abschlussprüferaufsicht, die europaweite Angleichung von Anforderungen an Abschlussprüfer und Prüfungsstandards, die Stärkung der Unabhängigkeit sowie die Verbesserung der Integration des EU-weiten Marktes für Abschlussprüfungen.[15] Insgesamt ordnen sich die Neuregelungen damit nahtlos in die langjährige Strategie der EU ein, nach zahlreichen internationalen Bilanzskandalen Qualität und Vertrauen in die Abschlussprüfung zu erhöhen und nachhaltig zu stärken.

2. Zielsetzung bei der Umsetzung in nationales Recht

In Österreich werden Abschlussprüfer und Prüfungsgesellschaften durch das Institut der Wirtschaftsprüfer (IWP), die Kammer der Wirtschaftstreuhänder (KWT), die Vereinigung Österreichischer Revisionsverbände (VÖR) und den Sparkassen-Prüfungsverband vertreten. Diese Interessengruppen haben sich zusammen dafür ausgesprochen, dass für den Standort Österreich eine möglichst kosteneffiziente Umsetzung der neuen Regelungen realisiert wird, und haben ihre Position auch bereits im September 2014 schriftlich an das Bundesministerium für Wissenschaft, Forschung und Wirtschaft übermittelt.

Die Interessengruppen haben sich dabei vor allem für eine Zusammenführung von AeQ und QKB in einer neuen Behörde, für eine hohe Durchlässigkeit in der Durchführung von Abschlussprüfungen von PIEs und Non-PIEs, gegen die Anstellung zahlreicher unabhängiger Inspektoren sowie aus Kostengründen für die Zuweisung eines größtmöglichen Aufgabenteils an ehrenamtlich tätige Abschlussprüfer im Bereich der Qualitätssicherungsprüfungen (Non-PIE-Aufgabenbereich) der Behörde ausgesprochen.[16]

---
13 Vgl Verordnung (EU) 537/2014, Erwägungsgründe 1, 4 und 5.
14 Vgl ua *Knechel et al* (2013), 399 ff; *Paulitschek* (2014), 73 ff und *Quandil* (2014), 250 ff.
15 Vgl Richtlinie 2014/56/EG, Erwägungsgründe 1, 3, 6, 7, und 8.
16 Vgl *Hammerschmied et al* (2015), 172.

Die VÖR hält zudem eine enge rechtliche Definition des Begriffes „Abschlussprüfung" im Sinne der §§ 268 ff UGB für sinnvoll, um damit auch den Anwendungsbereich der Qualitätssicherungsprüfungen einzugrenzen. Beispielsweise könnten so die Abschlussprüfung kleiner Genossenschaften und Vereine sowie Spaltungs- und Umgründungsprüfungen von der Qualitätsprüfung ausgenommen werden. Ebenso möglich wären Ausnahmen vom Inspektionssystem für Abschlussprüfer nicht kapitalmarktorientierter Genossenschaftsbanken und Sparkassen. Die VÖR hat sich aus Effizienzgründen zudem für eine Einbindung von Berufsangehörigen in die fachliche Arbeit und wirtschaftliche Kontrolle der neuen Aufsicht sowie in die Sachverständigentätigkeit bei Inspektionen ausgesprochen. Hohe Priorität soll weiters der Vermeidung von Doppelprüfungen durch die gegenseitige Nutzung der Prüfungsergebnisse aus Inspektionen und Qualitätssicherungsprüfungen eingeräumt werden.

Hinsichtlich der Einführung eines Inspektionssystems existieren allerdings auch kritische Stimmen vor allem zu den folgenden Aspekten:

- Abhängigkeit des Durchführungserfordernisses einer Inspektion von Detailregelungen zur Abgrenzung des Kreises der Unternehmen von öffentlichem Interesse
- Vereinbarkeit von Inspektionen mit den bisherigen Qualitätsprüfungen
- Verfügbarkeit von entsprechend qualifizierten Inspektoren
- Allfällige zu erwartende Kostensteigerungen

III. Das Abschlussprüferaufsichtsgesetz (APAG)

Das Abschlussprüferaufsichtsgesetz (APAG) soll die Richtlinie 2014/56/EU in österreichisches Recht umsetzen und die Anwendung der Verordnung (EU) 537/2014 sicherstellen. Das APAG wird dazu in einem organisationsrechtlichen Teil die Struktur einer neuen Behörde – der Abschlussprüferaufsichtsbehörde (APAB) – regeln und in einem aufsichtsrechtlichen Teil die Bestimmungen zu den Aufgaben der Behörde (insbesondere Qualitätssicherungsprüfungen, Inspektionen, Untersuchungen, Sanktionen, internationale Zusammenarbeit, Standards und Fortbildung) enthalten. Diese Neuerungen werden nachfolgend, soweit sie bereits bekannt bzw absehbar sind, kurz dargestellt.[18]

A. Abschlussprüferaufsichtsbehörde

Das APAG sieht die Einrichtung einer neuen weisungsfreien Abschlussprüferaufsichtsbehörde (APAB) in der Form einer Anstalt öffentlichen Rechts vor, die nur der Rechtsaufsicht des Bundesministeriums für Wissenschaft, Forschung und

---

18   Der Begutachtungsentwurf für das Abschlussprüferaufsichtsgesetz liegt zum Zeitpunkt der Verfassung dieses Beitrages noch nicht vor.

Aktuelle Entwicklungen in der externen Qualitätsprüfung – Das APAG

Wirtschaft unterliegt. Die QKB und der AeQ werden mit der Errichtung der APAB aufgelöst.

1. Struktur

Die Aufsichtsbehörde soll einen Aufsichtsrat und einen Vorstand haben. Für die Qualitätssicherungsprüfungen soll eine Qualitätsprüfungskommission in Form eines Beirats eingerichtet werden. Die Inspektoren werden angestellte Prüfer der APAB. Sie dürfen keine aktiven Abschlussprüfer sein. Neben einem Bereich oder einer Abteilung für Rechtsangelegenheiten soll auch ein Supportbereich für das öffentliche Register und allgemeine Verwaltungsagenden eingerichtet werden.

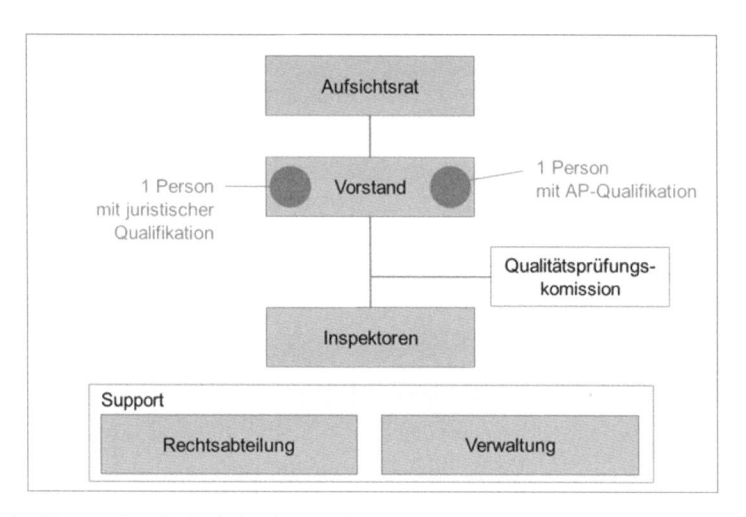

Abb 1: Abschlussprüferaufsichtsbehörde – Struktur

a) Aufsichtsrat und Vorstand

Der Vorstand der APAB soll aus zwei Mitgliedern bestehen, die auf Grund eines Vorschlags des Aufsichtsrats vom Bundesminister für Wissenschaft, Forschung und Wirtschaft für eine Funktionsperiode von fünf Jahren bestellt werden sollen. Mitglieder des Vorstandes dürfen nur Personen sein, die nicht berufsausübend, aber zumindest in einem der für die Aufsicht relevanten Bereiche (Wirtschaftsprüfung, Rechnungslegung, Rechtswissenschaften) fachkundig sind. Ein Mitglied des Vorstandes soll die Qualifikation eines Wirtschaftsprüfers haben, darf aber nicht Abschlussprüfer sein. Außerdem werden die Anforderungen an eine „Cooling-off"-Periode aus der Verordnung zu berücksichtigen sein. Das zweite Vorstandsmitglied soll über ausgezeichnete juristische Qualifikation verfügen.

b) Qualitätsprüfungskommission

Die Qualitätsprüfungskommission (QPK) soll zukünftig die Qualitätssicherungsprüfungen (bei Non-PIE-Prüfern) organisatorisch betreuen und dem Vorstand der APAB in Konsultationen zur Seite stehen. Die APAB konsultiert die Qualitätsprüfungskommission bezüglich:

- Auswahl des Qualitätssicherungsprüfers für Qualitätssicherungsprüfungen für Non-PIE-Prüfer und für die Prüfung von Non-PIE-Mandaten bei PIE-Prüfern;
- Erteilung oder Versagung der Bescheinigung aufgrund des Prüfberichts zur Qualitätssicherungsprüfung;
- Anordnung von Maßnahmen;
- Annahme übermittelter Darstellungen;
- des Sonderprüfers für Sonderprüfungen einschließlich seines Honorars.

Bei Widerruf oder Entzug einer Bescheinigung und im Rahmen von Verwaltungsverfahren soll die APAB Stellungnahmen der QPK einholen können.

Im weitesten Sinn entspricht das Aufgabenfeld der QPK jenem des bisherigen AeQ im Bereich der Abschlussprüfer und Prüfungsgesellschaften, die keine Unternehmen öffentlichen Interesses prüfen (Non-PIE-Prüfer), mit dem Unterschied, dass alle Entscheidungen (insbesondere die Ausfertigung der Bescheide) durch die APAB erfolgen und der QPK somit eine Beiratsfunktion zukommt.

c) Inspektoren

Die Inspektoren sind nicht berufsausübende Personen mit Wirtschaftsprüfer-Qualifikation und als Angestellte der Behörde direkt dem Vorstand unterstellt. Sie leiten die Inspektionen bei PIE-Prüfern. Gegenstand und Umfang der durchzuführenden Inspektionen, die Berichterstattung und der Umgang mit festgestellten Problemen in den Inspektionen sind in der Verordnung geregelt.

2. Aufgaben

Der APAB fallen gemäß APAG folgende Aufgabenbereiche zu:

- Inspektionen: Überprüfung der Qualitätssicherung bei allen Abschlussprüfern und Prüfungsgesellschaften, die Unternehmen öffentlichen Interesses prüfen (PIE-Prüfer), siehe dazu Abschnitt III.B.2.
- Qualitätssicherungsprüfung: Überprüfung der Qualitätssicherung bei allen Abschlussprüfern und Prüfungsgesellschaften, die keine Unternehmen öffentlichen Interesses prüfen (Non-PIE-Prüfer), und Überprüfung der Non-PIE-Mandate bei PIE-Prüfern, siehe dazu Abschnitt III.B.3.

- Untersuchungen im Anlassfall, zB aufgrund der Anzeige eines Abschlussprüfers durch den Aufsichtsrat bei der APAB.[19]
- Sanktionen: Die APAB wird unmittelbar für die Sanktionierung von Abschlussprüfern und Prüfungsgesellschaften zuständig sein, wenn Verstöße gegen das APAG, die Verordnung der EU oder andere abschlussprüfungsrelevante Bestimmungen festgestellt werden; siehe dazu Abschnitt III.A.3.
- Letztverantwortung bei der Annahme von Standards zur Abschlussprüfung. Dies betrifft sowohl Prüfungsstandards als auch IKS-Standards und bezieht sich damit zum Teil auf Kompetenzen, die bisher der KWT zugeordnet waren. Zusätzlich erhält die APAB die Verantwortung für die Registrierung und Fortbildung der Abschlussprüfer.
- Internationale Zusammenarbeit: Bei den internationalen Agenden geht es einerseits um die Zulassung von Abschlussprüfern und die Anerkennung von Prüfungsgesellschaften aus Mitgliedstaaten der Europäischen Union und anderen EWR-Vertragsstaaten sowie Drittstaaten. Andererseits wird die APAB für die Zusammenarbeit mit den zuständigen Stellen (Behörden) auf Unionsebene und den anderen EWR-Vertragsstaaten sowie Drittstaaten verantwortlich sein. Hierzu finden sich auch Regelungen über die gegenseitige Amtshilfe. Die Zusammenarbeit der nationalen Aufsichtsbehörden in der EU soll durch einen Ausschuss auf europäischer Ebene (Committee of European Auditing Oversight Bodies – CEAOB) koordiniert werden und betrifft vor allem den Austausch von Informationen und Fachwissen, Koordination und Beratung bei der nationalen Umsetzung von Richtlinien, Zusammenarbeit bei der Beurteilung der Aufsichtssysteme in Drittländern und fachliche Prüfung der Prüfungsstandards hinsichtlich ihrer Übernahme in EU-Recht. Voraussichtlich wird die APAB auch als Mitglied dem International Forum of Independent Audit Regulators (IFIAR) beitreten.

3. Sanktionsbefugnisse

Die APAB wird mit umfassenden Sanktionsmöglichkeiten für den Fall von Verstößen gegen das APAG, die Verordnung der EU oder andere abschlussprüfungsrelevante Bestimmungen ausgestattet sein.

a) Sanktionsmöglichkeiten

Die folgenden Sanktionsmöglichkeiten sind nach der geänderten Richtlinie zumindest vorzusehen:

- Eine Aufforderung in Form einer Mitteilung an den/die betreffende(n) Abschlussprüfer/Prüfungsgesellschaft, das für den Verstoß verantwortliche Verhalten einzustellen und von einer Wiederholung abzusehen;

---

19 Im Wesentlichen sind diese Untersuchungen ähnlich zum bisherigen Sonderuntersuchungsrecht der QKB, das aber mangels Anlassfällen bisher nicht zur Anwendung gekommen ist, vgl *Hammerschmied et al* (2015), 167.

- eine öffentliche Erklärung unter Bekanntgabe der Art des Verstoßes und Nennung der verantwortlichen Person;
- eine öffentliche Erklärung, dass ein Bestätigungsvermerk, bei dessen Zustandekommen gegen die Bestimmungen des APAG verstoßen wurde, nicht den gesetzlichen Anforderungen entspricht;
- ein dem/der betreffenden Abschlussprüfer/Prüfungsgesellschaft auferlegtes vorübergehendes Verbot der Unterzeichnung von Bestätigungsvermerken von bis zu drei Jahren;
- ein dem/der betreffenden Abschlussprüfer/Prüfungsgesellschaft auferlegtes vorübergehendes Verbot der Durchführung von Abschlussprüfungen von bis zu drei Jahren;
- ein vorübergehendes Verbot der Wahrnehmung von Aufgaben bei Prüfungsgesellschaften für einzelne Mitglieder der Prüfungsgesellschaft von bis zu drei Jahren.

In der Bemessung der Art und Höhe der verhängten Sanktionen hat die APAB jedenfalls allen relevanten Umständen Rechnung zu tragen. Dazu zählen zumindest die Schwere und Dauer des Verstoßes, allfällige durch den Verstoß erzielte (Mehr-)Erlöse sowie das Ausmaß der Verantwortung der zu belangenden natürlichen oder juristischen Person. Ebenso sind frühere Verstöße und die Bereitschaft zur Zusammenarbeit mit der APAB im Verwaltungsstrafverfahren zu berücksichtigen.

b) Öffentliche Bekanntmachung

Die APAB hat auf ihrer Website alle verhängten Sanktionen zu veröffentlichen, sofern diese rechtskräftig sind, und zwar unmittelbar nachdem die belangte Person davon in Kenntnis gesetzt worden ist. Dabei sind jedenfalls die Art des Verstoßes und die Identität der natürlichen oder juristischen Person, gegen die sich die Sanktion richtet, zu veröffentlichen. Eine Untersuchung von *Nagy* (2014) für den US-amerikanischen Markt zeigt, dass öffentliche Bekanntmachungen von Inspektionsergebnissen von Prüfungsklienten durchaus als Surrogat für Prüfungsqualität angesehen und interpretiert werden[20] und damit im gegenständlichen Fall auch entsprechende Sanktionswirkung entfalten können.

In Ausnahmefällen kann die Bekanntmachung auch in anonymisierter Form erfolgen, sofern entweder die Bewertung der Verhältnismäßigkeit ergibt, dass eine namentliche Veröffentlichung unverhältnismäßig wäre, oder den beteiligten Personen und Institutionen dadurch unverhältnismäßiger Schaden entstehen würde. Ebenfalls möglich ist die anonyme Veröffentlichung, um dadurch Gefahren für die Stabilität der Finanzmärkte oder laufende strafrechtliche Ermittlungen abzuwenden.

---

20 Vgl zB *Daugherty et al* (2011), 237 ff und *Nagy* (2014), 94 ff.

B. Inspektionen und Qualitätssicherungsprüfungen

Eine der wesentlichsten Neuerungen für die externe Qualitätssicherung der Abschlussprüfung durch das APAB ist die Unterscheidung zwischen Qualitätssicherungsprüfungen und Inspektionen. Bevor beide Formen der Überprüfung näher erläutert werden, wird zunächst eine Abgrenzung vorgenommen.

1. Abgrenzung

Inspektionen sind von der APAB bei allen Abschlussprüfern und Prüfungsgesellschaften durchzuführen, die Unternehmen von öffentlichem Interesse prüfen. Insofern dies große Kapitalgesellschaften im Sinne des § 221 (3) erster Satz UGB betrifft, sind diese Inspektionen alle drei Jahre durchzuführen, ansonsten alle sechs Jahre. Die Inspektion bezieht sich sowohl auf das Qualitätssicherungssystem als auch auf die PIE-Mandate. Die Non-PIE-Mandate eines PIE-Prüfers sollen normalerweise in der Inspektion nicht überprüft werden.

Abschlussprüfer und Prüfungsgesellschaften, die keine Unternehmen von öffentlichem Interesse prüfen, haben sich alle sechs Jahre einer Qualitätssicherungsprüfung zu unterziehen – ähnlich wie dies auch bisher schon der Fall war. PIE-Prüfer haben sich ebenfalls einer Qualitätssicherungsprüfung zu unterziehen, wenn sie auch Non-PIE-Mandate haben. Der Qualitätssicherungsprüfung unterliegen dann aber nur die Non-PIE-Mandate.

Davon zu unterscheiden sind auftragsbegleitende Qualitätssicherungsprüfungen, die bei Abschlussprüfungen von Unternehmen von öffentlichem Interesse durchzuführen sind. Als Qualitätsprüfer fungiert in diesem Fall ein Abschlussprüfer, der nicht selbst an der betreffenden Abschlussprüfung beteiligt ist. Diese Art der Qualitätsprüfung ist unter die internen Qualitätssicherungsmaßnahmen zu subsumieren, ebenso muss der beteiligte Qualitätsprüfer nicht die Anforderungen an externe Qualitätsprüfer erfüllen. Die auftragsbegleitende Qualitätssicherung wird daher in der Folge nicht näher behandelt.

2. Inspektionen

a) Umfang und Inhalt

Inspektionen sind auf Basis einer Risikoanalyse zu planen und durchzuführen. Die Inspektion umfasst jedenfalls

- eine Bewertung des Qualitätssicherungssystems (auftragsunabhängige Regelungen). Dies setzt in der Praxis wohl auch eine Prüfung desselben voraus, da ansonsten eine zuverlässige Bewertung im Regelfall kaum vorgenommen werden kann;
- eine Prüfung der Einhaltung der Qualitätssicherungsmaßnahmen. Dafür wird in der Praxis vor allem eine nachvollziehbare Dokumentation der Einhaltung der Qualitätssicherungsmaßnahmen als Nachweis herangezogen werden;

- eine direkte Prüfung der Prüfungsunterlagen zu Abschlussprüfungen von Unternehmen von öffentlichem Interesse zur Beurteilung der Wirksamkeit der internen Qualitätssicherungsmaßnahmen;
- eine Prüfung des jährlich veröffentlichten Transparenzberichtes. Dabei sind explizit die gewonnenen Erkenntnisse der Inspektion des internen Kontrollsystems und dessen Wirksamkeit mit einzubeziehen.

b) Voraussetzungen für die Durchführung

Eine Inspektion kann nur von Inspektoren der APAB ausgeführt werden. Diese müssen über angemessene fachliche Erfahrung in der Abschlussprüfung und Rechnungslegung verfügen, dürfen aber nicht Abschlussprüfer sein, bei einer Prüfungsgesellschaft tätig oder mit Abschlussprüfern und Prüfungsgesellschaften in irgendeiner Form verbunden sein sowie keine Interessenkonflikte in Verbindung mit dem/der zu inspizierenden Abschlussprüfer/Prüfungsgesellschaft aufweisen.

Zudem ist es erforderlich, dass der Inspektor bei der APAB angestellt oder direkt von dieser beauftragt ist. Sollte der Inspektor als Abschlussprüfer oder in einer Prüfungsgesellschaft tätig gewesen sein, muss er vor einer Inspektion desselben/derselben eine Cooling-off-Periode von drei Jahren einhalten.

Ein Auftragsverhältnis als Sachverständiger ist für die Durchführung von Inspektionen grundsätzlich nicht ausreichend, die APAB kann aber Sachverständige mit unterstützenden Aufgaben betrauen bzw diese sogar in Einzelfällen mit Inspektionen beauftragen, sollte die Anzahl der Inspektoren der APAB im Verhältnis zum erforderlichen Prüfvolumen nicht ausreichend sein. Die Sachverständigen dürfen allerdings nicht in leitender Funktion in berufsständischen Verbänden, Institutionen und sonstigen Interessensvertretungen tätig sein.

3. Qualitätssicherungsprüfungen

Für Qualitätssicherungsprüfung von Abschlussprüfern und Prüfungsgesellschaften, die keine Unternehmen öffentlichen Interesses prüfen (Non-PIE-Prüfer), ergeben sich nach APAG nur geringfügige Änderungen. Diese werden im Wesentlichen im bisher nach A-QSG bekannten Umfang durchgeführt, müssen allerdings auf Basis einer Risikoanalyse durch den Qualitätsprüfer erfolgen.

Zudem müssen Qualitätssicherungsprüfungen im Hinblick auf den Umfang und die Komplexität der Tätigkeit des überprüften Abschlussprüfers bzw der überprüften Prüfungsgesellschaft geeignet und angemessen sein. Dies soll in der Praxis dem Qualitätsprüfer ein zielgerichteteres, individuelleres und flexibleres Vorgehen entsprechend den vorgefundenen Rahmenbedingungen des/der zu prüfenden Abschlussprüfers/Prüfungsgesellschaft in seinen Prüfungshandlungen ermöglichen. Werden Qualitätssicherungsprüfungen bei einem PIE-Prüfer durchgeführt, beschränkt sich die Prüfung auf die Non-PIE-Mandate. Die Informationen zum Qualitätssicherungssystem werden von den Inspektoren zur Verfügung gestellt, die das Qualitätssicherungssystem bereits im Rahmen der Inspektion geprüft haben.

4. Erstmalige Prüfungen

Wenn ein Abschlussprüfer oder eine Abschlussprüfungsgesellschaft erstmalig beabsichtigt, einen Auftrag zur Durchführung einer Abschlussprüfung anzunehmen, hat er bzw sie dies der APAB unverzüglich anzuzeigen und die Erteilung einer vorläufigen Bescheinigung zu beantragen. Dieser Anzeige sind der Nachweis über eine aufrechte Berufsbefugnis als Wirtschaftsprüfer oder die Anerkennung als Wirtschaftsprüfungsgesellschaft sowie ein Nachweis der getroffenen Qualitätssicherungsmaßnahmen (ein Qualitätssicherungshandbuch) anzuschließen. Wenn diese Voraussetzungen gegeben sind, hat die APAB dem Antragsteller bzw der Antragstellerin eine auf 18 Monate befristete vorläufige Bescheinigung zu erteilen und den Abschlussprüfer oder die Prüfungsgesellschaft in das öffentliche Register einzutragen. Eine Qualitätsprüfung wird aufgrund dieser Meldung nicht durchgeführt. Der Abschlussprüfer oder die Prüfungsgesellschaften müssen sich jedoch bis spätestens zum Ablauf der Befristung der Bescheinigung einer Qualitätssicherungsprüfung unterzogen haben.

Abschlussprüfer und Prüfungsgesellschaften, die Unternehmen von öffentlichem Interesse prüfen wollen, dürfen einen Auftrag generell nur bei Vorliegen einer aufrechten Bescheinigung annehmen. Vorläufige Bescheinigungen sind dafür nicht ausreichend. Die erstmalige Annahme eines Prüfungsmandates bei einem Unternehmen von öffentlichem Interesse ist vom Abschlussprüfer/von der Prüfungsgesellschaft unverzüglich der APAB anzuzeigen. Die Beendigung sämtlicher Aufträge zur Durchführung von Abschlussprüfungen bei Unternehmen von öffentlichem Interesse ist der APAB ebenfalls unverzüglich anzuzeigen.

5. Berichterstattung und Bescheid

a) Prüfbericht

Sowohl für Qualitätssicherungsprüfungen als auch für Inspektionen ist ein Bericht zu erstellen, der die wichtigsten Schlussfolgerungen enthält. Auf Basis der Prüfungsberichte von Qualitätssicherungsprüfungen entscheidet die APAB über die Erteilung oder Versagung einer Bescheinigung sowie allenfalls über die Anordnung von Maßnahmen oder einer Sonderprüfung.

Inspektionsberichte dienen nur dann als Basis für die Erteilung oder Versagung einer Bescheinigung, wenn ein Abschlussprüfer oder eine Prüfungsgesellschaft ausschließlich Abschlussprüfungen bei Unternehmen von öffentlichem Interesse durchführt. Dann gäbe es keine Qualitätssicherungsprüfung. In der Praxis dürfte dieser Fall wohl nicht vorkommen.

Aus der Inspektion gewonnene Erkenntnisse und Schlussfolgerungen, die als Grundlage für spätere bescheidmäßig auferlegte Empfehlungen (Maßnahmen) dienen, müssen dem inspizierten Abschlussprüfer bzw der inspizierten Prüfungsgesellschaft jedenfalls bereits vor Fertigstellung des Inspektionsberichtes mitgeteilt und mit diesen erörtert werden.

b) Bescheiderstellung

Die APAB hat die erfolgreiche Teilnahme an der Qualitätssicherungsprüfung zu bescheinigen, wenn:

- keine wesentlichen Mängel in der Qualitätssicherung vorliegen, die insgesamt zu einer schwerwiegenden Beeinträchtigung einer ordnungsgemäßen Berufsausübung führen, und
- bei der Durchführung der Qualitätssicherungsprüfung nicht schwerwiegend gegen die Bestimmungen des APAG verstoßen wurde.

Über diese Bescheinigung ist von der APAB ein schriftlicher Bescheid zu erlassen. Allfällige Maßnahmen oder Empfehlungen sind ebenso bescheidmäßig anzuordnen. Im Bescheid ist auch festzulegen, in welcher Frist die Umsetzung dieser Maßnahmen bzw Empfehlungen nachzuweisen ist. Diese Frist darf neun Monate nicht überschreiten. Nur im Falle von Empfehlungen zum internen Qualitätssicherungssystem ist in der Verordnung eine Maximalfrist von zwölf Monaten normiert.

6. Übergangsregelungen

Die Übergangsregelungen liegen zum Zeitpunkt der Fertigstellung dieses Beitrages noch nicht vor.

Es ist aber davon auszugehen, dass Bescheinigungen mit Bescheiddatum vor dem 17.6.2016, die aufgrund des Abschlussprüfungs-Qualitätssicherungsgesetzes ausgestellt wurden, ihre Gültigkeit bis zum Ende der in der Bescheinigung festgelegten Frist von bis zu sechs Jahren behalten. Die in den bescheidmäßig ausgestellten Bescheinigungen enthaltene Befristung gemäß § 4 Abs 1 A-QSG auf drei Jahre wird ihre Wirkung verlieren.

Die mit 16.6.2016 noch nicht abgeschlossenen Verfahren nach dem A-QSG werden von der APAB weitergeführt werden. Für allfällige am 16.6.2016 noch nicht abgeschlossene Rechtsmittelverfahren vor dem Bundesverwaltungsgericht, in denen die Qualitätskontrollbehörde Amtsparteistellung innehatte, wird der APAB diese Amtsparteistellung zukommen.

Die Qualitätskontrollbehörde und der Arbeitsausschuss für externe Qualitätsprüfungen werden mit 17.6.2016 als aufgelöst definiert werden.

7. Aktuell noch ungeklärte Aspekte

Die Regelungen zur Finanzierung liegen zum Zeitpunkt der Fertigstellung dieses Beitrages noch nicht vor.

Grundsätzlich ist davon auszugehen, dass Finanzierungsbeiträge

- vom Bund für die von der APAB im allgemeinen öffentlichen Interesse zu erfüllenden Aufgaben,
- von der Kammer der Wirtschaftstreuhänder, der Vereinigung Österreichischer Revisionsverbände und dem Sparkassenprüfverband für die Finanzierung der administrativen Kosten im Zusammenhang mit Qualitätssicherungsprüfungen und
- von Abschlussprüfern und Prüfungsgesellschaften, die Unternehmen von öffentlichem Interesse prüfen, zur Finanzierung der Inspektionen

zu leisten sein werden.

IV. Stand der Umsetzung in Deutschland

In Deutschland sind im Gegensatz zu Österreich zwei Ministerien mit der Umsetzung der neuen EU-Regelungen betraut:[21]

- Das Bundesministerium der Justiz und für Verbraucherschutz bearbeitet Aspekte der gesetzlichen Abschlussprüfung.
- Das Bundesministerium für Wirtschaft und Energie arbeitet federführend an Änderungen des Berufsrechts und der Berufsaufsicht der Abschlussprüfer.

Die Umsetzungsbestrebungen mündeten in einem Abschlussprüferaufsichtsreformgesetz (APAReG), für das am 8.10.2015 der Regierungsentwurf präsentiert wurde. Angestrebt wurde damit vor allem eine 1:1-Umsetzung der neuen Regelungen durch Einrichtung einer Abschlussprüferaufsichtsstelle mit eigenem Personal beim Bundesamt für Wirtschaft und Ausfuhrkontrolle (BAFA).[22] Die behördlichen aufsichtsrechtlichen Entscheidungen werden von separat dafür zu bildenden fachbezogenen Beschlusskammern innerhalb der Stelle getroffen.

Von der Wirtschaftsprüferkammer (WPK) wurde zwar ebenso wie vom Institut deutscher Wirtschaftsprüfer (IDW) stets die Einrichtung einer unabhängigen Behörde ähnlich wie in Österreich vorgesehen gefordert, welche als behördenrechtlich weiterentwickelte neue Institution aus der bisher für die Aufsicht zuständigen Abschlussprüferaufsichtskommission (APAK) geschaffen werden sollte.[23] Die APAK besaß im Gegensatz zur Österreich schon bisher eine umfassende

---
21 Vgl Die Wirtschaftsprüfung (Hrsg), 201.
22 Vgl Regierungsentwurf APAReg, Abschnitt B. Lösung.
23 Vgl WPK (Hrsg) (2015), 3.

Kompetenz der fachbezogenen Aufsicht gegenüber der deutschen Wirtschaftsprüferkammer und hat sich für Qualitätssicherungsprüfungen bisher des Personals der WPK bedient. Da die APAK allerdings eine „nicht rechtsfähige Personengesellschaft eigener Art" darstellt, kann sie die geforderten Aufgaben rechtlich nicht wahrnehmen, muss aufgelöst und durch eine neue Rechtspersönlichkeit ersetzt werden. Im Zuge dessen fand die Forderung nach der Schaffung einer eigenständigen Behörde vom Gesetzgeber letztendlich keine Berücksichtigung.[24]

Allgemein ist das neue Qualitätssicherungssystem in Deutschland auf gesetzliche Abschlussprüfungen beschränkt. Ähnlich wie in Österreich hat die neue Abschlussprüferaufsichtsstelle die Möglichkeit, neben anlassbezogenen Prüfungen auch Sonderprüfungen ohne konkreten Anlass durchzuführen.[25] Die von Qualitätssicherungsprüfern im Zuge der Qualitätssicherungsprüfung zu fällenden Urteile sind auch für Inspektionen gültig. Umgekehrt hat der Qualitätssicherungsprüfer bei der Beurteilung der Wirksamkeit des Qualitätssicherungssystems den Inspektionsbericht zugrunde zu legen, wenn der überprüfte Abschlussprüfer bzw die überprüfte Prüfungsgesellschaft auch PIE-Mandate prüft.

Neu geregelt wird darüber hinaus die Sanktionierung von Berufspflichtverstößen. Obwohl vom IDW vielfach als vermeidbare Vorab-Einführung des in Deutschland vieldiskutierten Unternehmensstrafrechtes kritisiert,[26] sind zukünftig Sanktionen nicht mehr nur gegen einzelne Berufsangehörige, sondern erstmals auch gegen Prüfungsgesellschaften möglich. Berufsaufsichtliche Verfahren und wirksame Sanktionen können nunmehr auch nach Feststellung von Verstößen im Zuge einer Qualitätskontrolle angestrengt werden. Bislang war dies in Deutschland nicht möglich (sog Firewall-Regelung).

Am 2.12.2015 hat der Bundesausschuss für Wirtschaft und Energie eine Beschlussfassung erarbeitet, die im Vergleich zum Regierungsentwurf noch geringfügig geändert wurde. Unter anderem wurde zB die Aufsicht über die Qualitätssicherungsprüfer wieder der Kommission für Qualitätssicherung der WPK und – nicht wie ursprünglich vorgesehen – den Inspektoren der öffentlichen Aufsicht zugeordnet. Am 3.12.2015 hat der Bundestag entsprechend dieser Beschlussempfehlung das APAReG verabschiedet.

V. Aktuelles aus der Verwaltungspraxis des AeQ

Die nachfolgenden Abschnitte geben einen kurzen Überblick über die Tätigkeit des AeQ, schwerpunktmäßig werden dabei vor allem die Qualitätsprüfungen des Jahres 2015 beleuchtet.

---
24 Vgl WPK (Hrsg) (2016).
25 Vgl WPK (Hrsg) (2016).
26 Vgl IDW (Hrsg) (2015), M11.

A. Tätigkeitsbericht des AeQ 2010–2015

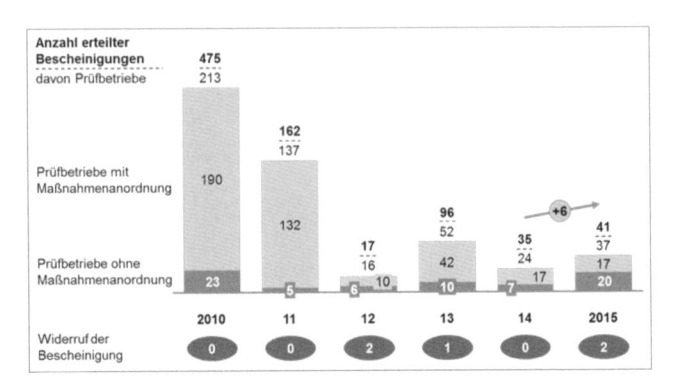

Abb 2: Erteilte Bescheinigungen nach § 14 A-QSG 2010 bis 2015 [Quelle: AeQ]

Der AeQ hat im Jahr 2015 41 Bescheinigungen nach § 14 A-QSG an insgesamt 37 Prüfbetriebe ausgestellt. 20 der Bescheinigungen wurden ohne Maßnahmenanordnung ausgestellt, in 17 Fällen wurden Maßnahmen angeordnet. Zwei bereits erteilte Bescheinigungen mussten widerrufen werden. Insgesamt wurden somit sechs Bescheinigungen mehr erteilt als im Vorjahr 2014 (siehe Abb 2).

Im langjährigen Vergleich wurde 2015 dennoch eher eine geringe Anzahl an Qualitätsprüfungen durchgeführt. Die hohen Unterschiede in der Anzahl an erteilten Bescheinigungen der einzelnen Jahre ergeben sich aus der Zyklizität der externen Qualitätsprüfungen, die maßgeblich in den Übergangsbestimmungen des § 30 A-QSG begründet liegt. Demzufolge mussten Abschlussprüfer und Prüfungsgesellschaften, die Unternehmen von öffentlichem Interesse (PIEs) prüfen, sich spätestens zum 31.12.2007 einer erstmaligen externen Qualitätsprüfung unterzogen haben, alle anderen Abschlussprüfer und Prüfungsgesellschaften spätestens zum 31.12.2010.

Aus der regulären Gültigkeitsdauer der Bescheinigungen von drei Jahren (PIE-Prüfer) bzw sechs Jahren (Non-PIE-Prüfer) nach § 4 A-QSG ist damit die hohe Anzahl an Qualitätsprüfungen in den Jahren 2010 und 2013 erklärbar. Die Vielzahl durchgeführter Qualitätsprüfungen außerhalb des Zyklus im Jahr 2011 ist vor allem durch einen „Nachzieh"-Effekt jener Abschlussprüfer und Prüfungsgesellschaften verursacht, die sich der fälligen Erst- oder Zweitprüfung 2010 nicht fristgerecht unterzogen haben.

Für das Jahr 2016 sowie in abgeschwächter Form auch für das Jahr 2017 ist mit einem deutlichen Anstieg der Anzahl erforderlicher Qualitätsprüfungen zu rechnen. Obwohl dem AeQ im Vergleich zum Jahr 2010 eine um etwa ein Drittel gestiegene Anzahl registrierter Qualitätsprüfer zur Verfügung steht (siehe Abb 3), wird das zu erwartende Prüfvolumen 2016 dennoch eine Herausforderung darstellen. Vor diesem Hintergrund sind entsprechende Übergangsregelungen für die Anwendung des APAG, die aus Gründen der Optimierung die Berücksichtigung neuer Vorschriften bereits 2016 gestatten, von zentraler Bedeutung.[27]

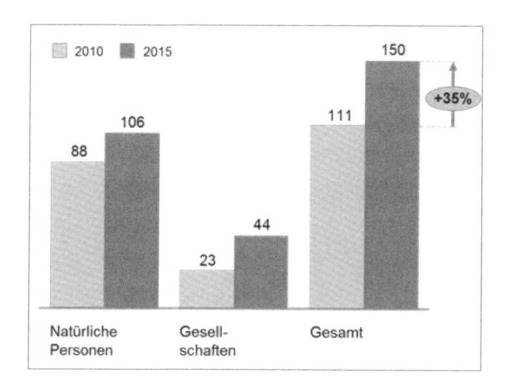

Abb 3: Anerkannte Qualitätsprüfer gemäß § 10 A-QSG [Quelle: AeQ bzw *Hofians et al* (2010), 291]

B. Die häufigsten in der Qualitätsprüfung festgestellten Mängel

Erfreulich ist aus Sicht des AeQ, dass der Anteil der Bescheinigungen ohne Maßnahmenanordnung in den letzten Jahren kontinuierlich gestiegen ist (siehe Abb 4, das Jahr 2012 ist aufgrund der geringen Anzahl an durchgeführten Prüfungen als statistischer Ausreißer zu sehen). Im Jahr 2015 waren in 38 % der durchgeführten Prüfungen keine Maßnahmenanordnungen erforderlich. Dies stellt nicht nur einen neuen Höchstwert dar, sondern liegt auch deutlich über dem langjährigen gewichteten Durchschnitt von 15 %.

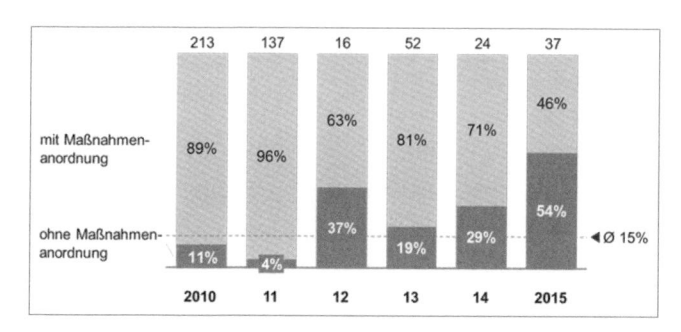

Abb 4: Maßnahmenanordnungen bei Bescheinigungen an Prüfbetriebe [Quelle: AeQ]

---

27 Vgl *Hammerschmied et al* (2015), 175 und siehe dazu ebenfalls Abschnitt III.B.6.

Nichtsdestotrotz wurden auch 2015 in den Qualitätsprüfungen Mängel festgestellt. Der weitaus größte Anteil entfiel dabei auf Mängel bei der Einhaltung der gesetzlichen Vorschriften und der fachlichen Regeln für die Auftragsabwicklung. Im Detail betrifft dies hauptsächlich:

- mangelnde/unvollständige Anwendung der Checklisten für die Prüfung der Vollständigkeit und Richtigkeit der Angaben in Anhang und Lagebericht;
- fehlende oder mangelhafte Saldenbestätigungen für Forderungen;
- fehlende Festlegung einer Wesentlichkeitsgrenze;
- Bankbriefe waren direkt an den Auftraggeber und nicht an den Abschlussprüfer adressiert;
- Prüfungshandlungen zu Ereignissen nach Ende des Geschäftsjahres (subsequent events) waren nicht ausreichend dokumentiert;
- Fehlen gesetzlich vorgesehener Anhangangaben in den Jahresabschlüssen, unvollständige oder sehr knappe Angaben in Lageberichten;
- Ausübung der Redepflicht;
- Prüfungshandlungen hinsichtlich der Prüfung von Gewinn- und Verlustrechnungen waren nicht ausreichend erkennbar;
- mangelhafte Identifizierung und Beurteilung von bedeutsamen Risiken inklusive des Risikos von dolosen Handlungen;
- mangelhafte/fehlende Durchführung stichprobengestützter Prüfungshandlungen;
- Einschätzung der Auswirkungen der eingesetzten IT-Technologie auf die Ordnungsmäßigkeit der Rechnungslegung war nicht nachvollziehbar;
- gesonderte IT-Prüfungen wurden nicht durchgeführt und entsprechende Funktionstests unterlassen.

Neben Mängeln in der Einhaltung gesetzlicher Vorschriften zur Auftragsabwicklung waren weitere Feststellungen in folgenden Bereichen erforderlich (Reihung nach absteigender Häufigkeit):

- Organisation der Auftragsabwicklung;
- abschließende Durchsicht der Prüfungsergebnisse;
- Ordnungsgemäße Dokumentation der Prüfungshandlungen;
- interne Nachschau;
- Aus- und Fortbildung;
- Unabhängigkeit, Unparteilichkeit und Vermeidung der Besorgnis der Befangenheit.

Im Vorjahr 2014 wurden die Prüfung inkl der entsprechenden Checklisten von Anhang und Lagebericht, die Sicherung, Kennzeichnung und Archivierung von Arbeitspapieren sowie die Durchführung der internen Nachschau am häufigsten bemängelt.[28] Obwohl sich damit der Schwerpunkt der festgestellten Mängel etwas

---

28 Vgl *Hammerschmied et al* (2015), 177 f.

verändert hat, wurden neben Unzulänglichkeiten in der internen Nachschau auch Mängel bei Unabhängigkeit, Unparteilichkeit, Prüfungsplanung, Dokumentation der Prüfungshandlungen und Beurteilung der Prüfungsergebnisse bereits 2014 vermehrt festgestellt.

C. Aktuelle Problembereiche und Diskussionspunkte

Nachfolgend werden aktuelle Diskussionspunkte und Problemfelder aus Sicht des Berufsstandes der Abschlussprüfer wie auch jene aus Sicht des AeQ kurz beleuchtet. Da einige dieser Punkte auch bereits im WP-Jahrbuch 2014 diskutiert wurden,[29] wird auf eine umfassende Diskussion verzichtet und der Fokus auf neue Entwicklungen und Informationen gelegt.

1. Problemfelder aus Sicht des Berufsstandes

a) Zeitlicher Ablauf und Fristen

Weiterhin kritisch gesehen wird oftmals die Zeitspanne zwischen Einreichung des Prüfberichts und Erteilen der Bescheinigung. Hierzu ist anzumerken, dass der AeQ darum bemüht ist, einlangende Berichte innerhalb einer Zehn-Tages-Frist zu bearbeiten und damit die durch § 14 A-QSG eingeräumte Sechs-Wochen-Frist bei weitem nicht in vollem Umfang zu nutzen. Eine Verfahrensbeschleunigung ist in einem Verwaltungsverfahren allerdings nicht immer leicht möglich; deshalb wird Antragstellern empfohlen, für eine rechtzeitige Einreichung von Dreiervorschlägen und Prüfberichten vor den auf der Website des AeQ ersichtlichen Sitzungsterminen Sorge zu tragen.

b) Umfang und Komplexität der Bescheide und Formalismus im Verfahren

Der Formalismus eines Verwaltungsverfahrens ist grundsätzlich nur eingeschränkt veränderbar. Der AeQ hat aber die Bescheide einer kritischen Durchsicht unterzogen und – sofern möglich – Kürzungen in der Länge vorgenommen, sodass nunmehr darauf geachtet wird, dass Bescheide nur mehr in Ausnahmefällen einen maximalen Umfang vier Seiten überschreiten.

c) Auswahl des Qualitätsprüfers

Die Auswahl des Qualitätsprüfers aus dem Dreiervorschlag wird nach wie vor vereinzelt hinsichtlich der Transparenz und Objektivität kritisiert. Das A-QSG sieht allerdings für die Auswahl des Qualitätsprüfers keine Pflicht zur Begründung der Entscheidung durch den AeQ vor. Der Antragsteller hat durch den Dreiervorschlag die Möglichkeit, die Auswahl durch den AeQ auf drei von ihm

---

29 Vgl *Hammerschmied et al* (2015), 176 f und 178 f.

genannte Qualitätsprüfer einzuschränken. Eine öffentliche Kommunikation über die Entscheidung der AeQ-Mitglieder würde nicht nur der Amtsverschwiegenheit widersprechen, sondern auch potenziell den Einfluss des Antragstellers auf das Verfahren in unzulässiger Weise erhöhen. Der AeQ hat zudem sämtliche Entscheidungen der letzten Jahre statistisch ausgewertet und ist zu dem Schluss gekommen, dass weder eine nachweisbare Bevorzugung oder Benachteiligung einzelner Qualitätsprüfer im Dreiervorschlag existiert noch das Stimmverhältnis in der Entscheidungsfindung statistisch signifikante Muster aufweist.

d) Rückfragen des Qualitätsprüfers, Umdeutungen und Festsetzung von Maßnahmen

Seitens der Qualitätsprüfer wurde gelegentlich Kritik an nachträglichen Umdeutungen festgestellter Mängel angebracht, die nach Ansicht des AeQ keine Maßnahmenanordnungen rechtfertigen. Hierzu ist zu sagen, dass die Abgrenzung zwischen Mängeln und Bedarfen nicht nur aus Sicht der einzelnen Qualitätsprüfung, sondern auch konsistent über sämtliche erfolgte Qualitätsprüfungen hinweg und damit mehrere Prüfberichte betreffend getroffen werden muss. In Streitfällen kann eine Abgrenzung aber auch in Rücksprache mit dem Qualitätsprüfer erfolgen, da diesem hierzu eine Einspruchsmöglichkeit offensteht.

2. Problemfelder aus Sicht des AeQ

a) Qualifizierte Assistenten

Nach wie vor ist nicht abschließend geklärt, welche Kriterien ein qualifizierter Assistent nach § 12 A-QSG neben dem in § 11 A-QSRL genannten Erfordernis einer (Ausbildung zur Absolvierung der) Abschlussprüfer-Berufsberechtigung zu erfüllen hat. Einzelne Literaturmeinungen betrachten eine bloße Anstellung als Berufsanwärter bei einem Qualitätsprüfer nicht als ausreichende Qualifikation, sondern fordern Erfahrung in der Abschlussprüfung in leitender Funktion sowie Vorschläge bzw Unterfertigungen von Bestätigungsvermerken als Mindestkriterien.[30] Gegenteilige Ansichten ergeben sich ua in der Qualitätsprüfungspraxis aus der Nennung von Assistenten in den Dreiervorschlägen, die diese Kriterien nicht erfüllen.

b) Meldungen zu Fortbildungen und zum öffentlichen Register

Meldungen betreffend das öffentliche Register gemäß § 23 A-QSG werden immer noch gelegentlich fälschlicherweise an den AeQ anstatt die QKB als für die Führung des Registers verantwortliche Behörde gerichtet. Gemäß § 1b (4) A-QSG sind Abschlussprüfer und Prüfungsgesellschaften bis 31.3. des Folgejahres verpflichtet, absolvierte Fortbildungen dem AeQ zu übermitteln. Diese Meldung kann formlos erfolgen und wird auch vom AeQ nicht inhaltlich geprüft. Wichtig

---
30 Vgl *Nagy et al* (2014), 96.

ist allerdings die fristgerechte Einreichung, da Fristversäumnisse gemäß § 27 (2) Z 1 A-QSG Verwaltungsstrafen nach sich ziehen können.

Von dieser Meldung strikt zu trennen sind Fortbildungsmeldungen von Qualitätsprüfern gemäß § 10 (7) A-QSG, die alle drei Jahre nach Anerkennung an den Qualitätsprüfer zu übermitteln sind. Hier ergibt sich durch die Anforderungen des § 10 (8) Z 4 A-QSG auch eine mittelbare inhaltliche Prüfungskompetenz der Fortbildungsmeldung durch den AeQ, da für Qualitätsprüfer Fortbildungsveranstaltungen nur auf dem Gebiet der Abschlussprüfung als nicht ausreichend angesehen werden können.[31] Abschlussprüfer, die auch gleichzeitig Qualitätsprüfer sind und daher zwei Fortbildungsmeldungen an den AeQ übermitteln müssen, sollten diese entsprechend nachvollziehbar kennzeichnen.

c) Zahlstellenfunktion des AEQ

Die Regelungen des § 26 A-QSG zu den Zahlungsmodalitäten der Honorare von Qualitätsprüfungen werden durch den hohen Zusatzaufwand bei vergleichsweise geringen Vorteilen für die Unabhängigkeit und Qualitätsverbesserung von Qualitätsprüfungen durch den AeQ kritisch gesehen.

Aus Sicht des AeQ wäre es wünschenswert, zu allen drei genannten Punkten im Zuge einer allfälligen durch das APAG erforderlichen A-QSG-Novelle entsprechende Klarstellungen, Ergänzungen bzw Veränderungen vorzunehmen.

Literaturverzeichnis

Daugherty, B./Dickins, D./Tervo, W. A. (2011): Negative PCAOB Inspections of Triennially Inspected Auditors and Involuntary and Voluntary Client Losses, in: International Journal of Auditing, Vol 15, S 231–246.

Die Wirtschaftsprüfung (Hrsg): Aktuelles Stichwort. Eckpunkte zur Umsetzung der EU-Abschlussprüferreform, in: Die Wirtschaftsprüfung 2015, Heft 5, S 201.

IDW (Hrsg) (2015): Nachbesserungsbedarf beim RegE eines Abschlussprüferaufsichtsreformgesetzes (APAReG), in: Der Betrieb 2015, Heft 29, S M11.

Hammerschmied, H./Nagy, G./Steckel, R. (2015): Aktuelle Fragen zur Durchführung von externen Qualitätsprüfungen, in: IWP (Hrsg): Wirtschaftsprüfer-Jahrbuch 2015. Wien 2015, S 165–179.

Hofians, R./Nagy, G./Steckel, R./Severus, J. (2010): Qualitätssicherung in Prüfungsbetrieben: Umsetzung in kleinen und mittleren Betrieben. Nationale und internationale Entwicklungen, in: IWP (Hrsg.): Wirtschaftsprüfer-Jahrbuch 2010, Wien 2010, S 249–295.

Knechel, W. R./Krishnan, G. V./Pevzner, M./Shefchik, L.B./Velury, U. K. (2013): Audit Quality: Insights from the Academic Literature, in: Auditing: A Journal of Practice & Theory, Vol 31, Supplement 1, S 385–421.

---

31 Vgl *Nagy et al* (2014), 98 f.

Krumm, W./Nagy, G./Steckel, R./Reiter, R./Wagner, T. (2009): Qualitätssicherung: Erfahrungsberichte zur praktischen Umsetzung mit dem Schwerpunkt aufbauorganisatorische Maßnahmen (wesentliche Elemente, Umsetzungsprobleme, mögliche Lösungsansätze und Arbeitshilfen), in: Wirtschaftsprüfer-Jahrbuch 2009, Wien 2009, S 47–74.

Maccari-Peukert, D./Ratzinger-Sakel, N. V. S. (2014): A Framework for Audit Qaulity – Das Rahmenkonzept des IAASB zur Prüfungsqualität: „Key Elements that Create an Environment for Audit Quality", in: Die Wirtschaftsprüfung 2014, Heft 12, S 608-611.

Martin, K.-U./Quick, R./Ruhnke, K. (2015): Wirtschaftsprüfung, 5. Aufl, Stuttgart 2015.

Milla, A./Köll, A./Wenger, T./Adrian, S. (2014): EU-Regulation zur Abschlussprüfung – Neue Pflichten für Aufsichtsrat und Prüfungsausschuss, in: RWZ 014, Heft 12, S 369–377.

Nagy, A. L. (2014): PCAOB Quality Control Inspection Reports and Auditor Reputation, in: Auditing: A Journal of Practice & Theory, Vol 33, Nr 3, S 87–104.

Nagy, G./Reiter, R./Ogris, S. (2014): Aktuelle Fragen zur Durchführung von externen Qualitätsprüfungen, in: IWP (Hrsg): Wirtschaftsprüfer-Jahrbuch 2014. Wien 2014, S 91–110.

Naumann, K.-P./Herkendell, A. (2014): Regulierung der Abschlussprüfung – Update zum aktuellen Stand der Diskussion in Brüssel, in: Die Wirtschaftsprüfung 2014, Heft 4, S 177–182.

Niehus, J. N. (1998): Gewährleistung der Qualität der Abschlussprüfung International. Leitfaden und Checklisten für die Praxis. Düsseldorf 1998.

Paulitschek, P. (2014): Aufsicht über den Berufsstand der Wirtschaftsprüfer in Deutschland. Eine agencytheoretische Analyse. Wiesbaden 2014.

Quandil, J. S. (2014): Wahrnehmung der Qualität der Abschlussprüfung. Eine theoretische und empirische Analyse für den deutschen Kapitalmarkt. Wiesbaden 2014.

Reiger, R./Schober, M./Benesch, G. (2008): Abschlussprüfungs-Qualitätssicherungsgesetz: Erste Erfahrungsberichte, in: IWP (Hrsg): Wirtschaftsprüfer-Jahrbuch 2008, Wien 2008, S 109-128.

Rieck, A. (2011): Qualitätsprüfung komplexer Dienstleistungen. Ein ergebnisorientierter und kennzahlenbasierter Ansatz. Wiesbaden 2011.

WPK (Hrsg) (2015): Stellungnahme der Wirtschaftsprüferkammer zum Regierungsentwurf des APAReG, http://www.wpk.de/uploads/tx_news/WPK-Stellungnahme_08-09-2015_01.pdf (3.12.2015).

WPK (Hrsg) (2016): Chronologie und Analyse des vom Bundestag beschlossenen APAReG, http://www.wpk.de/neu-auf-wpkde/eu-reform-der-abschlusspruefung (31.1.2016).

Erfahrungen, Fehlerfeststellungen und Empfehlungen aus dem Enforcement

Roman Rohatschek/Maximilian Schreyvogl/Regina Auer

I. Rechtliche Grundlagen und Ziele des Enforcements
II. Erfahrungen aus der Praxis der OePR
    A. Auswahl der Unternehmen
    B. Mitwirkung der Unternehmen und Dauer der Prüfungen
    C. Festlegung der Prüfungsschwerpunkte
    D. Festlegung der Wesentlichkeit
    E. Schwächen und Fehlerhäufigkeiten
    F. Empfehlungen für die Vorbereitung auf das Enforcement-Verfahren
    G. Empfehlungen zum Impairment gemäß IAS 36
III. Fehlerfeststellungen der OePR
    A. Fehlerveröffentlichungen gemäß § 5 Abs 2 RL-KG
    B. Anzeige- und Mitteilungspflichten gemäß § 10 RL-KG
    C. Auswirkung der Fehlerfeststellung auf den Bestätigungsvermerk
    D. Umgang mit Fehlerkorrekturen
    E. Enforcement und Bilanzstrafverfahren
IV. Zusammenfassung

I. Rechtliche Grundlagen und Ziele des Enforcements

Das Enforcement-Verfahren wurde in Österreich durch das Rechnungslegungskontrollgesetz als zweistufiges Verfahren eingeführt, wobei die erste Stufe privatrechtlich durch die österreichische Prüfstelle für Rechnungslegung (OePR) und die zweite Stufe durch die Finanzmarktaufsicht (FMA) behördlich geführt wird. Ursprünglich hat das RL-KG vorgesehen, dass entsprechend dem „Listing-Prinzip" die Konzernabschlüsse/-lageberichte, Jahresabschlüsse und Lagebericht sowie die Halbjahresfinanzberichterstattung von Unternehmen, deren Wertpapiere in Österreich an einem geregelten Markt notieren, dem Enforcement unterliegen. Mit den Änderungen im Jahr 2015 gelangt nunmehr das „Home-Country-Prinzip" zur Anwendung, wonach die Einhaltung von Rechnungslegungsvorschriften durch Unternehmen, deren Herkunftsmitgliedstaat gemäß § 81a Abs 1 Z 7 BörseG Österreich ist, zu prüfen ist.[1] Die OePR wurde vom Bundesminister für Justiz als unabhängiger, nicht auf Gewinn ausgerichteter Verein durch Bescheid anerkannt und darf in Ausübung der Tätigkeit an keine Weisungen gebunden sein (§ 8 Abs 1 RL-KG). Zudem unterliegen die Beschäftigten der Prüfstelle gemäß § 11 RL-KG besonderen Verschwiegenheitspflichten. Wird ein Verein als Prüfstelle anerkannt (gemäß § 8 Abs 1 RL-KG), hat die FMA die Prüfung nur dann selbst durchzuführen, falls das zu prüfende Unternehmen der Prüfstelle die Mitwirkung verweigert bzw mit dem Ergebnis der Prüfung nicht einverstanden ist oder es wesentliche Zweifel an der Richtigkeit der Prüfergebnisse gibt bzw die Durchführung durch die FMA in Einzelfällen aufgrund des öffentlichen Interesses an der Richtigkeit der Rechnungslegung geboten ist.[2]

Hinsichtlich der rechtlichen Rollenverteilung zwischen der FMA und der OePR bildet § 3 RL-KG eine klare Abgrenzung und bestimmt, dass die FMA nur in den oben genannten Fällen die Prüfung an sich ziehen kann. Zudem besagt § 8 Abs 1 RL-KG, dass die Prüfstelle an keine Weisungen gebunden sein darf und gemäß § 11 RL-KG unterliegt sie strikten Verschwiegenheitsverpflichtungen. Dies zeigt deutlich auf, dass die Prüfstelle in ihrer Prüftätigkeit nicht von der FMA abhängig sein darf, da dies andernfalls im Widerspruch mit der Weisungsfreiheit und der Verschwiegenheitspflicht der Prüfstelle stehen würde.[3] Die Fehlerveröffentlichung gemäß § 5 RL-KG wird jedoch immer losgelöst von der Prüfstelle von der FMA durchgeführt. Außerdem kann sich die FMA der OePR als Hilfsorgan bedienen, wobei hier die Prüfstelle nicht gemäß § 8, sondern gemäß § 3 Abs 3 als Hilfsorgan der FMA tätig wird.

Die Mitteilungspflichten der OePR gegenüber der FMA bzw der Kammer der Wirtschaftstreuhänder (KWT) ergeben sich aus § 10 RL-KG. Aufgrund dieser gesetzli-

---
1 Vgl § 1 Abs 1 RL-KG idF BGBl I 2015/98 und § 8 Abs 1 RL-KG idF BGBl I 2015/150.
2 Vgl § 3 Abs 1 RL-KG.
3 Vgl *Muzak*, Rechnungslegungskontrolle in Österreich: Ist die Rollenverteilung zwischen FMA und Prüfstelle wirklich ungeklärt? KoR 11, 2014, 548 f.

chen Regelungen muss die Prüfstelle die FMA darüber informieren, falls sich ein Unternehmen weigert, an der Prüfung mitzuwirken, und zudem die FMA über das endgültige Prüfungsergebnis in Kenntnis setzen. Die OePR muss der FMA in diesem Zusammenhang sowohl die Ergebnisse der durchgeführten Prüfungen als auch die Information darüber, ob sich die Unternehmen mit den Prüfungsergebnissen der OePR einverstanden erklärt haben, mitteilen. Stimmt das Unternehmen der Fehlerfeststellung nicht zu, ist gemäß § 3 Abs 1 Z 1 RL-KG die Prüfung durch die FMA durchzuführen. Ferner muss die Prüfstelle der FMA den Verdacht einer Straftat im Zusammenhang mit der Rechnungslegung eines Unternehmens berichten. Weiters ist der Verdacht einer Berufspflichtverletzung durch den Abschlussprüfer der Kammer der Wirtschaftstreuhänder zu melden. Das Enforcement-Verfahren verfolgt somit vor allem das Ziel, die Einhaltung der internationalen Rechnungslegungsstandards (IFRS) kapitalmarktorientierter Unternehmen zu prüfen und dadurch den Kapitalmarkt und die Wettbewerbsfähigkeit in Österreich zu stärken.[4]

II. Erfahrungen aus der Praxis der OePR
A. Auswahl der Unternehmen

Geprüft werden nun einerseits Unternehmen, bei denen es konkrete Anhaltspunkte für einen Verstoß gegen Rechnungslegungsvorschriften nach Maßgabe des öffentlichen Interesses (Anlassprüfung) gibt, und andererseits Unternehmen ohne besonderen Anlass in Form von Stichprobenprüfungen gemäß § 2 Abs 1 RL-KG. Im Rahmen der Stichprobenauswahl werden die zu prüfenden Unternehmen nach jeweiligem Risiko gewichtet und auf Basis dieser Gewichtung in unterschiedliche „Töpfe" eingeteilt. Die Kategorisierung erfolgt in „Risikounternehmen", „Unternehmen, die am Prime Market gelistet sind", und „sonstige Unternehmen". Je nach Kategorisierung werden die Unternehmen unterschiedlich gewichtet und unterliegen somit einer unterschiedlichen Wahrscheinlichkeit, gezogen zu werden. Die endgültige Auswahl erfolgt per Zufallsgenerator, da eine bewusste Auswahl eine Anlassprüfung darstellen würde. Die Zufallsauswahl soll gewährleisten, dass alle Unternehmen alle paar Jahre geprüft werden.[5] Durch dieses Auswahlverfahren zeigt sich in der Praxis, dass Unternehmen, die gerade geprüft wurden, möglicherweise davon ausgehen, in naher Zukunft nicht sofort wieder ausgewählt zu werden. Allerdings ist zu beachten, dass auch bereits geprüfte Unternehmen wieder dem „Risikotopf" zugeteilt werden, obwohl noch nicht alle Unternehmen geprüft wurden. Zu einer Anlassprüfung, welche idR nur bei konkreten Anhaltspunkten für einen Verstoß gegen die Rechnungslegungsvorschriften durchgeführt wird, kommt es in der Prüfpraxis der OePR nur selten. Im Rahmen der Prüfungstätigkeit der Prüfstelle kam es bis September 2015 lediglich zu einer Anlassprüfung

---
4 Siehe hierzu auch: Vorblatt der Regierungsvorlage zum RL-KG.
5 Vgl § 5 Abs 3 der Verfahrensordnung, abrufbar unter: http://www.oepr-afrep.at/fileadmin/user_upload/Verfahrensordnung_lt._Bescheid_BMF.pdf.

gemäß § 2 Abs 1 Z 1 RL-KG. Bislang erfolgte aus zwei Ziehungen – unter Verwendung des Zufallsgenerators – eine Auswahl von rund 60 Unternehmen. Bis September 2015 wurden 28 Unternehmen aus diesen Stichprobenprüfungen aus Sicht der Prüfstelle bereits fertiggestellt.

B. Mitwirkung der Unternehmen und Dauer der Prüfungen

Die erste Erfahrung im Hinblick auf die Mitwirkung der ausgewählten Unternehmen zeigt, dass alle angeschriebenen Unternehmen, sowohl jene der Stichprobenauswahl als auch jenes im Rahmen der Anlassprüfung, sich zur Mitwirkung bereit erklärten und auch den elektronischen Datenaustausch gut angenommen haben. Die Antwortgeschwindigkeit der Unternehmen sowie die Qualität der gelieferten Unterlagen variiert von Unternehmen zu Unternehmen und somit liegt die Zahl der Fragerunden zwischen mindestens einer bis hin zu maximal sechs – durchschnittlich waren bis dato drei Fragerunden zwischen der Prüfstelle und dem Unternehmen erforderlich.

Von der Mitwirkungserklärung des Unternehmens bis hin zur ersten Fragenliste der OePR liegen in etwa drei Wochen und die durchschnittliche gesamte Prüfungsdauer liegt bei sieben bis acht Monaten. Verzögerungen von noch nicht abgeschlossenen Verfahren sind oft darauf zurückzuführen, dass das Unternehmen seinen Sitz im Ausland hat, die Bilanzen sehr spät veröffentlicht werden oder dass im geprüften Unternehmen Kapazitätsprobleme vorliegen. Probleme bei der Kommunikation bzw Rückmeldung der Unternehmen ergeben sich insbesondere dadurch, dass die Unternehmen oft keinen Bezug zum Standard darlegen können und die Grundlagen für getroffene Entscheidungen oft nur oberflächlich darstellen und dokumentieren. Oftmals entstehen auf Seite der Prüfstelle durch diese mangelhaften Rückmeldungen der Unternehmen neue Fragen. Diese lückenhafte Kommunikation hat sich jedoch bereits nach der kurzen Prüftätigkeit gebessert und die Unternehmen achten nunmehr von Beginn an auf eine zielgerichtete Kommunikation bzw Dokumentation.

C. Festlegung der Prüfungsschwerpunkte

Durch die FMA ist gemäß § 1 Abs 2 RL-KG ein jährlicher Prüfplan zu erstellen. Dabei hat die FMA Prüfungsschwerpunkte festzulegen und diese zu veröffentlichen, wobei die Prüfstelle der FMA hierfür Vorschläge zu erstatten hat. Das Gesetz setzt demnach im Rahmen der Erlassung des Prüfplans durch die FMA Vorschläge der Prüfstelle voraus. Somit kann nach *Muzak* in weiterer Folge die FMA keine anderen als die von der OePR vorgeschlagenen Prüfungsschwerpunkte erlassen.[6] Im Rahmen der Festlegung der Prüfungsschwerpunkte hat die

---

6   Vgl *Muzak*, Rechnungslegungskontrolle in Österreich: Ist die Rollenverteilung zwischen FMA und Prüfstelle wirklich ungeklärt? KoR 11, 2014, 550.

FMA zudem auch die vorgegebenen Schwerpunkte der ESMA zu berücksichtigen.[7] Die Zahl der Prüfungsschwerpunkte wird in Abhängigkeit der jeweiligen Komplexität und Qualität der Abschlüsse festgelegt und die vorgegebenen Prüfungsschwerpunkte der FMA werden durch die Prüfstelle um unternehmensspezifische Bereiche ergänzt. Im Durchschnitt wurden bei den bereits begonnenen Prüfungen durch die OePR die vorgegebenen Prüfungsschwerpunkte durch ein bis drei unternehmensspezifische Schwerpunkte ergänzt.[8] Eine lückenlose Prüfung ist jedoch im Rahmen des Enforcements nicht vorzunehmen, da die Abschlüsse bereits durch den Abschlussprüfer geprüft worden sind.[9]

D. Festlegung der Wesentlichkeit

Im Gesetz wurde bislang nicht näher definiert, ab wann die Rechnungslegung nun fehlerhaft und gemäß § 5 Abs 1 RL-KG mittels Bescheid festzustellen ist. Weiters gibt das Rechnungslegungskontrollgesetz keine Auslegung des Begriffs eines Fehlers bzw der Wesentlichkeit vor. Im UGB wurde der Begriff der Wesentlichkeit durch das Rechnungslegungsänderungsgesetz jetzt erstmals in § 189a Z 10 definiert. Dieser besagt, dass der Status einer Information dann wesentlich ist, wenn eine Beeinflussung des Nutzers in dessen Entscheidung durch die Auslassung bzw fehlerhafte Angabe einer Information zu erwarten ist. Außerdem besagt § 189a Z 10, dass die Wesentlichkeit von der Größe bzw der spezifischen Eigenschaft des Postens oder der Fehlerhaftigkeit der Angabe abhängig ist und selbst wenn einzelne Posten für sich genommen unwesentlich sind, mehrere unwesentliche Posten wiederum zusammen als wesentlich angesehen werden können.

Die IFRS definieren die Wesentlichkeit in IAS 1.7, der besagt, dass die Wesentlichkeit vom Umfang und von der Art der Auslassung oder fehlerhaften Darstellung abhängig ist und dass es sich dann um einen wesentlichen Posten handelt, wenn die Auslassung oder fehlerhafte Darstellung dieses Postens, einzeln oder insgesamt, die wirtschaftliche Entscheidung des Adressaten beeinflussen kann. Weiters besagt IAS 8.41, dass ein Abschluss nicht nur dann nicht im Einklang mit den IFRS steht, wenn er wesentliche Fehler beinhaltet, sondern auch, wenn es sich um absichtlich herbeigeführte unwesentliche Fehler handelt, die dazu führen, eine bestimmte Darstellung der Vermögens-, Finanz- oder Ertragslage oder der Cashflows des Unternehmens zu erreichen.

Die Festlegung der Wesentlichkeit im Zusammenhang mit der Prüfungstätigkeit der OePR teilt sich in der Praxis nun in den quantitativen und den qualitativen

---

[7] Vgl FMA, jährliche Prüfungsschwerpunkte 2015, abrufbar unter: https://www.fma.gv.at/fileadmin/media_data/3_Unternehmen/08_Emittenten/Enforcement/FMA_Pruefungsschwerpunkte_2015.PDF.
[8] Vgl Tätigkeitsbericht der Prüfstelle für das Jahr 2014, 7, abrufbar unter: http://www.oepr-afrep.at/fileadmin/user_upload/Taetigkeitsbericht_der_Pruefstelle_2014.pdf.
[9] Vgl RV zu § 2 Abs 1 RL-KG.

Bereich. Zunächst wird im ersten Schritt vorläufig eine quantitative Wesentlichkeit auf Basis von Bilanz bzw Gewinn- und Verlust-Größen festgelegt, die dem Unternehmen nicht kommuniziert wird. Ferner wird analysiert, welche Bereiche im Unternehmen aufgrund der Unternehmenstätigkeit unter Berücksichtigung der Branche wesentlich sind und aufgrund dieser Analyse wird auch auf die qualitative Wesentlichkeit abgestellt. Bei der Fehlerbeurteilung wird die Situation ganzheitlich betrachtet, wobei die quantitative Wesentlichkeit nur eine Richtlinie darstellt und die qualitative Wesentlichkeit aufgrund des Kernbereichs des Unternehmens als wichtiges Kriterium berücksichtigt wird.

E. Schwächen und Fehlerhäufigkeiten

Im Rahmen des ersten Jahres der Prüfungstätigkeit der OePR konnten bis dato in folgenden Bereichen Fehler identifiziert werden:

Fehlerquelle
IFRS 10/IFRS 11 Konzernabschlüsse
IAS 39 Hedge Accounting
IAS 37 Rückstellungen
IAS 36 Wertminderung nicht-finanzieller Vermögenswerte
IFRS 7/IFRS 13 Angaben zu Finanzinstrumenten und Fair Values
IAS 7 Geldflussrechnung
IAS 21 Währungsumrechnung
IFRS 8 Segmentberichterstattung
IAS 39 Wertminderung finanzieller Vermögenswerte
UGB Kredit- und Beteiligungsbewertung
UGB Sicherungsbeziehungen
UGB Ertragsabgrenzung
UGB Abgrenzung Eigen- und Fremdkapital

Aufgrund der geringen Anzahl an durchgeführten Prüfungen kann hierbei noch von keiner Fehlerhäufung gesprochen werden, jedoch ist auffällig, dass bei den einzigen drei ausgewählten Unternehmen, die ihren Jahresabschluss bzw Halbjahresabschluss nach UGB erstellt haben, durch die OePR Fehler festgestellt wurden.[10] Eine erhöhte Fehlerhäufigkeit zeigt sich somit im Bereich der Finanzinstitute, im Rahmen von UGB-Abschlüssen sowie Halbjahresabschlüssen. Mitunter

---
10 Vgl Tätigkeitsbericht der Prüfstelle für das Jahr 2014, 10, abrufbar unter: http://www.oepr-afrep.at/fileadmin/user_upload/Taetigkeitsbericht_der_Pruefstelle_2014.pdf.

konnten beispielsweise Schwächen im Rahmen des Hedge Accountings sowie im Bereich der Impairment-Tests wahrgenommen werden. Im Bereich des Hedge Accountings (UGB sowie IFRS) kann ein deutlicher Mangel bei der Dokumentation festgestellt werden. Oftmals geht aufgrund nachgeholter Dokumentation viel an Information verloren.

Im Hinblick auf das Impairment gemäß IAS 36 konnten bis dato einige Schwächen identifiziert werden. Auf die Empfehlungen, die sich aufgrund dieser Feststellungen ergeben, wird in diesem Beitrag noch näher eingegangen.

F. Empfehlungen für die Vorbereitung auf das Enforcement-Verfahren

Die Prüfung durch die OePR bzw die Beantwortung der Frageschreiben der OePR bindet erhebliche zeitliche Ressourcen in einigen Bereichen des Unternehmens bzw möglicherweise auch in dessen Tochterunternehmen.[11] Daher ist eine gute Vorbereitung auf das Enforcement-Verfahren für die Unternehmen empfehlenswert. Der Prozess einer guten Vorbereitung auf ein Enforcement-Verfahren beginnt bereits vor einer Prüfung, zieht sich durch die tatsächliche Prüfung hindurch und endet mit der Nachbereitung nach dem Abschluss der Prüfung.

Erstellung einer Enforcement-Richtlinie

Vor der Prüfung kann es hilfreich sein, dass im Unternehmen eine Enforcement-Richtlinie aufgestellt und innerhalb des Unternehmens kommuniziert wird. Ferner soll das Unternehmen vorweg klären, ob es für eine Enforcement-Prüfung organisatorisch vorbereitet ist oder ob noch Handlungsbedarf besteht. Wichtig ist auch, dass im Rahmen der Vorbereitung darauf geachtet wird, dass alle einbezogenen (Tochter-)Unternehmen für das Thema „Enforcement" sensibilisiert werden. Für einen reibungslosen Ablauf sollen zudem vorweg die Organisation der Ansprechpartner, deren Vertretung und die Zuständigkeiten geklärt, dokumentiert und kommuniziert werden. Das Ziel einer guten Vorbereitung auf ein Prüfverfahren ist es, einen reibungslosen, schnellen Ablauf der tatsächlichen Prüfung sicherzustellen.

Qualitätssicherung der Dokumentation zu Bilanzierungsentscheidungen

Vorweg soll das Unternehmen bereits prüfen, ob der Konzernabschluss in den wesentlichen Sachverhalten dokumentiert wurde. Mögliche Lücken in der Dokumentation sind zu identifizieren und etwaige wesentliche Bilanzierungssachverhalte auf eine nachvollziehbare Entscheidungsfindung zu überprüfen. Wichtig

---

11 Siehe hierzu auch *Hartmann*, Praxis der Vorbereitung auf ein Enforcement-Verfahren, RWZ 2014/4, 122.

hierbei ist, dass insbesondere im Rahmen von bedeutsamen Einzelsachverhalten, beispielsweise bei wesentlichen Transaktionen, auf eine schlüssige sowie ausformulierte Dokumentation geachtet wird. Dabei ist insbesondere auch auf die Konsistenz der Rechnungslegung mit der internen und externen Unternehmenskommunikation zu achten. Dies betrifft beispielsweise Aussagen zur Unternehmensstrategie an den Aufsichtsrat oder auch in Pressemitteilungen bzw Interviews, deren Inhalte sich im Businessplan und daraus abgeleitet in zukünftigen Cashflow-Prognosen widerspiegeln müssen.

Themen der Unternehmen im Rahmen der Prüfung

Während der Prüfung kann das Unternehmen darauf achten, die zeitlichen Ressourcen mittels kurzen Antwortzeiten und bereits einwandfreier Ausarbeitung der Fragen gut einzuteilen. Dabei ist es wichtig, auf die gestellte Fragestellung konkret einzugehen und die Dokumentation bzw Antwort mit Literatur und den relevanten Gesetzes- und Standardstellen zu untermauern. In der Praxis hat es sich gezeigt, dass Fragen zu Bilanzierungssachverhalten, die zuvor nicht ausformuliert dokumentiert waren, mit höherem Aufwand schlüssig zu beantworten sind, da aufgrund der Zeitspanne zwischen der Bilanzierungsentscheidung und der Fragestellung durch die OePR die seinerzeitigen Überlegungen nicht mehr in vollem Umfang präsent waren. Nach der Prüfung ist es wichtig, dass das Unternehmen die Gelegenheit nutzt, um etwaige entdeckte Schwachstellen in der Dokumentation sowie der Organisation für die Zukunft zu verbessern.

G. Empfehlungen zum Impairment gemäß IAS 36

Erste Erfahrungen aus der Prüfpraxis zeigen, wie bereits erwähnt, Schwächen im Zusammenhang mit dem Wertminderungstest gemäß IAS 36, insbesondere im Hinblick auf die Schätzung der künftigen Cashflows, auf. Gemäß IAS 36.33a sind die Cashflow-Prognosen auf vernünftigen und vertretbaren Annahmen aufzubauen und die Einschätzungen der Rahmenbedingungen für die Restnutzungsdauer des Vermögenswertes bestmöglich widerzuspiegeln. Im Rahmen der Ermittlung des Nutzwertes soll das Unternehmen die Rahmenbedingungen des Vermögenswerts bestmöglich einschätzen und dabei insbesondere die externen Hinweise berücksichtigen.

Die Cashflow-Prognosen sollen gemäß IAS 36.33b auf dem aktuell genehmigten Finanzplan aufbauen und alle geschätzten künftigen Mittelzuflüsse und Abflüsse, die aus zukünftigen Restrukturierungen oder Verbesserungen bzw der Erhöhung der Ertragskraft des Vermögenswertes zu erwarten sind, ausschließen. Im Rahmen der Planung der geschätzten Mittelzuflüsse bzw Mittelabflüsse sollte darauf geachtet werden, dass die Ist-Ergebnisse sowie Vergangenheitsdaten bzw die Erfahrungswerte der letzten Jahre miteinbezogen werden (Backtesting), um eine realistische Cashflow-Planung gewährleisten zu können.

Ferner sollen sich diese Prognosen auf nur maximal fünf Jahre erstrecken (IAS 36.33b), da Vorhersagen über fünf Jahre hinweg in der Regel nicht verfügbar sind (IAS 36.35). Das Unternehmen kann jedoch gemäß IAS 36.33b eine längere Periode wählen, wenn es diese rechtfertigen kann. IAS 36.34 besagt, dass die Angemessenheit der Annahmen, auf denen die aktuellen Prognosen beruhen, im Hinblick auf vergangene Cashflow-Prognosen und mögliche Differenzen in der Vergangenheit beurteilt werden muss. Im Falle eines längeren Zeitraumes muss das Unternehmen gemäß IAS 36.35 basierend auf den vergangenen Erfahrungen unter Beweis stellen können, dass die Vorhersagen im Hinblick auf den Finanzplan in der Vergangenheit gut eingeschätzt werden konnten und die Prognosen verlässlich sind.

IAS 36.33c besagt, dass weiters im Rahmen der Ermittlung des Nutzwertes die Prognosen des Cashflows für den Zeitraum jenseits des aktuell genehmigten Finanzplanes des Unternehmens auf gleich bleibenden oder rückläufigen Wachstumsraten zu beruhen haben, es sei denn, dass eine steigende Wachstumsrate vom Unternehmen gerechtfertigt werden kann. In diesem Fall müssen erhöhte Wachstumsraten auf realistische Maßnahmenplänen des Unternehmens zurückzuführen sein. Ferner soll in diesem Zusammenhang darauf geachtet werden, dass es zu keinen unrealistischen Abweichungen im Rahmen der Planung des Wachstums in der ewigen Rente iVm dem Investitionsplan und der Thesaurierung kommt.

Weiters gibt es in der Praxis oftmals Diskussionen im Hinblick auf das Fachgutachten gemäß KFS BW 1, welches viele Unternehmen als Basis für die Bewertung heranziehen. Dieses Fachgutachten unterscheidet sich jedoch von IAS 36, wodurch es bei der Durchführung zu Schwierigkeiten bzw Abweichungen kommen kann. Die Erfahrungen aus der Prüfpraxis zeigen zudem, dass Unternehmen Wertminderungen durchgeführt haben, obwohl es in dieser Zeitspanne kein Triggering Event gab, da dieses beispielsweise schon im alten Geschäftsjahr stattfand, das Unternehmen aber zeitnah keine Wertminderung durchführte. Diese Wertminderung wurde somit beispielsweise erst im Halbjahresbericht nachgeholt. Impairments müssen jedoch zu jenem Zeitpunkt stattfinden, an dem es Anhaltspunkte für eine Wertminderung gibt, und nicht erst in der darauffolgenden Periode.

III. Fehlerfeststellungen der OePR
A. Fehlerveröffentlichungen gemäß § 5 Abs 2 RL-KG

Gemäß § 5 Abs 2 hat die FMA mittels Bescheid anzuordnen, dass das Unternehmen den von der FMA bzw den von der OePR im Einvernehmen mit dem geprüften Unternehmen festgestellten Fehler samt den wesentlichen Teilen der Begründung der Feststellung unverzüglich bekannt zu machen hat. Bis September

Erfahrungen, Fehlerfeststellungen und Empfehlungen aus dem Enforcement

2015 hat der jeweilige Senat bei 14 Prüfverfahren Fehler in der Rechnungslegung festgestellt, die bis dato bereits von 13 Unternehmen auch anerkannt wurden, wobei noch nicht alle Fehler veröffentlicht sind. In der Praxis zeigt sich in diesem Zusammenhang oftmals das Problem, dass der Vorstand nicht einschätzen kann, ob bzw wie er einen möglichen Fehler in der Rechnungslegung zugestehen soll, ohne sich potentiell strafbar zu machen, da die Grenze zwischen ungewollten Fehlern (error) und gewollten Fehlern in Richtung von Bilanzmanipulation (fraud) oft nicht so einfach zu ziehen ist. Bislang hat es bei den Prüfungen noch keine Meldungen der OePR gemäß § 10 Abs 3 RL-KG gegeben.

Bei Prüfungsabschluss ohne Fehlerfeststellungen kann unterschieden werden, ob die OePR dem Unternehmen einen schriftlichen Hinweis erteilt oder nicht. In der Praxis gab es Fälle von unwesentlichen Fehlern, woraufhin die OePR zwar keine wesentlichen Fehler feststellte und diese somit auch zu keiner Fehlerfeststellung führten, jedoch die Prüfstelle dem Unternehmen einen schriftlichen Hinweis über den entdeckten Fehler erteilte, damit das Unternehmen diesen Fehler in Zukunft beheben kann. Ferner kommt es auch bei Fehlerfeststellungen vor, dass dem Unternehmen über die entdeckten Fehler schriftliche Hinweise erteilt werden. Allerdings ist davon auszugehen, dass letztere Fallkonstellation selten vorkommen wird, da in entsprechender Anwendung des OLG-Beschlusses vom 22.1.2009 bei Vorliegen wesentlicher Fehler auch unwesentliche Fehler festzustellen sind, so sie keine Bagatellen darstellen.[12]

Vor einer Fehlerfeststellung wurde bis dato in der Praxis immer ein Gespräch mit dem Unternehmen durchgeführt und die aufgedeckten Fehler wurden vorab kommuniziert. Die Veröffentlichung eines Fehlers hat entweder auf der Unternehmenshomepage oder der Website der FMA bzw der Internetseite des geregelten Marktes zu erfolgen. In der Wiener Zeitung ist bekannt zu geben, wo die Veröffentlichung erfolgt ist.

B. Anzeige- und Mitteilungspflichten gemäß § 10 RL-KG

Weiters werden die Anzeige- und Mitteilungspflichten der Prüfstelle in § 10 RL-KG näher erläutert. Gemäß § 10 Abs 3 RL-KG hat die Prüfstelle Tatsachen, die den Verdacht einer Straftat im Hinblick auf die Rechnungslegung eines Unternehmens nahelegen, der FMA sowie den Verdacht auf das Vorliegen einer Berufspflichtverletzung durch den Abschlussprüfer der Kammer der Wirtschaftstreuhänder zu berichten. Laut § 2 Abs 2 RL-KG bezieht sich die Prüfung jedoch nicht auf den Bestätigungsvermerk des Abschlussprüfers.

Gemäß § 82 Abs 1 WTBG müssen Berufsberechtigte ihren Beruf unter anderem gewissenhaft, sorgfältig und eigenverantwortlich ausüben. Zudem besagt § 88

---

12 Vgl OLG Frankfurt, Beschluss vom 22.1.2009, (WpÜG 1) 3/08, abrufbar unter: https://openjur.de/u/301758.html.

Abs 6 WTBG, dass Berufsberechtigte dazu verpflichtet sind, übernommene Angelegenheiten und Aufgaben gesetzmäßig zu führen. Zudem liegt gemäß § 120 Z 7 WTBG ein Berufsvergehen vor, wenn den Verpflichtungen gemäß § 88 – unter anderem Abs 6 – nicht nachgekommen wird. Aufgrund der Meldepflicht, der die Prüfstelle nachkommen muss, sowie der gesetzlichen Regelungen meldet die OePR jeden Fehler, der in Abschlüssen mit unterzeichnetem Bestätigungsvermerk aufgedeckt wird. Daraus wird implizit der Verdacht auf das Vorliegen einer Berufspflichtverletzung durch den Abschlussprüfer abgeleitet, sofern der von der OePR als Fehler festgestellte Sachverhalt nicht im Bestätigungsvermerk des Abschlussprüfers seinen Niederschlag gefunden hat.

Verfahrenstechnisch ist zu beachten, dass gemäß § 144 Z 2 WTBG iVm § 31 VStG die Verfolgung einer Person unzulässig sei, wenn gegen sie binnen einer Frist von einem Jahr, ab dem Zeitpunkt, an dem die strafbare Tätigkeit abgeschlossen wurde, keine Verfolgungshandlung gemäß § 32 Abs 2 VStG vorgenommen wurde.

C. Auswirkung der Fehlerfeststellung auf den Bestätigungsvermerk

Gemäß KFS/PG3 (21) trägt der Abschlussprüfer die Verantwortung, dass der Jahresabschluss frei von wesentlichen falschen Darstellungen ist und die erlangten Prüfungsnachweise ausreichend und geeignet dafür sind, um als Grundlage für das Prüfungsurteil zu dienen. In manchen Fällen können sich nun Unklarheiten ergeben, in welcher Beziehung die Abschlussprüfung und das Enforcement-Verfahren nun stehen. Weiters wird oftmals davon ausgegangen, dass ein uneingeschränkter Bestätigungsvermerk vorweg auf ein fehlerfreies Enforcement-Verfahren hindeuten müsse.[13]

Welche Auswirkung nun eine Fehlerfeststellung auf den Bestätigungsvermerk hat, ist in der Praxis nicht pauschal zu beantworten, da es beispielsweise zu unterschiedlichen Auffassungen zwischen dem Abschlussprüfer und der OePR kommen kann bzw der OePR auch nicht bekannt ist, welche Dokumente und Auskünfte der Abschlussprüfer vom Unternehmen im Rahmen der Prüfung erhalten hat. Außerdem muss beachtet werden, dass der Abschlussprüfer den Jahresabschluss als Ganzes prüft und die Prüfstelle sich auf einzelne Schwerpunkte konzentriert. In der Praxis führt somit eine Fehlerfeststellung nicht automatisch zu einem Rückzug des Bestätigungsvermerks. Jedoch gab es bei schwerwiegenden Fehlern auch in der Vergangenheit schon Fälle, wo das Testat zurückgezogen wurde. Zudem wird in § 2 Abs 2 RL-KG geregelt, dass der Bestätigungsvermerk des Abschlussprüfers nicht Prüfungsgegenstand der OePR bzw FMA ist.

---

13 Vgl *Zülch/Beyhs/Hirschböck/Höltken*, Das österreichische Enforcement-Verfahren – Ein Praxisleitfaden für Bilanzierende, RWZ 2014/4, 114.

D. Umgang mit Fehlerkorrekturen

Im Rahmen des Konzernabschlusses besagt IAS 8, dass wesentliche Fehler aus früheren Perioden im ersten vollständigen Abschluss, der nach der Entdeckung der Fehler zur Veröffentlichung genehmigt wurde, rückwirkend korrigiert werden müssen (IAS 8.42). Die Korrektur der durch die Prüfstelle entdeckten Fehler erfolgt somit gemäß IAS 8.42 im darauffolgenden Konzernabschluss des Unternehmens retrospektiv. Wie diese Anpassungen im Hinblick auf die Fehlerfeststellungen der OePR nun genau durchgeführt werden, ist noch unbestimmt. Mitunter müssten die Unternehmen den aufgedeckten Fehler analysieren und abklären, ob dieser Fehler im Hinblick auf andere Sachverhalte auch noch korrigiert werden müsste, denn ansonsten kann es vorkommen, dass nicht das gesamte Ausmaß der Fehldarstellung abgebildet bzw korrigiert wird, denn die OePR zeigt idR einen Mindestfehler auf. Darüber hinaus hat das Unternehmen zu entscheiden, ob die Fehlerkorrektur nach IAS 8 retrospektiv oder prospektiv durchzuführen ist.

Im Rahmen des Einzelabschlusses besagt das UGB, dass die Bewertung den Grundsätzen ordnungsmäßiger Buchführung gemäß § 201 Abs 1 UGB entsprechen muss. Bei Vorliegen besonderer Umstände kann dann von diesen Grundsätzen abgewichen werden (§ 201 Abs 3 UGB), wenn die Abweichung im Anhang angegeben und begründet und dennoch ein möglichst getreues Bild der Vermögens- und Ertragslage des Unternehmens (§ 195 UGB) vermittelt wird. Somit kann in der Praxis von diesen allgemeinen Grundsätzen ordnungsmäßiger Buchführung abgegangen werden, wenn dies im Hinblick auf die korrekte Darstellung der Vermögens-, Finanz- und Ertragslage eines Unternehmens durchgeführt wird und vom Unternehmen begründet werden kann.

Gemäß § 202 Abs 1 Z 2 AktG, der sowohl für den Einzelabschluss als auch für den Konzernabschluss heranzuziehen ist, ist ein vom Vorstand mit Billigung des Aufsichtsrats festgestellter Jahresabschluss nur dann nichtig, wenn er mit dem Wesen der Aktiengesellschaft unvereinbar ist oder durch seinen Inhalt Vorschriften verletzt, die ausschließlich oder überwiegend zum Schutz der Gläubiger der Gesellschaft oder sonst im öffentlichen Interesse gegeben sind. Dies stellt klar, dass nicht jeder Fehler zur Nichtigkeit des Abschlusses führen muss.

E. Enforcement und Bilanzstrafverfahren

In der Praxis zeigt sich weiters, wie bereits erwähnt, dass oftmals das Problem besteht, dass das Unternehmen nicht einschätzen kann, ob bzw wie es einen möglichen Fehler in der Rechnungslegung zugestehen soll, ohne sich potentiell strafbar zu machen. Das Enforcement-Verfahren soll jedoch primär der Prävention von Fehlern in der Rechnungslegung und nicht der strafrechtlichen Verfolgung dienen.[14] Eine Anzeige aufgrund einer Straftat im Zusammenhang mit der Rechnungslegung eines Unternehmens kann unterbleiben, wenn bzw solange ein Prüfverfahren durch die OePR oder die FMA anhängig ist und solange kein schwerer Schaden dem Unternehmen oder den Gläubigern gegenüber befürchtet werden muss. Gemäß § 78 Abs 2 Z 2 StPO gilt nun die Bekanntmachung festgestellter Fehler für Zwecke des Absehens von einer Anzeige als schadensbereinigende Maßnahme.[15]

Daraus ergibt sich die Frage, ob bzw inwieweit ein Fehler in der Rechnungslegung durch eine Veröffentlichung dieses Fehlers heilbar ist. Nach § 255 Z 1 AktG ist die unrichtige Wiedergabe der Verhältnisse der Gesellschaft in Darstellungen und Übersichten betreffend die Gesellschaft wie insbesondere Jahresabschluss (Konzernabschluss) und Lagebericht (Konzernlagebericht) strafbar. Ferner ist (ab 1.1.2016) gemäß § 163a StGB *„die in unvertretbare Weise falsche oder unvollständige Darstellung einer bedeutsamen wesentlichen Information betreffend die Vermögens-, Finanz- oder Ertragslage"* strafbar, wenn diese geeignet ist, einen erheblichen Schaden für den Verband, dessen Gesellschafter, Mitglieder oder Gläubiger oder für Anleger herbeizuführen. Daraus lässt sich ableiten, dass die heilende Wirkung einer Fehlerveröffentlichung nur gegenüber der FMA besteht und somit nicht gegenüber Dritten, da sich diese auf den Täuschungstatbestand gemäß § 255 AktG bzw § 163a StGB berufen können.[16] Die EB zu § 163a StGB weisen jedoch darauf hin, dass nicht jeder Fehler automatisch zu einem Strafrechtsverfahren führen muss.[17] Bis dato ist auch kein Fall bekannt, dass nach einer Fehlerfeststellung seitens der OePR strafrechtliche Erhebungen durch die WKStA durchgeführt wurden.

IV. Zusammenfassung

Das Enforcement-Verfahren wurde in Österreich durch ein zweistufiges Verfahren eingeführt. Ziel des Enforcements ist es, Unternehmensabschlüsse/-berichte bzw sonstige Informationen (§ 81a Abs 1 Z 9 BörseG) von Unternehmen, deren Wertpapiere zum Handel im Inland an einem geregelten Markt zugelassen sind,[18] im Hinblick auf die Einhaltung von Rechnungslegungsvorschriften zu prüfen. Im Jahr 2016 wird ein Wechsel vom Listing-Prinzip zum Home-Country-Prinzip stattfinden. Dies bedeutet, dass ab 2016 der Sitz des emittierenden Unternehmens für die Zuständigkeit des Enforcement-Verfahrens herangezogen wird.

---

14 Vgl *Winter/Kern/Hlawenka/Türk-Walter*, Enforcement-Prüfungsverfahren in Österreich, RWP 2015/1, 23.
15 Vgl § 6 Abs 1 RL-KG.
16 Vgl *Winter/Kern/Hlawenka/Türk-Walter*, Enforcement-Prüfungsverfahren in Österreich, RWP 2015/1, 23.
17 Vgl ErläutRV 689 BlgNR 25. GP.
18 Dies entspricht dem sogenannten Listing-Prinzip.

Erfahrungen, Fehlerfeststellungen und Empfehlungen aus dem Enforcement

Die Erfahrungen in der Praxis zeigen, dass die durchschnittliche Prüfungsdauer bei sieben bis acht Monaten pro Unternehmen liegt und die Mitwirkung sowie der elektronische Datenaustausch sehr gut funktionieren. Bislang wurden rund 60 Unternehmen per Zufallsgenerator ausgewählt, wobei bis September 2015 28 Prüfungen fertiggestellt wurden. Zudem wurde eine Anlassprüfung gemäß § 2 Abs 1 Z 1 RL-KG eingeleitet. Eine erhöhte Fehlerhäufigkeit zeigt sich im Bereich der Finanzinstitute, im Rahmen von UGB-Abschlüssen sowie in Halbjahresabschlüssen. Aufgrund der bis dato noch geringen Anzahl von Prüfungen kann jedoch noch keine Häufung von Fehlerquellen aufgezeigt werden.

Weiters wurden die Anzeige- und Mitteilungspflichten der Prüfstelle gemäß § 10 RL-KG im Hinblick auf Berufspflichtverletzungen des Abschlussprüfers sowie der Meldung dieser an die Kammer der Wirtschaftstreuhänder erläutert. Die OePR meldet aufgrund dieser gesetzlichen Regelung jeden Fehler, der in Abschlüssen mit unterzeichnetem Bestätigungsvermerk aufgedeckt wird. Ferner ist die Auswirkung einer Fehlerfeststellung auf den Bestätigungsvermerk in der Praxis nicht pauschal zu beantworten, da es unter anderem zu unterschiedlichen Auffassungen zwischen dem Abschlussprüfer und der OePR kommen kann und außerdem beachtet werden muss, dass der Abschlussprüfer den Jahresabschluss als Ganzes prüft und die Prüfstelle sich nur auf einzelne Schwerpunkte konzentriert.

Im Hinblick auf das Bilanzstrafverfahren und die Frage, ob ein Zugeständnis eines Fehlers strafbar sein kann, wird auf die EB zu § 163a StGB hingewiesen, die besagen, dass nicht jeder Fehler automatisch zu einem Strafrechtsverfahren führen muss. Das Ziel des Enforcement-Verfahrens soll schlussendlich primär die Prävention von Fehlern und nicht die strafrechtliche Verfolgung sein.

Rechnungslegung und Bilanzsteuerrecht

Rechnungslegungsänderungsgesetz (RÄG) 2014 – Neue Bilanzierungsgrundsätze bzw Bilanzierungs- und Bewertungsmethoden

Klaus Hirschler/Walter Krainz/Dzejlana Dizdarevic/Elisabeth Höltschl

I. Themenübersicht
II. Neuerungen bei den GoB
   A. Grundsatz des wirtschaftlichen Gehalts (Substance over form) – § 196a Abs 1 UGB
   B. Grundsatz der Wesentlichkeit – § 196a Abs 2 UGB
   C. Grundsatz der verlässlichen Schätzung – § 201 Abs 2 Z 7 UGB
   D. Overriding Principle – § 201 Abs 3 und § 222 Abs 3 UGB
III. Wertmaßstäbe
   A. Beizulegender Wert nach § 189a Z 3 UGB
   B. Beizulegender Zeitwert nach § 189a Z 4 UGB
IV. Herstellungskosten
V. Firmenwert
VI. Zuschreibungspflicht
VII. Rückstellungen
VIII. Latente Steuern
IX. Disagio

I. Themenübersicht

Mit dem Rechnungslegungsänderungsgesetz 2014 (RÄG 2014), BGBl I 2015/22, wurde das Dritte Buch des österreichischen Unternehmensgesetzbuchs (UGB) umfassend geändert.[1] Das RÄG 2014 dient vor allem der Umsetzung der Richtlinie 2013/34/EU des Europäischen Parlaments und des Rates vom 26.6.2013 über den Jahresabschluss, den konsolidierten Abschluss und damit verbundene Berichte von Unternehmen bestimmter Rechtsformen und zur Änderung der Richtlinie 2006/43/EG des Europäischen Parlaments und des Rates und zur Aufhebung der Richtlinien 78/660/EWG und 83/349/EWG des Rates („Bilanzrichtlinie").[2] Ziel der Bilanzrichtlinie und damit des RÄG 2014 sind unter anderem die Förderung der europaweiten Vergleichbarkeit von Jahres- und Konzernabschlüssen, eine Annäherung an das Steuerrecht („Einheitsbilanz") und die Verbesserung der Aussagekraft der Abschlüsse.[3]

Im ersten Abschnitt des Dritten Buchs des UGB (allgemeine Vorschriften), welcher für alle rechnungslegungspflichtigen Rechtsträger gilt, wurden ua wichtige Bestimmungen über dessen Anwendungsbereich und die Grundsätze ordnungsmäßiger Buchführung hinzugefügt. Im zweiten Abschnitt, welcher ergänzende Vorschriften für Kapitalgesellschaften enthält, finden sich weitere wesentliche Änderungen. Ebenso wurden sowohl der dritte Abschnitt über die Konzernrechnungslegung als auch der vierte Abschnitt über die Prüfung und Offenlegung maßgebend geändert.[4] Der folgende Beitrag stellt einen Überblick über die wichtigsten Bereiche der Reform dar und analysiert die zu erwartenden Problemstellungen.

II. Neuerungen bei den GoB

Die Grundsätze ordnungsmäßiger Buchführung (GoB) konkretisieren und ergänzen gesetzliche Einzelvorschriften, wenn für einen in der Rechnungslegung darzustellenden Sachverhalt keine entsprechende Vorschrift angewendet werden kann. Die Grundsätze ordnungsmäßiger Buchführung als übergeordneter Maßstab für die Ordnungsmäßigkeit der Jahresabschlüsse werden bereits in § 195 UGB normiert und in § 201 UGB durch eine demonstrative Aufzählung weiter konkretisiert. Mit dem RÄG 2014 wurden die bisher schon kodifizierten Grundsätze ordnungsmäßiger Buchführung um die Grundsätze des wirtschaftlichen Gehalts („Substance over form" – § 196a Abs 1 UGB), der Wesentlichkeit (§ 196a Abs 2 UGB) und der verlässlichen Schätzung (§ 201 Abs 2 Z 7 UGB) ergänzt. Ebenso wurde die Bedeutung der Generalnorm als „overriding principle" stärker

---
1 Vgl *Dokalik*, RÄG 2014 Rechnungslegungs-Änderungsgesetz 2014 (2015), 5.
2 Vgl ErläutRV 367 BlgNR 25. GP 1.
3 Siehe RL 2013/34/EU.
4 Vgl *Dokalik*, RÄG 2014, III.

betont und die damit verbundenen Regelungen zum Abweichen von den Grundsätzen ordnungsmäßiger Buchführung bzw dem „True-and-fair-view"-Prinzip novelliert.[5]

A. Grundsatz des wirtschaftlichen Gehalts (Substance over form) – § 196a Abs 1 UGB

Der Grundsatz des wirtschaftlichen Gehalts war bereits vor dem Inkrafttreten des RÄG 2014 als nicht gesetzlich normierter GoB in der Literatur[6] anerkannt und wurde nun in § 196a Abs 1 UGB explizit verankert.[7] Gemäß dieser Bestimmung sind die Posten des Jahresabschlusses unter Berücksichtigung des wirtschaftlichen Gehalts der betreffenden Geschäftsvorfälle oder der betreffenden Vereinbarungen zu bilanzieren und darzustellen.[8] Es kommt somit bei der Zurechnung eines Vermögensgegenstandes oder einer Schuld nicht auf formelle juristische Gestaltungen an, sondern auf die entsprechend dem Normzweck geforderte tatsächliche wirtschaftliche Verfügungsmacht gemessen an der Trägerschaft der Chancen und Risiken.[9]

B. Grundsatz der Wesentlichkeit – § 196a Abs 2 UGB

Gemäß § 196a Abs 2 UGB müssen die Anforderungen an den Jahresabschluss in Bezug auf Darstellung und Offenlegung nicht erfüllt werden, wenn die Wirkung ihrer Einhaltung unwesentlich ist. Dieser Grundsatz der Wesentlichkeit war – wie auch der Grundsatz des wirtschaftlichen Gehalts – bereits vor dem Inkrafttreten des RÄG 2014 in der Literatur anerkannt worden.[10] Eine Information ist gemäß § 189a Z 10 UGB dann wesentlich, wenn vernünftigerweise zu erwarten ist, dass ihre Auslassung oder fehlerhafte Angabe Entscheidungen beeinflusst, die Nutzer (beispielsweise Gesellschafter, potentielle Investoren, Gläubiger, Arbeitnehmer etc) auf der Grundlage des Jahres- oder Konzernabschlusses treffen. Dem Gesetzeswortlaut zufolge ist die Wesentlichkeit von der Größe oder der spezifischen Eigenschaft des Postens oder der Fehlerhaftigkeit der Angabe abhängig. Selbst wenn ein einzelner Posten für sich genommen als unwesentlich angesehen werden kann, können mehrere unwesentliche gleichartige Posten zusammen als we-

---

5 Vgl *Rohatschek/Schiemer* in *Bertl et al* (Hrsg), Reform der Rechnungslegung in Österreich (2015), 28 f mwN.
6 Vgl zB *Rohatschek/Schiemer* in *Bertl et al*, Reform der Rechnungslegung, 34; ErläutRV 367 BlgNR 25. GP 4 mwN; *Fraberger/Petritz/Walter-Gruber* in *Hirschler* (Hrsg), Bilanzrecht – Einzelabschluss (2009), § 195 Rz 14.
7 Vgl *Dokalik*, RÄG 2014, 29.
8 Vgl § 196a Abs 1 UGB.
9 Vgl *Fraberger/Petritz/Walter-Gruber* in *Hirschler*, Bilanzrecht, § 195 Rz 14; *Nowotny* in *Straube* (Hrsg), HGB³ (2000), § 195 Rz 14 mwN; *Egger/Samer/Bertl*, Der Jahresabschluss nach dem Unternehmensgesetzbuch I (2015), 55 f.
10 Siehe zB *Fröhlich*, Praxis der Konzernrechnungslegung³ (2011), 71 f.

sentlich gelten.[11] Daraus lässt sich sowohl eine quantitative als auch eine qualitative Wesentlichkeit ableiten.[12]

Als Ausfluss des Wesentlichkeitsgrundsatzes kann beispielsweise die Vorschrift über die Darstellung der Posten des Jahresabschlusses in § 277 Abs 3 UGB angesehen werden, die im Zuge des RÄG 2014 ebenfalls adaptiert wurde.[13] Während bisher lediglich für die Veröffentlichung im Amtsblatt der Wiener Zeitung alle Posten in vollen 1.000 € angegeben werden durften, wurde mit dem RÄG 2014 die Bestimmung dahingehend erweitert, dass nun einerseits auch die Angabe in vollen 1.000 € bei der Offenlegung des Jahresabschlusses beim Firmenbuchgericht erfasst ist und andererseits – unter Beachtung des Wesentlichkeitsgrundsatzes – auch erstmals Rundungen auf größere Einheiten vorgenommen werden dürfen. Die Erleichterungen gelten gemäß § 280 Abs 1 UGB sinngemäß auch für die Offenlegung und Veröffentlichung des Konzernabschlusses.[14]

Im Gegensatz zu den IFRS-Vorschriften[15] wurde die Wesentlichkeit in § 196a Abs 2 UGB mit dem RÄG 2014 nur in Bezug auf die Darstellung und die Offenlegung verankert.[16] Im Bereich des Ansatzes, der Bewertung und der Konsolidierung wird die Anwendung des Wesentlichkeitsgrundsatzes wie bisher einzelfallbezogen im Gesetz geregelt.[17] Dies wirft die Frage auf, ob die Wirksamkeit des Wesentlichkeitsprinzips – im Gegensatz zu den IFRS-Vorschriften – nur auf die Bereiche der Darstellung und Offenlegung begrenzt ist. In der jüngsten Literatur wird davon ausgegangen, dass der Grundsatz dem Gesetzeswortlaut zufolge jedenfalls auf diese beiden Bereiche anzuwenden ist.[18] Die Anwendung des Wesentlichkeitsgrundsatzes auf den Ansatz von Vermögensgegenständen und Schulden wird im Schrifttum hingegen äußerst kritisch hinterfragt. Insbesondere das Prinzip der Vollständigkeit und der Richtigkeit in § 190 Abs 3 UGB bzw § 196 Abs 1 UGB verlangt die Erfassung von allen Transaktionen, unabhängig von der Höhe des Betrages und der Bedeutsamkeit der Information für Jahresabschlussadressaten. Diesbezüglich wird in der Literatur zum Teil von einer Nachrangigkeit des Wesentlichkeitsgrundsatzes zu den Grundsätzen der Vollständigkeit und der Richtigkeit ausgegangen.[19] Lediglich bei im Gesetz explizit normierten Bestimmungen, nach denen von einer Aktivierung abgesehen werden kann, besteht keine Verletzung des Vollständigkeitsgrundsatzes oder des Grundsatzes der Bilanz-

---

11 Vgl § 198 Z 10 UGB.
12 Vgl *Rohatschek/Schiemer* in Bertl et al, Reform der Rechnungslegung, 36.
13 Vgl ErläutRV 367 BlgNR 25. GP 4.
14 Vgl *Köll/Szaurer*, Neuerungen im Bereich der Offenlegung und Zwangsstrafen aufgrund des RÄG 2014, RWZ 7-8/2015, 244 ff.
15 Vgl zB IAS 1.7.
16 Vgl *Dokalik*, Neuerungen im UGB durch die Bilanzrechtsreform, SWK 1-2/2015, 13 f; *Moser*, Rechnungslegungs-Änderungsgesetz 2014 (RÄG 2014) – Die Kodifizierung von Grundsätzen ordnungsmäßiger Bilanzierung, GES 2015, 203.
17 Vgl ErläutRV 367 BlgNR 25. GP 4.
18 Vgl *Dokalik*, SWK 1-2/2015, 13 f.
19 Vgl *Hilber* in *Torggler* (Hrsg), UGB² (2016), § 196 Rz 6.

wahrheit.[20] Dies trifft beispielsweise auf § 204 Abs 1a UGB zu, der die Abschreibung von Anschaffungs- oder Herstellungskosten geringwertiger Vermögensgegenstände des abnutzbaren Anlagevermögens im Jahr ihrer Anschaffung oder Herstellung erlaubt.[21] Dieser Fall ist insoweit unstrittig, als diese Vorgänge auf jeden Fall in der Buchführung zu erfassen sind, nur mit dem Unterschied, dass anstelle der an sich gebotenen Aktivierung des Gegenstandes der Ausweis als Aufwand erfolgt.[22]

Dass die Anwendung des Wesentlichkeitsgrundsatzes im Zuge des RÄG 2014 nicht auch auf den Ansatz, die Bewertung und die Konsolidierung ausgedehnt wurde, widerspricht jedenfalls nicht der EU-Bilanzrichtlinie. Diese gestattet es den Mitgliedstaaten, die verbindliche Anwendung des Wesentlichkeitsgrundsatzes auf die Darstellung und Offenlegung zu beschränken. Zudem wird in der Bilanzrichtlinie auch festgehalten, dass der Grundsatz eine etwaige Pflicht nach einzelstaatlichen Rechtsvorschriften zur Führung vollständiger Aufzeichnungen, aus denen die Geschäftstätigkeit und die finanzielle Lage hervorgehen, nicht berühren sollte.[23]

C. Grundsatz der verlässlichen Schätzung – § 201 Abs 2 Z 7 UGB

Mit dem RÄG 2014 wurde in § 201 Abs 2 Z 7 UGB der Grundsatz der verlässlichen Schätzung eingeführt. Wenn die Bestimmung eines Wertes lediglich auf Basis von Schätzungen möglich ist, so müssen diese auf einer umsichtigen Beurteilung beruhen. Sofern statistisch ermittelbare Erfahrungswerte aus gleich gelagerten Sachverhalten vorliegen, sind diese zu berücksichtigen.[24] Die auf Schätzungen beruhende Wertbestimmung hat vernünftig und bestmöglich sowie methodisch abgeleitet zu erfolgen. Darüber hinaus sind alle zur Verfügung stehenden Informationen und Kenntnisse unter Beachtung des Vorsichtsprinzips sowie werterhellende Umstände miteinzubeziehen.[25] Als Objektivierungskriterien sind insbesondere unternehmensindividuelle Erfahrungswerte oder Branchenerkenntnisse heranzuziehen.[26]

Den Gesetzesmaterialien zufolge soll die Verankerung des Grundsatzes der verlässlichen Schätzung als allgemeiner Bewertungsgrundsatz dabei helfen, vor allem die Bildung von Pauschalrückstellungen und Pauschalwertberichtigungen so vorhersehbar zu machen, dass diese in der Folge steuerlich anerkannt werden

---

20 Vgl *Nowotny* in *Straube/Ratka/Rauter* (Hrsg), UGB II/RLG³, § 196 Rz 6.
21 Siehe dazu auch *Bertl/Hirschler*, Rechnungsabgrenzung und Wesentlichkeit, RWZ 10/2010, 293.
22 Vgl Arbeitskreis Bilanzrecht, *Anzinger et al*, Überlegungen zur Umsetzung der EU-Bilanzrichtlinie RL 2013/34/EU vom 26.6.2013 in deutsches Recht, NZG 2014, 891 f.
23 Vgl RL 2013/34/EU, 3 Rz 17.
24 Vgl § 201 Abs 2 Z 7 UGB.
25 Vgl *Dokalik/Hirschler*, SWK-Spezial RÄG 2014 – Reform des Bilanzrechts, § 201, SWK-Spezial (2015), 34.
26 Vgl *Bertl/Deutsch-Goldoni/Hirschler*, Buchhaltungs- und Bilanzierungshandbuch (2015), 336.

können.[27] Hierzu ist anzumerken, dass § 9 Abs 3 EStG nach wie vor bestimmt, dass Rückstellungen für drohende Verluste aus schwebenden Geschäften und Rückstellungen für sonstige ungewisse Verbindlichkeiten, wenn die Rückstellungen nicht Abfertigungen, Pensionen oder Jubiläumsgelder betreffen, aus steuerlicher Sicht nicht pauschal gebildet werden dürfen. Auch pauschale Wertberichtigungen für Forderungen sind gemäß § 6 Z 2 lit a EStG nicht zulässig.[28] Ob eine steuerrechtliche Anerkennung dieser Sachverhalte in den folgenden Jahren tatsächlich gesetzlich normiert wird, bleibt daher abzuwarten.

D. Overriding Principle – § 201 Abs 3 und § 222 Abs 3 UGB

Gemäß § 201 Abs 2 letzter Satz UGB idF vor dem RÄG 2014 war ein Abweichen von den in § 201 Abs 2 UGB genannten Grundsätzen nur bei Vorliegen besonderer Umstände zulässig. Im Zuge des RÄG 2014 wurde diese Bestimmung in § 201 Abs 3 UGB verschoben und um zusätzliche Voraussetzungen ergänzt. Nunmehr ist ein Abweichen von den in § 201 Abs 2 UGB normierten Grundsätzen *„nur bei Vorliegen besonderer Umstände und unter Beachtung der in § 195 dritter Satz beschriebenen Zielsetzung, bei Gesellschaften im Sinn des § 189 Abs 1 Z 1 und 2 nur unter Beachtung der in § 222 Abs 2 erster Satz umschriebenen Zielsetzung zulässig."* Aufgrund der besonderen Betonung der Generalnorm als Overriding Principle in § 201 Abs 3 und § 222 Abs 3 UGB ist bei konfligierenden Verhältnissen nun umso mehr jenem Grundsatz Vorrang zu geben, der am ehesten einem möglichst getreuen Bild der Vermögens-, Finanz- und Ertragslage entspricht. Dadurch ist bei Änderung eines der kodifizierten GoB des § 201 Abs 2 UGB auch zu prüfen, inwieweit diese Änderung mit dem Grundsatz der Vermittlung eines möglichst getreuen Bildes der Vermögens-, Finanz- und Ertragslage vereinbar ist.[29]

Der Wortlaut des § 201 Abs 3 UGB bezieht sich unterschiedslos auf alle in § 201 Abs 2 UGB enthaltenen Grundsätze. Ob § 201 Abs 3 UGB allerdings auf alle in § 201 Abs 2 UGB angeführten Grundsätze tatsächlich angewendet werden kann, lässt sich nicht ohne weiteres feststellen. In der jüngsten Literatur wird die Meinung vertreten, dass Ausnahmen von dem Realisationsprinzip, dem (imparitätischen) Vorsichtsprinzip und dem Grundsatz des periodenreinen Ertrags- und Aufwandsausweises kaum denkbar sind. Die Ausnahme von dem Grundsatz der Unternehmensfortführung iSd § 201 Abs 2 Z 2 UGB ist in dieser Bestimmung bereits geregelt und würde deshalb § 201 Abs 3 UGB verdrängen. Somit würde sich der Anwendungsbereich des § 201 Abs 3 UGB insbesondere auf die Grundsätze

---

27 Vgl ErläutRV 367 BlgNR 25. GP 6 zu § 201 Abs 2 Z 7.
28 Vgl *Petutschnig/Schallmeiner*, Begutachtungsentwurf des RÄG 2014 – Neuerungen für den Einzel- und Konzernabschluss nach UGB, RWZ 11/2014, 330.
29 Vgl *Rohatschek/Schiemer* in *Bertl et al*, Reform der Rechnungslegung, 29; *Dokalik/Hirschler*, SWK-Spezial, 35.

der Bilanzierungs- und Bewertungsstetigkeit, der Einzelbewertung und der Bilanzidentität beziehen.[30]

Zudem haben Kapitalgesellschaften und die ihnen hinsichtlich der Rechnungslegung gleichgestellten Personengesellschaften laut § 201 Abs 3 UGB *„die Abweichungen im Anhang anzugeben, zu begründen und ihren Einfluss auf die Vermögens-, Finanz- und Ertragslage des Unternehmens darzulegen."* Sonstige Personengesellschaften und Einzelunternehmen müssen mangels der Verpflichtung zur Erstellung eines Anhangs gemäß § 222 Abs 1 UGB keine zusätzlichen Anhangangaben machen.

III. Wertmaßstäbe

Durch das RÄG 2014 wurde im Unternehmensgesetzbuch nach dem Vorbild der EU-Bilanzrichtlinie ein neuer Paragraf aufgenommen (§ 189a UGB), in dem jene Begriffe definiert werden, die mehr als eine Bestimmung betreffen und daher einheitlich anzuwenden sind. Als Konsequenz entfielen die Begriffsbestimmungen an anderen Stellen (beispielsweise § 228 und § 232 Abs 1 UGB).[31] § 189a UGB enthält nunmehr auch eine Definition des beizulegenden Wertes (§ 189a Z 3 UGB) und des beizulegenden Zeitwertes (§ 189a Z 4 UGB).

A. Beizulegender Wert nach § 189a Z 3 UGB

Der beizulegende Wert war im Unternehmensgesetzbuch bisher nicht ausdrücklich normiert,[32] sondern wurde lediglich in den §§ 202, 204 Abs 2 und 207 UGB idF vor dem RÄG 2014 erwähnt.[33] Als Vergleichswert wurden bisher Börse- oder Marktpreise, der Wiederbeschaffungswert, der Einzelveräußerungswert oder der Ertragswert herangezogen.[34] § 189a Z 3 UGB definiert nun den beizulegenden Wert als den Betrag, den ein Erwerber des gesamten Unternehmens im Rahmen des Gesamtkaufpreises für den betreffenden Vermögensgegenstand oder die betreffende Schuld ansetzen würde. Dabei ist davon auszugehen, dass der Erwerber das Unternehmen fortführt. Im Gegensatz zum objektiv zu ermittelnden beizulegenden Zeitwert iSd § 189a Z 4 UGB sind bei der Ermittlung des beizulegenden Werts die Verwendungsmöglichkeiten im Unternehmen bzw die persönlichen oder betriebsbezogenen Einflüsse zu berücksichtigen („subjektiver Wert").[35]

Bei der Kodifikation der Z 3 lehnte sich der Gesetzgeber am Begriff des steuerlichen Teilwerts iSd § 6 Z 1 EStG an und ersetzte nur die Begriffe „des ganzen Be-

---
30 Vgl *Konezny* in *Torggler*, UGB², § 201 Rz 59.
31 Vgl ErläutRV 367 BlgNR 25. GP 3.
32 Vgl *Dokalik*, RÄG 2014, 23 f.
33 Vgl zB *Urnik/Urtz*, Übersicht über die Neuerungen des Rechnungslegungs-Änderungsgesetzes 2014, ÖStZ 6/2015, 153.
34 Vgl *Hirschler* in *Bertl et al*, Reform der Rechnungslegung, 43 mwN.
35 Vgl *Dokalik* in *Torggler*, UGB², § 189a Rz 16.

triebes" durch „des ganzen Unternehmens", „das einzelne Wirtschaftsgut" durch „den betreffenden Vermögensgegenstand oder die betreffende Schuld" sowie „den Betrieb fortführt" durch „das Unternehmen fortführt". Offensichtlich sollte der steuerliche Begriff des Teilwerts und dessen Ermittlungsmethode Maßstab für die Ermittlung des beizulegenden Wertes sein.[36] In der Literatur wurde schon bisher die Meinung vertreten, dass der unternehmensrechtliche beizulegende Wert am ehesten mit dem steuerlichen Teilwert vergleichbar ist.[37]

Gedanklich hat entsprechend dem Wortlaut des § 189a Z 3 UGB zukünftig bei jeder Bewertung eines Vermögensgegenstandes oder einer Schuld ein fiktiver Unternehmenserwerb durch einen fremden Dritten zu erfolgen. Es wäre jener Betrag zu ermitteln, der im Rahmen des Gesamtkaufpreises auf den einzelnen Vermögensgegenstand oder die Schuld entfällt. Da es bei einem Unternehmenskauf nicht immer einfach ist, den betraglich definierten Kaufpreis zutreffend auf die einzelnen Vermögensgegenstände und Schulden aufzuteilen, wird dieser Vorgang durch diese Regelung noch komplexer, weil es keinen betraglich definierten Gesamtkaufpreis gibt, sondern dieser zu ermitteln und damit zu schätzen ist.[38]

Schließlich stellt sich die Frage, ob nicht – wie bei der steuerlichen Teilwertermittlung – eine Ermittlung des Gesamtkaufpreises unterlassen werden kann und stattdessen die betriebsbezogenen Wiederbeschaffungswerte herangezogen werden, insbesondere weil das Gebot der Einzelbewertung iSd § 201 Abs 2 Z 3 UGB weiterhin uneingeschränkt gilt. Diesfalls sind für die Wertermittlung in erster Linie die Verhältnisse des Beschaffungsmarkts zu berücksichtigen. Bei der Bewertung des Anlagevermögens wäre der Wiederbeschaffungswert der vorrangige Wertmaßstab.[39] Dieser Ansatz ist insbesondere auch für jene Rechnungslegungspflichtige relevant, die über kein Unternehmen verfügen und damit auch kein Unternehmen fiktiv erwerben können (beispielsweise eine rein vermögensverwaltende Gesellschaft). In diesen Fällen ist wohl der Einzelmarktwert oder der sonst ermittelte Wiederbeschaffungswert als beizulegender Wert heranzuziehen.[40]

B. Beizulegender Zeitwert nach § 189a Z 4 UGB

Der beizulegende Zeitwert war als Begriff bisher in § 237a UGB idF vor dem RÄG 2014 normiert und hatte insbesondere Bedeutung im Zusammenhang mit Anhangangaben zu Finanzinstrumenten.[41] Gemäß § 237a Abs 3 UGB idF vor dem RÄG 2014 entsprach der beizulegende Zeitwert dem Marktwert, sofern ein

---

36 Vgl *Dokalik/Hirschler*, SWK-Spezial, 17.
37 Vgl zB *Bertl/Fraberger*, Der beizulegende Wert, RWZ 12/1999, 376; *Ludwig/Strimitzer* in *Hirschler*, Bilanzrecht, § 202 Rz 12.
38 Vgl *Dokalik/Hirschler*, SWK-Spezial, 17.
39 Vgl *Dokalik* in *Torggler*, UGB², § 189a Rz 18.
40 Vgl *Dokalik/Hirschler*, SWK-Spezial, 17 f.
41 Vgl *Dokalik/Hirschler*, SWK-Spezial, 18.

solcher feststellbar ist. Mit dem RÄG 2014 wurde der beizulegende Zeitwert in § 189a Z 4 UGB verankert und neu definiert. § 189a Z 4 UGB bestimmt nun als beizulegenden Zeitwert den Börsenkurs oder Marktwert. Im Fall von Finanzinstrumenten, deren Marktwert sich als Ganzes nicht ohne weiteres ermitteln lässt, gilt als beizulegender Wert der aus den Marktwerten der einzelnen Bestandteile des Finanzinstruments oder dem Marktwert für ein gleichartiges Finanzinstrument abgeleitete Wert. Wenn sich ein verlässlicher Markt nicht ohne weiteres ermitteln lässt, gilt als beizulegender Wert der mit Hilfe allgemein anerkannter Bewertungsmodelle und -methoden bestimmte Wert, sofern diese Modelle und Methoden eine angemessene Annäherung an den Marktwert gewährleisten.[42]

Durch das Abstellen auf den Börsenkurs oder Marktwert wird das Bestehen einer Börse, an der sich ein Kurs bildet, oder eines sonstigen Marktes, auf dem sich der Preis in Form des Marktwerts ableitet, vorausgesetzt.[43] Zudem verlangt § 189a Z 4 UGB, dass es sich um einen „verlässlichen" Markt handelt. Dies kann dann angenommen werden, wenn sich der Marktpreis – ähnlich dem Börsenkurs – einfach und ohne weiteres feststellen lässt. Verlässlich wird der Markt in der Regel dann sein, wenn es sich um einen sogenannten aktiven Markt handelt; dh, es müssen kontinuierlich auftretende Markttransaktionen zwischen unabhängigen Dritten erfolgen, wobei sich der Markt durch die Homogenität der gehandelten Produkte und die Möglichkeit, jederzeit potentielle Käufer und Verkäufer zu finden, sowie den öffentlichen Zugang zu Preisinformationen auszeichnet.[44]

Sollte ein derartiger verlässlicher Markt nicht ohne weiteres ermittelt werden können, weil beispielsweise nur sehr geringes Volumen gehandelt wird oder aufgrund der Enge des Marktes keine aktuellen Marktpreise herangezogen werden können oder nicht jederzeit Käufer und Verkäufer auftreten, ist der beizulegende Zeitwert mit Hilfe allgemein anerkannter Bewertungsmodelle und -methoden zu bestimmen, sofern diese Modelle und Methoden eine angemessene Annäherung an den Marktwert gewährleisten. So können zum Beispiel vergleichbare Transaktionen in zeitlicher Nähe zum Jahresabschlussstichtag ein Bewertungsverfahren darstellen, wodurch der Marktwert zum Jahresabschlussstichtag annähernd bestimmt werden kann.[45]

Für Umlaufvermögen und Finanzanlagevermögen (mit Ausnahme von Beteiligungen iSd § 189a Z 2 UGB) ist der beizulegende Zeitwert der primäre Wertmaßstab für den Vergleich mit dem Buchwert. Sofern für Umlaufvermögen kein bei-

---

[42] Vgl § 189a Z 4 UGB.
[43] Vgl *Morck* in *Koller/Kindler/Roth/Morck* (Hrsg), HGB[8] (2015), § 255 Rz 14; *Schubert/Pastor*, Beck´scher Bilanz-Kommentar[9] (2014), § 255 Rz 515.
[44] Vgl *Hirschler* in *Bertl et al*, Reform der Rechnungslegung, 49 mwN; *Schubert/Pastor*, Beck´scher Bilanz-Kommentar[9], § 255 Rz 515.
[45] Vgl *Dokalik/Hirschler*, SWK-Spezial, 18.

zulegender Zeitwert bestimmt werden kann, ist der beizulegende Wert iSd § 189a Z 3 UGB für die Bewertung heranzuziehen.[46]

Eine besondere Bedeutung kommt dem beizulegenden Zeitwert zudem in Zusammenhang mit Finanzinstrumenten zu, wobei Beteiligungen iSd § 189a Z 2 UGB ausgenommen sind. Für Finanzinstrumente besteht die Besonderheit, dass sie sich aus mehreren Bestandteilen zusammensetzen können und deshalb ein beizulegender Zeitwert nicht ohne weiteres ermittelt werden kann. Dies ist vor allem bei derivativen Finanzinstrumenten der Fall.[47] In diesen Fällen kann der beizulegende Zeitwert aus den Marktwerten der einzelnen Bestandteile des Finanzinstruments oder aus dem Marktpreis eines gleichartigen Finanzinstruments abgeleitet werden.[48] Die Ableitung aus den einzelnen Bestandteilen setzt jedoch voraus, dass für diese ein aktiver Markt besteht.[49] Sollte dies nicht der Fall sein, ist auch das betreffende Finanzanlagevermögen mit dem beizulegenden Wert zu bewerten.[50]

Es gibt somit insoweit eine Bewertungshierarchie, als der beizulegende Zeitwert stets als Bewertungsmaßstab für Finanzanlagevermögen – mit Ausnahme von Beteiligungen – und für Umlaufvermögen heranzuziehen ist, sofern sich ein solcher entsprechend den Vorschriften des § 189a Z 4 UGB bestimmen lässt. In allen anderen Fällen ist der beizulegende Wert iSd § 189a Z 3 UGB als Bewertungsmaßstab maßgeblich.[51]

IV. Herstellungskosten

Bisher bestand laut § 203 Abs 3 UGB idF vor dem RÄG 2014 ein Wahlrecht für die Einberechnung von angemessenen Anteilen der Materialgemeinkosten und der Fertigungsgemeinkosten zu den Herstellungskosten. Dieses Wahlrecht wurde durch das RÄG 2014 in eine Aktivierungspflicht umgewandelt,[52] obwohl Art 2 Z 7 der Bilanzrichtlinie nicht zwingend die Berücksichtigung der dem einzelnen Erzeugnis nur mittelbar zurechenbaren variablen und fixen Gemeinkosten, wie sie auf den Zeitraum der Herstellung entfallen, verlangt. Das in der Bilanzrichtlinie vorgesehene Wahlrecht wurde daher im Zuge des RÄG 2014 nicht mehr ausgeübt.[53] § 203 Abs 3 UGB bestimmt nunmehr, dass bei der Berechnung der Herstellungskosten auch angemessene Teile der dem einzelnen Erzeugnis nur mittelbar zurechenbaren fixen und variablen Gemeinkosten in dem Ausmaß, wie sie

---

46 Vgl *Dokalik/Hirschler*, SWK-Spezial, 18.
47 Vgl *Christian/Schiebel* in *Hirschler*, Bilanzrecht, § 237a Rz 21 ff.
48 Vgl § 189 Z 4 UGB.
49 Vgl *Hirschler* in *Bertl et al*, Reform der Rechnungslegung, 49 mwN.
50 Vgl *Dokalik/Hirschler*, SWK-Spezial, 18.
51 Vgl *Dokalik/Hirschler*, SWK-Spezial, 19.
52 Vgl *Dokalik*, RÄG 2014, 41.
53 Vgl *Bertl* in *Bertl et al*, Reform der Rechnungslegung, 18 f.

auf den Zeitraum der Herstellung entfallen, einzurechnen sind. Dadurch wurde im Lichte der „Einheitsbilanz" eine Übereinstimmung des unternehmensrechtlichen Mindestansatzes mit dem Steuerrecht erzielt. Sollten die Gemeinkosten aufgrund einer offenbaren Unterbeschäftigung erhöht sein, dürfen wie bisher nur die einer durchschnittlichen Beschäftigung entsprechenden Teile dieser Kosten eingerechnet werden.[54]

Unverändert dürfen auch Zinsen für Fremdkapital, das zur Finanzierung der Herstellung von Gegenständen des Anlage- oder des Umlaufvermögens aufgenommen wurde, als Herstellungskosten angesetzt werden, soweit sie auf den Zeitraum der Herstellung entfallen. Die Ausübung des Wahlrechts ist laut § 203 Abs 4 UGB im Anhang anzugeben. Zudem besteht gemäß § 226 Abs 1 Z 6 UGB die Verpflichtung, den im Laufe des Geschäftsjahres aktivierten Betrag im Anlagespiegel anzugeben. Mittelgroße und große Gesellschaften iSd § 221 Abs 2 und 3 UGB müssen des Weiteren den im Geschäftsjahr insgesamt aktivierten Betrag im Anhang anführen. Für die Kosten der Verwaltung und des Vertriebs besteht wie bisher ein Aktivierungsverbot.[55]

Der Übergangsregelung zufolge ist § 203 Abs 3 UGB erstmals auf Herstellungsvorgänge in nach dem 31.12.2015 beginnenden Geschäftsjahren anzuwenden.[56] Für Herstellungsvorgänge, die vor dem 1.1.2016 begonnen wurden, ist hingegen § 203 Abs 3 UGB idF vor dem RÄG 2014 anzuwenden.[57] Jene Unternehmen, die schon bisher den steuerrechtlichen Mindestansatz für hergestellte Wirtschaftsgüter in der Unternehmensbilanz herangezogen haben, sind von der Neuregelung des § 203 UGB nicht betroffen.[58]

Des Weiteren ergibt sich eine wesentliche Änderung für die Voraussetzungen über den Ansatz der Herstellungskosten bei langfristigen Auftragsfertigungen. Bereits vor dem Inkrafttreten des RÄG 2014 durften gemäß § 206 Abs 3 UGB idF vor dem RÄG 2014 bei Aufträgen, deren Ausführung sich über mehr als zwölf Monate erstreckt, angemessene Teile der Verwaltungs- und Vertriebskosten angesetzt werden, falls eine verlässliche Kostenrechnung vorliegt und soweit aus der weiteren Auftragsabwicklung keine Verluste drohen. Mit dem Inkrafttreten des RÄG 2014 wurde die Ausübung dieses Wahlrechts an weitere Bedingungen gebunden. Gemäß § 206 Abs 3 UGB idF RÄG 2014 darf das Wahlrecht nur mehr dann ausgeübt werden, wenn auch mit zusätzlichen Anhangangaben ein möglichst getreues Bild der Vermögens-, Finanz- und Ertragslage nicht vermittelt werden kann.

Aus Art 2 Abs 7 der Bilanzrichtlinie geht ausdrücklich hervor, dass Vertriebskosten bei der Ermittlung der Herstellungskosten nicht zu berücksichtigen sind. Der

---
54 Vgl § 203 Abs 3 dritter Satz UGB.
55 Vgl *Hirschler* in *Bertl et al*, Reform der Rechnungslegung, 50.
56 Vgl *Konezny* in *Torggler*, UGB², § 203 Rz 1a.
57 Vgl § 906 Abs 30 UGB.
58 Vgl *Dokalik/Hirschler*, SWK-Spezial, 38.

Gesetzgeber wollte dieses Wahlrecht allerdings augenscheinlich nicht aufgeben. Die Bestimmung wurde daher in modifizierter Form übernommen, indem der Ansatz der Vertriebskosten bei Langfristfertigung als „true and fair view-override" nach Art 4 Abs 4 der Bilanzrichtlinie ausgestaltet wurde und das Wahlrecht im Sinne eines „overriding principles" weiterbesteht. § 206 Abs 3 UGB steht daher im Einklang mit der Bilanzrichtlinie.[59]

Der Wortlaut der Bestimmung definiert das Wahlrecht über den Ansatz von angemessenen Teilen der Verwaltungs- und Vertriebskosten als Ausnahmefall, das nur angewendet werden darf, wenn mit (zusätzlichen) Anhangangaben ein möglichst getreues Bild der Vermögens-, Finanz- und Ertragslage nicht vermittelt werden kann. Dadurch wird deutlich, dass § 206 Abs 3 UGB restriktiv anzuwenden ist. Aus dem Zusammenhang mit § 222 Abs 2 UGB ergibt sich zunächst, dass von der Ausübung des Wahlrechts grundsätzlich abzusehen ist und die erforderlichen Angaben im Anhang darzustellen sind. Nur für den Fall, dass auch diese Angaben im Anhang nicht ausreichen, um ein möglichst getreues Bild der Vermögens-, Finanz- und Ertragslage zu vermitteln, kann gemäß § 206 Abs 3 UGB unter Beachtung der oben genannten Bedingungen das Wahlrecht über die Aktivierung von Vertriebs- und Verwaltungskosten bei Langfristfertigungen ausgeübt werden.[60]

Die Anwendung des Wahlrechts in § 206 Abs 3 UGB ist im Anhang anzugeben und zu begründen und ihr Einfluss auf die Vermögens-, Finanz- und Ertragslage der Gesellschaft darzulegen. Im Gegensatz zur Rechtslage vor dem Inkrafttreten des RÄG 2014 ist die Trennung in den im Geschäftsjahr und den insgesamt aktivierten Betrag nicht mehr vorgesehen, sodass nur mehr der insgesamt über die Herstellungskosten hinaus angesetzte Betrag im Anhang anzugeben ist. Diesbezüglich könnte augenscheinlich ein Informationsverlust einhergehen, weil durch die Trennung sowohl ersichtlich war, welcher Betrag an Verwaltungs- und Vertriebskosten im laufenden Geschäftsjahr aktiviert wurde, als auch das Ausmaß der in den Vorräten enthaltenen Verwaltungs- und Vertriebsgemeinkosten.[61]

V. Firmenwert

In § 203 Abs 5 UGB wird unverändert der Wertansatz dem Grunde nach und die Bewertung des entgeltlich, derivativ im Rahmen eines Asset Deals erworbenen Geschäfts- und Firmenwerts geregelt.[62] Demnach ist als Geschäfts- und Firmenwert *„der Unterschiedsbetrag anzusetzen, um den die Gegenleistung für die Übernahme eines Betriebes die Werte der einzelnen Vermögensgegenstände abzüglich*

---

59 Vgl *Dokalik/Hirschler*, SWK-Spezial, 44; *Urnik/Urtz* in Bertl et al, Reform der Rechnungslegung, 175.
60 Vgl *Konezny* in Torggler, UGB², § 206 Rz 10a.
61 Vgl *Dokalik/Hirschler*, SWK-Spezial, 44; vgl *Hirschler* in Bertl et al, Reform der Rechnungslegung, 41 f; *Urnik/Urtz* in Bertl et al, Reform der Rechnungslegung, 175.
62 Vgl *Dokalik/Hirschler*, SWK-Spezial, 39; *Rauter*, Das RÄG 2014 in JAP 1/2015/2016, 35; *Konezny* in Torggler, UGB², § 203 Rz 43.

der Schulden im Zeitpunkt der Übernahme übersteigt. Die Abschreibung des Geschäfts(Firmen)werts ist planmäßig auf die Geschäftsjahre, in denen er voraussichtlich genutzt wird, zu verteilen."[63] Ein originärer Geschäfts- und Firmenwert ist weiterhin nicht aktivierungspflichtig.[64]

Die bisherige Bestimmung über den Ansatz und die Berechnung des Geschäfts- und Firmenwerts wird durch das RÄG 2014 nicht geändert, allerdings wurde § 203 Abs 5 UGB um die Sätze 3 und 4 ergänzt. Satz 3 bestimmt, dass in Fällen, in denen die Nutzungsdauer des Geschäfts- oder Firmenwerts nicht verlässlich geschätzt werden kann, der Geschäfts- und Firmenwert über zehn Jahre gleichmäßig verteilt abzuschreiben ist.[65] Somit enthält § 203 Abs 5 UGB eine Präzisierung des höchstzulässigen Zeitraums der Abschreibung für jene Fälle, in denen die Nutzungsdauer des Geschäfts- oder Firmenwerts nicht verlässlich geschätzt werden kann.[66]

Die Ergänzung in § 203 Abs 5 UGB wurde von Art 12 Rz 11 der Bilanzrichtlinie abgeleitet, der den Mitgliedstaaten die Festsetzung eines höchstzulässigen Zeitraums zwischen fünf und zehn Jahre vorschreibt. Der österreichische Gesetzgeber hat sich im Zuge der Umsetzung der Richtlinie für den höchstzulässigen Zeitraum von zehn Jahren, über den der Geschäfts- und Firmenwert abzuschreiben ist, entschieden. Zudem wurde § 203 Abs 5 UGB im Vergleich zu der Bilanzrichtlinie dahingehend verschärft, dass in diesen Fällen zwingend eine gleichmäßige – also lineare – Abschreibung anzuwenden ist.[67]

Sollte jedoch die Nutzungsdauer des Geschäfts- und Firmenwerts verlässlich geschätzt werden können oder sollten andere Regelungen zur Bestimmung der Nutzungsdauer existieren, kommt die durch das RÄG 2014 eingeführte Beschränkung in zweifacher Hinsicht nicht zur Anwendung. Einerseits ist es in diesen Fällen erlaubt, unter Beachtung des Vorsichtsprinzips sowohl eine längere als auch eine kürzere Abschreibungsdauer festzulegen. Andererseits können neben der in Satz 3 erwähnten linearen Abschreibungsmethode auch andere Methoden, wie beispielsweise die degressive Abschreibungsmethode, angewendet werden.[68]

Der in § 203 Abs 5 UGB neu eingeführte Satz 4 schreibt die Erläuterung über den Abschreibungszeitraum des Geschäfts- und Firmenwerts im Anhang vor. Dadurch wurde die verpflichtende Anhangangabe in § 236 Z 3 UGB idF vor dem RÄG 2014 sinngemäß übernommen. Die Bestimmung wurde jedoch dahingegen entschärft, als dass nach der alten Rechtslage ausdrücklich auch die Gründe für die gewählte Abschreibungsdauer und -methode im Anhang anzugeben waren.

---

63 Vgl § 203 Abs 5 UGB.
64 Vgl *Konezny* in *Torggler*, UGB², § 203 Rz 43.
65 Für die Frage, wann genau eine „verlässliche Schätzung" vorliegt, siehe die Ausführungen zu § 201 Abs 2 Z 7 UGB.
66 Vgl *Dokalik/Hirschler*, SWK-Spezial, 39.
67 Vgl *Urnik/Urtz* in *Bertl et al*, Reform der Rechnungslegung, 179.
68 Vgl *Urnik/Urtz* in *Bertl et al*, Reform der Rechnungslegung, 179; ErläutRV 367 BlgNR 25. GP 7.

Aufgrund des Wegfalls dieser Regelung könnte die Erläuterung der Abschreibungsmethode jedoch unter § 237 Abs 1 Z 1 UGB subsumiert werden. Darüber hinaus könnten Anhangangaben zu der Abschreibungsmethode essentiell sein, um die Darstellung eines möglichst getreuen Bildes der Vermögens- und Ertragslage des Unternehmens nicht zu gefährden.[69] Die Angabepflicht im Anhang betrifft nur Kapitalgesellschaften und Gesellschaften iSd § 189 Abs 1 Z 2 UGB.[70]

Eine weitere Änderung bezüglich des Geschäfts- und Firmenwerts wurde in § 208 Abs 2 UGB vorgenommen. Gemäß dieser Bestimmung darf bei einem Geschäfts- und Firmenwert keine Zuschreibung iSd § 208 Abs 1 UGB erfolgen, wenn dieser zuvor außerplanmäßig abgeschrieben wurde und sich in einem späteren Geschäftsjahr herausstellen sollte, dass die Gründe für diese Abschreibung nicht mehr bestehen. Somit gilt für den aktivierten Geschäfts- und Firmenwert ein ausdrückliches Wertaufholungsverbot, durch das vor allem der Ausweis nicht realisierter Gewinne vermieden wird.[71] Diese Ansicht wurde schon nach bisherigem Recht von der herrschenden Lehre vertreten.[72]

Eine wesentliche Rolle spielt der Geschäfts- und Firmenwert auch im Bereich der Konzernrechnungslegung. Die Ermittlung des Geschäfts- und Firmenwerts für die Konzernbilanz erfolgt im Rahmen der Kapitalkonsolidierung iSd § 254 UGB.[73] Diese besteht in der Verrechnung des Wertansatzes der dem Mutterunternehmen gehörenden Anteile an einem in den Konzernabschluss einbezogenen Tochterunternehmen mit dem auf diese Anteile entfallenden Betrag des Eigenkapitals des Tochterunternehmens.[74] Durch die Änderung des § 254 Abs 1 UGB infolge des RÄG 2014 ist das Eigenkapital des Tochterunternehmens verpflichtend mit dem Betrag anzusetzen, der dem beizulegenden Zeitwert der in den Konzernabschluss aufzunehmenden Vermögensgegenstände, Rückstellungen, Verbindlichkeiten und Rechnungsabgrenzungsposten zu dem für die Verrechnung gewählten Zeitpunkt entspricht, wobei die Anschaffungskosten weiterhin den „pagatorischen Deckel" (Obergrenze) bilden.[75] Dadurch werden stille Reserven und Lasten zur Gänze aufgedeckt. Ein bei der Konsolidierung entstehender Differenzbetrag wird als Unterschiedsbetrag bezeichnet und ist in der Konzernbilanz, wenn er auf der Aktivseite entsteht, als Geschäfts- und Firmenwert auszuweisen.[76] Die weitere Behandlung

---

69 Vgl *Dokalik/Hirschler,* SWK-Spezial, 39.
70 Vgl ErläutRV 367 BlgNR 25. GP 7.
71 Vgl *Konezny* in *Torggler*, UGB², § 208 Rz 5.
72 Vgl *Baumüller,* Der Firmenwert im UGB-Konzernabschluss, CFOaktuell 2015, 113 ff.
73 Vgl *Reinold/Stückler,* Auswirkungen des RÄG 2014 auf Konsolidierungsmaßnahmen, RWZ 7-8/2015, 271.
74 Vgl § 254 Abs 1 UGB.
75 Vgl ErläutRV 367 BlgNR 25. GP 15.
76 Ein auf der Passivseite der Bilanz entstehender Unterschiedsbetrag ist als Unterschiedsbetrag aus der Zusammenfassung von Eigenkapital und Beteiligungen (Kapitalkonsolidierung) auszuweisen. Betreffend diesen passiven Unterschiedsbetrag siehe die Ausführungen von *Reinold/Stückler*, RWZ 7-8/2015, 271 ff.

des Geschäfts- und Firmenwertes richtet sich nach § 261 Abs 1 UGB, der wiederum auf § 203 Abs 5 UGB verweist.[77]

Gemäß der Übergangsvorschrift sind § 203 Abs 5 und § 261 Abs 1 UGB idF RÄG 2014 nur auf jene Geschäfts- und Firmenwerte anzuwenden, die nach dem 31.12.2015 gebildet werden. Auf Geschäfts- und Firmenwerte, die vor dem 1.1.2016 gebildet wurden, sind die Bestimmungen in der Fassung vor dem RÄG 2014 anzuwenden.[78]

VI. Zuschreibungspflicht

In § 208 Abs 2 UGB idF vor dem RÄG 2014 war bisher ein Wahlrecht enthalten, wonach Zuschreibungen bei Vermögensgegenständen dann unterbleiben konnten, *„wenn ein niedrigerer Wertansatz bei der steuerrechtlichen Gewinnermittlung unter der Voraussetzung beibehalten werden kann, dass er auch im Jahresabschluss beibehalten wird."*[79] Mit Inkrafttreten des RÄG 2014 entfiel dieses Wertbeibehaltungswahlrecht und die Wertaufholung ist verpflichtend vorzunehmen, wenn die Gründe für eine in der Vergangenheit vorgenommene Abschreibung nicht mehr bestehen.[80] Ein Geschäfts- und Firmenwert ist von diesem Wertaufholungsgebot ausdrücklich ausgenommen.[81]

Die unternehmensrechtliche Zuschreibungsverpflichtung schlägt sich aufgrund der steuerlichen Begleitmaßnahmen und des Maßgeblichkeitsprinzips in § 6 Z 13 EStG auch im Steuerrecht nieder. Während bisher nur für Beteiligungen eine steuerrechtliche und in weiterer Folge auch eine unternehmensrechtliche Zuschreibungspflicht bestand, so sind nun gemäß § 6 Z 13 EStG sämtliche Zuschreibungen im Unternehmensrecht auch für den Wertansatz in der Steuerbilanz maßgeblich und erhöhen den steuerlichen Gewinn dieses Jahres.[82]

Wertsteigerungen von Wirtschaftsgütern, die bereits vor dem Inkrafttreten des RÄG 2014 eingetreten sind, die aber aufgrund des Zuschreibungswahlrechts iSd § 208 Abs 2 UGB idF vor RÄG 2014 nicht zu einer ertragswirksamen Wertaufholung führten, sind sowohl unternehmensrechtlich als auch steuerrechtlich in dem Geschäftsjahr, das nach dem 31.12.2015 beginnt, nachzuholen.[83] Allerdings kann der steuerliche Zuschreibungsbetrag aus nachgeholten Zuschreibungen einer Zuschreibungsrücklage zugewiesen werden, wenn in der Steuererklärung des betreffenden Unternehmers – bzw im Fall einer Mitunternehmerschaft in der Feststellungserklärung – ein entsprechender Antrag gestellt wird. Somit kommt es

---

77 Vgl *Reinold/Stückler*, RWZ 7-8/2015, 271 f.
78 Vgl § 906 Abs 30 UGB.
79 Vgl § 208 Abs 2 UGB idF vor dem RÄG 2014.
80 Vgl *Marchgraber* in *Bertl et al*, Reform der Rechnungslegung, 144 ff.
81 Vgl § 208 Abs 2 UGB.
82 Vgl *Gruber*, RÄG 2014: Einführung einer allgemeinen Zuschreibungspflicht, GES 2/2015, 81.
83 Vgl *Marchgraber* in *Bertl et al*, Reform der Rechnungslegung, 146.

steuerlich zugleich mit der ertragswirksamen Erhöhung des Buchwerts des Wirtschaftsgutes bei Ausübung dieses Wahlrechts zu einer gewinnmindernden Bildung der Zuschreibungsrücklage. Dadurch wird die gewinnerhöhende Wirkung der Zuschreibung hinausgeschoben und der für die Gewinnermittlung maßgebliche Wert des Betriebsvermögens bleibt im Ergebnis unverändert. Die Zuschreibungsrücklage ist laut § 124b Z 270 lit b EStG insoweit steuerwirksam aufzulösen, als der Teilwert des betreffenden Wirtschaftsgutes den für die Zuführung der Zuschreibungsrücklage maßgeblichen Teilwert unterschreitet oder eine steuerliche Absetzung für Abnutzung vorgenommen wird. Spätestens im Zeitpunkt des Ausscheidens des betreffenden Wirtschaftsgutes aus dem Betriebsvermögen ist die Rücklage steuerwirksam aufzulösen, wobei eine freiwillige vorzeitige Auflösung zulässig ist.[84] Entsprechend der Gesetzesformulierung „für das betreffende Wirtschaftsgut" kann die Zuschreibungsrücklage für jedes einzelne Wirtschaftsgut gebildet werden.[85] Zudem sind der steuerliche Bilanzansatz des betreffenden Wirtschaftsgutes und die Zuschreibungsrücklage bis zum Ausscheiden des Wirtschaftsgutes aus dem Bilanzvermögen jährlich in einem Verzeichnis evident zu halten und der Steuererklärung beizulegen.[86]

Sofern der Steuerpflichtige nach § 124b Z 270 EStG eine Zuschreibungsrücklage bildet, kann laut § 906 Abs 32 UGB in Höhe der steuerlichen Zuschreibungsrücklage ein passiver Rechnungsabgrenzungsposten gebildet werden. Dadurch bleibt auch die unternehmensrechtliche Wertaufholung – zumindest vorläufig – gewinnneutral. Dem Gesetzeswortlaut zufolge hängt der Ausweis unter den passiven Rechnungsabgrenzungsposten davon ab, ob im Steuerrecht das Wahlrecht über die Bildung einer Rücklage ausgeübt wird.[87]

VII. Rückstellungen

Eine wesentliche Zielsetzung des RÄG 2014 ist ein (weiterer) Schritt in Richtung „Einheitsbilanz".[88] Diese Zielsetzung schlägt sich auch in einem der Kernbereiche der Passivseite – nämlich den Rückstellungen – nieder.[89] Infolge des Inkrafttretens des RÄG 2014 sind Rückstellungen nicht mehr wie bisher in jener Höhe anzusetzen, die nach vernünftiger unternehmerischer Beurteilung notwendig ist,[90] sondern explizit nach dem bestmöglichen Schätzwert des notwendigen Erfüllungsbetrages.[91] In der steuerlichen Bilanz sind Rückstellungen gemäß § 9 Abs 5 EStG mit dem Teil-

---

84 Vgl *Hirschler*, Steuerrechtliche Auswirkungen der Bilanzrechtsreform, SWK 1-2/2015, 6; *Gruber*, GES 2/2015, 81.
85 Vgl *Hirschler*, SWK 1-2/2015, 6.
86 Vgl § 124b Z 270 lit b EStG; *Gruber*, GES 2/2015, 81.
87 Vgl dazu ausführlich *Marchgraber* in *Bertl et al*, Reform der Rechnungslegung in Österreich (2015), 154 f.
88 Vgl *Dokalik*, RÄG 2014, 9.
89 Vgl *Titz* in *Bertl et al*, Reform der Rechnungslegung, 186.
90 Vgl § 211 Abs 1 idF vor dem RÄG 2014.
91 Vgl § 211 Abs 2 idF nach dem RÄG 2014.

wert, der sich ebenfalls nach dem Erfüllungsbetrag richtet, zu passivieren.[92] Somit bezieht sich sowohl der unternehmensrechtliche als auch der steuerliche Bewertungsmaßstab für Rückstellungen auf den voraussichtlichen Erfüllungsbetrag. Als dieser wird in der Literatur der künftig aufzubringende Betrag verstanden.[93]

Strittig ist nach wie vor die Berücksichtigung der Preis- und Kostensteigerungen im voraussichtlichen Erfüllungsbetrag. Da der Erfüllungszeitpunkt in der Zukunft liegt, kann angenommen werden, dass künftige Preis- und Kostensteigerungen im Erfüllungsbetrag zu berücksichtigen sind.[94] Dies ist auch aus den Gesetzesmaterialien zum RÄG 2014 ableitbar, denen zufolge – unter Einschränkung des Stichtagsprinzips – künftige Preis- und Kostensteigerungen zu berücksichtigen sind.[95] Weiter untermauert wird die Berücksichtigung der künftigen Preis- und Kostensteigerungen mit dem steuerlichen Abzinsungsgebot in § 9 Abs 5 EStG, weil die Grundlage für die Abzinsung nur ein unabgezinster Erfüllungsbetrag sein kann, der zweifelsohne in der Zukunft liegen muss. Durch die Abzinsung wird der Zeitfaktor berücksichtigt, der sich entsprechend auch auf die Kosten niederschlagen muss. Dieser Zeitfaktor ist in der Regel ungewiss und führt zu Ermessensspielräumen. Da sich künftige Preis- und Kostensteigerungen nicht exakt bestimmen lassen, bedarf es der Objektivierung. Sofern künftige Preis- und Kostensteigerungen bereits feststehen bzw sich konkret abzeichnen, werden sie als ausreichend objektiviert angesehen und fließen daher jedenfalls sowohl unternehmensrechtlich als auch aus steuerrechtlicher Sicht in die Rückstellungsbewertung ein.[96] Weiters sind gemäß den Erläuternden Bemerkungen zum RÄG 2014 nicht nur Geldleistungsverpflichtungen, sondern auch Sachleistungs- oder Sachwertverpflichtungen vom Erfüllungsbetrag erfasst.[97] Im Gegensatz zu § 211 Abs 1 UGB idF vor dem RÄG 2014 ist der explizite Hinweis auf den Grundsatz der Vorsicht im Rahmen der Bewertung von Rückstellungen nicht mehr verankert.

Der Neuformulierung des § 211 Abs 1 Satz 2 UGB, wonach bei der Ermittlung des Erfüllungsbetrages von Rückstellungen eine bestmögliche Schätzung durchzuführen ist, ist keine bestimmte Bewertungsmethode zu entnehmen. Es sind

---

92 Vgl *Mayr*, Abzinsung von Rückstellungen und Verbindlichkeiten, RdW 3/2014, 152.
93 Vgl *Titz* in *Bertl et al*, Reform der Rechnungslegung, 189; *Mayr*, Verbindlichkeiten und Rückstellungen nach dem RÄG 2014, RdW 3/2015, 189.
94 Vgl *Titz* in *Bertl et al*, Reform der Rechnungslegung, 189 mwN; *Mayr*, RdW 3/2014, 155; *Schubert*, Beck´scher Bilanz-Kommentar⁹, § 253 Rz 158; aA *Mühlehner*: „Ausgehend vom Stichtagsprinzip liegt die Ursache für Preis- und Kostensteigerungen, die erst nach dem Bilanzstichtag zu erwarten sind, in der Zukunft. In Zukunft zu erwartende Preis- und Kostensteigerungen mindern die Leistungsfähigkeit am Bilanzstichtag (noch) nicht. Insofern würde durch ihre Berücksichtigung Aufwand, der (nur) für künftige Perioden zu erwarten ist, vorweggenommen. Künftig zu erwartende Preis- und Kostensteigerungen können daher steuerlich nicht berücksichtigt werden. […] Grund dafür ist nicht der Faktor ‚Zeit' als solcher, sondern die am Bilanzstichtag noch nicht vorliegende wirtschaftliche Verursachung der erst in Zukunft zu erwartenden Preis- und Kostensteigerungen." Vgl *Mühlehner* in *Hofstätter/Reichel* (Hrsg), EStG, 58. Lieferung (2015), § 9 Rz 81.
95 Vgl ErläutRV 367 BlgNR 25. GP 8.
96 Vgl *Mayr*, RdW 3/2014, 155 mwN.
97 Vgl ErläutRV 367 BlgNR 25. GP 8.

daher wie schon bisher alle objektiven Informationen über die tatsächlichen Verhältnisse zum Bilanzstichtag zu berücksichtigen.[98]

Gemäß § 211 Abs 2 UGB sind Rückstellungen mit einer Restlaufzeit von mehr als einem Jahr mit einem marktüblichen Zinssatz abzuzinsen. Den Gesetzesmaterialien zufolge kann man sich bei der Bestimmung des marktüblichen Zinssatzes an den deutschen Kundmachungen der Rechtsordnungen nach § 253 Abs 2 vierter Satz dHGB orientieren oder es wird der Zinssatz des § 9 Abs 5 EStG iHv 3,5 % herangezogen.[99] Laut § 253 Abs 2 dHGB werden die anzuwendenden Abzinsungssätze von der Deutschen Bundesbank nach Maßgabe einer Rechtsverordnung ermittelt und monatlich für ganzjährige Laufzeiten von einem bis zu 50 Jahren veröffentlicht.[100] Dies wirft die Frage auf, welcher Diskontierungssatz für nicht ganzjährige Laufzeiten anzuwenden ist. In der deutschen Literatur werden diesbezüglich mehrere Vorgehensweisen beschrieben. Einerseits kann der zu verwendende Zinssatz durch lineare Interpolation ausgehend von den Zinssätzen für die nächstkürzere und nächstlängere Restlaufzeit bestimmt werden. Andererseits kann auch jener Zinssatz für die ganzjährige Restlaufzeit, die dem Erfüllungszeitpunkt der Verpflichtung am nächsten liegt, verwendet werden. Im Fall einer normalen Zinsstruktur soll der für die nächstkürzere, ganzjährige Restlaufzeit veröffentlichte Zinssatz herangezogen werden.[101]

Bezüglich des Diskontierungssatzes iSd § 9 Abs 5 EStG ist jedoch zu bedenken, dass dieser kein Durchschnittszinssatz und auch kein Marktzinssatz ist, sondern ein gesetzlicher „Fixzinssatz", der in einzelnen Jahren dem Marktzins entsprechen kann. Auch wenn dieser mit 3,5 % insbesondere für kurz- und mittelfristige Laufzeiten innerhalb einer „marktgerechten" Bandbreite liegt und in einzelnen Jahren dem Marktzins entsprechen kann, werden abweichende Zinsentwicklungen am Markt nicht berücksichtigt. Insofern würden wohl die von der Deutschen Bundesbank veröffentlichten Diskontierungssätze eher dem „marktüblichen Zinssatz" entsprechen.[102]

Gemäß § 211 Abs 2 UGB darf bei Rückstellungen für Abfertigungsverpflichtungen, Pensionen, Jubiläumsgeldzusagen oder vergleichbare langfristig fällige Verpflichtungen ein durchschnittlicher Marktzinssatz angewendet werden, der sich bei einer angenommenen Restlaufzeit von 15 Jahren ergibt, sofern dagegen im Einzelfall keine erheblichen Bedenken bestehen.

Die Neubewertung und gegebenenfalls eine Zuführung bzw Auflösung der unternehmensrechtlichen Rückstellungen sind in der Bilanz für das Geschäftsjahr 2016

---

98 Vgl *Hirschler* in *Bertl et al*, Reform der Rechnungslegung, 53.
99 Vgl ErläutRV 367 BlgNR 25. GP 8; *Hirschler* in *Bertl et al*, Reform der Rechnungslegung, 54.
100 Siehe http://www.bundesbank.de/Redaktion/DE/Downloads/Statistiken/Geld_Und_Kapitalmaerkte/ Zinssaetze_Renditen/abzinsungszinssaetze.pdf?_blob=publicationFile.
101 Vgl *Schubert*, Beck´scher Bilanz-Kommentar⁹, § 253 Rz 188.
102 Vgl *Mayr*, RdW 3/2015, 190; *Aigner/Moshammer/Tumpel*, Abzinsung unverzinslicher Verbindlichkeiten? RdW 3/2015, 186 f.

vorzunehmen. Die Übergangsvorschrift in § 906 Abs 33 UGB sieht eine Anpassung der Altfälle vor, indem die aufgrund der neuen Bestimmungen in § 211 UGB ergebende Dotierung bzw Auflösung der Rückstellungen entweder sofort zu erfassen oder über längstens fünf Geschäftsjahre gleichmäßig verteilt nachzuholen ist. Alternativ kann die Rückstellung bereits im ersten Jahr voll ausgewiesen bzw abgestockt werden und der korrespondierende Aufstockungs- bzw Abstockungsbetrag gleichzeitig als aktiver bzw passiver Rechnungsabgrenzungsposten erfasst werden. Der Rechnungsabgrenzungsposten ist in weiterer Folge gleichmäßig über fünf Jahre aufzulösen.[103]

VIII. Latente Steuern

Die Ermittlung und Bilanzierung der latenten Steuern sowie die damit verbundenen Anhangangaben erfahren durch das RÄG 2014 eine umfassende konzeptionelle Änderung. Kernpunkte sind dabei die Neuausrichtung der Ermittlung der Steuerlatenzen und die damit verbundene Abkehr vom GuV-orientierten *Timing Concept* (deferral method) hin zum international üblichen bilanzorientierten *Temporary Concept* (liability method). Daneben kommt es im Bereich der latenten Steuern zu umfassenden Novellierungen bei der bilanziellen Erfassung, der Form des Ausweises, der Ausschüttungssperre und den Anhangangaben sowie zu Klarstellungen betreffend die Abzinsung, den Steuersatz und die Saldierung von latenten Steuern.[104]

Im Rahmen der GuV-orientierten Methode sind als latente Steuern nur solche Unterschiede bilanzierungsfähig, die sich bei ihrem Entstehen und bei ihrer Umkehrung in der Gewinn- und Verlustrechnung niederschlagen und sich im Zeitablauf wieder ausgleichen. Dies ist bei Aufwendungen und Erträgen, die sich unternehmensrechtlich und steuerrechtlich in unterschiedlichen Perioden erfolgswirksam auswirken, von Bedeutung. Die Ermittlung der latenten Steuern basiert daher auf Ergebnisdifferenzen bzw auf Stromgrößen. Bei der Steuerabgrenzung nach der bilanzorientierten Methode werden hingegen die unternehmensrechtlichen und steuerrechtlichen Buchwerte der Vermögensgegenstände und Schulden gegenübergestellt. Grundsätzlich sind sämtliche Ansatz- und Bewertungsdifferenzen zwischen der Unternehmens- und der Steuerbilanz, die keine permanenten Differenzen sind, zu berücksichtigen.[105]

Gemäß § 198 Abs 9 UGB sind latente Steuern auf Unterschiede *„zwischen den unternehmensrechtlichen und den steuerrechtlichen Wertansätzen von Vermögensge-*

---

103 Vgl *Müller*, Zweifelsfragen bei der Anwendung der Übergangsvorschriften zum RÄG 2014, RWZ 7-8/2015, 233.
104 Vgl *Eberhartinger/Petutschnig* in Bertl et al, Reform der Rechnungslegung, 58 ff.
105 Vgl *Eberhartinger/Petutschnig* in Bertl et al, Reform der Rechnungslegung, 58 ff mwN; Bilanz-Verlag, Bilanzierung latenter Steuern nach dem RÄG 2014, BBi 2016 H 1, 3; *Stückler*, Behandlung latenter Steuern nach dem RÄG 2014, RdW 4/2015, 258 ff.

genständen, Rückstellungen, Verbindlichkeiten und Rechnungsabgrenzungsposten" zu bilden, wenn sich die Differenzen in späteren Geschäftsjahren voraussichtlich wieder abbauen. Die temporären Differenzen werden unabhängig von deren Entstehung in der Vergangenheit durch Gegenüberstellung der einzelnen Posten der Unternehmens- und Steuerbilanz ermittelt und erstrecken sich sowohl auf Ansatz- als auch auf Bewertungsunterschiede. Zudem sind auch quasi-permanente Differenzen, für deren Umkehrung eine unternehmerische Disposition notwendig ist, bei der Ermittlung der Steuerlatenzen miteinzubeziehen.[106]

Von aktiven latenten Steuern wird gesprochen, wenn sich aus der Gegenüberstellung der unternehmens- und steuerrechtlichen Buchwerte der Vermögensgegenstände, Rückstellungen, Verbindlichkeiten und Rechnungsabgrenzungsposten eine zukünftige Steuerentlastung ergibt. Im Fall einer zukünftigen Steuerbelastung ergibt sich eine passive latente Steuer.[107]

Ähnlich der Altregelung in § 198 Abs 9 UGB idF vor dem RÄG 2014 sind bei der Ermittlung des latenten Steuerbetrages aktive und passive Steuerlatenzen zu saldieren[108] und es ist nur der aktive oder passive Überhang zu berücksichtigen. Da es sich bei dieser Saldierung um einen Berechnungsschritt im Zuge der betraglichen Ermittlung eines Postens in der Bilanz handelt und nicht um die Verrechnung von zwei Bilanzposten, liegt kein Verstoß gegen das Saldierungsverbot des § 196 Abs 2 UGB vor. Dieses Saldierungsgebot wird allerdings durch § 198 Abs 10 UGB dahingehend eingeschränkt, als eine Aufrechnung der tatsächlichen Steuererstattungsansprüche mit den tatsächlichen Steuerschulden nur erfolgen darf, wenn die Ertragsteuern von derselben Steuerbehörde erhoben werden und daher eine Aufrechnung rechtlich und tatsächlich möglich ist.[109]

Entsprechend der Bilanzierungspraxis zur Rechtslage vor dem RÄG 2014 hat die Bewertung der Steuerlatenzen mit dem unternehmensindividuellen Steuersatz im Zeitpunkt der Umkehrung der Differenz zu erfolgen. Damit ist einerseits zu prüfen, ob dem Grunde nach eine temporäre Differenz vorliegt und welcher Steuersatz voraussichtlich anzuwenden ist. Dem Schrifttum zufolge wäre ein geänderter Steuersatz erst ab dem Zeitpunkt zu berücksichtigen, in dem das Gesetzesvorhaben im Parlament beschlossen worden ist. Ergänzend dazu könnte das Vorsichtsprinzip bei am Bilanzstichtag noch nicht beschlossenen, aber politisch bereits vereinbarten Steuersatzänderungen fordern, dass diese dennoch bei der Ermittlung von passiven Steuerabgrenzungen Berücksichtigung finden und eine höhere passive Abgrenzung zu bilden wäre. Analog zu IAS 12 enthält § 198 Abs 10 UGB erstmals ein explizites Abzinsungsverbot der zu bilanzierenden latenten Steuern.[110]

---

106 Vgl *Stückler*, RdW 4/2015, 258 ff mwN.
107 Vgl Bilanz-Verlag, BBi 2016 H 1, 3.
108 Vgl § 198 Abs 10 UGB.
109 Vgl *Eberhartinger/Petutschnig*, Latente Steuern „NEU", RWZ 7-8/2015, 251 f mwN.
110 Vgl *Eberhartinger/Petutschnig* in Bertl et al, Reform der Rechnungslegung, 59 mwN.

Die Bilanzierungspflicht eines sich nach der Saldierung ergebenden passiven Überhangs wurde unverändert aus § 198 Abs 9 UGB idF vor dem RÄG 2014 übernommen. Hinsichtlich der Bilanzierung eines aktiven Überhangs differenziert § 198 Abs 9 UGB nun nach der Größe des betreffenden Unternehmens. Demnach sind Unternehmen, die gemäß § 221 Abs 1 UGB als mittelgroße oder große Kapitalgesellschaften gelten, verpflichtet, den aktiven Abgrenzungsüberhang gesondert in der Bilanz auszuweisen. Zudem sind sie gemäß § 238 Abs 1 Z 3 UGB verpflichtet, im Anhang anzuführen, auf welchen Differenzen oder steuerlichen Verlustvorträgen die latenten Steuern beruhen und mit welchen Steuersätzen die Bewertung erfolgte. Weiters sind die im Laufe des Geschäftsjahrs erfolgten Bewegungen der latenten Steuersalden aufzuschlüsseln. Für kleine Kapitalgesellschaften besteht unverändert ein Aktivierungswahlrecht. Sofern dieses Wahlrecht in Anspruch genommen wird, sind dieselben Anhangangaben wie bei mittelgroßen und großen Gesellschaften erforderlich.[111]

Entgegen der bisherigen Rechtslage dürfen gemäß § 198 Abs 9 dritter Satz UGB aktive latente Steuern, die aus steuerlichen Verlustvorträgen stammen, bei der Ermittlung des Steuerabgrenzungsbetrages berücksichtigt werden und ein sich nach der Verrechnung mit den passiven Steuerlatenzen ergebender, auf Vorlustvorträgen beruhender aktiver Überhang in der Bilanz aktiviert werden. Einerseits führt bei Vorhandensein ausreichend passiver latenter Steuern die Berücksichtigung der auf steuerlichen Verlustvorträgen basierenden aktiven latenten Steuern lediglich zu einer Minderung oder einem Ausgleich der passiven Steuerlatenzen. Eine Rückstellung für passive latente Steuern kann in der Folge nicht oder nur in geringerem Umfang gebildet werden. Dabei ist zuerst eine Saldierung der passiven latenten Steuern mit den nicht auf Verlustvorträgen beruhenden aktiven latenten Steuern vorzunehmen. Ergibt diese Verrechnung einen passiven Überhang, kann dieser mit Verlustvorträgen saldiert werden. Für den sodann verbleibenden passiven Überhang besteht eine Pflicht zur Passivierung einer Rückstellung für latente Steuern.[112]

Andererseits darf darüber hinaus ein sich nach der Verrechnung mit den passiven latenten Steuern resultierender, auf Verlustvorträgen beruhender aktiver Überhang aktiviert werden, *„soweit überzeugende substantielle Hinweise vorliegen, dass ein ausreichendes zu versteuerndes Ergebnis in Zukunft zur Verfügung stehen wird".*[113] Diese substanziellen Hinweise, die den Ansatz des aktiven Überhangs rechtfertigen, sind in die Anhangangabe nach § 238 Abs 1 Z 3 UGB aufzunehmen und beziehen sich insbesondere auf die Entstehungsursachen jener Verluste, die zu den Verlustvorträgen geführt haben, und darauf, welche kon-

---
111 Vgl *Eberhartinger/Petutschnig* in Bertl et al, Reform der Rechnungslegung, 58 mwN.
112 Vgl *Eberhartinger/Petutschnig*, RWZ 7-8/2015, 251 f mwN; *Baumüller*, Latente Steuern auf Verlustvorträge nach dem RÄG 2014, BÖB 62/2015, 31 ff.
113 Vgl § 198 Abs 9 dritter Satz UGB.

kreten Maßnahmen für die Beseitigung dieser Ursachen und für die Sicherstellung der Verlustverwertung ergriffen wurden. Zudem muss mit der erfolgreichen Umsetzung der Maßnahmen mit hoher Wahrscheinlichkeit gerechnet werden. Bei der Beurteilung, ob ein zu versteuerndes Ergebnis künftig zur Verfügung stehen wird, dürfen die in IAS 12.36 angeführten Kriterien herangezogen werden.[114]

Dem Temporary Concept zufolge ist grundsätzlich eine passive oder aktive latente Steuerabgrenzung erforderlich, wenn die Auflösung der erfolgsneutral oder -wirksam entstandenen temporären Differenz zu einer höheren Steuerbelastung oder -entlastung führt. Diese Regel wird jedoch vom RÄG 2014 in drei Ausnahmefällen durchbrochen. Gemäß § 198 Abs 10 Z 1 UGB sind keine latenten Steuern zu bilden, soweit diese aus dem erstmaligen Ansatz eines Geschäfts- und Firmenwerts (§ 203 Abs 5 UGB) entstehen. Die Ausnahmebestimmung entspricht dem Wortlaut in IAS 12.15.[115] Der Geschäfts- und Firmenwert ist unternehmensrechtlich und steuerrechtlich aktivierungspflichtig. In der Regel stimmen beide Ansätze überein und die Ausnahmebestimmung geht zumindest für den Einzelabschluss ins Leere, weil im Regelfall kein Unterschied zwischen den unternehmens- und steuerrechtlichen Anschaffungskosten bei einem entgeltlichen Erwerb in Form eines Asset Deals entsteht. Der aus der Folgebewertung entstehende Wertunterschied zwischen dem unternehmensrechtlichen und dem steuerlichen Buchwert[116] ist von der Ausnahmebestimmung nicht erfasst und führt zu einer aktiven Steuerlatenz.[117]

Gemäß § 198 Abs 10 Z 2 UGB besteht eine weitere Ausnahme für die Berücksichtigung von latenten Steuern, soweit sie aus dem erstmaligen Ansatz eines Vermögenswerts oder einer Schuld bei einem Geschäftsvorfall, der keine Umgründung iSd § 202 Abs 2 UGB oder Übernahme iSd § 203 Abs 5 UGB ist und zum Zeitpunkt des Geschäftsvorfalls weder das bilanzielle Ergebnis vor Steuern noch das zu versteuernde Ergebnis beeinflusst, entstehen. Aus dem Umkehrschluss ergibt sich der Ansatz von latenten Steuern aus Buchwertdifferenzen, welche im Rahmen von Umgründungen entstanden sind. Insbesondere bei Umgründungen iSd UmgrStG können Buchwertdifferenzen entstehen, weil aus umgründungssteuerlicher Sicht zwingend die Buchwertfortführung zu erfolgen hat und unternehmensrechtlich ein Wahlrecht zwischen Neubewertung iSd § 202 Abs 1 UGB und Buchwertfortführung iSd § 202 Abs 2 UGB besteht. Sofern in der UGB-Bilanz die

---

114 Vgl ErläutRV 367 BlgNR 25. GP 6; *Eberhartinger/Petutschnig* in Bertl et al, Reform der Rechnungslegung, 62 f.
115 Vgl *Häusle*, Latente Steuern bei Unternehmenszusammenschlüssen – RÄG 2014 und IAS 12, RWZ 7-8/2015, 260 f.
116 Gemäß § 203 Abs 5 UGB darf ein (derivativer) Firmenwert unternehmensrechtlich längstens über zehn Jahre abgeschrieben werden. Die steuerlichen Anschaffungskosten eines Firmenwerts bei land- und forstwirtschaftlichen Betrieben und Gewerbetreibenden sind gemäß § 8 Abs 3 EStG gleichmäßig verteilt auf fünfzehn Jahre abzusetzen.
117 Vgl *Eberhartinger/Petutschnig*, RWZ 7-8/2015, 253 f mwN.

Buchwertfortführung iSd § 202 Abs 2 UGB gewählt wird, können – abgesehen vom Ansatz des Umgründungsmehrwerts – keine Unterschiede in den Vermögensgegenständen und Schulden entstehen und die Ausnahmeregelung geht in diesen Fällen weitgehend ins Leere.[118]

Aus dem erstmaligen Ansatz im Zuge von Umgründungen stammende temporäre Differenzen, die aufgrund der unternehmensrechtlichen Neubewertung des übertragenen Vermögens entstehen und deshalb zur Aufdeckung von stillen Reserven führen,[119] sind bei der Ermittlung der latenten Steuern zu berücksichtigen. Davon unabhängig sind aus den unterschiedlichen steuerrechtlichen und unternehmensrechtlichen Folgebewertungsbestimmungen entstehende Unterschiede in den Folgejahren bei der Ermittlung der Steuerabgrenzung zu berücksichtigen.[120]

Die dritte Ausnahme unterbindet gemäß § 198 Abs 10 Z 3 UGB die Bildung von latenten Steuern im Zusammenhang mit Anteilen an Tochterunternehmen, wenn das Mutterunternehmen in der Lage ist, den zeitlichen Verlauf der Auflösung der temporären Differenzen zu steuern, und es wahrscheinlich ist, dass sich die temporäre Differenz in absehbarer Zeit nicht auflösen wird. Diese Ausnahmebestimmung ist insbesondere für den Konzernabschluss relevant, wo sich temporäre Differenzen durch den Unterschied zwischen dem Buchwert des Anteils an einem Tochterunternehmen und dessen konsolidiertem anteiligen Nettovermögen ergeben können.[121] Im Einzelabschluss kann insbesondere ein umgründungsbedingter Unterschiedsbetrag ein Anwendungsfall für § 198 Abs 10 Z 3 UGB sein.

Die Übergangsbestimmungen zu den latenten Steuern sind in § 906 Abs 33 und 34 UGB geregelt und sehen ein Wahlrecht vor, die durch den Wechsel vom GuV-orientierten Konzept auf das bilanzorientierte Konzept entstehenden Aufwendungen oder Erträge entweder sofort zu erfassen oder über längstens fünf Geschäftsjahre gleichmäßig zu verteilen. Im Falle einer Verteilung der Aufwendungen oder Erträge über längstens fünf Geschäftsjahre besteht zudem ein Wahlrecht für den Ausweis. Die Bilanzposten können dabei einerseits im Jahr der erstmaligen Anwendung der Bestimmungen idF RÄG 2014 gänzlich an die nach der neuen Rechtslage erforderliche Höhe angepasst werden. Eine Verteilung der Ergebniswirkung wird dadurch erreicht, dass die Anpassung erfolgsneutral gegen einen Rechnungsabgrenzungsposten bilanziert wird, der in weiterer Folge über längstens fünf Geschäftsjahre gleichmäßig verteilt aufzulösen ist.

---

118 Vgl *Eberhartinger/Petutschnig*, RWZ 7-8/2015, 253 f mwN; *Bertl/Hirschler*, Auswirkungen des RÄG 2014 auf die Bilanzierung latenter Steuern im Zusammenhang mit Umgründungen vor Inkrafttreten des RÄG 2014, RWZ 2/2015, 46 f mwN.
119 Vgl *Häusle*, RWZ 7-8/2015, 261.
120 Vgl *Eberhartinger/Petutschnig*, RWZ 7-8/2015, 251 ff mwN.
121 Vgl *Eberhartinger/Petutschnig*, RWZ 7-8/2015, 251 ff mwN.

Andererseits können die Aufwendungen oder Erträge durch ratierliches Auf- oder Abstocken der Bilanzposten gleichmäßig verteilt nachgeholt werden.[122]

Für erfolgsneutral zu erfassende Differenzen aus Umgründungen ist derzeit eine Adaptierung der Übergangsbestimmungen geplant. Bei Umgründungen entstehen dann erfolgsneutral zu erfassende Differenzen, wenn aus unternehmensrechtlicher Sicht das übernommene Vermögen als Einlage oder Zuwendung iSd § 202 Abs 1 UGB dargestellt wird und daher mit dem beizulegenden Wert angesetzt wird und steuerlich die Buchwerte fortgeführt werden oder wenn im Rahmen der unternehmensrechtlichen Buchwertfortführung ein Umgründungsmehrwert nach § 202 Abs 2 UGB angesetzt wird. Nach der alten Rechtslage mussten diese temporären Differenzen bei der Ermittlung der latenten Steuern nicht berücksichtigt werden. Mit der Umstellung auf das bilanzorientierte Konzept zur Bilanzierung von Steuerlatenzen wäre nunmehr eine erfolgswirksame Nacherfassung dieser temporären Differenzen erforderlich.[123]

Wurde von der übernehmenden Gesellschaft als Gegenleistung für das übertragene Vermögen eine Kapitalerhöhung durchgeführt und der Überschuss des beizulegenden Wertes des übertragenen Reinvermögens über den Nennbetrag der neuen Anteile gemäß § 229 Abs 2 Z 1 UGB in eine Kapitalrücklage eingestellt, dann ist diese gemäß § 229 Abs 4 UGB bei Aktiengesellschaften und großen Gesellschaften mit beschränkter Haftung gebunden.[124] Laut *Müller* würde in diesen Fällen die ergebniswirksame Passivierung der nachzuerfassenden temporären Differenzen richtigerweise zu einer sachlich nicht gerechtfertigten Verringerung des ausschüttungsfähigen Kapitals führen. Wäre der Umgründungsvorgang nämlich bereits nach dem bilanzorientierten Konzept abgebildet worden, hätte die zu berücksichtigende passive Latenz den Reinvermögenszugang und damit die Höhe der gebundenen Kapitalrücklage vermindert.[125]

Ist durch die Umgründung eine ungebundene Kapitalrücklage entstanden, weil keine Kapitalerhöhung erfolgte oder es sich bei der übernehmenden Gesellschaft um eine kleine oder mittelgroße Gesellschaft mit beschränkter Haftung handelt, ist der Unterschiedsbetrag zwischen dem Buchwert und dem höheren beizulegenden Wert des übernommenen Reinvermögens aufgrund der Ausschüttungsbeschränkung in § 235 Z 3 UGB von der Verteilung an die Gesellschafter ausgeschlossen. Die Nachfassung der latenten Steuern auf die temporären Differenzen bewirkt nun zusätzlich auch noch eine Belastung des ausschüttungsfähigen Bilanzgewinns und das insgesamt einer Ausschüttung nicht zugängliche Kapital übersteigt den Aufwertungsbetrag.[126] Wie die geplante Adaptierung der Über-

---

122 Vgl *Müller*, RWZ 7–8/2015, 229 f.
123 Vgl *Bertl/Hirschler*, RWZ 2/2015, 46 f; *Müller*, RWZ 7–8/2015, 232.
124 Vgl KFS/RL 25, Rechnungslegung bei Umgründungen, Rz 123.
125 Vgl *Müller*, RWZ 7–8/2015, 232.
126 Vgl *Müller*, RWZ 7–8/2015, 232 f.

gangsvorschrift für erfolgsneutral zu erfassende Differenzen aus Umgründungen ausgestaltet wird, bleibt abzuwarten.

IX. Disagio

Nach der bisherigen Regelung des § 198 Abs 7 erster Satz UGB idF vor dem RÄG 2014 bestand ein Aktivierungswahlrecht für den Unterschiedsbetrag („Damnum" oder „Disagio"), der sich ergibt, wenn der Rückzahlungsbetrag einer Verbindlichkeit zum Zeitpunkt ihrer Begründung höher ist als der Ausgabebetrag. Der Unterschiedsbetrag durfte in den Rechnungsabgrenzungsposten auf der Aktivseite aufgenommen werden und musste dann gesondert ausgewiesen und in weiterer Folge planmäßig über die Laufzeit der dem Disagio zugrunde liegenden Verbindlichkeit abgeschrieben werden. Sowohl eine lineare Abschreibung als auch eine Abschreibung nach der Effektivzinsmethode wurden als zulässig angesehen. Ein Aktivierungswahlrecht für Geldbeschaffungskosten wie beispielsweise Bearbeitungsgebühren, Beratungskosten etc war dem Gesetzeswortlaut nicht zu entnehmen.[127]

Nunmehr sieht der neu gefasste § 198 Abs 7 erste Satz UGB eine Aktivierungspflicht des Disagios vor. Die Ansatzpflicht ist mit Art 12 Abs 10 der Bilanzrichtlinie vereinbar, demzufolge die Mitgliedstaaten eine Aktivierung des Disagios gestatten oder vorschreiben dürfen.[128] Die durch das RÄG 2014 eingeführte Aktivierungspflicht erstreckt sich dem Schrifttum zufolge wie bisher nicht auf die Geldbeschaffungskosten.[129] Die verpflichtende planmäßige jährliche Abschreibung des Aktivpostens bleibt auch nach Inkrafttreten des RÄG 2014 bestehen. Sowohl eine lineare Abschreibung als auch eine Abschreibung nach der Effektivzinsmethode können den Gesetzesmaterialien zufolge angewendet werden.[130]

In ähnlicher Weise sieht § 6 Z 3 EStG den Ansatz eines Aktivpostens in Höhe des Unterschiedsbetrages zwischen dem Rückzahlungsbetrag und dem aufgenommenen Betrag im Jahr der Aufnahme einer Verbindlichkeit vor. Darüber hinaus besteht auch eine Aktivierungspflicht für die mit der Verbindlichkeit unmittelbar zusammenhängenden Geldbeschaffungskosten. Weiters ist der Aktivposten zwingend auf die gesamte Laufzeit der Verbindlichkeit zu verteilen, und zwar gleichmäßig (linear) oder entsprechend abweichenden unternehmensrechtlichen Grundsätzen ordnungsmäßiger Buchführung, weshalb auch eine degressive oder progressive Abschreibung möglich ist.

Die verpflichtende Aktivierung des Disagios stellt einen weiteren Schritt für die Angleichung des Unternehmensrechts an das Steuerrecht dar, wird jedoch auf-

---

127 Vgl *Urnik/Urtz* in *Bertl et al*, Reform der Rechnungslegung, 170 ff.
128 Vgl RL 2013/34/EU, Art 12 Abs 10.
129 Vgl *Urnik/Urtz* in *Bertl et al*, Reform der Rechnungslegung, 170 ff.
130 Vgl ErläutRV 367 BlgNR 25. GP 4 f.

grund der fehlenden Aktivierungspflicht der Geldbeschaffungskosten im UGB nur eingeschränkt verwirklicht.[131]

Die Neuregelung der Aktvierungspflicht des Disagios im Unternehmensrecht ist gemäß § 906 Abs 28 UGB für jene Geschäftsjahre anzuwenden, die nach dem 31.12.2015 beginnen. Wurde ein Disagio nach § 198 Abs 7 UGB idF vor dem RÄG 2014 nicht als aktiver Rechnungsabgrenzungsposten angesetzt, so unterbleibt die Bildung eines aktiven Rechnungsabgrenzungspostens für diese Verbindlichkeit, bis diese nicht mehr ausgewiesen wird.[132]

---

131 Vgl *Urnik/Urtz* in *Bertl et al*, Reform der Rechnungslegung, 173.
132 Vgl § 906 Abs 30 UGB.

RÄG 2014 Teil II: Neue Vorschriften zu Angaben und Ausweis in Bilanz, GuV und Anhang im UGB-Jahresabschluss und sonstige Änderungen

Alexander Gall/Niklas Hanusch/Hannes Hofbauer

I. Einleitung
II. **Allgemeine Rechnungslegungsvorschriften und Größenklassen**
   A. Rechnungslegungspflicht
   B. Größenklassen
   C. Definitionen
      1. Umsatzerlöse
      2. Wesentlichkeit
III. **Änderungen bei der Darstellung in Bilanz und GuV**
   A. Darstellung der Bilanz
   B. Darstellung der Gewinn- und Verlustrechnung
IV. **Neuerungen bei Angaben im Anhang und Lagebericht**
   A. Angaben für Kleinstkapitalgesellschaften
   B. Angaben für alle Gesellschaften
   C. Angaben für mittelgroße und große Gesellschaften
   D. Angaben für große Gesellschaften
   E. Änderungen im Lagebericht
V. **Änderungen der Vorschriften zu Offenlegung und Zwangsstrafen**
   A. Offenlegungserleichterungen
   B. Bericht über Zahlungen an staatliche Stellen
   C. Änderungen bei der Offenlegung im Konzern
   D. Änderungen der Vorschriften zu Zwangsstrafen
VI. Resümee

I. Einleitung

Mit dem Rechnungslegungs-Änderungsgesetz (RÄG) 2014 setzt der Gesetzgeber die Bestimmungen der Bilanzrichtlinie (2013/34/EU) in nationales Recht um. Ziel dieser Novellierung ist es, neben der der Umsetzung der Bilanzrichtlinie auch eine Annäherung von Unternehmens- und Steuerbilanz zu erreichen, Unternehmen zu entlasten und durch eine Modernisierung des Bilanzrechts die Aussagekraft der Abschlüsse zu verbessern.[1] Teil II der Vortragsreihe zum RÄG 2014 beschäftigt sich schwerpunktmäßig mit der Änderung der allgemeinen Rechnungslegungsvorschriften sowie der Größenklassen, der Darstellung von Bilanz und GuV, der Neuerungen im Anhang und Lagebericht sowie den Veränderungen der Normen hinsichtlich Offenlegung und Zwangsstrafen.

II. Allgemeine Rechnungslegungsvorschriften und Größenklassen

A. Rechnungslegungspflicht

Die Änderungen des RÄG 2014 an den allgemeinen Rechnungslegungsvorschriften betreffen auch den Umfang der Rechnungslegungspflicht (Anwendbarkeit des Dritten Buches des UGB zur Rechnungslegung), welche künftig auf einen größeren Kreis von Unternehmen ausgedehnt wird. Änderungen ergeben sich dabei jedoch nur bei der rechtsformabhängigen Rechnungslegungspflicht, wohingegen die umsatzabhängige Rechnungslegungspflicht für Unternehmen (Grenze von 700.000 € Umsatzerlöse im Geschäftsjahr hinsichtlich der einzelnen einheitlichen Betriebe) inhaltlich unverändert in § 189 Abs 1 Z 3 UGB verschoben wird.[2] Ebenfalls unverändert bleibt auch die rechtsformabhängige Rechnungslegungspflicht für Kapitalgesellschaften (Z 1) bestehen, wohingegen die Regelungen zur Rechnungslegungspflicht von Personengesellschaften ausgeweitet und im Hinblick auf eine unterschiedliche Behandlung von kapitalistischen und sonstigen Personengesellschaften ausdifferenziert werden.

§ 189 Abs 1 Z 2 lit a UGB sieht für Personengesellschaften, die im Anhang II der EU-Bilanzrichtlinie genannt werden (in Österreich sind das die OG und die KG), eine Rechnungslegungspflicht dann vor, wenn die unmittelbaren oder mittelbaren grundsätzlich voll haftenden Gesellschafter lediglich beschränkt haftbare Kapitalgesellschaften sind. Dabei werden sowohl Kapitalgesellschaften im Sinne des Anhang I der EU-Bilanzrichtlinie (in Österreich sind das die GmbH und die AG) als auch Gesellschaften mit vergleichbaren Rechtsformen – die nicht dem Recht

---
[1] Siehe weiterführend *Dokalik/Kerschbaumer/Buchberger*, RÄG 2014, in *iwp* (Hrsg), 246 f.
[2] Ebenso unverändert bleibt, dass Angehörige der freien Berufe, Land- und Forstwirte sowie Unternehmer, deren Einkünfte im Überschuss der Einnahmen über die Werbungskosten liegen (sofern es sich nicht um eine Personengesellschaft iSd § 189 Abs 1 Z 2 UGB handelt), von der Rechnungslegungspflicht gem § 189 Abs 4 UGB ausgenommen sind.

eines Mitgliedstaats der EU oder des EWR unterliegen – erfasst. Der in der österreichischen Praxis häufigste Anwendungsfall ist die GmbH & Co KG. Es ist explizit darauf hinzuweisen, dass das Kriterium der unternehmerischen Tätigkeit für kapitalistische Personengesellschaften durch die Anpassung an die EU-Bilanzrichtlinie aufgegeben wurde, weswegen künftig etwa auch eine nur vermögensverwaltende kapitalistische Personengesellschaft jedenfalls der Rechnungslegungspflicht unterliegt.[3] Darüber hinaus ist durch die Formulierung von „unmittelbaren oder mittelbaren Gesellschaftern" klargestellt, dass auch doppel- oder mehrstöckige Personengesellschaften einer Rechnungslegungspflicht unterliegen, sofern am Ende der Gesellschafterkette lediglich beschränkt haftende Gesellschaften im Sinne der Richtlinie stehen. Doppel- oder mehrstöckige Personengesellschaften, für die letztendlich eine natürliche Person unbeschränkt haftet, unterliegen hingegen nicht der rechtsformabhängigen Rechnungslegungspflicht des § 189 Abs 1 Z 2 lit a UGB.[4]

Eine im Gegensatz zu § 189 Abs 1 Z 2 lit a UGB über die Vorgaben der EU-Bilanzrichtlinie hinausgehende[5] Rechnungslegungspflicht für sonstige Personengesellschaften wird in § 189 Abs 1 Z 2 lit b UGB definiert. Demnach sind auch sonstige Personengesellschaften rechnungslegungspflichtig, bei denen kein unbeschränkt haftender Gesellschafter eine natürliche Person ist, jedoch nur unter der Voraussetzung, dass diese Personengesellschaften unternehmerisch tätig sind.[6] Relevant ist diese Bestimmung etwa für Personengesellschaften, deren einzige unbeschränkt haftende Gesellschafter Gemeinden, Vereine (zB Verein & Co OG) oder Genossenschaften (zB Genossenschaft & Co KG) sind. Diese unterliegen bei Ausübung einer unternehmerischen Tätigkeit daher weiterhin der Rechnungslegungspflicht. Es ist weiters zu berücksichtigen, dass die in § 189 Abs 1 Z 2 lit b UGB gewählte Formulierung, die sich nur auf den (unmittelbaren) „Gesellschafter" bezieht, dem Wortlaut nach auch doppel- oder mehrstöckige Personengesellschaften erfassen würde, deren einzige Vollhafter wiederum Personengesellschaften sind, selbst wenn hinter letzteren Personengesellschaften unbeschränkt haftende natürliche Personen stünden. Eine derartige Interpretation der Gesetzesstelle würde jedoch zu einer unzulässigen Gleichstellung mit beschränkt haftenden Gesellschaften führen. Aus diesem Grund ist davon auszugehen, dass von § 189 Abs 1 Z 2 lit b UGB ebenfalls nur Personengesellschaften erfasst sein sollen, die eine unternehmerische Tätigkeit ausüben und bei welchen weder ein unmittelbarer noch mittel-

---

3   Siehe auch *Urnik/Urtz*, ÖStZ 2015, 154.
4   Eine gleichlautende teleologische Reduktion wurde vom Schrifttum jedoch auch bereits in Bezug auf den Wortlaut des § 189 Abs 1 Z 1 UGB aF gefordert, weswegen es sich hier wohl nur um eine Klarstellung handelt. Siehe bspw *Nowotny* in *Straube*, UGB II/RLG³ § 221 Rz 9. Zustimmend auch *Schiebel/Six* in *Straube*, UGB II RLG³ § 189 Rz 26.
5   Siehe bereits *Weber*, NZ 2014, 19.
6   Somit wird die entsprechende OGH-Judikatur hinsichtlich des Kriteriums der unternehmerischen Tätigkeit wohl auch künftig relevant bleiben. Eine Übersicht über Judikatur und Rechtsprechung hierzu bietet *Reinold*, GesRZ 2014, 100 ff.

barer unbeschränkt haftender Gesellschafter eine natürliche Person ist.[7] Eine im Sinne der Rechtssicherheit klarstellende Anpassung des RÄG durch den Gesetzgeber wurde empfohlen, bleibt aber abzuwarten.

B. Größenklassen

Die Größenklassen des § 221 UGB erfahren mit dem RÄG 2014 eine geringfügige wertmäßige Inflationsanpassung; der diesbezüglich bestehende Spielraum der Bilanzrichtlinie für die Erhöhung wurde vom österreichischen Gesetzgeber nicht voll ausgenutzt. Darüber hinaus werden sog „Kleinstkapitalgesellschaften" als neue Größenklasse eingeführt. Für die Einteilung sind daher künftig folgende Größenkriterien zu berücksichtigen, wobei weiterhin auf das Unter- bzw Überschreiten von mind zwei Größenkriterien abzustellen ist:

	Bilanzsumme	Umsatzerlöse	Arbeitnehmer
Kleinstkapitalgesellschaft (Abs 1a)	bis 350.000 €	bis 700.000 €	bis 10
	Keine Investmentunternehmen oder Beteiligungsgesellschaften!		
Kleine Kapitalgesellschaft (Abs 1)	bis 5 Mio €	bis 10 Mio €	bis 50
Mittlere Kapitalgesellschaft (Abs 2)	bis 20 Mio €	bis 40 Mio €	bis 250
Große Kapitalgesellschaft (Abs 3)	bei Überschreiten dieser Größenmerkmale sowie stets bei Unternehmen von öffentlichem Interesse[8]		

Tab 1: Größenklassen nach § 221 UGB

Die Einführung von Kleinstkapitalgesellschaften (sog Micros) trägt dem Gedanken Rechnung, dass diese Gesellschaften durch die Einhaltung von Rechnungslegungspflichten mit einem – in Bezug auf deren Größe und Ressourcenausstattung – unverhältnismäßig hohen Aufwand konfrontiert werden. Entsprechend sieht der Gesetzgeber für diese Gesellschaften zahlreiche Entlastungen vor, wie etwa die vollständige Entbindung von der Pflicht, einen Anhang zu erstellen (sofern bestimmte Angaben unter der Bilanz gemacht werden), oder die Reduktion von Zwangsstrafen iZm der Einhaltung von Offenlegungspflichten. Es ist anzumerken, dass auch Aktiengesellschaften Kleinstkapitalgesellschaften sein können

---

7 Ebenso bereits *Dokalik/Hirschler*, SWK-Spezial 2015, 9.
8 Unternehmen von öffentlichem Interesse sind gem § 189a Z 1 UGB kapitalmarktorientierte Unternehmen, deren übertragbare Wertpapiere zum Handel an einer Börse in der EU oder im EWR zugelassen sind, sowie Kapitalgesellschaften, die Kreditinstitute oder Versicherungsgesellschaften iSd der EU-Richtlinien darstellen. Siehe hierzu ausführlich *Dokalik/Hirschler*, SWK-Spezial 2015, 16.

(siehe aber die Neuerungen zur „Holding-AG" gleich unten), sofern diese die Größenkriterien des § 221 Abs 1a UGB unterschreiten. In diesem Fall müssen Kleinstaktiengesellschaften bei Einhaltung des § 242 Abs 1 UGB zwar keinen Anhang erstellen, unterliegen jedoch weiterhin der Pflicht zur Abschlussprüfung[9] und zur Erstellung eines Lageberichtes.[10] Die Ausnahmen von der Pflicht zur Abschlussprüfung (§ 268 Abs 1 UGB) und zur Erstellung eines Lageberichtes (§ 243 Abs 4 UGB) für die kleine GmbH sind natürlich auch auf Kleinstgesellschaften mit beschränkter Haftung anzuwenden.[11]

Hinsichtlich des Wechsels zwischen den Größenklassen normiert § 221 Abs 4 UGB weiterhin, dass die Rechtsfolgen der neuen Größenklasse ab dem folgenden Geschäftsjahr eintreten, wenn die Größenmerkmale an zwei aufeinanderfolgenden Abschlussstichtagen über- bzw unterschritten werden.[12] Ein beschleunigter Eintritt der Rechtsfolgen ist demgegenüber bei Neu- und Umgründungen, mit Ausnahme einer rein rechtsformwechselnden Umwandlung, vorgesehen. Konkret treten in diesen Fällen die Rechtsfolgen der neuen Größenklasse bereits mit dem Abschlussstichtag ein, der auf die Um- bzw Neugründung folgt (und damit ein Jahr früher als nach der alten Rechtslage). Gleiches gilt bei der Aufgabe eines (Teil-)Betriebes, sofern die Größenmerkmale um mindestens die Hälfte unterschritten werden.[13] Anzumerken ist jedoch, dass in § 221 Abs 4 UGB keine spiegelbildliche Regelung für den umgekehrten Fall des Erwerbs eines (Teil-)Betriebes aufgenommen wurde, weswegen ein beschleunigter Eintritt der Rechtsfolgen hier wohl nicht denkbar ist. Kritikwürdig erscheint das Fehlen einer spiegelbildlichen Ausnahmeregelung für den Erwerb eines (Teil-)Betriebes bzw einer Anwachsung vor allem deswegen, da für den Erwerb eines (Teil-)Betriebes im Rahmen einer Umgründung eine derartige Ausnahmeregelung eben vorgesehen ist und eine sachliche Rechtfertigung für eine abweichende Behandlung fehlt.[14]

Für Mutterunternehmen, die in der Rechtsform einer Aktiengesellschaft geführt werden, regelt § 221 Abs 4a UGB neu, dass diese die Schwellenwerte der Abs 1 bis 2 wahlweise auf konsolidierter oder aggregierter Basis zu berechnen haben. Dies bedeutet, dass eine AG, welche andere Unternehmen beherrscht oder einheitlich leitet, die Werte dieser Tochterunternehmen bei der Ermittlung ihrer

---

9 Vgl *Dokalik/Hirschler*, SWK-Spezial 2015, 58.
10 Vgl *Papst*, ÖStZ 2015, 166 f.
11 Siehe hierzu auch Art 36 Abs 6 Bilanzrichtlinie 2013/34/EU, wonach Kleinstunternehmen, unter Ausnahme der für sie spezifischen Regelungen, im Übrigen wie kleine Unternehmen zu behandeln sind. Siehe auch *Papst*, ÖStZ 2015, 166 f.
12 Demnach ergibt sich mit dem RÄG 2014 keine Vereinheitlichung zur deutschen Rechtslage gem § 267 Abs 4 dHGB. Hier treten die Rechtsfolgen der neuen Größenklasse bei zweimaligem Über- bzw Unterschreiten der Größenmerkmale bereits am zweiten Abschlussstichtag und somit ein Jahr früher ein als nach österreichischem Recht. Die bereits von *Rohatschek* geäußerte Kritik, dass der verzögerte Eintritt der Rechtsfolgen beim Wechsel zwischen Größenklassen zu Lasten der Informationsfunktion der externen Adressaten geht, bleibt daher weiterhin aktuell. Siehe *Rohatschek*, RdW 1997, 572 f.
13 Vgl § 221 Abs 4 zweiter Satz UGB.
14 Siehe hierzu die gleichlautende Kritik von *iwp/KWT* (Hrsg), Stellungnahme zum RÄG 2014, 14.

Größenklasse zu berücksichtigen hat. Darüber hinaus stellen die ErlRV zu § 221 Abs 4a UGB klar, dass die Gesellschaft selbst dann als Mutterunternehmen gilt, wenn auf die Aufstellung eines Konzernabschlusses aufgrund der §§ 246 oder 249 UGB verzichtet wird. Es ist zu erwarten, dass viele solcher Holding-Aktiengesellschaften, die bisher mangels größerer Anzahl eigener Mitarbeiter bzw mangels eigener Umsatzerlöse als „klein" eingestuft wurden, nach dem RÄG 2014 als „mittelgroß" oder „groß" einzustufen sein werden und dadurch andere Rechtsfolgen, zB im Hinblick auf den Umfang der Anhangangaben im Einzelabschluss, gelten. Durch die Rechtsformbeschränkung ergeben sich jedoch keine Auswirkungen für Holdinggesellschaften, die nicht in Form einer AG geführt werden (zB Holding-GmbH).[15]

Für die erstmalige Einstufung nach den neuen Größenkriterien im Geschäftsjahr 2016 ist zu beachten, dass die geänderten Grenzwerte gem § 906 Abs 29 UGB auch für Beobachtungszeiträume vor dem 1.1.2016 anzuwenden sind.[16] Die Umsatzerlöse und Bilanzsumme sind jedoch nach wohl hA für die vor dem 1.1.2016 begonnenen Geschäftsjahre nicht neu zu berechnen,[17] weswegen Umsatzerlöse und Bilanzsumme – wie sie in diesen Abschlüssen ausgewiesen werden[18] – mit den neu gesetzten Grenzwerten zu vergleichen sind. Für Mutterunternehmen in Form einer Aktiengesellschaft ist die erstmalige Einstufung nach den neuen Größenkriterien bereits wahlweise auf aggregierter oder konsolidierter Basis vorzunehmen, wobei jedoch für die Berechnung ebenfalls Umsatzerlöse und Bilanzsumme entsprechend den Bestimmungen des UGB idF vor dem RÄG 2014 heranzuziehen sind.[19] Für die Einstufung in Folgeperioden nach dem Übergang auf das UGB idF RÄG 2014 gilt es jedoch jedenfalls zu berücksichtigen, dass die veränderte Umsatzerlösdefinition des § 189a Z 5 UGB künftig wohl zu einem Anstieg der Umsatzerlöse führen wird[20] und sich diese Änderung somit auch auf die Beurteilung der Größenklassen nach § 221 UGB auswirkt.[21]

---

15 Es ist anzumerken, dass eine entsprechende Änderung für die Holding-GmbH wohl mit größeren Auswirkungen verbunden wäre, da eine Neueinstufung als „mittelgroß" oder „groß" etwa zu einer erstmaligen Jahresabschlussprüfungspflicht für den Einzelabschluss einer (vor dem RÄG 2014) kleinen Holding-GmbH führen würde. Es ist anzunehmen, dass der Gesetzgeber zur Vermeidung solcher Belastungen eine Beschränkung auf Aktiengesellschaften vorgenommen hat.
16 Dies hat zur Konsequenz, dass die Einstufung in eine höhere Größenklasse, welche nach alter Rechtslage eingetreten wäre, nun eventuell nicht eintritt oder durch die Umstellung ein Wechsel in eine niedrigere Größenklasse mit verringerten Rechnungslegungspflichten erfolgt. Ebenso *Müller*, RWZ 2015, 229.
17 Zustimmend *Dokalik/Hirschler*, SWK-Spezial 2015, 19; *Papst*, ÖStZ 2015, 161. Zumindest in Bezug auf Umsatzerlöse explizit aA *Müller*, RWZ 2015, 229.
18 Siehe auch § 906 Abs 28 vierter Satz.
19 Vgl *Papst*, ÖStZ 2015, 161.
20 Ebenso *Auer/Rohatschek*, SWK 2015, 798; *Dokalik/Hirschler*, SWK-Spezial 2015, 19; *Dokalik/Kerschbaumer/Buchberger*, RÄG 2014, in *iwp* (Hrsg), 263. Siehe hierzu auch die Ausführungen im folgenden Abschnitt.
21 Ebenso *Auer/Rohatschek*, SWK 2015, 798. Für die Prüfung der Umsatzerlöse in den Berichtsperioden vor dem 1.1.2016 ist die veränderte Umsatzerlösdefinition jedoch nach hA nicht zu berücksichtigen.

Für die größenabhängige Befreiung von der Pflicht, einen Konzernabschluss aufzustellen, ergibt sich mit dem RÄG 2014 ebenfalls eine moderate Erhöhung der entsprechenden Grenzwerte. Künftig müssen demnach mind zwei der drei nachfolgenden Kriterien an zwei aufeinanderfolgenden Abschlussstichtagen unterschritten werden:[22]

	Bruttomethode	Nettomethode
Bilanzsumme	kleiner als 24 Mio €	kleiner als 20 Mio €
Umsatzerlöse	kleiner als 48 Mio €	kleiner als 40 Mio €
Mitarbeiter	kleiner als 250	kleiner als 250

Tab 2: Größenklassen nach § 246 UGB

Durch § 246 Abs 3 UGB sind Unternehmen von öffentlichem Interesse gem § 189a Z 1 UGB von der Inanspruchnahme der größenabhängigen Befreiungsmöglichkeit ausgeschlossen, weswegen bei diesen nur nach den in § 249 Abs 1 bis 2 UGB genannten Gründen auf die Aufstellung eines Konzernabschlusses verzichtet werden kann. Für die erstmalige Einstufung nach den neuen Größenkriterien im Geschäftsjahr 2016 ist zu beachten, dass die geänderten Grenzwerte auch für Beobachtungszeiträume vor dem 1.1.2016 anzuwenden sind. Die Umsatzerlöse und Bilanzsumme sind jedoch (wie oben bereits vermerkt) nicht neu zu berechnen.

§ 221 Abs 5 UGB enthält weiterhin eine taxative Auflistung jener ergänzenden Vorschriften für Kapitalgesellschaften, welche auch von rechnungslegungspflichtigen Personengesellschaften iSd § 189 Abs 1 Z 2 UGB (zB GmbH & Co KG) verpflichtend einzuhalten sind. Durch die Neufassung der Gesetzesverweise in § 221 Abs 5 UGB wurde nunmehr klargestellt, dass die Bestimmungen über gebundene Rücklagen in § 229 Abs 4 bis 7 UGB für kapitalistische Personengesellschaften nicht anzuwenden sind.[23]

C. Definitionen

Neuartig für das Rechnungslegungsrecht ist der in § 189a UGB aufgenommene Katalog, welcher Definitionen enthält, die mehrere Bestimmungen betreffen und einheitlich anzuwenden sind. Konkret sind folgende Definitionen enthalten:

---

22 Siehe § 246 Abs 1 bis 2 UGB.
23 Dies war nach der alten Rechtslage umstritten. Siehe mwN *Nowotny* in *Straube*, UGB II/RLG³ § 221 Rz 12.

Unternehmen von öffentlichem Interesse (Z 1)	Tochterunternehmen (Z 7)
Beteiligungen (Z 2)	Verbundene Unternehmen (Z 8)
Beizulegender Wert (Z 3)	Assoziierte Unternehmen (Z 9)
Beizulegender Zeitwert (Z 4)	Wesentlichkeit (Z 10)
Umsatzerlöse (Z 5)	Investmentunternehmen (Z 11)
Mutterunternehmen (Z 6)	Beteiligungsgesellschaften (Z 12)

Tab 3: Definitionskatalog

Während einige dieser Definitionen (weitgehend) unverändert aus bestehenden Bestimmungen des UGB übernommen wurden (zB Beteiligungen), wurden andere Begriffe erstmalig eingeführt (zB Wesentlichkeit) oder durch das RÄG 2014 mit einer veränderten Bedeutung versehen (zB Umsatzerlöse). Nachfolgend soll lediglich auf die Definitionen von Umsatzerlösen und Wesentlichkeit eingegangen werden, da diese für die nachfolgenden Erläuterungen von besonderer Relevanz sind.

1. Umsatzerlöse

Nach § 189a Z 5 UGB werden Umsatzerlöse als jene Beträge definiert, welche sich aus dem Verkauf von Produkten und der Erbringung von Dienstleistungen nach Abzug von Erlösschmälerungen, Umsatzsteuer sowie sonstigen direkt mit dem Umsatz verbundenen Steuern ergeben. Im Vergleich zur bisher gültigen Umsatzerlösdefinition des § 232 Abs 1 UGB aF entfällt somit die bisher vorhandene Einschränkung auf die für die gewöhnliche Geschäftstätigkeit des Unternehmens typischen Erlöse. Der **Entfall der Beschränkung auf typische Erlöse** hat zur Konsequenz, dass auch Erlöse aus unregelmäßig anfallenden Nebentätigkeiten bzw nicht betriebstypischen Geschäften, welche vor der Novelle den sonstigen betrieblichen Erträgen zugeordnet wurden, künftig in die Umsatzerlöse einzubeziehen sind. Unstrittig ist, dass Erträge aus dem Abgang von Anlagevermögen (da üblicherweise kein Verkauf eines „Produkts" im Sinne von Vorratsvermögen[24]) sowie Erträge aus der Auflösung von Rückstellungen weiterhin (gesondert) unter den sonstigen betrieblichen Erträgen ausgewiesen werden müssen.[25] Der Posten der übrigen sonstigen betrieblichen Erträge ist hingegen als Restkategorie für jene betrieblichen Erträge ausgestaltet, für die kein Ausweis in einem anderen Posten der GuV möglich ist. Durch die Ausweitung der Definition der Umsatzerlöse finden nun jedoch zahlreiche Erträge, die in der Restkategorie erfasst worden wären, hierunter Deckung und sind daher künftig den Umsatzerlösen zuzuordnen. Konkret ist ein

---
24 Siehe hierzu weiterführend *Kolb/Roß*, WPg 2015, 871 f.
25 Zustimmend *Auer/Rohatschek*, SWK 2015, 797 f; *Prachner/Köll/Haslinger*, RFG 2015, 114.

derartiger Ausweis unter den Umsatzerlösen etwa für Erlöse aus der Erbringung von Dienstleistungen an Mitarbeiter (zB Kantinenerlöse), Miet- oder Pachterlöse,[26] Erlöse aus Vermittlungsleistungen, Patent- und Lizenzeinnahmen[27] oder Konzernverrechnungen, soweit diesen ein Leistungsaustausch zugrunde liegt, vorzunehmen. Ein gänzlicher Entfall des Postens „übrige sonstige betriebliche Erträge" ist jedoch nicht zu erwarten, da übrige sonstige betriebliche Erträge, die nicht aus dem Verkauf von Produkten und der Erbringung von Dienstleistungen stammen, weiterhin hierunter auszuweisen sind. Beispielhaft seien hierfür Erträge aus Kursgewinnen, Schuldnachlässen, Auflösungen von Einzel- und Pauschalwertberichtigungen sowie der Ausbuchung verjährter Verbindlichkeiten erwähnt.

Durch den Entfall des Verweises auf die **gewöhnliche Geschäftstätigkeit** in der neuen Umsatzerlösdefinition des § 189a Z 5 UGB trägt der Gesetzgeber außerdem dem Umstand Rechnung, dass außerordentliche Aufwendungen und Erträge künftig nicht mehr gesondert in der GuV auszuweisen sind. Dies hat zur Konsequenz, dass außerordentliche Erträge, welche aus dem Verkauf von Produkten und der Erbringung von Dienstleistungen stammen, künftig ebenfalls den Umsatzerlösen zuzuordnen sind.[28] Als konkreter Anwendungsfall hierfür sind etwa Erlöse aus der Veräußerung von Waren und Erzeugnissen bei Räumungsverkäufen aus Anlass der Schließung einer Geschäftseinheit zu nennen.[29] Schließlich stellt der Gesetzgeber durch die neue Definition der Umsatzerlöse klar, dass neben der Umsatzsteuer auch sonstige direkt mit dem Umsatz verbundene Steuern von den Umsatzerlösen abzuziehen sind. Verkehr- und Verbrauchsteuern, wie etwa die Tabaksteuer, Biersteuer oder Mineralölsteuer, stellen demnach künftig jedenfalls keine Umsatzerlöse dar.[30]

Durch die Neudefinition der Umsatzerlöse ergeben sich nicht nur Verschiebungen zwischen GuV-Posten, sondern es sind auch Auswirkungen auf die Zuordnung zu Bilanzposten zu erwarten. Konkret werden etwa Ausweisverschiebungen von „sonstigen Forderungen" zu „Forderungen aus Lieferungen und Leistungen" erforderlich.[31]

Ein Vergleich der neuen Umsatzerlösdefinition des § 189a Z 5 UGB mit jener des IAS 18 bzw IFRS 15 zeigt, dass Umsatzerlöse in IFRS und UGB künftig stärker auseinanderfallen. Grund hierfür ist, dass Umsatzerlöse sowohl im aktuell gültigen IAS 18 als auch im künftig anzuwendenden IFRS 15 an die gewöhnliche Geschäftstätigkeit (ordinary activities) des Unternehmens gebunden sind.[32] In Ein-

---

26 Vgl *Auer/Rohatschek*, SWK 2015, 798.
27 Vgl *Dokalik/Hirschler*, SWK-Spezial 2015, 19.
28 Ebenso *Antonakopoulos*, StuB 2015, 731.
29 Vgl *Kirsch*, DStR 2015, 665.
30 Vgl *Dokalik/Hirschler*, SWK-Spezial 2015, 19.
31 Siehe mwN *Auer/Rohatschek*, SWK 2015, 798.
32 Vgl IFRS 15.Appendix A sowie IAS 18.7.

zelfällen kann es daher durchaus zu wesentlichen Abweichungen zwischen IFRS- und UGB-Abschluss kommen, weswegen manuelle Anpassungen der Umsatzerlöse für die Erstellung des IFRS-Abschlusses erforderlich werden.[33]

2. Wesentlichkeit

Der Grundsatz der Wesentlichkeit war bisher weithin als ein unkodifizierter GoB anerkannt, welcher nun jedoch explizit in das Unternehmensrecht übernommen wurde. Durch die Begriffsdefinition des § 189a Z 10 UGB werden dem Abschlussersteller erstmals konkrete Anhaltspunkte für die Beurteilung der Wesentlichkeit von Informationen geboten. Als wesentlich ist eine Information – in Anlehnung an den Wesentlichkeitsbegriff der IFRS – dann anzusehen, wenn vernünftigerweise zu erwarten ist, dass ihre Auslassung oder fehlerhafte Angabe Entscheidungen des Abschlussadressaten beeinflusst.[34] Die Wesentlichkeit einer Information ist von deren Größe, ihrer spezifischen Eigenschaft oder auch von der Fehlerhaftigkeit der Angabe abhängig.[35] Weiters ist anzumerken, dass die Wesentlichkeit einer Information stets durch eine Gesamtbetrachtung einzuschätzen ist.[36] Dies bedeutet, dass für die Feststellung der Wesentlichkeit nicht nur gleichartige oder ähnliche Informationen berücksichtigt werden müssen, sondern die Information den Gesamtverhältnissen nach zu würdigen ist. Bei Einzelbetrachtung unwesentliche Posten mögen demnach bei Würdigung der Gesamtverhältnisse dennoch wesentlich sein. Schließlich ist noch anzumerken, dass der Gesetzestext weiterhin keine konkreten quantitativen Kriterien für die Beurteilung der Wesentlichkeit vorgibt. Da die Größe von Informationen jedoch explizit als Merkmal für deren Wesentlichkeit genannt wird, ist davon auszugehen, dass den in der Rechnungslegungs- und Prüfungspraxis existierenden prozentuellen Grenzwerten (zB ein bestimmter Prozentsatz vom Jahresergebnis) wohl weiterhin Bedeutung zukommen wird.[37]

Relevanz entfaltet der neue Wesentlichkeitsbegriff insbesondere iVm § 196a Abs 2 UGB, wonach die Anforderungen an den Jahresabschluss im Hinblick auf Darstellung (Ausweis in Bilanz und GuV) und Offenlegung (Angaben, insbesondere im Anhang) nicht erfüllt werden müssen, sofern die Wirkung ihrer Einhaltung als unwesentlich anzusehen ist. Beispielhaft hierfür ist etwa die Zusammenfassung unwesentlicher Angaben[38] oder die Darstellung von Vorjahreszahlen in

---

33 Ebenso *Fink/Heyd*, StuB 2015, 618.
34 *Moser* weist darauf hin, dass sich der Jahresabschluss an einen umfangreichen Adressatenkreis mit inhomogenen Informationsinteressen richtet und fordert daher, Informationen dann als wesentlich zu erachten, wenn diese die Entscheidungen eines durchschnittlichen Spezialisten beeinflussen würden. Vgl *Moser*, GES 2015b, 204.
35 Siehe weiterführend *Dokalik/Hirschler*, SWK-Spezial 2015, 21.
36 Vgl ErlRV zu § 189a Z 10 UGB. Ebenso *Dokalik/Hirschler*, SWK-Spezial 2015, 21; *Moser*, GES 2015b, 205.
37 Ebenso *Dokalik/Hirschler*, SWK-Spezial 2015, 20 f.
38 Vgl Erwägungsgrund Nr 17 Bilanzrichtlinie 2013/34/EU.

vollen 1.000 €.[39] Obwohl der Grundsatz der Wesentlichkeit nach Intention der Bilanzrichtlinie auch für Ansatz, Bewertung und Konsolidierung gelten sollte,[40] wurde in Österreich das Wahlrecht zur Einschränkung dieses Grundsatzes nur auf Darstellung und Offenlegung genutzt.[41] In den anderen genannten Bereichen bleibt es hingegen dabei, dass Möglichkeiten zur Anwendung des Wesentlichkeitsgrundsatzes einzelfallbezogen im Gesetz geregelt werden.[42]

III. Änderungen bei der Darstellung in Bilanz und GuV
A. Darstellung der Bilanz

Mit dem RÄG 2014 wird die Bilanzgliederung der Aktivseite gem § 224 Abs 2 UGB um den gesonderten Ausweis des Postens „D. Aktive latente Steuern" erweitert. Mit dieser Erweiterung sieht der Gesetzgeber vor, dass aktive latente Steuern künftig nicht mehr Bestandteil der aktiven Rechnungsabgrenzungsposten sind, sondern separat in einem eigenen Posten dargestellt werden müssen. Dies unterstreicht auch den Bedeutungsgewinn, den die aktiven latenten Steuern durch die neuen Bilanzierungsvorschriften erfahren. Demgegenüber wird für passive latente Steuern weiterhin eine Zuordnung zu den Rückstellungen normiert. Das vormals bestehende Wahlrecht, passive latente Steuern entweder als gesonderten Posten in den Rückstellungen auszuweisen oder im Anhang gesondert anzugeben,[43] wurde mit der Neufassung des § 198 Abs 9 UGB durch eine Pflicht zum gesonderten Ausweis in der Bilanz unter den Rückstellungen ersetzt.[44] Der Gesetzestext sieht hierfür die Bezeichnung als „Rückstellung für passive latente Steuern" vor. Auf der Passivseite wurde weiters entsprechend dem Entfall von § 205 UGB aF der separate Ausweisposten für unversteuerte Rücklagen gestrichen. Die vormals unter den unversteuerten Rücklagen erfassten Beträge sind im Geschäftsjahr, das nach dem 31.12.2015 beginnt, soweit darin enthaltene passive latente Steuern nicht den Rückstellungen zuzuführen sind, unmittelbar und erfolgsneutral in die Gewinnrücklagen einzustellen (umzubuchen) und die Vorjahresbeträge entsprechend anzupassen.[45] Ebenso entfallen die zusätzlichen Angabe- und Ausweispflichten des § 230 UGB aF im Zusammenhang mit unversteuerten Rücklagen.

---

39 Vgl ErlRV zu § 196a Abs 2 UGB.
40 Vgl Erwägungsgrund Nr 17 Bilanzrichtlinie 2013/34/EU.
41 Vgl ErlRV zu § 196a Abs 2 UGB.
42 Für eine beispielhafte Aufzählung von unternehmensrechtlichen Normen, die eine Anwendung des Wesentlichkeitsgrundsatzes im Bereich des Ansatzes, der Bewertung und der Konsolidierung erlauben, siehe ErlRV zu § 196a Abs 2 UGB.
43 Vgl mwN *Hofians* in *Straube*, UGB II/RLG³ § 224 Rz 66.
44 Ebenso *Arminger/Nowotny/Sopp*, Bilanzierung latenter Steuern, in *iwp* (Hrsg), 219. Hinsichtlich der Anordnung im Gliederungsschema des § 224 UGB ist wohl eine Aufnahme dieses Postens zwischen den Steuerrückstellungen und den sonstigen Rückstellungen zu empfehlen. Siehe hierzu mwN bereits *Hofians* in *Straube*, UGB II/RLG³ § 224 Rz 66.
45 Vgl § 906 Abs 31 UGB. Hinsichtlich der näheren Vorgehensweise siehe ausführlich *Müller*, RWZ 2015, 22 f.

Weiters entfällt mit dem RÄG 2014 die Möglichkeit, Informationen über die Fälligkeit von Forderungen und Verbindlichkeiten in Form eines Forderungs- und Verbindlichkeitsspiegels im Anhang wiederzugeben. Stattdessen müssen Forderungen mit einer Restlaufzeit von mehr als einem Jahr unmittelbar bei jedem gesondert ausgewiesenen Posten direkt als davon-Vermerk in der Bilanz dargestellt werden.[46] Für sämtliche separat auszuweisenden Verbindlichkeiten sind gem § 225 Abs 6 UGB alle Verbindlichkeiten mit einer Restlaufzeit bis zu einem Jahr und von mehr als einem Jahr gesondert als davon-Vermerke beim jeweiligen Posten in der Bilanz anzugeben, wobei zusätzlich jedoch auch eine entsprechende Angabe für den Gesamtbetrag normiert wird. Verbindlichkeiten mit einer Restlaufzeit von mehr als fünf Jahren müssen aber weiterhin im Anhang gesondert dargestellt werden.[47] Obwohl durch den direkten Bilanzausweis ein Verlust an Übersichtlichkeit durch „Überfrachtung" der Bilanz mit Informationen zu erwarten ist,[48] war eine entsprechende Änderung durch die Anpassung an die Bilanzrichtlinie geboten. In der Praxis ergibt sich durch diese auf den ersten Blick wenig spektakulären Änderungen erheblicher Anpassungsbedarf im Hinblick auf die Darstellung der Bilanz. Inhaltlich überzeugt die aufgrund der Richtlinienvorgabe für den österreichischen Gesetzgeber letztlich alternativlose Neuregelung uE nicht. Es ist fraglich, in welchen Fällen mit Verweis auf den Grundsatz der Wesentlichkeit, der wie ausgeführt für die Darstellung von Informationen explizit normiert wurde, von derartigen Aufgliederungen in der Bilanz Abstand genommen werden kann. Die ErlRV zu § 225 Abs 3 UGB stellen jedoch klar, dass eine Zusammenfassung der Forderungen (dies gilt auch für die Verbindlichkeiten) zur Verbesserung der Klarheit der Darstellung nach § 223 Abs 6 Z 2 UGB zulässig ist, sofern diese im Anhang näher aufgeschlüsselt werden.

Im Unterschied zum nunmehr zwingenden Bilanzausweis von Fristigkeitsangaben zu Forderungen und Verbindlichkeiten wurde das vormals bestehende Wahlrecht zur Darstellung der Entwicklung des Anlagevermögens in der Bilanz mit dem RÄG 2014 gestrichen. Der Anlagespiegel ist nun nach § 226 Abs 1 UGB zwingend im Anhang darzustellen, was aber auch bisher schon die gängige Unternehmenspraxis war.[49]

Die vormals geltende Bestimmung des § 225 Abs 5 UGB aF zur Bilanzierung von eigenen Anteilen, Anteilen an herrschenden oder mit Mehrheit beteiligten Unternehmen wurde mit dem RÄG 2014 auf Anteile an Mutterunternehmen (iSd § 189a Z 6 UGB) beschränkt, da die Bilanzierung eigener Anteile gänzlich neu geregelt wurde (siehe dazu gleich unten). Entsprechend wurde der hierfür auf der Aktivseite der Bilanz zu erfassende Posten in „Anteile an Mutterunternehmen"

---

46 Vgl § 225 Abs 3 UGB.
47 Vgl § 237 Abs 1 Z 5 UGB.
48 Siehe stellvertretend *Papst*, ÖStZ 2015, 163.
49 Hinsichtlich inhaltlicher Änderungen beim Anlagenspiegel siehe die Ausführungen in Kapitel IV.B.

umbenannt. Der Ausweis erfolgt entsprechend der Zweckbestimmung der Anteile entweder im Anlage- oder im Umlaufvermögen.

Schließlich unterliegen durch das RÄG 2014 auch die Darstellung des Nennkapitals sowie die Bilanzierung eigener Anteile einer Novellierung. Konkret haben Gesellschaften, die eine Gründungsprivilegierung (siehe § 10b GmbHG) in Anspruch nehmen, jenen Betrag offen vom Stammkapital abzusetzen, welchen die Gesellschafter nach § 10b Abs 4 GmbHG aufgrund der Gründungsprivilegierung nicht zu leisten verpflichtet sind. Entsprechend der KWT-Stellungnahme KFS/RL 27 wird folgende Darstellung in den ErlRV vorgeschlagen, wobei im Beispiel davon ausgegangen wird, dass sich das festgelegte Stammkapital auf 35.000 € und die gründungsprivilegierte Stammeinlage auf 10.000 € beläuft, wovon die Hälfte einbezahlt wurde:

I. Stammkapital	35.000
abzgl nach § 10b Abs 4 GmbHG nicht einforderbare ausstehende Stammeinlagen	− 25.000
gründungsprivilegierte Stammeinlagen	10.000
abzgl sonstige nicht eingeforderte ausstehende Stammeinlagen	− 5.000
	5.000

Für eigene Anteile sieht § 229 Abs 1a UGB anstelle des Ausweises eines Vermögensgegenstandes künftig den Ausweis als Negativposten im Eigenkapital vor und steht somit im Einklang mit der international üblichen Vorgehensweise.[50] Laut § 229 Abs 1a UGB ist der Nennbetrag (bei Nennbetragsaktien) oder der rechnerische Wert (bei Stückaktien) der erworbenen eigenen Anteile in einer Vorspalte vom gezeichneten Kapital offen abzusetzen. Der danach verbleibende Kapitalanteil ist als ausgegebenes Kapital zu deklarieren. In Höhe des Nennbetrags bzw rechnerischen Werts der erworbenen eigenen Anteile ist aus Kapitalerhaltungsgründen eine gebundene Rücklage zu bilden.[51] Der Ausweis als Kapital- oder Gewinnrücklage richtet sich danach, welche freien Rücklagen aufgelöst wurden, um die gebundene Rücklage für eigene Anteile zu bilden. Der Unterschiedsbetrag zwischen den Anschaffungskosten und dem Nennbetrag bzw rechnerischen Wert der eigenen Anteile ist mit nicht gebundenen Kapital- und freien Gewinnrücklagen zu verrechnen. Übersteigen die Anschaffungskosten den Nennbetrag, was regelmäßig der Fall sein wird, sind die nicht gebundenen

---

50 Ein derartiges Vorgehen findet sich beispielsweise auch in der Rechnungslegung nach dHGB oder in der internationalen Rechnungslegung nach IFRS. Siehe hierzu § 272 dHGB bzw IAS 32.33.
51 Siehe hierzu auch das erläuternde Beispiel aus den ErlRV zu § 229 Abs 1 bis 1b UGB.

Kapital- und freien Gewinnrücklagen um den übersteigenden Betrag zu kürzen. Sollten keine solchen Rücklagen für eine Verrechnung des Unterschiedsbetrags zur Verfügung stehen, kommt es zu einer Kürzung des Bilanzgewinns. Für den umgekehrten Fall, dass der Kaufpreis der eigenen Anteile unter dem Nennbetrag liegt, ist der Differenzbetrag den nicht gebundenen Kapital- oder freien Gewinnrücklagen zuzuführen.[52] Anschaffungsnebenkosten beim Erwerb eigener Anteile sind im laufenden Periodenerfolg zu erfassen.[53]

Bei Veräußerung der eigenen Anteile ist deren Nennbetrag bzw rechnerischer Wert nicht länger vom gezeichneten Kapital abzusetzen, weswegen das gezeichnete Kapital bei vollständiger Veräußerung der eigenen Anteile wieder zur Gänze in der Hauptspalte ausgewiesen werden kann. Es kommt zu einer „Umkehr" der Buchungslogik des Erwerbs der eigenen Anteile. Die nach § 229 Abs 1a vierter Satz UGB gebildete gebundene Rücklage für eigene Anteile ist in Höhe des Nennbetrags der veräußerten eigenen Anteile wieder aufzulösen. Der aufzulösende Teil ist wiederum in die nicht gebundenen Kapital- bzw freien Gewinnrücklagen einzustellen, aus welchen die gebundene Rücklage für eigene Anteile gebildet wurde. Bei Veräußerung zu einem Preis über dem Nennbetrag ist der Differenzbetrag mit den nicht gebundenen Kapital- bzw freien Gewinnrücklagen zu verrechnen, jedoch nur in dem Ausmaß, in welchem ein etwaiger verrechneter Differenzbetrag aus dem Erwerb eigener Anteile rückgängig gemacht wird. Ein darüber hinausgehender Veräußerungsgewinn (dh Veräußerung über den Anschaffungskosten) ist in die gebundene Kapitalrücklage nach § 229 Abs 2 Z 1 UGB einzustellen. Ein gegenüber dem Nennwert erzielter Mindererlös aus der Veräußerung ist hingegen den nicht gebundenen Kapital- oder freien Gewinnrücklagen zu entnehmen.[54] Im Gleichklang zur Behandlung von Anschaffungsnebenkosten sind auch Nebenkosten aus der Veräußerung im Periodenerfolg zu erfassen.[55]

B. Darstellung der Gewinn- und Verlustrechnung

Die wohl auffälligste Änderung in der Darstellung der GuV ergibt sich durch den Wegfall des getrennten Ausweises von außerordentlichen Aufwendungen und Erträgen sowie des zugehörigen § 233 UGB aF. Entsprechend entfällt durch diese Änderung auch der Ausweis des Ergebnisses aus der gewöhnlichen Geschäftstätigkeit (EGT) und wird durch die Zwischensumme „Ergebnis vor Steuern" ersetzt. Die vormals im außerordentlichen Ergebnis erfassten Aufwendungen und Erträge sind künftig entsprechend ihrer Art in die übrigen Posten der Gewinn-

---

52 Ebenso *Dokalik/Hirschler*, SWK-Spezial 2015, 73.
53 Vgl § 229 Abs 1a dritter Satz UGB. Ebenso *Papst*, ÖStZ 2015, 165.
54 Siehe hierzu auch *Dokalik/Hirschler*, SWK-Spezial 2015, 73; *Egger/Samer/Bertl*, Der Jahresabschluss nach dem Unternehmensgesetzbuch I[15], 527 ff.
55 Siehe § 229 Abs 1b vierter Satz UGB.

und Verlustrechnung einzugliedern,[56] wobei jedoch Aufwands- und Ertragsposten von außerordentlicher Bedeutung oder (neu!) Größenordnung im Anhang zu erläutern sind.[57] Weiters wird mit dem RÄG 2014 der Posten „sonstige Steuern" eingeführt, welcher sämtliche Steuern umfassen soll, die nicht den übrigen GuV-Posten zuzuordnen sind.[58] Im Rahmen des Gesamtkostenverfahrens werden die Personalaufwendungen neu gegliedert, wobei für sämtliche Gesellschaften der separate Ausweis des Postens „sonstige Sozialaufwendungen" gestrichen wird.[59] Für das Umsatzkostenverfahren ergibt sich eine Verschiebung der Reihenfolge der Z 4 bis 6, wonach nun die Vertriebs- und allgemeinen Verwaltungskosten vor den sonstigen betrieblichen Erträgen anzugeben sind.[60] Die Eigenkapitalverwendung stellt gem den ErlRV zu § 231 UGB (zumindest im engeren Sinne) keinen Bestandteil der GuV dar, weswegen die entsprechenden Angaben zu Rücklagenbewegungen nunmehr nach § 231 Abs 5 UGB wahlweise im Anhang („Eigenkapitalspiegel") gemacht werden können.[61] Diesfalls endet die Gewinn- und Verlustrechnung mit dem Posten Jahresüberschuss oder -fehlbetrag.[62] Es ist jedoch in diesem Punkt auch zulässig, die bisherige Darstellung der GuV mit Überleitung zum Bilanzgewinn/-verlust beizubehalten. Entsprechend der Abschaffung unversteuerter Rücklagen entfällt aber jedenfalls die Pflicht zum gesonderten Ausweis von Zuführungen und Auflösungen unversteuerter Rücklagen.

Für kleine Gesellschaften ergeben sich mit dem RÄG 2014 mehrere Erleichterungen in Hinblick auf die Aufgliederung von bestimmten Posten der GuV sowie die Bildung von Zwischensummen. Konkret kann von kleinen Gesellschaften auf die Aufgliederung folgender Posten verzichtet werden:[63]

- Keine Aufgliederung der sonstigen betrieblichen Erträge
- Kein getrennter Ausweis von Löhnen und Gehältern
- Keine gesonderte Angabe von Abfertigungsaufwendungen und Leistungen an betriebliche Mitarbeitervorsorgekassen
- Keine gesonderte Angabe von Aufwendungen für gesetzlich vorgeschriebene Sozialabgaben sowie entgeltabhängige Abgaben und Pflichtbeiträge

---

56   Siehe ErlRV zu § 231 UGB.
57   Siehe § 237 Abs 1 Z 4 UGB sowie die entsprechenden Ausführungen in Kapitel IV.B. Für Kleinstkapitalgesellschaften entfällt die Angabe von außerordentlichen Aufwendungen und Erträgen, sofern diese nach § 242 Abs 1 UGB auf die Erstellung eines Anhangs verzichten, jedoch zur Gänze. Siehe auch *Papst*, ÖStZ 2015, 165.
58   Es ist anzumerken, dass dieser Posten in der Praxis wohl nicht vorkommen wird. Siehe *Dokalik/Hirschler*, SWK-Spezial 2015, 79.
59   Vgl *Vanas* in *Zib/Dellinger*, Großkomm UGB III/2 § 231 Rz 236.
60   Nach *Dokalik/Hirschler* soll durch diese Änderung die Kostenstellenrechnung noch stärker betont werden. Vgl *Dokalik/Hirschler*, SWK-Spezial 2015, 80.
61   Kleinstkapitalgesellschaften können das Wahlrecht des § 231 Abs 5 UGB, sofern diese nach § 242 Abs 1 UGB auf die Erstellung eines Anhangs verzichten, nicht in Anspruch nehmen und müssen diesfalls die Veränderungen von Kapital- und Gewinnrücklagen weiterhin in der GuV darstellen. Ebenso *Dokalik/Hirschler*, SWK-Spezial 2015, 80.
62   Ebenso *Vanas* in *Zib/Dellinger*, Großkomm UGB III/2 § 231 Rz 237.
63   Siehe hierzu auch *Vanas* in *Zib/Dellinger*, Großkomm UGB III/2 § 231 Rz 237.

- Kein differenzierter Ausweis von übrigen sonstigen betrieblichen Aufwendungen und Steuern, die nicht als Steuern vom Einkommen und Ertrag auszuweisen sind
- In Bezug auf Aufwendungen aus Finanzanlagen und aus Wertpapieren des Umlaufvermögens ist kein getrennter Ausweis von Abschreibungen und Aufwendungen aus verbundenen Unternehmen erforderlich
- Möglichkeit zum Verzicht auf die Bildung sämtlicher Zwischensummen, mit Ausnahme des Ergebnisses nach Steuern

Begleitende Änderungen ergeben sich durch das RÄG 2014 auch für § 232 UGB. Bedeutend ist insbesondere die Aufhebung der Umsatzerlösdefinition des § 232 Abs 1 UGB aF, welche zugunsten der neuen Umsatzerlösdefinition des § 189a Z 5 UGB aufgegeben wurde. Es ist zu bemerken, dass diese Änderung zu Verschiebungen innerhalb der GuV-Posten führen wird. Konkret werden zahlreiche Erträge, die bislang als übrige sonstige betriebliche Erträge eingestuft wurden, künftig in den Umsatzerlösen auszuweisen sein.[64] Andererseits müssen sonstige direkt mit dem Umsatz verbundene Steuern (idR Verbrauch- und Verkehrsteuern) zwingend von diesen abgezogen werden,[65] was bisher teils umstritten war.[66] Durch die Erweiterung der Umsatzdefinition ergeben sich als Folgewirkung im Rahmen des Umsatzkostenverfahrens Verschiebungen von den Verwaltungskosten und sonstigen betrieblichen Aufwendungen in die Herstellungskosten. Im Rahmen des Gesamtkostenverfahrens sind insbesondere Verschiebungen von den sonstigen betrieblichen Aufwendungen in den Materialaufwand zu erwarten.[67] § 232 Abs 2 UGB stellt nun klar, dass Bestandsveränderungen sowohl ordentliche als auch außerordentliche mengen- und wertmäßige Änderungen an fertigen und unfertigen Erzeugnissen sowie noch nicht abrechenbaren Leistungen erfassen. Die vormals enthaltene Abgrenzung, wonach außerordentliche wertmäßige Änderungen im außerordentlichen Ergebnis darzustellen sind, entfällt.[68]

Weitere Verschiebungen zwischen GuV-Posten ergeben sich mit der Abschaffung des außerordentlichen Ergebnisses.[69] Konkret ist zu erwarten, dass außerordentliche Erträge insbesondere in den Posten „sonstige betriebliche Erträge"

---

64 Siehe stellvertretend *Auer/Rohatschek*, SWK 2015, 798. Zur Diskussion in Deutschland siehe bspw *Antonakopoulos*, StuB 2015, 731 ff.
65 Siehe beispielhaft *Urnik/Urtz*, ÖStZ 2015, 155.
66 Vgl mwN *Bergmann* in *Straube*, UGB II/RLG³ § 232 Rz 11.
67 Siehe mwN *Kolb/Roß*, WPg 2015, 869 f.
68 Vgl § 232 Abs 2 UGB. Nach der alten Rechtslage war umstritten, ob außerordentliche mengenmäßige Bestandsveränderungen im Posten Bestandsveränderungen zu zeigen sind. Zustimmend *Bergmann* in *Straube*, UGB II/RLG³ § 232 Rz 17; *Vanas* in *Zib/Dellinger*, Großkomm UGB III/2 § 232 Rz 35; aA *Konezny* in *Hirschler*, Bilanzrecht § 232 Rz 14. Mit der neuen Rechtslage sind nun jedenfalls sämtliche (also auch außerordentliche) mengen- und wertmäßige Bestandsveränderungen im entsprechenden Posten nach § 231 Abs 2 Z 2 UGB erfasst. Über das übliche Maß hinausgehende Abschreibungen auf den niedrigeren beizulegenden Wert sind jedoch weiterhin als Abschreibungen auf Gegenstände des Umlaufvermögens gem § 231 Abs 2 Z 7 lit b UGB zu zeigen.
69 Entfall von § 233 UGB aF sowie der entsprechenden Posten in der GuV-Gliederung des § 231 UGB aF.

umzugliedern sind, in betragsmäßig geringerem Ausmaß ist jedoch wohl auch eine Verschiebung in „Umsatzerlöse", „Steuern vom Einkommen und Ertrag" sowie (bei Anwendung des Gesamtkostenverfahrens) in „Bestandsveränderungen" vorzunehmen. Natürlich ergeben sich entsprechende Verlagerungen auch für außerordentliche Aufwendungen, welche wohl sämtliche Aufwandsposten betreffen können (insb jedoch den sonstigen betrieblichen Aufwand).[70] Die Pflicht zum gesonderten Ausweis von wesentlichen Erträgen aus Steuergutschriften sowie der Auflösung nicht bestimmungsgemäß verwendeter Steuerrückstellungen wird mit dem RÄG 2014 auf mittelgroße und große Gesellschaften beschränkt.[71]

Schließlich gilt es noch zu beachten, dass mit dem RÄG 2014 die in § 235 Z 1 bis 2 UGB aF geregelten Ausschüttungssperren iZm Zuschreibungen und unversteuerten Rücklagen ersatzlos gestrichen wurden. Die Ausschüttungssperre für die Auflösung umgründungsbedingter Rücklagen bleibt erhalten.[72] Es wird jedoch klargestellt, dass sich diese nur auf Umgründungen unter Ansatz des beizulegenden Wertes bezieht und die Ausschüttungssperre durch planmäßige und außerplanmäßige Abschreibungen sowie Buchwertabgänge reduziert wird.[73] Weiters wird die vormals in § 226 Abs 2 UGB aF normierte Ausschüttungssperre für aktive latente Steuern in § 235 Abs 2 UGB verschoben.[74]

IV. Neuerungen bei Angaben im Anhang und Lagebericht

Eine konzeptionelle Änderung erfahren mit dem RÄG 2014 auch die Regelungen zum Anhang. Anstelle eines Maximalkataloges an Anhangangaben, welcher Erleichterungen für kleine Gesellschaften vorsieht (Top-down-Ansatz), wird künftig in § 237 UGB ein für alle Gesellschaften gültiger Minimalkatalog an Anhangangaben definiert und um erweiterte Vorschriften für mittelgroße und große Gesellschaften ergänzt (Bottom-up-Ansatz).[75] Während die §§ 238 f UGB Angaben enthalten, die von mittelgroßen und großen Gesellschaften zu machen sind, spezifiziert § 240 UGB weitere Angaben (nur) für große Gesellschaften. Für mittelgroße und große Aktiengesellschaften gelten weiters die rechtsformspezifischen Angaben des § 241 UGB. Die Regelungen zum Unterlassen von Angaben sind in § 242 UGB normiert.[76] Neben dieser konzeptionellen Neuerung bei der Anord-

---

70 Vgl *Kolb/Roß*, WPg 2015, 869 f.
71 Vgl § 234 UGB.
72 Es sei angemerkt, dass es durch die Novellierung des § 235 Abs 1 UGB im Rahmen des Abgabenänderungsgesetzes 2015 zu einer Erweiterung der Ausschüttungssperre bei umgründungsbedingten Gewinnen unter Ansatz des beizulegenden Zeitwerts kommt.
73 Siehe hierzu ausführlich *Dokalik/Hirschler*, SWK-Spezial 2015, 83 f.
74 Ebenso *Vanas* in *Zib/Dellinger*, Großkomm UGB III/2 § 235 Rz 54.
75 Siehe auch *Petutschnig/Schallmeiner*, RWZ 2014, 336.
76 Vgl *Wolf*, exolex 2015, 417.

nung der Anhangangaben sind jedoch auch inhaltliche Änderungen und insbesondere eine Kürzung der Angaben für kleine Gesellschaften zu beobachten.

A. Angaben für Kleinstkapitalgesellschaften

Kleinstkapitalgesellschaften (sowohl GmbH als auch AG) sind gem § 242 Abs 1 UGB von der Pflicht zur Aufstellung eines Anhangs befreit, sofern sie die nach § 237 Abs 1 Z 2 bis 3 UGB geforderten Angaben unter der Bilanz machen. Konkret sind diesfalls der Gesamtbetrag der Haftungsverhältnisse, die sonstigen nicht bilanziell erfassten wesentlichen finanziellen Verpflichtungen und die Wesensart sowie die Form jeder gewährten dinglichen Sicherheit anzugeben; Pensionsverpflichtungen sowie Verpflichtungen gegenüber verbundenen und assoziierten Unternehmen sind dabei gesondert zu vermerken. Darüber hinaus sind Angaben zu den Beträgen der den Mitgliedern des Vorstands und des Aufsichtsrats gewährten Vorschüsse und Kredite unter Angabe der Zinsen, der wesentlichen Bedingungen und etwaiger zurückgezahlter oder erlassener Beträge zu machen. Schließlich sind auch die zugunsten des Vorstandes oder des Aufsichtsrats eingegangenen Haftungsverhältnisse anzugeben.[77]

B. Angaben für alle Gesellschaften

Unverändert durch das RÄG 2014 weist der österreichische Gesetzgeber in § 236 UGB darauf hin, dass der Anhang die Bilanz, die GuV sowie die angewandten Bilanzierungs- und Bewertungsmethoden so zu erläutern hat, dass ein möglichst getreues Bild der Vermögens-, Finanz- und Ertragslage vermittelt wird. Damit wird erstens klargestellt, dass der Gesetzgeber der Generalnorm des § 222 Abs 2 UGB auch für die Erstellung des Anhangs eine hohe Bedeutung beimisst[78] und es sich zweitens bei den nachfolgend dargelegten Bestimmungen um keine erschöpfende Aufzählung handelt, sondern diese Normen vielmehr als Teil einer umfassenden Erläuterungspflicht anzusehen sind.[79] Hinsichtlich der Reihenfolge der Angaben im Anhang gibt § 236 UGB vor, dass sich diese an der Reihenfolge der Darstellung der Bilanz- und GuV-Posten zu orientieren hat. Schließlich trägt der österreichische Gesetzgeber dem Ziel der Bilanzrichtlinie, kleine Unternehmen zu entlasten, mit der Bestimmung Rechnung, dass kleine Gesellschaften keine

---

[77] Vgl § 242 Abs 1 iVm § 237 Abs 1 Z 2–3 UGB. Siehe auch *Dokalik/Hirschler*, SWK-Spezial 2015, 87; *Dokalik/Kerschbaumer/Buchberger*, RÄG 2014, in *iwp* (Hrsg), 263.

[78] Vgl *Altenburger* in *Zib/Dellinger*, Großkomm UGB III/2 § 236 Rz 9. Es ist anzumerken, dass Kleinstkapitalgesellschaften, die keinen Anhang erstellen, auch aufgrund der Generalnorm keine Anhangangaben zu leisten haben.

[79] Vgl *Nowotny* in *Straube*, UGB II/RLG³ § 236 Rz 1. Dies ergibt sich auch bereits aus § 222 Abs 2 UGB, wonach stets dann zusätzliche Angaben im Anhang zu machen sind, wenn es ansonsten nicht gelingt, dem Adressaten ein möglichst getreues Bild der Vermögens-, Finanz- und Ertragslage zu vermitteln. Für mögliche Anwendungsfälle dieser Bestimmung siehe *Fraberger/Petritz/Walter-Gruber* in *Hirschler*, Bilanzrecht § 222 Rz 20.

über die nachfolgend angeführten unternehmensrechtlichen Anforderungen hinausgehenden Anhangangaben zu machen brauchen:[80]

Rechtsnorm	alle	nur AG	Anmerkungen
§ 198 Abs 9 UGB	X		Dem Gesetzestext nach haben kleine Gesellschaften iSd § 189 Abs 1 Z 1–2 UGB, soweit sie das Wahlrecht zum Ansatz eines Überhangs aktiv latenter Steuern in der Bilanz nutzen möchten, die unverrechneten künftigen Steuerbe- und -entlastungen im Anhang aufzuschlüsseln. Unklar ist jedoch in diesem Zusammenhang, was unter der Bezeichnung „Aufschlüsselung der unverrechneten Be- und Entlastungen" im Detail zu verstehen ist und in welcher Tiefe diese Angaben zu erfolgen haben. Denkbar wäre hier sowohl eine Minimalvariante in Form einer Gegenüberstellung der Summe der zu aktiven latenten Steuern führenden temporären Differenzen (inkl angesetzten Verlustvorträgen) und jener der zu passiven latenten Steuern führenden temporären Differenzen als auch eine Maximalvariante als detaillierte quantitative Darstellung sämtlicher temporärer Differenzen (inkl Verlustvorträgen) je Bilanzposition. Die Tiefe der Aufschlüsselung bleibt somit aufgrund des unpräzisen Ausdrucks der Be- und Entlastungen jedenfalls auslegungsbedürftig. Der durch § 189 Abs 1 Z 1–2 UGB normierte Verweis auf kapitalistische Personengesellschaften ist wohl als Redaktionsversehen einzustufen, da diese den Ertragsteueraufwand der Gesellschafter nicht im Jahresabschluss ausweisen und somit auch keine latenten Steuern erfassen.[81]
§ 201 Abs 3 UGB	X		Wird zur Erfüllung eines möglichst getreuen Bildes der Vermögens-, Finanz- und Ertragslage von den allgemeinen Bestimmungen der GoB (zB Stetigkeitsgrundsatz) abgewichen, sind diese Abweichungen im Anhang anzuführen, zu begründen und ihr Einfluss auf die Vermögens-, Finanz- und Ertragslage ist darzulegen. Anzumerken ist, dass das „overriding principle" des § 201 Abs 3 UGB, welches sich lediglich auf Abweichungen von den GoB bezieht, von jenem des § 222 Abs 3 UGB zu unterscheiden ist. § 222 Abs 3 UGB sieht eine Verordnungsermächtigung für den Bundesminister für Justiz im Einvernehmen mit dem Bundesminister für Finanzen vor, Ausnahmefälle zu definieren, in welchen Unternehmen zur Wahrung der Generalnorm des § 222 Abs 2 UGB von den im UGB festgelegten Rechnungslegungsvorschriften abzuweichen haben. Die Ausnahmefälle sind genau zu definieren und es ist vorzugeben, in welcher Art und in welchem Ausmaß von den Bestimmungen abgewichen werden muss. Die erforderlichen Angaben im Anhang sind diesfalls ebenso zu regeln. Es ist derzeit nicht absehbar, ob und wann solche Verordnungen erlassen werden. Denkbar wären etwa künftige Regelungen zur Teilgewinnrealisierung für bestimmte Branchen (zB Auftragsfertiger).

---

80 Dies gilt ebenso für Anhangangaben die von anderen Bundesgesetzen gefordert werden. Ausgenommen sind jedoch rechtsformspezifische Angaben, welche aufgrund von Rechtsvorschriften der EU gefordert werden, da diese als lex specialis anzusehen sind. Solche Sondervorschriften existieren etwa für Verwalter alternativer Investmentfonds. Siehe hierzu ErlRV zu § 236 UGB.
81 Siehe auch *Eberhartinger/Petutschnig*, RWZ 2015, 251 sowie mwN *Stückler*, RdW 2015, 258 f.

Rechtsnorm	alle	nur AG	Anmerkungen
§ 203 Abs 4 UGB	X		Werden Fremdkapitalzinsen im Rahmen der Herstellungskosten aktiviert, ist die Anwendung dieses Wahlrechts im Anhang anzugeben. Eine betragsmäßige Angabe ist bei kleinen Gesellschaften nicht nötig.
§ 203 Abs 5 UGB	X		Die gewählte Abschreibungsdauer für die Abschreibung des Firmenwerts ist im Anhang zu erläutern.
§ 206 Abs 3 UGB	X		Werden bei langfristigen Fertigungsaufträgen angemessene Teile der Verwaltungs- und Vertriebskosten aktiviert, ist die Anwendung dieser Bestimmung im Anhang anzugeben, zu begründen und ihr Einfluss auf die Vermögens-, Finanz- und Ertragslage darzulegen. Darüber hinaus ist nur noch der insgesamt aktivierte Betrag an Verwaltungs- und Vertriebskosten anzugeben. Die nach der alten Rechtslage erforderliche separate Angabe des im Geschäftsjahr aktivierten Betrags ist nicht mehr nötig, was für den Abschlussadressaten zu einem Informationsverlust führt.[82] Es sei angemerkt, dass die Aktivierung von angemessenen Teilen der Verwaltungs- und Vertriebskosten bei langfristiger Fertigung nur noch unter restriktiven Bedingungen möglich ist, nämlich wenn ohne die Aktivierung dieser Beträge auch mit zusätzlichen Anhangangaben kein möglichst getreues Bild der Vermögens- Finanz- und Ertragslage vermittelbar ist.[83]
§ 222 Abs 2 UGB	X		§ 222 Abs 2 UGB enthält weiterhin die Pflicht, zusätzliche Angaben im Anhang zu machen, wenn ansonsten kein möglichst getreues Bild der Vermögens-, Finanz- und Ertragslage vermittelt werden kann.[84]
§ 223 Abs 1 UGB	X		Wird von der einmal gewählten Form der Darstellung (insb stetige Gliederung von Bilanz und GuV) abgewichen, sind die Abweichungen anzugeben und zu begründen.
§ 223 Abs 2 UGB	X		Sind Vorjahresbeträge nicht vergleichbar, ist dies im Anhang anzugeben und zu erläutern.
§ 223 Abs 5 UGB	X		Soweit dies zur Aufstellung eines klaren und übersichtlichen Jahresabschlusses erforderlich ist, muss die mehrfache Zugehörigkeit von Vermögensgegenständen und Verbindlichkeiten zu unterschiedlichen Bilanzposten entweder bei dem Posten, unter dem der Ausweis erfolgt, oder im Anhang angegeben werden.
§ 223 Abs 6 Z 2 UGB	X		Erfolgt eine Zusammenfassung von Posten der Bilanz und der GuV gem § 223 Abs 6 UGB mit dem Ziel, die Klarheit der Darstellung durch die Zusammenfassung zu verbessern, müssen die zusammengefassten Posten im Anhang ausgewiesen werden.

---

82 Siehe auch *Dokalik/Hirschler*, SWK-Spezial 2015, 44; *Petutschnig/Schallmeiner*, RWZ 2014, 332.
83 Siehe zur praktischen Reichweite dieses Wahlrechts *Dokalik/Hirschler*, SWK-Spezial 2015, 44 ff. Offen bleibt insbesondere, ob durch Angaben nicht immer ein möglichst getreues Bild vermittelt werden kann und damit der Anwendungsbereich dieses Bilanzierungswahlrechts für Gesellschaften, die einen Anhang zu erstellen haben, nicht mehr gegeben ist.
84 Siehe hierzu ausführlich *Nowotny* in *Straube*, UGB II/RLG³ § 222 Rz 34 ff.

Rechtsnorm	alle	nur AG	Anmerkungen
§ 225 Abs 1 UGB	X		Weist das Unternehmen in der Bilanz ein negatives Eigenkapital aus, ist es also buchmäßig überschuldet, muss es im Anhang erläutern, ob eine Überschuldung iSd Insolvenzrechts vorliegt.[85]
§ 226 Abs 1–4 UGB	X		Nach § 226 Abs 1 UGB muss die Entwicklung des Anlagevermögens nunmehr zwingend im Anhang dargestellt werden. Konkret sind gem § 226 Abs 1 UGB folgende Informationen anzugeben: Z 1: Anschaffungs- oder Herstellungskosten zu Beginn und Ende des Geschäftsjahres Z 2: Zu- und Abgänge sowie Umbuchungen während des Geschäftsjahres Z 3: kumulierte Abschreibungen zu Beginn und Ende des Geschäftsjahres Z 4: Ab- und Zuschreibungen während des Geschäftsjahres Z 5: Bewegungen in Abschreibungen iZm Zu- und Abgängen sowie Umbuchungen während des Geschäftsjahres Z 6: während des Geschäftsjahres aktivierte Fremdkapitalzinsen Änderungen zur bestehenden Rechtslage ergeben sich somit aus den Ziffern 3, 5 und 6. Die nach alter Rechtslage anzuführenden kumulierten Abschreibungen entsprechen sämtlichen in vorausgegangenen Geschäftsjahren und im laufenden Geschäftsjahr angefallenen planmäßigen sowie außerplanmäßigen Abschreibungen und somit der kumulierten Abschreibung zum Ende des Geschäftsjahres. Zusätzlich ist nun jedoch auch die kumulierte Abschreibung zu Beginn des Geschäftsjahres, welche nur die in Vorperioden erfassten planmäßigen und außerplanmäßigen Abschreibungen umfasst, anzugeben. Weiters sind nach Ziffer 5 Bewegungen in den Abschreibungen, welche aus Zu- und Abgängen bei den (kumulierten) Abschreibungen sowie Umbuchungen während der Periode resultieren, gesondert anzugeben. Eine derartige Angabe kann entweder im Rahmen des Anlagespiegels als Entwicklung der kumulierten Abschreibung dargestellt oder in einen separaten Abschreibungsspiegel ausgelagert werden. Schließlich erfordert Ziffer 6 die gesonderte Angabe von während des Geschäftsjahres gem § 203 Abs 4 UGB aktivierten Fremdkapitalzinsen. Der Gesetzeswortlaut stellt klar, dass es sich lediglich um die während des Geschäftsjahres erstmals aktivierten Fremdkapitalzinsen handeln muss, weswegen diese entweder als davon-Vermerk im Rahmen der Zugänge oder als separate Spalte nach den Zugängen angeführt werden können. Die von § 226 Abs 2 UGB aF normierte Ausschüttungssperre für aktive latente Steuern wird in § 235 Abs 2 UGB verschoben, was aus gesetzessystematischer Sicht zu begrüßen ist. Auch nach neuer Rechtslage müssen geringwertige Wirtschaftsgüter selbst

---

85 Zur Zulässigkeit dieser Regelung mangels Deckung in der EU-Bilanzrichtlinie siehe *Egger/Samer/Bertl*, Der Jahresabschluss nach dem Unternehmensgesetzbuch I[15], 533.

RÄG 2014 Teil II: Neue Vorschriften zu Bilanz, GuV und Anhang

Rechtsnorm	alle	nur AG	Anmerkungen
			dann als Zugang im Anlagespiegel angesetzt werden, wenn von der Möglichkeit einer sofortigen Vollabschreibung gem § 204 Abs 1a UGB Gebrauch gemacht wird. Nach § 226 Abs 3 UGB dürfen diese Vermögensgegenstände als Abgang behandelt werden. Ein Ansatz einer unversteuerten Rücklage ist jedenfalls nicht länger zulässig. Ein Geschäfts- oder Firmenwert ist weiterhin nach § 226 Abs 4 UGB in den Anlagespiegel aufzunehmen und nach vollständiger Abschreibung als Abgang zu behandeln. Für kleine Gesellschaften entfällt gem § 225 Abs 7 UGB darüber hinaus die Pflicht zur gesonderten Darstellung des Grundwerts von Grundstücken.
§ 231 Abs 5 UGB	X		Sollten Veränderungen der Kapital- und Gewinnrücklagen nicht direkt in der GuV dargestellt werden (neues Wahlrecht), sind diese Angaben zur Ergebnisverwendung alternativ im Anhang, etwa im Rahmen eines „Eigenkapitalspiegels", zu machen.
§ 237 Abs 1 Z 1 UGB	X		Die Bilanzierungs- und Bewertungsmethoden sind anzugeben. Diese umfassen die Bewertungsgrundlagen für die verschiedenen Posten sowie Angaben zur Übereinstimmung mit dem Grundsatz der Unternehmensfortführung. Weiters ist über wesentliche Änderungen der Bilanzierungs- und Bewertungsmethoden zu berichten. Für in einzelnen Posten enthaltene Fremdwährungsbeträge sind außerdem die Grundlagen für die Umrechnung in € anzugeben.
§ 237 Abs 1 Z 2 UGB	X		An Stelle des Vermerks unter der Bilanz ist die Angabe des Gesamtbetrags der Haftungsverhältnisse gem § 199 UGB im Anhang erforderlich. Weiters sind auch sonstige wesentliche finanzielle Verpflichtungen, welche nicht in der Bilanz ausgewiesen werden, anzugeben. Auch über Art und Form jeder gewährten dinglichen Sicherheit ist zu berichten. Pensionsverpflichtungen und Verpflichtungen gegenüber verbundenen oder assoziierten Unternehmen sind gesondert zu vermerken. Eine Aufgliederung und entsprechende Erläuterungen der Haftungsverhältnisse müssen kleine Gesellschaften jedoch nicht vornehmen.
§ 237 Abs 1 Z 3 UGB	X		Es sind Angaben zu den Beträgen der den Mitgliedern des Vorstands und des Aufsichtsrats gewährten Vorschüsse und Kredite unter Angabe der Zinsen, der wesentlichen Bedingungen und etwaiger zurückgezahlter oder erlassener Beträge zu machen. Weiters sind die zugunsten des Vorstands oder des Aufsichtsrats eingegangenen Haftungsverhältnisse anzugeben. Die bislang in § 239 Abs 1 Z 2 UGB aF enthaltene Regelung wurde somit um die den oben genannten Personen „erlassenen Beträge" ergänzt. Somit zeigt diese Angabe nunmehr die komplette Veränderung der Kredite und Vorschüsse an die oben genannten Personen. Die Angaben sind zusammengefasst für jede dieser Personengruppen zu machen.
§ 237 Abs 1 Z 4 UGB	X		Der Ausweis von außerordentlichen Aufwendungen und Erträgen wurde durch die Angabe von Betrag und Wesensart jeglicher Aufwands- und Ertragsposten von außerordentlicher Größenordnung oder von außerordentlicher Bedeutung ersetzt. Es ist jedoch

Rechtsnorm	alle	nur AG	Anmerkungen
			anzumerken, dass diese neue Anhangangabe in ihrem Berichtsumfang über die bisher im außerordentlichen Ergebnis erfassten Aufwände und Erträge hinausgeht. Neben Aufwänden und Erträgen, die außerhalb der gewöhnlichen Geschäftstätigkeit anfallen, sind nämlich darüber hinaus auch sämtliche Aufwände und Erträge von außerordentlicher Größenordnung anzugeben und zwar auch dann, wenn diese der gewöhnlichen Geschäftstätigkeit entstammen.[86] Hinsichtlich der Feststellung der außerordentlichen Größenordnung werden vom Gesetzgeber keine Hinweise gegeben, jedoch ist diese jedenfalls höher anzusetzen als die Wesentlichkeitsgrenze.[87] Das deutsche Schrifttum empfiehlt in diesem Zusammenhang, die Außerordentlichkeit einzelner Aufwände und Erträge an den konkreten Verhältnissen des Unternehmens, insbesondere nach dessen üblichen erfolgswirksamen Vorgängen, zu bestimmen. Es ist aus Sicht des Adressaten zu beurteilen, ob ein Aufwand oder Ertrag aufgrund seiner Bedeutung oder Größenordnung so deutlich hervortritt, dass eine gesonderte Erläuterung im Anhang notwendig ist.[88]
§ 237 Abs 1 Z 5 UGB	X		§ 237 Abs 1 Z 5 UGB gebietet die Angabe des Gesamtbetrags von Verbindlichkeiten mit einer Restlaufzeit von über fünf Jahren sowie jener Verbindlichkeiten, für welche dingliche Sicherheiten bestellt sind. Es ist auch Art und Form der Sicherheiten anzugeben. Verbindlichkeiten mit einer Restlaufzeit von bis zu einem Jahr und Verbindlichkeiten mit einer Restlaufzeit von über einem Jahr sind nach § 225 Abs 6 UGB bereits direkt in der Bilanz aufzugliedern.
§ 237 Abs 1 Z 6 UGB	X		Die durchschnittliche Zahl der Arbeitnehmer während des Geschäftsjahres ist anzugeben. Eine getrennte Aufgliederung nach Arbeitern und Angestellten ist bei kleinen Gesellschaften nicht mehr erforderlich.
§ 237 Abs 1 Z 7 UGB	X		Name und Sitz des Mutterunternehmens, welches den Konzernabschluss für den kleinsten Kreis von Unternehmen erstellt, sind anzugeben.
§ 237 Abs 2 UGB		X	Auch kleine Aktiengesellschaften haben die Angabe gem § 238 Abs 1 Z 11 UGB zu Ereignissen nach dem Bilanzstichtag zu machen (siehe unten).

Tab 4: Angaben für alle Gesellschaften

---

[86] Grund hierfür ist, dass es sich bei „außerordentlicher Größenordnung" und „außerordentlicher Bedeutung" um zwei getrennte Kriterien handelt, welche nicht kumulativ erfüllt werden müssen, um nach § 237 Abs 1 Z 4 UGB angabepflichtig zu sein. Siehe auch *Dokalik/Hirschler*, SWK-Spezial 2015, 82. Als Beispiele für Aufwände und Erträge außerordentlicher Größenordnung, welche nach alter Rechtslage nicht im außerordentlichen Ergebnis erfasst worden wären, sind außergewöhnlich hohe Änderungen der Umsatzerlöse aufgrund neuer oder entfallender Leistungsvereinbarungen, außergewöhnliche hohe Erträge aus dem Abgang von Anlagevermögen sowie außergewöhnliche hohe Beteiligungserträge oder Steueraufwendungen zu nennen. Siehe *Rimmelspacher/Reitmeier*, WPg 2015, 1007.

[87] Ebenso *Dokalik/Hirschler*, SWK-Spezial 2015, 82.

[88] Vgl *Ausschuss für Recht und Verbraucherschutz* (Hrsg), BT-Drs 18/5256, 83. Siehe auch *Rimmelspacher/Reitmeier*, WPg 2015, 1007.

C. Angaben für mittelgroße und große Gesellschaften

Zusätzlich zu den Angaben, die für alle Gesellschaften gelten, haben mittelgroße und große Gesellschaften noch folgende Angaben zu machen:

Rechtsnorm	alle	nur AG	Anmerkungen
§ 203 Abs 4 UGB	X		Es ist nicht nur die Anwendung des Wahlrechts zur Aktivierung von Fremdkapitalzinsen im Rahmen der Herstellungskosten anzugeben, sondern auch der insgesamt nach dieser Bestimmung im Geschäftsjahr aktivierte Betrag.
§ 223 Abs 3 UGB	X		Betreibt eine Gesellschaft mehrere Geschäftszweige, ist der Jahresabschluss nach den Vorschriften für den wirtschaftlich bedeutendsten Geschäftszweig zu gliedern. Weiters sind im Anhang Ergänzungen entsprechend den Gliederungsvorschriften für die übrigen Geschäftszweige zu machen.
§ 225 Abs 3 UGB	X		Sind in den sonstigen Forderungen und Vermögensgegenständen Erträge enthalten, welche erst nach dem Abschlussstichtag zahlungswirksam werden, so sind diese Beträge (sofern wesentlich) im Anhang zu erläutern.
§ 225 Abs 4 UGB	X		Wechselmäßig verbriefte Forderungen sind im Anhang anzugeben.
§ 225 Abs 6 UGB	X		Sind in den sonstigen Verbindlichkeiten Aufwendungen enthalten, welche erst nach dem Abschlussstichtag zahlungswirksam werden, so sind diese Beträge (sofern wesentlich) im Anhang zu erläutern.
§ 225 Abs 7 UGB	X		Der Grundwert von Grundstücken ist entweder in der Bilanz oder im Anhang anzugeben.
§ 226 Abs 5 UGB	X		Pauschalwertberichtigungen zu Forderungen sind für die entsprechenden Bilanzposten im Anhang anzugeben.
§ 227 UGB	X		Ausleihungen mit Restlaufzeiten von bis zu einem Jahr sind im Anhang anzugeben.
§ 238 Abs 1 Z 1 UGB	X		Für jede Kategorie derivativer Finanzinstrumente (siehe auch § 238 Abs 2 UGB) sind Angaben über Art um Umfang der Finanzinstrumente sowie über den beizulegenden Zeitwert zu machen. Es sind auch die angewandte Bewertungsmethode sowie ein ggf vorhandener Buchwert und der entsprechende Bilanzposten anzugeben.
§ 238 Abs 1 Z 2 UGB	X		Unterbleibt eine außerplanmäßige Abschreibung gem § 204 Abs 2 zweiter Satz UGB, sind für das entsprechende Finanzanlagevermögen der Buchwert und beizulegende Zeitwert (einzeln oder in angemessener Gruppierung) anzugeben und zu erläutern, weswegen die Abschreibung unterlassen wurde und die Wertminderung voraussichtlich nicht von Dauer ist.

Rechtsnorm	alle	nur AG	Anmerkungen
§ 238 Abs 1 Z 3 UGB	X		Angabe von Steuersätzen sowie temporären Differenzen oder steuerlichen Verlustvorträgen, aus denen die latenten Steuern resultieren. Weiters sind Veränderungen der latenten Steuersalden anzugeben. Details wird eine in Ausarbeitung befindliche AFRAC-Stellungnahme zu latenten Steuern nach dem RÄG 2014 regeln.
§ 238 Abs 1 Z 4 UGB	X		Angabe von Name und Sitz jener Unternehmen, an welchen die Gesellschaft unmittelbar oder mittelbar (über eine andere Person) eine Beteiligung hält. Weiters sind die Höhe des Anteils am Kapital, das Eigenkapital und das Ergebnis des letzten Geschäftsjahres dieser Unternehmen anzugeben. Diese Angaben können nach § 242 Abs 2 UGB unterbleiben, sofern sie nicht wesentlich oder nach vernünftiger unternehmerischer Beurteilung geeignet sind, dem berichterstattenden oder dem anderen Unternehmen einen erheblichen Nachteil zuzufügen.[89] Wird von der Anwendung dieser Ausnahmeregel Gebrauch gemacht, ist dies im Anhang zu erwähnen. Weiters kann eine Angabe von Eigenkapital und Jahresergebnis unterbleiben, sofern das Unternehmen, an dem eine Beteiligung gehalten wird, seinen Jahresabschluss nicht offenzulegen hat und es nicht von der berichtenden Gesellschaft beherrscht wird.[90]
§ 238 Abs 1 Z 5 UGB	X		Angabe des Bestehens von Genussscheinen, Genussrechten, Wandelschuldverschreibungen, Optionsscheinen, Optionen, Besserungsscheinen oder vergleichbaren emittierten Wertpapieren.
§ 238 Abs 1 Z 6 UGB	X		Angabe von Name, Sitz und Rechtsform jener Unternehmen, für welche die Gesellschaft unbeschränkt haftet.
§ 238 Abs 1 Z 7 UGB	X		Name und Sitz des Mutterunternehmens, welches den Konzernabschluss für den größten Kreis von Unternehmen erstellt, sind anzugeben.
§ 238 Abs 1 Z 8 UGB	X		Angabe jener Orte, an welchen die offengelegten Konzernabschlüsse der Mutterunternehmen erhältlich sind.
§ 238 Abs 1 Z 9 UGB	X		Der Ergebnisverwendungsvorschlag oder ggf der Beschluss über die Ergebnisverwendung sind im Anhang anzugeben. Entsprechend wurde die Offenlegungspflicht beim Firmenbuch bezüglich des Ergebnisverwendungsvorschlages in § 277 Abs 1 UGB mit dem RÄG 2014 gestrichen. Natürlich wird im Zeitpunkt der Jahresabschlusserstellung regelmäßig noch kein Beschluss über die Ergebnisverwendung vorliegen

---

[89] Hinsichtlich der Feststellung eines erheblichen Nachteils siehe ausführlich *Baumüller/Grbenic* in *Zib/Dellinger*, Großkomm UGB III/2 § 241 Rz 36 ff.

[90] Eine Übersicht über die (va terminologischen) Änderungen dieser Ausnahmebestimmung durch das RÄG 2014 bieten *Baumüller/Grbenic* in *Zib/Dellinger*, Großkomm UGB III/2 § 241 Rz 70.

RÄG 2014 Teil II: Neue Vorschriften zu Bilanz, GuV und Anhang

Rechtsnorm	alle	nur AG	Anmerkungen
			(können), jedoch ergibt sich dadurch keine Pflicht zur Nachholung der Angabe im Anhang der Folgeperiode, da der entsprechende Beschluss bis dahin ohnehin beim Firmenbuchgericht offenzulegen ist.[91] Liegen zum Zeitpunkt der Abschlusserstellung bereits Ergebnisverwendungsvorschlag und -beschluss vor, ist wohl lediglich der Beschluss anzugeben.[92] Da für kapitalistische Personengesellschaften, welche unter die Bestimmung des § 221 Abs 5 UGB fallen, kein Vorschlag oder Beschluss über die Ergebnisverwendung vorgesehen ist, entfällt für diese die entsprechende Angabe im Anhang sowie die Offenlegung des Ergebnisverwendungsbeschlusses beim zuständigen Firmenbuchgericht.[93] Muss bei einer Kapitalgesellschaft ebenfalls nicht über die Verwendung des Ergebnisses beschlossen werden – etwa weil kein ausschüttbares Ergebnis existiert[94] oder ein Gewinnabführungsvertrag[95] vereinbart wurde –, entfällt die Angabe wohl ebenso. Fraglich ist, wie die Angabepflicht des Ergebnisverwendungsvorschlags erfüllt werden kann, wenn zum Zeitpunkt der Abschlusserstellung ein solcher (noch) nicht existiert. Analog zur deutschen Regierungsbegründung ist wohl auch für Abschlüsse nach UGB zu fordern, dass die Angabe zum Vorschlag oder Beschluss über die Ergebnisverwendung jedenfalls aufzuschlüsseln hat, welcher Teil des Ergebnisses ausgeschüttet, in Rücklagen eingestellt oder auf neue Rechnung vorgetragen wird.[96]
§ 238 Abs 1 Z 10 UGB	X		Angabe von Art, Zweck und finanziellen Auswirkungen außerbilanzieller Geschäfte, welche mit wesentlichen Risiken oder Vorteilen für die Gesellschaft verbunden sind und deren Angabe für die Beurteilung der Finanzlage der Gesellschaft erforderlich ist.
§ 238 Abs 1 Z 11 UGB	X		Alle Aktiengesellschaften und mittelgroße sowie große Gesellschaften mit beschränkter Haftung haben die Art und die finanziellen Auswirkungen wesentlicher Ereignisse nach dem Abschlussstichtag („subsequent events"), welche im

---

91 Dieser ist lediglich im Rahmen der Offenlegung beim zuständigen Firmenbuchgericht einzureichen. Vgl § 277 Abs 1 UGB.
92 Vor dem Hintergrund der Informationsfunktion des Abschlusses ist die Angabe der endgültigen Information zur Ergebnisverwendung zu fordern. Vgl *Rimmelspacher/Reitmeier*, WPg 2015, 1009. Eine Angabepflicht für Ergebnisverwendungsvorschlag sowie -beschluss lässt sich aus dem Gesetzeswortlaut uE jedenfalls nicht ableiten.
93 Dies ergibt sich aus analoger Anwendung der vormals gültigen Kommentarliteratur zur Offenlegung von Ergebnisverwendungsvorschlag bzw -beschluss. Siehe beispielhaft *Geist* in *Jabornegg* § 277 Rz 8; *Strimitzer* in *Hirschler*, Bilanzrecht § 277 Rz 17.
94 Siehe *Rimmelspacher/Reitmeier*, WPg 2015, 1009.
95 Siehe beispielhaft *Enzinger* in *Straube*, GmbHG § 35 Rz 25.
96 Siehe Begründung zum RegE BilRUG, BR-Drs 23/15, 81. Die Angabe der Veränderungen der Kapital- und Gewinnrücklagen kann gemeinsam mit der Angabe nach § 238 Abs 1 Z 9 UGB erfolgen, sofern diese Veränderungen nicht ohnehin direkt in der GuV dargestellt werden. Siehe hierzu ErlRV zu § 231 UGB.

Rechtsnorm	alle	nur AG	Anmerkungen
			Abschluss (noch) nicht berücksichtigt wurden, im Anhang zu erläutern.[97] Diese Angabe ersetzt die Bestimmung des § 243 Abs 3 Z 1 UGB aF, wonach Vorgänge von besonderer Bedeutung, welche erst nach Schluss des Geschäftsjahres eingetreten sind, im Lagebericht zu erörtern waren. Durch den Gesetzeswortlaut ist klargestellt, dass nur wertbegründende Ereignisse zu erläutern sind, da werterhellende Ereignisse ohnehin in Bilanz und GuV reflektiert werden. Statt nur auf derartige Ereignisse der Art nach einzugehen, müssen nunmehr auch finanzielle Auswirkungen solcher Ereignisse angegeben werden. Diese Formulierung ist nach *Rimmelspacher/Reitmeier* so zu interpretieren, dass Erläuterungen in dem Umfang gegeben werden müssen, dass es Abschlussadressaten möglich ist, die Auswirkungen der wertbegründenden Ereignisse auf das Zahlenwerk des Jahresabschlusses und damit auf die Vermögens-, Finanz- und Ertragslage einzuschätzen.[98]
§ 238 Abs 1 Z 12 UGB	X		Es werden diverse Angabepflichten für Geschäfte mit nahestehenden Unternehmen oder Personen vorgeschrieben, sofern diese Geschäfte wesentlich sind und zu marktunüblichen Bedingungen abgeschlossen wurden. Mittelgroße Gesellschaften dürfen diese Angaben auf entsprechende Geschäfte mit dem in § 238 Abs 3 UGB definierten Personenkreis beschränken.
§ 238 Abs 1 Z 13 UGB	X		Bei Gliederung der GuV nach dem Umsatzkostenverfahren sind Material- und Personalkosten im Anhang anzugeben.
§ 238 Abs 1 Z 14 UGB	X		Die nach § 237 Abs 1 Z 2 UGB anzugebenden Haftungsverhältnisse sind aufzugliedern und zu erläutern. Darüber hinaus sind sämtliche wesentlichen Verpflichtungen aus der Nutzung von nicht in der Bilanz ausgewiesenen Sachanlagen anzugeben. Der Betrag der Verpflichtungen des folgenden Geschäftsjahres und der Gesamtbetrag der folgenden fünf Geschäftsjahre sind gesondert darzustellen.
§ 238 Abs 1 Z 15 UGB	X		Angabe von Rückstellungen mit erheblichem Umfang sowie diesbezügliche Erläuterungen, sofern diese nicht gesondert in der Bilanz ausgewiesen werden.
§ 238 Abs 1 Z 16 UGB	X		Angabe des in der Bilanz nicht gesondert ausgewiesenen Betrags der Einlagen von stillen Gesellschaftern.
§ 238 Abs 1 Z 17 UGB	X		Bei Anwendung einer Bewertungsmethode gem § 209 Abs 2 UGB (etwa Durchschnittspreis- oder Verbrauchsfolgeverfahren) sind wesentliche Abweichungen im Vergleich zu einer Bewertung zum letzten Börsen- oder Marktpreis vor dem Abschlussstichtag anzugeben.

---

[97] Vgl § 237 Abs 2 iVm § 238 Abs 1 Z 11 UGB.
[98] Siehe *Rimmelspacher/Reitmeier*, WPg 2015, 1008. Da die Regelung des § 238 Abs 1 Z 11 UGB jene des § 243 Abs 3 Z 1 UGB aF ersetzen soll, kann sich der Abschlussersteller wohl auch an den Ausführungen der entsprechenden AFRAC-Stellungnahme orientieren. Vgl AFRAC, Stellungnahme zur Lageberichterstattung gemäß §§ 243, 243a und 267 UGB, Rz 47 ff.

Rechtsnorm	alle	nur AG	Anmerkungen
§ 238 Abs 1 Z 18 UGB	X		Angabe von Aufwendungen für den Abschlussprüfer, differenziert nach Aufwendungen für die Jahresabschlussprüfung, andere Bestätigungsleistungen, Steuerberatungsleistungen sowie sonstige Leistungen. Die Angabe kann unterbleiben, sofern das Unternehmen in einen Konzernabschluss einbezogen wird und eine derartige Aufgliederung darin enthalten ist.
§ 238 Abs 1 Z 19 UGB	X		Angabe von in der Bilanz ausgewiesenen immateriellen Vermögenswerten, welche von einem verbundenen Unternehmen oder von einem (iSd § 189a Z 2 UGB) beteiligten Gesellschafter erworben wurden.
§ 238 Abs 1 Z 20 UGB	X		Angabe von Beziehungen zu verbundenen Unternehmen. Es ist dabei insbesondere auch über Gewinnabführungsverträge zu berichten. Nach § 242 Abs 3 UGB kann auf die Angabe von Einzelheiten verzichtet werden, sofern diese Angaben nach vernünftiger unternehmerischer Beurteilung geeignet wären, dem Unternehmen oder einem verbundenen Unternehmen einen erheblichen Nachteil zu bereiten. Die Inanspruchnahme dieser Ausnahmeregel ist zu erwähnen.[99]
§ 238 Abs 1 Z 21 UGB	X		Angabe von Erträgen und Aufwendungen aus Gewinngemeinschaften.
§ 239 Abs 1 Z 1 UGB	X		Die Zahl der im Geschäftsjahr durchschnittlich beschäftigten Arbeitnehmer ist nach Arbeitern und Angestellten aufzugliedern.
§ 239 Abs 1 Z 2 UGB	X		Die Aufwendungen für Abfertigungen sind anzugeben oder es ist darauf hinzuweisen, dass der in der GuV oder im Anhang ausgewiesene Betrag sich nur mehr auf Leistungen an betriebliche Mitarbeitervorsorgekassen bezieht.
§ 239 Abs 1 Z 3 UGB	X		Die Aufwendungen für Abfertigungen und Pensionen sind getrennt für Vorstandsmitglieder, leitende Angestellte iSd § 80 Abs 1 AktG und andere Arbeitnehmer anzugeben. Sind weniger als drei Personen betroffen, darf nach § 242 Abs 4 UGB auf die Aufschlüsselung verzichtet werden (außer eine derartige Angabe ist nach § 243b Abs 2 Z 3 UGB ohnehin im Rahmen des Corporate-Governance-Berichts erforderlich).
§ 239 Abs 1 Z 4 UGB	X		Für Mitglieder des Vorstands, des Aufsichtsrats oder ähnlicher Einrichtungen sind die für ihre Tätigkeit im Geschäftsjahr gewährten Gesamtbezüge gesondert anzugeben. Eine gleichartige Angabe ist für Gesamtbezüge früherer Mitglieder oder Hinterbliebener dieser Personengruppen zu machen. Sind weniger als drei Personen betroffen, darf nach § 242 Abs 4 UGB auf die Aufschlüsselung verzichtet werden (außer eine derartige Angabe ist nach § 243b Abs 2 Z 3 UGB ohnehin im Rahmen des Corporate-Governance-Berichts erforderlich).

---

[99] Siehe hierzu ausführlich *Baumüller/Grbenic* in *Zib/Dellinger*, Großkomm UGB III/2 § 241 Rz 49 ff iVm Rz 71.

Rechtsnorm	alle	nur AG	Anmerkungen
§ 239 Abs 1 Z 5 UGB	X		Diverse Angaben zu eingeräumten Optionen für Arbeitnehmer, leitende Angestellte und namentlich anzuführende Organmitglieder.
§ 239 Abs 2 UGB	X		Namentliche Angabe sämtlicher im Geschäftsjahr tätigen Mitglieder des Vorstands und des Aufsichtsrats. Vorsitzender des Aufsichtsrats (sowie Stellvertreter) und Vorsitzender des Vorstands sind als solche zu bezeichnen.
§ 241 Z 1 UGB		X	Diverse Angaben zu den verschiedenen Aktiengattungen.
§ 241 Z 2 UGB		X	Angabe über Bestand und Zugang an Aktien, welche ein Aktionär für Rechnung der Gesellschaft oder eines verbundenen Unternehmens oder ein verbundenes Unternehmen als Gründer oder Zeichner oder in Ausübung eines Umtausch- oder Bezugsrechts übernommen hat. Sind derartige Aktien verwertet worden, so ist über die Verwertung unter Angabe des Erlöses und dessen Verwendung zu berichten.
§ 241 Z 3 UGB		X	Angabe von Aktien, welche aus einer bedingten Kapitalerhöhung oder aus genehmigtem Kapital in der Periode gezeichnet wurden.
§ 241 Z 4 UGB		X	Angabe des genehmigten Kapitals.
§ 241 Z 5 UGB		X	Angabe des unter den Verbindlichkeiten ausgewiesenen nachrangigen Kapitals.
§ 241 Z 6 UGB		X	Das Bestehen einer wechselseitigen Beteiligung ist unter Angabe des beteiligten Unternehmens anzugeben.

Tab 5: Angaben für mittelgroße und große Gesellschaften

D. Angaben für große Gesellschaften

Zusätzlich zu den Angaben, die für kleine und mittelgroße Gesellschaften gelten, haben große Gesellschaften gem § 240 UGB im Anhang die Umsatzerlöse nach Tätigkeitsbereichen sowie nach geographisch bestimmten Märkten aufzugliedern.[100] Dies ist jedoch nur dann notwendig, sofern sich die Tätigkeitsbereiche und die geographisch bestimmten Märkte erheblich unterscheiden. Auf eine Aufgliederung der Umsatzerlöse kann weiters verzichtet werden, sofern diese nach vernünftiger unternehmerischer Beurteilung geeignet ist, der **berichtenden Gesellschaft** einen erheblichen Nachteil zuzufügen.[101] Ausschlaggebend ist, dass die

---

[100] Es ist anzumerken, dass im neuen Gesetzeswortlaut kein Verweis mehr auf die für die gewöhnliche Geschäftstätigkeit des Unternehmens typischen Erzeugnisse oder Dienstleistungen zu finden ist. Dies ist zu begrüßen, da § 240 UGB dadurch mit der neuen Umsatzerlösdefinition des § 189a Z 5 UGB konform geht.
[101] Die vormals bestehende Einschränkung, dass eine derartige Aufgliederung auch unterlassen werden kann, wenn diese einen erheblichen Nachteil für ein anderes Unternehmen, an welchem die berichtende Gesellschaft 20 % der Anteile hält, bedeutet, wurde mit dem RÄG 2014 gestrichen.

Aufgliederung für das entsprechende Unternehmen nachweisbar mit einem erheblichen Nachteil verbunden wäre, wobei jedoch das tatsächliche Eintreten nicht erforderlich ist (eine große Wahrscheinlichkeit ist ausreichend). Der im Falle einer Aufgliederung eintretende Schaden muss nicht bezifferbar sein, jedoch hat das Unternehmen geringfügige Nachteile einer Aufgliederung in Kauf zu nehmen. Wird auf eine Aufgliederung wegen eines erheblichen Nachteils verzichtet, ist dieser Umstand im Anhang zu erwähnen, eine Begründung ist jedoch nicht erforderlich.[102]

E. Änderungen im Lagebericht

Im Bereich des Lageberichts ergeben sich durch das RÄG 2014 insbesondere zwei Änderungen. Einerseits ist auf wertbegründende Ereignisse, welche nach dem Schluss des Geschäftsjahres eingetreten sind ("subsequent events"), nicht mehr im Lagebericht ("Nachtragsbericht"), sondern im Anhang einzugehen. Andererseits wurden die Angabepflichten zu eigenen Aktien vom Anhang in den Lagebericht verschoben.[103] Da auch große und mittelgroße GmbH von der Pflicht, einen Lagebericht zu erstellen, betroffen sind[104] und diese in eingeschränkten Fällen ebenfalls eigene Anteile erwerben können,[105] wurde der Begriff "eigene Aktien" in "eigene Anteile" geändert und eine entsprechende Berichtspflicht im Lagebericht geschaffen.[106] Weiters wurde im Vergleich zur Regelung des § 240 Z 3 UGB aF die Formulierung "abhängiges oder im Mehrheitsbesitz der Gesellschaft stehendes Unternehmen" in § 243 Abs 3 Z 3 UGB durch "verbundenes Unternehmen" ausgetauscht. Nach *Dokalik/Hirschler* ist dies als Klarstellung zu verstehen, da unter abhängigen und im Mehrheitsbesitz der Gesellschaft stehenden Unternehmen bereits bisher Tochtergesellschaften verstanden wurden.[107]

V. Änderungen der Vorschriften zu Offenlegung und Zwangsstrafen

A. Offenlegungserleichterungen

In § 277 Abs 3 UGB wird festgelegt, dass die Posten des Jahresabschlusses nicht nur im Rahmen der Veröffentlichung (im Amtsblatt zur Wiener Zeitung), son-

---

102 Vgl *Dokalik/Hirschler*, SWK-Spezial 2015, 94. In weiten Teilen wohl weiterhin relevant *Altenburger* in *Zib/Dellinger*, Großkomm UGB III/2 § 237 Rz 26 ff.
103 Siehe auch *Dokalik/Hirschler*, SWK-Spezial 2015, 98; *Papst*, ÖStZ 2015, 166 f.
104 Vgl *Baumüller/Grbenic* in *Zib/Dellinger*, Großkomm UGB III/2 § 240 Rz 79.
105 Siehe hierzu *Bauer/Zehetner* in *Straube*, GmbHG § 81 Rz 37 ff.
106 Vgl *Baumüller/Grbenic* in *Zib/Dellinger*, Großkomm UGB III/2 § 240 Rz 80.
107 Siehe *Dokalik/Hirschler*, SWK-Spezial 2015, 98. Nach *Baumüller/Grbenic* resultiert aus dem neuen Verweis auf verbundene Unternehmen jedoch auch eine Ausweitung der Angabepflichten, da demnach nun auch eigene Anteile, welche von einem Mutterunternehmen gehalten werden, anzugeben sind. Siehe *Baumüller/Grbenic* in *Zib/Dellinger*, Großkomm UGB III/2 § 240 Rz 80.

dern auch bei der Offenlegung in vollen 1.000 € angegeben werden dürfen. Nach Maßgabe der Wesentlichkeit können darüber hinaus auch größere Einheiten gewählt werden.[108] Weiters stellt § 277 Abs 6 UGB klar, dass nicht nur der Jahresabschluss, sondern sämtliche offenzulegenden Unterlagen nach § 277 Abs 1 UGB in die Urkundensammlung des Firmenbuchs aufzunehmen sind. Gem § 280 Abs 1 UGB gelten beide Vorschriften sinngemäß auch für die Offenlegung des Konzernabschlusses. Weitere rechtsform- und größenabhängige Offenlegungserleichterungen finden sich in den §§ 278 f UGB. Die Möglichkeit zur Offenlegung einer verkürzten Bilanz und eines verkürzten Anhangs bleibt für die kleine GmbH weiterhin bestehen, Kleinstkapitalgesellschaften iSd § 221 Abs 1a UGB müssen hingegen lediglich eine verkürzte Bilanz offenlegen. Die Bilanzgliederung der verkürzten Bilanz ändert sich insofern, als dass künftig alle zusammengefassten Forderungen und Verbindlichkeiten mit einer Restlaufzeit von über einem Jahr gesondert anzugeben sind. Darüber hinaus sind nicht eingeforderte ausstehende Einlagen sowie aufgrund der Gründungsprivilegierung nicht zu leistende Einlagen auch bei diesen Gesellschaften offen vom Nennkapital abzusetzen.

Für die kleine und mittelgroße AG sowie die mittelgroße GmbH bleibt die Möglichkeit zur Offenlegung eines verkürzten Jahresabschlusses nach § 279 UGB weiterhin bestehen, wobei jedoch Rückstellungen für Abfertigungen und Pensionen jedenfalls gesondert anzugeben sind. Bei den gesondert auszuweisenden Forderungs- und Verbindlichkeitsposten sind Forderungen und Verbindlichkeiten mit einer Restlaufzeit von über einem Jahr jeweils zu vermerken. Darüber hinaus sind die Bestimmungen des § 229 UGB zu befolgen.[109] Im Rahmen der GuV ist eine Zusammenfassung der Posten „Umsatzerlöse", „Bestandsveränderungen", „aktivierte Eigenleistungen" und „Materialaufwand" weiterhin zulässig. Der so gebildete Posten ist jedoch zukünftig sowohl bei Anwendung des Gesamt- als auch Umsatzkostenverfahrens als „Rohergebnis" zu bezeichnen (somit entfällt die Bezeichnung „Bruttoergebnis vom Umsatz"). Eine Einschränkung hinsichtlich des offenzulegenden Anhangs besteht mit dem RÄG 2014 nicht mehr, weswegen der gesamte Anhang offenzulegen ist.[110]

Schließlich ist noch anzumerken, dass die Offenlegung des Ergebnisverwendungsvorschlages mit dem RÄG 2014 entfällt. Dabei handelt es sich jedoch um keine echte Offenlegungserleichterung, da die entsprechende Bestimmung lediglich in den Anhang verschoben wird[111] und somit eine automatische Offenlegung

---

108 Siehe hierzu auch *Köll/Szaurer*, RWZ 2015, 246.
109 Vgl *Köll/Szaurer*, RWZ 2015, 246; *Loser*, ÖStZ 2015, 377 f. Konkrete Beispiele für die erforderliche Gliederungstiefe bieten *Dokalik/Hirschler*, SWK-Spezial 2015, 160 ff.
110 Vgl *Dokalik/Hirschler*, SWK-Spezial 2015, 161. Siehe hierzu auch die Ausführungen in Kapitel IV. hinsichtlich der vorgeschriebenen Anhangangaben bei den verschiedenen Rechtsformen. Aktiengesellschaften, die Kleinstkapitalgesellschaften sind, müssen keinen Anhang offenlegen, da sie in die Offenlegungsbestimmungen des § 278 Abs 1 UGB fallen.
111 Siehe § 277 Abs 1 iVm § 238 Abs 1 Z 9 UGB.

durch die Einreichung des Anhangs stattfindet. Kleine GmbH mussten auch bisher keinen Ergebnisverwendungsvorschlag offenlegen.[112]

B. Bericht über Zahlungen an staatliche Stellen

Eine Ausdehnung der Offenlegungspflichten des § 277 Abs 1 UGB ergibt sich auch durch den neu geschaffenen Bericht über Zahlungen an staatliche Stellen. In Übereinstimmung mit § 243c Abs 1 UGB müssen große Gesellschaften (gem § 221 Abs 3 UGB) und Unternehmen von öffentlichem Interesse (gem § 189a Z 1 UGB), welche in der mineralgewinnenden Industrie oder auf dem Gebiet des Holzeinschlags in Primärwäldern tätig sind, jährlich einen derartigen Bericht erstellen („country-by-country-reporting"). Die Abgrenzung der mineralgewinnenden Industrie richtet sich nach der statistischen Systematik der Wirtschaftszweige in der EU NACE Revision 2. Demnach ist unter einer Tätigkeit in der mineralgewinnenden Industrie bspw eine Tätigkeit auf dem Gebiet der Entdeckung, Weiterentwicklung und Gewinnung von Mineralien, Erdöl- oder Erdgasvorkommen zu verstehen,[113] wohingegen die alleinige entgeltliche Erbringung von Dienstleistungen für dritte mineralgewinnende Unternehmen (zB Durchführung von Probebohrungen) oder nachgelagerte (insb weiterverarbeitende) Tätigkeiten nicht zu einer Berichtspflicht iSd § 243c UGB führen.[114] Primärwälder iSd § 243c Abs 2 UGB sind natürlich regenerierte Wälder mit einheimischen Arten, in welchen die ökologischen Prozesse nicht wesentlich gestört sind und es keine deutlich sichtbaren Anzeichen für menschliches Eingreifen gibt.

Konkret müssen im Bericht über Zahlungen an staatliche Stellen sämtliche Geld- und Sachleistungen ausgewiesen werden, welche für die Tätigkeit in der mineralgewinnenden Industrie oder auf dem Gebiet des Holzeinschlags in Primärwäldern an eine staatliche Stelle geleistet werden. Maßgeblich für die Erfassung der Zahlungen ist der tatsächliche Ressourcenabfluss im Geschäftsjahr. Eine Periodenabgrenzung ist hierbei nicht vorzunehmen.[115] Als staatliche Stellen sind nationale, regionale oder lokale staatliche Behörden oder von diesen kontrollierte Abteilungen, Agenturen oder beherrschte Unternehmen zu verstehen.[116] Der Gesamtwert der im zurückliegenden Geschäftsjahr geleisteten Geld- oder Sachleistungen ist je staatlicher Stelle anzugeben und zusätzlich nach Art der Leistung (zB Produktionszahlungsansprüche, Steuern, Nutzungsentgelte, Dividenden usw) zu untergliedern. Sind Leistungen einem bestimmten Projekt gewidmet, muss die Angabe des Gesamtwerts dieser Leistungen sowie die Aufgliederung nach Art der Leistung

---

112 Ebenso *Köll/Szaurer*, RWZ 2015, 245.
113 Vgl § 243c Abs 2 UGB.
114 Ebenso *Keller/Schmid*, BB 2014, 2284 f.
115 Siehe auch *Keller/Schmid*, BB 2014, 2285; *Papst*, ÖStZ 2015, 167.
116 Vgl § 243c Abs 3 UGB. Nach *Dokalik/Hirschler* sind sowohl Behörden von Mitglieds- als auch Drittstaaten vom Begriff der staatlichen Stelle erfasst. Siehe *Dokalik/Hirschler*, SWK-Spezial 2015, 103. Ebenso bereits *Dokalik*, RWZ 2013, 301.

auch auf Projektebene erfolgen.[117] Gem § 243c Abs 5 UGB ist eine Bagatellgrenze von 100.000 € zu berücksichtigen. Leistungen mit einem Gegenwert unter der Bagatellgrenze müssen nicht ausgewiesen werden. Darüber hinaus ist eine Aufgliederung nach Projekten oder Art der Leistung ebenfalls nicht zu machen, sofern die aufgegliederte Leistung 100.000 € unterschreitet. Erreicht überhaupt keine Leistung die Bagatellgrenze oder werden im Berichtszeitraum überhaupt keine Zahlungen an staatliche Stellen geleistet, ist auch über diese Umstände zu berichten, weswegen der Bericht niemals zur Gänze entfallen kann.[118] Eine Ausnahme von der Verpflichtung zur Aufstellung des Berichts über Zahlungen an staatliche Stellen besteht jedoch für Gesellschaften, die in einem konsolidierten Bericht eines Mutterunternehmens mit Sitz in der EU oder im EWR enthalten sind und die im Anhang des Jahresabschlusses angeben, bei welchem Unternehmen sie einbezogen sind und wo dieser konsolidierte Bericht erhältlich ist.[119] Darüber hinaus sind Unternehmen auch dann von der Berichtspflicht des § 243c Abs 1 UGB ausgenommen, wenn diese einen Bericht nach gleichwertigen Berichtspflichten eines Drittlandes erstellen und offenlegen.[120]

Der Bericht über Zahlungen an staatliche Stellen ist gem den allgemeinen Bestimmungen des § 222 Abs 1 UGB von den gesetzlichen Vertretern innerhalb von fünf Monaten ab Ablauf des vorangegangenen Geschäftsjahres aufzustellen, zu unterzeichnen und den Mitgliedern des Aufsichtsrates vorzulegen. Eine Pflicht zur Prüfung des Inhalts oder auch nur der tatsächlichen Aufstellung des Berichts über Zahlungen an staatliche Stellen besteht nicht,[121] es ist jedoch zu fordern, dass der Abschlussprüfer bei Kenntnis einer Nichtbeachtung der Berichtspflicht nach § 243c Abs 1 UGB von seiner Redepflicht gem § 273 Abs 2 UGB Gebrauch macht. Damit das Firmenbuchgericht jedoch die Offenlegung des Berichts über Zahlungen an staatliche Stellen durchsetzen kann, wurde mit § 282 Abs 2a UGB die Möglichkeit geschaffen, Unternehmen – unter Setzung einer angemessenen Frist – zur Abgabe einer Erklärung darüber aufzufordern, ob sie oder eines ihrer Tochterunternehmen in der mineralgewinnenden Industrie oder auf dem Gebiet des Holzeinschlags in Primärwäldern tätig sind. Gibt die Gesellschaft innerhalb der gesetzten Frist keine Erklärung ab, wird vermutet, dass die Gesellschaft einen Bericht über Zahlungen an staatliche Stellen aufstellen muss. Bei nicht zeitgerechter Offenlegung des Berichts durch die Gesellschaft können gem § 283 Abs 1 UGB Zwangsstrafen verhängt werden, und zwar auch dann, wenn die Pflicht zur Aufstellung eines Berichts über Zahlungen an staatliche Stellen vom Firmenbuchgericht nur vermutet wird. Eine allenfalls verhängte Zwangsstrafe wird allerdings

---

117 Vgl § 243c Abs 3–4 UGB. Siehe auch *Dokalik*, RWZ 2013, 301; *Köll/Szaurer*, RWZ 2015, 245; *Papst*, ÖStZ 2015, 167. Zur Definition des Begriffs „Projekt" siehe § 243c Abs 4 letzter Satz UGB.
118 Vgl ErlRV zu § 243c UGB. Ebenso *Papst*, ÖStZ 2015, 167.
119 Vgl § 243c Abs 1 UGB. Siehe auch *Papst*, ÖStZ 2015, 167.
120 Vgl § 243c Abs 8 UGB.
121 Siehe Gegenstand und Umfang der Prüfung nach § 269 UGB.

entfallen, wenn das Unternehmen im Einspruch oder Rekursverfahren seiner Mitteilungspflicht nachkommt und beweist, dass es nicht in der mineralgewinnenden Industrie oder auf dem Gebiet des Holzeinschlags in Primärwäldern tätig ist.[122]

C. Änderungen bei der Offenlegung im Konzern

Auf Ebene des Konzerns erweitert § 280 Abs 1 UGB die offenzulegenden Unterlagen auch auf den konsolidierten Corporate-Governance-Bericht sowie den konsolidierten Bericht über Zahlungen an staatliche Stellen. Die Pflicht zur Aufstellung eines konsolidierten Corporate-Governance-Berichts trifft gem § 267a UGB Mutterunternehmen, deren Aktien zum Handel auf einem geregelten Markt (gem § 1 Abs 2 BörseG) zugelassen sind oder deren Aktien mit Wissen des Unternehmens über ein multilaterales Handelssystem (gem § 1 Z 9 WAG 2007) gehandelt werden. Der konsolidierte Corporate-Governance-Bericht hat die in § 243b UGB vorgeschriebenen Angaben zu enthalten, wobei jedoch Anpassungen vorzunehmen sind, um die Lage der insgesamt in die Konsolidierung einbezogenen Unternehmen bewerten zu können.[123] Der Corporate-Governance-Bericht und der konsolidierte Corporate-Governance-Bericht können auch in einem Bericht zusammengefasst werden.[124] Der Konzernabschlussprüfer hat gem § 269 Abs 3 UGB zu prüfen, ob ein ggf erforderlicher konsolidierter Corporate-Governance-Bericht auch tatsächlich aufgestellt wurde.

Ein konsolidierter Bericht über Zahlungen an staatliche Stellen ist gem § 267b Abs 1 UGB von einem großen Mutterunternehmen aufzustellen, wenn dieses selbst oder eines seiner Tochterunternehmen in der mineralgewinnenden Industrie oder auf dem Gebiet des Holzeinschlags tätig ist. Die Pflicht zur Aufstellung eines konsolidierten Berichts über Zahlungen an staatliche Stellen besteht selbst dann, wenn die Aufstellung eines Konzernabschlusses auf Basis der in § 249 UGB genannten Gründen unterbleibt. Der Inhalt des konsolidierten Berichts richtet sich nach den Ausführungen in § 243c. Innerhalb der Vorlagefrist für den Jahresabschluss muss auch der konsolidierte Bericht dem Aufsichtsrat sowie der Haupt- bzw Generalversammlung vorgelegt werden und die gesetzlichen Vertreter müssen diesen unterzeichnen.[125] Die Pflicht zur Aufstellung eines konsolidierten Berichts über Zahlungen an staatliche Stellen entfällt für Mutterunternehmen, die selbst von einem Unternehmen beherrscht werden, welches dem Recht eines EU- oder EWR-Mitgliedstaates unterliegt, oder die einen konsolidierten

---

122 Siehe auch *Köll/Szaurer*, RWZ 2015, 245 f.
123 Detailfragen zur Ausgestaltung des konsolidierten Corporate-Governance-Berichts wird die Überarbeitung der AFRAC-Stellungnahme zum (konsolidierten) Corporate-Governance-Bericht adressieren.
124 Siehe auch *Dokalik/Hirschler*, SWK-Spezial 2015, 143; *Köll/Szaurer*, RWZ 2015, 246 f. Hinsichtlich der Abgrenzung des konsolidierten Corporate-Governance-Berichts vom IFRS-Konzernabschluss siehe auch *Reinold/Stückler*, RWZ 2015, 240.
125 Vgl § 267b Abs 1 UGB.

Bericht nach gleichwertigen Berichtspflichten eines Drittlandes erstellen und offenlegen.[126] Der Einbezug eines Tochterunternehmens in den konsolidierten Bericht kann unterbleiben, sofern das Tochterunternehmen aus den in § 249 Abs 1 UGB genannten Gründen auch nicht in den Konzernabschluss einbezogen wird. Wird auf einen Einbezug in den Konzernabschluss hingegen aus Wesentlichkeitsgründen (§ 249 Abs 2 UGB) verzichtet, sind berichtspflichtige Zahlungen dieser Töchterunternehmen an staatliche Stellen dennoch in den konsolidierten Bericht aufzunehmen. Eine Pflicht zur Prüfung des Inhalts oder auch nur der tatsächlichen Aufstellung des Berichts über Zahlungen an staatliche Stellen besteht nicht.[127]

Schließlich sieht § 280 Abs 2 UGB vor, dass ein Tochterunternehmen, welches in einen ausländischen Konzernabschluss mit befreiender Wirkung einbezogen ist, diesen in deutscher oder (neu) in einer in internationalen Finanzkreisen gebräuchlichen Sprache beim Firmenbuchgericht zu hinterlegen hat. Unter der Formulierung einer „in internationalen Finanzkreisen gebräuchlichen Sprache" ist lediglich die englische Sprache zu verstehen. Ziel dieser Bestimmung ist es, durch den Verzicht auf die für die Befreiungswirkung bisher notwendige Übersetzung englischsprachiger Abschlüsse einerseits Ressourcen zu schonen und andererseits Missverständnissen bei der Übersetzung englischsprachiger Fachtermini vorzubeugen.[128]

D. Änderungen der Vorschriften zu Zwangsstrafen

§ 283 Abs 1 UGB aF wird durch die Novelle in die §§ 283 Abs 1 und 284 UGB aufgespalten. § 283 Abs 1 UGB bezieht sich nunmehr lediglich auf Verstöße gegen die Offenlegungspflichten der §§ 277 und 280 UGB. Demnach kann eine Zwangsstrafe sofort verhängt werden, wenn die gesetzlichen Vertreter ihren Offenlegungsverpflichtungen nicht innerhalb der normierten Frist von neun Monaten nach dem Bilanzstichtag nachkommen.[129] Der hierfür festgelegte Strafrahmen beträgt 700 bis 3.600 €. Für Kleinstkapitalgesellschaften sieht das RÄG 2014 eine Minderung des Strafrahmens auf 350 bis 1.800 € vor. Die gemilderte Strafdrohung für Kleinstkapitalgesellschaften kommt jedoch lediglich dann zur Anwendung, wenn die Gesellschaft bspw durch Vorlage von Vorjahresabschlüssen vom Firmenbuchgericht als Kleinstkapitalgesellschaft eingestuft wird.[130] Hat das Fir-

---

126 Die größenabhängige Befreiungsmöglichkeit des § 267b Abs 2 erster Satzteil UGB findet keinen Anwendungsbereich, da eine größenabhängige Befreiung von der Pflicht zur Erstellung eines Konzernabschlusses nach § 246 UGB bei einem großen Mutterunternehmen ausgeschlossen ist. Es sind jedoch nach § 267b Abs 1 UGB nur große Mutterunternehmen zur Aufstellung eines konsolidierten Berichts über Zahlungen an staatliche Stellen verpflichtet.
127 Siehe Gegenstand und Umfang der Prüfung nach § 269 UGB.
128 Vgl ErlRV zu § 280 UGB.
129 Vgl *Dokalik/Hirschler*, SWK-Spezial 2015, 167 f.
130 Vgl *Moser*, GES 2015a, 116.

menbuchgericht hingegen im Zeitpunkt der Verhängung der Zwangsstrafe keine Kenntnis darüber, dass es sich um eine Kleinstkapitalgesellschaft handelt, wird eine Zwangsstrafverfügung mit dem erhöhten Strafrahmen erlassen. Ein Einspruch gegen die erhöhte Zwangsstrafe ist zulässig, die Einstufungskriterien sind dann auf Aufforderung des Gerichts nachzuweisen.[131] Zwangsstrafen sind wiederholt zu verhängen, sofern die gesetzlichen Vertreter ihren Offenlegungspflichten nach je zwei weiteren Monaten noch nicht nachgekommen sind. Um künftig Fälle zu vermeiden, in welchen gleichzeitig mehrere Zwangsstrafen erlassen wurden, spezifiziert § 283 Abs 4 UGB, dass zwischen zwei Zwangsstrafverfügungen, welche sich auf denselben Adressaten und Bilanzstichtag beziehen, mindestens ein Zeitraum von sechs Wochen liegen muss. Bei der Feststellung dieses Zeitraums ist nicht auf das Zustelldatum, sondern auf das Datum der Zwangsstrafverfügung abzustellen. Für die Erlassung einer weiteren Zwangsstrafe kommt es nicht darauf an, dass die vorangegangene Zwangsstrafverfügung rechtskräftig wird. Das eingeleitete ordentliche Verfahren hindert das Firmenbuchgericht nicht daran, nach Ablauf der sechswöchigen Sperrfrist weitere Zwangsstrafen zu verhängen.[132]

Der neugeschaffene § 284 UGB bietet die Grundlage dafür, dass gegen die Gesellschaft, Vertreter der Gesellschaft, Aufsichtsratsmitglieder sowie Vertreter inländischer Zweigniederlassungen einer ausländischen Gesellschaft Zwangsstrafen verhängt werden können. Anwendungsbereich dieser Bestimmung sind Verstöße gegen die Normierungen der §§ 222 Abs 1, 244, 245, 247, 270, 272, 280a, 281 oder 283 UGB.[133] Damit werden die Bestimmungen des § 283 Abs 1 UGB aF[134] sowie Verweise auf § 222 Abs 1 und § 281 UGB in den Bestimmungen der § 258 AktG aF und § 125 GmbHG aF zusammengeführt und eine richtlinienkonforme Durchsetzung dieser Normierungen auch für kapitalistische Personengesellschaften sichergestellt.[135] Der normierte Strafrahmen beträgt bis zu 3.600 €, wobei die Festsetzung des konkreten Strafmaßes im Ermessen des Firmenbuchgerichts liegt. Die Normierungen des § 24 Abs 2 bis 5 FBG sind anzuwenden.

In § 285 Abs 1 UGB wird festgelegt, dass für die Dauer eines Insolvenzverfahrens – mit Ausnahme eines Sanierungsverfahrens unter Eigenverwaltung – keine Zwangsstrafverfügungen nach § 283 UGB erlassen werden dürfen. Da das primäre Ziel der Offenlegung, nämlich der informationelle Schutz von Gesellschaftern und Dritten, durch die Veröffentlichung der Eröffnung des Insolvenzverfahrens bereits sichergestellt ist, ist die zentrale Funktion der Offenlegung im Insolvenzverfahren gegenstandslos. Vor diesem Hintergrund soll die Regelung des

---

131 Vgl ErlRV zu § 283 UGB. Ebenso *Moser*, GES 2015a, 116.
132 Siehe auch *Köll/Szaurer*, RWZ 2015, 247 f.
133 Siehe hierzu ausführlich *Dokalik/Hirschler*, SWK-Spezial 2015, 169.
134 Mit Ausnahme von Verstößen gegen §§ 277 und 280 UGB, welche in § 283 Abs 1 UGB enthalten bleiben.
135 Vgl ErlRV zu § 284 UGB.

§ 285 Abs 1 UGB den Masseverwalter und die Insolvenzmasse vor weiteren Strafverfügungen schützen.[136] Da das Unternehmen im Sanierungsverfahren mit Eigenverwaltung jedoch von den bisher tätigen Organen fortgeführt wird, kann die Offenlegung auch im Insolvenzverfahren nach §§ 169 ff IO erzwungen werden.[137] Anzumerken ist, dass die Rechte der Gesellschafter und von Dritten zur Einforderung der Offenlegung unberührt bleiben, es wird lediglich die Erzwingung der Offenlegung während des Insolvenzverfahrens sistiert. Wird das Unternehmen nach Abwicklung des Insolvenzverfahrens fortgeführt, lebt die Offenlegungsverpflichtung, ggf auch für Geschäftsjahre vor dem Insolvenzverfahren, abermals auf. Dies gilt jedoch nicht, sofern das Insolvenzverfahren zur Abwicklung und Löschung des Unternehmens führt.[138]

Mit dem RÄG 2014 wird für das Firmenbuchgericht auch die Möglichkeit dafür geschaffen, auf Antrag des Adressaten die Zahlung von Zwangsstrafen über mehr als sechs Monate zu stunden oder eine Ratenzahlung zu bewilligen. Voraussetzung hierfür ist, dass die sofortige oder sofortige volle Zahlung für den Adressaten mit besonderer Härte verbunden wäre und die Einbringlichkeit der Strafzahlung durch den Aufschub nicht gefährdet wird. Darüber hinaus ist die Ratenzahlung nur unter der Voraussetzung zu bewilligen, dass sämtliche noch aushaftende Teilbeträge sofort fällig werden, sollte der Schuldner mit der Zahlung von mindestens zwei Raten in Verzug kommen.[139] Nach den ErlRV zu § 285 Abs 2 UGB richtet sich die Stundung nach dem Vorbild der § 409a StPO, § 9 GEG und § 212 BAO. Vor diesem Hintergrund bleibt fraglich, ob sich das Firmenbuchgericht künftig an den zahlreichen Erkenntnissen des VwGH in Bezug auf § 212 BAO orientieren wird.[140] Wird der VwGH-Judikatur zu § 212 BAO gefolgt, ist besondere Härte dann gegeben, wenn beim Adressaten eine wirtschaftliche Notlage oder finanzielle Bedrängnis vorliegt. Das Vorhandensein liquider Mittel oder auch von veräußerbarem oder belastungsfähigem Vermögen kann zu einer Verneinung einer besonderen Härte führen, wobei jedoch nicht die Verschleuderung des Vermögens verlangt werden kann.[141] Sowohl die Einbringung eines Rechtsmittels gegen die Zwangsstrafe[142] als auch ein drohender Zinsverlust[143] würden

---

136 Siehe ErlRV zu § 285 Abs 1 UGB. *Loser* merkt hierzu jedoch kritisch an, dass durch die Formulierung des § 285 Abs 1 UGB nicht nur die insolvente Gesellschaft und der Masseverwalter, sondern auch (unberechtigterweise) die Organe, welche ihre unternehmensrechtlichen Verpflichtungen in der Vergangenheit vernachlässigt haben, geschützt werden. Aufgrund des Trennungsprinzips kann auch nicht davon ausgegangen werden, dass die gesetzlichen Vertreter einer insolventen Kapitalgesellschaft ebenfalls vermögenslos wären. Siehe *Loser*, RWZ 2015, 379.
137 Vgl ErlRV zu § 285 Abs 1 UGB. Ebenso *Köll/Szaurer*, RWZ 2015, 248.
138 Vgl ErlRV zu § 285 Abs 1 UGB. Siehe auch *Moser*, GES 2015a, 117.
139 Vgl § 285 Abs 2 UGB.
140 Ebenso *Loser*, RWZ 2015, 380.
141 Siehe VwGH 25.11.1983, 83/17/0114; 18.6.1993, 91/17/0041. Ebenso *Köll/Szaurer*, RWZ 2015, 248; *Moser*, GES 2015a, 117.
142 Siehe VwGH 20.2.1996, 95/13/0190.
143 Siehe VwGH 25.11.1983, 83/17/0114; 5.5.1992, 92/14/0053.

bei analoger Anwendung der VwGH-Judikatur zu § 212 BAO ebenfalls keine besondere Härte begründen. Da durch eine Stundung oder Ratenzahlung die Einbringlichkeit der Strafzahlung nicht gefährdet werden darf, ist eine Zahlungserleichterung wohl dann ausgeschlossen, wenn die Einbringlichkeit auch ohne Zahlungsaufschub gefährdet ist. Stundung und Ratenzahlungen von Zwangsstrafen sind bei Einkommens- und Vermögenslosigkeit des Abgabepflichtigen wohl ausgeschlossen.[144] Anzumerken ist, dass § 285 Abs 2 UGB Zahlungserleichterungen von Zwangsstrafen an den Antrag des Adressaten bindet. Der Antragsteller hat daher die Voraussetzungen für die Zahlungserleichterungen glaubhaft zu machen. In Analogie zu § 212 BAO hat der Antragsteller sowohl das Vorliegen der besonderen Härte als auch den Umstand, dass die Einbringlichkeit der Strafe durch die Zahlungserleichterung nicht gefährdet ist, darzulegen.[145]

Schließlich sieht § 285 Abs 3 UGB auch die Möglichkeit vor, dass Zwangsstrafen auf Antrag des Adressaten durch das Firmenbuchgericht in besonderen Fällen zur Gänze oder teilweise nachgelassen werden können. Dafür müssen folgende Voraussetzungen kumulativ erfüllt werden:

- die Einbringung der Strafe wäre für den Antragsteller mit besonderer Härte verbunden
- alle Offenlegungspflichten wurden inzwischen erfüllt oder die Erfüllung ist nicht mehr möglich
- den Antragsteller (oder vertretungsbefugte Organe) trifft nur ein geringes Verschulden an dem Verstoß
- es bedarf nicht der (gesamten) Einbringung, um den Adressaten oder andere Unternehmen künftig zur zeitgerechten Offenlegung anzuhalten

Hinsichtlich der besonderen Härte ist auf obige Ausführungen zu verweisen.[146] Ein gänzlicher oder teilweiser Nachlass von Zwangsstrafen ist weiters nur möglich, sofern der Offenlegungspflicht zwischenzeitlich bereits nachgekommen wurde. Für die Beurteilung des Kriteriums des geringen Verschuldens wird auf die Dauer und Beharrlichkeit des Verstoßes gegen die Offenlegungspflichten abzustellen sein, bei mehrmaliger Verweigerung und erheblicher Verspätung der Offenlegung wird wohl kein geringes Verschulden vorliegen. Schließlich kann ein Nachlass der Zwangsstrafe nur vorgenommen werden, soweit dieser den Beugezweck der Rechtsnorm nicht gefährdet. Dies bedeutet, dass beim Adressaten oder anderen Unternehmen nicht der Eindruck erweckt werden darf, dass eine zu-

---

144 Siehe mwN *Ritz* in BAO⁵ § 212 Rz 11.
145 Siehe VwGH 26.1.1989 88/16/0183; 25.6.1990, 89/15/0123; 17.12.1996, 96/14/0037; 20.9.2001, 2001/15/0056.
146 Den ErlRV zu § 285 Abs 3 UGB ist zu entnehmen, dass eine besondere Härte bei größeren Gesellschaften mit angemessener Kapitalausstattung regelmäßig nicht vorliegen wird. *Moser* erachtet diese Argumentation (uE zutreffend) als kritisch, da für die Beurteilung der besonderen Härte wohl vielmehr auf die finanzielle Leistungsfähigkeit des Adressaten und damit auf Zahlungsmittelbestand sowie liquidierbares bzw belastungsfähiges Vermögen abzustellen ist. Siehe *Moser*, GES 2015a, 118.

nächst verhängte Zwangsstrafe später vom Firmenbuchgericht nachgelassen wird. Ein mehrmaliger Nachlass von Zwangsstrafen ist daher nur in außergewöhnlichen Fällen denkbar.[147]

Die neuen Regelungen in Bezug auf Zwangsstrafen waren bzw sind bereits auf Verstöße anzuwenden, die nach dem 19.7.2015 gesetzt wurden oder fortdauern, bzw konnten bereits ab dann Anträge auf Stundung und Nachlass gesellt werden.

VI. Resümee

Zusammenfassend ist festzustellen, dass es sich beim Rechnungslegungs-Änderungsgesetz 2014 jedenfalls um eine der umfassendsten Novellierungen der unternehmensrechtlichen Bestimmungen zur Rechnungslegung seit dem EU-GesRÄG 1996 handelt. Für Abschlussersteller und -adressaten sind neben Änderungen zahlreicher Bilanzierungs- und Bewertungsregelungen insbesondere auch die Darstellungsänderungen in Bilanz und GuV von Bedeutung. Wesentliche Änderungen bei der Darstellung der Bilanz ergeben sich va durch den separaten Ausweis von aktiven latenten Steuern, den Ausweis von eigenen Anteilen als Negativposten im Eigenkapital, den Entfall unversteuerter Rücklagen sowie durch die direkte Anmerkung von Fälligkeitsangaben zu Forderungen und Verbindlichkeiten in der Bilanz. Änderungen in der Darstellung der GuV betreffen demgegenüber va den Entfall des außerordentlichen Ergebnisses und die Möglichkeit, Rücklagenbewegungen zukünftig im Anhang darzustellen. Darüber hinaus wird die neue Umsatzlösdefinition zu Verschiebungen innerhalb der GuV-Posten und zu einem relativen Anstieg der Umsatzerlöse führen.

Eine gesetzessystematische Modernisierung erfahren weiters die Regelungen zum Anhang. Anstelle eines Maximalkataloges von Anhangangaben, welcher Erleichterungen für kleine Gesellschaften vorsieht, wird künftig in § 237 UGB ein Minimalkatalog von Anhangangaben definiert, welcher für alle Gesellschaften gilt und um erweiterte Vorschriften für mittelgroße und große Gesellschaften ergänzt wird. Durch die Einführung von Kleinstkapitalgesellschaften und die Schaffung zahlreicher größenabhängiger Erleichterungen für kleine Gesellschaften trägt das RÄG 2014 insbesondere zur Förderung des Kleinunternehmertums bei. Weiters wird durch die Einführung eines Definitionskataloges in § 189a UGB eine einheitliche Auslegung wesentlicher Definitionen, welche in unterschiedlichen unternehmensrechtlichen Normen wiederkehren, sichergestellt. Vor dem Hintergrund des Legalitätsprinzips ist hierbei insbesondere die explizite gesetzliche Verankerung des Wesentlichkeitsgrundsatzes zu begrüßen.

---

147 Siehe ErlRV zu § 285 Abs 3 UGB. Siehe auch *Dokalik/Hirschler*, SWK-Spezial 2015, 171; *Köll/Szaurer*, RWZ 2015, 248 f; *Moser*, GES 2015a, 118.

Schließlich kommt es mit dem RÄG 2014 auch zu Neuerungen in den Regelungen zu Offenlegung und Zwangsstrafen. Neben einigen Erleichterungen im Rahmen der Offenlegung hat der Gesetzgeber den Umfang der Offenlegungspflichten jedoch auch aufgrund neu eingeführter Berichtselemente (insb Bericht über Zahlungen an staatliche Stellen) ausgedehnt. Mit der Novellierung der Regelungen zu Zwangsstrafen in den §§ 283 ff UGB wurden ua abgemilderte Strafdrohungen für Kleinstkapitalgesellschaften, eine Unterbrechung von Zwangsstrafen während des Insolvenzverfahrens sowie Regelungen zu Stundung, Ratenzahlung oder Nachlass von Zwangsstrafen eingeführt.

Literaturverzeichnis

AFRAC (Hrsg), Stellungnahme zur Lageberichterstattung gemäß §§ 243, 243a und 267 UGB, Wien 2009, http://www.afrac.at/wp-content/uploads/AFRAC_Lagebericht-Stellungnahme_Juni091.pdf (9.11.2015).

Altenburger, Kommentierung zu § 236 UGB, in *Zib/Dellinger* (Hrsg), UGB – Unternehmensgesetzbuch Großkommentar, Band 3, Teilband 2, Wien 2015.

Altenburger, Kommentierung zu § 237 UGB, in *Zib/Dellinger* (Hrsg), UGB – Unternehmensgesetzbuch Großkommentar, Band 3, Teilband 2, Wien 2015.

Antonakopoulos, Die neue Umsatzabgrenzung nach BilRUG, StuB 2015, 731–733.

Arminger/Nowotny/Sopp, Bilanzierung latenter Steuern nach UGB idF des RÄG 2014 bzw dHGB, in *iwp* (Hrsg), Wirtschaftsprüfer-Jahrbuch 2015, Wien 2015, 211–226.

Auer/Rohatschek, Wie wirkt sich die neue Umsatzerlösdefinition aus? SWK 2015, 795–799.

Ausschuss für Recht und Verbraucherschutz (Hrsg), Beschlussempfehlung und Bericht zu dem Gesetzesentwurf der Bundesregierung – Drucksache 18/5256, Berlin 2015, http://dipbt.bundestag.de/dip21/btd/18/052/1805256.pdf (9.11.2015).

Bauer/Zehetner, Kommentierung zu § 81 GmbHG, in *Straube* (Hrsg), Wiener Kommentar zum GmbH-Gesetz, Wien 2009.

Baumüller/Grbenic, Kommentierung zu § 240 UGB, in *Zib/Dellinger* (Hrsg), UGB – Unternehmensgesetzbuch Großkommentar, Band 3, Teilband 2, Wien 2015.

Baumüller/Grbenic, Kommentierung zu § 241 UGB, in *Zib/Dellinger* (Hrsg), UGB – Unternehmensgesetzbuch Großkommentar, Band 3, Teilband 2, Wien 2015.

Bergmann, Kommentierung zu § 232 UGB, in *Straube* (Hrsg), Wiener Kommentar zum Unternehmensgesetzbuch – UGB, Band 2, 3. Auflage, Wien 2011.

Dokalik, Die neue Bilanz-Richtlinie 2013/34/EU und ihre Umsetzung im österreichischen Recht, RWZ 2013, 297–301.

Dokalik/Hirschler, SWK-Spezial, RÄG 2014 – Reform des Bilanzrechts, Wien 2015.

Dokalik/Kerschbaumer/Buchberger, Rechnungslegungs-Änderungsgesetz 2014, in *iwp* (Hrsg), Wirtschaftsprüfer-Jahrbuch 2015, Wien 2015, 245–266.

Eberhartinger/Petutschnig, Latente Steuern „NEU", RWZ 2015, 250–258.

Egger/Samer/Bertl, Der Jahresabschluss nach dem Unternehmensgesetzbuch, Band 1, 15. Auflage, Wien 2015.

Enzinger, Kommentierung zu § 35 GmbHG, in *Straube* (Hrsg), Wiener Kommentar zum GmbH-Gesetz, Wien 2013.

Fink/Heyd, Änderung von Umsatzdefinition und GuV-Struktur mit dem BilRUG, StuB 2015, 611–618.

Fraberger/Petritz/Walter-Gruber, Kommentierung zu § 222 UGB, in *Hirschler* (Hrsg), Bilanzrecht Kommentar Einzelabschluss, Wien 2010.

Geist, Kommentierung zu § 277 HGB, in *Jabornegg* (Hrsg), Kommentar zum HGB, Wien 1997.

Hofians, Kommentierung zu § 224 UGB, in *Straube* (Hrsg), Wiener Kommentar zum Unternehmensgesetzbuch – UGB, Band 2, 3. Auflage, Wien 2011.

Hofians/Ressler, Kommentierung zu § 226 UGB, in *Straube* (Hrsg), Wiener Kommentar zum Unternehmensgesetzbuch – UGB, Band 2, 3. Auflage, Wien 2011.

Institut Österreichischer Wirtschaftsprüfer (iwp)/Kammer der Wirtschaftstreuhänder (KWT), Stellungnahme zum Bundesgesetz, mit dem das Unternehmensgesetzbuch, das Aktiengesetz, das GmbH-Gesetz, das Genossenschaftsgesetz, das Genossenschaftsrevisionsgesetz, das Privatstiftungsgesetz, das SE-Gesetz, das Vereinsgesetz und das Einkommensteuergesetz 1988 geändert werden (Rechnungslegungs-Änderungsgesetz 2014, RÄG 2014), Wien 2014, http://www.iwp.or.at/uploads/tx_news/aktuell_2014-10-21.pdf (9.11.2014).

Keller/Schmid, Country-by-Country-Reporting: neue Anforderungen für das Rechnungswesen durch BilRUG-RefE und EITI, BB 2014, 2283–2287.

Kirsch, Voraussichtliche Auswirkungen des BilRUG auf die GuV-Rechnung und die GuV-Rechnung betreffenden Angaben, DStR 2015, 664–670.

Kolb/Roß, Änderungen der Gewinn- und Verlustrechnung durch das BilRUG – Neudefinition der Umsatzerlöse und Eliminierung außerordentlicher Posten, WPg 2015, 869–876.

Köll/Szaurer, Neuerungen im Bereich der Offenlegung und Zwangsstrafen aufgrund des RÄG 2014, RWZ 2015, 245–249.

Konezny, Kommentierung zu § 232 UGB, in *Hirschler* (Hrsg), Bilanzrecht Kommentar Einzelabschluss, Wien 2010.

Loser, Übersicht über die Neuerungen des Rechnungslegungs-Änderungsgesetzes 2014, ÖStZ 2015, 377-380.

Moser, Das Rechnungslegungs-Änderungsgesetz 2014 (RÄG 2014) – Änderungen im Bereich der Offenlegung, GES 2015a, 116–119.

Moser, Rechnungslegungs-Änderungsgesetz 2014 (RÄG 2014) – Die Kodifizierung von Grundsätzen ordnungsmäßiger Bilanzierung, GES 2015b, 203–207.

Müller, Zweifelsfragen bei der Anwendung der Übergangsvorschriften zum RÄG 2014, RWZ 2015, 228–234.
Nowotny, Kommentierung zu § 221 UGB, in *Straube* (Hrsg), Wiener Kommentar zum Unternehmensgesetzbuch – UGB, Band 2, 3. Auflage, Wien 2011.
Nowotny, Kommentierung zu § 222 UGB, in *Straube* (Hrsg), Wiener Kommentar zum Unternehmensgesetzbuch – UGB, Band 2, 3. Auflage, Wien 2011.
Nowotny, Kommentierung zu § 236 UGB, in *Straube* (Hrsg), Wiener Kommentar zum Unternehmensgesetzbuch – UGB, Band 2, 3. Auflage, Wien 2011.
Papst, Übersicht über die Neuerungen des Rechnungslegungs-Änderungsgesetzes 2014, ÖStZ 2015, 161–168.
Petutschnig/Schallmeiner, Begutachtungsentwurf des RÄG 2014 – Neuerungen für den Einzel- und Konzernabschluss nach UGB, RWZ 2014, 330–337.
Prachner/Köll/Haslinger, Auswirkungen der geänderten Umsatzerlösdefinition durch das RÄG 2014, RFG 2015, 111–115.
Reinold, Die GmbH & Co KG im Licht der Rechnungslegungspflicht, GesRZ 2014, 100–110.
Reinold/Stückler, Konzernrechnungslegungspflicht und RÄG 2014, RWZ 2015, 235–244.
Rimmelspacher/Reitmeier, Anwendungsfragen zum (Konzern-)Anhang nach BilRUG, WPg 2015, 1003–1010.
Ritz, Kommentierung zu § 212 BAO, in *Ritz* (Hrsg), BAO – Bundesabgabenordnung Kommentar, 5. Auflage, Wien 2014.
Rohatschek, EU-GesRÄG: Zeitpunkt des Rechtsfolgeneintritts der Größenklassen (eine kritische Betrachtung), RdW 1997, 572–574.
Schiebel/Six, Kommentierung zu § 189 UGB, in *Straube* (Hrsg), Wiener Kommentar zum Unternehmensgesetzbuch – UGB, Band 2, 3. Auflage, Wien 2011.
Strimitzer, Kommentierung zu § 277 UGB, in *Hirschler* (Hrsg), Bilanzrecht Kommentar Einzelabschluss, Wien 2010.
Stückler, Behandlung latenter Steuern nach dem RÄG 2014, RdW 2015, 258–265.
Urnik/Urtz, Übersicht über die Neuerungen des Rechnungslegungs-Änderungsgesetzes 2014, ÖStZ 2015, 153–160.
Vanas, Kommentierung zu § 231 UGB, in *Zib/Dellinger* (Hrsg), UGB – Unternehmensgesetzbuch Großkommentar, Band 3, Teilband 2, Wien 2015.
Vanas, Kommentierung zu § 232 UGB, in *Zib/Dellinger* (Hrsg), UGB – Unternehmensgesetzbuch Großkommentar, Band 3, Teilband 2, Wien 2015.
Vanas, Kommentierung zu § 235 UGB, in *Zib/Dellinger* (Hrsg), UGB – Unternehmensgesetzbuch Großkommentar, Band 3, Teilband 2, Wien 2015.
Weber, Die Verhängung von Zwangsstrafen gegen verdeckte Kapitalgesellschaften aus unionsrechtlicher Sicht, NZ 2014, 15-20.
Wolf, Anhang – Neu – Rechnungslegungs-Änderungsgesetz 2014, ecolex 2015, 417–422.

Aktuelle Themen zum Bilanzsteuerrecht

Friedrich Fraberger/Martin Jann/Cordula Wytrzens

I. Eineitung
II. BEPS und die möglichen Auswirkungen auf die Unternehmensbilanz
III. Grundstücke nach der Steuerreform 2015/16
IV. Aktuelle höchstgerichtliche Judikatur
   A. Firmenwertabschreibung bei ausländischen Gruppenmitgliedern (EuGH 6.10.2015, C-66/14)
      1. Sachverhalt
      2. Entscheidung des EuGH
      3. Würdigung
   B. Einbringung eines „persönlichen" Firmenwerts (VwGH 26.6.2014, 2011/15/0028)
      1. Sachverhalt
      2. Aus der Entscheidung
      3. Würdigung
   C. Zuschreibung einer Beteiligung nach Einbringung (VwGH 22.5.2014, 2010/15/0127)
      1. Sachverhalt
      2. Aus der Entscheidung
      3. Würdigung
   D. Einlagenrückzahlung (VwGH 1.9.2015, RO 2014/15/0002)
      1. Sachverhalt
      2. Aus der Entscheidung
      3. Würdigung
   E. Bewertungseinheit (BFG Wien 24.10.2014, RV/7104424/2014)
      1. Sachverhalt
      2. Aus der Entscheidung
      3. Würdigung
   F. Erhaltungsaufwand (BFG Wien 9.6.2015, RV/7104074/2009)
      1. Sachverhalt
      2. Aus der Entscheidung
      3. Würdigung

G. Fremdwährungsdifferenzen (BFH 21.1.2014, IX R 11/13)
   1. Sachverhalt
   2. Aus der Entscheidung
   3. Würdigung
H. Sanierungszuschuss (BFH 7.5.2014, X R 19/11)
   1. Sachverhalt
   2. Aus der Entscheidung
   3. Würdigung
I. Gängigkeitsabschlag (BFH 9.12.2014, X R 36/12)
   1. Sachverhalt
   2. Aus der Entscheidung
   3. Würdigung
J. Bildung einer Verbindlichkeitsrückstellung (BFH 16.12.2014, VIII R 45/12)
   1. Sachverhalt
   2. Aus der Entscheidung
   3. Würdigung
K. Werterhellung (VwGH 25.4.2013, 2010/15/0157)
   1. Sachverhalt
   2. Entscheidung des VwGH
   3. Würdigung

I. Eineitung

Der folgende Beitrag umfasst drei unterschiedliche Themenblöcke. Der erste Abschnitt beinhaltet einen kurzen Abriss über die aktuellen Entwicklungen im internationalen Steuerrecht durch die BEPS-Initiative der OECD. Der zweite Themenkreis behandelt die Änderungen bei Grundstücken durch die Steuerreform 2015/2016 und deren Auswirkungen auf die Unternehmensbilanz. Drittens werden ausgewählte BFG-Entscheidungen, VwGH-Erkenntnisse, BFH-Urteile und EuGH-Judikatur dargestellt und näher erläutert.

II. BEPS und die möglichen Auswirkungen auf die Unternehmensbilanz

Die internationale Steuergesetzgebung hat es nicht geschafft, mit dem sich insbesondere durch die Globalisierung und die rasante Digitalisierung der Wirtschaft rasch wandelnden wirtschaftlichen Umfeld Schritt zu halten. Die zu diesen Entwicklungen nicht passenden Steuergesetze haben dazu geführt, dass sich Unternehmen im Rahmen der legalen Möglichkeiten in zahlreichen Fällen steueroptimal strukturiert und mit Hilfe von Steuerplanungsmodellen die Schlupflöcher und Diskrepanzen im internationalen Steuerrecht ausgenutzt haben. Diese als aggressiv bezeichnete Steuerplanung dieser Unternehmen ist Thema der öffentlichen Wahrnehmung und einer Vielzahl von Presseberichten.[1] Als Beispiele dafür werden oftmals Google, Amazon und Starbucks genannt.

Die OECD hat sich – auch aufgrund des internationalen, gesellschaftlichen und politischen Drucks – dazu entschlossen, diesen Entwicklungen entgegenzuwirken und die nicht mehr passenden Steuersysteme zu ändern, um die künstliche Verschiebung von Gewinnen in Niedrigsteuerländer zur Senkung der Konzernsteuerquote ohne korrespondierende wirtschaftliche Aktivitäten möglichst zu unterbinden. Diese Entwicklung und Anstrengungen mündeten in der OECD-Initiative zur Verhinderung der Aushöhlung der Steuerbasis und der Gewinnverlagerung (Base Erosion and Profit Shifting, BEPS). Am 5.10.2015 veröffentlichte die OECD den Abschlussbericht über den BEPS-Aktionsplan, welcher 15 Aktionen vorsieht.[2] Die Umsetzung des BEPS-Maßnahmenpakets soll dafür sorgen,

---

[1] Ua *Kaiser*, Steuervermeidung: Die Tricks der Superreichen und Konzerne, in Spiegelonline vom 21.5.2013, http://www.spiegel.de/wirtschaft/soziales/steuern-die-tricks-der-superreichen-und-konzerne-a-900612.html (abgerufen am 22.10.2015); *Gmür*, Steuervermeidung Google und Co. im Kreuzverhör, in NZZ online vom 8.4.2015, http://www.nzz.ch/wirtschaft/google-und-co-im-kreuzverhoer-1.18518191 (abgerufen am 22.10.2015); *Bowers*, Luxembourg tax files: how Juncker's duchy accommodated Skype and the Koch empire, in The Guardian online vom 9.12.2014, http://www.theguardian.com/business/2014/dec/09/-sp-luxembourg-tax-files-how-junckers-duchy-accommodated-skype-and-the-koch-empire (abgerufen am 22.10.2015).

[2] Vgl *OECD* Pressemitteilung vom 5.10.2015, OECD presents outputs of the OECD/G20 Project for discussion at G20 Finance Ministers meeting, http://www.oecd.org/tax/oecd-presents-outputs-of-oecd-g20-beps-project-for-discussion-at-g20-finance-ministers-meeting.htm (abgerufen am 22.10.2015).

dass die Gewinne dort besteuert werden, wo die wirtschaftlichen Aktivitäten ausgeübt werden und die Wertschöpfung erfolgt (Substanzerfordernisse). Darüber hinaus soll die Transparenz erhöht werden, sodass die Steuerverwaltungen ihre Steuergesetze effektiv anwenden können.[3] Bei diesem Maßnahmenpaket handelt es sich um ein in dieser Form erstmaliges international akkordiertes Vorgehen. Die derzeitigen nationalen Steuerbestimmungen sind vielfach nicht aufeinander abgestimmt, wodurch Qualifikationskonflikte mit der Konsequenz einer doppelten Nicht-Besteuerung entstehen können. Ein gängiges Beispiel sind hybride Finanzierungsinstrumente, die von einem Staat als Fremdkapital qualifiziert werden und deshalb abzugsfähig sind, hingegen vom anderen Staat als Eigenkapital und deshalb nicht besteuert werden.

Die Umsetzung des BEPS-Maßnahmenpakets wird indirekt auch Auswirkungen auf die Bilanzerstellung haben. Bei den Verrechnungspreisen wirken die OECD-Verrechnungspreisgrundsätze direkt und bewirken damit eine automatische Umsetzung in Österreich. Die Verrechnungspreisgrundsätze sollen aktualisiert und angepasst und dabei das Hauptaugenmerk auf die Substanz gelegt werden, wodurch erwartungsgemäß die Gewinnteilungsmethoden (profit-split) (in Abgrenzung zu den traditionellen Methoden, wie insbesondere die Kostenaufschlagsmethode oder Resale-Minus-Methode) in Hinkunft einen deutlich höheren Stellenwert bekommen werden. Weiters soll im Rahmen der Verrechnungspreisdokumentation eine standardisierte länderbezogene Berichterstattung (Country-by-Country-Reporting) eingeführt werden, wodurch allen betroffenen Steuerverwaltungen ein Überblick über die Aufteilung der Gewinne und Steuern sowie spezifische wirtschaftliche Kennzahlen zu der Verteilung der wirtschaftlichen Aktivitäten auf die einzelnen Staaten ermöglicht wird. Diese Berichtspflicht gilt für multinationale Unternehmen mit jährlich konsolidierten Konzerneinkünften von mindestens 750 Mio €.[4] Es ist zu erwarten, dass im Rahmen von Betriebsprüfungen durch die Verwaltungspraxis ähnliche Anforderungen auch an international tätige Unternehmen unterhalb dieses Schwellenwertes gestellt werden.

Die BEPS-Maßnahmen beinhalten darüber hinaus Änderungen in den Doppelbesteuerungsabkommen (DBA). Auslöser und Zielrichtung der geplanten DBA-Änderungen ist zum einen, dass Treaty Shopping eingedämmt werden soll, indem verstärkt die Substanz der beteiligten Unternehmen ausschlaggebend wird und die DBA-Vergünstigungen nur mehr dann zustehen, wenn ein Principal Purpose Test – eines der primären Ziele für die gewählte Gestaltung darf nicht in der Erzielung von Abkommensvorteilen liegen – oder ein Aktivitätstest (Limitation on Benefits Tests) erfüllt wird. Zum anderen soll der Betriebstättenbegriff erweitert werden, sodass Kommissionär-Strukturen und auch unabhängige Vertre-

---

3 Vgl *OECD*, Erläuterungen OECD/G20 Projekt Gewinnverkürzung und Gewinnverlagerung (2015) 5.
4 Vgl *OECD*, Erläuterungen 7.

ter zukünftig verstärkt vom Betriebstättenbegriff erfasst sind.[5] Die Umsetzung der DBA-Änderungen soll möglichst rasch und einheitlich durch ein multilaterales Instrument erfolgen, wodurch die BEPS-Maßnahmen der OECD in die bereits bestehenden DBA integriert werden. Die Finalisierung dieses Instrumentes ist für 2016 geplant.

Die Wirtschaft geht davon aus, dass die zahlreichen Änderungen[6] – sowie auch die gestiegenen Begehrlichkeiten der einzelnen Steuerverwaltungen – zukünftig vermehrt Doppelbesteuerungskonflikte hervorrufen werden. Dessen ist sich auch die OECD bewusst und möchte daher das Verständigungsverfahren und die Streitbeilegungsmechanismen verbessern, da das Instrumentarium der Verständigungsverfahren in der heutigen Form hierfür nicht tauglich und ausreichend ist.

Der politische Wille und der öffentliche Druck zur Umsetzung dieser Maßnahmen ist gegeben, dementsprechend soll ein Peer-Review-Prozess eingeführt werden, der sicherstellen soll, dass die einzelnen Staaten den schädlichen Steuerpraktiken entgegenwirken.[7] Der Wirtschaftsprüfer wird im Zuge von BEPS vermehrt die Geschäftsmodelle und das Verrechnungspreissystem hinterfragen und dabei die Informationen des Steuerberaters sowie die entsprechende Dokumentation zum Verrechnungspreissystem und zu den angewendeten Verrechnungspreisen berücksichtigen müssen.

III. Grundstücke nach der Steuerreform 2015/16

Die Steuerreform 2015/2016 beinhaltet auch Änderungen bei der Gebäudeabschreibung und hinsichtlich des Grundanteils beim Erwerb von bebauten Grundstücken, die Fragen zur bilanziellen Behandlung im Unternehmensrecht aufwerfen.

Die steuerliche Abschreibung für Abnutzung (AfA) wird ab 1.1.2016 im betrieblichen Bereich ohne Nachweis der Nutzungsdauer einheitlich 2,5 % betragen. Die Nutzungsdauer bei bereits laufender Abschreibung erhöht oder reduziert sich ab 2016 entsprechend, was auch eine Änderung der Restnutzungsdauer zur Folge hat.[8] Dies bedeutet, dass auch bei Altgrundstücken die AfA angepasst werden

---

5   Vgl *OECD*, Erläuterungen 8 f; siehe auch *Scherleitner/Dolezel/Rasner*, Mögliche Auswirkungen von BEPS-Action 6 auf die österreichische Abkommenspraxis, SWI 2016, 9 ff.
6   Zu den zu erwartenden Änderungen in Österreich siehe zB *Staringer*, BEPS – Was kommt jetzt auf uns zu? SWI 2015, 575 ff; *Kofler/Rosenberger*, RuSt 2015: Highlights aus dem Workshop „Internationales Steuerrecht", RdW 2015, 809 f; *Matkovits/Polster*, Empfehlungen der OECD zur Zinsabzugsbeschränkung – Auswirkungen auf Österreich, SWI 2016, 2 ff; *Winter/Kern/Hlawenka/Türk-Walter*, BEPS – Umsetzung der Actions naht, RWP 2015, 144 ff; *Staringer*, BEPS und die Folgen für die österreichische Steuerpolitik, in *Bertl/Eberhartinger/Egger/Kalss/Lang/Nowotny/Riegler/Schuch/Staringer* (Hrsg), Neue Grenzen der Gestaltung für Bilanz und Steuern (2014) 161 ff.
7   Vgl *OECD*, Erläuterungen 7.
8   Vgl *Prodinger*, Rückwirkende Änderungen der Abschreibungen und der Instandsetzungen, SWK 2015, 1321.

muss. Somit stellt sich die Frage, inwieweit diese Änderung der Abschreibungshöhe und -dauer auch unternehmensrechtliche Implikationen mit sich führt. In der Praxis wird nämlich oftmals aus Praktikabilitätsgründen für Zwecke der Abschreibung unternehmensrechtlich und steuerrechtlich die gleiche Nutzungsdauer angesetzt.

Grundsätzlich ist die Nutzungsdauer unternehmensrechtlich am Beginn der Nutzung bzw Inbetriebnahme festzulegen. Eine nachträgliche Änderung der Nutzungsdauer ist dann vorzunehmen, wenn diese zu lang geschätzt wurde. Wurde die Nutzungsdauer zu kurz geschätzt, wird eine Änderung als zulässig erachtet.[9] Es wird aber auch die Ansicht vertreten, dass im letzteren Fall eine Anpassungspflicht auf Grundlage des True-&-Fair-View-Prinzips besteht.[10] Eine Änderung der Nutzungsdauer greift in die Bewertungsstetigkeit ein, wobei es als zulässig erachtet wird, dass aufgrund von gesetzlichen Vorschriften Planänderungen vorgenommen werden.[11] Fraglich erscheint, ob diese angeführten Gesetzesänderungen auch Änderungen in Steuergesetzen mitumfassen. Eine Änderung bzw Neueinschätzung der Nutzungsdauer wird wohl auch unter dem Blickwinkel der Wesentlichkeit zu beantworten sein. Eine Anpassung der unternehmensrechtlichen Nutzungsdauer nur mit der steuergesetzlich geänderten Abschreibungsdauer zu begründen, würde wohl dem Grundsatz der Bilanzkontinuität widersprechen.[12] Allerdings führen die Gesetzesmaterialien zum SteuerreformG 2015/2016 ausdrücklich als Grund für die Verlängerung der Nutzungsdauer an, dass damit den tatsächlichen Abnutzungsverhältnissen besser Rechnung getragen werden soll.[13] Vor diesem Hintergrund wäre für jedes Objekt einzeln zu prüfen, ob tatsächlich eine längere Nutzungsmöglichkeit besteht, die eine Änderung (Verlängerung) der (Rest-)Nutzungsdauer auch für unternehmensrechtliche Zwecke rechtfertigen könnte.

Ähnliche Fragestellungen ergeben sich bei der Aufteilung zwischen Grund und Boden und Gebäuden bei der Anschaffung von bebauten Grundstücken, wenn für die Anschaffung ein einheitlicher Gesamtkaufpreis geleistet wird. Der durch die Steuerreform 2015/2016 geänderte § 16 Abs 1 Z 8 lit d EStG sieht vor, dass die Anschaffungskosten zu 40 % auf den Grund und Boden und zu 60 % auf das Gebäude aufgeteilt werden müssen. Bislang konnte auf Grundlage der Verwaltungsmeinung eine Aufteilung von 20 % : 80 % angewendet werden.[14] Diese Erhöhung

---

9   Siehe *Janschek/Jung* in *Hirschler* (Hrsg), Bilanzrecht (2010) § 204 Rz 46 mwN; vgl *Urnik/Urtz* in *Straube*, (Hrsg), UGB II/1 § 204 Rz 14 mwN.
10 Vgl *Nordmeyer* in Beck HdR, B 212 Rz 134; *Janschek/Jung* in *Hirschler* (Hrsg), Bilanzrecht § 204 Rz 46 mwN; *Bitzyk/Huemer*, Handelsrechtliche Abschreibungsdauer von PKW und Kombi, SWK 1997, 85.
11 Vgl *Urnik/Urtz* in *Straube* (Hrsg), UGB II/1³ § 204 Rz 13 f; *Hirschler/Neugschwandtner* in *Hirschler* (Hrsg), Bilanzrecht § 201 Rz 14.
12 Vgl *Janschek/Jung* in *Hirschler* (Hrsg), Bilanzrecht § 204 Rz 43.
13 ErlRV 684 BlgNR 25. GP 1.
14 EStR Rz 6447.

des nicht abschreibbaren Grundanteils gilt aufgrund der Übergangsbestimmung auch für Altgrundstücke, die vor 2016 angeschafft wurden.[15] Allerdings ist zu berücksichtigen, dass sich diese steuerliche Regelung ausschließlich auf im außerbetrieblichen Vermögen gehaltenes Grundvermögen bezieht. Insoweit kann sich eine steuerliche Änderung im abschreibbaren Anteil nicht auf die Unternehmensbilanz von Gesellschaften auswirken.[16] Die Thematik besteht allerdings für Privatstiftungen, die aus steuerlicher Sicht (in Bezug auf Vermietungseinkünfte) außerbetriebliches Vermögen halten und auf die deshalb die gesetzliche Neuregelung Anwendung findet.

IV. Aktuelle höchstgerichtliche Judikatur
A. Firmenwertabschreibung bei ausländischen Gruppenmitgliedern (EuGH 6.10.2015, C-66/14)
1. Sachverhalt

Eine österreichische Holding-GmbH war (unter anderem) zu 100 % an einer slowakischen sro beteiligt, die (ausländisches) Mitglied einer steuerlichen Unternehmensgruppe iSd § 9 KStG war. In Bezug auf dieses ausländische Gruppenmitglied wurde die geltend gemachte Firmenwertabschreibung gem § 9 Abs 7 KStG vom Finanzamt nicht anerkannt. Eine solche Firmenwertabschreibung stand aufgrund der Gesetzeslage ausschließlich bei Beteiligungen an inländischen Gruppenmitgliedern zu.

Diese Ungleichbehandlung wurde in Bezug auf die europarechtlichen Aspekte vom VwGH dem EuGH mit folgenden Fragestellungen zur Vorabentscheidung vorgelegt:

- Handelt es sich bei der Einschränkung der Firmenwertabschreibung auf inländische Gruppenmitglieder um eine verbotene staatliche Beihilfe gem Art 107 AEUV?
- Liegt bei dem Ausschluss der Firmenwertabschreibung für ausländische Gruppenmitglieder ein Verstoß gegen die Niederlassungsfreiheit gem Art 49 iVm Art 54 AEUV vor?

2. Entscheidung des EuGH

Die erste Vorlagefrage an den EuGH betraf somit die Frage, ob die Einschränkung der Firmenwertabschreibung auf Beteiligungen an inländischen Grup-

---
15 Siehe auch *Prodinger*, SWK 2015, 1321.
16 Für unternehmensrechtliche Zwecke folgt – soweit möglich – die Aufteilung der Regelung des Kaufvertrages, sonst im Verhältnis der Zeitwerte; vgl *Janschek/Jung* in *Hirschler* (Hrsg), Bilanzrecht § 204 Rz 21.

penmitgliedern eine verbotene staatliche Beihilfe darstellt. Damit eine Maßnahme als Beihilfe eingeordnet wird, müssen folgende Voraussetzungen kumulativ vorliegen:

• Finanzierung durch den Staat bzw aus staatlichen Mitteln
• Vorteil für ein Unternehmen
• Selektivität der Maßnahme
• Verfälschung des Wettbewerbs[17]

In seinem Urteil vom 6.10.2015 beantwortete der EuGH diese Frage nicht, da sie als nicht einschlägig für das Verfahren und somit als unzulässig qualifiziert wurde.[18] Der Steuerschuldner kann nämlich keinen Nutzen aus einer etwaigen Verletzung des Beihilfenverbotes ziehen.

In Bezug auf die Niederlassungsfreiheit entschied der EuGH, dass die Versagung der Firmenwertabschreibung bei einem ausländischen Gruppenmitglied gegen die Niederlassungsfreiheit verstößt. Die Differenzierung zwischen inländischer und ausländischer Beteiligung wurde als diskriminierend beurteilt, da in vergleichbaren Situationen der steuerliche Vorteil bei einer Beteiligung an einer ausländischen Gesellschaft nicht gewährt wird. Eine solche Ungleichbehandlung wäre nur zulässig, wenn sie Situationen betrifft, die nicht objektiv miteinander vergleichbar sind, oder wenn sie durch einen zwingenden Grund des Allgemeininteresses gerechtfertigt ist.

Der EuGH verneinte in seiner Urteilsbegründung den vorgebrachten Rechtfertigungsgrund der ausgewogenen Aufteilung der Besteuerungsbefugnisse, da die Vornahme der Firmenwertabschreibung unabhängig davon möglich ist, ob das Gruppenmitglied Gewinne oder Verluste erzielt, und damit auch nicht die Aufteilung der Besteuerungsbefugnisse betreffen kann. Auch dem Argument der Kohärenz erteilte der EuGH eine Abfuhr, da kein unmittelbarer Zusammenhang zwischen dem steuerlichen Vorteil aus der Firmenwertabschreibung und der steuerlichen Zurechnung des Ergebnisses des inländischen Gruppenmitglieds zur Muttergesellschaft besteht, da die Firmenwertabschreibung unabhängig davon zusteht, ob die Tochtergesellschaft Gewinne oder Verluste erzielt. Weiters verneinte der EuGH einen unmittelbaren Zusammenhang zwischen dem steuerlichen Vorteil der Firmenwertabschreibung und der Steuerpflicht des Gewinns im Fall der Veräußerung der Beteiligung an einem inländischen Gruppenmitglied, wogegen dies bei einem ausländischen Gruppenmitglied nicht der Fall ist. Denn selbst bei Optionsausübung zur Steuerwirksamkeit an der Beteiligung an einem ausländischen Gruppenmitglied ist keine Firmenwertabschreibung zulässig.[19] Im Ergebnis kann somit die Ein-

---

17 Vgl *Schweitzer/Hummer/Obwexer*, Europarecht (2007) Rz 1786 ff; *Sollgruber*, Grundzüge des europäischen Beihilferechts (2007) 9.
18 EuGH 6.10.2015, Rs C-66/14, *IFN*, Rz 16 ff.
19 EuGH 6.10.2015, Rs C-66/14, *IFN*, Rz 25 ff; vgl auch *Wurm*, Einschränkung der Firmenwertabschreibung auf inländische Gruppenmitglieder unionsrechtswidrig, SWK 2015, 1370 f; *Mechtler/Pinetz*,

schränkung der Firmenwertabschreibung auf inländische Gruppenmitglieder nicht durch zwingende Gründe des Allgemeininteresses gerechtfertigt werden und ist daher nicht mit der Niederlassungsfreiheit vereinbar.

3. Würdigung

Wäre die Firmenwertabschreibung des § 9 Abs 7 KStG als staatliche Beihilfe eingeordnet worden, hätte dies gravierende Folgen gehabt. Die Firmenwertabschreibung wäre als unzulässige Beihilfe eingestuft worden, da Österreich das Formerfordernis der Notifizierung der Beihilfe gegenüber der Kommission nicht erfüllt hätte. Als Folge dessen wäre ein unionsrechtliches Durchführungsverbot schlagend geworden, weshalb die Regelung in Österreich nicht mehr zur Anwendung gelangen hätte dürfen. Am schwerwiegendsten wäre aber gewesen, dass jene Gesellschaften, die für ihre inländischen Beteiligungen eine Firmenwertabschreibung geltend gemacht haben, den Steuervorteil aus der in der Vergangenheit geltend gemachten Firmenwertabschreibung zurückzahlen hätten müssen, was in den Bilanzen eine entsprechende Rückstellungsbildung erforderlich gemacht hätte.[20]

Während der EuGH die Vorlagefrage infolge Unzulässigkeit unbeantwortet ließ, kam die Generalanwältin im Rahmen ihrer Schussanträge zum Schluss, dass keine verbotene Beihilfe vorliegt.[21] Aus der Nichtbeantwortung der Vorlagefrage durch den EuGH ist aber nicht zwangsläufig auf eine Vereinbarkeit mit dem Beihilfeverbot zu schließen. Zwar ist ein neuerliches Aufgreifen der Beihilferechtsthematik nur in Ausnahmefällen denkbar. Allerdings ist zu bedenken, dass die Europäische Kommission die Regelung der österreichischen Firmenwertabschreibung einer Prüfung unterziehen könnte.[22]

In der Nachfolgeentscheidung lehnte sich der VwGH an die Schlussfolgerungen der Generalanwältin an und kam zum Ergebnis, dass mangels selektiven Charakters keine verbotene Beihilfe im Sinn des Gemeinschaftsrechts vorliegt.[23]

Der Gesetzgeber hat bereits im Vorfeld des EuGH-Urteils mit dem AbgÄG 2014 eine Gesetzesanpassung vorgenommen, wonach für Beteiligungsanschaffungen ab 1.3.2014 die Möglichkeit zur Geltendmachung einer Firmenwertabschrei-

---

Beschränkung der Firmenwertabschreibung auf unbeschränkt steuerpflichtige Gruppenmitglieder verstößt gegen die Niederlassungsfreiheit, SWI 2016, 23 f.
20 Vgl *Hirschler/Sulz/Schaffer* in *Hirschler* (Hrsg), Bilanzrecht § 224 Rz 85.
21 Schlussanträge der GA *Kokott* vom 16.4.2015, C-66/14; *IFN*, Rz 116; so auch bereits *Lang*, Die Firmenwertabschreibung als selektive Beihilfe? ÖStZ 2014, 290 f.
22 Vgl *Mechtler/Pinetz*, SWI 2016, 25; dabei ist mitzuberücksichtigen, dass derzeit die spanische Firmenwertabschreibung hinsichtlich der Thematik der verbotenen Beihilfe in zwei Verfahren beim EuGH anhängig ist (C-20/15 P *Kommission/Autogrill Espana*, C-21/15 P, *Kommission/Banco Santander*), bei denen allerdings das Gericht der Europäischen Union in erster Instanz das Vorliegen einer verbotenen Beihilfe verneinte.
23 VwGH 10.2.2016, 2015/15/0001.

bung generell abgeschafft wurde.[24] Im Hinblick auf den Vertrauensschutz kann jedoch eine Firmenwertabschreibung aufgrund der Übergangsregelung des § 26c Z 47 KStG für Beteiligungsanschaffungen vor dem 1.3.2014 weitergeführt werden, wenn sich der steuerliche Vorteil aus der Firmenwertabschreibung beim Erwerb der Beteiligung auf die Kaufpreisbemessung auswirken konnte und die Gesellschaft bis spätestens 2015 in die Unternehmensgruppe einbezogen wurde. In Anlehnung an die Gesetzesmaterialien[25] geht die Finanzverwaltung davon aus, dass diese Voraussetzung bei ausländischen Gruppenmitgliedern generell nicht erfüllt werden kann.[26] Allerdings erscheint die europarechtliche Deckung eines solchen Ausschlusses ausländischer Beteiligungserwerbe von der Weiterführung der Firmenwertabschreibung vor dem Hintergrund des EuGH-Urteils durchaus fraglich.[27]

B. Einbringung eines „persönlichen" Firmenwerts (VwGH 26.6.2014, 2011/15/0028)

1. Sachverhalt

Ein hochspezialisierter Unternehmensberater im Sanierungsbereich brachte seinen als Einzelunternehmen geführten Unternehmensberatungsbetrieb nach Art III UmgrStG in eine ihm gehörende GmbH ein. Aktivseitig bestand das Einbringungsvermögen im Wesentlichen aus dem Firmenwert. Das Finanzamt aberkannte die Steuerneutralität des Einbringungsvorganges mit der Begründung, dass die Tätigkeit aufgrund ihrer rechtlichen und wirtschaftlichen höchstpersönlichen Gestaltung nicht einbringungsfähig und bei Nichtberücksichtigung des Firmenwertes die Voraussetzung der Übertragung eines positiven Verkehrswertes nicht erfüllt war.

2. Aus der Entscheidung

Auch der VwGH verneinte im vorliegenden Fall die Einbringbarkeit des höchstpersönlichen Beratungsbetriebs. Das Ertragspotential und der Firmenwert resultierten dabei aus den persönlichen Kontakten und Beziehungen. Allerdings sind

---

24 Zu verfahrensrechtlichen Fragen der Geltendmachung der Firmenwertabschreibung an Auslandsbeteiligungen für Zeiträume vor Inkrafttreten des AbgÄG 2014 per 1.3.2014 siehe *Blum*, Die Firmenwertabschreibung iSd § 9 Abs 7 KStG aF: Rechtsfolgen bei Pflicht zur Ausweitung auf Auslandsbeteiligungen, SWI 2015, 335 ff.
25 ErlRV 24 BlgNR 25. GP 12.
26 KStR Rz 1110c; so auch *Lachmayer*, AbgÄG 2014: Firmenwertabschreibung bei Gruppenbesteuerung abgeschafft, RdW 2014, 232.
27 GlA *Blum*, SWI 2015, 342; *Mechtler/Pinetz*, SWI 2016, 29; *Wurm*, SWK 2015, 1372; *Novosel/Patloch*, Die Firmenwertabschreibung in der österreichischen Unternehmensgruppe im Lichte des Unionsrechts, ÖStZ 2015, 631; *Tumpel* Gruppenbesteuerung und Europarecht, in *Kirchmayr/Mayr/Hirschler* (Hrsg), Gruppenbesteuerung (2014) 106; *Urtz/Stanek* in *Bergmann/Bieber* (Hrsg), KStG-Update (2015) § 9 Rz 75 mwN; *Pinetz/Stefaner* in *Lang/Rust/Schuch/Staringer* (Hrsg), KStG² (2016) § 9 Rz 117e; aA *Lachmayer*, RdW 2014, 232.

diese persönlichen Eigenschaften (persönlicher Ruf und Bekanntheitsgrad) nicht auf andere Personen übertragbar. Im Drittvergleichsfall eines Erwerbes durch einen fremden Dritten würde dieser für die nicht übertragbaren Werte auch kein Entgelt bezahlen. Ein derartiger Firmenwert kann daher – auch einbringungsbedingt – nicht übertragen werden.[28]

Der in der Einbringungsbilanz ausgewiesene Firmenwert war demzufolge bei der Ermittlung des Verkehrswertes des Einbringungsvermögens außer Ansatz zu lassen. Dadurch war aber kein positiver Verkehrswert mehr gegeben, weshalb das UmgrStG nicht anwendbar war. Ob im vorliegenden Fall die Nichtanwendbarkeit des UmgrStG durch den fehlenden positiven Verkehrswert oder durch das Fehlen der Betriebseigenschaft des Einbringungsvermögens begründet ist, kann dem Erkenntnis nicht eindeutig entnommen werden.[29]

3. Würdigung

Zivilrechtlich hat durch den vorgenommenen Einbringungsvorgang eine Übertragung stattgefunden. Fraglich ist aus unternehmensrechtlicher Sicht die Behandlung bei der übernehmenden Kapitalgesellschaft. Grundsätzlich hat die Kapitalgesellschaft die (einbringungsbedingt) übernommenen Vermögensgegenstände und auch einen Firmenwert anzusetzen.[30] Der Firmenwert ist dabei im Ergebnis eine Residualgröße zwischen dem (fremdüblichen) Gesamtkaufpreis für das gesamte Unternehmen und dem Wert für die einzelnen Vermögenswerte.

Damit ist letztlich wiederum entscheidend, was ein fremder Dritter für den Firmenwert – hier für die persönlichen Kontakte und Beziehungen – bezahlen würde. Selbst wenn diese persönlichen Kontakte und Beziehungen des Einbringenden in der Gesellschaft sodann genutzt werden und damit ein Gewinnpotential bilden, wird entscheidend sein, inwieweit die Gesellschaft einen entsprechenden rechtlich abgesicherten Anspruch darauf hat. Dieser könnte der Gesellschaft auf vertraglicher Grundlage eingeräumt werden. Ein solcher Rechtsanspruch bestand allerdings im Entscheidungsfall nicht. Wenn sohin die Gesellschaft eine (abgesicherte) Rechtsposition zur Nutzbarmachung der persönlichen Kontakte und Beziehungen hat oder ihr diese eingeräumt wird, wäre eine fremdübliche Bewertbarkeit und damit Ansetzbarkeit eines Firmenwertes vorstellbar. Erst dadurch wird für die Gesellschaft das Gewinnpotential konkretisierbar, weshalb für die Greifbarkeit und die Nutzungsmöglichkeit eines solchen Firmenwerts eine hinreichende Dokumentation sinnvoll ist.

---

28 Siehe auch Jakom/*Kanduth-Kristen*, EStG[8] (2015) § 8 Tz 48.
29 Vgl *Wiesner*, Die VwGH-Judikatur 2014 zum Umgründungssteuerrecht, RWZ 2014, 363; der Schlussfolgerung des VwGH folgend Rz 672 UmgrStR idF WE 2015.
30 Zum Bewertungswahlrecht bei der übernehmenden Gesellschaft siehe *Ludwig/Hirschler*, Bilanzierung und Prüfung von Umgründungen[2] (2012) 142 ff.

Auf der anderen Seite erscheint auch die Grenzziehung zwischen – nicht übertragbaren höchstpersönlichen – Firmenwertkomponenten und einer zweifelsohne übertragbaren Kundenliste (oder gar nur Liste potentieller Kunden) schwierig bzw nur im Einzelfall vornehmbar. In Bezug auf einen getätigten Marktaufbau geht das BMF von einem immateriellen Wert aus, der ein Wirtschaftsgut darstellt und übertragbar ist.[31]

C. Zuschreibung einer Beteiligung nach Einbringung (VwGH 22.5.2014, 2010/15/0127)

1. Sachverhalt

Eine Beteiligung an einer Kapitalgesellschaft wurde von ihrer Muttergesellschaft im Jahr 1998 außerplanmäßig abgeschrieben. Im Jahr 2001 wurde diese (abgeschriebene) Beteiligung down-stream gem Art III UmgrStG in eine Tochtergesellschaft eingebracht. Die Einbringung erfolgte gem § 202 Abs 2 UGB zum Buchwert, der zu diesem Zeitpunkt auch dem beizulegenden Wert nach § 202 Abs 1 UGB entsprach. Aufgrund der Wertentwicklung wäre nach Auffassung der Betriebsprüfung bei der Tochtergesellschaft eine Zuschreibung der Beteiligung vorzunehmen gewesen, zumal die Tochtergesellschaft die historischen Anschaffungskosten des Rechtsvorgängers im Zuge der Buchwert-Einbringung übernommen hätte, die auch beim Rechtsnachfolger die betragliche Obergrenze für die Zuschreibung bilde.

Streitgegenständlich war, welcher Wert bei der übernehmenden Tochtergesellschaft nach Einbringung die Zuschreibungsobergrenze der Beteiligung bildet, und damit ob und inwieweit bei der übernehmenden Körperschaft eine Zuschreibung vorzunehmen war.

2. Aus der Entscheidung

Gem den umgründungssteuerlichen Bestimmungen tritt die Tochtergesellschaft aufgrund der Einbringung (in ertragsteuerlicher Gesamtrechtsnachfolge-Fiktion) in die steuerlichen Rechte und Pflichten des Einbringenden ein. Damit geht einbringungsbedingt auch die Zuschreibungspflicht des § 6 Z 13 EStG in Bezug auf die eingebrachte Beteiligung über. Die eigenständige Maßgeblichkeit des § 6 Z 13 EStG verknüpft die steuerliche Zuschreibung allerdings mit der Unternehmensbilanz und verlangt, dass auch unternehmensrechtlich eine Zuschreibung vorgenommen werden kann.

Nach Auffassung des VwGH übernimmt im Rahmen der Einbringung der beizulegende Wert bei der übernehmenden Tochtergesellschaft die Funktion der An-

---

31 Vgl EAS 3006.

schaffungskosten. Dieser Wert stellt somit in weiterer Folge die Wertobergrenze dar. Dies ist nach Ansicht des VwGH auch dann geboten, wenn die übernehmende Gesellschaft sich – abweichend von der Grundregel des Ansatzes mit dem beizulegenden Wert für die eingebrachten Vermögensgegenstände – in der Unternehmensbilanz für die Buchwertfortführung entscheidet. Der Ansatz von Buchwerten stellt nämlich keinen realistischen Wert dar und wurde vom Gesetzgeber bloß zur Vereinfachung von Umgründungsvorgängen ermöglicht, sodass der Buchwert nach Auffassung des VwGH keine Wertobergrenze für Zuschreibungen darstellen kann.

Insofern war bei der Tochtergesellschaft eine Zuschreibung der Beteiligung bis zur Höhe der höheren historischen Anschaffungskosten des Rechtsvorgängers (Muttergesellschaft) ausgeschlossen. Der Auffassung, wonach die Anschaffungskosten des Einbringenden gleichzeitig die Anschaffungskosten des Übernehmenden darstellen, erteilte der VwGH somit ausdrücklich eine Absage.

3. Würdigung

Die Thematik der Zuschreibungsverpflichtung bei der übernehmenden Körperschaft wurde in der Literatur[32] bereits in der Vergangenheit diskutiert. Im vorliegenden Erkenntnis beschäftigt sich der VwGH erstmals mit dieser Fragestellung. Für den Fall der Einzelrechtsnachfolge hält der VwGH fest, dass der beizulegende Wert als neue Anschaffungskosten gilt und somit die Obergrenze für die Zuschreibungspflicht bildet. Daraus ergibt sich, dass unternehmensrechtlich keine Zuschreibung vorgenommen werden kann und wegen der Maßgeblichkeit des Unternehmensrechts für das Steuerrecht auch steuerlich die Möglichkeit einer Zuschreibung unterbunden ist.

Für die Ermittlung des beizulegenden Wertes ist grundsätzlich der Zeitpunkt der Leistung, welcher der Zeitpunkt des Erwerbs des wirtschaftlichen Eigentums ist, ausschlaggebend. Für den gegenständlichen Einbringungsfall bedeutet dies, dass das wirtschaftliche Eigentum der einzubringenden Beteiligung mit Abschluss des Einbringungsvertrags auf die übernehmende Körperschaft übergeht, weshalb die Bewertung der Beteiligung zu diesem Zeitpunkt zu erfolgen hat. Eine im Zeitraum zwischen Umgründungsstichtag und Abschluss des Einbringungsvertrags

---

32 Vgl *Hügel*, Umgründungsbilanzen (1997) Rz 1.35; *Hirschler/Sulz/Oberkleiner*, Einbringung: unternehmensrechtliche Anschaffungskosten und Zuschreibung, UFS Journal 2010, 240; *Staringer*, Wertaufholung und Zuschreibungspflicht bei Beteiligungen im Konzern, in *Bertl/Eberhartinger/Egger/Kalss/Lang/Nowotny/Riegler/Schuch/Staringer* (Hrsg), Bewertung in volatilen Zeiten (2010) 204 ff; *Strimitzer* in *Helbich/Wiesner/Bruckner* (Hrsg), Handbuch der Umgründungen, Q 3 Rz 85/2; *Zorn/Petritz* in *Hofstätter/Reichel*, EStG § 6 Z 13 Rz 3.3; *Waitz-Ramsauer/Wurm*, Zuschreibungspflicht eingebrachter Beteiligungen? taxlex 2009, 525 ff; siehe zuletzt *Hirschler*, Bewertung von Einlagen im Rahmen von Umgründungen und deren Folgebewertung, in *Blocher/Gelter/Pucher* (Hrsg), FS Nowotny (2015) 557 ff mwN.

eingetretene Wertaufholung müsste – soweit zulässig – bereits bei der übertragenden Körperschaft zu bilanzieren sein.[33]

In seiner Urteilsbegründung führt der VwGH aus, dass

> die Einbringung von Kapitalanteilen im Wege der Einzelrechtsnachfolge [erfolgt]. […] Anders als bei der Gesamtrechtsnachfolge tritt der übernehmende Rechtsträger nicht durch einen Akt in die Rechtsposition und Rechtsverhältnisse des Rechtsvorgängers und somit auch nicht in die Zuschreibungspflicht bis zu den seinerzeitigen Anschaffungskosten der Beteiligung ein.

Aus dieser Begründung wird die Frage aufgeworfen, ob der VwGH damit nahelegt, dass der beizulegende Wert nur bei Umgründungsvorgängen unter zivilrechtlicher Einzelrechtsnachfolge bei der übernehmenden Gesellschaft die Funktion der Anschaffungskosten und damit die Obergrenze für künftige Zuschreibungen bildet, hingegen bei Umgründungsvorgängen unter Gesamtrechtsnachfolge (bei Verschmelzungen, Umwandlungen und Spaltungen) die übernehmende Gesellschaft in die Zuschreibungspflicht bis zu den historischen (höheren) Anschaffungskosten des Rechtsvorgängers eintritt. Auch wenn uE eine derartige klare Aussage aus dem VwGH-Erkenntnis nicht eindeutig herauszulesen ist, schränkt die Finanzverwaltung die Auswirkungen des VwGH-Erkenntnisses auf Umgründungen unter Einzelrechtsnachfolge ein.[34] Dem ist allerdings entgegenzuhalten, dass aus Sicht der übernehmenden Gesellschaft die umgründungsbedingte Vermögensübernahme einen Einlagevorgang darstellt, für den § 202 UGB die einschlägige Ansatz- und Bewertungsvorschrift ist. Damit besteht für die Bewertung kein Unterschied, ob die Umgründung zivilrechtlich als Einzel- oder Gesamtrechtsnachfolge ausgestaltet ist, weil in beiden Fällen eine Sacheinlage vorliegt, die in gleicher Weise entsprechend den bilanzrechtlichen Wertungen des § 202 UGB zu bewerten ist.[35]

Mit dem Rechnungslegungsänderungsgesetz 2014 (RÄG 2014) wurde in § 208 Abs 2 UGB für Geschäftsjahre ab dem 1.1.2016 bei Wegfall der Gründe für die außerplanmäßige Abschreibung eine allgemeine Zuschreibungspflicht verankert. Gleichzeitig wurde aufgrund der Übergangsbestimmungen in § 906 Abs 32 UGB ein Nachholgebot für sämtliche bis zur erstmaligen Anwendung des RÄG 2014 unterlassenen Zuschreibungen vorgesehen.[36] Damit erlangt das VwGH-Erk vom 22.5.2014 über den Anwendungsbereich von Beteiligungen hinaus Bedeutung.

---

33 Vgl *Hebenstreit/Stückler*, Überlegungen zur Einbringung von Beteiligungen nach Art III UmgrStG, Gesellschafter 2015, 117.
34 UmgrStR Rz 952 idF WE 2015.
35 GlA *Hirschler*, in *Blocher/Gelter/Pucher* (Hrsg), FS Nowotny 566; *Wurm*, Zuschreibung von Beteiligungen nach Umgründungen, SWK 2014, 1028; eine gegenteilige Ansicht kann uE auch nicht aus *Marchgraber*, Die Zuschreibung übertragener Beteiligungen nach Umgründungen, RWZ 2014, 295 ff abgeleitet werden, der im Hinblick auf die Zielsetzung einer Zuschreibungspflicht ausdrücklich nicht zwischen Vorgängen unter Einzel- bzw Gesamtrechtsnachfolge differenziert.
36 Vgl *Dokalik/Hirschler,* RÄG 2014 – Reform des Bilanzrechts (2015) 176.

Hierdurch wird für Umgründungen vor der erstmaligen Anwendung des RÄG 2014 die Frage relevant, ob eine Zuschreibung aufgrund von Werterholungen bis zum Zeitpunkt der Umgründung oder nach der Umgründung bis zur erstmaligen Anwendung des RÄG 2014 unterlassen wurden.[37] Bei einer Umgründung zu Buchwerten führt dies dazu, dass eine Zuschreibungsverpflichtung hinsichtlich der vor der Umgründung unterlassenen Zuschreibung besteht. Denn gem VwGH-Erkenntnis ist der beizulegende Wert im Zeitpunkt der Umgründung maßgeblich für die Bestimmung der Anschaffungskosten. Der von der übernehmenden Gesellschaft fortgeführte Buchwert ist somit geringer als der beizulegende Wert im Zeitpunkt der Umgründung, der die (neue) Obergrenze für eine zukünftige Zuschreibung darstellt. Umgründungsbedingt geht somit diese unterlassene Zuschreibung auf den Rechtsnachfolger vor. Durch die Bestimmung im RÄG 2014 entsteht hierfür eine Zuschreibungsverpflichtung, die einerseits mit der Obergrenze und andererseits mit der Höhe der damaligen außerplanmäßigen Abschreibung begrenzt ist. Aufgrund der Maßgeblichkeit wirkt diese Zuschreibungspflicht auch steuerrechtlich, hierfür kann anstelle der sofortigen Versteuerung wahlweise eine Zuschreibungsrücklage nach § 124 lit b Z 270 EStG gebildet werden.[38] Unternehmensrechtlich wurde die Möglichkeit eingeräumt, für nachgeholte Zuschreibungen eine passive Rechnungsabgrenzung zu bilden. Diese ist im Sinn einer umgekehrten Maßgeblichkeit mit der steuerlichen Zuschreibungsrücklage verknüpft: Voraussetzung für die Bildung einer solchen passiven Rechnungsabgrenzung ist die Bildung einer steuerlichen Zuschreibungsrücklage.[39]

D. Einlagenrückzahlung (VwGH 1.9.2015, RO 2014/15/0002)

1. Sachverhalt

Im vorliegenden Sachverhalt wurde mit Einbringungsvertrag vom 25.9.2007 ein Einzelunternehmen in eine GmbH nach Art III UmgrStG eingebracht. Der Wert des Einbringungsvermögens wurde einer Kapitalrücklage zugeführt. In der Einbringungsbilanz zum 1.1.2007 „nach Steuerrecht" wurde das Eigenkapital mit 1.992,09 € ausgewiesen. In der Einbringungsbilanz „nach Handelsrecht" wurde das Eigenkapital mit 291.255,19 € ausgewiesen. Im Jahr 2009 wurde die unternehmensrechtliche Kapitalrücklage in Höhe von 291.255,19 € aufgelöst. Es wurde ein entsprechender Gesellschafterbeschluss gefasst, dass in dieser Höhe eine Einlagenrückzahlung gem § 4 Abs 12 EStG vorgenommen wird, die nicht KESt-pflichtig ist.

Das Finanzamt kam zum Schluss, dass die Ausschüttung im Wesentlichen einen KESt-pflichtigen Kapitalertrag darstellt. Streitgegenständlich war, ob es sich bei

---

37 Vgl *Hirschler* in *Blocher/Gelter/Pucher* (Hrsg), FS Nowotny 567.
38 Vgl *Hirschler* in *Blocher/Gelter/Pucher* (Hrsg), FS Nowotny 568.
39 Vgl *Bertl/Hirschler*, Unterlassene Zuschreibungen und unversteuerte Rücklagen nach dem RÄG 2014, RWZ 2014, 80; *Hirschler*, Steuerrechtliche Auswirkungen der Bilanzrechtsreform, SWK 2015, 6 ff.

der Ausschüttung um eine steuerfreie Einlagenrückzahlung oder um einen KESt-pflichtigen Ertrag handelt.

2. Aus der Entscheidung

Der VwGH hält fest:

> Was einer Kapitalgesellschaft im Wege einer Einlage, also societatis causa zugewendet wird, führt bei ihr nicht zur Ertragsbesteuerung, beim Gesellschafter aber zu Anschaffungskosten auf die Beteiligung. Einlagenrückzahlungen sind das Gegenstück, der contrarius actus, zu Einlageleistungen der Gesellschafter.

Somit ergibt sich, dass Kapitalrückzahlungen bei der Gesellschaft nicht steuerbare Vermögensabflüsse sind und sie bewirken beim Gesellschafter eine Minderung der auf die Beteiligung aktivierten Anschaffungs- bzw Herstellungskosten.

Nach Ansicht des VwGH ist der Begriff der Einlagenrückzahlung ein steuerlicher Terminus und kein handelsrechtlicher. Auch wenn in § 4 Abs 12 Z 1 EStG zum Teil Begriffe verwendet werden, die aus dem Unternehmensrecht stammen, so sind laut VwGH nach dem klaren Wortlaut des Gesetzes darüber hinaus auch Positionen zu berücksichtigen, denen bloß abgabenrechtlich die Eigenschaft eines (verdeckten) Eigenkapitals zukommt. Schon daraus ist für den VwGH ableitbar, dass es sich bei der Einlagenrückzahlung um steuerrechtlich und nicht unternehmensrechtlich definierte Einlagen handelt. Somit ist aus *„dem Wortlaut des § 4 Abs 12 EStG abzuleiten, dass Einlagen steuerrechtlich definiert und zu bewerten sind"*. Somit ist im vorliegenden Fall das steuerliche Einbringungskapital entscheidend, das unternehmensrechtliche Einbringungskapital ist hingegen ohne Bedeutung.

3. Würdigung

Durch dieses Urteil wird geklärt, dass die nach UGB umgründungsbedingt entstandene Kapitalrücklage nicht als Einlagenrückzahlung gem § 4 Abs 12 EStG zu qualifizieren ist. Der VwGH teilt hier die Verwaltungsmeinung, dass die Einlagenrückzahlung ein steuerrechtlich geprägter Begriff ist und so unter anderem auch steuerlich verdecktes Eigenkapital umfasst.[40] Aus dem Urteil geht deutlich hervor, dass von der steuerfreien Einlagenrückzahlung nicht Differenzen zwischen steuerrechtlichem und unternehmensrechtlichem Umgründungskapital umfasst sind.

Daneben beinhaltet dieses Erkenntnis noch weitere Überlegungen, die das UGB miteinbeziehen. So überlegt der VwGH, ob es nicht eine Parallelität zwischen der unternehmensrechtlichen „verdeckten Einlagenrückgewähr" und der Einlagenrückzahlung gibt. Denn es kann nicht ausgeschlossen werden, dass eine allenfalls

---

40 Vgl Jakom/*Marschner*, EStG[8] § 4 Tz 499.

widerrechtliche Rückgewähr von Einlagen eine Einlagenrückzahlung iSd § 4 Abs 12 EStG darstellen kann.[41] Der VwGH ist nicht näher darauf eingegangen, da dies nicht entscheidungsrelevant war. Nach Ansicht der Autoren ist dies typischerweise nicht gegeben, außer es würden steuerliche Eigenkapitalbestandteile (zB Stammkapital) bewegt werden. Interessant ist des Weiteren, dass, obwohl laut Sachverhalt keine Aufwertung in Sinne des § 202 Abs 1 UGB stattfand, der VwGH den Gedanken aufbringt, ob die Ausschüttungssperre des § 235 Abs 1 UGB auf das unternehmensrechtliche Einbringungskapital angewendet wird.[42] Er geht aber nicht näher darauf ein, da diese Frage ebenfalls nicht entscheidungsrelevant war. Es ist der Meinung zu folgen, wonach eine in § 235 UGB normierte Ausschüttungssperre vorliegt.[43]

E. Bewertungseinheit (BFG Wien 24.10.2014, RV/7104424/2014)

1. Sachverhalt

Der Unternehmer nahm eine Forderungsabschreibung vor. Betroffen davon war die B-GmbH, mit dieser war bezüglich eines Wohnungsverkaufs vereinbart gewesen, dass in Verbindung mit der Gewährung einer Förderung durch die Stadt Wien (als Besicherung) die Abrechnung der gegenseitigen Außenstände erfolgen würde. Die Förderung wurde jedoch nicht gewährt, weshalb die damit verbundene offene Forderung mehr als drei Jahre unausgeglichen gewesen sei und des Weiteren auf einen Zahlungsausgleich verzichtet worden sei. Deswegen wurde die Forderung ausgebucht.

Das Finanzamt verweigerte die Abschreibung mit der Begründung, dass in den Vorjahren keine entsprechende Rückstellung gebildet worden war. Strittig war, ob die Voraussetzungen für die Anerkennung der Forderungsabschreibung erfüllt waren und ob eine Bewertungseinheit einer Forderung des Unternehmens mit der Förderungszusage gegeben war.

2. Aus der Entscheidung

Der BFG führt aus, dass gem § 6 Z 2 lit a EStG nicht abnutzbares Anlagevermögen und Umlaufvermögen mit den Anschaffungs- oder Herstellungskosten anzusetzen ist, außer es liegt ein niedrigerer Teilwert vor, pauschale Wertberichtigungen für Forderungen sind hierbei nicht zulässig. Nach Ansicht des BFG können

---

41 Vgl das hg Erkenntnis vom 19.2.1991, 87/14/0136, VwSlg 6582/F.
42 Beachte aber die Entscheidungsanmerkung von *Wiesner*, RWZ 2015, 365, der ausführt, dass im streitgegenständlichen Sachverhalt sehr wohl eine „Aufwertungsumgründung" nach § 202 Abs 1 UGB stattgefunden habe, was der VwGH jedoch nicht deutliche erwähnt habe. Dann wären die Ausführungen des VwGH durchaus logisch und konsequent.
43 Vgl *Wiesner*, Grenzen der Einlagenrückzahlung, RWZ 2015, 365.

Forderungen wertberichtigt werden, wenn die Umstände hierfür dargelegt und zumindest glaubhaft gemacht werden. Der BFG sieht im vorliegenden Fall die Voraussetzungen für die Anerkennung der Forderungsabschreibung erfüllt und es konnte daher die Abschreibung steuerlich geltend gemacht werden.

3. Würdigung

Im Steuerrecht ist grundsätzlich ein Saldierungsverbot und somit die Einzelbewertung vorgesehen, außer es liegt eine nachvollziehbare sachliche und kausale Verknüpfung vor.[44] Bislang war bei der Bewertungseinheit der Fokus auf Ausgleich von Chancen und Risiko bei demselben Rechtsträger erforderlich. Dies wurde bis dato ebenfalls von der Finanzverwaltung so vorausgesetzt.[45] Unternehmensrechtlich wurde diese Ansicht geteilt.[46] Das BFG geht im vorliegenden Urteil über diese Sichtweise hinaus und fasst den Begriff der Bewertungseinheit sehr weit, so wurde in die Bewertung auch die Position des Gläubigers und dessen Schuldners miteinbezogen. Dies ist deswegen beachtlich, weil sich weder aus der davor[47] noch aus der nach[48] dieser Entscheidung ergangenen finanzgerichtlichen Rechtsprechung ein derartig weiter „Saldierungsbereich für eine Bewertungseinheit" ergeben hat.

F. Erhaltungsaufwand (BFG Wien 9.6.2015, RV/7104074/2009)

1. Sachverhalt

Der Beschwerdeführer erwarb eine bebaute Liegenschaft, die bis dahin für Wohnzwecke genutzt wurde und in Zukunft als Büro für den Betrieb dienen sollte. Die Aufwendungen für die Sanierung des Objekts sowie die Behebung eines Schadens machte er in seinen Einkommensteuererklärungen 1999 und 2000 als sofort abzugsfähige Betriebsausgabe geltend, da diese seiner Ansicht nach Erhaltungsaufwendungen darstellen.

Das Finanzamt kam im Zuge einer Prüfung zu dem Schluss, dass diese Ausgaben als anschaffungsnahe Instandsetzungsaufwendungen als Anschaffungskosten zu

---

44 Vgl Jakom/*Laudacher*, EStG[8] § 6 Tz 14.
45 Vgl EStR 2000, Rz 2136.
46 Vgl *AFRAC*, Stellungnahme: Die unternehmensrechtliche Bilanzierung von Derivaten und Sicherungsinstrumenten, September 2014, Rn 27; *Lüdenbach/Chrsitian* in *Hirschler* (Hrsg), Bilanzrecht, § 196 Abs 2 Rz 106.
47 Vgl zB VwGH 27.6.1989, 88/14/0126 (zur Bewertungseinheit bei Bauspardarlehen und Bauspareinlagen einer Bausparkasse hinsichtlich der Frage der Verzinslichkeit) – ähnlich auch BFH 24.1.1990, I R 145/86, BStBl II 1990, 639 ff, bzw leicht einschränkend dazu BFH 19.5.1998, I R 54/97, BStBl II 1999, 277 ff.
48 Vgl zB BFG Graz 29.10.2015, RV/2100169/2012 (ao Revision beim VwGH eingebracht), zu einer sehr strengen Betrachtung bei den „Grenzen des Saldierungsbereichs" (selbst zwischen denselben Vertragsparteien).

aktivieren sind, da sie geleistet wurden, um das Gebäude in einen betriebsbereiten Zustand zu versetzen.

Streitgegenständlich war somit, ob die vom Beschwerdeführer getätigten Aufwendungen sofort abzugsfähig und als Anschaffungskosten zu aktivieren sind.

2. Aus der Entscheidung

Der BFG führt aus, dass gem § 203 Abs 2 UGB zu den Anschaffungskosten auch die Nebenkosten sowie die nachträglichen Anschaffungskosten gehören. In der UGB-Bilanz wird nicht auf die Anschaffungsnähe abgestellt, sondern die aktivierungspflichtigen Aufwendungen müssen in einem kausalen Zusammenhang mit dem Erwerbsvorgang und der Herstellung der Betriebsbereitschaft stehen und erforderlich sein, um den Vermögensgegenstand bestimmungsgemäß nutzen zu können. Laut BFG sind die Kosten sofort abzugsfähig, sobald die Betriebsbereitschaft erreicht wurde, es kommt somit nicht auf die Anschaffungsnähe an.

Der BFG merkt an, dass es letztlich darum geht, wann Betriebsbereitschaft vorliegt. *„Die Betriebsbereitschaft zieht die Grenze der Aktivierung bei den Anschaffungskosten, ab erlangter Betriebsbereitschaft sind diese Kosten [...] sofort abzuziehen."* Nach Ansicht des BFG liegt Betriebsbereitschaft dann vor, wenn das Wirtschaftsgut im konkreten Betrieb erstmals bestimmungsgemäß genutzt werden kann. Die Aufwendungen, die anfallen, um das Wirtschaftsgut erstmals in betriebsbereiten Zustand zu versetzen, zählen zu den Anschaffungskosten und sind zu aktivieren. *„Der Anschaffungsvorgang ist erst abgeschlossen, wenn das Gebäude seine Betriebsbereitschaft erlangt hat."*

Der BFG entschied daher, dass jene Kosten, die mit den notwendigen Umbau-, Sanierungs- und Adaptierungsarbeiten einhergehen, um das Gebäude für den Gewerbebetrieb nutzen zu können, aktivierungspflichtige Instandsetzungsaufwendungen darstellen. Die Aufwendungen für die Behebung des Schadens, der nach dem Erwerb des Gebäudes eingetreten ist, können sofort als Betriebsausgabe abgezogen werden.

3. Würdigung

Der BFG verwirft hier die gängige Verwaltungspraxis,[49] wonach bei „anschaffungsnahen Erhaltungsaufwendungen" eine Aktivierungspflicht besteht. Die Ansicht des BFG hat der VwGH ebenfalls in früheren Erkenntnissen vertreten.[50] Es wird damit deutlich, dass die österreichische wie auch die deutsche Judikatur[51]

---

49 Vgl EStR 2000, Rz 2620.
50 Vgl VwGH 30.6.2010, 2005/13/0076; VwGH 23.5.2013, 2010/15/0067.
51 Vgl BFH 12.9.2001, IX R 39/97, BStBl 2003 II, 569; BFH 12.9.2001, IX R 52/00, BStBl 2003 II, 574.

vorsehen, dass steuerlich die Maßgaben des § 203 Abs 2 UGB die Anschaffungskosten betreffend einzuhalten sind.[52]

Man kann bei der Aktivierungspflicht von einer sogenannten „Zeitstrahlrelevanz" sprechen, denn Erhaltungsaufwendungen ab Erlangung der wirtschaftlichen Verfügungsmacht bis zur Betriebsbereitschaft sind aktivierungspflichtig. Anfallender Erhaltungsaufwand ab Betriebsbereitschaft ist sofort abzugsfähiger Aufwand, die konkrete Höhe des Aufwands ist irrelevant. Demnach ist für die Aktivierungspflicht ausschlaggebend, wann die Betriebsbereitschaft erreicht wird. Die Betriebsbereitschaft kann bei gleichen Wirtschaftsgütern bei verschiedenen Betrieben zu unterschiedlichen Zeitpunkten gegeben sein, weil die unternehmensspezifische Nutzbarkeit und nicht die rein technische Funktionsfähigkeit maßgeblich ist.[53] Ein Wirtschaftsgut ist demnach dann betriebsbereit, wenn es im Unternehmen für den vorgesehenen Zweck eingesetzt werden kann.[54] Aus dem Urteil lässt sich ableiten, dass die provisorische Inbetriebnahme und Abschlussarbeiten nach der tatsächlichen Inbetriebnahme im Zusammenhang mit der Herstellung der Betriebsbereitschaft stehen, weshalb in diesem Zeitraum anfallende Aufwendungen aktivierungspflichtig sind. Weiterhin gilt es, die Trennung zwischen Erhaltungs- und Herstellungsaufwand zu beachten.

G. Fremdwährungsdifferenzen (BFH 21.1.2014, IX R 11/13)

1. Sachverhalt

Eine Gesellschaft hatte am 21.1.1998 600.000.000 $ erworben und sich um diesen Betrag Fondsanteile gekauft. Am 28.12.1998 wurden die Fondsanteile für 380.000.000 $ verkauft. Davon hatte die Gesellschaft 310.000.000 $ in ihr US-Geschäft eingelegt sowie um 70.000.000 $ am 11.1.1999 Deutsche Mark gekauft. Aus dem Veräußerungsgeschäft machte die Gesellschaft einen Veräußerungsverlust geltend.

Das Finanzamt bejahte hinsichtlich der 70.000.000 $ eine Anschaffung am 28.12.1998 und damit ein steuerpflichtiges privates Veräußerungsgeschäft nach § 23 dEStG. Streitgegenständlich war, ob die Fremdwährungsdifferenz zu einer steuerpflichtigen Realisation führt.

2. Aus der Entscheidung

Der BFH hält fest, dass der Erwerb von Wirtschaftsgütern mit Kaufpreis in einer Drittstaatswährung (USD) gegen bereits im Unternehmen befindliche Drittstaatswährung (USD), die zu einem früheren Zeitpunkt angeschafft wurde, zu

---

[52] Diese Ansicht wird auch in der Literatur geteilt, vgl *Mayr*, Anschaffungsnaher Erhaltungsaufwand gerechtfertigt? ÖStZ 2002, 44; *Mayr* in Doralt/Kirchmayr/Mayr/Zorn, EStG[17] § 6 Tz 80 ff mwN.
[53] Vgl *Janschek/Jung* in *Hirschler* (Hrsg), Bilanzrecht § 203 Rz 21.
[54] Vgl *Adler/Düring/Schmaltz*, Rechnungslegung und Prüfung der Unternehmen[6] § 255 Rz 13.

einem Tausch führt und in weiterer Folge die Fremdwährungsdifferenzen realisiert werden. Der Umtausch in DM am 11.1.1999 hätte demnach nicht mit dem Wechselkurs vom 12.1.1998, sondern mit dem Wechselkurs vom 28.12.1998 berechnet werden müssen. Der BFH sieht darin einen Tausch.

Dies gilt laut BFH auch in die andere Richtung, dh bei Veräußerung von Wertpapieren in Drittstaatswährung gegen Fremdwährungsguthaben in derselben Drittstaatswährung. Somit ist eine Beibehaltung der niedrigeren Anschaffungskosten des weggegebenen Wirtschaftsgutes nicht zulässig. Dies wäre laut BFH nur bei art- und funktionsgleichen Wirtschaftsgütern denkbar.

3. Würdigung

In Österreich stellt dieses BFH-Urteil keine Neuerung dar, da diese Logik, dass eine Konvertierung einer Fremdwährungsforderung in € zu einem Tausch führt, bereits seit dem Budgetbegleitgesetz 2011 angewendet wird.[55] Diese Gesetzesänderung stellte eine Neuerung dar, da in den Richtlinien festgehalten wurde, dass eine Konvertierung einer Fremdwährungsforderung keine steuerpflichtige Realisation ist.[56]

Unternehmensrechtlich gibt es keine einheitliche Meinung, wie ein solcher Vorgang bewertet werden soll. Einerseits wird die Meinung vertreten, dass wenn für die Bezahlung allgemein vorhandene Fremdwährungsbestände verwendet werden, die Grundsätze des Tausches anzuwenden sind und die Umrechnung mit dem Geldkurs im Zeitpunkt der tatsächlichen Bezahlung vorzunehmen ist.[57] Andererseits wird die Meinung vertreten, dass zum Zahlungstag zum Mittelkurs umgerechnet werden muss, da die Fremdwährung weder gekauft noch verkauft werden muss.[58]

H. Sanierungszuschuss (BFH 7.5.2014, X R 19/11)

1. Sachverhalt

Die Gesellschafter einer GmbH, die laufend Verluste schrieb, tätigten in vier aufeinanderfolgenden Jahren (2000–2003) Sanierungszuschüsse an die GmbH, um die Ertragsfähigkeit zu steigern. Bevor die Zuschüsse gewährt wurden, hat der Gesellschafter die Beteiligung auf den Erinnerungswert abgeschrieben. 2006 wurde der Beschluss gefasst, die GmbH zu liquidieren, da sich die Bank zu einem Forderungsverzicht bereit erklärte. Streitgegenständlich war, ob die Sanierungszuschüsse eine Teilwertabschreibung der Beteiligung rechtfertigen.

---

55 Vgl *Mühlehner* in *Hofstätter/Reichel*, EStG § 27 Abs 3 neu Rz 8.
56 Vgl EStR 2000 Rz 6201 ff.
57 Vgl *Urnik/Urtz* in *Straube/Ratka/Rauter*, UGB UGB II/RLG³ § 203 Rz 32.
58 Vgl *Schubert/Gadek* in Beck'scher Bilanz-Kommentar⁹ § 255 Rz 54.

2. Aus der Entscheidung

Gemäß BFH stellen die geleisteten Sanierungszuschüsse verdeckte Einlagen dar, die zu nachträglichen Anschaffungskosten führen und zu aktivieren sind. Nach Ansicht des BFH sollten die Zuschüsse der GmbH dauerhaft verbleiben und waren dazu geeignet das Vermögen der GmbH zu vermehren und waren durch das Gesellschaftsverhältnis veranlasst. Der BFH hält fest, dass die Aktivierungspflicht der verdeckten Einlage eine gleichzeitige Abschreibung auf den niedrigeren Teilwert nicht ausschließt. Bei Sanierungszuschüssen hat der BFH eine Teilwertabschreibung generell versagt, wenn neue Finanzmittel in erster Linie mit dem Ziel einer Sanierung und damit zur Wiederherstellung der Ertragsfähigkeit, nicht jedoch allein zu Abwendung eines Konkurses gewährt werden. Für solche Zuschüsse gilt, dass der Teilwert im Zeitpunkt der Anschaffung den Anschaffungskosten entspricht.

Der BFH führt aus, dass es aber nicht so ist, dass allein aufgrund der fortlaufenden Zuschussgewährung eine Abschreibung der Beteiligung in allen Jahren ausscheidet. Die *„Abschreibung auf den niedrigeren Teilwert setzt voraus, dass der innere Wert der Beteiligung im Nachhinein gesunken ist"*. Eine Wertminderung ist voraussichtlich dauernd, wenn der Teilwert nachhaltig unter den maßgeblichen Buchwert gesunken ist und objektive Anzeichen für ein langfristiges Anhalten der Wertminderung sprechen. Hierfür ist eine Gesamtbetrachtung der Ertragsaussichten von Besitz- und Betriebsunternehmen anzustellen.

Laut BFH findet die BFH-Rechtsprechung, wonach eine Teilwertabschreibung eines Sanierungszuschusses ausscheidet, wenn dieser nicht ausschließlich zur Abwendung der Insolvenz gewährt wird,

> in dieser strikten Form nur im Jahr der Zuschussgewährung Anwendung. Für die Folgejahre ist unter Heranziehung der gerade dargestellten allgemeinen Grundsätze zu prüfen, ob der Teilwert tatsächlich noch den (erhöhten) Anschaffungskosten entspricht. Dies gilt grundsätzlich auch, wenn in einem Folgejahr ein erneuter Zuschuss gewährt wurde. Allein dieser ist der Abschreibung nicht zugänglich. Ist der Wert der Beteiligung hingegen unter die Anschaffungskosten zum Bilanzstichtag des Vorjahres gesunken, ist die Differenz zwischen den Vorjahresanschaffungskosten und dem aktuellen Teilwert abzuschreiben.

3. Würdigung

Das Urteil macht deutlich, dass die unternehmensrechtlichen Grundsätze für die Bewertung von Beteiligungen auf das Steuerrecht wirken und dass Deutschland in diesem Punkt der österreichischen Rechtsprechung und Verwaltungspraxis folgt.

Nach diesem Erkenntnis ist ein Sanierungszuschuss grundsätzlich zu aktivieren, wenn dieser die Ertragsfähigkeit des Unternehmens steigern soll. Unter besonderen Umständen ist es zulässig, dass der Zuschuss nicht bei der Beteiligung aktiviert, sondern sofort als Aufwand berücksichtigt wird. Dies ist dann der Fall, wenn zum Zuschusszeitpunkt bereits feststeht, dass sich durch den Zuschuss der Wert der Beteiligung nicht erhöht.[59] Diese Ansicht wird bereits in den österreichischen Richtlinien vertreten.[60] Es ergibt sich somit, dass der Sanierungszuschuss nur im Jahr der Zuführung einer besonderen Behandlung unterliegt und danach einer Prüfung nach den allgemeinen Grundsätzen.[61] Beachtlich erscheint in diesem Zusammenhang, dass in der (älteren) handelsrechtlichen Judikatur des deutschen BGH eine leicht andere Nuancierung vertreten wird, welcher das Institut deutscher Wirtschaftsprüfer nachweislich der Ausführungen im HFA 2/1996 folgt:

- Zuschüsse ohne Anspruch auf Gegenleistung führen zu keinem Vermögensgegenstand;
- bei einem Gesellschafter ist die aufwandswirksame Verbuchung zulässig, wenn der Zuschuss nur den Wert des Anteils wiederherstellt bzw erhält;
- der Gesellschafter ist nur bei Erhöhung des inneren Wertes des Anteils zur Aktivierung des Zuschusses verpflichtet.[62]

I. Gängigkeitsabschlag (BFH 9.12.2014, X R 36/12)

1. Sachverhalt

Ein Teppichhändler ermittelte seinen Gewinn auf Grundlage von handschriftlichen Aufzeichnungen durch Betriebsvermögensvergleich. Die Teppiche wurden wie branchenüblich in großen Partien eingekauft. Der am Jahresende vorhandene Schlussbestand der Teppiche wurde im Inventarverzeichnis mit dem ursprünglichen Einkaufswert festgehalten. Im Jahr 2000 kam es zu einem merkbaren Rückgang der Erlöse, weshalb auf den vorhandenen Restbestand eine Abschreibung (Bewertungsabschlag) von 25 % vorgenommen wurde. Die Durchführung einer verlustfreien Bewertung hätte einen höheren Verlust ergeben als der pauschale Wertabschlag in Form einer erleichterten Einzelbewertung.

Die Vorinstanzen hielten fest, dass einerseits keine Einzelbewertung vorliegt und andererseits die Teilwertabschreibung handelsrechtlich und steuerrechtlich nicht zulässig sei, da nicht feststellbar wäre, ob der Teilwert der Teppiche – dauerhaft – unter die Anschaffungskosten gesunken sei.

Streitgegenständlich war die Frage, ob ein pauschaler Wertabschlag steuerlich zulässig ist.

---

59 Vgl BGH 31.10.1978, KZR 5/77, DB 1979, 540 f.
60 Vgl EStR 2000, Rz 2245.
61 Vgl bspw KFS/BW 1, IdW RS HFA 10; VwGH 26.2.2013, 2010/15/0022.
62 Vgl IDW, HFA 2/1996 idF 2013, Pkt 3.2.

2. Aus der Entscheidung

Der BFH führt aus, dass nach § 6 Abs 1 Z 2 Satz 2 dEStG im Umlaufvermögen eine Abschreibung auf den niedrigeren Teilwert möglich ist. Im Anlagevermögen sind grundsätzlich die Anschaffungs- oder Herstellungskosten abzüglich der Absetzung für Abnutzung anzusetzen. Es kann aber der Teilwert angesetzt werden, wenn dieser aufgrund einer voraussichtlich dauernden Wertminderung niedriger ist. Bei der Gewinnermittlung nach § 5 Abs 1 dEStG ist wegen der handelsrechtlichen Maßgeblichkeit, wo die Teilwertabschreibung verpflichtend ist, diese auch für die Steuerbilanz anzusetzen.

Der BFH hat in seiner ständigen Rechtsprechung die Teilwertvermutung entwickelt. Ausgangspunkt hierbei ist der Teilwert im Zeitpunkt der Anschaffung oder Herstellung. Für spätere Zeitpunkte

> hat der Steuerpflichtige [...] die Möglichkeit, im Wege der sogenannten „progressiven" am Beschaffungsmarkt orientierten Berechnungsmethode nachzuweisen, dass die Wiederbeschaffungskosten unter die ursprünglichen Anschaffungs- oder Herstellungskosten gesunken sind.

Des Weiteren hat er die die Möglichkeit, *„im Wege der sogenannten ‚retrograden' am Absatzmarkt orientierten Berechnungsmethode einen weiteren Wertverfall nachzuweisen"*. Zur Durchführung dieser Berechnungen sind Schätzungen vorzunehmen. Zunächst sind einerseits die voraussichtlichen Veräußerungserlöse zu schätzen. Andererseits hat der Steuerpflichtige anhand seines kaufmännischen Erfahrungswissens einzuschätzen, aber auch zu belegen, ob es voraussichtlich zu einer Preissenkung kommen wird. Gegenstand der Bewertung ist grundsätzlich das einzelne Wirtschaftsgut, nach § 240 Abs 4 HGB ist die Gruppenbewertung (Zusammenfassung im Wesentlichen gleichartiger Waren) möglich. Dies ist dann der Fall, wenn eine individuelle Wertermittlung unmöglich oder mit vertretbarem Zeit- und Arbeitsaufwand wirtschaftlich nicht mehr zu vereinbaren wäre. Der BFH hält fest: *„ob zu Bewertungszwecken eine Zusammenfassung von Wirtschaftsgütern und somit im Ergebnis ein Pauschalabschlag zulässig ist, ist eine Frage des Einzelfalls"*. Es ist vom Sachverhalt abhängig, ob und inwieweit auf Basis der Marktverhältnisse oder Rahmenbedingungen des jeweiligen Betriebs oder der jeweiligen Branche Verallgemeinerungen möglich sind.

Der BFH entschied, dass in vorliegendem Fall Sachverhaltsfeststellungen notwendig sind, um festzustellen, ob aus den Preisen der verkauften Vermögensgegenstände ein Rückschluss auf den Wert der im Lager verbliebenen Vermögensgegenstände zulässig ist.

3. Würdigung

Wie aus dem Urteil ersichtlich, verneint der BFH den Gängigkeitsabschlag für steuerliche Zwecke nicht generell. Dies ergibt sich bereits aus älteren BFH-Judikaten. Der BFH knüpft die Zulässigkeit des Gängigkeitsabschlags an konkrete Sachverhaltsfeststellungen. Grundvoraussetzung ist, wie aus dem Urteil ersichtlich, dass die Berechnungsgrundlage für den Gängigkeitsabschlag auf ausreichenden und repräsentativen Aufzeichnungen des konkreten Betriebs aus der Vergangenheit basiert.[63] Lange Lagerzeiten alleine, welche nicht zwingendermaßen zu einer Erlösreduzierung führen, sind nicht ausreichend für einen zulässigen Gängigkeitsabschlag,[64] zB bei Kfz-Ersatzteilen mit langer Lagerzeit, die zu kostendeckenden Preisen absetzbar sind, solange die entsprechenden Fahrzeuge genügend genutzt werden. Der BFH schließt eine Abschreibung von Kfz-Ersatzteilen nicht gänzlich aus. Eine Teilwertabschreibung kommt in Betracht, wenn dargelegt wird, dass die Selbstkosten einschließlich der Lagerungs- und Vertriebskosten bei Berücksichtigung eines durchschnittlichen Unternehmensgewinns durch den erwarteten Erlös nicht mehr gedeckt sind.[65] Verallgemeinernd kann zusammengefasst werden, dass eine lange Lagerdauer und ein sinkender Verkaufspreis für einen Gängigkeitsabschlag sprechen. Ähnlich hat sich der UFS Wien geäußert, wonach Gängigkeitsabschläge voraussetzen, dass der Verkaufspreis der Ware gesunken ist.[66] Ein Gängigkeitsabschlag ist somit steuerlich zulässig, wenn die Bewertung auf die Logik der Einzelwertberichtigung heruntergebrochen wird.[67]

J. Bildung einer Verbindlichkeitsrückstellung (BFH 16.12.2014, VIII R 45/12)

1. Sachverhalt

Eine Gesellschaft wurde auf Rückzahlung eines Beratungshonorars geklagt, mit der Begründung, die Honorarvereinbarung sei nichtig bzw unwirksam. Die geklagte Gesellschaft gab auf Verlangen der Hausbank ein Gutachten über die Erfolgsaussichten der Klage in Auftrag. Das Gutachten kam zu dem Schluss, dass ein Unterliegen der beklagten Partei nicht überwiegend wahrscheinlich und es daher vertretbar sei, keine Rückstellung gem § 249 UGB zu bilden. Dementsprechend wurde von der Gesellschaft keine Rückstellung gebildet. Die Außenprüfung gelangte zur Auffassung, dass eine entsprechende Rückstellung zu bilden sei. Im Verfahren streitgegenständlich war die Notwendigkeit einer Rückstellungsbildung.

2. Aus der Entscheidung

Der BFH führt aus, dass die Voraussetzung für die Bildung einer Rückstellung für ungewisse Verbindlichkeiten das Bestehen einer nur ihrer Höhe nach ungewissen

---

63 Vgl BFH 5.6.1985, I P 65/82, BFH/NV 1986, 204 f.
64 Vgl BFH 24.2.1994, IV R 18/92, BStBl II 1994, 514 ff.
65 Vgl BFH 8.12.2003, I B 67/03, BFH/NV 2004, 648.
66 Vgl UFS 21.4.2005, RV/4081-W/02.
67 Vgl *Bertl/Fraberger*, Der Gängigkeitsabschlag, RWZ 1999, 312.

Verbindlichkeit oder die hinreichende Wahrscheinlichkeit des künftigen Entstehens einer Verbindlichkeit dem Grunde nach sowie ihre wirtschaftliche Verursachung in der Zeit vor dem Bilanzstichtag ist und der Schuldner ernsthaft mit seiner Inanspruchnahme rechnen muss. Dies muss nach objektiven Gesichtspunkten beurteilt werden und nicht mithilfe einer subjektiven Einschätzung.

Nach Ansicht des BFH ist

> zwischen der Wahrscheinlichkeit des Bestehens der Verbindlichkeit („Ungewissheit") und der Wahrscheinlichkeit der tatsächlichen Inanspruchnahme zu unterscheiden, da die den Voraussetzungen innewohnenden Risiken unterschiedlich hoch zu bewerten sein können.

Es kann somit zu unterscheiden sein zwischen dem Risiko bzw der Wahrscheinlichkeit des rechtlichen Bestehens einer Rückzahlungsverpflichtung dem Grunde nach und dem Risiko, ob der Gläubiger den Betroffenen tatsächlich in Anspruch nehmen wird. Der BFH erläutert weiter, dass das Risiko, ob das Bestehen einer gerichtlich geltend gemachten Forderung überwiegend wahrscheinlich ist, sich auf ein von der Wahrscheinlichkeit der Inanspruchnahme zu unterscheidendes Risiko bezieht. Demzufolge ist anhand der Umstände des Einzelfalls zu beurteilen, ob die Verpflichtung dem Grunde nach rechtlich besteht.

Des Weiteren führt der BFH aus, dass im Rahmen der Prognoserechnung ersichtliche und objektiv gewichtige Umstände, die gegen ein Unterliegen im Prozess sprechen, zu berücksichtigen sind, sofern es sich nicht um erst nach dem Bilanzstichtag eingetretene wertbegründete Tatsachen handelt. Zu solchen Umständen kann ein von fachkundiger dritter Seite erstelltes Gutachten zählen. Ein Gutachten sei jedenfalls dann zu berücksichtigen, wenn es sich mit allen vom Gegner vorgebrachten Ansprüchen und der prozessnotwendigen Beweiserhebung auseinandersetz und der Ausgang nicht von ungeklärten Rechtsfragen oder einer nicht durchgeführten Beweisaufnahme abhängt. Diesen Ausführungen folgend, war die Nichtbildung der Rückstellung zulässig, da die Gesellschaft auf das eingeholte Gutachten vertrauen konnte.

3. Würdigung

Aus dem Urteil ist ersichtlich, dass zwei Risikoebenen ausschlaggebend für die Bildung einer Rückstellung sind. Einerseits das Bestehen einer Verpflichtung (abstrakte Ebene) und andererseits die Geltendmachung des Anspruchs durch den Berechtigten – dieser ist willig und bereit, seinen Klagsanspruch durchzusetzen (konkrete Ebene). Für die Beurteilung maßgeblich sind die objektiv am Bilanzstichtag vorhandenen Verhältnisse. In weiterer Folge ergibt sich, dass das Bestehen einer Verpflichtung nur anhand der rechtlichen Voraussetzungen der Anspruchsgrundlage zu prüfen ist. Dabei sind die Umstände des Einzelfalls relevant, um die Wahrscheinlichkeit abzuschätzen, mit welcher der für die Rückstellung relevante Sachverhalt eintritt. Dementsprechend ist, wenn die rechtliche Verpflichtung konkret ist, eine Rückstellung zu bilden.[68]

Die vom BFH in diesem Urteil aufgestellten Grundsätze sind unabhängig von der Höhe der geltend gemachten Gläubigeransprüche. Sollte das Gericht entgegen den Erwartungen entscheiden, ändert dies nichts daran, dass eine Rückstellungsbildung unterbleiben konnte. Im Sinne dieses Urteils haben bereits in der Vergangenheit österreichische Höchstgerichte entschieden, die sich für die Bildung einer Rückstellung aussprechen, wenn mit über 50%iger Wahrscheinlichkeit mit der rechtlichen Inanspruchnahme gerechnet werden kann.[69] Unter 50%iger Wahrscheinlichkeit ist demnach keine Rückstellung nötig, wenn dies ausreichend dokumentiert ist. Demnach ist der „More likely than not"-Grundsatz relevant.

Der deutsche BFH hat die Prinzipien der Wahrscheinlichkeitsprüfung der Inanspruchnahme in Passivprozessen in seinem Grundsatzurteil vom 16.12.2014[70] verfeinert und folgende Grundsätze festgelegt:

- Es ist zwar für die Bildung einer Rückstellung nach den Umständen des Einzelfalls ausreichend, dass der Steuerpflichtige bei bereits gegen ihn gerichtlich geltend gemachten Ansprüchen in seiner Prognoseentscheidung zum Bilanzstichtag grundsätzlich von einer überwiegenden Wahrscheinlichkeit des Bestehens der Verbindlichkeit ausgeht, wenn
  – die Klage oder das Rechtsmittel nicht offensichtlich unzulässig,
  – dem Grunde oder der Höhe nach nicht willkürlich oder erkennbar nur zum Schein angestrengt worden ist und
  – zum Bilanzstichtag keine weiteren objektiven Anhaltspunkte vorliegen, die eine genauere Prognose ermöglichen.
- Denn regelmäßig sind für den Ausgang des anhängigen Gerichtsverfahrens mehrere nicht zuverlässig zu prognostizierende Prozessereignisse entscheidend, wie etwa das Ergebnis einer Beweisaufnahme, das Verhalten des Prozessgegners (zB durch die Abgabe von überraschenden Prozesserklärungen) oder wie das Gericht über komplexe oder umstrittene Rechtsfragen entscheiden wird.
- Sind jedoch weitere gewichtige objektive Umstände ersichtlich, die gegen ein Unterliegen im Prozess sprechen, sind auch diese im Rahmen der Prognoseentscheidung zu berücksichtigen, sofern es sich nicht um erst nach dem Bilanzstichtag eingetretene wertbegründende Tatsachen handelt.
- Zu diesen objektiven Umständen, die Eingang in die Prognose über den Ausgang des Verfahrens finden können, kann – wie im Streitfall vor dem BFH –

---

68 Vgl *Knechtl*, Wahrscheinlichkeit zukünftiger Betriebsprüfungen und deren Rückstellungsfähigkeit, in ÖStZ 2015, 206.
69 Vgl VfGH 9.12.197, G 403/97, VfSlg 15.040, mit Hinweisen auf BFH-Rechtsprechung.
70 Ausdrücklich BFH 16.12.2014, VIII R 45/12, BStBl II 2015, 759 ff, hier von Bedeutung: Rz 29 ff.

auch ein im Wertaufhellungszeitraum von fachkundiger dritter Seite erstelltes Gutachten gehören, welches zu dem Ergebnis kommt, das Unterliegen im Verfahren sei zum Bilanzstichtag nicht überwiegend wahrscheinlich.
- Die darauf gestützte Prognoseentscheidung des Steuerpflichtigen, die Klage werde als unbegründet abgewiesen, ist jedenfalls dann nicht zu beanstanden, wenn das eingeholte Gutachten sich mit allen vom Prozessgegner geltend gemachten Ansprüchen und den Fragen der prozessual notwendigen Beweiserhebung auseinandersetzt und der Ausgang des Rechtsstreits von der Entscheidung mehrerer ungeklärter Rechtsfragen sowie von einer noch nicht durchgeführten Beweisaufnahme abhängt.

Nach Aussagen der Richter des entscheidenden Senats des BFH darf es sich dabei aber um kein reines „Gefälligkeitsgutachten" handeln, sondern es muss eine umfassende Behandlung der Argumente sowie eine sorgfältige Begründung der Wahrscheinlichkeitsprognose im Gutachten erfolgen.[71]

K. Werterhellung (VwGH 25.4.2013, 2010/15/0157)

1. Sachverhalt

Es wurden Produkte hergestellt, die markenrechtlich geschützten Produkten ähnlich sind, woraufhin der Markenrechtsinhaber im November 2005 den Produzenten auf Schadenersatz klagte. Für die drohende Inanspruchnahme aus der Markenrechtsverletzung und für die damit verbundenen Rechtsanwaltskosten wurde zum 31.12.2004 eine Rückstellung dotiert. Das Finanzamt vertrat die Ansicht, dass die Rückstellungsbildung zum 31.12.2004 unzulässig sei und diese erst zum 31.12.2005 hätte gebildet werden dürfen. Streitgegenständlich war, ob die Rückstellungsbildung zum 31.12.2004 zulässig ist.

2. Entscheidung des VwGH

Der VwGH führte aus, dass gem § 9 Abs 1 Z 3 EStG grundsätzlich Rückstellungen für sonstige ungewisse Verbindlichkeiten gebildet werden können, wenn sie nicht Abfertigungen, Pensionen oder Jubiläumsgelder betreffen. Eine Rückstellungsbildung sei aber nach § 9 Abs 1 Z 3 lit c EStG nur zulässig, wenn konkrete Umstände nachgewiesen werden können, wonach im jeweiligen Einzelfall mit dem Entstehen der Verbindlichkeit ernsthaft gerechnet werden kann. Voraussetzung ist demnach, *„dass ein die Vergangenheit betreffender Aufwand bestimmter Art, dessen wirtschaftliche Veranlassung im Abschlussjahr gelegen ist, ernsthaft, somit mit größter Wahrscheinlichkeit, droht"*. Der VwGH ist der Ansicht, dass bei der Gewinnermittlung nach § 5 Abs 1 EStG die zu beachtende Maßgeblichkeit der unternehmensrechtlichen Grundsätze ordnungsgemäßer Buchführung be-

---
71 Vgl BFH-Richter *Pezzer*, Anmerkung zu BFH 16.12.2014, BFH/PR 2015, 326 f.

wirkt, dass wenn eine Verpflichtung zur Bildung einer Rückstellung in der Unternehmensbilanz gegeben ist, diese innerhalb des von den steuerlichen Vorschriften gegeben Rahmens ebenfalls gebildet werden muss.

In seiner Entscheidung führt der VwGH aus, dass bei der Jahresabschlusserstellung deshalb alle erkennbaren Risiken und drohenden Verluste zu berücksichtigen sind. Hierbei „*gilt der Grundsatz der subjektiven Richtigkeit der Bilanz*". Demnach ist eine Bilanz richtig, wenn die am Bilanzstichtag bestehenden Verhältnisse nach der bei der Bilanzerstellung bestehenden Kenntnis des Steuerpflichtigen ihren Niederschlag gefunden haben. Der VwGH entschied, dass eine Rückstellung zum 31.12.2004 zu bilden ist, da dies mit dem Erkenntnisstand im Zeitpunkt der Bilanzerstellung übereinstimmt.

3. Würdigung

In Rz 3318 EStR 2000 ist festgehalten, dass keine Bedenken bestehen, dass

> mit steuerlicher Wirksamkeit Rückstellungen zu bilden sind, in denen der Abgabepflichtige innerhalb von drei Monaten nach dem Bilanzstichtag, jedenfalls aber vor der Bilanzerstellung, vom Vorliegen dieser Umstände zum Bilanzstichtag Kenntnis erlangt hat.

Der VwGH bleibt dem Maßgeblichkeitsprinzip treu und interpretiert nicht den § 9 Abs 1 Z 3 EStG. Demzufolge verwirft der VwGH die Dreimonatsfrist und der Richtlinienaussage kommt keine Bedeutung mehr zu. In weiterer Folge sollte diese Aussage in der Richtlinie gestrichen werden.[72]

Unternehmensrechtlich ist als Element des Vorsichtsprinzips in § 201 Abs 2 Z 4 lit b UGB vorgesehen, dass erkennbare Risiken und drohende Verluste, die in dem Geschäftsjahr oder einem früheren Geschäftsjahr entstanden sind, im Jahresabschluss zu berücksichtigen sind, auch wenn die Umstände erst zwischen dem Abschlussstichtag und dem Tag der Aufstellung des Jahresabschlusses bekannt wurden. Der VwGH entschied somit im Sinne der vom AFRAC vertretenen Auffassung, dass alle Erkenntnisse, die bis zum Zeitpunkt der Aufstellung des Jahresabschlusses gewonnen werden, zu berücksichtigen sind.[73] In diesem Sinne hielt der VwGH bereits in einem früheren Erkenntnis fest, dass nicht die gesetzlichen Fristen ausschlaggebend sind, sondern der Zeitpunkt der tatsächlichen Jahresabschlusserstellung, und dies auch für steuerliche Zwecke gilt.[74]

---

72 Vgl *Wiesner*, Zutreffendes Jahr für die Bildung einer Rückstellung, in RWZ 2013, 282.
73 Vgl *AFRAC-Stellungnahme*, Werterhellung und Wertbegründung vor und nach Aufstellung von Jahres und Konzernabschlüssen (Juni 2011) Rz 6.
74 Vgl VwGH 22.11.2011, 98/15/0157. AA beachtlicherweise die stRsp des BFH, welche den Ablauf der gesetzlichen Jahresabschlussaufstellungsfristen als „*natürliche Begrenzung der Werterhellung*" versteht, so zB BFH 3.7.1991, X R 163/87, BStBl II 1991, 802 ff; 23.1.2008, I R 40/07, BStBl II 2008, 669 ff; 26.2.2014, I R 12/14, BFH/NV 2014, 1544 ff.

Angrenzende Rechtsgebiete

Das neue Bilanzstrafrecht

Robert Reiter / Christopher Schrank / Sabine Graschitz

I. Einleitung
II. Straftatbestand für Entscheidungsträger (§ 163a StGB)
   A. Allgemeines
   B. Tatbestand des Abs 1 (falsche/unvollständige Informationen)
      1. Täterkreis
      2. Betroffene Informationen
         a) Vermögens-, Finanz- oder Ertragslage
         b) Wesentlichkeit
         c) Schädigungspotential
      3. Tathandlung/Tatbestand
         a) Darstellung
         b) Richtigkeit, Vollständigkeit, Vertretbarkeit
         c) Darstellungsmedien
   C. Tatbestand des Abs 2 (unterlassener Sonderbericht)
      1. Tathandlung
      2. Täterkreis
   D. Vorsatz
   E. Strafrahmen
III. Straftatbestand für Prüfer (§ 163b StGB)
   A. Allgemeines
   B. Täterkreis des § 163b StGB
   C. Tatbestand des Abs 1 (falscher/unvollständiger Bericht)
      1. Wesentlichkeit, Schädigungspotential
      2. Tathandlung/Tatbestand
   D. Tatbestand des Abs 2 (inhaltlich unrichtiger Bestätigungsvermerk, unterlassene Redepflicht)
      1. Tathandlung des Abs 2 Z 1
      2. Tathandlung des Abs 2 Z 2
   E. Vorsatz
   F. Strafrahmen
   G. Fehlerfeststellung durch die OePR oder die FMA

IV. Erfasste Verbände
V. Tätige Reue
VI. Zivil- und berufsrechtliche Konsequenzen
   A. Zivilrechtliche Konsequenzen
   B. Berufsrechtliche Konsequenzen
VII. Zusammenfassung und Fazit

I. Einleitung

Bilanzdelikte erfassen mehr als die bloße Bilanzfälschung. Sie wollen nämlich nicht nur – wie deren Bezeichnung vermuten lässt – unrichtige Bilanzen (Jahres- und Konzernabschlüsse) bestrafen, sondern verfolgen vielmehr drei teilweise überlappende Ziele: Durch bilanzstrafrechtliche Regelungen soll i) ein Instrument zur Durchsetzung des Informationsflusses gewährleistet werden, ii) der korrekte Informationsfluss nach außen sichergestellt werden und iii) grobe Fehldarstellungen der Vermögens-, Finanz- oder Ertragslage (insb im Kontext des Jahresabschlusses) iS eines Bilanzstrafrechtes ieS bestraft werden.[1]

Es ist deutlich erkennbar, dass das Bilanzstrafrecht im Laufe der letzten Jahre zu einem immer bedeutenderen Bereich des Wirtschaftsstrafrechts wurde.[2] Wenngleich die aktuellen Bilanzdelikte in ihrem Kern seit 1990 bestehen, führten sie bis zur Finanz- und Wirtschaftskrise im Jahr 2008 ein „Schattendasein". Im Zuge der großen Anlegerverfahren haben Anleger aber mehr und mehr erkannt, dass es zur Vorbereitung von zivilrechtlichen Klagen und zur Durchsetzung von Schadenersatzansprüchen durchaus sinnvoll sein kann, strafrechtliche Verstöße zu monieren, nicht zuletzt, um durch die Mittel des Strafrechts (Hausdurchsuchungen, Sachverständigengutachten, etc) zu Beweismaterial für das Zivilverfahren zu kommen. Folglich sind bei praktisch allen großen Anlegerverfahren auch Anzeigen wegen Bilanzfälschung erstattet worden.

Die Bilanzdelikte waren in ihrer bisherigen Ausgestaltung in ihrer Gesamtheit von keinem schlüssigen Konzept getragen.[3] Dies lag zunächst daran, dass die strafrechtlichen Verbote über verschiedene Materiengesetze (so zB in § 255 AktG, § 122 GmbHG, § 114 VAG, § 41 PSG, § 18 SpaltG und § 89 GenG) verteilt waren und dort auch unterschiedlich bestraft wurden. Überdies fehlte es an einem zentralen Gesetz, das rechtsformübergreifend unrichtige oder undeutliche Informationen einheitlich regelt. So gab es einige Rechtsformen (zB OG, KG, GmbH & Co KG oder Einzelunternehmen), für welche die Materiengesetze überhaupt keine diesbezüglichen Strafbestimmungen vorgesehen haben und bei denen daher infolge des strafrechtlichen Analogieverbots falsche Informationen nicht strafbar waren.[4]

Weiters war die recht unscharfe Formulierung der bisherigen Bilanzdelikte zu kritisieren. Der Wortlaut der einzelnen Tatbestände war geradezu ausufernd, weil es nach dem Gesetzeswortlaut weitgehend nur darauf angekommen ist, dass Informationen unrichtig, undeutlich oder unvollständig weitergegeben wurden und es – mit Ausnahme der Informationen über einzelne Geschäftsvorfälle –

---
1 Vgl *Lewisch* in *Kalss/Torggler*, Enforcement, 63.
2 Vgl *Lewisch* in *Kalss/Torggler*, Enforcement, 63 f.
3 Vgl *Schrank/Ruhri*, Strafrecht für Wirtschaftstreuhänder, 73.
4 Siehe *Zeder*, Reformüberlegungen zum Bilanzstrafrecht, RdW 2011, 191 (193).

nicht relevant war, ob es sich um „erhebliche" Informationen handelte. Zwar hat die Rechtsprechung in den letzten Jahren versucht, hier eine gewisse Erheblichkeitsschwelle einzuziehen. In Anbetracht der Tatsache, dass es sich um eine Strafrechtsbestimmung handelt, war aber eine gesetzliche Einschränkung, vor allem zur Schaffung von Rechtssicherheit, wünschenswert.[5]

Mit dem Strafrechtsänderungsgesetz (StRÄG) 2015 wurde das Bilanzstrafrecht nun novelliert. Die Reform zielt darauf ab, den Tatbestand, die Strafdrohung und die Bestimmungen zur tätigen Reue zu vereinheitlichen und zentral im Strafgesetzbuch (StGB) zu regeln. Neben der Vereinheitlichung der Tatbestände soll durch die Neuregelung fortan auch klar zwischen Taten von Personen, die der Gesellschaft angehören, sowie Taten von externen Prüfern und Beratern (wie zB Wirtschaftsprüfer oder Steuerberater) unterschieden werden. Zu diesem Zweck gibt es nun einen eigenen Tatbestand für Organe und Beauftragte von Unternehmen (§ 163a StGB) sowie einen eigenen Tatbestand für Prüfer (§ 163b StGB). Ferner wird nun auch die bislang lediglich in § 18 SpaltG (und selbst dort nur eingeschränkt) vorgesehene Möglichkeit der tätigen Reue in breiterer Form zugelassen. Nicht in die §§ 163a f StGB integriert werden die Strafbestimmungen des KMG, des InvFG 2011 und des § 37 ImmoInvFG; sie bleiben aufgrund ihrer spezifischen Begehungsformen und dem stark divergierenden Täterkreis in den genannten verbandsrechtlichen Bestimmungen enthalten.[6] Eine inhaltliche Anpassung an die neuen Tatbestände im StGB ist jedoch geplant.[7] Somit kann – zumindest derzeit – nicht von einer vollständigen Vereinheitlichung des Bilanzstrafrechts durch das StRÄG 2015 in Österreich gesprochen werden.

Durch die Neufassung der Tatbestände soll – so die Gesetzesmaterialien – auf das wirklich Strafwürdige abgezielt werden. Gleichzeitig wird der Kreis der erfassten Rechtsträger erweitert, sodass nun auch Sparkassen, kapitalistische Personengesellschaften, große Vereine und bestimmte ausländische Rechtsträger mit engem Bezug zum Inland sowie Tathandlungen im Ausland – durch in Österreich ansässige Rechtsträger – erfasst werden.[8]

Im vorliegenden Beitrag wird zuerst der Straftatbestand für Entscheidungsträger und Beauftragte erläutert. Darauf folgt eine Darstellung des Straftatbestandes für Prüfer. Nach der Erläuterung der Straftatbestände wird aufgezeigt, in welchen Fällen tätige Reue erfolgen kann und welche zivil- bzw berufsrechtlichen Konsequenzen die Vergehen der §§ 163a bzw 163b StGB zur Folge haben können. Der Beitrag schließt mit einer Zusammenfassung und einem Fazit zur Novellierung des Bilanzstrafrechts.

---
5 Siehe *Schrank/Ruhri*, Strafrecht für Wirtschaftstreuhänder, 73.
6 Vgl *Lewisch* in *Kalss/Torggler*, Enforcement, 66.
7 Siehe ErlRV 689 BlgNR 25. GP 26.
8 Vgl ErlRV 689 BlgNR 25. GP 21.

II. Straftatbestand für Entscheidungsträger (§ 163a StGB)

A. Allgemeines

§ 163a StGB ist das neue, zentrale Bilanzdelikt. Es erfasst die Entscheidungsträger des Verbands sowie von diesen beauftragte Personen. Der Anwendungsbereich wird mehrfach durch ausdrückliche Konkretisierungen eingeschränkt, was im Vergleich zur alten Rechtslage zu mehr Rechtssicherheit führt. Allerdings beträgt der Strafrahmen nunmehr bis zu zwei Jahre Haftstrafe (bzw bis zu drei Jahre bei kapitalmarktorientierten Unternehmen), was im Vergleich zu den praktisch meisten Fällen in der Vergangenheit eine Verschärfung bedeutet (§ 255 AktG und § 122 GmbHG sahen bisher nur eine einjährige Freiheitsstrafe vor).

Es werden zwei Fallgruppen unterschieden: Zum einen falsche bzw unvollständige Informationen in bestimmten Darstellungsmedien (Abs 1), zum anderen die Unterlassung verbandsrechtlich angeordneter Sonderberichte, insbesondere bei drohender Gefährdung der Liquidität (Abs 2).

B. Tatbestand des Abs 1 (falsche/unvollständige Informationen)

1. Täterkreis

Die Vereinheitlichung der Tatbestände macht auch eine Vereinheitlichung des Täterbegriffs notwendig. Bei den in § 163a StGB beschriebenen Delikten handelt es sich um Sonderdelikte, die nicht von jedem, sondern nur von Entscheidungsträgern und Beauftragten begangen werden können. Entscheidungsträger in diesem Sinn sind gemäß § 2 Abs 1 VbVG Geschäftsführer, Vorstandsmitglieder, Prokuristen, Aufsichtsratsmitglieder und Verwaltungsratsmitglieder sowie alle sonstigen Personen, die maßgeblichen Einfluss auf Führungsentscheidungen ausüben. Die Verwendung dieses Begriffes bewirkt eine Erweiterung des Täterkreises im Vergleich zur bisherigen Rechtslage, weil auch Prokuristen und insbesondere das direkt unter dem Leitungsorgan angesiedelte Management erfasst sind.[9]

Beauftragte, und somit auch von § 163a StGB erfasst, sind Personen, die von einem Entscheidungsträger zur Darstellung beauftragt wurden. Dabei muss sich der Auftrag nicht auf die Unrichtigkeit der Informationsdarstellung erstrecken. Ratio ist – obwohl von den Materialien nicht ausdrücklich angeführt – wie bei der alten Rechtslage,[10] dass durch den Auftrag eines Entscheidungsträgers Vertrauen in die Angaben des Beauftragten geschaffen wird. Dementsprechend sind wohl

---

9 Vgl *Götz/Krakow/Schrank*, Änderungen im Straf- und Strafprozessrecht ab Jänner 2016, compliance Praxis 03/2015, 37.
10 Zu § 255 AktG: *Gelbmann*, Strafrechtliche Absicherung der Corporate Governance, GesRZ 2003, 28.

auch indirekt Beauftragte umfasst, wenn der Entscheidungsträger von der Weitergabe ausgehen konnte.[11]

Wirtschaftstreuhänder können insbesondere bei der Erstellung von Jahres- oder Konzernabschlüssen sowie Lageberichten oder Konzernlageberichten Beauftragte oder Beitragstäter sein, sofern sie nicht selbst nach § 163b StGB als Prüfer des Jahresabschlusses strafbar sind.

2. Betroffene Informationen

a) Vermögens-, Finanz- oder Ertragslage

Potentiell strafbar sind nur Fehldarstellungen der Vermögens-, Finanz- oder Ertragslage eines Verbandes. Der vage Begriff der „Verhältnisse der Gesellschaft" in den bisherigen Strafbestimmungen wurde durch die „UGB-nahe" Formulierung „Vermögens-, Finanz- oder Ertragslage" ersetzt.[12] Es ist allerdings ausreichend, wenn nur einer dieser Aspekte unrichtig dargestellt wird.

Nicht aufgenommen in das neue Bilanzstrafrecht und somit weggefallen ist die Strafbarkeit einzelner Geschäftsfälle.[13] Dadurch ergibt sich eine für die Praxis durchaus relevante Einschränkung der Strafbarkeit.

b) Wesentlichkeit

Eine Information ist gemäß § 189a Z 10 UGB als wesentlich anzusehen, wenn nach ihrer Bedeutung und dem konkreten Ausmaß der Unrichtigkeit vernünftigerweise zu erwarten ist, dass sie Entscheidungen beeinflusst, welche die Adressaten basierend auf der Informationsdarstellung treffen. Nach dem Konzept der Wesentlichkeit im Zusammenhang mit Jahresabschlüssen sind wesentliche Umstände solche, bei deren Vorliegen ein sachkundiger Leser in seinem Gesamturteil über einen Jahresabschluss bzw Bericht wahrscheinlich beeinflusst worden wäre bzw dieses geändert hätte.[14]

Im österreichischen UGB ist durch das RÄG 2014[15] die bisher nicht im Gesetz explizit verankerte Wesentlichkeit in § 189a Z 10 UGB für die Aufstellung von Jahres- bzw Konzernabschlüssen sowie für die Beurteilung durch den Prüfer kodifiziert worden.[16] In den IFRS findet sich die Wesentlichkeit im Rahmen der grund-

---

11   Vgl *Götz/Krakow/Schrank*, Änderungen im Straf- und Strafprozessrecht ab Jänner 2016, compliance Praxis 03/2015, 37.
12   Jedoch schon zur bisherigen Rechtslage OGH 23.12.2010, 14 Os 143/09z -45, wo auf das „Bild der Gesamtlage" der Gesellschaft abgestellt wurde, worunter der OGH im Wesentlichen die Vermögens-, Finanz und Ertragslage verstand.
13   Bisher § 255 Abs 1 letzter Satz AktG, § 122 Abs 1 letzter Satz GmbHG.
14   Siehe *Bertl/Aschauer*, Das Kriterium der Wesentlichkeit für die Nichtigkeit des Jahresabschlusses, RWZ 4/2008, 109.
15   Vgl BGBl I 2015/22 Rechnungslegungsänderungsgesetz 2014 (RÄG 2014).
16   Siehe ErlRV 367 BlgNR 25. GP 1; vgl zur Geltung des Grundsatzes der Wesentlichkeit vor RÄG 2014, *Reiter/Reiter*, Der Grundsatz der Wesentlichkeit bei der Erstellung des Jahresabschlusses nach UGB,

legenden Ausführungen zu Bilanzierungs- und Bewertungsmethoden des IAS 8. Auch in den Prüfungsstandards (bspw ISA 320 oder KFS/PG 1) sind Bestimmungen bzw Überlegungen zur Wesentlichkeit enthalten.

Die Bestimmung der Wesentlichkeit erfolgt nicht generell durch mathematische Formeln, bspw als bestimmter Prozentsatz wichtiger Bilanzgrößen, sondern ist anhand einer einzelfallbezogenen Beurteilung in einem beweglichen System vorzunehmen.[17] Je wichtiger ein Bilanzposten ist, desto geringere Abweichungen von einer noch vertretbaren Darstellung können für die Beurteilung der Vermögens-, Finanz oder Ertragslage wesentlich sein und umgekehrt. Ferner haben Informationsempfänger nicht nur einen Anspruch darauf, über wesentliche Umstände informiert zu werden, sondern auch auf eine ordnungsgemäße Darstellung einzelner Bilanzpositionen, die etwa zur Berechnung von aussagekräftigen Kennzahlen erforderlich sind. Somit können auch Kennzahlen als Bezugsgröße für die Wesentlichkeit angesehen werden.[18] In Fortsetzung dieser Ausführungen werden zukünftig auch Kennzahlen, wie die Eigenkapitalquote und deren Veränderung in die Beurteilung des Vorliegens einer wesentlichen Fehldarstellung, insbesondere aus der Sicht eines Gläubigers mit Fokus auf das Schuldentilgungspotential, miteinzubeziehen sein.

Nach dem OGH, der schon zur strafrechtlichen Beurteilung nach § 255 AktG auf die Wesentlichkeit Bezug nahm, war ein Wertberichtigungsbedarf in dreistelliger Millionenhöhe (Euro) jedenfalls geeignet, die Vermögens-, Finanz- und Ertragslage erheblich verzerrt darzustellen und somit wesentlich.[19]

Auch in der Forschung bzw der Literatur wird die Wesentlichkeit intensiv thematisiert.[20] Beispielsweise beschäftigen sich *Toebe & Lorson* in ihrem Beitrag mit der Festlegung wertmäßiger Wesentlichkeitsgrenzen in der Rechnungslegung und Abschlussprüfung. Die Autoren gehen dabei insbesondere auf den unterschiedlichen Forschungsstand in den USA und in Deutschland ein. Die Arbeit zeigt insbesondere auf, dass ein Großteil (ca 74 %) der Untersuchungsergebnisse für die Beurteilung der Wesentlichkeit von wertmäßigen Fehlern das Periodenergebnis vor Steuern heranzieht. Somit werden Fehler, die das Periodenergebnis beeinflussen, als besonders bedeutsam angesehen. Um eine Konzentration auf diese Werte zu vermeiden, schlagen die Autoren eine Beurteilung der Wesentlichkeit basie-

---

RWZ 9/2010, 273 mit Verweisen zum Wesentlichkeitsprinzip auf ErlRV 1270 BlgNR 17. GP zum Rechnungslegungsgesetz (RLG 1990).
17 Vgl ErlRV 689 BlgNR 25. GP 27 f.
18 Vgl ErlRV 689 BlgNR 25. GP 28.
19 Vgl OGH 23.12.2010, 14 Os 143/09z -45; im fortgesetzten Verfahren zu OGH 14 OS 143/09z -44 verwarf der Gerichtssachverständige sein Gutachten; somit existierte ein Wertberichtigungsbedarf in dieser Höhe nicht.
20 Bspw *Booth* (2005), Two Faces of Materiality; *Bennan/Gray* (2013), The Impact of Materiality; *Baldauf et al* (2015), The influence of Audit Risk and Materiality Guidelines on Auditors' Planning Materiality Assessment.

rend auf einem kombinierten Grenzwert – beeinflusst von Umsatzerlösen, Periodenergebnis, Eigenkapital und Bilanzsumme – vor.[21]

c) Schädigungspotential

Die Falschdarstellung der Informationen muss außerdem dazu geeignet sein, einen erheblichen Schaden bei den jeweiligen Adressaten zu verursachen. Somit umfasst der Straftatbestand nur Sachverhalte bzw Informationen mit Schädigungspotential. Bspw sind darunter jene Schäden zu verstehen, die dadurch verursacht werden, dass eine Investitionsentscheidung basierend auf falsch dargestellten Jahresabschlussinformationen getroffen wird. Ziel dieser Bestimmung ist – so die Gesetzesmaterialien[22] – die Einschränkung der Strafbarkeit auf besonders strafwürdige Fälle.

Leider führt die Novelle hier einen sehr unbestimmten, neuen Rechtsbegriff ein. Was genau nämlich ein „erheblicher Schaden" ist, ist nicht definiert und wird daher von der Judikatur zu beantworten sein. So ist noch nicht einmal ersichtlich, ob der Gesetzgeber nur Vermögensschäden oder auch immaterielle Schäden erfasst wissen will. Ebenso wenig ist klar, ob die Erheblichkeit statisch und objektiv oder subjektiv am Einzelfall zu messen ist. Für einen Kleinanleger könnte beispielsweise bereits ein Schaden von 5.000 € erheblich sein, während für einen institutionellen Großanleger eine subjektive Grenze wohl wesentlich höher wäre.[23]

3. Tathandlung/Tatbestand

a) Darstellung

Bei Tathandlungen iSd § 163a Abs 1 StGB werden wesentliche Informationen mit Schädigungspotenzial in unvertretbarer Weise falsch oder unvollständig dargestellt. Mit dieser Formulierung werden die bisher in den Materiengesetzen verwendeten Begriffe „unrichtig wiedergeben" und „verschleiern" ersetzt. Verschleierungen sind nunmehr ein Unterfall der unrichtigen Darstellung, nämlich ein Verstoß gegen den Grundsatz der Bilanzklarheit. Für die Strafbarkeit der unvollständigen Darstellung kommt es dabei darauf an, ob Informationen erkennbar verschwiegen werden oder ob der Eindruck der Vollständigkeit entsteht.[24] Nach der Rechtsprechung ist nicht die Unterschrift für die Verwirklichung des strafrechtlichen Tatbestandes relevant, sondern die Aufstellung/Erstellung des Jahresabschlusses mit den falschen, für den Geschäftsverkehr schädlichen Angaben.[25]

---

21 Vgl *Toebe/Lorson*, Die Festlegung von wertmäßigen Wesentlichkeitsgrenzen in der Rechnungslegung & Abschlussprüfung unter Berücksichtigung wissenschaftlicher Studien, WPg 22/2012, 1200 ff.
22 Vgl ErlRV 689 BlgNR 25. GP 28.
23 Siehe *Götz/Krakow/Schrank*, Änderungen im Straf- und Strafprozessrecht ab Jänner 2016, compliance Praxis 03/2015, 38.
24 Vgl ErlRV 689 BlgNR 25. GP 28.

b) Richtigkeit, Vollständigkeit, Vertretbarkeit

Ziel des Bilanzstrafrechts ist die Forcierung der Einhaltung der gesetzlichen Rechnungslegungsvorschriften bzw der anerkannten Rechnungslegungsstandards. Dementsprechend ist für die Beurteilung, ob die Darstellung richtig und vollständig ist, das Rechnungslegungsrecht ausschlaggebend („Akzessorietät"). Die Novellierung soll der Tatsache, dass es gerade in Bilanzfragen keine absolute Wahrheit gibt, ausreichend Rechnung tragen.[26] Ob eine Information falsch ist, ist anhand der zugrundeliegenden Rechnungslegungsnormen zu bestimmen. Räumen die einschlägigen Rechnungslegungsvorschriften ein Ermessen ein, führt erst die unvertretbare Ausübung dieses Ermessens zur Strafbarkeit. Absichtliche Fehldarstellungen sind allerdings immer unvertretbar und damit strafbar.

c) Darstellungsmedien

§ 163a StGB greift nur, wenn die unrichtige oder unvollständige Darstellung wesentlicher Informationen, die die Vermögens-, Finanz- oder Ertragslage betreffen, in den folgenden Darstellungsmedien erfolgt:

- Z 1: Jahres- oder Konzernabschluss, Lage- oder Konzernlagebericht und andere an die Öffentlichkeit, die Gesellschafter oder Mitglieder, ein aufsichtsberechtigtes Organ oder dessen Vorsitzenden gerichteten Berichte,
- Z 2: öffentliche Aufforderungen zur Beteiligung an dem Verband,
- Z 3: Vorträge oder Auskünfte in der Haupt- oder Generalversammlung oder sonstigen Versammlung der Gesellschafter oder Mitglieder des Verbands,
- Z 4: Aufklärungen und Nachweise (§ 272 Abs 2 UGB) oder sonstige Auskünfte, die einem Prüfer (§ 163b Abs 1) zu geben sind,
- Z 5: Anmeldungen zum Firmenbuch, die die Einzahlung des Gesellschaftskapitals betreffen.

C. Tatbestand des Abs 2 (unterlassener Sonderbericht)

1. Tathandlung

Die Regelung des § 163a StGB enthält neben der fehlerhaften Berichterstattung auch den Tatbestand der Unterlassung von Sonderberichten, die bei der drohenden Gefährdung der Liquidität der Gesellschaft zu erstatten sind, als strafbare Handlung. Darunter ist insbesondere die Pflicht zur Sonderberichterstattung iSd § 81 Abs 1 3. Satz AktG bzw § 28a Abs 1 3. Satz GmbHG zu verstehen. Ist hingegen kein Sonderbericht zu erstatten, sondern nur eine Generalversammlung wegen wirtschaftlicher Probleme einzuberufen (bspw § 36 Abs 2 GmbHG), greift der Tatbestand nicht.

---

25 Vgl OGH 27.9.2001, 6 Ob 224/01m.
26 Vgl ErlRV 689 BlgNR 25. GP.

2. Täterkreis

Auch bei § 163a Abs 2 StGB handelt es sich um ein Sonderdelikt, das nur von einem spezifischen Personenkreis begangen werden kann. Im Gegensatz zu § 163a Abs 1 StGB, in dem auch Beauftragte zum potentiellen Täterkreis zählen, können nur die Entscheidungsträger den Tatbestand des § 163a Abs 2 StGB begehen, weil die Pflicht zur Sonderberichterstattung stets den/die Entscheidungsträger trifft. Dem trägt Abs 2 auch Rechnung, indem nur Entscheidungsträger als potentielle Täter angeführt sind.

D. Vorsatz

Die beschriebenen Handlungen sind nach der Grundregel des § 7 Abs 1 StGB nur strafbar, wenn sie vorsätzlich begangen werden.

Dabei reicht jedoch bereits Eventualvorsatz (dolus eventualis) gemäß § 5 Abs 1 StGB aus. Eventualvorsatz liegt vor, wenn der Täter die Verwirklichung eines Tatbestandes ernstlich für möglich hält und sich damit abfindet. Der Eventualvorsatz des Täters muss sich auf alle Elemente des Tatbestandes beziehen, insbesondere auf die Unrichtigkeit, die Erheblichkeit und das Schädigungspotential der Information. Erfolgt die Falschdarstellung nicht vorsätzlich, sondern nur (wenn auch grob) fahrlässig, kann keine Strafbarkeit vorliegen. Freilich kann fahrlässiges Handeln zivilrechtliche Konsequenzen (Schadenersatzansprüche) nach sich ziehen.

Die Materialien weisen außerdem darauf hin, dass dem Erfordernis der Unvertretbarkeit einer Darstellung eine gewisse Vorsatzkomponente zukommt, die der Wissentlichkeit (§ 5 Abs 3 StGB) nahe kommt. Leider fand diese Einschränkung keinen ausdrücklichen Niederschlag im Gesetzestext. Tatsächlich ist es aber richtig, dass das Tatbestandselement der Unvertretbarkeit auch auf der subjektiven Tatseite eine ganz wesentliche Haftungsbeschränkung nach sich zieht, weil ein potentieller Täter nun nur dann zu bestrafen ist, wenn ihm nachgewiesen werden kann, dass er es „ernsthaft für möglich gehalten hat", dass die Bewertungs- und Ermessensspielräume in unvertretbarer Weise überschritten werden. Geht die betroffene Person hingegen – wenn auch fahrlässig – davon aus, dass sie sich noch im Rahmen der bilanziellen Vertretbarkeit bewegt, liegt insoweit kein Eventualvorsatz vor. Betont wird auch ausdrücklich, dass nicht jeder von der OePR (siehe dazu Punkt III.G.) festgestellte wesentliche Fehler den Eventualvorsatz indiziert.[27]

E. Strafrahmen

Der Strafrahmen beträgt grundsätzlich bis zu zwei Jahre. Sofern es sich um einen Verband handelt, dessen übertragbare Wertpapiere zum Handel auf einem geregelten Markt eines Mitgliedstaats der europäischen Union oder eines Vertragsstaats

---

27 Vgl ErlRV 689 BlgNR 25. GP 28.

des Abkommens über den EWR gehandelt werden („kapitalmarktorientierte Unternehmen"), erhöht sich das Strafmaß auf bis zu drei Jahre. Grundsätzlich sind keine Geldstrafen vorgesehen, allerdings sind nach Maßgabe des allgemeinen Teils des StGB bzw der StPO auch Geldstrafen oder Diversion möglich.

III. Straftatbestand für Prüfer (§ 163b StGB)
A. Allgemeines

Bisher wurden Wirtschaftsprüfer allenfalls als Beauftragte von den Bilanzdelikten miterfasst. Dies wurde den besonderen Aufgaben eines Prüfers jedoch nicht gerecht. Aus diesem Grund wurde nun mit § 163b StGB ein eigener Straftatbestand für Prüfer in das StGB aufgenommen. Wiederum wird zwischen zwei Fallgruppen unterschieden: Abs 1 regelt die Strafbarkeit falscher und unvollständiger Angaben in Prüfungsberichten sowie in Vorträgen vor der Gesellschafter- bzw Mitgliederversammlung des Verbands. Dazu gehört auch das Verschweigen der Tatsache, dass wesentliche Informationen beispielsweise im geprüften Jahresabschluss unrichtig oder unvollständig dargestellt werden. Abs 2 stellt das Erteilen eines inhaltlich unrichtigen Bestätigungsvermerks unter Strafe. Ebenso erfasst Abs 2 das Nichtausüben einer gesetzlich vorgeschriebenen Redepflicht, wenn der Bestand des Verbands gefährdet ist.

B. Täterkreis des § 163b StGB

Auch bei den Delikten nach § 163b StGB handelt es sich um Sonderdelikte, welche nicht von jedem begangen werden können. Als Täter iSd § 163b Abs 1 StGB kommen in Frage:

- Abschlussprüfer,
- Gründungsprüfer,
- Sonderprüfer,
- Verschmelzungsprüfer,
- Spaltungsprüfer,
- Revisoren,
- Stiftungsprüfer,
- Mitglied der Prüfungskommission (§ 40 ORF-G) oder
- sonst Prüfer mit vergleichbaren Funktionen aufgrund verbandsrechtlicher Bestimmungen eines in § 163c angeführten Verbandes.

Eine namentliche Aufzählung ist erschöpfend nicht möglich, weil auch die erfassten Verbände (siehe unten Punkt IV.) nicht abschließend aufgezählt sind, um auch ausländische Verbände zu erfassen. Um als nicht ausdrücklich erwähnter Prüfer unter § 163b StGB zu fallen, müssen zwei Kriterien erfüllt sein: Einerseits muss der Prüfer aufgrund verbandsrechtlicher Bestimmungen tätig werden. Verbandsrechtliche Bestimmungen sind solche des Gesellschaftsrechts sowie sonstiger Gesetze, die Verbände regeln (bspw das BWG).[28] Andererseits muss die Tätigkeit mit der eines der aufgezählten Prüfer vergleichbar sein. Im Wesentlichen werden alle Tätigkeiten eines Wirtschaftsprüfers, der eine der Tathandlungen aufgrund seines Auftrags überhaupt erfüllen könnte, erfasst sein.

Von der Regelung erfasst sind auch freiwillige Prüfungen, wie bspw jene von kleinen, nicht aufsichtsratspflichtigen GmbHs.

Die Pflichten zur ordnungsgemäßen Prüfung iSd Materiengesetze werden durch die vorliegende Regelung im StGB nicht erweitert. Bei Einhaltung der Grundsätze ordnungsmäßiger Durchführung von Abschlussprüfungen wird eine Strafbarkeit auszuschließen sein. Dies umfasst auch die Vornahme der Prüfungshandlungen, die vom Prüfer auf Grundlage von ISA 320 als wesentlich beurteilt wurden.

C. Tatbestand des Abs 1 (falscher/unvollständiger Bericht)

1. Wesentlichkeit, Schädigungspotential

§ 163b StGB verweist hinsichtlich der Wesentlichkeit auf § 163a. Die Begriffe sind deckungsgleich, weshalb auf Punkt II.B.2.b) dieses Beitrags zu verweisen ist. Zwar fehlt ein ausdrücklicher Verweis, weil der Gesetzgeber allerdings dieselbe Wortfolge verwendet, gilt dasselbe für das Schädigungspotential, weshalb diesbezüglich auf Punkt II.B.2.c) zu verweisen ist.

2. Tathandlung/Tatbestand

§ 163b Abs 1 StGB stellt die in unvertretbarer Weise falsche oder unvollständige Darstellung wesentlicher Informationen im Rahmen eines Prüfungsberichts sowie im Vortrag oder einer Auskunft an die Haupt- oder Generalversammlung oder Mitgliederversammlung des Verbands unter Strafe. Ebenso erfasst ist – wiederum im Rahmen des Prüfungsberichtes oder eines Vortrags bzw einer Auskunft – das Verschweigen der Tatsache, dass der Jahres- bzw Konzernabschluss, der Lagebericht oder der sonst geprüfte Abschluss wesentliche Informationen falsch oder unvollständig darstellt. Der Tatbestand ist damit das auf die Prüftätigkeit angepasste Spiegelbild des § 163a Abs 1 StGB.

D. Tatbestand des Abs 2 (inhaltlich unrichtiger Bestätigungsvermerk, unterlassene Redepflicht)

1. Tathandlung des Abs 2 Z 1

§ 163b Abs 2 Z 1 StGB stellt das Erteilen eines inhaltlich unrichtigen Bestätigungsvermerks unter Strafe, sofern dies in unvertretbarer Weise erfolgt und dazu

---
28 Vgl ErlRV 689 BlgNR 25. GP 30.

geeignet ist, einen erheblichen Schaden für den Verband, die Gesellschafter, Verbandsmitglieder, Gläubiger oder Anleger zu verursachen (zum Schädigungspotential siehe oben Punkt II.B.2.c).

Eine Erläuterung zum Tatbestand des Vorliegens eines inhaltlich unrichtigen Bestätigungsvermerks in unvertretbarer Weise ist trotz Kritik zum Begutachtungsentwurf in den ErlRV nicht erfolgt. Ein Bestätigungsvermerk wird somit als inhaltlich unrichtig anzusehen sein, wenn dieser aufgrund des zugrundeliegenden Prüfungsergebnisses nicht vertretbar zu erteilen war. Ist aufgrund des Prüfungsergebnisses nach einer ordnungsmäßig durchgeführten Prüfung die Erteilung eines uneingeschränkten Bestätigungsvermerks nicht vertretbar, ist zur Erfüllung des Tatbestandes zusätzlich zu beurteilen, ob dadurch ein erheblicher Schaden verursacht wurde. Das gänzliche Unterlassen von gesetzlich geforderten Angaben im Anhang, wie das Honorar des Abschlussprüfers oder die Vorstandsbezüge durch den Aufsteller des Jahresabschlusses oder Konzernabschlusses sollte zwar zur Erteilung eines eingeschränkten Bestätigungsvermerks führen,[29] wird im Hinblick auf den dadurch wohl nicht verursachten erheblichen Schaden den Tatbestand jedoch nicht verwirklichen. Es wird im Einzelfall zu beurteilen sein, ob bei ordnungsmäßiger Durchführung der Abschlussprüfung der erteilte Bestätigungsvermerk im Sinn des § 274 UGB noch vertretbar zu erteilen war und ein erheblicher Schaden bei unterstellter Unvertretbarkeit verursacht werden konnte.

2. Tathandlung des Abs 2 Z 2

§ 163b Abs 2 Z 2 StGB stellt das Unterlassen der Ausübung der Redepflicht unter Strafe. Im Sinn dieser Regelung ist strafbar, wer als Prüfer iSd § 163b Abs 1 StGB einen gesetzlich verpflichtenden Bericht nicht erstattet, den er angesichts der drohenden Bestandsgefährdung hätte erstatten müssen. Diese Regelung erfasst die unterlassene Redepflicht iSd § 273 Abs 2 UGB. Die Berichterstattung über die Redepflicht ist zwar gesetzlicher Bestandteil des Prüfungsberichts, ist gem § 163b Abs 2 Satz 2 StGB aber nachrangig.

Im Gegensatz zu den anderen Tatbeständen der §§ 163a und 163b StGB sind für den Tatbestand des § 163b Abs 2 Z 2 StGB die Wesentlichkeit, die Unvertretbarkeit sowie der erhebliche Schaden, der durch die unterlassene Redepflicht entstehen könnte, keine Tatbestandsvoraussetzungen. *Müller/Wiedermann* weisen darauf hin, dass einerseits bereits die bloße Möglichkeit einer Bestandsgefährdung für die Ausübung der Redepflicht genügt, anderseits ein erhebliches Maß an Wahrscheinlichkeit vorliegen muss.[30] Dies ist angemessen, da sonst eine „zu prophylaktische" Ausübung der Redepflicht zu befürchten ist, um die strafrechtliche

---

29 Vgl IDW PS 400, 46.
30 Vgl *Müller/Wiedermann* in *Straube*, UGB II/RLG³, § 273 Rz 32; weiterführende Literaturstellen bei *Pucher* in *Bertl/Fröhlich/Mandl* (Hrsg), HB Rechnungslegung, Bd III: Abschlussprüfung 2015, § 273 Rz 70 ff.

Falle des abstrakten Gefährdungsdeliktes zu umgehen. Damit würde der Zweck der Redepflicht nicht nur nicht erfüllt, sondern eine zu präventive Ausübung der Redepflicht für den eingeschränkten Adressatenkreis sinnentleert werden. Da *dolus eventualis* für die Strafbarkeit genügt, wird der Prüfer im Einzelfall die Umstände gewissenhaft abzuwägen haben.[31] Im Zweifel ist dem Prüfer die Einholung einer kompetenten Rechtsmeinung über die Ausübung der Redepflicht anzuraten.

Die sonstigen die Redepflicht auslösenden Tatbestände des § 273 Abs 2 UGB, insbesondere die wesentliche Beeinträchtigung der Entwicklung oder schwerwiegende Verstöße der gesetzlichen Vertreter, sowie § 273 Abs 3 UGB sind von dieser Strafbestimmung nicht erfasst.

E. Vorsatz

Strafbar ist wiederum nur vorsätzliches Handeln, wobei Eventualvorsatz ausreichend ist. Es gilt das zu Punkt II.D. Ausgeführte sinngemäß.

F. Strafrahmen

Der Strafrahmen beträgt grundsätzlich bis zu zwei Jahre Freiheitsstrafe. Sofern es sich um einen kapitalmarktorientierten Verband handelt, erhöht sich das Strafmaß auf bis zu drei Jahre. Grundsätzlich sind keine Geldstrafen vorgesehen, allerdings sind nach Maßgabe des allgemeinen Teils des StGB bzw der StPO Geldstrafen oder Diversion möglich.

G. Fehlerfeststellung durch die OePR oder die FMA

Die OePR bzw die FMA verfolgen im Rahmen des Enforcement-Verfahrens das Ziel, die Richtigkeit wichtiger Kapitalmarktinformationen von Unternehmen zu überwachen. Dafür sind Unrichtigkeiten bei der Erstellung von Unternehmensabschlüssen und -berichten, welchen nicht präventiv (zB im Rahmen der Abschlusserstellung oder der Abschlussprüfung) entgegengewirkt werden konnte, im Zuge der OePR- bzw FMA-Prüfungen aufzudecken und es ist der Kapitalmarkt über die aufgedeckten Unrichtigkeiten zu informieren.[32] Im StRÄG 2015 wird auf das RL-Kontrollgesetz und das österreichische Enforcement-Verfahren verwiesen. Insbesondere sollen die „Bilanzprüfungen" dieser beiden Institutionen dazu beitragen, festzustellen, ob die aufgedeckten Fehler bzw Fehldarstellungen die genannten Schwellen der gerichtlichen Strafbarkeit überschreiten. Ist dies nicht der Fall, wird sich idR kein Anfangsverdacht iSd § 1 Abs 3 StPO bezüglich der §§ 163a und 163b

---

31 ZB signifikante Abhängigkeit von bestimmten Lieferanten oder Kunden (KFS/BW 5 Leitfaden zur Erkennung von Unternehmenskrisen, Abschnitt 2.1. Potentielle Krise).
32 Vgl ErlRV 2002 BlgNr 24. GP 1.

StGB ergeben. Die Materialien betonen, dass nicht jede Feststellung eines wesentlichen Fehlers bereits eine strafbare „Bilanzfälschung" indiziert.[33]

IV. Erfasste Verbände

Vor dem StRÄG 2015 waren die Bilanzstraftatbestände in den einzelnen Materiengesetzen geregelt. Die Vereinheitlichung im StGB macht eine Auflistung aller erfassten Verbände notwendig. Die §§ 163a und 163b StGB sind auf die folgenden Verbände anzuwenden:

- Gesellschaften mit beschränkter Haftung,
- Aktiengesellschaften,
- Europäische Gesellschaften (SE),
- Genossenschaften,
- Europäische Genossenschaften (SCE),
- Versicherungsvereine auf Gegenseitigkeit,
- große Vereine im Sinn des § 22 Abs 2 des Vereinsgesetzes 2002,
- offene Gesellschaften und Kommanditgesellschaften im Sinne des § 189 Abs 1 Z 2 lit a UGB,
- Sparkassen,
- Privatstiftungen,
- die Stiftung nach dem ORF-Gesetz und
- den in Z 1 bis 11 genannten Verbänden vergleichbare ausländische Verbände, deren übertragbare Wertpapiere zum Handel an einem geregelten Markt im Inland zugelassen sind oder die im Hinblick auf eine Zweigniederlassung im Inland im Firmenbuch eingetragen sind (§ 12 UGB).

Erstmalig erfasst sind große Vereine, kapitalistische Personengesellschaften, Sparkassen und ausländische Verbände, deren übertragbare Wertpapiere zum Handel an einem geregelten Markt im Inland zugelassen sind oder die im Hinblick auf eine Zweigniederlassung im Inland im Firmenbuch eingetragen sind. Die Erweiterung wurde damit begründet, dass die nunmehr erfassten Verbände alle eine Rechnungslegungspflicht trifft. Zusätzlich wurde bezüglich der Erweiterung auf ausländische Rechtsträger der Schutz der inländischen Gläubiger, Investoren und anderer Vertragspartner als Grund genannt. Mit Ausnahme der Genossenschaft mit unbeschränkter Haftung, deren praktische Bedeutung sich ohnehin in Grenzen hält, sind nur (und alle) Verbände, für deren Verbindlichkeiten keine natürliche Person unbeschränkt haftet, erfasst. Wegen des strafrechtlichen Analogieverbots nach § 1 Abs 1 StGB dürfen die Verbote der §§ 163a und 163b StGB nicht auf andere als die genannten Verbände ausgedehnt werden. Die in § 163c StGB enthaltene Aufzählung ist somit taxativ.

---

33 Siehe ErlRV 689 BlgNR 25. GP 28.

V. Tätige Reue

Bestimmte strafbare Handlungen können durch tätige Reue saniert werden. Reuefähig sind jedoch nur solche Delikte, welche ausdrücklich im Gesetz (insb § 167 StGB) aufgezählt werden. Dazu zählen beispielsweise klassische Vermögensdelikte wie Diebstahl, Sachbeschädigung, Betrug, Veruntreuung und weitere Delikte, aber auch Gläubigerschutzdelikte wie betrügerische Krida, Schädigung fremder Gläubiger oder die grob fahrlässige Beeinträchtigung von Gläubigerinteressen. Grundsätzlich ist für die tätige Reue erforderlich, dass der Schaden

- rechtzeitig – dh bevor die zur Strafverfolgung berufenen Behörden davon erfahren haben
- freiwillig – dh aus eigenem Antrieb heraus, wobei ein Drängen des Geschädigten grundsätzlich nicht schadet – und
- vollständig – zB durch die Rückgabe des gestohlenen Guts –

wieder gutgemacht wird.

Tätige Reue ist kein Milderungsgrund, sondern ein persönlicher Strafaufhebungsgrund und hat somit eine komplette Strafbefreiung zur Folge.

Vor dem StRÄG 2015 war – mit Ausnahme von § 18 SpaltG – keine tätige Reue für Bilanzdelikte vorgesehen. Mit dem StRÄG 2015 wird in § 163d StGB eine eigene Bestimmung zur tätigen Reue bei Bilanzdelikten eingeführt. Falsche Angaben müssen richtig gestellt bzw fehlende Angaben nachgetragen werden. Wie für die tätige Reue üblich, muss dies freiwillig und rechtzeitig geschehen. Da ein Schadenseintritt für die Strafbarkeit demnach nicht erforderlich ist, kommt es auf eine Wiedergutmachung des Schadens nicht an. Vielmehr liegt dieser Spezialform der tätigen Reue Schadensverhinderung zu Grunde: Allen Formen der tätigen Reue nach § 163d StGB ist gemein, dass sie vorgenommen werden müssen, bevor überhaupt ein Schaden entstehen kann.

Die folgende Tabelle enthält die Anwendungsfälle für die tätige Reue im Zusammenhang mit den Bilanzfälschungsdelikten der §§ 163a und 163b StGB, wie sie in § 163d StGB festgehalten werden:

Tatbestand (§ 163a StGB)	Zeitpunkt (§ 163d StGB)
Abs 1 Z 1: an ein aufsichtsberechtigtes Organ gerichteter Bericht	bevor die Sitzung des Organs beendet ist
Abs 1 Z 2: öffentliche Aufforderung zur Beteiligung an dem Verband	bevor sich jemand am Verband beteiligt hat
Abs 1 Z 3: Vortrag oder Auskunft in der Haupt-, General- oder Mitgliederversammlung oder sonst einer Versammlung der Gesellschafter oder Mitglieder des Verbandes	bevor die Haupt-, General- oder Mitgliederversammlung oder sonst eine Versammlung der Gesellschafter oder Mitglieder des Verbandes beendet ist

Abs 1 Z 4: Aufklärungen und Nachweise oder sonstige Auskünfte, die einem Prüfer zu geben sind	bevor der betreffende Prüfer seinen Bericht vorgelegt hat
Abs 1 Z 5: Anmeldung zum Firmenbuch, die die Einzahlung des Gesellschaftskapitals betrifft	bevor die Eintragung im Firmenbuch angeordnet worden ist
Tatbestand (§ 163b StGB)	**Zeitpunkt (§ 163d StGB)**
Abs 1 Z 2: Vortrag oder Auskunft in der Haupt-, General- oder Mitgliederversammlung oder sonst einer Versammlung der Gesellschafter oder Mitglieder des Verbandes	bevor die Haupt-, General- oder Mitgliederversammlung oder sonst eine Versammlung der Gesellschafter oder Mitglieder des Verbandes beendet ist

Tab 1: Tätige Reue bei Bilanzfälschung

Keine tätige Reue ist hingegen möglich für Entscheidungsträger oder Beauftragte, die in einem Jahres- oder Konzernabschluss, einem Lage- oder Konzernlagebericht oder einem anderen an die Öffentlichkeit, an die Gesellschafter oder die Mitglieder gerichteten Bericht unrichtige oder unvollständige Angaben gemacht haben (§ 163a Abs 1 Z 1 StGB) oder einen Sonderbericht nicht erstattet haben, der angesichts der drohenden Gefährdung der Liquidität des Verbandes gesetzlich geboten ist (§ 163a Abs 2 StGB). Somit ist der aus praktischer Sicht wohl wichtigste Fall der Bilanzdelikte, nämlich die unrichtige oder unvollständige Darstellung der Vermögens-, Finanz- oder Ertragslage in einem Jahresabschluss oder Konzernabschluss weiterhin nicht reuefähig.

Auch bei Prüfern ist nur ein sehr eingeschränkter Bereich des Tatbestandes der tätigen Reue zugänglich. Prüfern steht die Möglichkeit der tätigen Reue nicht offen, wenn sie

- in einem Prüfungsbericht in unvertretbarer Weise wesentliche Informationen falsch oder unvollständig dargestellt oder eine derartige Darstellung verschwiegen haben (§ 163b Abs 1 Z 1 StGB),
- in unvertretbarer Weise einen inhaltlich unrichtigen Bestätigungsvermerk erteilt haben (§ 163b Abs 2 Z 1 StGB), oder
- ihre Redepflicht nicht erfüllt haben (§ 163b Abs 2 Z 2 StGB).

VI. Zivil- und berufsrechtliche Konsequenzen

A. Zivilrechtliche Konsequenzen

Bezüglich der zivilrechtlichen Konsequenzen stellt sich zuerst die Frage, ob die zugrundeliegenden gesetzlichen Bestimmungen als Schutzgesetze gelten. Grundsätzlich sind als Schutzgesetze jene Normen zu verstehen, die abstrakte Gefährdungsverbote sind, einen bestimmten Personenkreis schützen (hierbei reicht der Schutz rein öffentlicher Interessen nicht aus) und vor Verletzungen von Rechtsgütern schützen. Die Haftung umfasst nur jene Schäden, die das Schutzgesetz verhindern sollte.

Die alten Regelungen (zB § 122 GmbHG, § 255 AktG) wurden nach hM als Schutzgesetze angesehen, daher wird konsequenterweise davon auszugehen sein, dass auch die §§ 163a und 163b StGB als Schutzgesetze gelten. Wird gegen die Regelungen verstoßen, können die Geschädigten (zB Verband, Gläubiger, Aktionäre) unmittelbar gegen den Täter vorgehen. Die Haftungssumme unterliegt dann keiner Betragsbeschränkung.

B. Berufsrechtliche Konsequenzen

Wirtschaftstreuhändern droht bei Vorliegen einer rechtswirksamen Anklageschrift wegen des Verdachts einer mit Vorsatz begangenen strafbaren Handlung die Suspendierung durch die Kammer der Wirtschaftstreuhänder, wenn die Handlung mit mehr als einer dreimonatigen Freiheitsstrafe bedroht ist (§ 99 Abs 1 Z 2 WTBG). Dadurch wird dem angeklagten Wirtschaftstreuhänder die Berufsausübung untersagt. Von einer Suspendierung ist in den Fällen des § 99 Abs Z 2 WTBG abzusehen, wenn die ordnungsgemäße Berufsausübung nicht gefährdet ist.

Alternativ kann der Wirtschaftstreuhänder die Befugnis ruhend stellen. Nach § 97 WTBG sind Berufsberechtigte *„berechtigt, auf ihre Befugnis zur selbständigen Ausübung ihres Wirtschaftstreuhandberufes vorübergehend mit der Rechtsfolge zu verzichten, das hierdurch Ruhen der Berufsbefugnis eintritt"*. Während der Ruhendstellung der Berufsbefugnis darf die Berufsbezeichnung „Wirtschaftsprüfer" weiterhin geführt werden.

VII. Zusammenfassung und Fazit

Durch das StRÄG 2015 wurden die Bilanzdelikte aus den einzelnen Materiengesetzen in das Strafgesetzbuch eingegliedert. Es wurde einerseits der mögliche Strafrahmen auf bis zu zwei bzw bis zu drei Jahre erhöht. Andererseits wurde aber durch Einführen einer Wesentlichkeitsgrenze, der Unvertretbarkeit sowie der Beschränkung auf Fälle mit erheblichem Schädigungspotential bewusst versucht, die Tatbestände auf das wirklich Strafwürdige zu beschränken. Die Rechtsprechung sollte dies berücksichtigen.

Auch wurde der Täterkreis insbesondere um das direkt unter der Geschäftsleitung angesiedelte Management erweitert. Um die Haftung bzw die strafbaren Handlungen von Abschlussprüfern und sonstigen Prüfern eindeutig im Gesetz festzuhalten und deren besonderes Aufgabengebiet besser zu erfassen, wurde ein eigener Paragraph geschaffen. Mit der Gesetzesnovellierung soll eine Vereinheitlichung und Klarstellung der Gesetzeslage erreicht werden.

Literaturverzeichnis

Baldauf, J./Steckel, R./Steller, M. (2015): The influence of Audit Risk and Materiality Guidelines on Auditors' Planning Materiality Assessment, in: Accounting and Finance Research, Heft 4, S 97–114.
Bennan, N.M./Gray, S.J. (2005): The Impact of Materiality: Accounting's Best Kept Secret, Asian Academy of Management Journal of Accounting and Finance, S 1–31; verfügbar unter: http://ssrn.com/abstract=2257485.
Bertl, R./Aschauer, E. (2008): Das Kriterium der Wesentlichkeit für die Nichtigkeit des Jahresabschlusses, in: RWZ, 2008, S 109-113.
Booth, R.A. (2013): Two Faces of Materiality, Villanova Lax/Public Policy Research Paper no. 2013–3048; verfügbar unter: http://dx.doi.org/10.2139/ssrn.2196913.
Gelbmann, B. (2003): Strafrechtliche Absicherung der Corporate Governance, in: GesRZ, 2003, Heft 1, S 20–28.
Götz, E./Krakow, G./Schrank, C. (2015): Änderungen im Straf- und Strafprozessrecht ab Jänner 2016, in: compliancePraxis, 2015, Heft 3, S 34.
Lewisch, P. (2015): Bilanzstrafrecht – Status Quo und Reform, in: *Kalss, S./Torggler, U.*, Enforcement im Rechnungslegungsrecht, Beiträge zum 3. Wiener Unternehmensrechtstag 2014, Wien 2015.
Müller, N./Wiedermann, K. (2011): Kommentierung zu § 273 UGB, in: *Straube, M.* (Hrsg.), UGB UGB II/RLG³, Wien.
Pucher, M. (2015), Kommentierung zu § 273 UGB in: *Bertl, R./Fröhlich, C./Mandl, D.* (Hrsg), Handbuch Rechnungslegung, Bd III: Abschlussprüfung, 2015, S. 211–245.
Reiter, Ro./Reiter, Re., (2010): Der Grundsatz der Wesentlichkeit bei der Erstellung des Jahresabschlusses nach UGB, in: RWZ, 2010, Heft 9, S. 273–276.
Schrank, C./Ruhri G. (2014): Strafrecht für Wirtschaftstreuhänder, 2014, Wien.
Toebe, M./Lorson, P. (2012): Die Festlegung von wertmäßigen Wahrscheinlichkeitsgrenzen in der Rechnungslegung und Abschlussprüfung unter Berücksichtigung wissenschaftlicher Studien, in: Die Wirtschaftsprüfung (WPg), Heft 22/2012, S. 1200–1206.
Zeder, F. (2011): Reformüberlegungen zum Bilanzstrafrecht, in: RdW, 2011, Heft 4, S 191–193.

Weitere Quellen

KFS/BW 5 Leitfaden zur Erkennung von Unternehmenskrisen, idF vom 24.3.2010, insb Abschnitt 2.1. Potentielle Krise.
IDW PS 400, Grundsätze für die ordnungsmäßige Erteilung von Bestätigungsvermerken bei Abschlussprüfungen, idF vom 28.11.2014.
ErlRV 2002 BlgNr XXIV. GP 1. beschlossen durch BGBl I Nr 21/2013.
ErlRV 367 BlgNR XXV. GP zum Rechnungslegungsänderungsgesetz 2014, beschlossen durch BGBl I Nr 22/2015.

ErlRV 689 BlgNR XXV. GP zum Strafrechtsänderungsgesetz 2015, beschlossen durch BGBl I Nr 112/2015.
ErlRV 1270 BlgNR XVII. GP zum Rechnungslegungsgesetz (RLG 1990).
Rechnungslegungsänderungsgesetz 2014 (RÄG 2014) beschlossen durch BGBl I Nr 22/2015.
OGH 23.12.2010, 14 Os 143/09z.
OGH 27.9.2001, 6 Ob 224/01m.

Aktuelle stiftungsrechtliche und steuerrechtliche Fragen zur Privatstiftung

Susanne Kalss / Michael Petritz / Stéphanie Hörmanseder

I. **Einleitung**
II. **Der Beirat**
   A. Geschwächtes Instrument der Familie
   B. Aufgaben des Beirats
III. **Die Substiftung**
   A. Motivation zur Errichtung
   B. Zulässigkeit der Errichtung einer Substiftung
   C. Ausgestaltung der Substiftung
   D. Errichtung der Substiftung – keine widerrufsgleiche Änderung
   E. Steuerliche Rahmenbedingungen für die Errichtung von Substiftungen
      1. Österreichische Privatstiftung als Substiftung
         a) Stiftungseingangssteuer
         b) Ertragsteuer
         c) Besteuerung der zuwendenden Stiftung
      2. Liechtensteinische Stiftung als Substiftung
         a) Intransparenz
         b) Eingangsbesteuerung
         c) Ertragsteuer
         d) Besteuerung der zuwendenden Stiftung
      3. Zuwendungsbesteuerung
IV. **Der Stiftungsprüfer**
V. **Weitere steuerrechtliche Neuerungen in Bezug auf Stiftungen**
   A. Einfluss der GrEStG-Änderungen auf Privatstiftungen
   B. Steuerliches Umfeld für gemeinnützige Stiftungen

I. Einleitung

Die österreichische Privatstiftung besteht seit 1993 und damit seit mehr als zwanzig Jahren. Sie hat die Aufgabe der Vermögensbindung und Hintanhaltung der Teilung von Vermögen, insbesondere von Familienvermögen, im vertikalen Erbweg und auf horizontaler Ebene durch steten Verkauf und Weitergabe der Anteile einzelner Personen. Das Instrument der Privatstiftung ist – funktional – als Parallele zum – aus dem angelsächsischen Recht stammenden – Trust konzipiert.[1] Die Rechtstechnik der Vermögensbindung in einem eigenständigen Rechtsträger und die Konzentration der Verfügungsbefugnis auf den Stiftungsvorstand und die offene Gestaltungsmöglichkeit der Kontrolle der Verwaltung sind ebenso sachgerecht wie die Anerkennung der eigentümerähnlichen Gestaltungs- und Einwirkungsrechte des Stifters.[2] Allerdings schränkte die Judikatur des OGH[3] und ihm folgend die tägliche Gerichtspraxis der Firmenbuchgerichte die Gestaltungsoffenheit und die Einsetzbarkeit der Privatstiftung für die Bindung und Erhaltung unternehmerischen Vermögens massiv ein, sodass ein deutlicher Änderungsbedarf besteht. Auch im Bereich der Stiftungsprüfung gab es im Jahr 2015 ein eindeutiges Urteil bezüglich der Bestellung und der Bestellungsdauer eines Stiftungsprüfer, welches im Rahmen des Beitrages dargestellt wird.

Weitere wesentliche Auswirkungen für Privatstiftungen ergeben sich aus einer Vielzahl an steuerlichen Reformen, die im Jahr 2015 durchgeführt wurden. Diese umfassen die Steuerreform 2015/2016, die GrESt-Novelle 2014, das AbgÄG 2015 sowie die Neukodifizierung des Gemeinnützigkeitsgesetzes 2015. Ziel des vorliegenden Beitrages ist es, die wesentlichen Änderungen, die sich aus den Reformen für Privatstiftungen ergeben, kurz darzustellen. Des Weiteren werden – basierend auf dem Vortrag auf der IWP-Fachtagung – die steuerrechtlichen Rahmenbedingungen von FL-Substiftungen dargestellt.

Der vorliegende Beitrag ist wie folgt aufgebaut: Nach der Einleitung folgt eine Darstellung des Beirates sowie eine kritische Würdigung desselben. Im nächsten Kapitel wird auf die Errichtung einer Substiftung eingegangen, bevor im vierten Kapitel eine kurze Abhandlung des Stiftungsprüfers erfolgt. Im letzten Teil des Beitrages werden die steuerlichen Neuerungen ausgeführt.

II. Der Beirat

A. Geschwächtes Instrument der Familie

In rund zwei Drittel aller Privatstiftungen besteht die satzungsmäßige Grundlage, einen Beirat einzurichten. Der Beirat erlangt nach dem Tod des Stifters oder jeden-

---
1 Vgl *Cerha*, Wir brauchen dringend ein modernes Stiftungsrecht, Der Gewinn 2/1991, 147.
2 So ausdrücklich OGH 1 Ob 214/09s, GesRZ 2011, 53.
3 Vgl nur *Cerha* in *Kalss*, Aktuelle Fragen zum Stiftungsrecht (2014) 1 ff.

falls des Hauptstifters besondere Bedeutung. Die Privatstiftung ist ein Rechtsträger, dem ein Vermögen mit besonderer Zweckwidmung zugeordnet ist. Die Privatstiftung hat keine Eigentümer, daher auch keine institutionell verankerte Gesellschafter- oder Eigentümerversammlung. Es fehlt daher der formal berechtigte Eigentümer oder eine Eigentümerversammlung. Somit fehlen das kontrollierende Auge und die kontrollierende Hand des Eigentümers.[4] Ohne weitere Regelung in der Stiftungsurkunde besteht daher ein strukturelles Kontrolldefizit,[5] dem geschäftsführenden Vorstand steht nämlich kein permanent tätiges Organ in der Privatstiftung gegenüber.[6] Dies wiegt umso schwerer, als § 15 PSG eine Sollbruchstelle zwischen Begünstigten und Vorstand markiert, da Begünstigte der Privatstiftung von dem Vorstandsamt ausgeschlossen und die Begünstigten- und Vorstandsstellung inkompatibel sind. Gerade in einer Stiftung, die darauf ausgerichtet ist, den Stifter und dessen Familienmitglieder und Rechtsnachfolger zu begünstigen, wird damit die Familie von der Leitung der Privatstiftung ausgeschlossen. Vom Vorstandsamt sind nämlich die Begünstigten und die Verwandten bis zur dritten Seitenlinie ausgeschlossen. In den Vorstand können hingegen verschwägerte Personen der Begünstigten ebenso wie Ehepartner von Begünstigten aufgenommen werden.

Dies stellt die Sollbruchstelle des Privatstiftungsrechts dar. Anders als nach allen ausländischen Vergleichsbeispielen werden nach österreichischem Recht besonders interessierte Personen von der Leitung des zweckgebundenen Sondervermögens ausgenommen. Damit nimmt das Privatstiftungsrecht die sonst privatautonom zu gestaltende Trennung von Herrschaft und Vermögensnutzung klar vorweg; die Herrschaft wird nicht der Familie angehörigen Personen überantwortet, die Herrschaft wird – bei Begünstigung und Versorgung der Familie – zwingend familienfremden Personen zugeordnet. Familienfremde Personen haben daher in der typischen Privatstiftung kraft ihrer Vorstandsposition eine machtvolle Stellung.[7] Durch diese zwingende Trennung von Herrschaft und Vermögen wird die Privatstiftung auf das Modell der „bevormundeten Familienstiftung" zementiert, nach der der Stifter zwar die Nachkommen versorgt sehen will, die Einflussnahme der Begünstigten auf die Verwaltung des Stiftungsvermögens aber ausschließen möchte.[8] Unvereinbarkeitsbestimmungen sind in den ausländischen Parallelregelungen unbekannt und rufen dort vielfach Unverständnis hervor.[9] Weder im liechtensteinischen, deutschen oder schweizerischen Stiftungsrecht noch im englischen Trustrecht ist die Mitgliedschaft von Begünstigten oder deren Angehörigen im Stif-

---

4 Vgl OGH 6 Ob 244/11t, ZFS 2012, 45; 6 Ob 195/10k, JBl 2011, 321; 6 Ob 82/11v, GesRZ 2011, 380; 6 Ob 95/15m, GesRZ 2015, 333.
5 Vgl *Kalss/Probst*, Familienunternehmen Rz 7/154, Rz 13/205.
6 Der Stiftungsprüfer ist zwar Organ und hat neben der Jahresabschlussprüfung noch weitere über die Funktion des Abschlussprüfers hinausgehende Aufgaben, dennoch ist er eher anlassbezogen tätig.
7 Vgl *Zollner*, Rechte und Pflichten des Stiftungsvorstands, in *Kalss*, Aktuelle Fragen des Stiftungsrechts – Acht Kernthemen (2014) 43 ff.
8 So ausdrücklich *P. Doralt*, GesRZ 1997, 138 f.
9 So ausdrücklich *Schauer* in *Kalss* (2014) 187.

tungsrat oder im Trustee ausgeschlossen.[10] Die Regelungen zur Unvereinbarkeit sind Regelungen, die die sorgfältige Verwaltung sicherstellen sollen und der Bewältigung von Interessenkonflikten dienen, nämlich insofern, als der Begünstigte als Vorstandsmitglied nicht seine Interessen dem Stiftungszweck voranstellen können soll. Das Gesetz ist überschießend, weil es auch greift, wenn überhaupt kein Konflikt besteht, da klar und harte Vorgaben des Stifters den Begünstigten binden.

Tatsächlich besteht dieses strukturell angelegte Kontrolldefizit in der überwiegenden Zahl von Privatstiftungen nicht, da der Stifter für ein wirksames Kontrollregime vorsorgt, wie ihm das Gesetz dies gemäß § 14 PSG ermöglicht. Vielmehr wird es von der Judikatur trotz der vom Gesetz vorgesehen Gestaltungsmöglichkeiten herbeigeredet.[11] Um eine effiziente Kontrolle des Stiftungsvorstands in der Privatstiftung sicherzustellen, bietet es sich für den Stifter an, ein sonstiges Organ gem § 14 Abs 2 PSG in der Stiftungsurkunde einzurichten, das mit den dem Stifter im konkreten Fall geeignet erscheinenden Kontrollmechanismen ausgestattet ist.[12] Durch die Zuweisung von Kompetenzen an sonstige Organe gem § 14 Abs 2 PSG darf der Stifter das Organgefüge des PSG nicht umgehen. Zur Geschäftsführung und Vertretung und damit zur direkten Umsetzung des Stiftungszwecks ist nur der Vorstand befugt. Für weitere Organe verbleiben daher nur beratende und kontrollierende Kompetenzen.[13]

Der Beirat dient dem Schutz des Stiftungsvermögens und der Einhaltung der Stiftungserklärung durch den Stiftungsvorstand. Der Stiftungsvorstand ist ohnehin der Befolgung der Stiftungserklärung und der Verwirklichung des Stiftungszweckes verpflichtet. Jedenfalls hat der Beirat keine über die üblichen kontrollierenden Aufgaben hinausgehenden Funktionen, wie etwa operative Aufgaben. Sie sind dem Stiftungsvorstand vorbehalten.[14] Der Beirat erfüllt in der Privatstiftung nicht nur die Rolle des bloßen Kontrollors oder Aufsehers, sondern vielfach auch die Funktion der Interessenvertretung der unterschiedlichen Familienstämme, Stiftergruppen, somit die Rolle der Interessenvertretung der wirtschaftlichen Eigentümer bzw der Vertreter der wirtschaftlichen Eigentümer in Form eines Ausschusses der privatstiftungsrechtlich anerkannten wirtschaftlich Berechtigten.[15] Der Beirat in der Privatstiftung hat daher ähnlich Beiräten in anderen Einrichtungen neben der Kontroll- auch eine Interessenausgleichs-, Mediations-, Moderations- und Informationsfunktion.

Der Beirat ist gesetzlich nicht vorgezeichnet, vielmehr besteht gem § 14 Abs 2 PSG nur die Ermächtigung, einen Beirat einzurichten. Er kann ähnlich dem Bei-

---

10 Vgl *Cerha* in *Kalss,* Aktuelle Fragen des Stiftungsrechts 3.
11 Vgl nur OGH 6 Ob 140/14b; 6 Ob 157/12z.
12 Vgl *Kalss/Probst,* Familienunternehmen Rz 13/205; *Cerha* in FS Helbich 52.
13 Vgl 1132 BlgNR 18. GP 26; *Arnold,* PSG³ § 14 Rz 28; *Schima/Toscani* in FS Helbich 136.
14 Vgl OGH 6 Ob 139/13d, GesRZ 2014, 63 (*Briem*); 6 Ob 230/13m, GesRZ 2015, 59 (*Torggler*); *Cerha* in FS Helbich 52.
15 Vgl *Kalss/Probst,* Familienunternehmen Rz 13/205.

rat der GmbH oder jenem der Personengesellschaft weitgehend privatautonom gestaltet werden. Die konkrete Gestaltung des Beirats der Privatstiftung hängt von der Stiftungserklärung ab. Sie unterliegt im Rahmen der durch das Gesetz vorgegebenen und von der Judikatur gezogenen Grenzen der Gestaltungsfreiheit.[16] Für den Beirat der Privatstiftung ist es unerheblich, wie er konkret bezeichnet wird, nämlich ob Beirat, Kommission, Kuratorium, Ausschuss, Familienrat, Delegiertenversammlung oder Begünstigtenausschuss. Maßgeblich sind die ihm zugeordneten Rechte und Pflichten. Ob einer als Beirat bezeichneten Einrichtung in der Privatstiftung Organfunktion zukommt, hängt von der Zuweisung der Kompetenzen und Aufgaben an diese Einrichtung ab. Insbesondere wenn dem Beirat Einfluss auf die Willensbildung und die Leitung sowie Überwachung des Stiftungsvorstands zukommt, hat er Organfunktion.[17]

Der OGH setzt dem Beirat strenge Grenzen für seine Zuständigkeiten und Kompetenzen. Eine Regelung, die dem Beirat zu allen Rechtsgeschäften von Bedeutung ein Zustimmungs- oder Vetorecht einräumt, ist nach der Judikatur unzulässig, da sie damit den Vorstand zum bloßen Vollzugsorgan des Beirats oder auch des Stifters machen würde, was nach Ansicht des OGH mit der eigenständigen Geschäftsführungsbefugnis des Stiftungsvorstands nicht in Einklang stünde.[18] Der Gesetzgeber hat die Begünstigten vom Vorstandsamt ausgeschlossen, wollte ihnen damit aber umgekehrt nicht auch die Kontrollmöglichkeiten und insbesondere auch nicht die Möglichkeit einer institutionalisierten Kontrolle durch vom Stifter eingerichtete Organe nehmen.[19] Gerade die Möglichkeit der Kontrolle durch einen selbst geschaffenen Beirat wurde von Anfang an als konsequenter und zugleich auch notwendiger Ausgleich für den Ausschluss aus der operativen Leitung und aus dem Vorstandsamt gesehen.[20] Der notwendige Ausgleich ist auch naheliegend, wenn privates Vermögen auf einen anderen Rechtsträger formal übertragen wird, der Rechtsträger aber ausschließlich dazu dient, die Mitglieder, den Stifter und dessen Angehörige zu versorgen und ihnen Zuwendungen zukommen zu lassen. Daher erscheint es geradezu geboten, den Stifter bzw die Begünstigten und deren nahestehenden Personen für die Kontrolle zuzulassen. Genau dies wurde auch vom Gesetzgeber des Jahres 2011 betont.[21]

Bei der Zusammensetzung des Beirats besteht gem § 14 PSG weitgehende Freiheit. Der Beirat kann ausschließlich oder mehrheitlich mit Begünstigten besetzt sein. Zulässig ist auch ein völlig mit Außenstehenden besetzter Beirat ohne jeden

---

16 Vgl *Kalss/Probst*, Familienunternehmen Rz 13/207; *Kalss/Müller* in *Gruber/Kalss/Müller/Schauer*, Erbrecht und Vermögensnachfolge § 25 Rz 208, 790; *Briem*, PSR 2010/27, 113; *Kodek* in FS Reich-Rohrwig 111 f.
17 Vgl OGH 6 Ob 42/13i; 6 Ob 305/01y; 6 Ob 291/02s; 6 Ob 95/15m.
18 Vgl OGH 6 Ob 95/15m, GesRZ 2015, 333; ablehnend *Briem*, GesRZ 2015, 337; 6 Ob 42/13i, so zuletzt nur OGH 6 Ob 139/13d, GesRZ 2014, 63 (*Briem*); 6 Ob 230/13m, GesRZ 2015, 59 (*Torggler*).
19 So ausdrücklich *Cerha* in FS Helbich 50.
20 Vgl *Cerha* in FS Helbich 50; aA *Kodek* in FS Reich-Rohrwig 111.
21 Vgl ErlRV 981 BlgNR 24. GP 67 f zu Art 28 Budgetbegleitgesetz 2011; *Cerha* in FS Helbich 53.

Familien- und Begünstigtenbezug.[22] Das Gesetz sieht keine Mindest- oder Maximalgröße des Gremiums vor, sodass sowohl ein Einpersonenbeirat als auch beispielsweise ein 20-köpfiger Beirat möglich und zulässig ist. Zu bedenken hat der Stifter allein die Aufgabenzuweisung und die Sachgerechtigkeit der Besorgung der Aufgaben. Der Beirat ist daher in der Privatstiftung – ebenso wie in einer Gesellschaft – nicht unbedingt ein Mehrpersonen- oder Kollegialorgan, sondern kann auch nur aus einer einzigen Person bestehen.[23]

B. Aufgaben des Beirats

Trotz der restriktiven Haltung der Judikatur[24] können dem Beirat – noch – unterschiedliche Befugnisse und Aufgaben zugeordnet werden, insbesondere kann ihm die Personalkompetenz eingeräumt werden. Gemäß § 14 PSG kann dem Beirat, unabhängig davon ob er mit oder ohne Familienangehörigen oder Begünstigten besetzt ist, das Recht eingeräumt werden, den Stiftungsvorstand zu bestellen. Die Entscheidung liegt allein in der Privatautonomie des Stifters.[25] Der Beirat hat ein unbeschränktes Bestellungsrecht. Die Judikatur verlangt eine Mindestbestelldauer von drei Jahren für den Vorstand.[26] Jedenfalls kann aber mit einer sachlichen Begründung davon abgewichen werden, etwa wenn ein bestimmtes Alterslimit erreicht worden ist oder wenn das Bestellungsrecht des Stifters damit verloren geht oder sonst nur eine bestimmte Vakanz überbrückt werden soll.[27] Gem § 14 Abs 3 PSG kann der Stifter dem Beirat auch das Recht der Abberufung des Stiftungsvorstands einräumen. Dieses Recht steht aber dem Beirat ebenso wie das Bestellungsrecht nicht von Gesetzes wegen zu, sondern nur wenn es ihm kraft Stiftungsurkunde eingeräumt wird. Die Regelung muss gem § 9 Abs 2 Z 4 PSG iVm § 10 Abs 2 Satz 1 PSG in der Stiftungsurkunde festgelegt werden. Eine Regelung in der Stiftungszusatzurkunde wäre unzureichend und unwirksam. Der Beirat muss nicht aus mehreren Personen bestehen. Wird dem Beirat das Abberufungsrecht eingeräumt und besteht der Beirat aus mehreren Personen, so muss der Abberufungsbeschluss eine Mehrheit von 3/4 der gültig abgegebenen Stimmen erreichen. Das Quorum kann nicht herabgesetzt, sondern nur erhöht werden. Eine Abberufung ist nur aus wichtigem und sachlichem Grund möglich. Der sachliche Grund muss aber die Gravität eines wichtigen Grundes haben. Eine grundlose Abberufung ist nicht zulässig.[28] Wird der Stiftungsvorstand nur aus sachlichem Grund abberufen, dürfen die Begünstigten nicht in der Mehrheit

---

22 Vgl *Kalss/Probst*, Familienunternehmen Rz 13/208.
23 Vgl OGH 6 Ob 42/13i, GesRZ 2013, 299 *(Bräunlich/Kaps/Arnold)*; *Arnold*, PSG³ § 14 Rz 18.
24 So zuletzt nur OGH 6 Ob 95/15m, GesRZ 2015, 333, mit kritischer Anmerkung *Briem*, GesRZ 2015, 337.
25 Vgl *Kalss/Probst*, Familienunternehmen Rz 13/209; *Cerha* in FS Helbich 49; *Arnold*, PSG³ § 14.
26 Vgl OGH 6 Ob 195/10k, GesRZ 2010, 63; kritisch dazu Résumé-Protokoll des Workshops „Gestaltungsgrenzen von Stiftungsurkunden der Privatstiftung", GesRZ 2011, 357 f.
27 Vgl *Arnold*, PSG³ § 15 Rz 107 ff.
28 Vgl *Kalss/Probst*, Familienunternehmen Rz 13/209.

sein.²⁹ Angesichts des geringen Unterschieds zwischen sachlichem und wichtigem Grund sind in der Stiftungsurkunde dafür keine Sonderregeln erforderlich.³⁰ Dem Beirat können weitergehende Personalrekrutierungskompetenzen zukommen; dazu zählen insbesondere Zustimmungs- und Mitwirkungsrechte bei Besetzung der Leitungsorgane und der obersten Führungsebene in Beteiligungsunternehmen.³¹

Dem Beirat können Auskunftsrechte, das Recht zur Geltendmachung von Schadenersatzansprüchen, eingeschränkte Zustimmungsvorbehalte zu Geschäftsführungsangelegenheiten, Anhörungs- oder Beratungsrechte für Geschäftsführungsangelegenheiten, Nominations- und Vorschlagsrechte für Organfunktionen, die Auswahl von Begünstigten und die Festlegung von Begünstigten eingeräumt werden.³² Allein die Auswahl der Begünstigten und die Festlegung von Begünstigten werden ebenso durch die Judikatur eingeschränkt.³³ Dies ist umso weniger verständlich, als es sich dabei nicht um Leitungsfragen, sondern um Vermögenszufluss und Vermögenszuwendungsfragen handelt. Der Vorstand darf durch die Kontroll- und Einflussmöglichkeiten des Beirats nicht lahmgelegt und zum schlichten Vollstrecker und verlängerten Arm des Beirats degradiert werden. Der Stiftungsvorstand ist als eigenverantwortliches Leitungsorgan konzipiert und muss in der Lage sein, seine persönliche Verantwortung auszuüben.³⁴ Nach dem OGH dürfen daher nur Geschäfte von erheblicher, wesentlicher oder grundlegender Bedeutung der Zustimmung des Beirats unterworfen werden.³⁵ Angesichts der restriktiven Judikatur des OGH sind dem Beirat weitgehend effiziente Kontrollmöglichkeiten genommen. Die Judikatur des OGH zieht zunehmend engere Grenzen.³⁶ Vielfach wird das Recht der eingeschränkten Weisungsrechte und Zustimmungsrechte in ein Anhörungsrecht und ein Recht der Stellungnahme umgestaltet bzw wird bei mangelnder Einvernehmlichkeit die Entscheidung durch eine Schiedsstelle etabliert. Damit wird der „Funktionärsapparat" ohne sachbezogene Rechtfertigung aufgebläht. Durch die Judikatur wird jedenfalls eine massive Schwächung der Governance der Privatstiftung herbeigeführt, werden Begünstigte aus der laufenden ständigen begleitenden Kontrolle des Stiftungsvorstands und des privaten Stiftungsvermögens ausgeschlossen und in die Rolle gerichtlicher Antragsteller gedrängt. Die Rolle

---

29 Vgl *Arnold*, GesRZ 2011, 104; *Briem*, Die Novelle zum Privatstiftungsgesetz, PSR 2011, 6 f; *Kalss/Probst*, Familienunternehmen Rz 13/209.
30 Vgl *Kalss/Probst*, Familienunternehmen Rz 13/209; *Csoklich*, Kathrein-Stiftungsletter 17/2012, 20 f.
31 Vgl *Kalss/Probst*, Familienunternehmen Rz 13/207; Résumé-Protokoll des Workshops „Aktuelle Fragen zum PSG nach der Novelle 2010", GesRZ 2011, 161.
32 Vgl *Kalss/Probst*, Familienunternehmen Rz 13/210.
33 Vgl OGH 6 Ob 139/13d.
34 Vgl OGH 6 Ob 145/09f; 6 Ob 95/15m, GesRZ 2015, 333, mit kritischer Anmerkung *Briem*, GesRZ 2015, 337; *Schima/Toscani* in FS Helbich 133; *Briem* in Kalss, Aktuelle Fragen des Stiftungsrechts 86 ff.
35 Vgl OGH 6 Ob 95/15m, GesRZ 2015, 333; *Briem*, GesRZ 2015, 337.
36 So zuletzt OGH 6 Ob 95/15m, GesRZ 2015, 333, mit kritischer Anmerkung *Briem*, GesRZ 2015, 337.

des Vorstands wird zunehmend gestärkt; ihm gegenüber wird es immer schwerer, effiziente Kontrollmechanismen der Familie selbst zu etablieren. Wirkungsvolle stiftungsinterne Kontrolle wird dadurch verhindert. Nach der Judikatur[37] müssen die Aufgaben des Beirats in der Stiftungsurkunde niedergelegt werden, damit sie wirksam sind.[38] Jedenfalls ist es aber für den Stiftungsvorstand sachgerecht, auch Beschränkungen gegenüber einem Gremium, dem keine Organfunktion zukommt, einzuhalten, zumal es sich dabei um eine vom Stifter auferlegte interne Bindung des Stiftungsvorstands handelt.[39] Das Verlangen des OGH, dass Regelungen und Zuständigkeiten des Beirats jedenfalls in der Stiftungsurkunde enthalten sein müssen, steht im Widerspruch zur bisherigen Rechtsprechung des OGH.[40] Bisher hat der OGH ausdrücklich anerkannt, dass nur die wesentlichen Kompetenzen von Stiftungsorganen in der Stiftungsurkunde enthalten sein müssen, während einzelne Aufgaben auch in der Stiftungszusatzurkunde oder in nachgeordneten Geschäftsordnungen enthalten sein können.[41] Die Einschränkung der eigenständigen Entscheidungsbefugnis des Stiftungsvorstands muss davon unabhängig sein, ob die Kompetenzen einem in der Stiftungsurkunde eingerichteten Organ oder einer sonstigen Einrichtung, somit einem Gremium, zukommen, vielmehr ist jedenfalls eine materielle Prüfung und das Ausmaß der Einschränkung zu beurteilen.[42]

III. Die Substiftung

A. Motivation zur Errichtung

Das Gesetz verwendet den Begriff der Substiftung nicht. Eine Substiftung ist eine Stiftung, die von einer bereits bestehenden Privatstiftung allein oder – viel häufiger und typischerweise – gemeinsam mit anderen Stiftern errichtet wird.[43] Typische Motive dafür sind die Teilung von Vermögensmassen und die Zuerkennung von stifterrechtlichen Gestaltungsrechten an bisher nicht berechtigte Personen.[44] Privatstiftungen sind als juristische Personen jedenfalls als Stifter

---

37 Vgl OGH 6 Ob 95/15m, GesRZ 2015, 333.
38 Vgl OGH 6 Ob 95/15m, GesRZ 2015, 333; so schon – vorbereitend – *Kodek* in FS Nowotny 111 f.
39 So ausdrücklich *Briem*, GesRZ 2015, 337.
40 So ausdrücklich *Briem*, GesRZ 2015, 337.
41 Vgl *Arnold*, PSG³ § 9 Rz 22; *Briem*, GesRZ 2015, 338, unter Bezugnahme auf OGH 6 Ob 305/01y; 6 Ob 49/07k und 6 Ob 42/13i.
42 Vgl *Briem*, GesRZ 2015, 338 f; aA *Kodek* in FS Reich-Rohrwig 112, der bei Regelung in der Stiftungszusatzurkunde die Unwirksamkeit annimmt.
43 Vgl *Arnold*, PSG³ § 3 Rz 60; *Hasch/Wolfgruber*, Substiftungen –Voraussetzungen, Einsatz und rechtliche Problembereiche, ZfS 2012, 3; *Kalss* in FS Woschnak 240 ff; *Nowotny*, Substiftungen und ihre Probleme, in GS Helbich (2014) 111; Résumé-Protokoll des Fachgesprächs „Aktuelles zum Stiftungsrecht", GesRZ 2015, 193; bereits vorher schon Résumé-Protokoll des Workshops „Aktuelles zum Stiftungsrecht", GesRZ 2012, 349.
44 Vgl Résumé-Protokoll des Fachgesprächs „Aktuelles zum Stiftungsrecht", GesRZ 2015, 193; *Nowotny* in GS Helbich 111.

qualifiziert und nach dem Gesetz berechtigt, eine Privatstiftung zu errichten.[45] Daneben finden sich auch die Begriffe der Tochter- oder Folgestiftung.[46] Die Errichtung einer Substiftung ist durch die Mitwirkung einer schon bestehenden Privatstiftung an dem Stiftungsgeschäft und damit an der Errichtung einer weiteren Privatstiftung gekennzeichnet. Auf einem Zeitstrahl lassen sich mehrere maßgebliche Schritte unterscheiden, die typischer-, aber nicht notwendigerweise mit der Errichtung einer Substiftung einhergehen, nämlich:

(i) die Beteiligung der bestehenden Privatstiftung an der Substiftung durch Mitwirkung am Stiftungsgeschäft,
(ii) die Vermögensausstattung und -widmung durch die bestehende Privatstiftung an die Substiftung,
(iii) die organisatorische Ausgestaltung der neuen Privatstiftung und die Einräumung von Gestaltungsrechten an die am Stiftungsgeschäft der Substiftung beteiligten Stifter,
(iv) die allfällige Auflösung der stiftenden Privatstiftung.

Notwendiges Element ist allein die Mitwirkung der Privatstiftung am Stiftungsgeschäft. Nicht zwingend notwendig ist die Vermögenswidmung an die Substiftung durch die bereits bestehende Stiftung. Die Vermögenswidmung ist zwar nicht notwendiges, aber typisches Element und ganz häufig bei der Errichtung einer Substiftung. Nicht notwendiger, sondern nur ein möglicher weiterer Akt ist die Auflösung der bereits vorher bestehenden Privatstiftung. Diese Frage ist unabhängig und eigenständig für die bereits vorher bestehende Stammstiftung im Zeitpunkt der Auflösung – und nicht im Zeitpunkt der Errichtung der Substiftung oder im Zeitpunkt einer Vermögenswidmung – zu beurteilen.

B. Zulässigkeit der Errichtung einer Substiftung

Die Errichtung einer Privatstiftung unter Beteiligung einer schon bestehenden Privatstiftung ist vom Vorstand der bereits bestehenden Privatstiftung zu vollziehen, da er als Leitungs- und Verwaltungsorgan auch die bestehende Privatstiftung vertritt. Die Errichtung einer Substiftung durch eine bestehende Privatstiftung ist zulässig, sofern sie (i) in der Stiftungserklärung der ursprünglichen Stiftung ausdrücklich zugelassen wird oder (ii) die Übertragung von Vermögen durch eine Privatstiftung auf eine andere Privatstiftung vom Stiftungszweck gedeckt ist.[47] Die

---

45 Vgl *Arnold*, PSG³ § 3 Rz 20, Rz 60.
46 Vgl *Arnold*, PSG³ § 3 Rz 60; *Hasch/Wolfgruber*, Substiftungen –Voraussetzungen, Einsatz und rechtliche Problembereiche, ZfS 2012, 3; *Kalss* in *Kalss/Nowotny/Schauer*, Österreichisches Gesellschaftsrecht (2008) Rz 7/22; *Kalss/Müller*, Die Stiftung als Instrument der Vermögensweitergabe, in *Gruber/Kalss/Müller/Schauer*, Erbrecht und Vermögensnachfolge (2010) Rz 25/32, 720; *Marschner*, Die Errichtung von Folgeprivatstiftungen nach dem Schenkungsmeldegesetz 2008, JEV 2009, 91; *Marschner*, Optimierung der Familienstiftung³ (2015) Rz 15.
47 Vgl *Kalss*, Leitung und Kontrolle eines Familienunternehmens durch eine Privatstiftung, in FS Delle-Karth (2013) 515; *Kalss* in FS Woschnak 241; *Nowotny* in GS Helbich 113.

Berechtigungen sind parallel. Die erste Variante stellt für sich eine Berechtigung dar. Sie ist eine unmittelbare Anordnung bzw Berechtigung vom Stifter. Dadurch wird vom Stifter selbst der Zweck der Stiftung modifiziert oder jedenfalls die Zweckverfolgung der bestehenden Privatstiftung geänderten Verhältnissen unterworfen. Der Stifter darf den Zweck vollständig ändern, entweder durch eine andere Umschreibung oder durch eine andere Festlegung der Begünstigten. Wenn daher der Stifter durch die Änderung die Übertragung von Vermögen an eine bisher nicht im Begünstigtenkreis angeführte Person festlegt, so ändert er damit zugleich auch den Zweck der Privatstiftung. Eine Zweckänderung liegt aber nur vor, sofern die Vermögenszuwendung an diesen Rechtsträger nicht ohnehin schon durch eine allgemeine Umschreibung der Zweckverfolgung gedeckt ist. Im Folgenden wird vor allem der Fall diskutiert, dass eine Ermächtigung zur Errichtung und Vermögenswidmung besteht.[48] Einem Stifter steht es bei aufrechtem Änderungsvorbehalt frei, jede Bestimmung der Stiftungserklärung zu ändern. Der Zweck ist ebenso wie andere Bestimmungen nicht änderungsfest.[49] Durch Ausübung des Änderungsrechts ist es einem Stifter konsequenterweise möglich, seine Interessen über jene der Privatstiftung zu stellen.[50] Damit steht es dem Stifter zu, die Grundlagen der von ihm geschaffenen Stiftung zu ändern.

Die Rechtskonformität besteht auch bei Fehlen einer expliziten Ermächtigungsklausel, wenn die Errichtung der Privatstiftung mit dem Zweck der bestehenden Stiftung in Einklang steht.[51] Ist die Errichtung zulässig und wird weder gegen ein Gesetz noch eine Satzungsbestimmung verstoßen, so ist die Errichtung dieser Privatstiftung auch wirksam.

Gem § 17 Abs 1 PSG verwaltet und vertritt der Stiftungsvorstand die Privatstiftung und sorgt für die Erfüllung des Stiftungszwecks. Die Vorstandsmitglieder einer Privatstiftung unterliegen einem objektiven Sorgfaltsmaßstab. Für die Kalibrierung des Sorgfaltsmaßstabes, dh die Zuspitzung der einzelnen Handlungspflichten für die konkrete Privatstiftung, kommt es auf die vom Stiftungsvorstand zu beachtenden und vom Stifter vorgegebenen Handlungsanweisungen und Leitlinien an. Der Stiftungsvorstand ist daher berechtigt, entlang der gesetzlich zuerkannten und satzungsmäßig konkretisierten Handlungsanleitungen im Rahmen des Stiftungszwecks Entscheidungen zu treffen.[52] Die zentrale Leitlinie für

---

48 Zu dem Fall, dass keine Ermächtigung in der Stiftungserklärung explizit festgeschrieben ist: *Hasch/ Wolfgruber*, ZfS 2012, 3 ff; *Kalss* in FS Woschnak 240 ff.
49 So ausdrücklich etwa OGH 1 Ob 214/09s, GesRZ 2011, 53; 32 BlgNR 18. GP zu § 33 PSG; *Arnold*, PSG³ § 33 Rz 42.
50 Vgl *Briem*, Privatautonome Gestaltungsmöglichkeiten zur Sicherung einer funktionierenden Governance in der Privatstiftung, in *Kalss*, Aktuelle Fragen des Stiftungsrechts – Acht wesentliche Kernthemen (2014) 92 FN 80; *Hartlieb/Zollner*, Entlastung des Stiftungsvorstands, PSR 2012, 164.
51 Vgl *Hasch/Wolfgruber*, ZfS 2012, 5; *Kalss* in FS Woschnak 240; Résumé-Protokoll des Fachgesprächs „Aktuelles zum Stiftungsrecht", GesRZ 2015, 193.
52 Vgl *Kalss/Probst*, Familienunternehmen (2013) Rz 12/105; *Karollus*, Gedanken zur Haftung des Stiftungsvorstands, insbesondere im Zusammenhang mit unternehmerischen Ermessensentscheidungen und mit der Schutzpflicht des Stiftungsvorstands für die Stiftungsgovernance, in FS Reischauer (2013) 235.

das Handeln des Stiftungsvorstands ist gem § 17 Abs 1 Satz 2 PSG die Stiftungserklärung, dh die Stiftungsurkunde sowie ergänzend dazu die Stiftungszusatzurkunde.[53] Der Stifter ist berechtigt, entweder eine allgemeine Leitlinie festzuschreiben oder auch eine konkrete Handlungsanordnung.[54] Der Stifter kann daher in der Stiftungsurkunde dem Stiftungsvorstand konkrete Pflichten oder Aufgaben zuweisen.[55] Unter anderem kann gerade die Aufgabe (= Auftrag) zugewiesen oder jedenfalls die satzungsmäßige Ermächtigung dem Stiftungsvorstand eingeräumt werden, eine Substiftung zu errichten.[56]

C. Ausgestaltung der Substiftung

Das Stiftungsgeschäft der Privatstiftung lässt sich in einen organisationsrechtlichen und in einen vermögensrechtlichen Teil aufgliedern.[57] Die Gestaltung der Stifterrechte und die konkrete Ausprägung der Organisationsstruktur einer neuen Privatstiftung sind Gegenstand des Stiftungsgeschäftes mittels dessen die neue Privatstiftung (Substiftung) errichtet wird. Im organisationsrechtlichen Teil der Errichtung der Substiftung sind zunächst die Rechte und Pflichten der Stifter als wesentliche Stiftungsbeteiligte[58] festzulegen. Mit der Errichtung der neuen Stiftung wird kraft des Stiftungsgeschäftes ein neuer organisationsrechtlich eigenständiger Rechtsträger geschaffen, der entsprechend auszugestalten ist.

Ist der Stiftungsvorstand berechtigt, eine Privatstiftung auch mit mehreren anderen Stiftern zu errichten, ist er nicht nur berechtigt, sondern verpflichtet, auch das Verhältnis mehrerer Stifter zu der neu errichtenden Privatstiftung zu ordnen, dh sein Verhältnis zu anderen Stiftern der Substiftung. Selbst wenn in der Literatur davon gesprochen wird, dass bei Errichtung der Substiftung Gestaltungsrechte in der Familie „perpetuiert", somit überbunden werden sollen,[59] handelt es sich rechtlich um eine Erst- oder Neubegründung von Gestaltungsrechten in der eben errichteten Substiftung.[60] Somit geht es dabei nicht um eine echte „Übertragung" oder um eine „Einräumung eines Gestaltungsrechts" von der bisherigen Privat-

---

53 Vgl *Kalss/Probst*, Familienunternehmen Rz 12/94; *Karollus* in FS Reischauer 219; *Marschner*, Optimierung der Familienstiftung³ Rz 35.
54 Vgl *Kalss/Müller* in *Gruber/Kalss/Müller/Schauer*, Erbrecht und Vermögensnachfolge Rz 25/35, 722, Rz 25/199, 784; *Kalss/Probst*, Familienunternehmen Rz 12/94; Résumé-Protokoll des Workshops „Aktuelle Fragen zum PSG nach der Novelle 2010", GesRZ 2011, 161 f.
55 Vgl *Arnold*, PSG³ § 17 Rz 45.
56 Vgl *Briem*, Unternehmerische Entscheidungen in Stiftungen, PSR 2010, 113.
57 Vgl *Hüttemann/Rawert* in Staudinger, BGB (2011) § 80 Rz 10 f, § 81 Rz 18 ff; *Schauer* in Csoklich/Müller, Die Stiftung als Unternehmer 32; *Werner* in Ermann, BGB¹² § 80 Rz 2; *Zollner*, Die eigennützige Privatstiftung 43.
58 Zum Begriff *Kalss*, Die Privatstiftung als Baustein des Gesellschaftsrechts, in *Doralt/Kalss*, Aktuelle Fragen des Privatstiftungsrechts (2001) 37; *Zollner*, Rechte und Pflichten des Stiftungsvorstands, in *Kalss*, Aktuelle Fragen des Stiftungsrechts – Acht wesentliche Kernthemen (2014) 43 ff.
59 Vgl *Hasch/Wolfgruber*, ZfS 2012, 3; *Kalss* in FS Woschnak 240; *Nowotny* in GS Helbich 111.
60 Vgl Résumé-Protokoll des Fachgesprächs „Aktuelles zum Stiftungsrecht" vom 18.5.2015, GesRZ 2015, 193.

stiftung oder vom Stifter der bisherigen Privatstiftung auf ein anderes Mitglied oder auf eine andere Person. Vielmehr ist klar zwischen den Rechtsträgern zu trennen und geht es um die Ausgestaltung der Organisationsverfassung und der Zuweisung von Gestaltungsrechten an die einzelnen Stifter im Rahmen der Stiftermehrheit dieser neu zu errichtenden Privatstiftung. Der Umstand, dass Familienangehörige oder Begünstigte der ersten – schon bestehenden – Privatstiftung diese Stifterposition und damit auch Stifterrechte in der neu errichteten Privatstiftung, dh in der Substiftung, eingeräumt erhalten, ist nur eine motivbezogene Umschreibung.[61] Sie ändert nicht die Notwendigkeit der konkreten Gestaltung. Dabei geht es auch nicht um eine Übertragung der Stifterrechte im eigentlichen Sinn. Die errichtende Privatstiftung hat selbst überhaupt kein Stifterrecht in der bestehenden Privatstiftung. Sie ist Adressat und nicht Träger der Stifterrechte in dieser – ersten – Privatstiftung, die bei ihr – notwendigerweise – einer anderen Person, nämlich dem Stifter der ersten Privatstiftung, zukommen. Bei der Stiftungserrichtung im Rahmen des Stiftungsgeschäfts für die Substiftung wird ein rechtlich völlig eigenständiger und neuer Akt vorgenommen, zu dem der Stiftungsvorstand der ersten Privatstiftung als Vertretungsorgan dieser Privatstiftung in deren Rolle als Mitstifterin berechtigt und verpflichtet ist.

Gem § 3 Abs 2 PSG können bei einer Stiftermehrheit die den Stiftern zustehenden oder vorbehaltenen Rechte nur von den Stiftern gemeinsam ausgeübt werden. Das dispositive Recht sieht somit ein gemeinsames Vorgehen vor.[62] § 3 Abs 2 PSG über die gemeinsame Ausübung der Stifterrechte bei Fehlen einer sonstigen Regelung normiert auch, dass das Verhältnis unter den Stiftern geordnet werden kann und muss. Der Stiftungsvorstand der bestehenden Privatstiftung hatte bisher kein Stifterrecht, vielmehr war er nur Adressat von Stifterrechten. Der Stiftungsvorstand der bestehenden Privatstiftung ist wegen der klaren Trennung der Rechtsträger und der klaren rechtlichen Trennung der beiden Stiftungsgeschäfte – einmal bezogen auf die erste Privatstiftung und einmal bezogen auf die Substiftung – nicht verpflichtet, ein vollkommen gleiches und paralleles Organisationsregime zu schaffen. Dies ist auch gar nicht möglich, da jedenfalls mehrere Stifter als Stifter auftreten und somit jedenfalls eine Neuordnung der Rechte des Organisationsstatuts der Substiftung im Verhältnis zur bestehenden Privatstiftung festgelegt werden muss. Allein wenn ausdrücklich die Festlegung einer parallelen Organisationsverfassung durch eine Anordnung in der bestehenden Privatstiftung vorgesehen wird, muss diese so gestaltet werden.[63]

Ein wesentlicher Zweck der Errichtung einer Substiftung durch eine bestehende Privatstiftung liegt in der Vermögenswidmung zugunsten der neu errichteten Privatstiftung. Die Errichtung der Substiftung ist von der damit einhergehenden

---

61 Vgl etwa *Kalss* in FS Delle-Karth 116 f; *Nowotny* in GS Helbich 112.
62 Vgl OGH 6 Ob 61/04w, GesRZ 2004, 392; 6 Ob 50/07g, GesRZ 2008, 163.
63 Vgl *Briem*, PSR 2010, 113.

Vermögenswidmung zu unterscheiden.[64] Nicht jeder Stifter muss unbedingt Vermögen widmen.[65] Daher müsste die errichtende Privatstiftung einer von ihr errichteten weiteren Privatstiftung nicht zwingend Vermögen widmen, um die Stifterstellung zu erlangen. Soweit andere Mitstifter die Vermögensausstattung übernehmen, ist dies aus der Sicht der bereits bestehenden mitstiftenden Privatstiftung für die Errichtung der Substiftung unbedenklich.[66] Die Widmung von Vermögen und Zuwendung von Vermögen aus der errichtenden Privatstiftung an die eben errichtete weitere Privatstiftung ist aber vielfach gerade neben der Neuordnung der Organisationsverfassung ein wesentliches Motiv. Zumeist wird die Ausstattung der Substiftung mit Vermögen und somit eine entsprechende Vermögensübertragung und -zuwendung aus der bestehenden Privatstiftung verlangt, weil sonstiges Vermögen fehlt.[67]

Da die stiftende Privatstiftung von der errichteten und das Vermögen empfangenden Substiftung keine Gegenleistung erhält, liegt eine Zuwendung im stiftungsrechtlichen Sinn vor. In der Vermögenswidmung durch die bestehende Privatstiftung liegt eine Zuwendung aus der Substanz der bestehenden Privatstiftung an einen anderen Rechtsträger.[68] Die Zulässigkeit der Übertragung des Vermögens von der Privatstiftung auf eine andere Privatstiftung hängt – wiederum – davon ab, ob sie

(i) ausdrücklich in der Stiftung angeordnet oder jedenfalls eine ausdrückliche Ermächtigung dazu besteht oder ob sie
(ii) im Stiftungszweck gedeckt ist.[69]

Besteht eine Satzungsregelung, so liegt darin eine klare Ermächtigungs- und Berechtigungsgrundlage des Stiftungsvorstands im Sinne einer Handlungsvorgabe und Anleitung durch den Stifter.[70] Der Stifter der bestehenden Privatstiftung kann die Vermögenswidmung durch eine in der Stiftungsurkunde zulässigerweise konkretisierte Handlungsanleitung klar vorgeben. Er kann umgekehrt auch die Übertragung des gesamten, von Teilen oder von ganz bestimmten Teilen des Vermögens verbieten. Folgen der Zuwendung und Vermögensübertragung an den Begünstigten bzw Vermögensempfänger sind das Eigentum des Vermögenswerts und die Befreiung von der stiftungsrechtlichen Zweckbindung. Der Empfänger, dh der Begünstigte, darf grundsätzlich frei darüber verfügen, sofern die

---

64 So ausdrücklich Résumé-Protokoll des Fachgesprächs „Aktuelles zum Stiftungsrecht" vom 18.5.2015, GesRZ 2015, 193.
65 Vgl 1132 BlgNR 18. GP zu § 3 Abs 1; *Arnold*, PSG³ § 4 Rz 12; *Riel* in Doralt/Nowotny/Kalss, PSG (1995) § 4 Rz 2.
66 Vgl *Nowotny* in GS Helbich 115.
67 Vgl *Briem* in Kalss, Aktuelle Fragen des Stiftungsrechts 73 f; *Nowotny* in GS Helbich 112.
68 So ausdrücklich Résumé-Protokoll des Fachgesprächs „Aktuelles zum Stiftungsrecht" vom 18.5.2015, GesRZ 2015, 194.
69 Vgl *Hasch/Wolfgruber*, ZfS 2012, 3 f; *Kalss* in FS Delle-Karth 561; *Nowotny* in GS Helbich 112.
70 Vgl *Briem*, PSR 2010, 113; *Briem* in Kalss, Aktuelle Fragen des Stiftungsrechts 92; *Karollus* in FS Reischauer 237 ff.

Zuwendung nicht mit einer bestimmten Auflage versehen ist (Verwendung für Ausbildung; Pflege).[71]

Soweit der Stiftungsvorstand im Rahmen des Stiftungszwecks handelt, besteht für Zuwendungen an andere Rechtsträger als einzige Grenze des Vorstandshandelns die Schranke gem § 17 Abs 2 PSG, nach der Zuwendungen an Begünstigte die Gläubiger der bestehenden Privatstiftung durch die Vermögensauskehr gefährden und die Haftung des Stiftungsvorstands hervorrufen könnten. In den Erläuterungen zur Erbrechtsreform 2015 wird allerdings ein falsches Verständnis des Gesetzgebers über den Gläubigerschutz in § 17 Abs 2 PSG offenbar.[72] Potenzielle Pflichtteilsberechtigte sind nämlich noch nicht Gläubiger der Privatstiftung. Abgesehen davon ist für den Stiftungsvorstand nur das Vermögen der Privatstiftung und nicht das sonstige Vermögen des Stifters von Relevanz.[73] § 17 Abs 2 Satz 2 PSG dient dem Schutz der Gläubiger der Stiftung und nur deren Schutz. Der Stiftungsvorstand hat die Übereinstimmung mit dem Stiftungszweck der bestehenden Privatstiftung zu überprüfen und sicherzustellen, dass mit dem noch vorhandenen Vermögen oder durch andere Vorkehrungen die Verfolgung des Stiftungszwecks besorgt werden kann. Ist noch Vermögen in der ersten Privatstiftung vorhanden, kann der Stiftungszweck in allenfalls reduzierter Weise durch finanzielle Leistungen besorgt werden.

D. Errichtung der Substiftung – keine widerrufsgleiche Änderung

Hat der Stifter das Widerrufsrecht und das Änderungsrecht, besteht eine weitreichende Eingriffsbefugnis des Stifters. Damit kann der Stifter vollkommen über die Privatstiftung disponieren. Er kann die Vermögensbindung mit sofortiger Wirkung sofort beenden, unabhängig davon, ob der Zweck noch weiter verfolgbar ist oder nicht. Der Stiftungsvorstand hat allein zu prüfen, ob die Widerrufserklärung bzw die Änderungserklärung wirksam zustande gekommen ist. Hat sich der Stifter nur das Widerrufsrecht vorbehalten, nicht aber das Änderungsrecht, so kann der Stifter die Bindung des gesamten Vermögens jederzeit und ohne Begründung aufheben. Er kann allerdings die bestehenden Rahmenbedingungen und die bestehende Bindung nicht gestalten und ändern, sondern nur aufheben. Der Stiftungsvorstand seinerseits ist aber berechtigt, den Stiftungszweck zu verfolgen und dabei auch Vermögen zu übertragen und damit dadurch – partiell –

---

71 Eine freie Verwendung besteht bei schlichter Anordnung der Vermögensübertragung oder bei der Zweckbindung der Förderung der Begünstigten.
72 Vgl ErlRV 688 BlgNR 25. GP zu § 790.
73 Kritisch daher zu Recht *Arnold*, Privatstiftung und Pflichtteilsrecht. Änderungen durch das ErbRÄG 2015 und die EU-ErbVO, GesRZ 2015, 346 f; *Klampfl*, Privatstiftung und Pflichtteilsrecht nach der Erbrechtsreform 2015 – der „neue" Rechtsrahmen zur Berücksichtigung stiftungsnaher Transaktionen, JEV 2015, 120 f.

von der stiftungsrechtlichen Zweckbindung zu befreien, soweit dies mit dem Stiftungszweck in Einklang steht.

Hat der Stifter nur das Änderungsrecht, nicht aber das Widerrufsrecht, räumt das Stiftungsrecht dem Stifter generell eine weite Gestaltungsmöglichkeit ein. Bei einem umfassenden, nicht eingeschränkten Änderungsvorbehalt in der Stiftungsurkunde ist grundsätzlich jede Änderung der Stiftungsurkunde zulässig. Die Änderungsbefugnis des Stifters umfasst nämlich auch Änderungen des Stiftungszwecks, der Zahl und der Personen der Begünstigten und Letztbegünstigten, sowie auch der Höhe und der Fälligkeit und des Gesamtausmaßes der Zuwendungen.[74] Der Stifter kann seine Privatstiftung damit völlig „drehen". Das Privatstiftungsgesetz gestattet dem Stifter die Verfolgung von eigentümerähnlichen Interessen und stellt die eigentümerähnlichen Interessen des Stifters über das Bestandsinteresse an der Stiftung.[75] Änderungen können auch in der Form ausgeübt werden, dass Auszahlungen angeordnet werden[76] oder dass die Höhe der Auszahlungen deutlich angehoben wird. Wenn durch Zuwendungen das gesamte Stiftungsvermögen aufgebraucht wird und nach der Durchführung der Zuwendungen der Stiftungszweck nicht mehr erreichbar ist, ist dies zulässig. Nach Durchführung der Zuwendungen hat der Stiftungsvorstand gem § 35 Abs 2 Z 2 PSG einen Auflösungsbeschluss zu fassen.[77] Einzige Sperre und Grenze ist dabei gem § 17 Abs 2 PSG der Schutz der Gläubiger.

Das Änderungsrecht besteht unabhängig von einem Widerrufsrecht. Das Änderungsrecht ist im Verhältnis zum Widerrufsrecht ein Aliud. Zwischen der Änderung und dem Widerruf ist zu unterscheiden.[78] Gem § 34 PSG kann der Stifter den *contrarius actus* für die Errichtung der Privatstiftung setzen. Die Änderung zielt einfach auf eine andere Gestaltung der Stiftung und ihrer Zweckverfolgung. Besteht nur das Änderungsrecht, nicht aber das Widerrufsrecht, so bedeutet dies, dass das aufrechte Änderungsrecht nicht mehr so weit geht, dass ein nicht vorgesehener Widerrufsvorbehalt etabliert werden könnte.[79] Die Judikatur verwendet den Begriff der „widerrufsgleichen Änderung" und spricht ausdrücklich davon, dass bei einem unterbliebenen oder einem aufgegebenen Widerrufsvorbehalt eine widerrufsgleiche Änderung der Stiftungsurkunde eine nichtige Umgehung von § 34 PSG sein kann.[80] Die Judikatur zielt mit diesem Rechtssatz auf eine Gestaltung ab, mittels deren trotz Fehlens eines Widerrufsrechts eben doch ein Widerrufsvorbehalt etabliert werden soll. In der Literatur werden noch weitere

---

74 So ausdrücklich OGH 1 Ob 214/09s, GesRZ 2011, 53; 3 Ob 217/05s, GesRZ 2006, 196; 6 Ob 61/04w, GesRZ 2004, 392.
75 So ausdrücklich OGH 1 Ob 214/09s, GesRZ 2011, 56 unter Punkt P 1.9.1.
76 Vgl OGH 1 Ob 214/09s, GesRZ 2011, 53 unter Bezugnahme auf 3 Ob 217/05s, GesRZ 2006, 196; 3 Ob 16/06h, JBl 2007, 106; *Arnold*, PSG³ § 33 Rz 43; *Nowotny*, JBl 2003, 782 f.
77 Vgl *Arnold*, PSG³ § 33 Rz 43a.
78 Vgl OGH 6 Ob 261/09i, GesRZ 2010, 230 (*Csoklich*); *Feltl*, GesRZ 2011, 379.
79 Vgl OGH 6 Ob 72/11y, GesRZ 2011, 378 unter Punkt 4; *Feltl*, GesRZ 2011, 379 f; *Kalss/Müller* in *Gruber/Kalss/Müller/Schauer*, Erbrecht und Vermögensnachfolge Rz 25/87, 740.
80 Vgl OLG Wien 28.4.2011, 28 R 307/10p, GesRZ 2012, 144.

Fälle genannt. Eine widerrufsgleiche Änderung liegt etwa vor, wenn gleichsam ein *contrarius actus* für die Auflösung gesetzt wird, indem etwa die Dauer, auf die die Privatstiftung errichtet ist, nachträglich derart verkürzt wird, dass dies einem Widerruf gleich käme.[81] Fest steht aber jedenfalls, dass die Dauer verkürzt werden kann. Allein die Dauer darf nicht unmittelbar auf null reduziert werden, sondern die Kürzung muss verhältnismäßig sein.

Hat man das Ausmaß der Änderungsbefugnisse, insbesondere der vollständigen Zweckrichtung oder der Höhe der Ausschüttungen und damit der Höhe der Verfügbarkeit des Vermögens für die künftige Zweckverfolgung, erkannt, so zeigt sich, dass die Ermächtigung zur Errichtung einer Substiftung gerade keine widerrufsgleiche Änderung einer Privatstiftung darstellt.[82] Für eine bestimmte Dauer kann der Stiftungszweck im Regelfall noch verfolgt werden. Insbesondere wird aber kein *contrarius actus* für die Beseitigung der Stiftung gesetzt.[83] Die Errichtung einer Substiftung zielt auf die Fortführung des vom Stifter festgelegten Stiftungszwecks oder der konkreten Auszahlungsleistungen, die der Stifter zulässigerweise in der Stiftungsurkunde angeordnet hat.[84] Selbst wenn dadurch der Stiftungszweck der ursprünglichen Stiftung auf Dauer nicht mehr erreicht werden kann, so ist der erste Schritt der Vermögensübertragung *ex ante* betrachtet eine ordnungsgemäß durchgeführte Umsetzung des zulässigerweise vom Stifter in der Stiftungsurkunde festgelegten Willens und des Zwecks und die korrekte Ausführung des Zwecks der Privatstiftung. Diese Maßnahme stellt schlicht eine Vollziehung von zulässigen Anordnungen und eine Ausführung von stiftungsrechtlichen Auszahlungsanordnungen dar. Da die Dauer einer Privatstiftung, die Höhe der Zuwendungen und die Höhe sonstiger Auszahlungen jederzeit durch den Stifter geändert werden können, kann durch eine derartige vom Stifter angeordnete Maßnahme die dauerhafte Verfolgung des Stiftungszwecks beeinträchtigt oder überhaupt beseitigt werden. Liegt dies endgültig vor, so hat der Stiftungsvorstand mangels Erreichbarkeit des Stiftungszwecks den Auflösungsbeschluss zu fassen. Dies ist aber nur Folge einer zulässigen Änderung. Vorstellbar ist dies auch bei zufälliger schlechter Veranlagung des Stiftungsvermögens und Vernichtung eines Stiftungsvermögens und eben durch zulässige Änderung der Stiftungsurkunde durch den Stifter.

Ein Widerrufsrecht berechtigt den Stifter zum sofortigen und begründungslosen Aufheben der Zweckbindung des Vermögens. Das Änderungsrecht eines Stifters deckt auch die vollkommene Änderung des Stiftungszwecks, die Höhe der Zuwendungen oder sonstiger Auszahlungen der Stiftung, welche dadurch eine Grundlage und ein Recht bzw eine Pflicht für den Stiftungsvorstand darstellen.

---

81 Vgl OGH 6 Ob 72/11y, GesRZ 2011, 378 unter Punkt 3.2; *Arnold*, PSG³ § 33 Rz 45; *Feltl*, GesRZ 2011, 379.
82 Vgl OLG Linz 2.7.2012, 6 R 103/12b, ZFS 2013, 30; die Entscheidung geht darauf nicht ein.
83 So ausdrücklich *Arnold*, PSG³ § 33 Rz 45; ferner Zentrum für Stiftungsrecht, GesRZ 2012, 349.
84 Vgl OGH 1 Ob 214/09s, GesRZ 2011, 53.

Kann der Zweck dadurch dauerhaft nicht mehr erreicht werden, so ist die Stiftung gem § 35 Abs 2 Z 2 PSG aufzulösen. Die nachträgliche Ermächtigung zur Errichtung einer Substiftung und die Übertragung von Vermögen in Teilen oder zur Gänze an die Substiftung stellt keine widerrufsgleiche Änderung und keinen Verstoß gegen § 34 PSG dar, zumal jedenfalls für eine bestimmte – auch nur kurze – Dauer der Stiftungszweck weiterhin verfolgt werden kann. Eine Bestandspflicht für eine einmal errichtete Stiftung besteht trotz Fehlens eines Widerrufsvorbehalts nicht.

E. Steuerliche Rahmenbedingungen für die Errichtung von Substiftungen

1. Österreichische Privatstiftung als Substiftung

Die Errichtung einer österreichischen Privatstiftung als Substiftung einer österreichischen Privatstiftung – ohne der Widmung von Vermögen – stellt an sich noch keinen steuerbaren Tatbestand dar. Bei Zuwendungen von Wirtschaftsgütern der bestehenden Privatstiftung an die Substiftung kann es hingegen zu Steuerfolgen auf Ebene der beteiligten Privatstiftungen kommen.

Diese Steuerfolgen umfassen die sog „Eingangsbesteuerung" mit Stiftungseingangssteuer, die Besteuerung der Zuwendung als „Zuwendung einer Privatstiftung" iSd § 27 Abs 5 Z 7 EStG auf Ebene der Substiftung sowie allenfalls die Besteuerung auf Ebene der bestehenden Privatstiftung (Entnahmebesteuerung, Wegzugsbesteuerung).

a) Stiftungseingangssteuer

Nach § 1 Abs 1 StiftEG unterliegen der Stiftungseingangssteuer unentgeltliche Zuwendungen an privatrechtliche Stiftungen und damit vergleichbare Vermögensmassen, wobei die Steuerpflicht dann gegeben ist, wenn der Zuwendende oder die Stiftung im Zeitpunkt der Zuwendung einen Anknüpfungspunkt nach Österreich aufweisen (§ 1 Abs 2 StiftEG).[85] Daraus ergibt sich, dass auch Zuwendungen von österreichischen Privatstiftungen an von ihnen errichtete Substiftungen der Stiftungseingangssteuer unterliegen.[86] Eine Befreiung für diesen Fall sieht das StiftEG nicht vor. Die Steuer beträgt wie bei allen anderen Zuwendungen an österreichische Privatstiftungen 2,5 %, sofern nicht ein Fall der § 2 Abs 1 lit a bis e StiftEG vorliegt. Im Fall einer österreichischen Privatstiftung ist wohl nur § 2 Abs 1 lit b StiftEG relevant, wonach die Steuer 25 % der Zuwendungen beträgt, wenn eine Offenlegung der relevanten Unterlagen nicht bis zum Zeitpunkt der Fälligkeit dem zuständigen Finanzamt offengelegt wurden.

---

85 Wohnsitz, gewöhnlicher Aufenthalt, Sitz oder Ort der Geschäftsleitung.
86 Vgl *Marschner*, Optimierung der Familienstiftung³ Rz 1415.

b) Ertragsteuer

Die ertragsteuerlichen Folgen einer Substiftungserrichtung sind in § 27 Abs 5 Z 8 lit f und g EStG geregelt. Der Gesetzgeber geht dabei von einer Zuwendung der Hauptstiftung iSd § 27 Abs 5 Z 7 EStG aus, wobei in gewissen Fällen steuerneutrale Substanzauszahlungen angenommen werden. Damit erzielt eine Substiftung bereits anlässlich ihrer Errichtung Einkünfte aus Kapitalvermögen (sofern keine Substanzauszahlungen vorliegen).[87]

Der zugewendete Betrag unterliegt grundsätzlich der Kapitalertragsteuer, die von der zuwendenden Privatstiftung einbehalten und abgeführt werden muss (§ 93 Abs 2 Z 1 EStG), wobei die Bemessungsgrundlage die fiktiven Anschaffungskosten (nach § 15 Abs 3 Z 2 lit b EStG) darstellen.[88] Die Kapitalertragsteuer für Zuwendungen an Substiftungen beträgt – ungeachtet der Erhöhung der Sondersteuersätze des § 27a Abs 1 EStG im Rahmen des StRefG 2015/16 – weiterhin 25 % (§ 93 Abs 1a EStG).

aa) Steuerfreie Substanzauszahlung

§ 27 Abs 5 Z 8 f und g EStG bieten die Möglichkeit, der Privatstiftung gewidmete Substanz bei Zuwendung an eine Substiftung steuerfrei auszuzahlen. Hierbei ist grundsätzlich zwischen „Altvermögen" (dh Vermögen, das der Privatstiftung vor dem 1.8.2008 gewidmet wurde, geregelt in Abs 5 Z 8 lit g leg cit) und „Neuvermögen" (Vermögen, das der Privatstiftung nach dem 31.7.2008 gewidmet wurde, Abs 5 Z 8 lit f leg cit) zu unterscheiden.

Nach hA[89] besteht bei Vorhandensein von sowohl Neu- als auch Altvermögen ein Wahlrecht zur Inanspruchnahme, wobei bei Vermögensgegenständen, welche stille Reserven aufweisen, regelmäßig die Bestimmungen für Altvermögen steuerlich günstiger sind.[90]

---

[87] *Ludwig/Moshammer*, Steuerliche Sonderfragen zur Liechtenstein-Stiftung, PSR 2013, 62 (68); so auch *Marschner*, Die Optimierung der Familienstiftung³ Rz 1414 f mwN; auch die Finanzverwaltung scheint grundsätzlich von Einkünften aus Kapitalvermögen auszugehen, vgl StiftR 2009 Rz 275; aA *Wiedermann/Migglautsch*, Zuwendungen von Privatstiftungen, Substanzauszahlungen und Substiftungen, in *Cerha/Haunold/Huemer/Schuch/Wiedermann* (Hrsg), Stiftungsbesteuerung² (2011) 107 (125) nach deren Ansicht „*Substiftungsvorgänge per se* **niemals** *als ‚Zuwendung* **von** *Stiftungen' im Sinne des § 27 Abs 5* **Z 7** *iVm § 15 Abs 3* **Z 2** *EStG und daher auch niemals als Substanzauszahlung im Sinne des § 27 Abs 1 Z 8 lit a EStG zu qualifizieren sind, weil es sich in systematischer Interpretation um Zuwendungen* **an** *Stiftungen (und nicht um Zuwendungen* **von** *Stiftungen) handelt, eine* **gleichzeitige** *Qualifikation als Zuwendung* **von und an** *Stiftungen nach der Gesetzessystematik in § 15 Abs 3 Z 1 und 2 EStG wegen der unterschiedlichen Rechtsfolgen* **denkunmöglich** *ist und […] der Qualifikation als Zuwendungen* **an** *Stiftungen, dh als Stiftungsvorgang der Vorzug zu geben ist*" (Hervorhebungen im Original); s auch *Wiedermann*, Die Substiftungsgründung – Ertragsteuerkonzept versus „Ausschüttungsthese", in GS Helbich 163 (163 ff) zum Zustandekommen der Regelungen. Diese Auffassung wir aber überwiegend abgelehnt.

[88] Vgl *Ludwig/Moshammer*, PSR 2013, 68; *Marschner*, Optimierung der Familienstiftung³ Rz 1456.

[89] *Marschner*, Optimierung der Familienstiftung³ Rz 1429; *Widhalm*, Die ertragsteuerliche Behandlung von Zuwendungen an Substiftungen nach dem SchenkMG 2008, in GS Quantschnigg (2010) 535 (543).

[90] *Marschner*, Optimierung der Familienstiftung³ Rz 1438.

bb) Regelung für Altvermögen

Vermögen, das der bestehenden Stiftung vor dem 1.8.2008 gewidmet wurde (sog „Altvermögen), kann an eine Substiftung unter den folgenden Grundsätzen ohne Kapitalertragsteuerbelastung übertragen werden:[91]

Zuwendungen an eine Substiftung gelten als steuerneutrale Substanzauszahlung, wenn das zugewendete Vermögen betragsmäßig in einer unternehmensrechtlichen Vermögensaufstellung zum 31.7.2008 Deckung findet. Die unternehmensrechtliche Vermögensaufstellung zum 31.7.2008 legt das betragliche Ausmaß fest, das an eine Substiftung ertragsteuerneutral übertragen werden kann; dieses betragliche Ausmaß richtet sich nach dem unternehmensrechtlichen Netto-/Reinvermögen (= Eigenkapital) zum 31.7.2008. Ist zum 31.7.2008 das Eigenkapital der Hauptstiftung in einer Statusbilanz festgehalten, kann jegliches Vermögen an die Substiftung KESt-frei ausgekehrt werden, auch ein nach dem 31.7.2008 neu (mit Altbarbeständen) angeschafftes Vermögen oder an die Privatstiftung zugewendetes Vermögen, das in das Evidenzkonto aufgenommen wurde; „Nämlichkeit" des Vermögens ist keine Voraussetzung. Die Hauptstiftung hat allerdings das Eigenkapital zum 31.7.2008 um den unternehmensrechtlichen Wert abzustocken, wobei das verbleibende Eigenkapital zum 31.7.2008 das Potenzial für zukünftige Substanzauszahlungen an Substiftungen darstellt. Die Substiftung hat die steuerlichen Werte der Hauptstiftung fortzuführen, das Evidenzkonto iSd § 27 Abs 5 Z 8 lit c EStG erhöht sich nicht. Die unternehmensrechtliche Vermögensaufstellung zum 31.7.2008 kann auch in einem späteren Jahr erstellt werden. Sollten die Werte in der in einem späteren Jahr erstellten Vermögensaufstellung zum 31.7.2008 nicht ident sein mit den Werten der Schlussbilanz des vorangegangenen Wirtschaftsjahres, sind diese Werte anhand der Stiftungsbuchhaltung des Jahres 2008 nachzuweisen.[92]

Dieses System der steuerneutralen Substanzauszahlung gilt nur insoweit, als die Zuwendung im Stiftungszweck der zuwendenden Stiftung (Vermögensmasse) Deckung findet.[93]

cc) Regelung für Neuvermögen

Die Regelung für der bestehenden Privatstiftung nach dem 31.7.2008 gewidmetes Vermögen (sog „Neuvermögen") stellt sich überblicksmäßig wie folgt dar:[94]

Zuwendungen der Hauptstiftung an die Substiftung gelten als Substanzauszahlung, soweit sie im Evidenzkonto Deckung finden. Dies gilt für die Errichtung der

---

91 Vgl StiftR 2009 Rz 277 f.
92 Unter Verweis auf StiftR 2009 Rz 279 sind nach Jakom/*Marschner*, EStG 2015 § 27 Rz 323 im Zweifel die Werte des letzten Regeljahresabschlusses vor dem 1.8.2008 heranzuziehen. Es ist daher nach uE von der Finanzverwaltung gefordert, dass ein Zwischenabschluss zum 31.7.2008 aufgestellt wird, wobei keine zeitliche Einschränkung dahingehend aufgestellt wird, **wann** dieser Zwischenabschluss aufgestellt wird.
93 S dazu die Ausführungen in diesem Beitrag.
94 Vgl StiftR 2009 Rz 276 ff.

Substiftung und für Nachstiftungen gleichermaßen. Die als Substanzauszahlung geltenden Zuwendungen vermindern – wie jede andere Substanzauszahlung auch – den Stand des Evidenzkontos. Quasi spiegelbildlich zur zuwendenden Stiftung setzt die Substiftung ihrerseits die Zuwendung (im Ausmaß der Substanzauszahlung) in ihrem Evidenzkonto an; von diesem Wert im Evidenzkonto der Substiftung ist allerdings noch der „maßgebliche Wert" (= Bilanzgewinn + Gewinnrücklagen + stille Reserven) der zuwendenden Stiftung abzuziehen.

c) Besteuerung der zuwendenden Stiftung

Eine Besteuerung der zuwendenden Stiftung erfolgt in den meisten Fällen nicht, da es sich bei den Zuwendungen zumeist um außerbetriebliches Vermögen handelt und die Zuwendung unentgeltlich erfolgt.[95] Da durch die Übertragung auf eine österreichische Privatstiftung keine Einschränkung des österreichischen Besteuerungsrechts erfolgt, kommt auch keine Wegzugsbesteuerung (insb § 27 Abs 6 Z 1 EStG) zur Anwendung.

2. Liechtensteinische Stiftung als Substiftung

Auch bei der Errichtung einer liechtensteinischen Substiftung kommt es grundsätzlich zu den bei der österreichischen Privatstiftung beschriebenen Steuerfolgen. Dh, es kommt zu einer Eingangsbesteuerung bei Widmung eines Wirtschaftsgutes, zur Ertragsbesteuerung als Zuwendung iSd § 27 Abs 5 Z 7 EStG (unter Berücksichtigung der Möglichkeiten von steuerneutralen Substanzauszahlungen) und unter Umständen zu einer Besteuerung der zuwendenden Privatstiftung (allen voran mit Wegzugsbesteuerung). Diese Folgen sind aber einerseits davon abhängig, dass eine sog „intransparente" FL-Substiftung errichtet wird, der das gestiftete Vermögen und die daraus erzielten Erträge auch zuzurechnen sind. Andererseits sind die Bestimmungen des Steuerabkommens zwischen Österreich und Liechtenstein[96] (insb dessen Teil 4) zu beachten, welche die innerstaatlichen österreichischen Regelungen modifizieren (insb im Bereich der Stiftungseingangssteuer).

a) Intransparenz

Die steuerliche Anerkennung von liechtensteinischen Stiftungen generell war lange Zeit strittig und unklar. Die österreichische Finanzverwaltung traf bei ausländischen vermögensverwaltenden Stiftungen aufgrund „praktischer Erfahrungen" die Annahme, dass das Vermögen steuerlich weiterhin dem Stifter oder den Begünstigten zuzurechnen ist (sog „Transparente Stiftung"), wobei eine einzelfallbezogene Prüfung zu erfolgen hatte.[97] Diese pauschale Annahme sorgte für eine ge-

---

95 *Stangl* in *Arnold/Stangl/Tanzer*, Privatstiftungs-Steuerrecht² (2009) Rz II/514 f.
96 Abkommen zwischen der Republik Österreich und dem Fürstentum Liechtenstein über die Zusammenarbeit im Bereich Steuern (StAbk Ö-FL), BGBl III 2013/301.
97 StiftR 2009 Rz 21.

wisse Rechtsunsicherheit, welche durch ausdrückliche Verankerung von Kriterien im Steuerabkommen zwischen Österreich und Liechtenstein, bei deren Erfüllung eine FL-Stiftung als steuerlich intransparent gilt, beseitigt wurde.

Zum Verständnis der nachfolgenden Ausführungen darf noch darauf hingewiesen werden, dass FL-Stiftungen in Liechtenstein nach zwei unterschiedlichen Systemen besteuert werden können. Neben der Normalbesteuerung (Steuersatz 12,5 %) ist bei rein vermögensverwaltenden Stiftungen eine Besteuerung als sog „Privatvermögensstruktur" (PVS) iSd Art 64 FL-SteG möglich, was eine begünstigte Besteuerung mit der Mindeststeuer iHv CHF 1.200 bedeutet.

Gemäß Art 2 Abs 2 lit b des Abkommens[98] lauten die Kriterien wie folgt:

- Weder der Stifter noch ein Begünstigter oder eine diesen nahestehende Person sind Mitglieder im Stiftungsrat oder in einem Gremium, dem Weisungsbefugnisse gegenüber dem Stiftungsrat zustehen.
- Es besteht kein Abberufungsrecht des Stiftungsrats durch den Stifter, einen Begünstigten oder eine diesen nahestehende Person ohne wichtigen Grund.
- Es besteht kein ausdrücklicher oder konkludenter Mandatsvertrag.

Diese Kriterien sind abschließend und für die Anerkennung als intransparente Stiftung kumulativ zu erfüllen. Insbesondere die Frage des „Nichtvorliegens" eines Mandatsvertrages kann Schwierigkeiten bereiten. Eine Definition des Mandatsvertrages findet sich im Merkblatt zu Teil 4 des Steuerabkommens:

> Ein Mandatsvertrag liegt vor, wenn der Stifter, ein Begünstigter oder eine nahe stehende Person mit zumindest einem Mitglied des Stiftungsrates eine rechtsverbindliche Vereinbarung abgeschlossen hat, die dieses Mitglied bei Ausübung seines Amtes insgesamt an Weisungen des Auftraggebers bindet. [...] Der Mandatsvertrag kann schriftlich, mündlich oder konkludent abschlossen werden.[99]

Fraglich sind das Nichtvorliegen eines konkludenten Mandatsvertrages und der Nachweis dieses Sachverhalts. Zur Vermeidung einer Annahme eines konkludenten Mandatsvertrages wird eine „Intransparenzerklärung" nach dem Muster von Rz 7072 f EStR 2013 empfohlen.[100] Weiters wird die Abgabe schriftlicher Erklärungen des Stifters und der Begünstigten sowie allfälliger Protektoren, wonach diesen keine Weisungsrechte gegenüber dem Stiftungsrat zukommen und auch kein konkludenter Mandatsvertrag vorliegt, empfohlen.[101] Nachfolgend wird davon ausgegangen, dass eine intransparente FL-Substiftung vorliegt.

---

98 BGBl III 2013/301.
99 Steuerverwaltung Liechtenstein, Merkblatt zu Teil 4: intransparente Vermögensstrukturen – Erhebung einer Eingangs- und Zuwendungssteuer und freiwillige Meldung (April 2015) Rz 49.
100 Vgl *Fraberger/Petritz*, SWK-Spezial Steuerabkommen Österreich – Liechtenstein/Schweiz, 2014, 102.
101 Vgl *Lechner*, Steuerliche Fragen bei Errichtung liechtensteinischer Substiftungen, ZfS 3/2015, 192.

b) Eingangsbesteuerung

Die Besteuerung der Zuwendung an die FL-Substiftung unterliegt je nach Offenlegung gegenüber dem österreichischen Finanzamt der nach Art 33 StAbk Ö-FL modifizierten Stiftungseingangssteuer nach dem StiftEG oder der genuin aus dem Abkommen stammenden „Eingangssteuer" des Art 34 StAbk Ö-FL.

In den Fällen der Offenlegung – wie in § 2 Abs 1 lit b StiftEG[102] angeordnet – und Beibringung der Unterlagen, welche für eine Beurteilung nach Art 2 Abs 2 lit a StAbk Ö-FL erforderlich sind, beträgt die Stiftungseingangssteuer abweichend von § 2 Abs 1 Satz 1 StiftEG 5 %. Wird die Stiftung in Liechtenstein begünstigt als PVS besteuert, erhöht sich dieser Steuersatz auf 7,5 %.[103] Zur Missbrauchsvermeidung gilt für den Fall, dass eine regelbesteuerte Vermögensstruktur nachträglich den Status als PVS erreicht, das innert der letzten zehn Jahre zugewendete Vermögen erneut als zugewendet und ist mit einem Steuersatz von 2,5 % zu versteuern.[104] Die Bemessungsgrundlage richtet sich nach § 1 Abs 5 StiftEG,[105] sohin nach dem ersten Teil des BewG.[106] Die Offenlegung hat gem § 4 StiftEG gegenüber dem FA Wien 1/23 zu erfolgen.[107] Für die Erhebung der Stiftungseingangssteuer kommen die österreichischen verfahrensrechtlichen Vorschriften zur Anwendung.[108] Nach § 3 Abs 1 StiftEG hat der Steuerschuldner (das ist bei Zuwendungen an ausländische Stiftungen gem § 1 Abs 3 Satz 2 StiftEG der Zuwendende, dh die bestehende Stiftung) die Steuer selbst zu berechnen und bis zum 15. Tag (Fälligkeitstag) des zweitfolgenden Monats nach Entstehen der Steuerschuld zu entrichten.

Sofern die Stiftung nicht gegenüber der österreichischen Finanzverwaltung offengelegt wird, erfolgt eine der Stiftungseingangssteuer entsprechende „Eingangssteuer" nach dem StAbk Ö-FL, welche von der liechtensteinischen Zahlstelle abgeführt wird.[109] Der Steuersatz erhöht sich in diesen Fällen auf 7,5 %, sofern die Stiftung als PVS besteuert wird, auf 10 %.[110] Die Missbrauchsvorschrift gilt auch hier.[111]

Die Erhebung der Eingangssteuer hat sowohl bei in Österreich ansässigen natürlichen Personen als auch bei Körperschaften zu erfolgen.[112] Mit Erhebung der

---

102 Offengelegt werden müssen spätestens im Zeitpunkt der Fälligkeit der Stiftungseingangssteuer dem zuständigen Finanzamt „[…] *sämtliche Dokumente in der jeweils geltenden Fassung, die die innere Organisation der Stiftung oder vergleichbaren Vermögensmasse, die Vermögensverwaltung oder die Vermögensverwendung betreffen (wie insbesondere Stiftungsurkunde, Stiftungszusatzurkunden und damit vergleichbare Unterlagen)*".
103 Art 33 StAbk Ö-FL.
104 Art 33 letzter Satz iVm Art 34 Abs 3 StAbk Ö-FL.
105 Art 33 StAbk Ö-FL; Materialien RV 2151 BlgNR 24. GP 19; *Steuerverwaltung Fürstentum Liechtenstein*, Merkblatt zu Teil 4 Rz 60.
106 *Varro*, Stiftungseingangssteuer (2011) 109.
107 *Steuerverwaltung Fürstentum Liechtenstein*, Merkblatt zu Teil 4 Rz 62.
108 *Steuerverwaltung Fürstentum Liechtenstein*, Merkblatt zu Teil 4 Rz 57.
109 Art 34 Abs 1 StAbk Ö-FL.
110 Art 34 Abs 2 StAbk Ö-FL.
111 Art 34 Abs 3 StAbk Ö-FL.
112 *Steuerverwaltung Fürstentum Liechtenstein*, Merkblatt zu Teil 4 Rz 65.

Eingangssteuer ist die österreichische Stiftungseingangssteuer abgegolten.[113] Die Bemessungsgrundlage ist ebenfalls nach § 1 Abs 5 StiftEG zu ermitteln.[114]

Hinsichtlich der Besteuerung der Zuwendung an die FL-Substiftung darf wie folgt zusammengefasst werden:

Besteuerung in Liechtenstein	Offenlegung gegenüber der österreichischen Finanz	
	Ja (Stiftungseingangssteuer)	Nein (Eingangssteuer)
Regelbesteuerung in FL	5 %	7,50 %
Besteuerung als PSV in FL	7,50 %	10 %

c) Ertragsteuer

Die intransparente FL-Substiftung unterliegt in Österreich – wenn weder Sitz noch Ort der Geschäftsleitung im Inland liegen – der beschränkten Steuerpflicht gem § 1 Abs 3 Z 1 iVm § 21 Abs 1 KStG. Zuwendungen, die eine österreichische Privatstiftung an eine FL-Stiftung tätigt, sind bei der FL-Substiftung gemäß § 1 Abs 3 Z 1 iVm § 21 Abs 1 Z 1 KStG und § 98 Abs 1 Z 5 lit a EStG grundsätzlich (beschränkt) körperschaftsteuerpflichtig[115] und nach rein innerstaatlichem Recht mit 25 % KESt belastet.[116] Die Möglichkeit der oben beschriebenen steuerneutralen Substanzauszahlung besteht auch bei FL-Substiftungen.

Eine Steuerfreiheit der Zuwendung kann sich – neben der Möglichkeit einer steuerneutralen Substanzauszahlung – auch aus dem DBA Ö-FL[117] ergeben. Grundvoraussetzung für dessen Anwendung ist, dass eine FL-Stiftung vorliegt, die nicht dem Besteuerungsregime als PVS unterliegt[118] und bei der kein Widerrufsrecht vorgesehen ist.[119] Die Zuwendung an die FL-Stiftung fällt unter Art 21 DBA Ö-FL (nicht ausdrücklich erwähnte Einkünfte), welcher ein ausschließli-

---
113 Art 34 Abs 5 StAbk Ö-FL.
114 *Steuerverwaltung Fürstentum Liechtenstein*, Merkblatt zu Teil 4 Rz 65, hierzu finden sich keine Aussagen in den österreichischen Materialien. Schon aus systematischen Gründen wird aber davon auszugehen sein, dass die Bemessungsgrundlagen und die Befreiungen der § 1 Abs 5 und 6 StiftEG zur Anwendung gelangen.
115 *Lechner*, ZFS 2015, 195.
116 § 93 Abs 1 und 2 Z 1 iVm § 98 Abs 1 Z 5 lit a EStG; *Marschner*, Optimierung der Familienstiftung³ Rz 1456.
117 BGBl 1971/24.
118 Für PVS sieht Art 26 DBA AT-FL eine Ausnahme vom Anwendungsbereich vor, sie gelten nicht als ansässig in Liechtenstein, s auch Zusatzprotokoll zur Abänderung des DBA AT-FL BGBl III 2013/302 zu Art 4 und 26, das DBA ist daher auf sie nicht anwendbar, in Österreich bliebe weiterhin die uneingeschränkte beschränkte Steuerpflicht bestehen; s auch *Lechner*, ZFS 2015, 196.
119 *Ludwig* in Arnold/Ludwig, Stiftungshandbuch² Rz 14/36; *Wytrzens*, ÖStZ 2015, 671 f.

ches Besteuerungsrecht des Ansässigkeitsstaates (hier: FL) vorsieht.[120] Aufgrund der DBA-EntlastungsVO[121] ist eine Entlastung an der Quelle nicht möglich, sondern es muss ein Rückerstattungsverfahren eingeleitet werden.[122] Ungeachtet der DBA-rechtlichen Steuerbefreiung besteht daher für eine zuwendende österreichische Privatstiftung die Verpflichtung, die gegebenenfalls (unter Beachtung der Regelungen über die steuerfreie Substanzauszahlung) geschuldete Kapitalertragsteuer zunächst in voller Höhe einzubehalten und an das zuständige Finanzamt abzuführen. Die DBA-rechtliche Steuerbefreiung kann daher von der FL-Substiftung nur im Wege eines Antrags gemäß § 240 Abs 3 BAO auf Rückerstattung der Kapitalertragsteuer durchgesetzt werden.[123] Nach *Lechner*[124] kann – unter Verweis auf § 240 Abs 3 drittletzter Satz BAO – die Rückerstattung erst nach Ablauf des Jahres der Einbehaltung der Steuer erfolgen. Voraussetzung ist nach hA,[125] dass die Kapitalertragsteuer „einbehalten" ist, sie muss aber nicht entrichtet sein.

Nach Auffassung des BMF kann ein solcher Rückerstattungsantrag mit dem Formular ZS-RD1 unter Verwendung des Beiblatts C gestellt werden.[126]

d) Besteuerung der zuwendenden Stiftung

Im Fall der Zuwendung von (außerbetrieblichem) Vermögen entstehen bei der zuwendenden Privatstiftung keine ertragsteuerlichen Konsequenzen, insbesondere da die Zuwendung aus Sicht der zuwendenden Privatstiftung unentgeltlich erfolgt.[127] Es kann sich jedoch eine (Zwischen-)Steuerpflicht ergeben, wenn der Substiftung Kapitalvermögen zugewendet wird und die Zuwendung eine der Veräußerungsfiktionen des § 27 Abs 6 Z 1 oder 2 EStG auslöst. Zu den Veräußerungsfiktionen zählen das Ausscheiden von Wertpapieren aus einem Bankdepot (§ 27 Abs 6 Z 2 EStG) sowie der Fall, dass die Zuwendung zur Einschränkung des Besteuerungsrechts der Republik Österreich im Verhältnis zu anderen Staaten hinsichtlich eines Wirtschaftsguts iSd § 27 Abs 3 (ua Beteiligungen an Kapitalgesellschaften) oder eines Derivats iSd § 27 Abs 4 EStG führt. In diesen Fällen wird gem § 27a Abs 3 Z 2 lit b EStG der Unterschiedsbetrag zwischen dem gemeinen Wert im Zeitpunkt des Wirksamwerdens der Veräußerungsfiktion und den An-

---

120 Vgl *Kovar/Marihart*, Zuwendungen von Privatstiftungen an ausländische Begünstigte, in *Cerha/Haunold/Huemer/Schuch/Wiedermann*, Stiftungsbesteuerung² 185 (199); *Ludwig* in *Arnold/Ludwig*, Stiftungshandbuch² Rz 14/37; zuletzt *Lechner*, ZFS 2015, 196 und *Kofler*, Die österreichische Privatstiftung im Internationalen Steuerrecht: Zuwendungen an ausländische Begünstigte, ZFS 2015, 231 (239 mwN).
121 BGBl III 2005/92.
122 § 5 Abs 1 Z 5 DBA Entlastungs-VO.
123 *Lechner*, ÖStZ 2015, 196.
124 *Lechner*, ÖStZ 2015, 196.
125 *Ritz*, BAO⁵ (2014) § 240 Rz 3, 10 mwN.
126 BMF 15.3.2004, EAS 2436.
127 Vgl *Stangl* in *Arnold/Stangl/Tanzer*, Privatstiftungs-Steuerrecht² (2009) Rz II/514 f.

schaffungskosten des zugewendeten Wirtschaftsguts als Bemessungsgrundlage herangezogen. Die Wegzugsbesteuerung wurde mit AbgÄG 2015[128] neu gefasst. Nunmehr ist ein Aufschub der Besteuerung für Zuwendungen an ausländische Stiftungen nicht mehr möglich, sondern es kommt im außerbetrieblichen Bereich das Ratenzahlungskonzept zur Anwendung.[129] Dies bedeutet grundsätzlich, dass bei Übertragung eines Wirtschaftsgutes iSd § 27 Abs 3 und 4 EStG durch die Privatstiftung an die FL-Stiftung eine Realisierung der stillen Reserven erfolgt, welche bei der österreichischen Privatstiftung nach § 13 Abs 3 Z 1 lit b KStG der Zwischenbesteuerung unterliegt. Im Ergebnis könnte die anfallende Zwischensteuer über Antrag in Raten gezahlt werden.[130] Sofern es sich um eine qualifizierte Kapitalbeteiligung iSd § 13 Abs 4 KStG handelt, wäre auch eine Übertragung stiller Reserven denkbar.[131]

3. Zuwendungsbesteuerung

Von der Erhöhung der KESt von 25 % auf 27,5 % sind auch Zuwendungen durch Privatstiftungen an ihre Begünstigten erfasst. Die Zuwendungen sind im Inland mit der Entrichtung der KESt durch die Privatstiftung bei den Begünstigten, sofern es sich um natürliche Personen handelt, weiterhin endbesteuert und müssen daher nicht in die Einkommensteuererklärung aufgenommen werden. Wirtschaftlich führt die Erhöhung in der Regel zu einer Gesamtsteuerbelastung für an Begünstigte weitergeleitete Einkünfte der Privatstiftung.[132]

Die Zwischenkörperschaftsteuer bleibt dem Grund und der Höhe nach von der Steuerreform 2015/2016 unberührt. Sie beträgt weiterhin 25 % und der Katalog der zwischenkörperschaftsteuerpflichtigen Einkünfte bleibt auch unverändert. Für

---

128 BGBl I 2015/163.
129 Nach § 27 Abs 6 Z 1 lit a EStG idF AbgÄG 2015 ist eine Nichtfestsetzung der Steuerschuld nur mehr möglich, wenn es sich um einen „Wegzug" einer natürlichen Person oder um eine unentgeltliche Übertragung des Wirtschaftsgutes an eine „andere natürliche Person" handelt (jeweils in einen EU- /EWR-Staat mit umfassender Amts- und Vollstreckungshilfe). Dies ist bei Zuwendung an eine FL-Stiftung (juristische Person) nie gegeben.
130 § 13 Abs 3 Z 1 lit c KStG iVm § 27 Abs 6 Z 1 lit d iVm § 6 Z 6 lit c und d EStG idF AbgÄG 2015; zur alten Rechtslage (dh vor AbgÄG 2015) wurde vertreten, dass eine Nichtfestsetzung der Zwischensteuer über Antrag möglich wäre (s etwa *Marschner*, Optimierung der Familienstiftung[3] Rz 990, 1090; *Stangl* in *Arnold/Stangl/Tanzer*, Privatstiftungs-Steuerrecht[2] Rz II/404). Nach *König*, Ausgewählte Themen zur Zwischenbesteuerung, in GS Köglberger (2008) 361 (374) hat sich die Finanzverwaltung dazu noch „nicht geäußert" (betreffend die Wegzugsbesteuerung in § 31 EStG idF vor BBG 2011). Aus der abgabenrechtlichen Systematik und Verweistechnik kann und konnte sich jedoch nichts anderes ergeben. Wenn aufgrund der Verweiskette die Wegzugsbesteuerung für die Privatstiftung wirksam wird, muss auch der Antrag auf Ratenzahlung/Nichtfestsetzung möglich sein. Eine Nichtfestsetzung ist nach neuer Rechtslage jedoch bei Vermögensübertragung einer Privatstiftung nie mehr möglich: Eine Privatstiftung ist keine natürliche Person, daher ist bei ihr keine Nichtfestsetzung infolge Wegzugs möglich; auch die Übertragung an eine „andere natürliche Person" ist begrifflich nicht möglich, da dies die Übertragung durch eine natürliche Person voraussetzt.
131 So auch *Marschner*, Optimierung der Familienstiftung[3] Rz 1099.
132 Vgl *Wilplinger*, Die Auswirkungen der Steuerreform 2015/2016 auf Privatstiftungen, PSR 31, 2015, 110.

Zuwendungen von FL-Stiftungen an in Österreich ansässige, natürliche Personen gilt grundsätzlich dasselbe wie für Zuwendungen von Privatstiftungen. Das StAbk Ö-FL sieht hierbei jedoch die Möglichkeit einer anonymen Besteuerung vor. Dh, die liechtensteinische Zahlstelle behält eine der österreichischen Kapitalertragsteuer entsprechende „Zuwendungssteuer" ein, mit deren Einbehalt die österreichische Einkommensteuer für die Zuwendungen als abgegolten gilt. Eine Aufnahme in die Steuererklärung des Zuwendungsempfängers ist dann nicht mehr vonnöten.[133] Alternativ ist eine freiwillige Meldung der Zuwendungen durch die Zahlstelle möglich (mit erforderlicher Aufnahme der Zuwendungen in die Steuererklärung des Zuwendungsempfängers).[134]

IV. Der Stiftungsprüfer

Als selbstständiger Rechtsträger unterliegt die Privatstiftung einer jährlichen Jahresabschlussprüfung, die von dem Stiftungsprüfer vorzunehmen ist. So unterscheidet sich die Prüfung der Privatstiftung von der Jahresabschlussprüfung von Kapitalgesellschaften einerseits aufgrund der Tatsache, dass der Stiftungsprüfer gleichzeitig Organ der Privatstiftung ist, und andererseits aufgrund der stiftungsspezifischen Besonderheiten, die im Rahmen der Stiftungsprüfung zu berücksichtigen sind.[135]

Die wesentliche Besonderheit der Privatstiftung ist die Stellung des Stiftungsprüfers, der gleichzeitig Organ der Stiftung[136] und Abschlussprüfer[137] ist. Ein weiterer Unterschied zu Kapitalgesellschaften besteht darin, dass die Prüfungstätigkeit nicht auf einem Vertrag mit der geprüften Privatstiftung basiert, sondern auf einer gerichtlichen Bestellung,[138] die demnach auch weder eine ausdrückliche noch eine stillschweigende Vereinbarung der allgemeinen Auftragsbedingungen für Wirtschaftstreuhänder enthält.[139] Deshalb und weil die Ausübung der Tätigkeiten als Stiftungsprüfer über die Inhalte der gerichtlichen Bestellung hinausgeht, wird im KFS/PE 21 empfohlen, einen solchen schriftlichen Vertrag abzuschließen – unabhängig davon, ob der Stiftungsprüfer vom Aufsichtsrat oder vom Gericht bestellt wird.[140]

Zur Bestellung des Stiftungsprüfers ist gem § 20 PSG grundsätzlich der Aufsichtsrat verpflichtet. Ist jedoch kein Aufsichtsrat vorhanden oder bleibt dieser säumig, hat die Bestellung durch das Gericht zu erfolgen. Die aktuellste Entscheidung in

---

133 Art 35 StAbk Ö-FL.
134 Art 36 StAbk Ö-FL.
135 Vgl *Hörmanseder*, Besonderheiten bei der Prüfung von Privatstiftungen, RWZ 2/2015, 56.
136 Vgl § 14 PSG.
137 Vgl § 20 PSG.
138 Vgl § 18 Abs 1 PSG.
139 Vgl OLG Linz 6 R 214/05s; *Reiter/Reiter*, Ausgewählte Fragen zum Stiftungsprüfer, RWZ 2012, 225.
140 Vgl KFS/PE 21 Rz 6; *Reiter Re*, Aktueller Stand des neuen Fachgutachtens KFS/PE 21, PSR 2014, 109; *Reiter/Reiter* 2012, 225.

diesem Zusammenhang betont den zwingenden Charakter dieser Norm nur;[141] gegenteilige Regelungen in der Stiftungserklärung sind unzulässig. Im PSG befindet sich keine Regelung zur Funktionsperiode des Stiftungsprüfers, weshalb nach hA und Praxis das Firmenbuchgericht den Stiftungsprüfer befristet oder unbefristet bestellen und im Falle einer unbefristeten Bestellung auch jederzeit abberufen kann.[142] Die Dauer kann jedoch auch privatautonom in der Stiftungserklärung geregelt werden.[143] Daran ist auch das Gericht gebunden. Wird die Dauer in der Stiftungsurkunde nicht geregelt, ist der Stiftungsprüfer grundsätzlich auf unbestimmte Zeit zu bestellen.[144]

Da Firmenbuchgerichte den Stiftungsprüfer mittlerweile bereits unter exakter Angabe der Tage des Beginns und des Endes der Funktionsdauer bestellen,[145] ist eine Überlappung von Funktionsperioden quasi ausgeschlossen. Bei allenfalls noch bestehenden Zweifeln aufgrund unklarer Formulierung der Bestellungsdauer ist eine Abklärung mit dem Firmenbuchgericht geboten.[146]

V. Weitere steuerrechtliche Neuerungen in Bezug auf Stiftungen

A. Einfluss der GrEStG-Änderungen auf Privatstiftungen

Das GrEStG wurde in den letzten zwei Jahren gleich zwei Mal reformiert – beide Male ergaben sich wesentliche Änderungen auf Grundstückserwerbe und Grundstückszuwendungen von Privatstiftungen. Mit der GrESt-Novelle 2014[147] wurden zwar die Einheitswerte als Bemessungsgrundlage beibehalten, umgesetzt wurde jedoch die vom VfGH erwähnte Möglichkeit der Differenzierung zwischen verschiedenen Erwerbsvorgängen.[148] Differenziert wurde zwischen Erwerben im „begünstigten Familienkreis" und sonstigen Erwerben.

So ergab sich durch die GrESt-Novelle 2014 insbesondere durch die Tatsache, dass Stiftungen nicht nur aus dem Familienverbund zugehörigen Personen bestehen, eine starke Erhöhung der steuerlichen Belastung von Grundstückserwerben

---

141 Vgl OGH 19.3.2015, 6 Ob 37/15g.
142 Vgl *Nowotny*, Der Stiftungsprüfer als Element der Corporate Governance einer Privatstiftung, ZfS 3, 2015, 165
143 Vgl *Nowotny*, Der Stiftungsprüfer als Element der Corporate Governance einer Privatstiftung, ZfS 3, 2015, 165; *Dollenz*, Zur Funktionsperiode des Stiftungsprüfers, PSR 2/2015, 77.
144 Vgl ErläutRV 1132 BlgNR 18. GP; *Bruckner/Fries/Fries*, Familienstiftung 49; *Gelter* in *Doralt/Kalss* 272; *Gruber* in *Doralt/Nowotny/Kalss*, PSG § 20 Rz 4
145 Vgl *Reiter Re*, Die Funktionsdauer des Stiftungsprüfers – OLG-Entscheidungen im Vergleich zu Berufsstandards und zur geübten Praxis, ZfS 3/2012, 111.
146 Vgl *Reiter Ro*, Die zusätzlichen Aufgaben des Organs Stiftungsprüfer neben der Prüfung des Jahresabschlusses, RWZ 3/2015, 95.
147 Diese wurde noch kurz vor Ablauf der vom VfGH gesetzlichen Reparaturfrist durchgesetzt.
148 Vgl *Bodis*, StRefG 2015/2016 – GrEStG-Änderungen und Auswirkungen auf Stiftungen, ZfS 3/2015, 186.

– dies bei einem unveränderten Steuersatz von 3,5 %.[149] Aufgrund der Differenz zwischen begünstigten Erwerbsvorgängen innerhalb des Familienverbandes und allen sonstigen Erwerbsvorgängen ergab sich, dass die GrESt bei Grundstückserwerben durch und von Stiftungen stets von der Gegenleistung, mindestens aber vom gemeinen Wert der erworbenen Grundstücke berechnet wurde. Diese erhöhte Bemessungsgrundlage hatte außerdem auch einen direkten Einfluss auf das StiftESt-Äquivalent gem § 7 Abs 2 GrEStG, welches bei Grundstückserwerben von Privatstiftungen anfällt, wenn eine allfällige Gegenleistung geringer ist als der halbe gemeine Wert des erworbenen Grundstücks und beträgt 2,5 % der jeweiligen Bemessungsgrundlage.[150] Die Grunderwerbsteuer hatte somit ursprünglich bei unentgeltlichen Grundstückserwerben durch Privatstiftungen 6 % des Einheitswertes betragen und betrug nach der GrESt-Novelle 2014 6 % des gemeinen Wertes, was in den meisten Fällen zu einer deutlichen Erhöhung führte.

Durch das StRefG 2015/2016 wurde das GrEStG erneut reformiert und die Regelungen zur Bemessungsgrundlage und zu den Tarifbestimmungen novelliert sowie Anpassungen bei den Erwerbstatbeständen vorgenommen.

Im Kontext der Tarifbestimmungen besteht die wohl wesentlichste Änderung in der Einführung des Stufentarifs, der insbesondere Mehrbelastungen, die durch die Umstellung der Bemessungsgrundlage entstehen, abfedern soll.[151] Der Stufentarif gilt nur für unentgeltliche oder teilentgeltliche Erwerbe, insoweit keine Gegenleistung vorliegt, und zwar sowohl für natürliche als auch für juristische Personen und beträgt:

- 0,5 % für die ersten 250.000 €,
- 2 % für die nächsten 150.000 €,
- 3,5 % darüber hinaus.

In diesem Zusammenhang ist zu beachten, wann Erwerbe als entgeltlich einzustufen sind:[152]

- Unentgeltlichkeit liegt vor, wenn die Gegenleistung nicht mehr als 30 % des Grundstückswertes beträgt.
- Teilentgeltlichkeit liegt vor, wenn die Gegenleistung mehr als 30 %, nicht aber mehr als 70 % des Grundstückswertes beträgt.
- Entgeltlichkeit liegt vor, wenn die Gegenleistung mehr als 70 % des Grundstückswertes beträgt.

Nach § 7 Abs 1 lit d GrEStG werden Erwerbsvorgänge, bei denen eine nicht ermittelbare Gegenleistung vorliegt, vereinfachend als zu 50 % entgeltlich fingiert.

---

149 Vgl *Marschner*, Neuregelung der Grunderwerbssteuer – Auswirkungen auf Stiftungen, ZfS 2014, 63.
150 Vgl *Bodis*, StRefG 2015/2016 – GrEStG-Änderungen und Auswirkungen auf Stiftungen, ZfS 3/2015, 186.
151 Vgl ErlRV 684 BlgNR 25. GP 4.
152 Erstmalig wird im GrEStG die Definition der Entgeltlichkeit vorgenommen. § 7 Abs 1 Z 1 lit a GrEStG.

Somit beträgt der Steuersatz für rein entgeltliche als auch bei teilweise entgeltlichen Erwerben hinsichtlich des entgeltlichen Erwerbes gleichermaßen 3,5 %.

Ein Sonderfall ergibt sich jedoch im Rahmen des Vorliegens der Teilentgeltlichkeit; so kann eine Teilentgeltlichkeit grundsätzlich nur bei Erwerben unter Lebenden außerhalb des Familienverbandes vorkommen. Dies gilt aufgrund der Fiktion, wonach Erwerbe von Todes wegen, gem § 14 Abs 1 Z 1 WEG und Erwerbe unter Lebenden im Familienverband immer als unentgeltlich fingiert werden. Somit ergibt sich der in Tab 1 dargestellte Tarif, der sowohl bei unentgeltlichen als auch bei teilentgeltlichen Erwerben zu einer Verringerung der Steuerbelastung gegenüber der alten Rechtslage führt.[153]

Anzuwendender Steuersatz	von Todes wegen	unter Lebenden		
	unentgeltlich	unentgeltlich	teilentgeltlich	entgeltlich
Stufentarif	x	x	x	
3,5 %			x	x

Tab 1: Stufentarif – Anzuwendender Steuersatz

Schließlich hat auch die Einführung der Möglichkeit einer Zusammenrechnung mehrerer Erwerbe Bedeutung für die Anwendbarkeit des Stufentarifs und kann in zwei Fallkonstellationen – sowohl für Grundstückserwerbe durch als auch von Privatstiftungen – auftreten, wenn innerhalb der letzten fünf Jahre:[154]

- bereits Grundstücke von derselben privaten oder juristischen Person erworben wurden, oder
- Teile derselben wirtschaftlichen Einheit sukzessive erworben wurden.

Daraus ergibt sich, dass bei Zuwendungen von (bzw an) derselben (dieselbe) Person innerhalb von fünf Jahren die unentgeltlichen Teile der Bemessungsgrundlage bei der Anwendbarkeit des Stufentarifs zusammenzurechnen sind.

Zu den weiteren für Privatstiftungen relevanten Tarifbestimmungen zählen unter anderem Grundstückserwerbe anlässlich der Übertragung eines Betriebes, Teilbetriebes oder Mitunternehmeranteils, sofern der Betriebsfreibetrag gem § 3 Abs 1 Z 2 GrEStG zur Anwendung kommt; für diese ist eine Deckelung der nach dem Stufentarif berechneten Steuer mit 0,5 % des Grundstückswertes vorgesehen. Diese wird jedoch nur auf den unentgeltlichen Teil der Bemessungsgrundlage angewendet und wird ohne Berücksichtigung des Betriebsfreibetrages kalkuliert. Ebenso 0,5 % des Grundstückswertes beträgt die Steuer bei Grundstückserwerben auf-

---

153 Vgl *Bodis*, StRefG 2015/2016 – GrEStG-Änderungen und Auswirkungen auf Stiftungen, ZfS 3/2015, 188.
154 Vgl *Bodis*, StRefG 2015/2016 – GrEStG-Änderungen und Auswirkungen auf Stiftungen, ZfS 3/2015, 188.

grund einer Änderung des Gesellschafterbestandes gem § 1 Abs 2a GrEStG, aufgrund einer Anteilsvereinigung gem § 1 Abs 3 GrEStG und aufgrund eines Umgründungsvorganges nach dem UmgrStG.

Die in der GrESt-Novelle 2014 eingeführte Begünstigung der Bemessungsgrundlage für bestimmte Erwerbe wurde mit dem StRefG 2015/2016 vollkommen aufgegeben. Insbesondere ist nun eine einheitliche Bemessungsgrundlage vorgesehen, da sich die Begünstigungen nun bei den Tarifbestimmungen befinden.[155] So ist ab dem 1.1.2016 grundsätzlich der Grundstückswert als Bemessungsgrundlage heranzuziehen und kommt immer dann zur Anwendung, wenn eine allfällige Gegenleistung geringer ist sowie unabhängig von der Höhe einer Gegenleistung bei Erwerbsvorgängen aufgrund einer Änderung des Gesellschafterbestandes gem § 1 Abs 2a GrEStG, aufgrund einer Anteilvereinigung gem § 1 Abs 3 GrEStG und aufgrund eines Umgründungsvorganges nach UmgrStG. Gemäß § 4 Abs 1 GrEStG kann der Grundstückswert auf zwei Arten ermittelt werden:

- Entweder als Summe des hochgerechneten (anteiligen) dreifachen Bodenwertes gem § 53 Abs 2 BewG und des (anteiligen) Wertes des Gebäudes oder
- als von einem geeigneten Immobilienpreisspiegel abgeleiteter Wert.

Diesbezüglich wurde vom BMF im Einvernehmen mit dem Bundeskanzler die sog „Grundstückswertverordnung" (GrWV, BGBl II 2015/442) erlassen, welche die Parameter für die Ermittlung des Grundstückswerts vorgibt.

Im Rahmen des Abgabenänderungsgesetzes 2015 (AbgÄG 2015)[156] wurden nochmals Detailfragen nachgeschärft und in § 4 Abs 1 GrEStG klargestellt, unter welchen Erwerbsfällen die Steuer vom Grundstückswert zu berechnen ist.

Diese umfassen neben der Anteilsvereinigung (§ 1 Abs 2a und 3 GrEStG) und neben Vorgängen nach dem UmgrStG auch die Erwerbe durch Erbfall, durch Vermächtnis oder in Erfüllung eines Pflichtteilsanspruches, wenn die Leistung an Erfüllungs statt vor Beendigung des Verlassenschaftsverfahrens vereinbart wird, durch den in § 26a Abs 1 Z 1 des Gerichtsgebührengesetzes, BGBl 1984/501 in der geltenden Fassung, angeführten Personenkreis.[157]

Schließlich führte das StRefG 2015/2016 aufgrund der nunmehr im Gesetz vorgenommenen Abgrenzung der unentgeltlichen von den entgeltlichen Erwerben zu einer Anpassung des Stiftungseingangssteueräquivalents, welches ausschließlich bei unentgeltlichen oder teilentgeltlichen Erwerben anfällt. Außerdem wurde der Verweis auf die Bemessungsgrundlage durch die Bezugnahme auf den Unterschiedsbetrag zwischen dem Grundstückswert und einer allfälligen Gegenleistung ersetzt.

---

155 Vgl *Bodis*, StRefG 2015/2016 – GrEStG-Änderungen und Auswirkungen auf Stiftungen, ZfS 3/2015, 188.
156 BGBl I 2015/163.
157 § 4 Abs 2 GrEStG.

B. Steuerliches Umfeld für gemeinnützige Stiftungen

Mit dem Ziel, die Gründung von gemeinnützigen Stiftungen und die Zuwendungen an derartige Stiftungen zu fördern, wurden mit dem Gemeinnützigkeitspaket 2015 (GG 2015)[158] einige steuerliche Begünstigungen, die auch gemeinnützige Stiftungen betreffen, beschlossen. So wurde das Bundes-Stiftungs- und Fondsgesetz 2015 (BStFG 2015) neu kodifiziert und wesentliche Änderungen im Bereich des Gemeinnützigkeitsrechts in der BAO und bei den ertragsteuerlichen Spendenbegünstigungen beschlossen.

In Zusammenhang mit der Spendenbegünstigung stehen Änderungen des EStG und des KStG, mit dem Schwerpunkt auf der

- Erweiterung spendenbegünstigter Zwecke,
- Erweiterung des Kreises spendenbegünstigter Empfänger,
- Einführung einer Begünstigung für Zuwendungen zur Vermögensausstattung in § 4b EStG und
- Erweiterung der Abzugsfähigkeit von Zuwendungen für begünstigte Zwecke bei Privatstiftungen.

Eine wesentliche Neuerung betrifft die Herstellung des Einklangs des Begriffes der Gemeinnützigkeit nach dem Steuerrecht und dem BStFG 2015.[159] Bislang ergab sich aus den unterschiedlichen Gemeinnützigkeitsbegriffen des Steuerrechts (insb §§ 34 ff BAO) und des BStFG die Problematik, dass in Einzelfällen nach BStFG als gemeinnützig zu betrachtende Rechtsträger nicht den Gemeinnützigkeitsbegriff des Abgabenrechts erfüllten[160] und daher nicht in den Genuss steuerlicher Erleichterungen kommen konnten. Dieser Problematik wird durch eine explizite Verknüpfung des Gemeinnützigkeitsbegriffs des BStFG 2015 mit dem Begriff des § 35 Abs 2 BAO (auch die Mildtätigkeit wird gleichlautend mit der BAO definiert) begegnet.

Des Weiteren ist die Gründungserklärung vor Eintragung in das Register dem FA Wien 1/23 vorzulegen, das bescheidmäßig darüber abspricht, ob die Satzung den Anforderungen der BAO hinsichtlich Gemeinnützigkeit entspricht und daher eine gewisse Bindungswirkung betreffend die zukünftige abgabenrechtliche Einschätzung der Stiftung/des Fonds entfaltet.[161] Eine solche ist jedoch nach den Erläuterungen etwa dann nicht gegeben, wenn die tatsächliche Geschäftsführung nicht der Satzung entspricht.[162]

Die Begünstigung für Zuwendungen zur Vermögensausstattung gem § 4b EStG betrifft gemeinnützige Stiftungen. Durch den zeitlich auf fünf Jahre beschränk-

---
158 BGBl I 2015/160.
159 Vgl *Sadlo*, Attraktivierung des Stiftungswesens durch Gemeinnützigkeitsgesetz 2015, ÖStZ 24/2015, 937.
160 Vgl unlängst BFG 4.3.2015, RV/7101339/2011.
161 § 9 BStFG 2015.
162 ErläutRV 889 BlgNR 25. GP 8.

ten[163] Betriebsausgabenabzug gem § 4b EStG[164] sollen Zuwendungen zum Zweck der ertragsbringenden Vermögensausstattung begünstigt werden. Empfänger der Zuwendung hat eine privatrechtliche Stiftung oder eine damit vergleichbare Vermögensmasse (Stiftung)[165] zu sein, die die Voraussetzungen der §§ 34 ff BAO (für gemeinnützige Rechtsträger) erfüllt und bestimmte begünstigte Zwecke verfolgt, wobei die begünstigten Zwecke mit denjenigen der „normalen" bisherigen Spendenbegünstigung gleichgeschaltet sind.[166] Zum Zeitpunkt der Zuwendung muss die Anerkennung als begünstigte Einrichtung aus der Spendenliste gem § 4a Abs 7 Z 1 EStG hervorgehen. Erfolgt hingegen die Zuwendung zu einem Zeitpunkt, zu dem die Stiftung oder deren Vorgängerorganisation nicht bereits seit mindestens drei Jahren ununterbrochen im Wesentlichen unmittelbar begünstigten Zwecken gem § 4a Abs 2 EStG gedient hat, dann gilt die Zuwendung abweichend von obigem Grundsatz dennoch als Betriebsausgabe (oder Sonderausgabe), wenn die Voraussetzungen für die Aufnahme der Stiftung in die Spendenliste nach Ablauf von drei Jahren ab ihrer Errichtung vorliegen. Abzugsfähig sind sowohl die erstmalige Zuwendung als auch weitere Zuwendungen des Steuerpflichtigen, die in einem der folgenden vier Wirtschaftsjahre getätigt werden,[167] wobei gilt:

1. Der Gesamtbetrag der abzugsfähigen Zuwendungen ist für den fünfjährigen Zuwendungszeitraum mit 500.000 € begrenzt.
2. Im Wirtschaftsjahr sind Zuwendungen insoweit abzugsfähig, als sie 10 % des Gewinns vor Berücksichtigung des Gewinnfreibetrages nicht übersteigen.
3. Soweit eine Berücksichtigung als Betriebsausgabe nicht in Betracht kommt, kann die Zuwendung gem § 18 Abs 1 Z 8 EStG als Sonderausgabe berücksichtigt werden.[168]

---

163 Nach § 124b Z 274 EStG gelten sowohl § 4b als auch § 18 Abs 1 Z 8 EStG, wenn die erstmalige Zuwendung nach dem 31.12.2015 und vor dem 1.1.2020 getätigt wird. Somit sind auch weitere Zuwendungen, die innerhalb des Fünfjahreszeitraums, aber nach dem 31.12.2020 erfolgen, als Betriebs- oder Sonderausgabe abzugsfähig, wenn die erstmalige Zuwendung vor dem 1.1.2021 getätigt wurde; ErläutRV 889 BlgNR 25. GP 17.
164 Bzw Sonderausgabenabzug gem § 18 Abs 1 Z 8 EStG.
165 Die ErläutRV 889 BlgNR 25. GP 15 führen aus, dass der Stiftungsbegriff des § 1 Abs 1 StiftEG übernommen wurde, sodass alle Stiftungen und Fonds, die dem Anwendungsbereich der StiftEG unterliegen, auch dem Anwendungsbereich dieser Bestimmung grundsätzlich unterworfen sind (s hierzu StiftR 2009 Rz 308). Vom Gesetzeswortlaut trifft die Übereinstimmung nicht zu 100 % zu, da der Ausdruck Vermögensmassen in § 4b EStG in Klammern die Beifügung „Stiftung" trägt, diese Beifügung fehlt in § 1 Abs 1 StiftEG. Als Stiftungen des Privatrechts gelten nach StiftR 2009 Rz 1:
• Privatstiftungen nach dem PSG
• Stiftungen nach dem SpG
• Stiftungen nach dem VAG
• BStFG-Stiftungen
• Stiftungen nach den neun Landes-Stiftungs- und Fondsgesetzen.
166 Arg „[…] *und begünstigte Zwecke gemäß § 4a Abs 2 EStG verfolgt*".
167 Aufgrund der zeitlichen Einschränkung der Begünstigung nach § 4b EStG ist erforderlich, dass die erste Zuwendung vor dem 1.1.2021 erfolgt (§ 124b Z 274 EStG, s bereits oben).
168 S ausführlich *Kampitsch/Petritz*, Steuerliche Auswirkungen des GG 2015, JEV 2016 (in Druck).

Für den Fall, dass Verstöße gegen obige Regelungen durch Stiftungen oder leistende Steuerpflichtige erfolgen, ist ein Zuschlag zur Körperschaftsteuer in Höhe von 30 % der zugewendeten abzugsfähigen Beträge oder des abzugsfähigen gemeinen Wertes der zugewendeten Wirtschaftsgüter zu entrichten.[169] (Nur)[170] für den Fall, dass der aufgrund von § 4b Abs 2 Z 1 EStG[171] vorgeschriebene Zuschlag zur Körperschaftsteuer bei der Stiftung nicht mehr einbringlich ist, gilt die Nichtaufnahme in die Spendenliste für den Zuwendenden als rückwirkendes Ereignis iSd § 295a BAO.[172] Dies hat zur Folge, dass nachträglich auf der Ebene des Leistenden ein Betriebsausgabenabzug nicht möglich ist bzw korrigiert werden muss. Diesfalls trifft die Sanktion somit den Spender.

Bislang bestand bei eigennützigen Privatstiftungen das Problem, dass – grundsätzlich spendenbegünstigte – Zuwendungen an Spendenempfänger kaum ertragsteuerliche Auswirkungen hatten. Dies ergibt sich aus der spezifischen Besteuerungssituation der Privatstiftung. Das Gros der Einkünfte einer durchschnittlichen Privatstiftung besteht aus Einkünften aus Kapitalvermögen, welche zu weiten Teilen der Zwischensteuer unterliegen.[173] Von der Zwischensteuerbemessungsgrundlage waren Spenden jedoch bislang nicht abzugsfähig.[174] Mit § 13 Abs 1 Z 4 KStG wird diese Abzugsfähigkeit von der Zwischensteuerbemessungsgrundlage nunmehr gesetzlich verankert, soweit sie nicht bereits bei der Ermittlung des Einkommens berücksichtigt werden konnten.

Zusätzlich wurde die Kapitalertragsteuerbefreiung in § 94 Z 6 lit e EStG auf Zuwendungen gem § 4b EStG ausgedehnt. Auch in § 21 Abs 2 Z 6 KStG wurde eine Steuerfreiheit für diese Zuwendungen eingeführt, sodass diese bei der empfangenden, begünstigten Körperschaft nicht in die beschränkte Steuerpflicht fallen.[175]

Für den Sonderabzug gilt jedoch, im Gegensatz zu anderen Körperschaften, neben dem Höchstbetrag für Zuwendungen nach § 4b EStG allerdings nur ein einheitlicher 10-%-Deckel für die Berücksichtigung von Zuwendungen nach den §§ 4a und 4b EStG.

Für gemeinnützige Stiftungen ergeben sich durch das GG 2015 weitere Änderungen. So waren ursprünglich nur Zuwendungen von körperlichen beweglichen Sachen und Geldforderungen unter Lebenden an Stiftungen, die gemein-

---

169 § 4b Abs 2 EStG.
170 In den anderen Fällen der Nachversteuerung führt die Uneinbringlichkeit des nachzuversteuernden Betrages nicht zu einem rückwirkenden Ereignis für den Zuwendenden (ErläutRV 889 BlgNR 25. GP 17).
171 Das ist der Fall, wenn die Voraussetzungen für die Eintragung in die Spendenliste nach drei Jahren ab Errichtung der Stiftung nicht erfüllt werden.
172 § 4b Abs 3 EStG.
173 § 13 Abs 3 KStG.
174 ErläutRV 889 BlgNR 25. GP 18. Spenden an begünstigte Empfänger unterliegen nämlich nach § 94 Z 6 lit e EStG nicht der Kapitalertragsteuer. Dies wäre aber die Voraussetzung für den Abzug von der Zwischensteuerbemessungsgrundlage.
175 ErläutRV 889 BlgNR 25. GP 18.

nützige, mildtätige oder kirchliche Zwecke verfolgen, gem § 1 Abs 6 StiftEG aF von der Stiftungseingangssteuer befreit. Mit dem GG 2015 entfallen nunmehr einige Voraussetzungen, wie beispielsweise dass die Zuwendung „unter Lebenden" erfolgen muss und die Einschränkung auf „körperliche bewegliche Sachen und Geldforderungen". Es können nunmehr auch Zuwendungen von Todes wegen sowie immaterielle Vermögensgegenstände stiftungseingangssteuerfrei an eine gemeinnützige Stiftung übertragen werden.[176] Neu eingeführt durch das GG 2015 wurde eine Befreiung für Erwerbe von österreichischen Grundstücken auf unentgeltlicher Basis[177] durch Körperschaften, Personenvereinigungen oder Vermögensmassen, die der Förderung gemeinnütziger, mildtätiger oder kirchlicher Zwecke nach Maßgabe der §§ 34 bis 47 BAO dienen.[178] Umfasst von dieser Befreiung sollen sowohl Zuwendungen von Todes wegen (Erbschaft, Legate) als auch solche unter Lebenden (Schenkungen) sein. Bei Grundstückserwerben durch privatrechtliche Stiftungen oder durch damit vergleichbare Vermögensmassen soll bei Anwendbarkeit der Befreiungsbestimmung das Stiftungseingangssteueräquivalent iSd § 7 Abs 2 GrEStG nicht anfallen.[179] Wohl nicht von dieser Befreiungsbestimmung erfasst sind allerdings die Tatbestände des § 1 Abs 2a und Abs 3 GrEStG idF GG 2015.[180] Darüber hinaus wurde für gemeinnützige Körperschaften (somit auch gemeinnützige Stiftungen) eine Befreiung von der Eintragungsgebühr gem GGG[181] eingeführt, unter der Voraussetzung, dass der die Eintragungsgrundlage bildende Erwerb unentgeltlich ist.[182]

---

176 Vgl *Schimmer/Stückler*, Änderungen der Grunderwerbsteuer durch das AbgÄG 2015 und das GG 2015, ÖStZ, 1-2/2016, 6.
177 Entgeltliche oder teilentgeltliche Übertragungen iSd § 7 Abs 1 Z 1 lit a GrEStG unterliegen hingegen nicht der Befreiung; s auch *Schimmer/Stückler*, Änderungen der Grunderwerbsteuer durch das AbgÄG 2015 und durch das GG 2015, ÖStZ 2016, 4 (5), die davon ausgehen, dass auch derjenige Teil des teilentgeltlichen Erwerbs, der als unentgeltlich zu werten ist, nicht von der Befreiung umfasst ist.
178 § 3 Abs 1 Z 3 GrEStG. Ausländische Grundstücke können hingegen dem jeweiligen ausländischen Grunderwerbsteuergesetz unterliegen. Dies wäre nach der jeweiligen Rechtsordnung festzustellen.
179 ErläutRV 889 BlgNR 25. GP 19.
180 Dies deshalb, da die Befreiungsbestimmung klar auf den Erwerb von Grundstücken abstellt und nicht auch den Erwerb von Anteilen an grundstücksbesitzenden Gesellschaften mit einbezieht.
181 TP 9 lit b Z 1 bis 2 GGG.
182 Ob ein unentgeltlicher Wert vorliegt, ist nach den Bestimmungen des GrEStG zu beurteilen (§ 25 Abs 4 aE GGG). Diese Gebührenbefreiung tritt allerdings nur dann ein, wenn sie anlässlich der Eingabe unter Hinweis auf die gesetzliche Grundlage in Anspruch genommen wird und die Voraussetzungen nach §§ 34 ff BAO von den Abgabenbehörden nachweislich anerkannt worden sind. Auf Verlangen der Vorschreibungsbehörde haben die die Befreiung in Anspruch nehmenden Parteien die Voraussetzungen zu bescheinigen (§ 25 Abs 5 GGG).